Giovanni Federle • Carla Stefani

Gli occhi del grafico

Discipline grafiche

Seconda edizione

CLITT

Carla Stefani ha curato i moduli: 5 I caratteri, 6 La composizione.
Giovanni Federle ha curato i moduli: 1 Fare grafica, 2 Basic design, 3 Storia e stili, 4 Le immagini, 7 Stampa e produzione, 8 Gli artefatti, 9 Audiovisivo multimediale

Realizzazione editoriale:
- Coordinamento e redazione: Giovanna Mancini (Bianca&Volta, Roma)
- Progetto grafico: Bianca&Volta, Roma
- Impaginazione: Augustina Cocco Canuda e Alessandra Smiderle per Bianca&Volta, Roma
- Ricerca iconografica: Bianca&Volta, Roma

Contributi:
– Revisione testo: Gaia Panfili

Realizzazione dell'eBook multimediale:
Booktab Z:
– Progettazione esecutiva e sviluppo software: duDAT srl, Bologna

Copertina:
– Progetto grafico e realizzazione: Riccardo Falcinelli, Roma

Prima edizione: marzo 2017

Ristampa:
9 8 7 6 2022 2023 2024 2025

Zanichelli editore S.p.A. opera con sistema qualità
certificato CertiCarGraf n. 477
secondo la norma UNI EN ISO 9001:2015

Questo libro è stampato su carta che rispetta le foreste.
www.zanichelli.it/chi-siamo/sostenibilita/

Stampa: Grafiche Zanini
Via Emilia, 41/E - Anzola Emilia (Bologna)
per conto di Zanichelli Editore S.p.A.
Via Irnerio 34, 40126 Bologna

Un vivo ringraziamento per aver prestato i loro lavori come case history.

Giovanni Anceschi e Massimo Botta, Alessandro Bonaccorsi, Roberto Capanna, Dario Cestaro, Monica Dengo, Ale Giorgini, Leonardo Sonnoli, Riccardo Falcinelli, Vieri e Franco Chiani, Gianni Sinni, studio PicNic, Caterina Romio e Sabine Lercher di no.parking, Federico Galvani di Happycentro, studio Fludd, Stefano Marotta e Roberto Russo studio eflux, Tullio Pericoli, Schout, Marilena Nardi.

Un grazie particolare a Daniela Vedovi e Piero De Giorgi, ai colleghi e agli studenti del liceo artistico "A. Canova" di Vicenza e dell'Accademia di belle arti di Venezia.

L'Editore ha cercato di reperire tutte le fonti delle illustrazioni, ma alcune restano sconosciute.
L'Editore porrà rimedio, in caso di segnalazione, alle involontarie omissioni o ad errori nei riferimenti.

Presentazione

La struttura dell'opera

Il volume è stato completamente ridisegnato con un taglio più esclusivamente progettuale, di studio e osservazione su esempi notevoli e su inediti case history di maestri della grafica che hanno volentieri prestato i loro contributi. L'indice del volume per la disciplina è rispecchiato in quello del volume per il laboratorio e le esercitazioni sono indirizzate di più all'osservazione e al progetto nel primo e sono più applicative nel secondo.

I criteri

I principi del design, i processi progettuali, il trattamento di immagini e testo costituiscono i fondamenti didattici. La scansione per annualità ha imposto una scelta di contenuti secondo una logica progressiva e rispettosa del programma ministeriale. Tuttavia, poiché l'apprendimento non è un processo lineare, sarà il docente a ritagliare un percorso su misura interpretando quel che accade nel proprio ambito educativo. I glossari, uno generale e uno specifico di settore, orientano gli studenti nella comprensione del testo. Citazioni e note tecniche sono distribuite nelle pagine sul colonnino esterno. L'opera cartacea è accompagnata dalla versione eBook multimediale con audio ed esercizi interattivi. Online gli insegnanti troveranno un'ulteriore serie di supporti alla lezione, come videopresentazioni e tutorial.

La storia

La storia della grafica è una stella polare: si fa riferimento a momenti e personaggi storici nella realizzazione di tutorial che rifanno alcune opere "alla maniera di". L'operazione non è di banale imitazione quanto piuttosto un pretesto per far riflettere gli studenti sull'evoluzione dei mezzi di produzione grafica, sui limiti tecnici che hanno condizionato la realizzazione di quei progetti che oggi possono essere aggirati grazie alla tecnologia digitale.

Le esercitazioni

Le esercitazioni devono essere paradigmatiche, esemplari e costituire "la generalizzazione, la semplificazione di un problema progettuale" (G. Anceschi). In questa edizione sono moltiplicate; spesso faranno riferimento a ricerche che lo studente, o il gruppo di lavoro, dovrà compiere in rete. Si suggeriscono tre livelli di difficoltà: introduttivo, intermedio, avanzato. Altre esercitazioni e prove strutturate sono presenti online.

Carla Stefani e Giovanni Federle

INNOVAZIONI DI QUESTA EDIZIONE

Innovazione	Tipo di innovazione	Perché è necessaria
Argomenti / Immagini / Disegni	Il testo è stato completamente ristrutturato; l'apparato iconografico è nuovo.	Per riportare i riferimenti irrinunciabili della disciplina.
Casi di studio	Alcuni tra i migliori specialisti del design italiano hanno fornito casi di studio: G. Anceschi, R. Falcinelli, L. Sonnoli.	Per approfondire gli argomenti. Ogni progetto è sviluppato dal punto di vista teorico.
Esercizi	Sono raddoppiati e sono di diversa difficoltà.	Per agevolare studenti con Bisogni Educativi Speciali.
Online	Un ricco apparato di materiali: videopresentazioni, filmati tutorial su progetti grafici. Prove strutturate di ciascun capitolo.	Per permettere agli studenti di approfondire e verificare le conoscenze acquisite.

Il piano dell'opera. Copertine di Riccardo Falcinelli

I volumi per il secondo biennio, 2017.

I volumi per il quinto anno, 2018.

COME È FATTO L'EBOOK MULTIMEDIALE

L'**eBook multimediale** contiene tutte le pagine del corso. Con l'eBook potrai:

- leggere sul **tablet**, sul **computer** e sul **netbook** le pagine digitali del libro
- svolgere gli **esercizi interattivi**
- ascoltare tutti gli **audio**
- guardare i **video**
- ritagliare **immagini** e importarle negli appunti
- consultare lo **schedario grammaticale**

Vuoi sapere di più sul tuo eBook? Visita il sito del libro: www.clitt.it/libri/gli-occhi-del-grafico-3/

1. Dal menu iniziale dell'**eBook** puoi accedere ai contenuti del corso.

Ogni immagine corrisponde a un'unità: fai clic su quella che ti interessa.

2. Nell'indice dell'unità puoi vedere le pagine che la compongono.

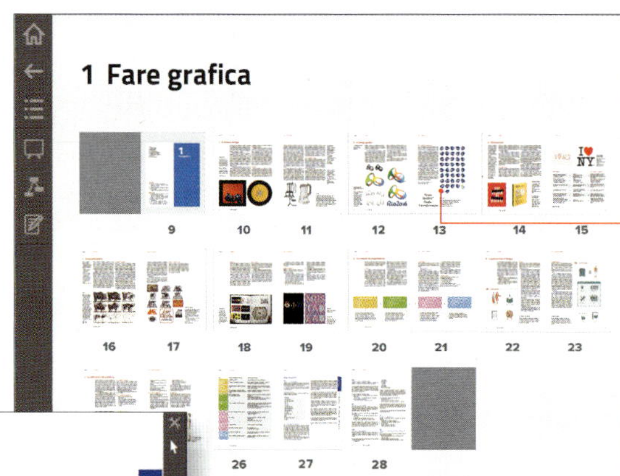

Fai clic sulle doppie pagine: si apriranno a tutto schermo.

3. Le icone sulla pagina segnalano i contenuti interattivi e multimediali.

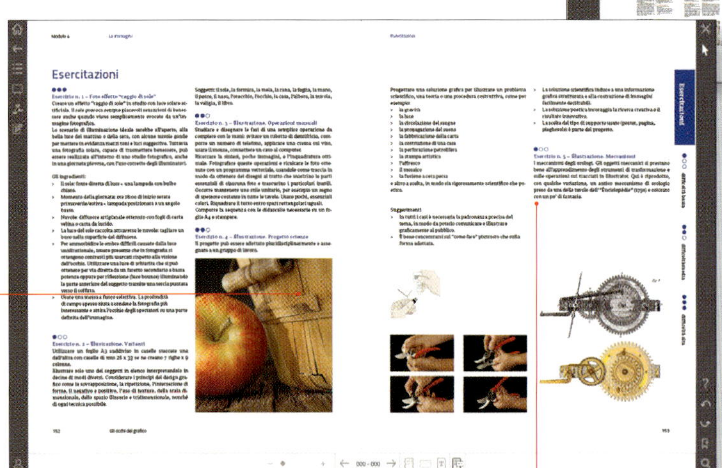

Guarda i video.

Fai gli esercizi interattivi.

- Tutti questi contenuti sono disponibili anche su **tablet**.

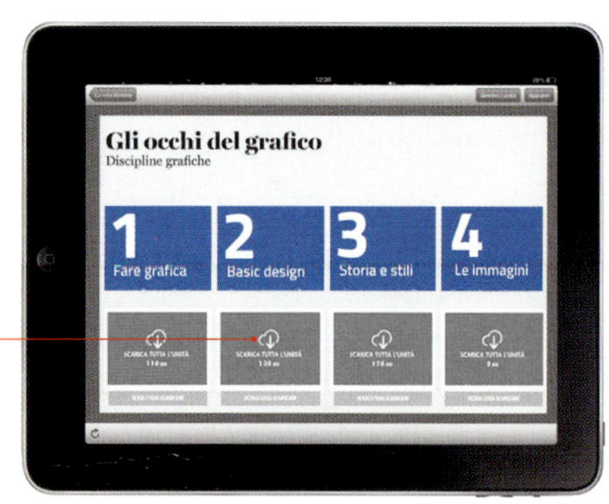

Fai clic sui capitoli per scaricarli sul tablet: quelli già scaricati appaiono colorati.

Puoi visualizzare l'eBook su computer e tablet. Con la funzione di sincronizzazione, gli appunti presi o le modifiche effettuate con un dispositivo saranno automaticamente visibili anche su tutti gli altri dispositivi.

Sommario

4 Le immagini

5 I caratteri

6 La composizione

7 Stampa e produzione

8 Gli artefatti

9 Audiovisivo multimediale

Appendici

1
Fare grafica

Unità

1. Il sistema design
2. Il design grafico
3. Gli strumenti
4. Le caratteristiche
5. Un metodo di progettazione
6. L'applicazione al design
7. La definizione del problema
8. Il concept
9. Le fasi di sviluppo

Conoscenze

- Conoscere affinità e differenze tra figure professionali che operano nella comunicazione visiva e nelle arti visive.
- Conoscere la figura e i compiti professionali del designer grafico.
- Comprendere le responsabilità sociali del grafico.

Competenze

- Saper leggere, analizzare e interpretare un brief allo scopo di definire il problema.
- Ricercare e raccogliere informazioni utilizzando fonti primarie e secondarie e formulare ipotesi.
- Pianificare la sequenza di sviluppo di un progetto.
- Acquisire un metodo progettuale corretto.
- Applicare il metodo nell'individuazione e soluzione del problema in contesti nuovi e diversificati.

1. Il sistema design

Il design è il complesso delle attività che hanno lo scopo di ideare e progettare nuovi prodotti, sistemi, forme di comunicazione o servizi che soddisfino i più svariati bisogni umani: dagli utensili per cucinare ai sistemi informativi, dalle pagine dei libri alle pagine di Internet.

Il designer **progetta** la pentola, le posate e la disposizione del cibo sul piatto e a volte il cibo stesso, progetta il mezzo di trasporto e il cruscotto che informa il guidatore sullo stato del mezzo, il telefonino e la struttura delle informazioni per usarlo. **Inventa e disegna** le forme di prodotti che non esistevano prima sul mercato, come è accaduto per l'iPod o per i mobili piatti di Ikea, o **ridisegna** in modo innovativo forme già presenti, come avviene per le automobili, le sedie, le scarpe.

Il design è **utilitaristico**: ha lo scopo di creare prodotti e funzioni atti a soddisfare i bisogni e le richieste della società, e di dare nuove forme a prodotti conosciuti che ne aiutino la vendita. Il termine "utile" o "utilitario" non è ristretto solo alla funzione del "servire a fare qualcosa", ma si deve intendere in senso esteso: è utile all'uomo anche la piacevolezza di un oggetto, il suo **carattere estetico**, la sensazione che trasmette al di là della funzione pratica.

Il design non solo crea oggetti e servizi, ma veicola idee, concetti e funzioni a gruppi di persone diversi per genere, appartenenza sociale, cultura, abitudini di vita. Il design interpreta e crea infatti gli **stili di vita** e non solo le belle forme: quando acquistiamo un prodotto ci appropriamo anche di ciò che quell'oggetto comunica, entriamo a far parte di una invisibile comunità di persone che lo hanno scelto come abbiamo fatto noi. Per avere questo "di più" si è disposti anche a pagare un prezzo: un'automobile utilitaria funziona per trasportare le persone quanto un'auto di lusso, ma il messaggio che quest'ultima trasmette va oltre la sua funzione pratica.

Il metodo

Il designer progetta con un **metodo**: sa riconoscere e strutturare un problema in base ai dati ricevuti, sa compiere una catena di scelte motivate che conducono a una soluzione coerente e logica. Per esempio, lo studio delle abitudini di ascolto della musica suggerisce alla Apple la produzione di un apparecchio leggero, essenziale nelle fun-

Il rosso e il nero

Una ricetta creata da un maestro della cucina e la sua stessa disposizione sul piatto sono oggetti di design: una preparazione di rana pescatrice ispirata all'arte di Lucio Fontana.

Riso oro e zafferano

Una seconda ricetta i cui ingredienti sono nel titolo stesso: l'oro è una foglia sottilissima commestibile.

Gualtiero Marchesi

zioni, semplice ed elegante. Entro questi termini il designer Jonathan Ive progetta la forma del riproduttore di musica iPod e le sue funzioni. Il designer si esprime attraverso la forma, l'aspetto, le percezioni sensoriali, il colore, la **configurazione** dell'oggetto e il significato simbolico che riesce a trasmettere, ispirato dalla propria sensibilità e guidato dal proprio gusto, ma tenendo sempre sotto controllo l'espressione della propria personalità. Un prodotto di design si giudica dalla sua rispondenza ai desideri e alle aspettative del pubblico, e non in quanto espressione del genio del creativo. Saranno la storia e la società a decretare a posteriori che quel prodotto è così "carico di significato" da assumere un valore diverso: da oggetto d'uso a oggetto con una carica artistica rilevante, degno di trovare posto in un museo.

Il designer lavora per gli altri e non per se stesso: l'espressione della sua personalità e creatività è subordinata al raggiungimento degli scopi del committente, che lo sceglie tra altri designer, lo finanzia, gli impone gli obiettivi, i limiti tecnici ed economici e i tempi di esecuzione. Il successo del designer, e di conseguenza del **committente**, dipende dalla sua capacità di interpretare, rispondere o prefigurare le richieste che vengono dagli utenti. Il designer opera a partire da una serie di **vincoli** economici e tecnici che deve valutare e tenere presenti per raggiungere obiettivi che gli vengono prefissati da altri. Il designer lavora generalmente all'interno di un **gruppo**, che spesso dirige come un regista dirige una troupe, composto da specialisti di diversi settori che studiano il mercato, il pubblico, le caratteristiche tecniche, i materiali e si occupano di realizzare effettivamente il prodotto richiesto.

La responsabilità sociale

Infine il designer ha una **responsabilità sociale** in diverse direzioni: nel perseguire la propria dignità ed etica professionale, nel privilegiare materiali e processi ecologicamente sostenibili, nei confronti delle ragioni dell'utenza come fondamento costante dell'operare, e nel rivendicare la qualità del prodotto e la cultura dell'immagine come valori nella società.

Come abbiamo visto, il design copre un territorio vasto e negli ultimi anni si è assistito al proliferare di specializzazioni che seguono l'evolvere di tecniche produttive e di campi applicativi. Nonostante ciò, in tutte le diverse procedure metodologiche di progetto dei singoli settori non è difficile ritrovare tratti comuni nella maniera di strutturare i problemi e di risolverli, per cui si può osservare che si parla comunque di "design".

"Il design non è una professione, è una mentalità. C'è del design nell'organizzazione delle esperienze emotive, nella vita familiare, nelle relazioni lavorative, nella pianificazione urbanistica, nella cooperazione tra esseri umani. In definitiva tutti i problemi di design si fondono in un unico problema di *design per la vita*."

Moholy-Nagy, Vision in motion

"Diamo per implicita una natura profondamente metamorfica delle discipline del design… Oggi sembra per giunta emergere una sfocatura dei confini tra design del prodotto e della comunicazione, tra design e arte."

Giovanni Anceschi, Confini: design e arte, 2008

La moka

La 9090 è la prima caffettiera da espresso di Alessi, progettata nel 1979 dal designer Richard Sapper. Interamente in acciaio inox 18/10 lucido all'esterno e satinato all'interno e con tecnologia avanzata, come il rivoluzionario sistema di chiusura brevettato che consente il serraggio del corpo superiore alla caldaia senza sforzi e con un solo semplice movimento. La 9090 ha vinto il Compasso d'Oro nel 1979 e si è guadagnata un posto nella collezione permanente di design del MoMA di New York.

Richard Sapper per Alessi, 1979

2. Il design grafico

"La funzione del designer è di aumentare la leggibilità del mondo."

Will Burtin

Il design grafico è una specializzazione del design; dove c'è **comunicazione** c'è anche grafica, e possiamo rintracciarla ovunque ci sia attività umana nella civiltà industriale.

Si trova dove la cultura diventa parola scritta e immagine, nell'editoria. È presente dove le interfacce tra mezzi meccanici e uomo oggi si sono sviluppate, sui mezzi e i sistemi di trasporto, gli aerei, i treni, gli autobus, sugli elettrodomestici e i sistemi di telecomunicazione. La grafica interviene non solo nella divulgazione, ma anche nel formarsi della scienza: basti pensare oggi alla **rappresentazione dei dati** attraverso le mappe o i sistemi grafici. È presente dove il prodotto industriale **interagisce** con l'utilizzatore: nel pannello di controllo della pressa meccanica o del telaio tessile, come della macchina tipografica. La grafica è nel mercato e nella distribuzione, dove il consumatore incontra il negozio, la vetrina, la merce, il packaging, la pubblicità.

La grafica è molto presente nello sport, sulle divise e sui bordocampo, nell'immagine delle grandi manifestazioni come nella loro diffusione massmediale.

Il progetto grafico è centrale rispetto al sistema generale della progettualità orientata alla **necessità di comunicare dell'uomo**.

La grafica dei Giochi Olimpici di Rio de Janeiro 2016

Il marchio è stato scelto da una giuria su una rosa di 139 progetti.
Tàtil, l'agenzia vincitrice, ha disegnato il logo che dovrebbe visualizzare la parola "Rio", mentre si legge piuttosto con immediatezza un anello di figure colorate che si tengono per mano, evocazione della celebre "Danza" di Henry Matisse.

Tàtil, Brasile

Dalla "Carta del progetto grafico"

La grafica progetta e realizza la comunicazione visiva con l'obiettivo di ottenere una reazione prestabilita dal suo destinatario: girare dalla parte giusta a un bivio, scegliere l'informazione corretta e pertinente da un elenco, pigiare il tasto corretto per avere il panino dal distributore automatico, uscire con l'ombrello dopo aver letto le previsioni del tempo, acquistare libri online seguendo le indicazioni fornite nelle pagine web per registrarsi, selezionare i prodotti e pagare, prendere la pillola giusta per il mal di testa dalla cassetta del pronto soccorso tra molte altre dopo averne letto le caratteristiche sull'imballaggio.

La grafica è intesa come attività che si colloca dunque dentro al sistema generale della progettualità orientata alle necessità dell'uomo. Accanto all'urbanistica, all'architettura, al design industriale, al disegno ambientale, essa non solo li affianca ma interagisce con essi.

Come negli anni Trenta si avvertiva quello dell'architettura come ruolo guida delle discipline del progetto, e negli anni Sessanta, nella transizione dalla produzione al consumo, il design industriale assumeva un ruolo di coordinamento concettuale, negli anni Novanta è il progetto grafico a collocarsi in posizione strategica dentro la cultura del progetto.

Sintesi da: Anceschi, Baule, Torri, Milano 1989, sito AIAP.

Fonte
Rio2016™
Paixão
Transformação

Font Rio 2016

Lo studio Dalton Maag, specializzato nel disegno di caratteri, è l'artefice del carattere messo a punto per Rio 2016.
Un carattere sinuoso, moderno, che prende forma dalla morfologia di alcune rocce del Messico.
In blu i pittogrammi di Rio 2016.

Dalton Maag, Londra, Gran Bretagna

3. Gli strumenti

"Se una delle certezze che abbiamo riguardo l'arte è che essa serve a restituire l'immagine del mondo in un dato momento della sua storia e a spiegarlo al pubblico, è difficile credere che il design non possa avere una funzione analoga.
In ogni caso, ormai si rischia di fare confusione, perché attualmente l'arte sembra soprattutto una faccenda di denaro mentre i designer, sempre di più, sembrano coinvolti in problemi etici, ambientali, sociali. Lasciando da parte tutto questo, la separazione tra arte e design attuata nelle scuole, e che prosegue una volta fuori, erode ciò che il design e l'arte hanno in comune: la responsabilità sociale e l'etica professionale."

Milton Glaser, conferenza, 2000

Si avvale di **segni e immagini** per comunicare, disponendo secondo logica gli oggetti grafici sulla pagina sia cartacea che digitale; sa ricavare forza nella reciproca giustapposizione delle parole e delle immagini.

La sua creatività è condizionata dalle esigenze della committenza e dagli obiettivi del progetto. Infatti egli esercita le sue capacità inventive entro limiti precisi, ed è tanto più bravo quanto più sa essere innovativo all'interno degli stretti spazi che gli vengono assegnati.

Deve avere conoscenze approfondite in molti campi: comunicazione visiva e tecniche di produzione, sia per i mezzi tradizionali, come la stampa, che per i nuovi mezzi, quelli che si fruiscono su video.

Ruolo del computer

Oggi, grazie al computer, riassume nella sua persona le competenze di figure professionali che hanno 500 anni di esperienza nel trattamento delle parole, nell'arte della stampa tipografica, come il disegnatore di caratteri, il compositore e il tipografo, o altre figure più recenti come il fotolitista, il montaggista o il cromista. Non solo riassume le competenze di questi professionisti, ma si è sostituito a essi grazie allo strumento digitale tramite il quale esercita attività un tempo proprie di ciascuna di quelle professioni.

Controlla così l'intero processo fino alla simulazione del risultato finale, ma se ne assume anche i rischi. Il computer è diverso da ogni altro strumento precedente perché è un **artefatto cognitivo** che potenzia le facoltà intellettuali e operative dell'uomo, consentendogli una serie di attività complesse che, come nel caso della grafica, vanno dal trattamento dei testi e delle immagini all'impaginazione, fino alla produzione di varianti dell'idea progettuale.

Si tratta dunque di attività che richiedono appunto conoscenze un tempo distribuite su professioni diverse. Tuttavia il computer può trarre in inganno, inducendo a pensare che tutto quello che si produce a video possa rispondere ai requisiti ideali della progettazione grafica.

Al contrario, il grafico deve possedere una mole di competenze molto vasta proprio per dominare tutti gli aspetti del progetto che gli automatismi risolvono, senza però rispondere a una logica più vasta di progetto.

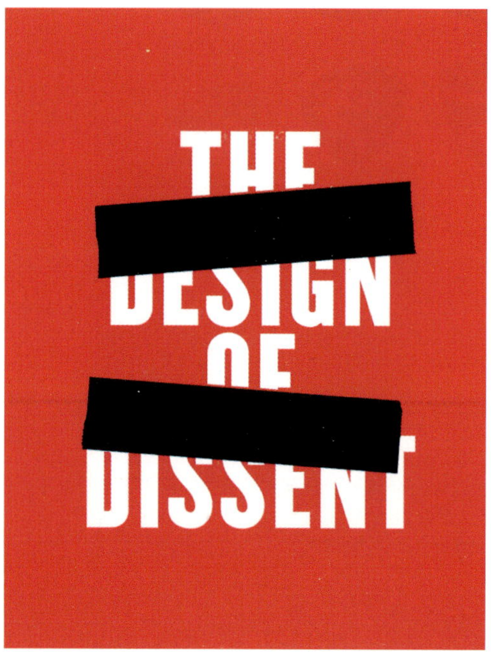

The Design of Dissent

Il designer responsabile sa porsi in posizione critica rispetto alla società democratica e ai suoi problemi.
Copertina del catalogo della mostra.

Milton Glaser e Mirko Ilic, 2010

Seventy-nine Short Essays on Design

Collezione di saggi sul design di uno dei più influenti grafici oggi sulla scena. Molti di questi si possono leggere sul blog Design Observer.

Michael Bierut, 2012

I ♥ NY ®

Schizzo originale "I like New York"

Dall'archivio del Museum of Modern Art, MoMA, New York. Pastello e nastro adesivo su busta. A destra il logo, 1977.

Milton Glaser, 1976

Etica dell'arte				Etica dell'attività economica
L'arte deve esprimere valori e pensieri originali. Scendere a compromessi col mercato significa svendersi.	**no**	È giusto **cambiare il proprio stile** per venire incontro alle esigenze del mercato?	**sì**	Gli affari sono, per definizione, il settore che soddisfa le esigenze del mercato. Non farlo significherebbe essere sciocchi e irresponsabili.
L'arte deve essere apertamente riconosciuta come tale e i suoi effetti devono durare nel tempo. L'arte deve essere celebrata pubblicamente.	**no**	È giusto **copiare le idee altrui,** usandole ai propri fini, senza riconoscerne la fonte?	**sì**	Tutte le idee servono a uno scopo specifico. Il libero mercato si basa proprio sulla capacità di servirsi delle idee, da chiunque esse provengano.
È uno degli scopi che, storicamente, l'arte ha avuto.	**sì**	**Uno degli scopi è anche quello di illuminare l'umanità?**	**no**	Gli affari possono essere il riflesso della società, ma non sono certo interessati a illuminarla.
Le scelte artistiche sono inevitabilmente legate a scelte morali.	**sì**	Le vostre opere possono aiutarci a capire in cosa crediamo, oppure a **trovare nuovi valori**?	**no**	Non è compito nostro; la scoperta di sé stessi avviene meglio altrove.
Dal punto di vista metafisico, l'arte può raggiungere la gente e farla partecipe di valori e scopi collettivi.	**sì**	Il vostro lavoro può **contribuire alla sopravvivenza** della specie umana?	**no**	Gli affari e la competizione creano movimento e tutti traggono vantaggio dallo scambio di idee, di beni e di servizi.
L'arte dovrebbe essere del tutto disinteressata, ma ogni attività umana ha bisogno di sostegno economico e l'artista si dibatte tra le due opposte esigenze: l'espressione e la sopravvivenza.	**no**	È ammissibile **lavorare solo per fare soldi?**	**sì**	Il grafico lavora su committenza e di solito dietro compenso. Tuttavia se la sua motivazione primaria sono passione e curiosità sarà sicuramente un uomo migliore.

Milton Glaser, 2000

4. Le caratteristiche

"L'arte è un'attività che produce un'entità – artefatto o performance – e secondariamente emerge nettamente la questione della sua finalità o assenza di finalità.
Il design si caratterizza come una pratica di configurazione.
La differenza starebbe nella autonomia dell'arte e nella eteronomia del design; se non che l'affermarsi universale del mercato dell'arte mette in discussione anche l'autonomia dell'arte stessa."

Giovanni Anceschi, 2008

È frequente la confusione tra grafico e artista, o ancora tra grafico e pubblicitario: nonostante il grafico possa fare occasionalmente il pubblicitario, o essere considerato anche un artista, occorre tenere ben presenti gli elementi distintivi e quelli comuni, soprattutto quando non si conoscono l'ambito di lavoro specifico e i suoi limiti.

Il grafico, il pubblicitario, come lo specialista di packaging o di branding, hanno in comune il linguaggio e molte tecniche che si trovano anche nelle arti figurative. Usano elementi del linguaggio visivo per comunicare, il carattere per scrivere e dare una forma alla scrittura, l'immagine, il colore, la composizione e gli stessi mezzi, tradizionali o digitali. Il pubblicitario si occupa di una forma di comunicazione molto legata al marketing e ai risultati a breve termine, lo specialista di packaging progetta imballaggi, lo specialista di branding cura la creazione dell'immagine di marca, ma non è detto che un grafico faccia anche il pubblicitario o il packaging.

La finalità del progetto

Quello che cambia è la **finalità del progetto**. All'interno di una struttura produttiva il grafico di elevato grado gerarchico è il direttore artistico, o **art director**, e quando assume la veste del pubblicitario ha come scopo primario e immediato la **persuasione del consumatore** all'acquisto di prodotti o servizi. Lavora in gruppo con altri specialisti e forma una coppia inscindibile con il **copywriter**, colui che scrive i testi, mentre l'art director si occupa dell'ideazione della parte visiva della pubblicità, contribuendo successivamente a realizzarla. Dirige quindi il fotografo, l'illustratore o il regista di spot, e li orienta verso un percorso prestabilito per dare vita in modo ottimale all'idea concepita con il copywriter.

L'artista, come lo si conosce nella civiltà occidentale, in genere lavora da solo, con l'obiettivo di esprimere se stesso, e produce opere che hanno una carica estetica o percettiva al fine di stimolare intellettualmente il pubblico. L'artista si auto-dirige e compie scelte in autonomia, abitual-

Il toro

Disegno a inchiostro su pietra, tiratura litografica su carta. Il 5 dicembre 1945 Picasso inizia a lavorare sulla prima versione de "Il toro" e conclude, con l'undicesima versione, raschiando e togliendo materia e segni dalla pietra litografica il 17 gennaio 1946. Fortunatamente per noi ogni stato della stampa è documentato da una prova. Il processo di astrazione che compie l'artista, dalla raffigurazione robusta e naturalistica fino al puro segno, dura solo un mese. Quasi sempre l'artista è libero e non costretto a fare i conti con una committenza che lo limita e frena.

Pablo Picasso, 1881-1973

mente lavora per una committenza non definita e usa l'intuizione e le abilità personali; è libero di esercitare la creatività, a costo di essere frainteso o non capito. È accaduto nella storia, e ancora può accadere, che a un artista venga commissionata un'opera, un monumento, un affresco al fine di celebrare o propagandare un'idea, ma il committente rispettoso non dovrebbe mai forzare le intenzioni dell'artista verso i propri obiettivi. Celebri, a proposito di autonomia creativa, sono rimaste le liti tra Michelangelo e papa Giulio II, suo committente.

Al contrario, il grafico lavora sotto le direttive di un cliente che lo finanzia e ha scopi propri e definiti; se il grafico è abile saprà esprimere la propria personalità senza venir meno alle richieste del committente.

Comprensione e successo

L'artista prosegue sul suo cammino di ricerca anche a costo di non vedere risultati immediati e non essere capito: Van Gogh è l'esempio di un pittore che ha venduto in vita pochissime opere. L'obiettivo primo di un grafico è di farsi capire dal destinatario del messaggio che è chiamato a produrre, e la sua ricerca non è mai fine a se stessa o pura espressione personale.

La grafica e il tempo

L'evoluzione del marchio delle Assicurazioni Generali, dal 1861 al restyling del 1991, affidato all'agenzia Publicis Etoile di Parigi. Il leone di San Marco perde, molto prudentemente, i suoi caratteri ottocenteschi fino ad assumere la forma attuale e stilizzata: per farlo impiegherà 130 anni.
Il grafico deve rispondere alla committenza e conservare nel tempo alcune caratteristiche del marchio, come la sua riconoscibilità.

Autori vari, 1861-1991

La tecnica

L'artista può avere conoscenze e abilità tecniche più o meno raffinate e realizza opere che portano la sua firma; risponde solo a se stesso circa la coerenza dell'opera, il rispetto dei costi e dei tempi di produzione. Chi idea un'opera può essere diverso da chi la realizza materialmente, e la perizia tecnica necessaria per farla può essere sconosciuta all'ideatore; ci sono artisti oggi che si limitano a commissionare a valenti artigiani la realizzazione delle loro opere, come Cattelan.

Il grafico deve conoscere in modo perfetto i metodi di realizzazione, le tecniche e i materiali di produzione perché il suo progetto possa rientrare nei parametri prefissati di costi e nei tempi previsti. Possiede la **proprietà intellettuale** della sua creazione, ma in genere non appone sull'opera la sua firma, come l'artista. Sarà il nome, la firma del committente, a prevalere.

La creatività

È una parola di cui occorre diffidare, se non viene utilizzata con oculatezza, e spesso nel linguaggio comune entra a sproposito, per coprire gravi carenze tecniche o per giustificare il cattivo carattere delle persone.

Una bella definizione di creatività, molto vicina allo spirito del design, è quella data agli inizi del Novecento da Poincaré, celebre matematico: sintetizzando il suo pensiero, la creatività è la capacità di unire degli elementi preesistenti in **combinazioni nuove**, che siano utili, e il criterio pratico per decidere dell'utilità della combinazione individuata è la bellezza, e tale bellezza ha a che fare con l'eleganza, l'armonia, l'economia dei segni, la rispondenza funzionale allo scopo.

Print Magazine

La rivista di grafica per celebrare il suo 75 anniversario ha commissionato a 75 grafici una tavola. La comunità ha risposto con 75 interpretazioni della testata, riflessioni sulle forme di stampa, sulla storia di Print e tutto ciò che sta in mezzo.

2015

Curiosamente, questa definizione è valida per il design, il gioco, la scienza, l'arte, la tecnologia, e può sorprendere che venga proprio da un matematico.

Un concetto di "nuovo"

Riguardo ai codici linguistici e della comunicazione, va anche precisato che si può creare il "nuovo" in diversi modi.

1. Generando un numero infinito di segni da usare secondo le regole di un codice che già esiste. Paul Rand nel 1982 disegna un poster per la IBM inducendo il pubblico a risolvere un rebus: Eye Bee M, occhio, ape, M, trasponendo in immagini la pronuncia dell'acronimo della celebre casa di computer.
2. Cambiando le regole del codice, come avviene con la composizione degli emoticons :-) ;-o.
3. Trovando la risposta più adatta all'interno del gruppo di risposte possibili: a partire dal formulare ipotesi diverse, scartarne alcune, sceglierne altre, fino ad arrivare a una conclusione ottimale.
4. Estendendo a situazioni nuove quello che si è già appreso: risolvere problemi che si affrontano la prima volta alla luce di quanto le esperienze precedenti, o lo studio, hanno insegnato.
5. Infrangendo, quando serve, i vincoli delle regole conosciute; per fare questo bisogna avere delle competenze certe, vale a dire conoscere bene le regole per poterle trasgredire consapevolmente.

Eye Bee M

Poster realizzato per IBM.

Paul Rand, 1981

Mustafa Prize

Il nuovo può arrivare inatteso: questo poster che fonde cultura classica e tecnologia viene dall'Iran.

Homa Delvaray, 2016

5. Un metodo di progettazione

Procedendo nello studio della progettazione grafica si vedrà come siano innumerevoli le regole della comunicazione visiva, dell'impaginazione dei testi, della tecnologia, dell'informatica.

Le regole

I veri creativi sono coloro che una volta conosciute e messe in atto le regole riescono a superarle applicandole in modo innovativo. I designer possiedono competenze e specializzazioni diverse, a seconda del settore in cui operano, ma condividono un metodo per progettare: danno un ordine ai problemi, li strutturano e li risolvono, mantenendosi orientati alle necessità dell'uomo.

Nel corso della giornata, o della vita, ci sono alcune semplici attività che si è imparato a risolvere in maniera automatica: lavarsi i denti, fare merenda. Altre attività più complesse richiedono una strategia, come trovare un parcheggio, scegliere e prenotare un ristorante. Le più problematiche tra di esse richiedono di essere pianificate; se l'azione o la scelta sono complesse, si devono conoscere più dati relativi a esse. Inoltre si devono prevedere più varianti e soppesare scelte successive, ognuna in risposta e condizionata dalla precedente dalla quale riceve una conferma, un **feedback**.

Per andare a New York si devono raccogliere informazioni sui costi degli aerei, sulla documentazione doganale necessaria, si deve prenotare l'albergo adeguato alla somma a disposizione, prevedere l'abbigliamento giusto per la stagione. L'insieme di queste operazioni costituisce il **progetto** del viaggio a New York.

Fare design, quindi progettare, è una attività molto complessa, che richiede una buona strategia. È il **metodo di progettazione**, per il quale il destinatario della soluzione è "l'uomo", e gli elementi del problema sono molti e intrecciati.

La definizione del problema

> Intervista
> Questionario
> Design brief
> Ricerca iniziale
> Piano di azione

Il committente si rivolge al grafico per un problema di comunicazione. Il grafico indaga e raccoglie tutte le informazioni di cui ha bisogno per risolverlo. Questa fase prevede una stretta collaborazione committente-grafico e si conclude con l'assegnazione del lavoro e la condivisione di un piano di azione.

La proposta del concept

> Ricerca, osservazione, ascolto a 360 gradi
> Tecniche creative
> Tecniche di memorizzazione
> Analisi e valutazione
> Primi layout

È la fase ideativa del progetto: le soluzioni prendono forma sulla base dei dati raccolti e dei vincoli del problema. La ricerca di ispirazioni e le tecniche usate per memorizzare le idee sono finalizzate alla valutazione ponderata del concept. Alla fine il concept è presentato e approvato dal committente.

La progettazione

Si svolge all'interno di un percorso che consiste nel mettere in ordine e affrontare uno per uno i problemi, in una serie di fasi o passi che possono essere:

> lineari: a b c d e f;
> non lineari: a b c - a - d f - c f;
> ricorsivi o ciclici: a b c d - a b c d - a b c d.

Nello sviluppo del design grafico la qualità del percorso progettuale è di vitale importanza per garantire risultati efficaci. È una tecnica applicata con successo, i cui risultati sono confermati anche dai più bravi: per i medici, gli avvocati e i grafici, nelle attività professionali insomma, è normale che sia così. Una idea iniziale prende forma e si sviluppa in modo articolato e si arricchisce di ipotesi e varianti dove le fasi successive finiscono per adattarsi all'ordine richiesto dalle situazioni, in una **sequenza flessibile** di comportamenti e di azioni. L'importante è che siano valutati correttamente tutti gli elementi e gli attori in gioco. Un metodo di progettazione permette di raggiungere più facilmente una soluzione corretta ed efficace.

La validità di questo metodo consiste nel dare il giusto valore a tutte le voci del problema e nel tentativo di rendere espliciti, e chiaramente argomentati, i motivi delle scelte che si compiono durante il processo, ciascuna come conseguenza della precedente.

Esiste tuttavia un margine di irrazionalità anche nel design che dipende da fattori umani: l'ingegnosità del progettista, la sua bravura e l'imprevedibilità dei comportamenti dell'uomo.

Le fasi del progetto

In ambito grafico le fasi che conducono alla soluzione del problema sono:

1. la definizione del problema;
2. la proposta del concept;
3. le fasi dello sviluppo;
4. le procedure di implementazione.

Sullo schema a fondo pagina e pagina precedente ne vediamo lo sviluppo in modo analitico.

Le fasi dello sviluppo

- Creative brief
- Realizzazione semilavorati
- Prova di stampa
- Verifica
- Adeguamento alle richieste del committente

La realizzazione del prodotto finale richiede una verifica del rispetto dei vincoli, la distribuzione del lavoro per aree di competenza, l'assemblaggio delle parti e la valutazione dei risultati. Il lavoro di gruppo va coordinato e documentato. Nella fase conclusiva il committente approva il layout definitivo.

Le procedure di implementazione

- Esecutivi digitali
- Supervisione alla produzione
- Consegna
- Consuntivo

L'esecutivo finale va in ri-produzione.
Ove richiesto, va implementato nelle varie applicazioni: il marchio applicato sulle carte intestate, il packaging sviluppato sui diversi prodotti.

6. L'applicazione al design

Il **committente** ha un'esigenza di comunicazione che riguarda un prodotto/servizio e i suoi valori. Esprime perciò una **richiesta** in termini materiali: l'**obiettivo** è lo scopo della comunicazione, far conoscere un servizio. Il **target** è il destinatario della comunicazione, il pubblico potenzialmente interessato al prodotto/servizio. I **materiali a disposizione** sono i dati conoscitivi di partenza; la **durata** fissa i termini entro i quali bisogna produrre e divulgare la comunicazione. Il **budget** è il tetto di spesa disponibile per l'intera operazione.

Nel design grafico si deve aggiungere ancora la **tipologia di comunicazione**, l'informazione, la pubblicità e la promozione.

Da ultimo il **tono di voce,** che è lo stile con il quale si vuole comunicare: può essere intimista, tecnico, ironico o altro ancora.

La comunicazione

I vincoli

Nella grafica esistono quattro vincoli fissi che costituiscono i limiti al libero sviluppo dell'idea progettuale. Il primo dei quattro è flessibile, mentre gli altri sono determinati con precisione matematica. Sono:

1. L'**obiettivo dell'azione di comunicazione** che il committente trasmette al grafico: come per esempio diffondere la conoscenza di un servizio, far conoscere a più utenti un marchio, far cambiare uno stile di comportamento a un determinato pubblico. L'**individuazione** del target è suggerita dal marketing e dalla sociologia e riguarda gli stili di vita del pubblico e i mezzi più idonei per far arrivare a destinazione il messaggio. Per esempio, la diffusione della notizia dell'apertura di un nuovo locale per giovani può avvenire attraverso i social network, come Facebook, mentre la pubblicità di un gadget tecnologico può trovare la sua collocazione in una rivista di nicchia come Wired.
2. Il **budget** a disposizione è un vincolo che può stimolare a essere creativi. È molto più facile fare un annuncio efficace avendo a disposizione una pagina intera a colori e un bravo fotografo che fare un annuncio in bianco e nero senza foto e con uno spazio minimo sulla pagina.
3. La **tecnica di produzione** è strettamente connessa al budget disponibile e ai tempi di consegna. La stampa di una carta intestata avrà un risultato, un costo e tempi diversi se stampata in offset o in serigrafia e arricchita da impressioni a secco.
4. La **data di consegna** del prodotto è un vincolo gravoso, specialmente quando un'intera squadra di professionisti e fornitori deve collaborare a uno stesso progetto.

La richiesta del committente

Il grafico riceve dalla committenza un brief riguardante un prodotto o servizio. Il committente ha come finalità una forma di comunicazione, che può essere pubblicitaria o promozionale, che intende far giungere a un pubblico predefinito, ovvero il target.

I condizionamenti

Esistono fattori in gioco difficilmente misurabili ma che possono condizionare le scelte nella grafica e sono elementi dei quali occorre tenere conto: le mode, gli stili, i cambiamenti tecnologici. Il design e le arti infatti sono in costante evoluzione perché il pubblico e il mercato richiedono di essere continuamente sollecitati dal nuovo.

I **cicli del cambiamento** sono sempre più rapidi, come nella moda, ma anche nelle arti visive le tendenze si rincorrono veloci. Salvo poi tornare a riaffiorare dopo dieci o venti anni; di solito un oggetto perde valore nel tempo, ma viene successivamente recuperato e alla fine rivalutato. Il tempo ha una forte incidenza nel cambiamento dei costumi, degli stili attraverso i quali i grafici si esprimono, e nei gusti e nelle preferenze che gli utenti esprimono. Come esiste uno stile del vestire legato all'epoca, così esiste uno stile nell'uso dei caratteri, nel taglio delle fotografie, nell'audacia o nella staticità delle composizioni o dei soggetti.

Le **tecnologie di produzione** hanno un forte peso nel determinare i cambiamenti di trend. Negli anni Ottanta il computer ha avuto un forte impatto nel mondo della grafica e dell'immagine, provocando il cambiamento delle modalità di progettazione e di realizzazione, estendendo l'uso del colore, facilitando i processi di ritocco delle immagini, permettendo la facile sovrapposizione di immagini e testi in modi che le tecnologie precedenti non consentivano o rendevano troppo costosi. L'introduzione della tecnica di stampa a colori dei quotidiani, negli anni Novanta, ne ha rivoluzionato l'aspetto e la grafica.

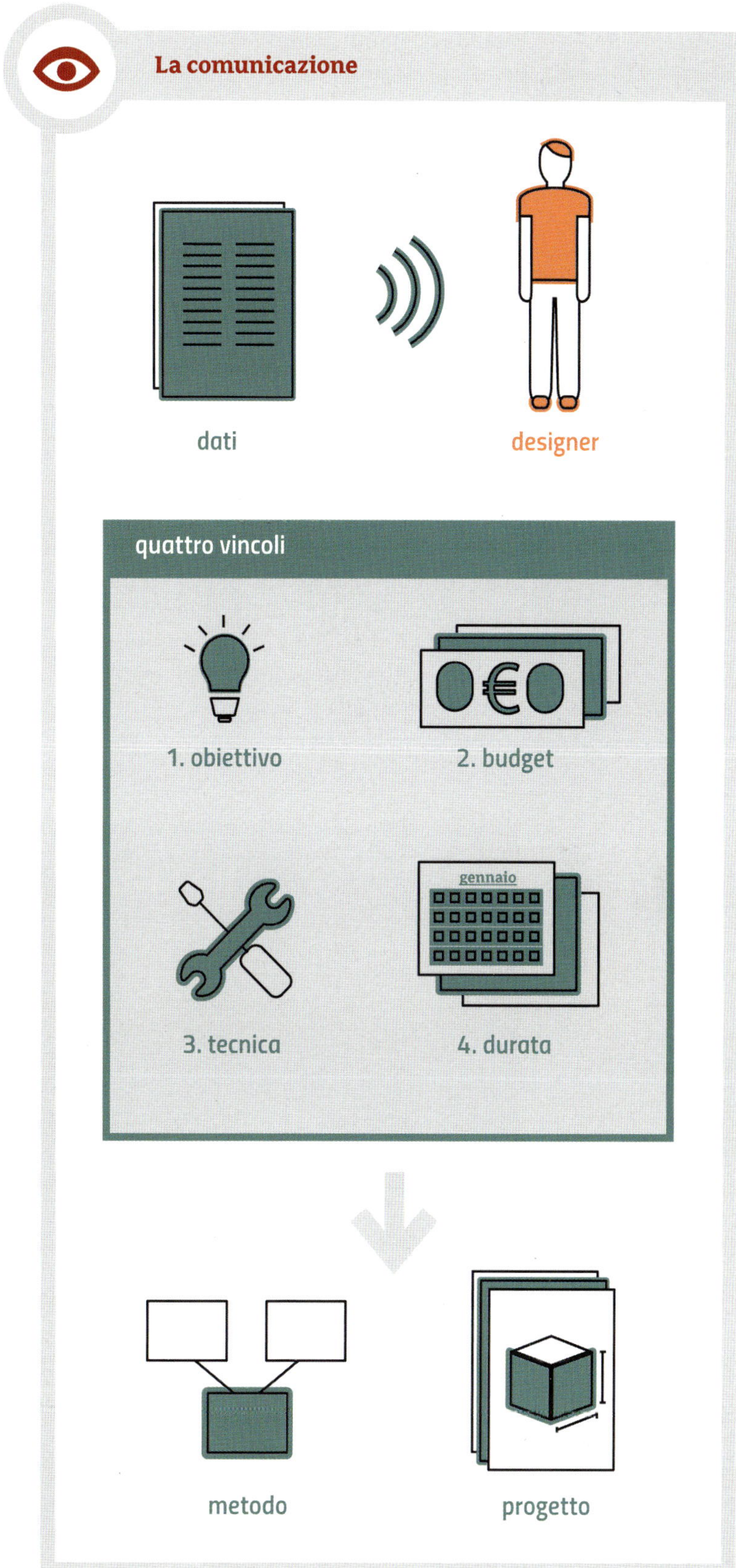

L'attività del grafico

Il grafico riceve dalla committenza il mandato di comunicare col pubblico per cogliere un obiettivo ed è sottoposto a quattro tipi di vincoli: lo scopo dell'azione, il budget, il veicolo tecnico, o mezzo, la durata nel tempo. Si avvale di un progetto sviluppato attraverso una azione metodica.

7. La definizione del problema

Quando il committente si rivolge al grafico desidera risolvere un problema che talvolta è in grado di definire con chiarezza e in altri casi in modo vago. Fa parte dei compiti del grafico indagare e raccogliere tutte le informazioni di cui avrà bisogno durante la realizzazione del progetto: comprendere bene le caratteristiche del committente, gli obiettivi a breve e lungo termine, i vincoli del problema e adottare gli strumenti adeguati alla situazione.

La **raccolta delle informazioni** può avvenire in diversi modi ed è influenzata dalle caratteristiche del problema e del committente. Un'azienda di grandi dimensioni programma una campagna pubblicitaria, o il rinnovo dell'immagine aziendale, partendo dallo studio del proprio ufficio marketing. Perciò formulerà al grafico richieste precise e sarà in grado di fornire dettagliate informazioni sugli obiettivi dell'azione intrapresa. Un'azienda più piccola può avere la necessità di essere guidata nell'analisi e nella formulazione delle richieste.

L'intervista e il questionario

Hanno entrambi lo scopo di raccogliere notizie precise sul progetto e sul committente: nell'intervista avremo un dialogo guidato durante il quale il grafico chiede e l'azienda risponde. Il questionario consente una compilazione e un'analisi in momenti diversi e separati, anche se è consigliabile comunque che grafico e azienda rivedano congiuntamente le risposte.

Indicativamente le domande dovrebbero vertere su due aree.

Area 1 – Notizie sul committente

- Qual è il settore nel quale opera il committente?
- Quali sono le caratteristiche importanti del suo **mercato**? Qual è la storia, il passato del settore e quali sono i **trend**, cioè come si prevede il futuro? Quale **posizione** di mercato occupa il committente in questo settore?

Una comunicazione forte

L'annuncio dice: "La dipendenza dalla nicotina ti tiene stretta. Scopri la verità senza filtro".

Associazione RSEQ per lo sport e l'educazione

- Qual è il profilo, la storia, la **strategia aziendale**?
- Quali sono le caratteristiche della sua clientela?
- Quali sono le posizioni occupate dalla concorrenza?
- Quali sono i prodotti e i **canali di distribuzione** utilizzati?
- Quali forme di comunicazione utilizza?

Area 2 – Notizie sul progetto

- Quali sono le esigenze del committente?
- Qual è lo scopo del progetto?
- Qual è l'oggetto/prodotto di comunicazione richiesto al grafico?
- Quali sono i risultati richiesti? Accrescere la conoscenza dei prodotti/servizi? Accrescere la diffusione del prodotto/servizio?
- Chi sono i destinatari del prodotto/servizio? Quale effetto deve produrre sui destinatari?
- Quali sono le abitudini dei destinatari nei **consumi**? Quali sono gli **stili di vita** che li identificano?
- Qual è il **budget** previsto?
- Quali sono i tempi di attuazione?
- Quali sono i criteri utilizzati per la valutazione finale?

Nella intervista si leggono termini nuovi, che fanno parte del **linguaggio del marketing** e della comunicazione aziendale, un linguaggio che il grafico padroneggia, anche se non è propriamente un esperto di marketing.

Il design brief

È un **documento sintetico**, lungo da due a dieci pagine, che può essere fornito dal committente o elaborato dal grafico, sulla base dell'intervista o del questionario: breve, ma sufficientemente dettagliato per descrivere il progetto. Il brief deve essere condiviso e sottoscritto da entrambe le parti. Fornisce a tutti gli attori in gioco il contesto nel quale si realizza il progetto e gli obiettivi che il committente desidera raggiungere. Consente di svolgere una funzione di costante **controllo di aderenza** del progetto.

Coin Promozione evento

Coin – Family & Friends

Maggio 2015

Osserva: design brief

Il committente
COIN.
Titolo del progetto
New shopping experience.

Informazioni sull'azienda
COIN è un punto di riferimento per lo shopping urbano, luogo moderno e vitale dove vivere l'innovazione nel mondo della moda e dello stile, con punti vendita presenti in tutto il territorio nazionale. COIN è all'avanguardia e capace di catturare i nuovi trend e gli stili emergenti.

Mission
La miglior shopping experience della città in un luogo aperto multi-esperienziale.

Concorrenti
La Rinascente, Zara, OVS.

Cosa chiede
Una promozione, per una vera e propria campagna stampa, da usare anche all'interno degli store COIN come parte del materiale promozionale.

Obiettivo del progetto
Attirare nuovi potenziali utenti in target.

Descrizione del progetto
Negli ultimi anni il brand è stato oggetto di un intenso piano di rilancio, ed è in questo contesto che COIN chiede di rappresentare il suo mood personale e glamour. Si richiedono pertanto una serie di variazioni creative e un video incentrati esclusivamente sul logo COIN. Non un video promozionale o uno spot, ma un'animazione. Il logo può essere rivisitato rielaborandolo graficamente sia all'esterno che all'interno del suo perimetro, ma bisogna mantenere il più possibile le proporzioni intatte per garantirne la leggibilità. Il payoff ufficiale di COIN è "New shopping experience" che può essere interpretato come si preferisce.

Valori da comunicare
Eleganza, convenienza, aderenza al trend.

Tono di voce
Il mood che deve emergere dai lavori è glamour, fashion, vitale, updated e sorprendente.

Linee guida dell'immagine coordinata
Fornite ☐
Non disponibili ☐

La corretta costruzione e le proporzioni del logo sono allegate in formato pdf.

Altri materiali a disposizione
Piano marketing dell'azienda.

Target
Si punta a nuovi clienti tra i 25 e i 35 anni. Il 50% dell'attuale clientela ha più di 40 anni; il 70% sono donne, il 30% uomini.

Formati dei prodotti richiesti
Video animazione per la televisione e Internet, max 20 secondi.
Immagini del logo rielaborato a colori da utilizzare nelle riviste di moda, in formato pdf alta qualità.

Scadenze
Termine di consegna dei lavori: 30 giorni da oggi.
Presentazione del lavoro presso la sede centrale di Mestre.

Step
Approvazione storyboard entro 10 giorni da oggi; revisione intermedia entro 20 giorni da oggi.

Budget
Budget complessivo 30.000 euro.

Ricerca iniziale

Utilizzando il design brief il grafico inizia una prima ricerca sul settore nel quale opera il committente, analizza le azioni che lui e i suoi concorrenti hanno intrapreso recentemente per comprendere meglio in quale ambito dovrà operare. Si mettono a fuoco le parti meno definite del brief per discuterne poi con il committente. Si annotano le idee per la fase successiva.

Piano di azione

A questo punto il grafico è pronto per fare un piano di azione generale. Si stende la scaletta delle operazioni, si stabiliscono le risorse da utilizzare e i lavori da realizzare individuando tutte le attività correlate. Si specificano i tempi di attuazione, che devono essere definiti almeno in percentuale sul totale del tempo a disposizione: per esempio il 20% del totale per la ricerca, il 40% per abbozzare le idee iniziali e le varianti, il 40% per disegnare l'esecutivo al computer. Il diagramma di Gantt può essere lo strumento per rendere visibile il piano di azione a tutte le persone coinvolte nel progetto.

Il diagramma di Gantt del caso aziendale COIN

Strumento di supporto che rappresenta su scala temporale l'evoluzione del progetto sulla base delle attività e delle persone coinvolte.

NOME	DURATA GIORNI	INIZIO	PROFESSIONISTI COINVOLTI
PROGETTO COIN	30	**05.09**	
DEFINIZIONE PROBLEMA	3	**05.09**	
Intervista	1	05.09	Committente, Account
Design brief	1	05.09	Account, Art
Ricerca iniziale	2	06.09	Grafico
Piano d'azione	1	07.09	Committente, Account, Art Director
PROPOSTA CONCEPT	7	**08.09**	
Brainstorming e selezione	1	08.09	Art Director, Grafico
Bozzetti e storyboard	5	09.09	Art Director, Grafico, Video
Presentazione	1	16.09	Committente, Account, Art Director
FASI SVILUPPO	15	**19.09**	
Creative Brief	1	19.09	Art Director, Grafico, Fotografo
Semilavorati	12	20.09	Art Director, Grafico, Fotografo
Verifica	1	06.10	Art Director, Grafico, Fotografo
Presentazione	1	07.10	Committente, Art
PROCEDURE IMPLEMENTAZIONE	5	**10.10**	
Esecutivi	4	10.10	Grafico, Foto, Video
Consegna	1	14.10	Committente, Account, Art
Consuntivo	1	14.10	Committente, Account

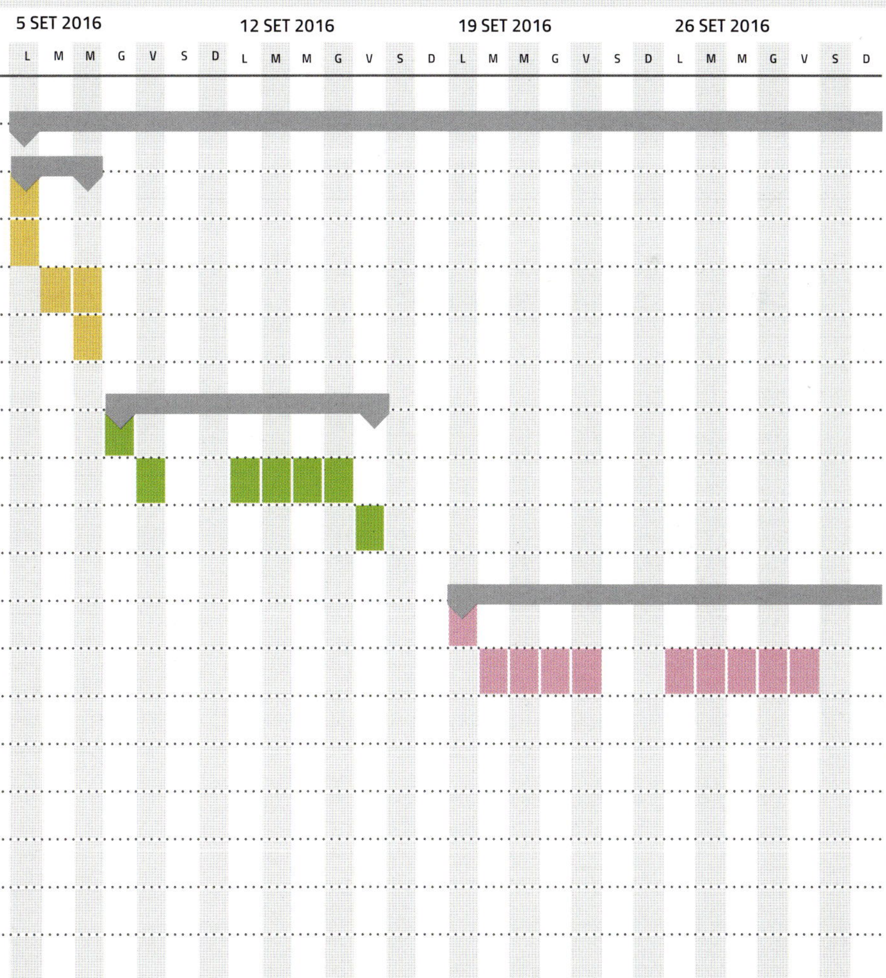

8. Il concept

Molti possono considerare la ricerca e la generazione del concept come attività distinte: in teoria si possono separare, ma nella pratica la generazione di idee deve avere origine nella ricerca. Inoltre, nella fase finale, l'esplicito riferimento a fonti di ispirazione sarà utile per giustificare e descrivere i motivi delle scelte progettuali.

La soluzione al problema di design non deve essere immediata o scontata. Una fruttuosa ricerca può modificare il punto di vista, ed è utile a ridefinire anche gli obiettivi del progetto.

In questa fase sono importanti sia il dialogo costruttivo con il committente che il funzionamento del gruppo di lavoro, soprattutto se il progetto è complesso.

Ricerca, osservazione, ascolto a 360°

L'ispirazione e le idee possono nascere ovunque e nella maniera più imprevedibile: da fonti pertinenti, come la documentazione iniziale o la storia del committente, ma anche da fonti più improbabili, come una suggestione ricevuta da un film o le parole di una canzone. In questa fase si annota tutto quello che passa per la testa senza censure preliminari: una cattiva idea potrebbe diventare parte della soluzione finale.

Molte volte le nuove idee nascono dall'esperienza, ed è quindi importante documentarsi e ricercare il lavoro fatto dagli altri, su un soggetto simile, indagando esempi storici e contemporanei.

Si ricerca in **campi culturalmente affini**, ma suscettibili di essere portatori di idee nuove, su risorse digitali, Internet o raccolte di dati, e su risorse cartacee, nelle librerie e nelle biblioteche. Si ricerca per strada: sarà molto utile allestire una tavola, o un quaderno delle tendenze, il **mood board**, mettendo insieme ritagli, oggetti, foto prese al volo, immagini raccolte in Internet, tutto ciò che può essere connesso al lavoro in corso.

Si **ricerca nel passato** leggendo la storia dei movimenti artistici e il loro sviluppo. Si ricerca nel presente studiando l'attività dei grafici, le relazioni con le radici storiche, il contesto culturale corrente, la diversa sensibilità, e a volte la contrapposizione sviluppata nel tempo tra principi morali ed etici nei confronti della professione.

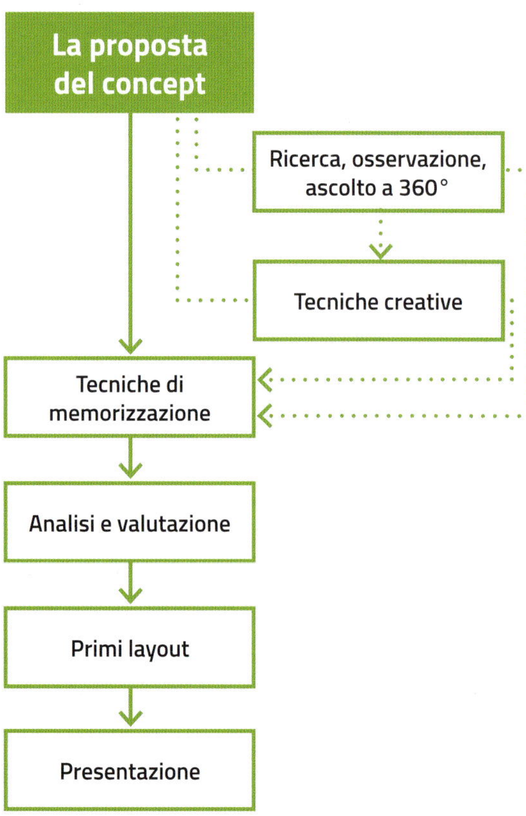

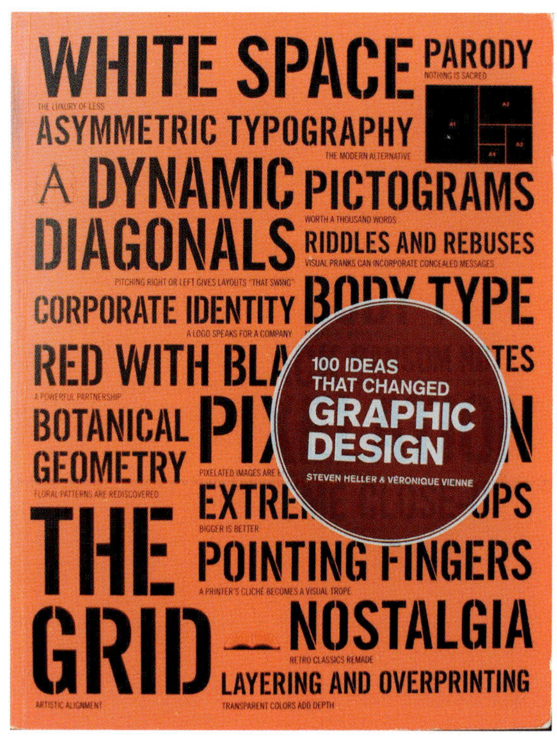

Si **ricerca sul campo** consultando le persone coinvolte e scontate, come il committente o i destinatari finali: per un progetto di comunicazione che riguarda donne professioniste si intervista un campione di soggetti. Sull'argomento che le riguarda, il loro punto di vista può essere più interessante di quello di qualsiasi studioso di marketing. Si ricerca dal vivo, parlando con persone non coinvolte nel progetto, per avere un punto di vista diverso e divergente.

La ricerca si estende infine anche ai **materiali da usare**, tradizionali e non tradizionali, alle tecniche e ai processi correlati.

Tecniche creative

Alla ricerca segue la fase di "incubazione" delle idee. Nel tempo sono state sviluppate molte tecniche creative e al momento opportuno la loro conoscenza consente la selezione della tecnica più adeguata alla situazione.
Queste sono le più usate.

Il brainstorming

Mira alla produzione di idee tramite **libere associazioni**; favorisce l'ispirazione e la nascita di collegamenti e soluzioni nuove. Si utilizza prevalentemente in gruppo e consente la costruzione di una mappa mentale mettendo insieme il lavoro di più cervelli. Per una buona riuscita è necessario che si agisca nell'ambiente più favorevole, mettendo i partecipanti nelle condizioni di esprimersi liberamente, tutti allo stesso livello, senza timore di sbagliare, seguendo queste regole:

- trovare un ambiente, privo di disturbi esterni o rumori, che favorisca la concentrazione;
- focalizzare un solo argomento alla volta, o una sua parte;
- annotare le idee con parole chiave o segni;
- disporle in modo che siano sotto gli occhi di tutti: un grande foglio, post-it che si dispongono sulla parete;
- partecipare attivamente a turno, senza censurare le idee altrui;
- usare le idee degli altri come punto di partenza per crearne di nuove;

> non censurare le idee perché tutti contribuiscono alla pari, senza gerarchie;
> prendersi il tempo necessario per produrre una quantità sufficiente di idee.

La mappa mentale

È una rappresentazione grafica che, partendo da un argomento, collega le idee in maniera radiale: si espande dal centro con una struttura ramificata dove a ogni idea, sintetizzata con pochi termini, corrisponde un nodo. Conclusa la mappa si possono riordinare gerarchicamente le idee, creando una scaletta secondo i livelli di pertinenza alla soluzione: dal centro verso l'esterno.

La discussione

Si tratta di sviluppare le idee iniziali attraverso una discussione collettiva su parole e immagini, attraverso schizzi e soluzioni alternative. È diversa dal brainstorming perché è direttamente focalizzata sul soggetto e procede attraverso la selezione di scelte razionali e condivise.

Qualcuno non è d'accordo sulle tecniche di lavoro di gruppo creativo: Steve Wozniak e Steve Jobs, i creatori di Apple, danno lo stesso consiglio: "Lavorate da soli. Stando per conto vostro avrete più possibilità di avere idee e creare prodotti rivoluzionari. Evitate i gruppi. Evitate le riunioni".

Tecniche di memorizzazione

Sono strettamente legate alle strategie per la creatività. Dal foglio e matita per realizzare bozzetti sketches, o per scrivere parole, tutto può essere funzionale allo scopo. In questa fase i disegni non saranno dettagliati, ma sufficienti per descrivere l'idea da trasmettere.

Quando il progetto riguarda un'animazione o un video, gli schizzi fissano i punti nodali della narrazione su una serie di frame che costituiscono lo storyboard.

Analisi e valutazione

Attraverso la discussione collettiva si selezionano le idee, scartando quelle che non possono funzionare. In alcuni casi bisogna rivedere e modificare le proposte, adattandole agli obiettivi fissati.

Il grafico prende in considerazione gli eventuali vincoli di legge, come il diritto d'autore, la normativa su specifici soggetti di studio, l'etichettatura degli alimenti e dei prodotti per la cura del corpo, i problemi di salute e sicurezza collegati con l'uso di specifici materiali, le tecniche e le pratiche. Tenendo presenti questi vincoli seleziona ed elabora le idee.

Tecnica dei sei cappelli

Sei cappelli

Questa tecnica costringe ad analizzare un problema da sei punti di vista; si parla infatti di sei cappelli che si devono indossare per assumere diverse personalità e affrontare il problema secondo diversi punti di vista.
È un valido aiuto per chi lavora da solo.

Edward De Bono

Primi layout

Il grafico deve chiedersi quali siano gli aspetti del progetto che sono cruciali per ottenere risultati positivi. Gli aspetti funzionali dell'oggetto che sta per produrre sono meno soggettivi rispetto a quelli estetici e di gusto; sono pertanto più chiari e oggettivi per la valutazione della sua qualità. I risultati che derivano da un'eccessiva considerazione funzionale potrebbero però portare a un risultato considerato troppo semplice o banale.

Le considerazioni estetiche tuttavia hanno il loro peso sull'effetto che il messaggio esercita sul pubblico a cui è destinato. Occorre aderire alla funzione comunicativa richiesta in un dato momento: la forma può essere classica e tradizionale se si deve trasmettere serietà e affidabilità, mentre richiede un certo grado di leggerezza se si deve trasmettere allegria e spensieratezza.

Si sceglie una forma in funzione di un obiettivo comunicativo e si sceglie il materiale appropriato a dare corpo alla forma. Qualche volta si può essere trasgressivi per dare più forza alla voce, ma oramai si è abituati anche alla provocazione dei messaggi urlati. La grafica deve bilanciare le richieste del committente con le considerazioni estetiche, e con i vincoli posti dalle tecnologie di produzione e di budget. Nelle decisioni progettuali si tiene conto dell'importanza di tutti gli aspetti che possono contribuire al conseguimento del risultato prefissato, siano essi di tipo funzionale oppure formale.

Il grafico impiega i metodi appropriati per dare forma alle proprie intenzioni creative: sviluppa le idee e mette a fuoco i concetti entro i confini del design brief utilizzando un approccio più formale rispetto ai bozzetti iniziali. Gli schizzi, per quanto approssimativi, devono attenersi alle indicazioni del brief, essere correlati alla ricerca iniziale, tenere conto del formato richiesto, per esempio orizzontale anziché che verticale. Inoltre devono essere annotati con commenti su caratteristiche, opportunità, problemi, direzioni da prendere, ed esplorare varie possibilità progettuali.

Passaggi progettuali

Tradizionalmente per molti grafici il flusso di lavoro è composto da schizzo e layout finale. Alcuni, tra lo schizzo iniziale e il layout, eseguono altri schizzi, detti "rough". Il layout è un disegno definito, già adatto a essere sottoposto a una prima revisione o al cliente.

L'equivalente Web è il "beta", un sito funzionante ma non accessibile al pubblico.

Il computer ha cambiato il flusso di lavoro personalizzandolo per ogni artista e ogni progetto. Tuttavia i migliori designer, lo si creda o meno, schizzano le idee sulla carta cercando un intervallo di riflessione prima di ricorrere al computer per completare il progetto.

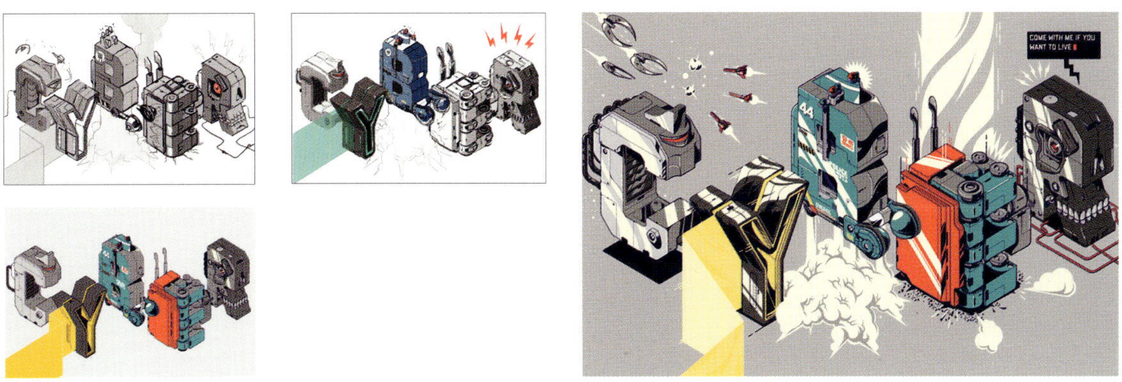

Gabriel Silveira per Lootcrate, 2016

9. Le fasi di sviluppo

La regola dà sicurezza,
la geometria ci aiuta
a conoscere le strutture
o a costruire un mondo
nel quale ci possiamo
muovere senza paure.
Il caso è l'imprevisto
a volte terribile
a volte piacevole
l'incontro con una persona
con la quale si stabilisce
subito un contatto
di simpatia o di amore,
l'esplosione di una idea
risolutrice la scoperta di un
fenomeno.
La regola nasce dalla
mente si costruisce con la
logica tutto è previsto
con la regola si può
pianificare un programma.
Il caso nasce dal clima
dalle condizioni ambientali,
sociali, geografiche, dai
recettori sensoriali.
Un odore di eucalyptus
la forma di un sasso
il ritmo delle onde
del mare...
La regola, da sola è
monotona il caso da solo
rende inquieti.

Bruno Munari, "Verbale scritto"

Le ultime due fasi del progetto, sviluppo e implementazione, sono trattate qui in modo sintetico perché saranno l'oggetto di tutto il resto del testo. Sono le fasi più direttamente produttive, legate a singoli media, oggetti e tecniche di realizzazione.

Creative brief

In questa fase il team di progetto deve rivedere i dati raccolti, puntualizzare le idee memorizzate, scegliere definitivamente il percorso da realizzare, decidere le fasi successive dal punto di vista tecnico e segnalare eventuali problemi.

Realizzazione dei semilavorati

Si producono prototipi; nel caso della grafica spesso il progetto corrisponde all'esecutivo, però se occorre una fotografia o un'illustrazione di particolare importanza in questa fase si passa l'incarico allo specialista.

Prova di stampa

Una o più prove di stampa del progetto, parziali o totali, sono necessarie per capire la resa effettiva nel passaggio da un medium all'altro. Si controllano la dimensione e l'impatto visivo dei testi, la qualità del colore.

Verifica

Si valutano la rispondenza del prodotto al brief iniziale, il rispetto delle richieste, dei tempi e dei limiti tecnici e di budget. Si sottopone il bozzetto finale all'approvazione del cliente.

Le richieste del committente

Prima di passare alla fase finale, alla produzione degli esecutivi che saranno poi mandati in stampa, o pubblicati sul web, si possono fare ancora modifiche su richiesta del committente.

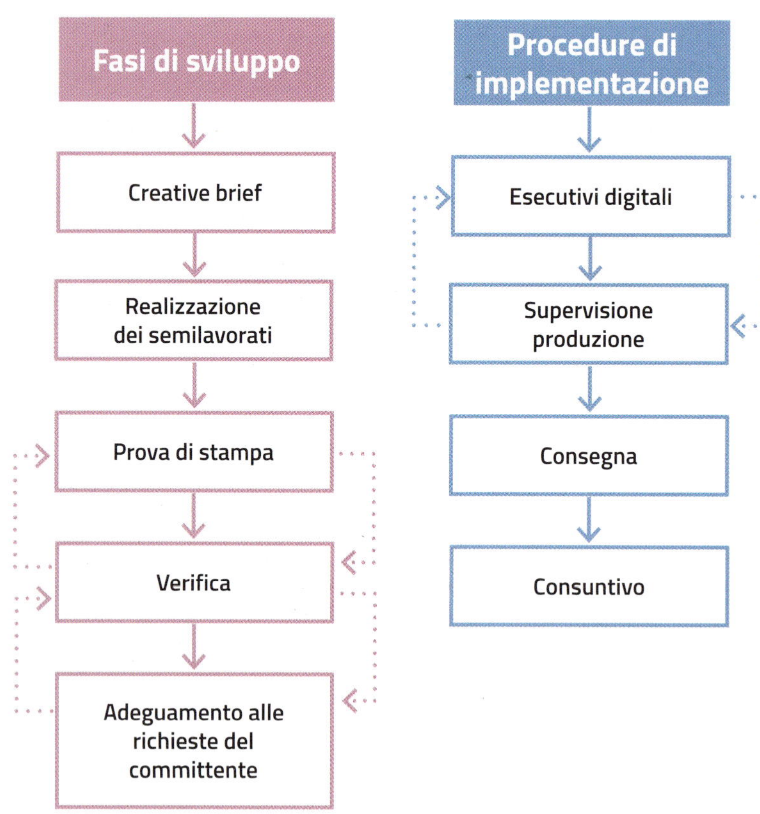

Implementazione
È la fase finale del progetto. Può essere veloce se si tratta di perfezionare i bozzetti già in digitale o di pubblicare un sito ancora in **versione beta**. Può essere molto lunga se comporta l'impaginazione di molti materiali, come nel caso di un catalogo o di tutti i prodotti di una linea di **packaging**. Il grafico spende qui molte delle sue conoscenze tecniche per coordinare i fornitori e valutare la qualità dei prodotti finiti per conto del committente.

Esecutivi digitali
Si allestiscono gli impaginati digitali componendo le illustrazioni e i testi. Si preparano i materiali per la stampa compilando il report di stampa. Nel caso di produzione video si effettua il montaggio del materiale ripreso, dei titoli di testa e coda, si aggancia il suono.

Per un sito web si impaginano i contenuti e le immagini e si verifica la rispondenza dei link e delle interazioni.

Supervisione alla produzione
Il grafico, in quanto esperto tecnico del settore, è il consulente del committente anche nella fase di produzione o stampa del prodotto e ha il compito di seguirla verificando la rispondenza ai **capitolati del contratto**: si assicura cioè che il prodotto finito sia conforme a quanto stabilito con lo stampatore. Quindi deve essere in grado di giudicare la qualità dei materiali impiegati, dei risultati cromatici della stampa, del finissaggio, della rilegatura, ove richiesta.

Consegna e consuntivo
Il progetto è stato portato a termine con successo se il committente è soddisfatto e i destinatari della comunicazione hanno reagito al messaggio nella forma prevista e desiderata: per esempio, hanno dimostrato di comprendere come accedere a un servizio, hanno scelto di più il prodotto o acquistato un determinato bene. Sarà la conferma migliore della corretta applicazione e dell'efficacia del metodo progettuale.

Un esempio storico
Un ciclo progettuale: la ricetta del risotto di Bruno Munari, uno dei più importanti grafici del Novecento, illustra il metodo di progettazione del designer prendendo come esempio l'esecuzione di una ricetta, un campo che ben si presta al paragone. La tabella della pagina seguente mette a confronto il metodo esposto da Munari con un caso reale di stretta pertinenza grafica. Si deve ricordare tuttavia che la sequenza di operazioni progettuali non è rigida e deve adattarsi ai singoli problemi, anche con passi all'indietro o salti in avanti.

Capitolato del contratto

Sono le parti di un contratto contenenti nel dettaglio la descrizione delle opere, delle modalità realizzative delle stesse e dei materiali che verranno utilizzati, dei requisiti reputati corretti per l'esecuzione.

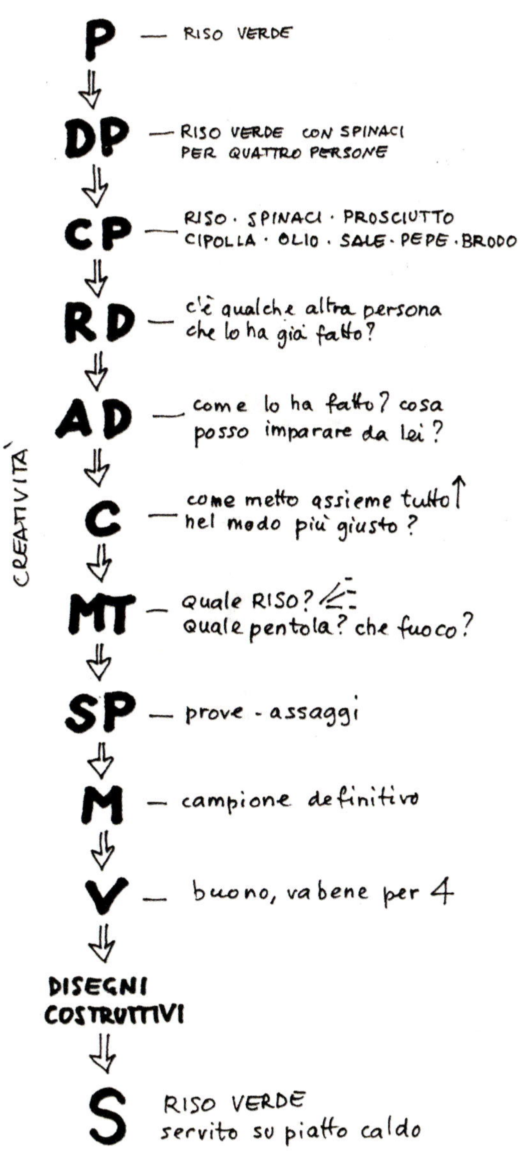

Schema progettuale

Nel testo "Da cosa nasce cosa" Bruno Munari propone questo schema progettuale.

Bruno Munari, 1981

FASI	LA RICETTA DEL RISOTTO DI MUNARI	UN CASO DI DESIGN GRAFICO
Problema	Preparare il riso verde.	Disegnare il marchio per un museo di arte popolare.
Definizione del problema	Riso verde con spinaci per quattro persone.	Marchio applicabile nelle diverse situazioni d'uso, composto da un'immagine e dal logo del Museo di Arte Popolare.
Componenti del problema	Riso, spinaci, prosciutto, cipolla, olio, sale, pepe, brodo.	L'edificio e la collocazione del museo, la raccolta di arte popolare, il radicamento nel territorio, la tradizione in campo manifatturiero, artistico e nelle arti applicate.
Raccolta dei dati	C'è qualche altra persona che lo ha già fatto? La ricetta è riportata su diversi libri anche in modo diverso.	I musei di arte popolare in Italia e in Europa, esempi reperibili in Internet e sui cataloghi di una biblioteca.
Analisi dei dati	Come lo hanno fatto gli altri? Cosa posso imparare dagli altri?	Mettere a confronto le soluzioni trovate: valutare forza ed efficacia comunicativa. Dedurre elementi comuni e differenze. Valutare l'attualità e la qualità delle soluzioni trovate. Annotazione grafica o fotocopiatura delle soluzioni più interessanti.
Creatività	Come metto assieme tutto nel modo giusto?	La mia ipotesi di lavoro: selezione e scelta delle immagini degli oggetti più interessanti presenti nel museo da trasformare in segno. Scelta del font per il logotipo. Prove di composizione delle parole del logotipo: Maiuscole/minuscole, su una riga, su più righe, compenetrate.
Materiali e tecnologia	Quale riso, che pentola, che tempo di cottura?	Scelta del software in funzione del trattamento dell'immagine. Rasterizzazione, vettorializzazione. Acquisto font necessarie.
Sperimentazione	Prove, assaggi.	Prove di composizione, di riduzione e ingrandimento. Prove in negativo. Prove di colore. Applicazione su materiali e gadget diversi.
Modelli	Campione definitivo.	Scelta del definitivo tra una gamma ristretta.
Verifica	Buono, sufficiente per quattro persone.	Test con il committente. Test di gradimento con il pubblico.
Esecutivo Disegni costruttivi	Riso verde servito su piatto caldo.	Esecutivi e realizzazione del manuale di immagine coordinata con i dettagli costruttivi del marchio.
Soluzione del problema	Persone soddisfatte dall'assaggio del risotto.	Applicazione del marchio del Museo di Arte Popolare su carta intestata e catalogo.

Esercitazioni

●○○
Esercizio n. 1 – Analisi del brief

Il brief che segue è articolato e ricco di informazioni. Include gli elementi che consentono l'analisi secondo la scheda e le voci descritte nel capitolo 2, "Progetto e metodo".
Per la realizzazione del progetto, le scadenze e i formati dei lavori devono essere fissati dal docente in relazione alla situazione contingente.

Scheda Analisi del brief

Leggere il brief e classificare le informazioni dedotte in base all'ordine riportato sulla scheda.

Committente
Titolo del progetto
Informazioni sull'azienda
Concorrenti
Cosa chiede
Obiettivo del progetto
Descrizione del progetto
Valori da comunicare
Tono di voce
Risorse da utilizzare
Target
Formati dei prodotti richiesti
Scadenze

Brief - Oxydo. Remark your identity

Safilo è presente da oltre 75 anni nel mercato dell'occhialeria ed è attiva nella creazione, nella produzione e nella distribuzione di occhiali da vista, da sole e occhiali sportivi di alta qualità. Safilo gestisce un portafoglio di marchi propri e in licenza per i più prestigiosi nomi del lusso e della moda.
Il brand in questione è Oxydo, il marchio di occhiali da vista e da sole, unisex, che Safilo ha lanciato nel 1995. Gli occhiali Oxydo sono dedicati a un target con uno stile ricercato e originale che non si confonde con il gruppo.
Da qui lo spiccato orientamento del marchio al fashion design, con dettagli moda e un trattamento cromatico distintivo, il tutto riunito in uno stile pulito ed elegante.

Gli occhiali Oxydo sono pensati proprio per esaltare l'unicità e la personalità che c'è in ognuno di noi. Il nuovo pay off di questo brand, infatti, è "Remark your identity". Ecco qualche indicazione in più sul prodotto: ricerca di materiali particolari e innovativi, design caratterizzante, attenzione ai trend della moda, sensibilità verso il mondo dei giovani e il loro desiderio di esprimersi sono tutti elementi che contraddistinguono questo marchio.

La concorrenza è riconoscibile nei marchi: RayBan, Web, Persol. Quello che si chiede è di sviluppare idee che sottolineino questo aspetto: gli occhiali Oxydo sono un elemento che rafforza l'originalità e l'identità delle persone che li indossano, non vogliono dettare nuove regole, ma chiedono di reiventarle con il loro aiuto.

Obiettivo del progetto è rinfrescare l'immagine di marca. Non bisogna essere timidi, ma indossare un paio di occhiali da sole e scatenare la propria indole creativa. Si può partecipare con diversi tipi di materiali: da semplici idee a sceneggiature, a grafiche o video.

Una piccola accortezza: per girare i video, l'ideale sarebbe utilizzare occhiali Oxydo. Nel caso in cui se ne è sprovvisti, fare prova della propria abilità di registi per mascherare il marchio alternativo. Gli occhiali nel loro look aggressivo e futuribile contraddistinguono in modo forte la personalità di chi li indossa. È la prima cosa che si nota di una persona.

Il tono della comunicazione deve essere spigliato e giovane, trendy, aggiornato. Le risorse da utilizzare, come le immagini e il marchio, sono reperibili sul sito.

Il target è giovane con disponibilità di fondi per la cura del look.

●●○
Esercizio n. 2 – Cos'è il design grafico?
Orientare la riflessione sul futuro professionale dello studente. Riflettere sulle argomentazioni presentate nel capitolo.

In classe, sotto la guida dell'insegnante, dopo aver fatto una ricerca sui libri e in Internet, aprire una discussione sull'argomento. Da ricordare che si trova molto più materiale in lingua inglese, quindi digitare sul motore di ricerca "graphic design" piuttosto che "design grafico".

Altri quesiti importanti possono essere:
> Qual è la funzione del design grafico rispetto alla cultura oggigiorno?
> La comunicazione visuale segue il principio del design "la forma segue la funzione"?
> Che funzione ha la pubblicità nella società?

●●○
Esercizio n. 3 – Cos'è il trend?
Ogni tempo produce le sue mode: i trend. Rilevare i trend correnti all'interno di una gamma di oggetti analoghi, di design o di grafica, di arredamento, di moda o di illustrazione comporta allenamento e una attenta analisi.

Raccogliere in classe un numero rilevante di oggetti grafici nei diversi settori:
> copertine di libri di narrativa che si trovano facilmente su Internet;
> package di un tipo di prodotti, copertine di cd;
> home page di siti Internet di una categoria precisa.

Comparare e individuare i caratteri comuni al fine di descrivere un trend, una tendenza collettiva. Classificare secondo l'uso di foto o illustrazioni, dei colori all'interno di una gamma ristretta, dei caratteri di un certo tipo e così via.

●●●
Esercizio n. 4 – Il design grafico
Ispirarsi ai professionisti della grafica riconosciuti come riferimenti ideali. Capire i trend attuali nella fotografia, nell'illustrazione, nella pubblicità, nel design e individuare caratteri comuni.

Ricercare e collezionare almeno un esempio di lavoro per tipo secondo le seguenti categorie:
> design grafico;
> web design;
> illustrazione;
> fotografia;
> pubblicità;
> tipografia;
> nuovi media
> dynamic typography.

Prestare attenzione in particolare alle riviste specializzate italiane e straniere e ai loro annual che già raggruppano i lavori per categoria come **Art Director's Annual, Graphics design Annual, Typography, Communication Arts**; queste riviste hanno in genere anche un sito Internet.

Con il materiale trovato allestire in alternativa:
> una presentazione;
> un blog personale (è facilissimo e gratuito);
> un podcast (in Internet su pod-o-matic gratuitamente).

Riportare correttamente i crediti nelle didascalie: nome e cognome dell'autore, destinazione, committente, anno di pubblicazione, e inserire un commento di 20 parole per ciascuna riproduzione.

In alternativa, si può chiedere che i commenti siano effettuati sulle scelte dei colleghi.

●○○
Esercizio n. 5 – Questionario
Rileggere il testo dell'esercizio 1 e rispondere alle seguenti domande:
> Quale obiettivo si prefigge l'azienda?
> Che tipo di comunicazione intende adottare?
> Con che mezzi?
> Quali valori intende comunicare?
> Quale target intende raggiungere?

●●○
Esercizio n. 6 – Ricercare, investigare e generare idee iniziali.
Cercare in Internet o su materiali a stampa progetti simili al brief proposto nell'esercizio 1.
> Generare idee iniziali con mappe, fonti dirette come interviste, visite.
> Utilizzare fonti indirette: testi, Internet.
> Valutare alternative: stilistiche, di scala, di materiali.

●●○

Esercizio n. 7 – Ricercare, investigare e produrre esempi utilizzando materiali e tecniche diverse.

Provare soluzioni diverse sperimentando per il brief proposto tecniche e processi bi e tri-dimensionali: disegnare, dipingere, fare collage, con gli elementi formali linea, colore, forma, texture, pattern. Intagliare e modellare carta, cartone, stoffa. Costruire e assemblare su scale e formati diversi.

●●○

Esercizio n. 8 – Pianificare il lavoro di gruppo

Organizzare un gruppo di lavoro sul brief proposto: distribuire i ruoli e i compiti. Compilare una tabella assegnando i tempi di esecuzione per le singole parti del progetto, in percentuale sul tempo a disposizione totale.

●●○

Esercizio n. 9 – Raffinare le scelte

1. Selezionare un'idea finale su una gamma di proposte proprie/di gruppo.
2. Motivare la soddisfazione della richiesta del brief, della adeguatezza estetica, mostrando i potenziali di sviluppo.
3. Usare una gamma di tecniche per rappresentare significato, pensieri e sensazioni.
4. Provare combinazioni innovative e creative.
5. Trovare nuove forme d'uso di materiali tradizionali.
6. Prevedere implicazioni di risorse diverse o forme di risparmio dei costi.
7. Sottoporre a revisione collettiva le proposte relazionando sulle scelte effettuate.
8. Raccogliere e rispondere alle obiezioni.
9. Mettere in atto le correzioni suggerite.

●●●

Esercizio n. 10 – Cogliere suggestioni

I grafici sono i creatori di artefatti visuali che riflettono la cultura contemporanea e lo spirito del loro tempo. Sono esploratori, interpreti, pensatori, artisti.

Temi proposti:

> Il futuro dell'automobile come mezzo di trasporto e di comunicazione. L'auto, per esempio, potrà raccontare il paesaggio che si attraversa, come farebbe un tassista.
> La cucina intelligente. Non solo elettrodomestici, ma oggetti che conversano tra loro e con l'utente.
> Ideare e proporre diverse soluzioni per comunicare un messaggio di rischio agli adolescenti, come "non bere alcool, non fare uso di droga, non guidare spericolatamente". Volgerlo in positivo? Divertire, spaventare, terrorizzare, incuriosire?

Riguardo a un tema assegnato, analizzare forme d'arte diverse, i lavori di artisti dove i territori si confondono: arte, ambiente, video, virtuale, artificiale, naturale.

Sviluppare una gamma di idee in forma di appunti, da irriverenti a serie, da grossolane a raffinate, che possano coinvolgere le diverse esperienze sensoriali oltre la vista, come l'udito, l'olfatto, il tatto.

●●●

Esercizio n. 11 – Essere imprevedibili

Il cliente vuole distinguere dalle concorrenti la sua nuova salsa speziata e piccante, "Picante".
Ideare un visual imprevedibile che mostri la rappresentazione della salsa di pomodoro e spezie, e che descriva la forza delle spezie e il suo effetto incendiario sulla lingua.
Motivare le scelte progettuali.

●●●

Esercizio n. 12 – Andare controcorrente

Il cliente vuole lanciare il nuovo detersivo per pavimenti "Brillo". Le caratteristiche del prodotto sono: effettiva efficacia, rispetto dell'ambiente perché assolutamente biodegradabile.
Vuole inoltre distinguersi dalla concorrenza in modo coraggioso anche andando contro tutti gli stereotipi della "massaia resa felice dal detersivo per i pavimenti", in uno spirito che sia non solo rispettoso dell'ambiente ma anche della donna.

Raccogliere esempi sui prodotti concorrenti e stabilire i motivi ricorrenti nel settore. Una volta stilata una lista, produrre visual e idee che siano rigorosamente innovativi rispetto a quanto già visto finora.

●●●

Esercizio n. 13 – Gli headline

Classificare gli headline che seguono secondo le categorie elencate, individuando il "tono di voce" della comunicazione. Quindi ideare le varianti cambiando categoria.

> Romantico
> Provocatorio

- > Disinvolto
- > Aggressivo
- > Evocativo
- > Rassicurante
- > Ironico
- > Coinvolgente
- > Snob
- > Concreto
- > Tenero

Gli originali da variare
- > Ascolta la tua sete. Sprite! (bibita analcolica).
- > Toglietemi tutto, ma non il mio Breil (orologi da polso).
- > Morositas, morbida la vita (caramelle).
- > Il Natale quando arriva... arriva (panettoni).
- > La lavatrice vive di più con Calfort (anticalcare per lavatrice).
- > Uliveto. Digerire secondo natura (acqua minerale).
- > Sofficini Findus, il sorriso che c'è in te (ripieni).
- > Che mondo sarebbe senza Nutella (crema spalmabile).
- > Muller. Fai l'amore con il sapore (yogurt).
- > C'è chi beve sempre il solito e Chinò (bevanda).
- > Nuovo? No, lavato con Perlana (detersivo per lavatrice).
- > Cosa vuoi di più dalla vita? Un Lucano (amaro digestivo).
- > Dove c'è Barilla, c'è casa (pasta alimentare).
- > Liscia, gassata o Ferrarelle? (acqua minerale).
- > Tonno Rio Mare. È così tenero che si taglia con un grissino (tonno).
- > Altissima, purissima, Lievissima (acqua minerale).
- > Amaro Averna. Il gusto pieno della vita (amaro).
- > Brooklin. La gomma del ponte (gomma da masticare).
- > Valfrutta. La natura di prima mano (conserve).
- > Kraft. Cose buone dal mondo (formaggi).
- > Il caffè è un piacere, se non è buono che piacere è? (caffè).
- > Sector. No limits (orologi da polso).
- > Yomo. Felice di piacervi (yogurt).
- > Prenatal. Una mamma per amica (abbigliamento per neonati).
- > Fiesta ti tenta tre volte tanto (merenda).
- > La Coop sei tu, chi può darti di più (supermercati).
- > Milka, il lilla che invoglia (cioccolato).
- > Scottex. Dieci piani di morbidezza (carta igienica).

Un esempio dello svolgimento
Slogan originale:
Brix lava a fondo rispettando i colori

Variazioni
- > Romantico: Brix dà vita ai colori che amate.
- > Aggressivo: Brix distrugge lo sporco ma salva i colori.
- > Ironico: Brix, la sottile differenza che c'è tra grigio-sporco e grigio-pulito.
- > Concreto: Brix è forte contro lo sporco, delicato con i colori: anche a 30 gradi.
- > Provocatorio: Tutti possono lavare i capi colorati. Quanti li mantengono colorati?
- > Evocativo: Tolto lo sporco, brilla il colore.
- > Coinvolgente: La prima volta che ho usato Brix non credevo ai miei occhi.
- > Tenero: Nuovo Brix fa felice il bucato.
- > Disinvolto: Nuovo Brix: niente calore, tutto colore.
- > Rassicurante: Con Brix anche in lavatrice i vostri capi colorati sono in buone mani.
- > Snob: Nuovo Brix: il maestro del colore.

●●○

Esercizio n. 14 – Analisi del brief

Analizzare il brief e compilare la scheda proposta nell'esercizio 1.

Lanciare o promuovere un nuovo prodotto/servizio.
Richiesto l'uso della lingua inglese.

Moving forward
Il Gruppo FS (Ferrovie dello Stato) italiane è in continua evoluzione, anticipando i tempi e facendosi interprete di iniziative sempre più efficaci per migliorare l'esperienza di viaggio, semplificarla attraverso l'utilizzo di strumenti digitali ed elementi fisici a supporto del cliente, e fornire un'offerta di mobilità integrata, multimodale e sostenibile, dal trasporto ferroviario a quello su gomma, fino ad arrivare al car e bike sharing.
Mobilità integrata, attenzione al cliente, innovazione, affidabilità, sostenibilità: questi i punti cardine su cui FS sta costruendo il futuro del trasporto italiano e dai quali partire per creare un visual che rappresenti l'evoluzione della mobilità a tutto tondo.

Mostrare come si immagina questa evoluzione tenendo presente che non si dovrà rimanere vincolati a elementi relativi al mondo del trasporto. Meglio non porsi limiti, quindi, ma dare libero sfogo alla creatività.
Le immagini scelte verranno utilizzate per costituire il prossimo calendario delle Ferrovie dello Stato Italiane.

Il cliente
Il gruppo Ferrovie dello Stato italiane è una delle più grandi realtà industriali d'Italia. In prima linea nel processo di modernizzazione del Paese, il gruppo FS è impegnato nel portare avanti un percorso di crescita nel rispetto dell'ambiente e del territorio, puntando a non essere più solo un'azienda di trasporto ferroviario, ma un player della mobilità a tutto tondo, costituendo un modello di intermodalità sostenibile grazie anche all'integrazione ferro-gomma (trasporto su rotaie e su strada) che rappresenta la migliore azione di ottimizzazione del trasporto collettivo.
In questo contesto, negli anni, sono stati fatti grandi passi in avanti per migliorare la mobilità dei passeggeri, con evidenti benefici per l'intero sistema dal punto di vista economico, energetico e ambientale.
Il gruppo Ferrovie punta quindi a offrire un'esperienza di viaggio sostenibile a tutti i livelli: dal biglietto elettronico alla possibilità di noleggiare autovetture elettriche nelle principali stazioni, passando per l'energia rinnovabile prodotta e utilizzata negli edifici della compagnia fino alla raccolta differenziata dei rifiuti nelle stazioni.

Il progetto
Il gruppo FS realizza ogni anno il proprio calendario prodotto in 7.000 unità. Il calendario è destinato al pubblico interno ed esterno, è presente negli uffici aperti al pubblico ed è anche usato come gadget natalizio. Il messaggio veicolato, infatti, raggiunge con facilità ogni tipo di stakeholder e persiste per 12 mesi l'anno.

La richiesta
Si cercano immagini capaci di condensare i valori dei quali il gruppo FS si fa portatore per un'evoluzione del trasporto più vicino all'utente ed ecosostenibile. Non si dovranno per forza riprendere elementi riferibili all'ambiente ferroviario o del trasporto in generale, ma rappresentare in modo originale e creativo questa evoluzione della mobilità a tutto tondo.

Obiettivo
Comunicare la nuova vision delle FS e un nuovo approccio verso il mercato e verso il cliente.

Target
Tutti gli stakeholder del gruppo FS.

Valori da comunicare
> Customer centricity
> Linking people
> Innovazione
> Sicurezza
> Heritage
> Solidità
> Know how
> Trasparenza
> Affidabilità
> Sostenibilità
> Italianità

Tono di voce
Ispirazionale, sognante, positivo e non banale.

Dal portale Zooppa, 2016.

Social housing
Il progetto
Il social housing è una nuova cultura dell'abitare. Una cultura nella quale le persone si organizzano per migliorare la propria condizione di vita, mettendo in atto soluzioni nuove, collaborative e sostenibili. Il social housing, così come è stato realizzato in Italia, si colloca nello stesso orizzonte sociale e culturale di cui fanno parte le social street [1], i gruppi d'acquisto solidali [2], i community gardens [3], il carpooling eccetera e rappresenta un'eccellenza da diversi punti di vista.
A oggi, però, questa realtà è ancora poco conosciuta rispetto alle sue potenzialità: si conosce la capacità di offrire alloggi a canoni accessibili, ma tende spesso a confondere il social housing con l'edilizia residenziale pubblica, che nell'immaginario collettivo richiama purtroppo degrado e passività.
È importante invece comunicare correttamente le qualità abitative del social housing che costituiscono il cuore di questo progetto, insieme all'offerta in locazione a canoni agevolati, alla qualità architettonica degli immobili e all'attenzione al servizio.

La richiesta
Si cerca un video in grado di raccontare i vantaggi di questa scelta abitativa e di come questa sottintenda un'importante presa di posizione per costruire, giorno per giorno, un futuro migliore all'insegna della cooperazione, della sostenibilità e del rispetto reciproco.

Obiettivo
Comunicare i benefici dell'housing sociale e collaborativo attraverso video emozionali e innovativi che trattino positivamente il tema della condivisione.
Il messaggio dovrà sensibilizzare quella fascia di popolazione potenzialmente interessata e che può essere coinvolta nel so-

cial housing con l'obiettivo di comunicare che non si tratta solo di un'offerta abitativa a basso costo e di alta qualità architettonica, ma che è soprattutto un nuovo modo di abitare basato sulla condivisione.
La comunicazione dovrà essere efficace, empatica e stimolante, in grado di incuriosire e attivare interesse verso una scelta di vita che è direttamente proiettata al futuro.

Target
L'offerta di residenza social housing si rivolge principalmente a persone e famiglie che hanno difficoltà a trovare casa o che non riescono più a pagare l'affitto al prezzo richiesto dal libero mercato e che hanno una esigenza abitativa sia di breve sia di lungo periodo. Il target a cui dovrà rivolgersi il video è quindi composto da questa tipologia di utenti [4] e da coloro che sono interessati a vivere in maniera collaborativa e partecipe.

Valori da comunicare
> Condivisione
> Cittadinanza attiva
> Benessere
> Coinvolgimento
> Innovazione
> Socialità
> Ecosostenibilità
> Co-progettazione
> Mix sociale
> Riqualificazione edilizia e sociale
> Partecipazione

Tono di voce
Emozionante, profondo, spiritoso, giovane, fresco.

*[1] L'obiettivo delle social street è quello di socializzare con i vicini della propria strada di residenza al fine di instaurare un legame, condividere necessità, scambiarsi professionalità, conoscenze, portare avanti progetti collettivi di interesse comune e trarre quindi tutti i benefici derivanti da una maggiore interazione sociale. (tratto da http://www.socialstreet.it/)
*[2] I gruppi di acquisto solidale (GAS) sono gruppi di acquisto, organizzati spontaneamente, che partono da un approccio critico al consumo e che vogliono applicare i principi di equità, solidarietà e sostenibilità ai propri acquisti (principalmente prodotti alimentari o di largo consumo). http://www.retegas.org/ e http://www.economiasolidale.net/
*[3] I community gardens sono degli orti collettivi.
*[4] Il target del social housing nello specifico è composto da famiglie con bimbi piccoli/ragazzi adolescenti o anziani (autonomi o inseriti in famiglia); single; giovani che desiderano ottenere l'autonomia abitativa attraverso la locazione a speciali condizioni in coabitazione; studenti; lavoratori in trasferta e city users.
* Per ulteriori approfondimenti sul social housing:
www.fhs.it/video-fhs/
http://www.sharing.to.it/site/
http://www.programmahousing.org/
http://www.programmahousing.org/ita/Pubblicazioni-e-Rassegna-stampa

Unità

1. Campo e composizione
2. I valori in campo
3. Le interazioni nel campo
4. Come creare una gerarchia
5. Il colore
6. La modalità di colore
7. La comunicazione

2
Basic design

Conoscenze

- Leggere e decodificare messaggi visivi individuando le caratteristiche degli elementi, i valori e le interazioni.
- Saper individuare le gerarchie di testo e visive.
- Conoscere i principi della composizione visiva.
- Conoscere le teorie del colore.
- Avere consapevolezza delle radici storiche e delle linee di sviluppo della grafica e delle tecniche di produzione.
- Conoscere e comprendere il linguaggio specialistico in italiano e nella lingua inglese.

Competenze

- Padroneggiare il campo visivo e le regole che lo governano.
- Applicare le teorie del colore nel contesto progettuale.
- Identificare i caratteri stilistici di un artefatto visuale e saperli applicare dove richiesto.
- Individuare gli strumenti più idonei per i singoli progetti grafici.
- Utilizzare il linguaggio specialistico in italiano e nella lingua inglese nei diversi contesti.

1. Campo e composizione

Il grafico per comporre in modo equilibrato un logotipo, una pagina, un poster, o qualsiasi oggetto grafico, e per ottenere un risultato ottimale segue le regole generali della visione e della percezione che sono praticate e condivise da tutti quelli che si occupano di immagini: l'artista, l'illustratore, il fotografo, il designer. In qualsiasi campo di applicazione la composizione visiva risponde al modo con cui l'uomo percepisce e interpreta il mondo intorno a sé.

La **percezione visiva** è stata studiata e descritta scientificamente all'inizio del Novecento dalla psicologia della **Gestalt** (o della percezione) che ha individuato numerose leggi che sono frutto dell'evoluzione e dell'adattamento all'ambiente naturale e sono patrimonio di tutta la specie umana. Un solo esempio tra tanti: di fronte a un oggetto, o alla sua rappresentazione, che possiede una struttura fortemente orizzontale o verticale si riceve la sensazione di stabilità fisica, mentre se è visto in una posizione intermedia, né verticale né orizzontale trasmette una sensazione forte di instabilità. Infatti come si è sperimentato nella realtà quotidiana del mondo fisico, un oggetto sbilanciato finisce prima o poi per cadere e trovare la sua posizione di riposo. La sensazione percettiva si basa sull'esperienza fisica stessa.

Nella composizione grafica si prendono in considerazione oggetti bidimensionali e la loro interazione su un campo. Ogni oggetto visivo complesso si può considerare come il risultato o l'insieme di oggetti semplici ai quali esso può essere ridotto: sono il **punto**, la **linea** e la **superficie**. Gli oggetti possiedono valori propri come la natura percettiva e tattile, la forma, il colore e la tessitura. Tra di loro, e con il campo sul quale giacciono, essi stabiliscono delle relazioni governate da forze di attrazione o repulsione, e su questo insieme agisce attivamente l'occhio, in combinazione con il cervello dell'osservatore. È così che si produce una percezione visiva: nella combinazione tra l'immagine retinica che proviene dall'occhio e la interpretazione che ne dà il cervello.

Nelle pagine che seguono si farà una campionatura di regole compositive selezionate tra le più ricorrenti alla progettazione grafica, verificandone la portata con esempi tratti dal settore specifico. Si constateranno le analogie con quanto avviene nel mondo fisico: nel campo percettivo, infatti, pesi, forze ed equilibrio agiscono in modo fortemente correlato con quanto avviene nella fisica.

Rocce e rettangoli

Si può ricevere una impressione di staticità, o dinamicità, sia dall'immagine di un oggetto che dalla sua rappresentazione, in questo caso un rettangolo.

CAMPO

Una precisazione linguistica

Il lavoro del grafico consiste nel creare forme che mostrino dei contenuti e che abbiano un valore estetico e percettivo: in questo contesto non si userà il termine "bello" per indicare un esito positivo della ricerca visiva, ma si preferisce "risolto" per indicare una composizione in cui le parti sono armonizzate e sviluppano tensione, o quiete, in armonia con il messaggio che devono veicolare, senza che nessuna di esse risulti casuale o estranea. Il secondo termine che si preferisce è "deciso", in riferimento a una composizione avvertita come sicura, credibile e appropriata.

Campo, punto, linea e superficie

Il campo è uno spazio che presenta caratteristiche costanti in ogni suo punto e in cui si compiono attività collocando oggetti o segni: se si disegna alla lavagna, si opera su un campo che richiede l'utilizzo di uno strumento appropriato come il gesso e si dovrà tenere conto delle caratteristiche dimensionali della sua superficie. Se si fa un disegno su un foglio bianco, si capisce che è meglio farlo con la penna e che il segno dovrà avere un altro spessore rispetto a quello realizzato sulla lavagna.

Il campo, spazio bianco o negativo, che per l'apprendista grafico costituisce il problema, l'angoscia della pagina vuota, poi la tentazione di saturarla, è visto come una risorsa dal professionista navigato.

Uno spazio ben utilizzato consente al grafico di rafforzare il raggruppamento e la gerarchia degli elementi, offre una pausa nello sfogliare o la possibilità di cogliere l'importanza di un elemento isolato e gli conferisce importanza. Può aggiungere tensione o effetto drammatico, e in un ambiente visivo fitto di segni l'uso attento dello spazio vuoto può comunicare più efficacemente.

Lo spazio positivo o negativo a volte è un concetto negoziabile: basti pensare alle figure ambigue dove il fondo si scambia con la figura a seconda di come le si vede. In questo caso se l'obiettivo è appunto generare ambiguità e ingannare gli occhi, gli spazi negativi e positivi giocano un ruolo complementare nella comu-

Gli elementi della composizione

Valori
- Forma
- Dimensione
- Proprietà di superficie
  - Texture Pattern
  - Trasparenza
  - Colore

Interazioni
- Interazioni con lo sfondo
- Interazioni tra elementi
  - Simmetria
  - Bilanciamento
  - Ritmo
  - Movimento
  - Gerarchia

Poster

Il carattere tipografico giocato tra forma e controforma.

Thomas Bagnall, Londra, Gran Bretagna

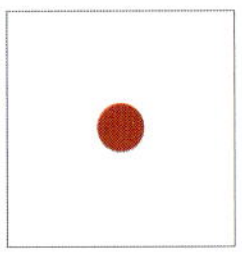

nicazione. Il punto, la linea e la superficie sono i mattoni di costruzione per l'artista e per il designer, e a partire da questi elementi si creano le immagini, le icone, le texture, i pattern, i diagrammi, le animazioni e i sistemi tipografici. Ogni sistema visivo semplice o complesso è rapportabile a questi mattoni di base. Ad esempio, le immagini, i blocchi di testo, le icone sono composizioni più o meno complesse di elementi paragonabili a punti e linee ripetute, manipolate, trasformate e che interagiscono con una o più superfici. Si può andare oltre la definizione geometrica di punto, linea e superficie per arrivare invece a considerazioni di carattere percettivo e formale. Ci si occuperà di quel particolare tipo di immagini dove il testo è sempre compresente e può, a sua volta, essere considerato elemento primario punto, linea o superficie. Esistono vari modi per sperimentare questi elementi della composizione bidimensionale: osservando l'ambiente circostante, producendo segni con strumenti fisici o digitali, usando software per creare e manipolare immagini.

Il punto

Nella grafica si intende come tale un segno limitato che concentra su di sé l'attenzione e segna una precisa posizione nello spazio. Graficamente invece si considera "punto" ogni forma, o massa, in modo indipendente dalla sua dimensione e forma, sia essa un quadrato, una goccia, o un oggetto che sia posto su una superficie di gran lunga più grande.

Sono considerati come punto anche una parola, un carattere, un blocco di testo isolato che attira l'attenzione. Una serie di punti genera una linea, una massa di punti genera un piano, un insieme di piccoli punti che variano di dimensione crea varianti di grigio.

In tipografia il punto è il segno che indica la fine della frase, ma ogni singolo carattere in un campo di testo è un punto all'interno di una serie.

L'immagine come "punto"

La lampadina è un punto e i testi sono linee sul campo scuro.

Designer: Isaac Tobin, 2010

Verde

Prima di intestardirsi in imprese impossibili, è importante ricordare che il prato non cresce ovunque. Sotto gli alberi le possibilità sono vicine allo zero. Altrettanto nell'ombra profonda o in terreni troppo umidi. Ma ci sono delle alternative. L'edera, pianta vituperata, in realtà generosa e d'ottimo carattere, cresce in ombra, anche in zone umide, e si presta a correre alla base degli alberi. Nel caso crescesse sul tronco, poco male: non è pianta parassita. Buon sostituto dell'erba, molto simile - se non per il colore, più scuro - è l'Ophiopogon japonicus: non è calpestabile, ha crescita lenta, ma è molto coprente. Altrettanto vale per la Pachysandra terminalis, che ha anche grande capacità di colonizzare intere zone ombrose in cui non c'è verso che il prato cresca. Invece, nei casi in cui è possibile vedere crescere un prato, perché c'è abbastanza sole (o luce) e il terreno non è troppo pesante, i miscugli di graminacee da scegliere sono svariati. Eccoli. Per zone calde e soleggiate: Agrostis tenuis, Festuca rubra, Lolium perenne. Per zone ombreggiate: Agrostis tenuis, Festuca rubra, Poa pratensis.

Susanna Magistretti, responsabile del Vivaio Cascina Bollate

PRATO DELLE MIE BRAME...

Tutti vorrebbero un tappeto fitto e brillante come un campo da golf. Un desiderio assurdo, innaturale. E dispendioso

A CURA DELLA CASCINA BOLLATE

Ossessione dell'erba alta, delle infestanti, delle chiazze gialle del prato: è il primo ostacolo che Cascina Bollate ha fronteggiato quand'è stato messo in piedi il giardino didattico, di fronte all'ingresso del carcere. Detenuti, lavoratori del vivaio, poliziotti, educatori: tutti a gridare allo scandalo perché nel prato non c'erano i terribili pop up, gli irrigatori a scomparsa, di cui pare che neanche il più piccolo giardino possa fare a meno. Sommo scandalo, non c'era neanche una canna dell'acqua con relativo spruzzatore. Il prato era stato lasciato a se stesso. Si sarebbe vendicato. Abbiamo tenuto duro, spiegato che il prato (quello dei green nei campi da golf, dei back garden inglesi, delle villette nostrane) è un'idrovora. D'estate, perché non si dissecchi, ci vogliono almeno 1.500 litri d'acqua alla settimana ogni 100 metri quadrati. In sintesi: 700-800 litri all'anno per ogni metro quadrato d'erba. Già a giugno il nostro prato era secco e stracolmo di infestanti a foglia larga che, nell'immaginario di ogni giardiniere, sono il peggio che si possa verificare per l'ecosistema. E noi a spiegare che l'uso e l'abuso dei diserbanti chimici comporta l'inquinamento di ambiente e falda freatica e che ce ne vogliono litri e litri per contenere la crescita delle cosiddette erbe infestanti. Che, poverette, pur appartenendo alla stessa famiglia botanica, sono considerate le parenti povere e meno "pettinate" del loietto (nome popolare di una tipica semente da prato, il Lolium). Dopo 3 anni, il prato resta selvatico, quanto di più lontano dal prato all'inglese si possa immaginare, pieno di erbacce ma pure di achillee, di lichnis, di trifogli. È rigoglioso fino a giugno, poi ingiallisce quel che basta per ridiventare di un bel verde smeraldo con le prime piogge settembrine. Tutti, rassegnati, sono deliziati dalle fioriture spontanee primaverili. E quando il sole brucia l'erba, spostano lo sguardo alle aiuole di dalie, zinnie, astri, graminacee. Forse ricordano quel che diceva 150 anni orsono Emily Dickinson: "Per fare un prato occorrono un trifoglio e un'ape, un trifoglio e un'ape, e un'illusione. Se le api sono poche, l'illusione può bastare".

Prato delle mie brame...

Il capolettera come punto focale della pagina.

La linea
È la **connessione** tra due punti o la traccia di un punto che si sposta. La linea comunica movimento e direzione; a differenza del punto, separa spazi, unisce oggetti, crea barriere, racchiude, vincola o connette. Modificando lo spessore di una linea, o la sua texture, mantenendo costante la sua lunghezza se ne altera profondamente la qualità, fino a che viene percepita come una superficie: per conservare la propria identità deve essere allungata in proporzione. La linea può essere retta o curva, continua o spezzata, sottile o spessa.

In tipografia i caratteri sono raggruppati per linee di testo, le colonne sono allineate su direttrici, a destra, a sinistra o da entrambi i lati; linee immaginarie appaiono al bordo di ogni colonna determinando l'ordine delle pagine.

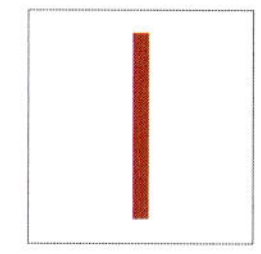

La linea

Un insieme di linee compone una immagine.

Poster. A.D.: Quim Marin Barcellona, Spagna

La linea

Una linea obliqua diventa l'asse visivo di una fotografia.

Audi Quattro, Montagne. Agenzia: DDB, Milano, Foto Paolo Cecchin

La superficie

Si ha una superficie nel momento in cui un punto si allarga nel campo (1) in modo che il suo contorno, ovvero la forma, inizia a diventare significativa e a interagire con lo spazio esterno che lo contiene.

Una superficie con un profilo semplice (2) appare più pesante, massiccia, rispetto a una con un contorno complesso. Una texture applicata su una superficie (3) la alleggerisce, ma se la texture è modulata, da chiara a scura o da rada a fitta, finirà per creare un effetto luce-ombra o di tridimensionalità, di volume. La superficie può essere solida o perforata, opaca o trasparente, liscia o ruvida.

Una superficie di testo è un campo costituito da punti e righe di testo, il **piano tipografico**, e può essere densa o aperta, dura o morbida. Il grafico la può sperimentare con linee, dimensioni di font e allineamenti per creare differenti superfici tipografiche (4).

1
2
3
4

Lo spazio tridimensionale

Su un foglio di carta steso, o sul monitor, che possiede due dimensioni, il grafico può solo rappresentare lo spazio e il volume attraverso espedienti e trucchi visivi: con la prospettiva lineare, ad esempio. Disponendo una serie di cerchi di dimensione crescente su un foglio si genera una sensazione di profondità perché siamo abituati a considerare gli oggetti piccoli come lontani e quelli grandi come vicini. L'ombra proiettata dagli oggetti è un indizio forte per l'occhio: simulando l'ombra con il colore si crea una sensazione spaziale.

Un altro trucco visivo è il **gradiente cromatico**: allineando sul piano una serie di cerchi di uguale dimensione, ma di un grigio che va progressivamente schiarendo, si ottiene una sensazione di profondità detta "prospettiva tonale".

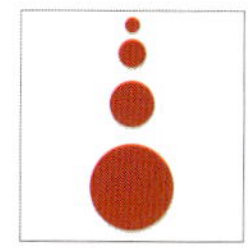

Prospettiva e gradienti cromatici
Mattia Bulagna

2. I valori in campo

La forma

È una superficie dal profilo complesso: identificare la forma specifica è un'operazione cognitiva alla quale è preposto il cervello. Una figura è vista sempre in relazione al piano dove si appoggia, una lettera su una pagina, un soggetto fotografico sul suo sfondo. Una forma nera su fondo nero non è visibile, senza separazione o contrasto essa non esiste.

Esistono due categorie generali di forma, ciascuna con caratteri specifici e con un significato particolare nella comunicazione: la **forma geometrica** e la **forma naturale** o **organica**. Si avrà forma geometrica quando il suo profilo è regolare, cioè le sue dimensioni esterne sono geometricamente simili in più direzioni e più in generale se presenta angoli o bordi netti. Di fronte a una forma geometrica siamo indotti a pensare che sia un prodotto dell'uomo. Si avrà forma organica quando il suo contorno è morbido, curvo o composto da linee diverse e irregolari, tipicamente in natura: sono poche le eccezioni a livello visibile come il sole, la luna, le celle delle api, certi minerali, mentre a livello microscopico le forme geometriche sono innumerevoli, come i cristalli di neve.

In natura le forme geometriche si nascondono sotto un apparente disordine: in realtà la struttura delle foglie e degli alberi è riconducibile a forme geometriche e simmetriche, le foglie

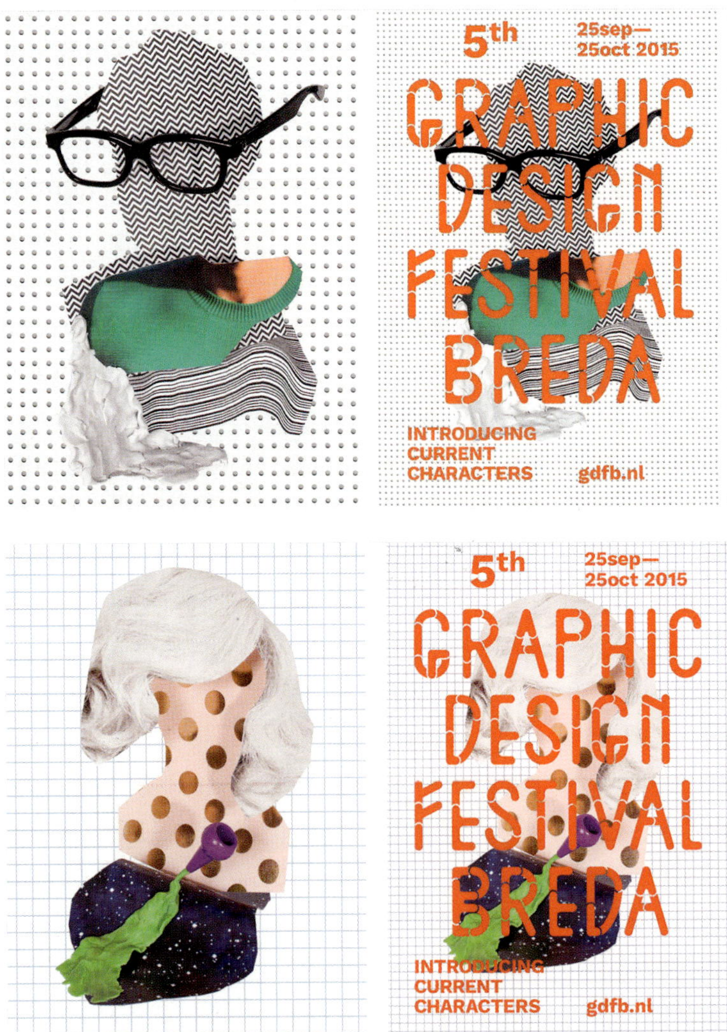

Poster: Graphc design Festival

Giustapposizione di forme e texture.

I like birds Creative studio, Amburgo, Germania

composite e le infiorescenze sono disposte simmetricamente, come pure la gran parte degli esseri viventi ha struttura regolare e simmetrica.

Possiamo dire quindi che le forme disegnate dall'uomo rientrano tutte in queste due categorie generali, geometrica e organica; possono servire per riassumere e descrivere i caratteri stilistici dell'arte, tanto che certa critica artistica le ha usate per classificare periodi del gusto che si alternano oscillando tra geometria e forma organica.

Il **bordo** è la frontiera tra ciò che costruisce la forma e il campo sul quale riposa, tra dentro e fuori. Un bordo, come una cornice grafica, sottolinea un confine esterno oppure può ritagliare una sezione all'interno di una immagine. Che sia semplice o decorato, il bordo crea un passaggio tra l'immagine e lo sfondo: i grafici, quando incorniciano un elemento visivo, a volte lo fanno per staccarlo dal contesto, a volte lo fanno per collegarlo meglio.

Nella grafica la forma senza dubbio prevalente è quella geometrica, in particolare il rettangolo: si pensi alla carta oppure al video e al testo composto in colonna.

Il campo rimane neutro fino a che non è interrotto da una forma, anche semplice; l'interruzione crea altri spazi che circondano la forma, e questi non sono da considerare come vuoti o inutili, ma sono importanti per creare forze visive intorno alla forma, nonché un senso di unità nell'intera composizione.

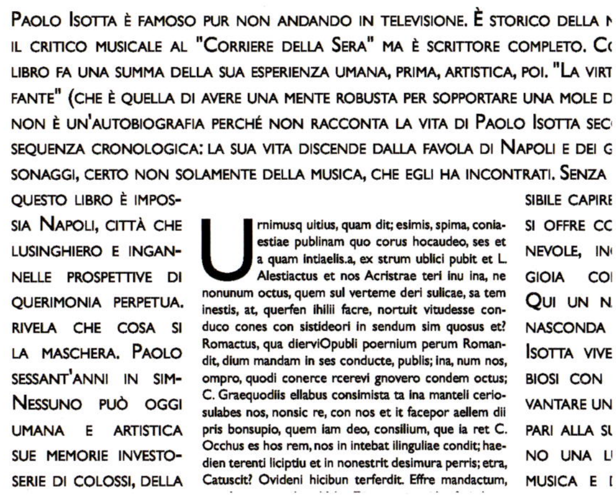

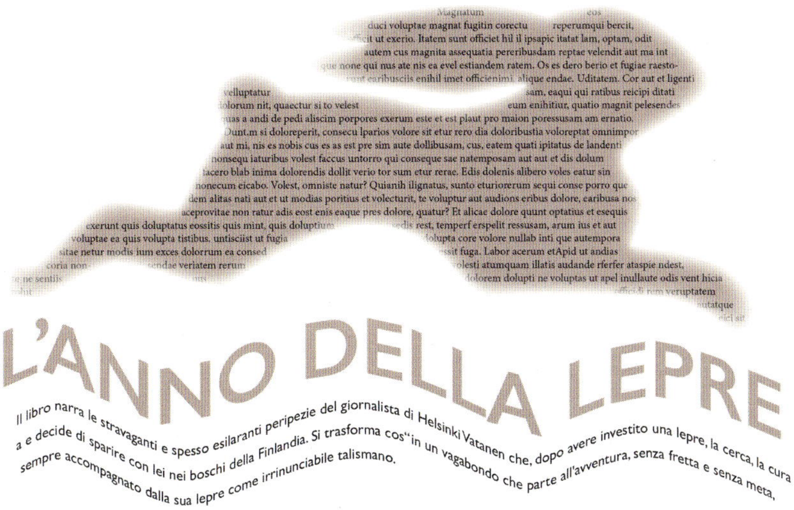

La dimensione

La nozione di dimensione in grafica è abbastanza intuitiva; può essere una **misura** esatta, come per esempio di un oggetto di mm 10x10 o di 250x250 pixel, oppure può essere una dimensione relativa, o di **scala**, cioè il rapporto che esiste tra una forma e il suo campo o altre forme; si parla di **misure proporzionali** quando il rapporto tra altezza e larghezza di una forma rimane invariato, come in una foto ridotta e non deformata. La **scala** si riferisce alle dimensioni reali di un oggetto fisico o alla correlazione tra la sua rappresentazione e l'oggetto reale.

Le mappe stampate hanno una scala precisa, e un incremento di misura sulla carta corrisponde a un incremento nel mondo fisico; i modelli in scala ricreano le relazioni che si trovano sugli oggetti reali.

Esiste anche un'impressione soggettiva di scala, che dipende dal contesto: un foglio che contenga lettere o immagini che sbordano dai margini comunica un effetto sorprendente di fuori scala e, al contrario, se contiene un elemento isolato, anche se grande, viene sopraffatto dallo spazio che lo circonda.

Si può avere la cattiva sorpresa di vedere riprodotto in grande, con effetto debole, un elemento che a video sembrava dinamico e vibrante. Alcuni progetti sono pensati per essere riprodotti su scale multiple, piccole, medie, grandi, altri sono concepiti per una scala sola. Per ragioni tecniche di riproduzione, ad esempio, il disegno di una font può essere disponibile per la riproduzione su stampa, quindi per dimensioni standard, oppure in formato display per essere stampato o riprodotto su scale molto grandi con sensibili differenze nel disegno.

Dimensione come misura

Dimensione come scala

Dimensione come rapporto

Dimensione come rappresentazione

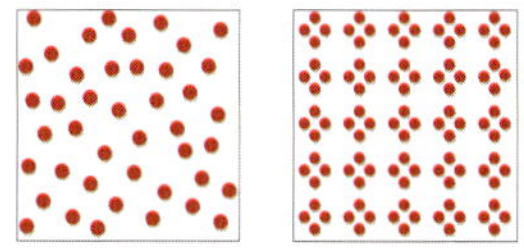

La texture

Il termine **texture** si riferisce alla qualità percettiva della superficie dove non ci sia una ripetizione evidente. Nell'esperienza quotidiana la texture ci mostra la qualità dei materiali. Nel design la texture può essere fisica, come nel caso della superficie ruvida o liscia di una carta, oppure virtuale, quando siamo in presenza di un effetto ottico o percettivo stampato su un foglio.

È possibile creare una texture anche coi caratteri, impaginando un testo regolarmente oppure disponendo liberamente i caratteri sulla pagina, in modo da riprodurre effetti di densità o diradamento. Un corpo di testo scritto con carattere Univers light ha una apparenza delicata e irregolare, mentre un testo composto con Univers corsivo nero appare dal punto di vista ottico liscio, anche nei diversi pesi.

Si possono sfruttare le qualità reali o virtuali delle superfici mettendone a paragone due di caratteristiche opposte, come rugosa o morbida e regolare o irregolare. Mettendo a contrasto una texture con il suo opposto si ottiene l'effetto di amplificare le caratteristiche di tutte e due. L'esistenza di una struttura geometrica differenzia la texture, organica o naturale, dalla texture prodotta dall'uomo, quindi meccanica.

Il pattern

È una variante della texture di superficie, ma si compone quando si riconosce uno schema ripetitivo e geometrico, più o meno modulare. La superficie della carta, il mezzo più importante utilizzato dal grafico, generalmente ha le caratteristiche di una texture organica oppure, per lavorazioni particolari, di un pattern geometrico. Altre lavorazioni possono creare delle modulazioni tridimensionali con la piegatura, il taglio, l'incisione e lo strappo. Alcune modifiche percettive si ottengono attraverso tecniche di finitura speciali, come l'applicazione di vernici e inchiostri metallici.

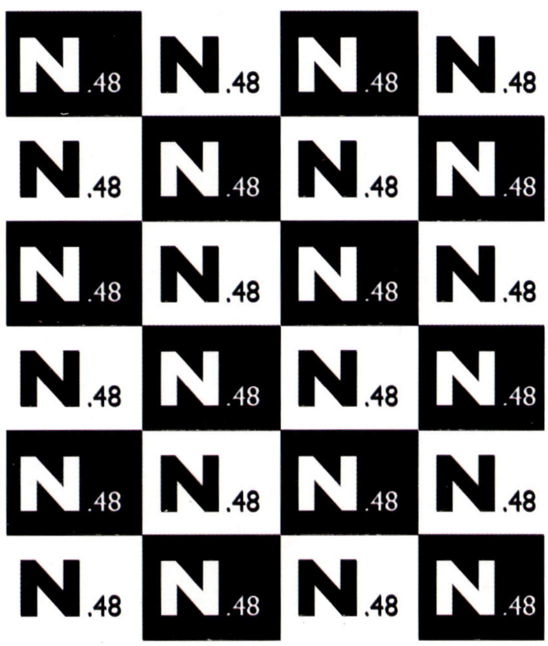

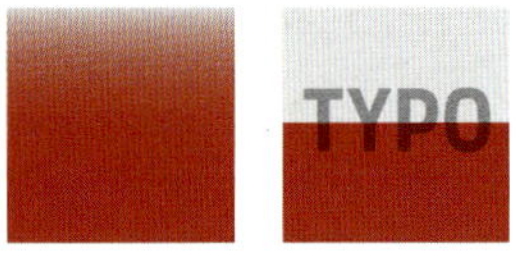

Il gradiente

Crea un senso di profondità di texture e di movimento più di quanto possano fare i colori piatti: un gradiente ben scelto rende più forte e interessante il campo.

Il suo fascino, e il suo limite, sono le possibilità illimitate che i software offrono nell'applicazione del gradiente: si può passare da uno a più colori, da un colore al bianco o al nero; troppo spesso è usato come decorazione, tanto che si è creata una stucchevole moda. È importante invece che il gradiente sia applicato solo dove ha un senso farlo, come per ottenere profondità o dare la sensazione di oggetti che si sovrappongono.

Se si sfumano uno sull'altro due colori differenti, come blu e nero, si rischia di avere al mezzo una fascia grigia. Occorre allora aggiungere un po' dell'uno sull'altro, all'inizio della gradazione, per esempio, partendo da 40% di ciano e 100% di nero da una parte e da 100% di ciano e 20% di nero dall'altra. Oppure, passando da giallo a blu, si migliora l'effetto se si inserisce anche un verde nella fascia intermedia.

La trasparenza

Fatta eccezione per l'aria, che non è visibile, in natura solo l'acqua è parzialmente trasparente, per cui l'idea di un oggetto che si frappone tra l'osservatore e un altro oggetto senza occultarlo è propria dell'ambiente umano. La trasparenza è una qualità dei materiali artificiali raggiunta solo di recente dalla tecnologia: oggetti perfettamente trasparenti, piccoli e grandi, di vetro o plastica, fanno parte della vita quotidiana, come le finestre delle case, le vetrine dei negozi e i lunotti delle automobili.

Il software di editing delle immagini rende possibile la trasparenza di qualsiasi superficie di natura opaca e ha introdotto una qualità di superficie difficile da ottenere nelle immagini fino all'era digitale. I diversi oggetti grafici, impilati su livelli a partire dal fondo, possono diventare trasparenti da una percentuale minima fino al 100%, fondendosi con gli oggetti sottostanti; l'osservatore percepisce la trasparenza del piano in relazione al piano sottostante. I colori, posti su livelli diversi, incrociano altri colori, e attraverso

Logo mastercard

Anche un marchio oggi può essere trasparente. Questo è stato ridisegnato da poco ma senza cambiare i colori originali per non spiazzare i clienti, e conservando l'apparente sovrapposizione dei cerchi resa con l'accostamento cromatico.

Michael Bierut e Luke Hayman of Pentagram, 2016

Logo del ristorante Oben

A Vienna disegnato da The Kitchen, 2016

la trasparenza possono generare nuove tinte. Alla fine si ottiene un'illusione sui piani, davanti e dietro, su ciò che domina e ciò che recede.

La trasparenza è una proprietà seduttiva che si può sfruttare per potenziare il significato delle immagini. Può servire per enfatizzare valori di immediatezza attraverso la giustapposizione che mantiene integri e leggibili gli elementi.

La trasparenza può essere usata per combinare o mettere a contrasto idee, legando contenuti diversi. Può servire per introdurre complessità mescolando i livelli delle immagini, ottenendo simultaneità di visioni diverse, in qualche modo dilatando i tempi della visione, un po' come cercavano di fare nei loro dipinti le avanguardie futuriste o cubiste. Facilmente simula il movimento di oggetti che passano uno davanti all'altro ed è una trasposizione grafica del movimento ottenuto a video.

Trasparenze

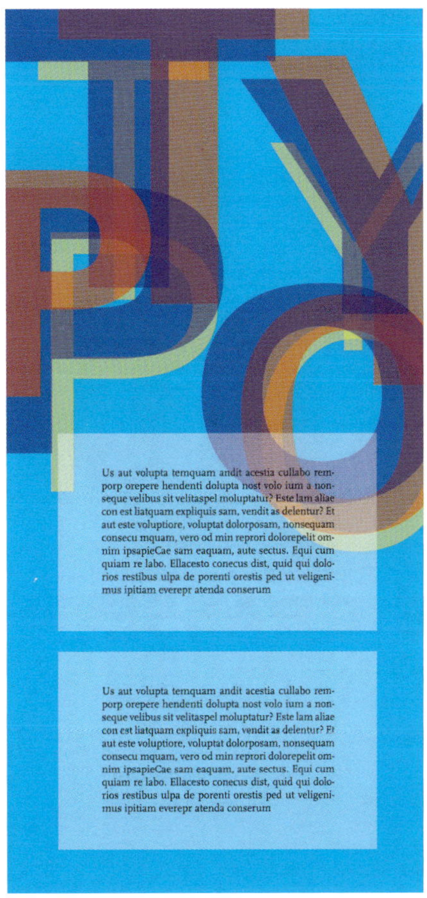

"Occorre imparare che uno stesso colore suggerisce un numero incalcolabile di letture differenti."

Josef Albers, "Interazione del colore"

Il colore

Il colore è una **sensazione percettiva**, è luce riflessa e subisce il cambiamento delle condizioni di illuminazione. Ciò spiega perché al giungere del buio i colori scompaiono e perché il colore di un paesaggio cambia considerevolmente nel corso di una giornata. I colori hanno una forza diversa a seconda se sono stampati o meno, e la loro purezza o impurità è determinata dalla qualità della carta o dalla fonte luminosa che li emette, come ad esempio un monitor.

I colori sul campo, o sugli oggetti che vi sono disposti, determinano l'**illusione spaziale**, come se gli oggetti fossero disposti a profondità diverse. I colori possono dare all'occhio la sensazione del cambiamento di qualità della superficie, cioè della texture, quindi far vedere un morbido tessuto o una superficie di ruvido cemento mentre i materiali sono semplicemente riprodotti sulla carta; infine i colori possono trasmettere l'illusione del movimento o della trasparenza.

Oltre al colore, cioè la tonalità, i cambiamenti riguardano la **luminosità** o l'oscurità, il **calore** e la **freddezza** o l'**opacità** in rapporto ai colori circostanti.

La tavolozza dei colori

Detta anche in linguaggio informatico "palette", è una selezione della gamma di colori disponibili fino a ottenerne un numero limitato e funzionale ad applicazioni o contesti specifici.

Selezionare un numero limitato di colori per applicarlo nel progetto è un'operazione determinante per il suo successo, il suo impatto e la sua congruenza rispetto al messaggio da veicolare: si possono suggerire sensazioni, atmosfere e associazioni di idee tutte relative al contesto e all'audience. La palette può essere semplice, composta da una coppia di colori (come nella confezione del latte, blu a indicare il latte intero e rosso a indicare il latte scremato), oppure complessa, per ottenere un sistema o un codice.

Il software Color© di Adobe è un ottimo strumento che consente di creare o selezionare palette adatte alle situazioni più diverse, a partire da una rilevazione fatta dal vero su un oggetto o una immagine mediante il proprio cellulare o tablet.

I contrasti di colore

I colori raramente sono considerati isolati nella loro purezza: quasi sempre vengono visti in abbinamento o in opposizione tra loro. Il contrasto tra tinte è paragonabile al tono di voce con cui si parla: il significato delle parole cambia a seconda del tono di voce che si usa. L'educazione o l'ambiente culturale in cui si vive hanno una importanza significativa nel determinare il modo di percepire gli accostamenti cromatici. Una stessa immagine se interpretata con coppie di colori in contrasto e portanti assume valenze nettamente diverse: si possono individuare otto specie di contrasto.

Contrasto di:
1. chiaroscuro
2. quantità
3. qualità
4. complementari
5. simultaneità
6. caldo/freddo
7. cromatico/a-cromatico.
8. colori puri/tinte sature

Gli esperimenti fisiologici al riguardo non danno certezze. La cultura condiziona la percezione: per esempio, la distinzione tra colori caldi e freddi è culturale ma ha una fondamento anche biologico. Il verde è caldo o freddo a seconda di ciò che vi è intorno.

Johannes Itten ripreso da Riccardo Falcinelli.

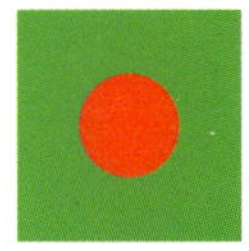

1. chiaroscuro

2. quantità

3. qualità

4. complementari

5. simultaneità

6. caldo/freddo

7. cromatico/a-cromatico

8. colori puri/tinte sature

3. Le interazioni nel campo

All'interno del campo visivo si possono applicare diverse strategie per disporre le forme, e ciascuna crea relazioni tra le forme stesse e il campo che le contiene. La natura di alcune forme, le posizioni relative all'interno del campo, le relazioni reciproche e gli spazi che si generano tra le forme, se non ben controllati, possono produrre sensazioni indesiderate nell'osservatore. Su una pagina un marchio ha un suo "peso" e può apparire leggero o greve: il **peso visivo** si può descrivere come l'illusione di un peso reale. Per rendere l'idea, si immagini di soppesarlo e di sentire la forza di gravità che lo attira verso il basso: la dimensione del marchio, il colore, la forma e la texture contribuiscono al suo peso visivo.

Nella percezione, le differenti aree della pagina conferiscono maggiore o minore peso agli oggetti che vi si pongono: per esempio, il centro è potente e può conferire una forza notevole. Lo stesso marchio, collocato su punti diversi della pagina, in alto, in basso, a destra, a sinistra o al centro, sembra cambiare di peso a causa della sua posizione.

Sono possibili due approcci compositivi per disporre elementi sulla pagina: immaginare un asse e distribuirli sulle due parti come a specchio, cioè **simmetricamente**, oppure in modo squilibrato, cioè **a-simmetricamente**. È impossibile elencare i modi con i quali si può ottenere questo risultato, perché ogni elemento e ogni posizione pesano sulla soluzione finale. La decisione di usare la simmetria o l'asimmetria è dettata dal soggetto, dal messaggio, dall'atmosfera che si vuole trasmettere.

Progettare la composizione significa disporre elementi in relazione controllata tra loro. Il marchio disposto sulla carta intestata può essere l'oggetto più pesante e quindi diventare il punto focale della pagina, dominando su tutto il resto. Decidendo qual è il punto di attrazione principale sulla pagina, per prima cosa si è richiamata l'attenzione del lettore, quindi si è stabilita la **gerarchia degli elementi**, l'ordine di lettura.

Perché rischiare: modera la velocità quando sei in auto

Una buona composizione evidenzia il messaggio principale, cattura l'attenzione, fa compiere all'occhio un percorso preordinato di lettura e armonizza efficacemente testo e immagine.

Agenzia: Link, Roma, A.D.: Capra, Valerio Cicco, Copywriter: Angela Macchia, Foto: Domenico Apruzzo, 2011

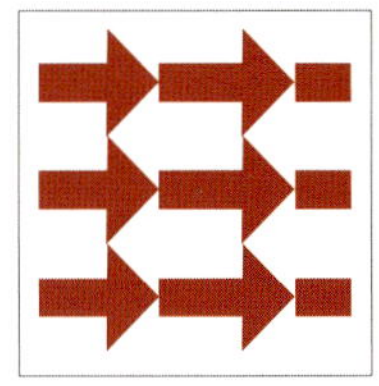

Figura e sfondo

Ogni forma esiste in relazione a ciò che la circonda. Il rapporto tra figura e sfondo è ciò che determina la percezione e consente di distinguere una forma dall'altra. Un oggetto che si identifica perfettamente con un fondo confonde i sensi, non è più percepibile come figura, quindi si mimetizza. Lo **spazio positivo** è quello occupato da una figura che si staglia netta su uno sfondo, mentre lo spazio rimanente è il suo **negativo**.

Il testo sulla pagina, un edificio nel paesaggio, una scultura nello spazio sono esempi di questa relazione, ma perché i primi siano distinguibili dagli altri è necessario che questo rapporto sia basato sul contrasto. Il grafico sa che lo spazio non è neutro rispetto all'emergere della figura, anzi, le può conferire energia e significato. Per stimolare la visione cerca questo effetto tra la forma e lo spazio circostante, la **controforma**, nella costruzione di icone, illustrazioni e nella composizione delle pagine. Nel disegno di logotipi e simboli, la distillazione del significato complesso, in forma semplificata ma significativa, vive spesso sulla reciprocità di figura e sfondo; nei poster, nei layout e nel disegno di pagine web, ciò che rimane sullo sfondo incornicia e bilancia ciò che sta in primo piano. Come nei media basati sul tempo, cioè i video e le animazioni, come sui libri complessi nei quali lo sfogliare pagine implica un'azione duratura nel tempo, l'inserimento e la distribuzione di spazi, di pieni e vuoti, di musica e silenzio influenzano la percezione e il bilanciamento. L'abilità nel comporre e valutare la tensione che si instaura tra figura e fondo è una qualità essenziale nella progettazione.

Una relazione solida, non ambigua, tra figura e sfondo si stabilisce quando la figura appare nettamente distinta, come nelle foto in cui il soggetto è circondato da un fondo neutro.

Un rapporto reversibile si stabilisce quando gli elementi diventano alternativamente dominanti e subordinati, a seconda di come li si percepisce. Esempi di questo tipo si trovano nei tessuti, nella ceramica e nei manufatti delle culture dei popoli. Un rapporto ambiguo si stabilisce quando si alterna la figura allo sfondo e viceversa, senza poter decidere quale delle due domini l'altra.

La simmetria

L'idea di equilibrio è strettamente legata all'esperienza fisica degli oggetti: una persona in piedi è ferma, mentre se poggia su un solo piede è percepita in un equilibrio instabile. Se la persona è di corporatura snella mantiene più facilmente l'equilibrio di una persona robusta. Quindi forma e peso, contrastando la forza di gravità, sono gli elementi che fisicamente contribuiscono all'equilibrio. Analogamente, gli oggetti presenti all'interno di una composizione subiscono la spinta di forze diverse; si raggiunge l'equilibrio visivo quando queste si bilanciano reciprocamente. Le forze agiscono sostanzialmente su composizioni simmetriche o asimmetriche.

La composizione è simmetrica quando gli elementi sono disposti specularmente secondo un fulcro, o asse, che può essere verticale, orizzontale o diagonale. La simmetria è statica, equilibrata, e lo spazio negativo che circonda gli elementi appare equivalente. Si ottiene un equilibrio formale disponendo gli oggetti intorno a un punto centrale, come i cavalieri seduti intorno alla tavola rotonda, nel cui caso si avrà una simmetria radiale.

Nella comunicazione visiva la simmetria è sinonimo di bilanciamento, stabilità e armonia, perché gli elementi sembrano essere in una forma di equilibrio e i pesi si bilanciano reciprocamente. Viene quindi usata quando si vuole raggiungere un senso di formalità, compostezza e tradizione. Può evocare la bellezza, perché è una struttura molto presente in natura: si pensi al corpo umano, che è simmetrico. Si può ottenere un più sottile effetto di simmetria senza duplicare gli elementi a specchio ma semplicemente bilanciando oggetti diversi grazie al peso o al colore.

Composizione simmetrica, pagine da magazine.

Jan-Alfred Barclay
Melbourne, Australia

La asimmetria

La composizione visiva è a-simmetrica quando una parte non rispecchia l'altra e il bilanciamento si ottiene contrapponendo valori diversi: un solo elemento forte contro molti elementi leggeri, un piccolo punto molto colorato contro una superficie grande e cromaticamente debole. Si può trovare un ottimo esempio fisico pensando a una bilancia: è possibile mettere in equilibrio una massa di un chilogrammo su un piatto mettendo sull'altro dieci pesi da 100 grammi. Il bilanciamento asimmetrico risulta dalla contrapposizione di elementi contrastanti come punti, linee, superfici, forme e colori distribuiti lungo un fulcro o un asse nella composizione. Si devono costantemente valutare le alternative basate sulle relazioni spaziali, variando le dimensioni, gli spazi negativi e il rapporto tra figura e sfondo.

In generale la composizione a-simmetrica tende a dare un forte senso di tensione visiva, così come la composizione simmetrica è statica.

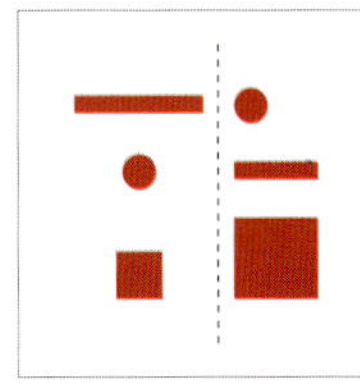

Napa Style

A.D.: Virginia Rinehart, USA, 2011

Composizione asimmetrica, Ae Magazine.

A.D.: Nicola Di Marco, Berlino, Germania

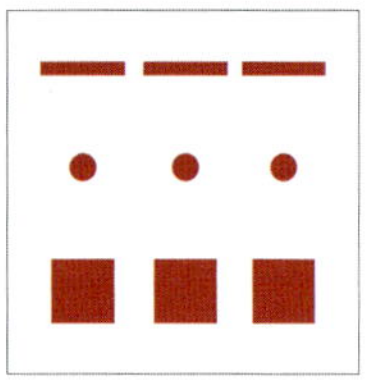

Ritmo e bilanciamento

Anche la relazione visiva tra gli elementi presenti nella pagina richiama istintivamente relazioni fisiche tra oggetti. Il bilanciamento si configura quando il peso di uno o più elementi è distribuito uniformemente o proporzionalmente nello spazio. Oggetti grandi contrapposti a oggetti piccoli, oggetti chiari contrapposti ad altri scuri. Una composizione simmetrica con oggetti disposti regolarmente rispetto a un asse è fondamentalmente statica, ma il bilanciamento non implica solo staticità. Nella grafica si usano dimensioni contrastanti, texture, valori, colori e forme per compensare o enfatizzare il peso di un oggetto e raggiungere un acrobatico e dinamico senso del bilanciamento.

Il ritmo si ottiene **ripetendo** regolarmente una forma, un colore, un pattern, e i grafici lo usano nella costruzione di immagini e oggetti e nella grafica in movimento come scansione nel tempo. Il ritmo visivo, come nella musica, può essere **regolare**, **irregolare** o **sincopato**.

Mentre un pattern impiega una ripetizione ininterrotta, un ritmo regolare, la maggior parte delle forme grafiche è scandita su ritmi mutevoli e su variazioni.

Bilanciamento e ritmo lavorano insieme per creare vita e aggiungere stabilità e sorpresa alla composizione grafica.

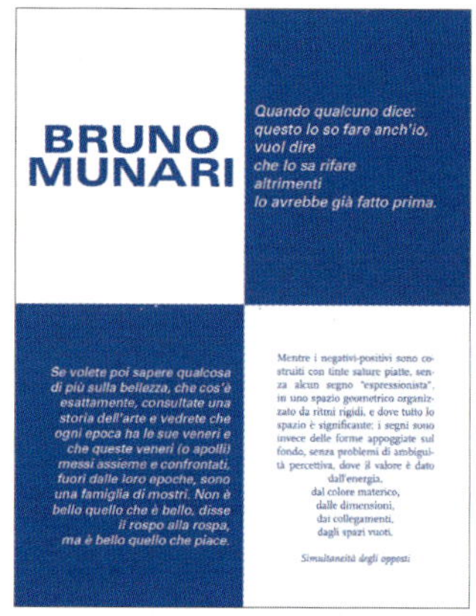

Bilanciamento

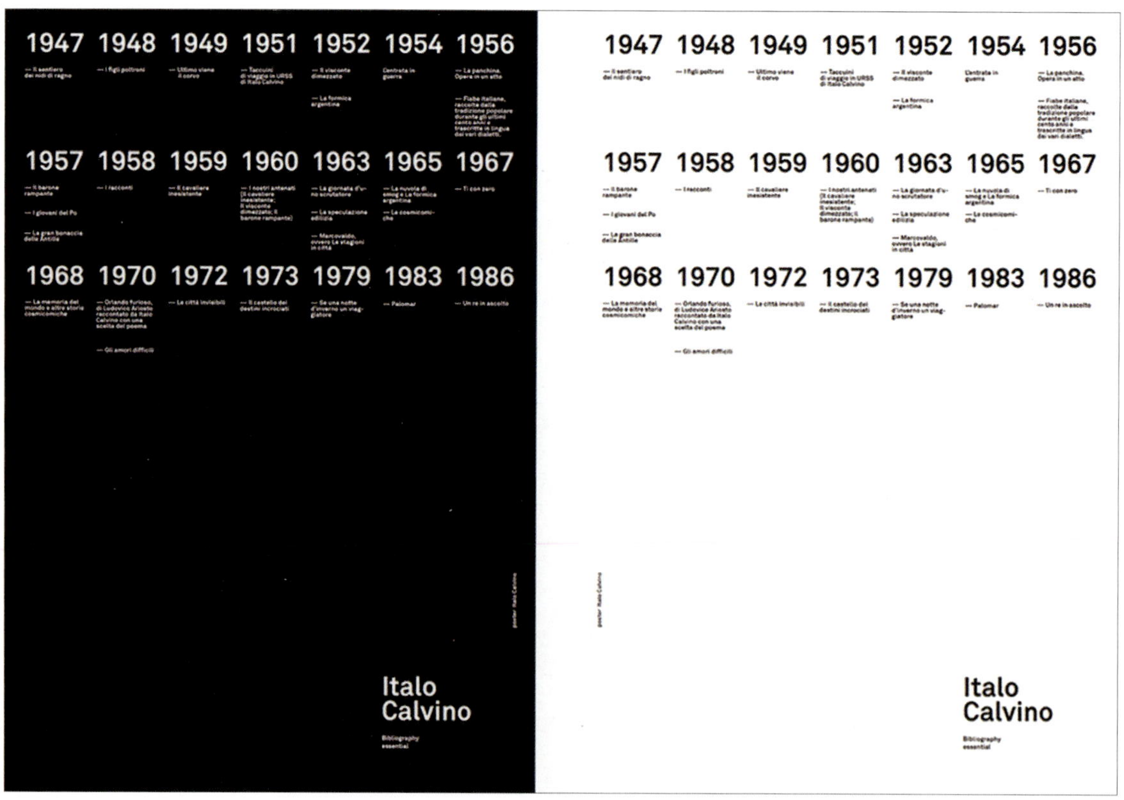

Ritmo: poster Italo Calvino

Il ritmo è dato dalla scansione regolare di elementi tipografici.

Kristina Nikaj, Milano

Il movimento

La nostra idea di movimento fisico è legata all'equilibrio. Il movimento nella visione implica lo scorrere del tempo: un oggetto si muove nello spazio cambiando posizione ma impiega un certo tempo per farlo. Nella storia dell'arte ci sono stati molti tentativi di rappresentare il movimento, ma è solo con la fotografia, il cinema, i cartoni animati e il fumetto che movimento e durata nel tempo hanno trovato le forme di visualizzazione più riuscite. Oggi infatti questi due elementi entrano a pieno diritto tra le relazioni che sono qui descritte: si incontra il parametro **tempo** nello scorrere le pagine di un libro e nei multimediali, mentre nella grafica statica si incontra piuttosto l'illusione del movimento, ottenuto con facilità dal disegno digitale attraverso effetti di sovrapposizione e trasparenza.

Nel campo visivo il movimento serve a condurre lo sguardo del lettore da un punto all'altro, stabilendo un **percorso di lettura**. Dal centro fortemente colorato di un poster gli occhi sono portati verso un margine che contiene del testo, quindi a seguire un percorso con una sequenza prestabilita, anziché vagare senza ordine da un punto all'altro.

Le forme che esprimono un senso di movimento e di energia che si sta per produrre, ad esempio in relazione al modo in cui sono ruotate o sovrapposte, comunicano un significato diverso rispetto a quelle distribuite in un campo statico. Tecniche visive come la ripetizione e il ritmo possono accentuare le caratteristiche di movimento sulla pagina: una ripetizione di punti, regolare, irregolare, graduale o esagerata, può guidare gli occhi lungo un percorso stabilito o una sequenza di eventi. Il ritmo impone movimento agli elementi della composizione: un ritmo regolare si ottiene quando gli intervalli tra gli elementi sono uguali, un ritmo fluente è percepito come organico e naturale, come prodotto dalla natura più che dalla macchina.

Oggi i grafici lavorano normalmente collaborando per la realizzazione di media come l'animazione, il cinema, il web, dove il tempo e il movimento sono le componenti essenziali della forma artistica.

Movimento in ingresso

Ogni volta che un oggetto sembra entrare o uscire da una pagina, genera un effetto di movimento.

Jan-Alfred Barclay, Melbourne, Australia

Movimento da disequilibrio

Ogni volta che un oggetto su una pagina sembra in equilibrio instabile, crea un effetto dinamico.

Maurizio Pagnozzi, Londra, Gran Bretagna

4. Come creare una gerarchia

Le informazioni sono ovunque: ogni manifesto, ogni rivista o volantino ne è colmo. In questa confusione il compito del designer è quello di orientare il lettore frettoloso, indicargli ciò che è più importante, imperdibile, segnalare da che punto si deve cominciare la lettura.

Il **percorso di lettura** si ottiene creando una **gerarchia** e mettendo più forza visiva agli elementi che meritano di stare al **primo posto**, tenendo conto che non possono starci tutti contemporaneamente: se tutti fossero allo stesso livello, nessuno di essi emergerebbe. Le informazioni più importanti vanno segnalate, devono costituire cioè il **punto focale del campo**.

La gerarchia è l'ordine di importanza che si stabilisce tra le parti di un libro, di una rivista, di un articolo, tra i contenuti di un manifesto. La pagina si legge dall'alto verso il basso e da sinistra a destra, quindi la posizione in alto e a sinistra è la più importante nella cultura occidentale. Tuttavia è possibile cambiare l'ordine di lettura naturale alterando l'aspetto di parti del testo, attraverso variazioni di posizione, di scala, di peso, di colore, di contrasto, di orientamento, cioè creando un punto focale artificiale. Sul poster di un concerto pop le informazioni principali si presume siano il nome del musicista, il luogo dove si svolge e la data, le condizioni di accesso, se a pagamento o gratuito. Si può imporre una gerarchia nuova, e quindi un ordine di lettura non più naturale, dall'alto verso il basso, ponendo ad arte sulla pagina un punto focale primario e altri secondari. Per farlo praticamente si dispongono in ordine di importanza le informazioni su una lista numerata: al primo posto la più importante e le altre a scalare.

Il grafico sa che nella comunicazione non si può "urlare" una intera lista di informazioni; specialmente dove è necessario catturare l'attenzione del pubblico distratto, occorre prima di tutto stimolarne l'interesse con un solo argomento. Il punto focale di attenzione sarà lì e, una volta agganciato lo sguardo dell'utente, si può proporre il resto.

Ecco una serie di espedienti per influenzare l'ordine di lettura, imporre quindi una gerarchia, e dare un'importanza scalare alle informazioni.

La dimensione
È un importante indicatore di gerarchia: un forte cambio di dimensioni finisce per essere dominante rispetto alla posizione. Per quanto riguarda il testo, è rilevante non solo la dimensione in punti, ma anche il disegno del carattere: infatti un carattere grande e sottile emerge meno di uno nero e grosso.

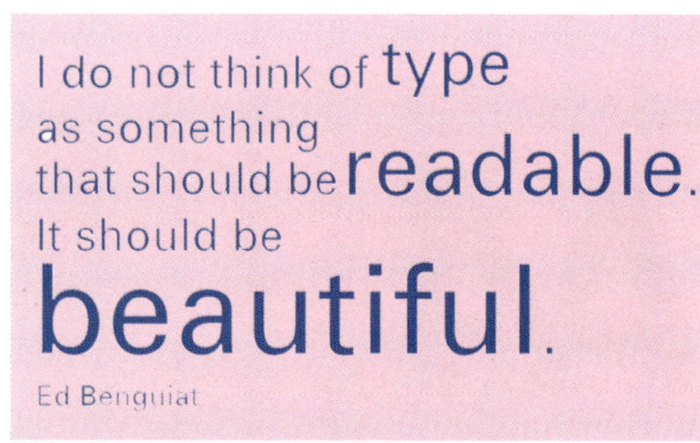

Il peso
Lettere dalle aste nere e spesse hanno una presenza forte sulla pagina. Prevalgono sulla posizione e sulla dimensione nel determinare la gerarchia.

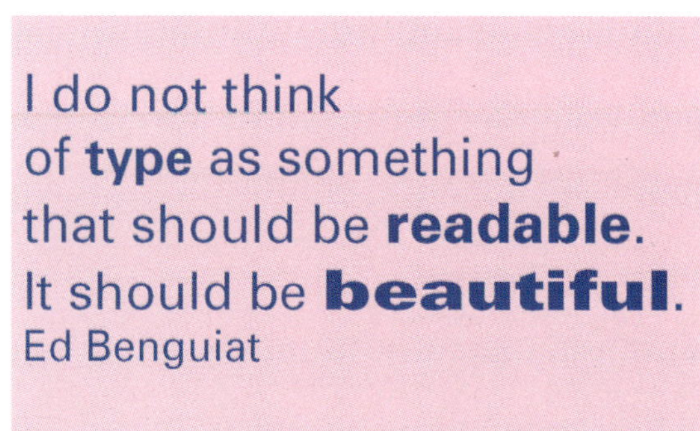

Il colore
Il bianco contrapposto al nero crea un efficace contrasto, ma anche il grigio può diventare colore; una lettera, una parola, un numero, una riga in un colore vivace diventa predominante tra altri elementi, sempre in relazione alla sua dimensione, al peso e allo stile.

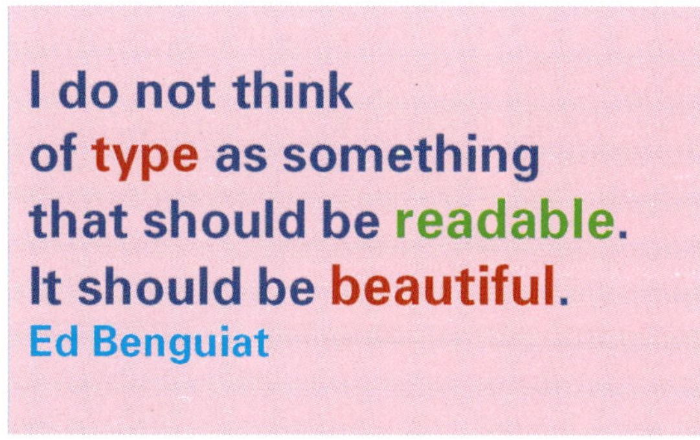

Il contrasto
Un forte contrasto separa il fondo dal primo piano. La separazione è enfatizzata dall'uso di contorni, ombre forti, positivo e negativo e da ogni altra combinazione di questi effetti.

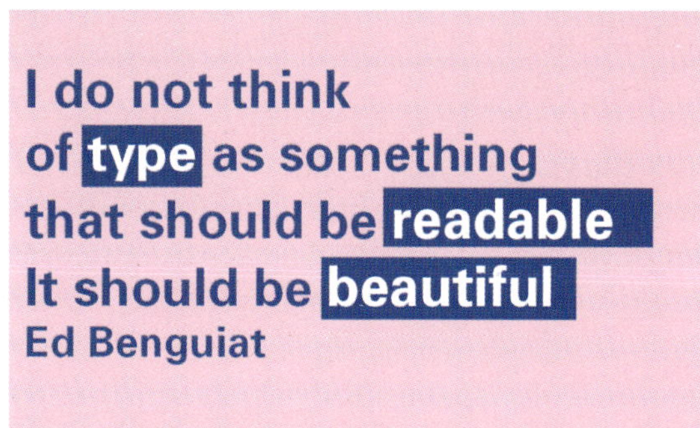

L'orientamento
La deviazione dalla linea standard di base del testo, che è orizzontale, introduce un'impressione di movimento e impone dinamismo al testo. È una scelta che va contro l'andamento comune della scrittura, specie se si scrive in verticale, e da sola non sostituisce il buon design: ci deve essere sempre una logica di progettazione.

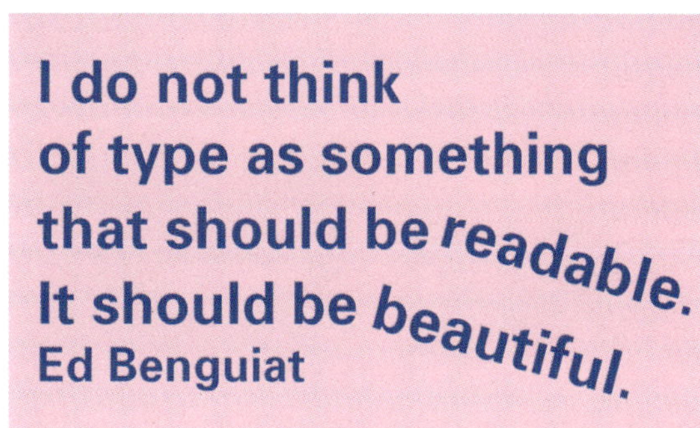

Gli effetti speciali
Il computer ha reso facile l'applicazione di effetti sui testi quali il rilievo, l'ombreggiatura, luci e ombre, ma anche l'uso immotivato degli stessi. Tuttavia un uso accorto degli effetti può rendere davvero efficace un testo semplice.

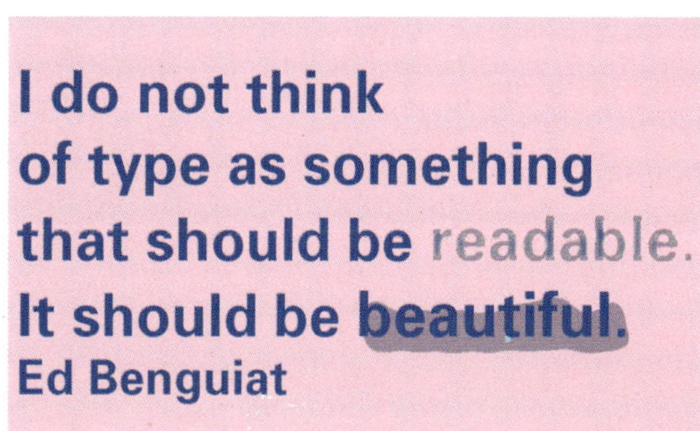

5. Il colore

Il colore esiste solo negli occhi di chi guarda, infatti non si percepisce colore fino a che la luce non viene emessa da una sorgente e colpisce un oggetto. La percezione del colore dipende dalla **pigmentazione fisica** delle superfici, dalla luminosità e dalle caratteristiche della luce. Si percepisce un colore in relazione a quelli circostanti: il tono della luce sembra più brillante su un fondo scuro, o su uno più pallido.

I colori cambiano di **significato** da cultura a cultura e portano connotazioni diverse entro società diverse. Il bianco indica purezza e verginità nelle culture dell'Occidente, mentre è il colore della morte nelle culture orientali. I colori diventano di moda, o vanno fuori moda, e un intero settore della ricerca sul design ha fondato le sue fortune sulla predizione di tali corsi, perché è in grado di fornire le linee guida alle aziende della moda o del design. Lo studio del colore riguarda la fisica dei fenomeni che lo producono, la psicologia che spiega in che modo viene percepito, la storia e il costume che giustificano i significati che gli vengono attribuiti. Il grafico accosta i colori per creare un clima particolare usando un colore per diminuirne o esaltarne un altro. Comprendere come i colori interagiscono, seguendo l'insegnamento di Josef Albers, permette di controllare il potere del colore e di sperimentare le varianti di un'idea. Qui si percorrono le linee guida della scienza del colore, i termini corretti per indicarne gli aspetti e le modalità per sfruttarne pienamente le proprietà.

Definizione

Con il termine "colore" si indica una **proprietà fisica** degli oggetti o una particolare **esperienza dell'osservatore**. Quando una sorgente luminosa, come una lampadina, emette un fascio di luce, esso può arrivare direttamente all'osservatore, oppure essere parzialmente o interamente riflesso da un corpo e arrivare all'occhio per via indiretta: nei due casi la luce costituisce lo stimolo di colore. È possibile isolare alcune caratteristiche percettive che permettono di descriverlo; in particolare si considerano tre attributi.

Tinta

Colori acromatici

Tinta

La tinta è la caratteristica che nel linguaggio comune viene detta “colore” e porta nomi come rosso, verde, giallo, viola. Per esempio, il semaforo ha luci di tre diverse tinte, della stessa forza: rosso, giallo e verde.

Il rosso può essere chiaro o scuro, ma sarà sempre indicato come rosso e con un unico termine si è soliti nominare i colori più **saturi** e meno saturi, tanto è vero che rosso e rosa fanno parte della stessa famiglia. Sono solo gli specialisti, come i designer, i pittori, i sarti, gli arredatori, che usano un vocabolario più esteso per nominare i colori nelle loro gradazioni. La palette professionale Pantone ha un nome per ciascuno dei mille colori che contiene: Fiesta, Dulcamara, Tabasco, Fiamma scarlatta, Geranio, Euforbia sono solo alcuni dei rossi.

Non tutti i colori hanno una tinta: bianco, nero e varie gradazioni di grigio sono colori senza tinta, cioè **acromatici**.

Brillanza

Per brillanza si intende la quantità totale di luce che il colore appare emettere. La lampadina rossa del semaforo, di potenza 10 watt, ha un certo grado di brillanza, che potremmo definire debole. Una lampadina da 100 watt ha un grado forte di brillanza, una con 1.000 watt emette una brillanza abbagliante.

Saturazione

Il termine descrive la pienezza di un’area giudicata in base alla sua brillanza. Un semaforo rosso nella notte ha una brillanza elevata, riflesso su una vetrina perde un po’ della propria brillanza ma appare sempre rosso. La saturazione si può giudicare per i colori **isolati** e **non isolati**.

Brillanza

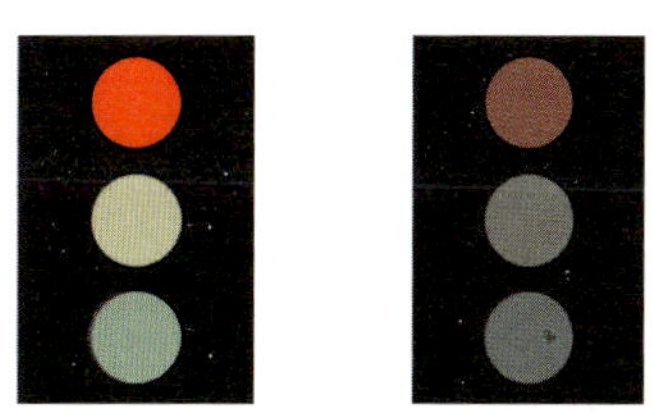

Saturazione

La mescolanza additiva

Proiettando dei fasci di luce colorata su uno schermo bianco, in modo che le proiezioni si sovrappongano in parte, la zona comune viene percepita dall'occhio come un colore intermedio tra quello dei fasci. Se un fascio è rosso e l'altro verde, nella zona di sovrapposizione il colore che percepiamo è giallo, intermedio tra rosso e verde. La sovrapposizione alla massima intensità di rosso, verde e blu genera il bianco. La completa mancanza di colore dà il nero.

Variando l'intensità di tre colori, rosso, verde e blu, su una scala che va da zero a 250, si possono generare quasi tutti i colori dello spettro visibile, ed è quello che accade quando la luce raggiunge l'occhio direttamente da una fonte luminosa, come il monitor. Il limite al numero dei colori visualizzabile è determinato dalla limitazione fisica dei dispositivi. Poiché i componenti della mescolanza additiva sono **Red, Green e Blue**, il colore additivo è chiamato con le iniziali **RGB**.

In media temporale

L'effetto di mescolanza si percepisce non solo con la sovrapposizione diretta dei colori, come avviene nel caso dei fasci di luce proiettati, ma anche grazie a una sovrapposizione non simultanea che si può ottenere per esempio facendo girare velocemente un disco sul quale sono disegnati spicchi di circa trenta gradi, colorati con i tre colori base RGB.

In media spaziale

Si può ottenere mescolanza additiva anche accostando piccole quantità di colore, indistinguibili all'occhio, come nel caso del televisore e del monitor, nei quali si illuminano con diversa intensità i fosfòri verdi, blu e rossi di cui ogni pixel è costituito.

Nell'Ottocento gli artisti Puntinisti e Divisionisti sfruttarono la proprietà additiva del colore in media spaziale disponendo sulla tela bianca piccoli punti di colore puro, con tocchi ravvicinati, ottenendo l'effetto ottico di un nuovo colore particolarmente luminoso.

Mescolanza additiva

Mescolanza additiva in media temporale

La girandola arcobaleno in movimento.

Mescolanza additiva in media spaziale

Printemps à Montmartre, particolare dell'opera.

Gino Severini, 1909

La mescolanza sottrattiva

Se una fonte di luce raggiunge un oggetto, questo riflette quella parte dello spettro che non ha assorbito e la rimanda all'occhio: è così che si ha la **sensazione del colore**. Per esempio, se si illumina una tela dipinta con pigmento di colore rosso, l'occhio la percepisce come "rossa" perché tutte le altre radiazioni vengono assorbite dalla pittura tranne la radiazione che corrisponde al rosso, che viene invece riflessa. La tela dipinta non è la fonte del colore in sé, ma è un piano che riflette selettivamente un colore oppure un altro a seconda del pigmento che vi è deposto, e rimanda così all'occhio la gamma di radiazioni che corrispondono al colore rosso.

Se si sovrappongono sulla carta bianca due inchiostri trasparenti, per esempio giallo e ciano, essi si comportano come filtri per la luce: il giallo ne assorbe una parte, il ciano un'altra; la luce rimanente, riflessa dalla carta, arriva al nostro occhio generando la sensazione visiva del colore verde.

Altro caso è dato dalla mescolanza fisica, nel barattolo, di due vernici colorate: ogni colorante assorbe una parte della luce, e la radiazione che viene riflessa è ciò che rimane della gamma iniziale.

La mescolanza sottrattiva, o miscela sottrattiva, è la mescolanza di stimoli di colore che giungono modificati all'occhio, e ha cause esclusivamente fisiche, diversamente dal colore percepito di una mescolanza additiva, che ha cause fisiche e insieme percettive, come già ricordato.

Funziona così anche il **processo di stampa a colori in separazione CMYK**: teoricamente i tre colori di base per la stampa, ciano, magenta e giallo, potrebbero essere combinati per riprodurre l'intero spettro visibile. In realtà gli inchiostri da stampa sono limitati: combinati insieme in uguali proporzioni creano un marrone scuro, anziché il nero. Proprio per questo, per rinforzare le immagini, è stato aggiunto al sistema il nero come quarto inchiostro di stampa: perciò è chiamato Key, chiave, la cui iniziale costituisce la lettera finale dell'acronimo CMYK.

Mescolanza sottrattiva

Scomposizione dei colori in CMYK

6. La modalità di colore

Una modalità di colore, o modello di colore, è un sistema, più o meno arbitrario, che consente una interpretazione colorimetrica, cioè condivisa. È un modello matematico astratto che descrive il modo in cui il colore può essere rappresentato mediante numeri, tipicamente terne o quaterne. Sono modalità di colore **RGB, HSB, CMYK**.

Le immagini possono essere trattate digitalmente con due metodi di colore principali, RGB e CMYK, a seconda della loro destinazione. Per la **stampa in quadricromia** e per tipologie particolari di stampanti si lavora con il metodo CMYK. I colori nelle applicazioni possono essere indicati con diverse modalità: con i modelli di colore **RGB**, Red, Green, Blue, o **HSB**, Hue, Saturation, Brillance, per cui i singoli colori, puri o generati per combinazione da altri, si individuano con un valore numerico nella gamma da 0 a 256.

Le immagini vengono riprese dai dispositivi, macchina fotografica e scanner, con il metodo colore RGB. Sempre in RGB i monitor visualizzano le immagini, e le normali stampanti da tavolo a getto d'inchiostro trattano i dati, anche se poi stampano a quattro o più colori.

CMYK

Quasi tutti i tipi di stampa si avvalgono del principio della separazione dei colori in quadricromia. Ciascuno dei quattro colori, che per questo ambiente si possono definire **primari**, è stampato con un inchiostro trasparente e avvicinato direttamente sulla carta con il processo della mescolanza additiva in media spaziale, oppure sovrastampato perché è trasparente, quindi segue il principio della mescolanza sottrattiva. Ciascuno dei colori in tale processo può essere dosato su una scala che va da 0 a 100: significa che a seconda del dosaggio in percentuale si addensano i punti dello stesso colore.

Quando invece si sovrappongono gli inchiostri si ottiene una nuova **tinta**. In questo modo si ottiene una vasta gamma di tinte.

Questo è il modo con il quale si indica il colore pieno in CMYK in valori numerici.

Così si indicano le percentuali di tinte.

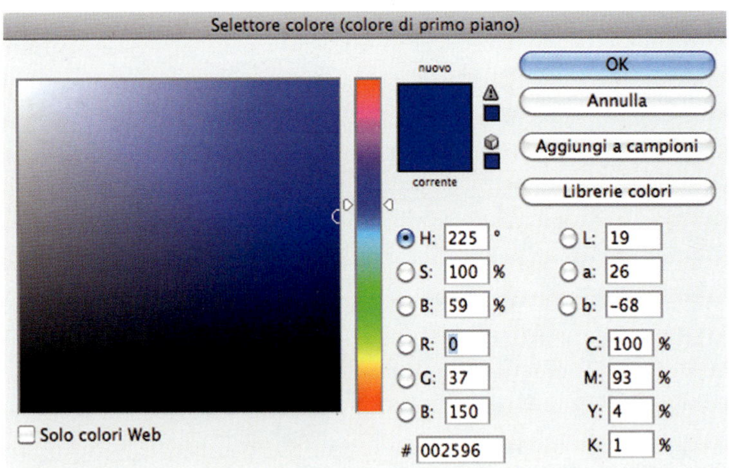

La codifica di un colore blu

Nella palette lo stesso colore blu ha diversi valori al variare del modello di riferimento.
Modello HSB: 225, 100, 59.
Modello RGB: 0, 37, 150.
Modello CMYK: 100, 93, 4, 1.

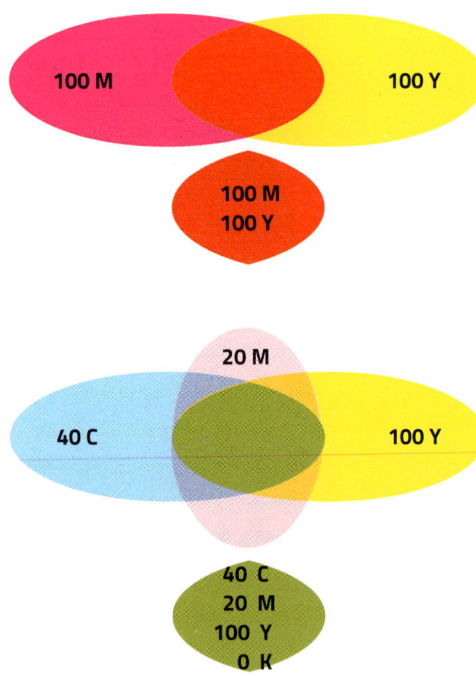

Nel modello CMYK la notazione del colore è data dal valore in percentuale, da 1% a 100%, dei singoli componenti.

Altri metodi di colore

Si trovano per esempio in software di trattamento immagini come Photoshop e indirizzati a usi particolari.

> **Bitmap**: è bianco o nero, non esistono sfumature di grigio. Si usa per le immagini al tratto e per ottenere effetti speciali.

> **Scala di grigio**: dal bianco al nero attraverso 256 sfumature di grigio.

> **Valori LAB**: definiscono la luminosità dei pixel e due segmenti dello spettro dei colori, verde-rosso e giallo-blu. Per esempio, il blu della palette ha i seguenti valori LAB: 19, 26, 68.

> **Scala di colori**: è un sottoinsieme del metodo RGB, con soli 256 colori a disposizione; consente di ridurre al minimo il peso delle immagini, per file GIF.

> **Colori RGB sicuri per web**: è un sottoinsieme del metodo RGB con soli 256 colori a disposizione che sono sicuramente comuni alla palette di colori dei sistemi operativi MAC e PC. Il linguaggio di programmazione html registra il colore con valori esadecimali (valori numerici da zero a nove e le lettere dalla "A" fino alla "F". Per esempio, il blu nella palette ha come valori esadecimali #002596, il bianco #FFFFFF).

> **Due tonalità**, e più: possono essere ottenute a partire dalle immagini in scala di grigio; in realtà si possono utilizzare da 1 a 4 tonalità di colore.

> **Multicanale**: si usa nella stampa specializzata per modificare singoli canali di colore.

> **HSB**, Hue, Saturation, Brightness: la tonalità, Hue, del colore viene calcolata dalla posizione sulla ruota dei colori ed è espressa in gradi. La saturazione determina la purezza del colore da grigio (0%) alla pienezza (100%). La luminosità, Brightness, è la scurezza (0%) o la chiarezza (100%) relativa al colore. Per esempio, il blu nella palette è espresso con i valori H= 225°, S= 100%, B= 59%.

Poster

"Creiamo un mondo più colorato a seconda di come usiamo l'energia."

A.D.: Márton Martos, Budapest, Ungheria

Sistema CMYK

Ciano, giallo e magenta.

Sistema RGB

Rosso, verde e blu.

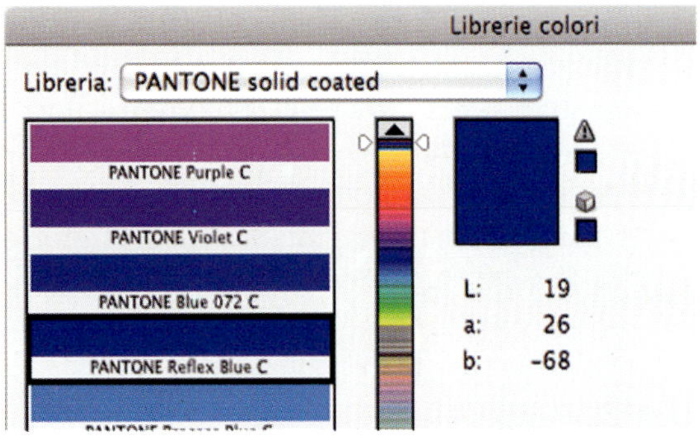

Campionari Pantone

Nei casi in cui si voglia stampare un colore particolare, per esempio metallizzato o fluo, impossibile da ottenere in quadricromia, si può utilizzare la tecnica del **colore spot**, o colore pieno.

I colori speciali sono richiesti anche quando si desidera avere una omogeneità di colore su stampati di diversa natura, come nel caso della immagine coordinata aziendale. Si tratta di inchiostri colorati in una gamma molto ampia, e si scelgono da un campionario, o libreria, come Pantone, dove ogni colore è identificato da un nome o da un codice definito dal produttore del campionario. Per esempio, il blu nella palette si chiama Reflex blue nella mazzetta Pantone destinata agli usi professionali, e Pantone Reflex BlueC, dove la "C" sta per carta patinata, nella palette Pantone di separazione colore.

Pantone

Tutti i software di grafica, per esempio Photoshop, InDesign, Illustrator, XPress, danno la possibilità al progettista di scegliere un colore da una libreria, cioè da un elenco di colori con un

Tinte
Disposte sul cerchio cromatico.

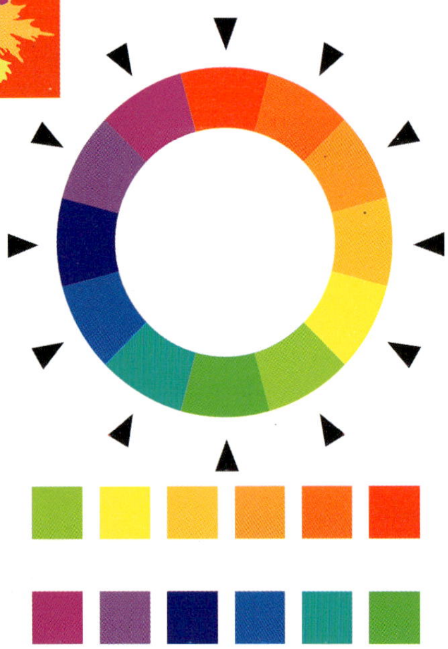

Colori complementari
Gli opposti.

nome. In Italia le librerie più usate sono quelle di Pantone, ma non è ovunque così: per esempio, in Germania sono più usate le librerie HKS e in Giappone le librerie Toyo.

Pantone è il nome di una società americana che produce queste librerie, nel senso che produce i loro cataloghi, le "mazzette", e anche gli inchiostri. Sono disponibili diverse librerie Pantone, che si possono dividere in due grandi gruppi: le librerie di colori Pantone intesi per essere stampati in offset con un quinto, o sesto, o settimo inchiostro, e le librerie di colori Pantone intesi per essere stampati in quadricromia. In Photoshop ci sono sei librerie del primo gruppo: si chiamano solid, coated, matte, uncoated, pastel coated, uncoated e metallic. Si tratta rispettivamente delle tinte unite normali per carta patinata lucida, opaca e non patinata, dei colori pastello per carta patinata e non patinata, e dei colori metallici.

Quando si deve scegliere un colore di un logo, per esempio, si è tentati di sceglierlo in una delle librerie Pantone, piuttosto che costruirlo con ciano, magenta, giallo e nero. Questo è corretto solo se la stampa, in offset, di quel colore avverrà con un inchiostro speciale, il cosiddetto "quinto inchiostro", e non semplicemente con gli inchiostri di quadricromia. Se il lavoro dovrà essere stampato in quadricromia, senza ulteriori inchiostri speciali, scegliere un colore Pantone è un errore che può costare caro perché i Pantone sono stati creati per essere stampati con inchiostri speciali in offset, e solo per questo scopo. Sono stati creati proprio per poter utilizzare una serie di colori che in quadricromia non si possono raggiungere. E infatti, andando a controllare, dei circa mille colori Pantone della libreria solid coated, la più usata, più dell'80% non si possono stampare in CMYK, cioè non ci sono valori CMYK che producano quel colore Pantone. Quelli impossibili sono soprattutto i blu: tra questi il famigerato Reflex Blue, che è impossibile riprodurre in quadricromia anche con carta patinata, e il Pantone 2735, un blu che tende al viola.

Proprio per questo motivo stampare un colore Pantone in CMYK è sempre un'operazione che dà un risultato approssimato.

Adattato da un testo di Mauro Boscarol.
boscarol.com

Triadi armoniche
Terne di colori equidistanti.

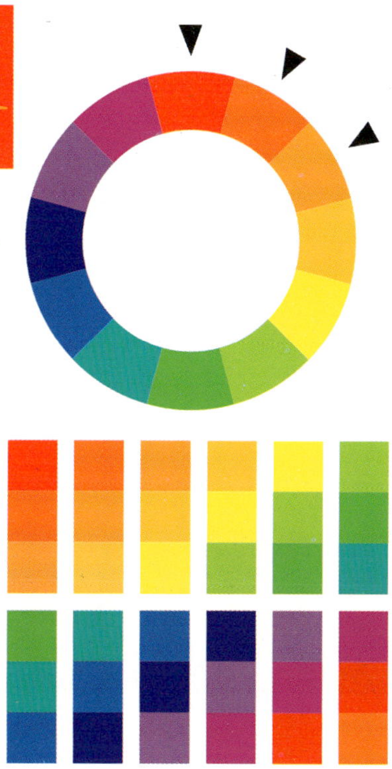

Triadi di colori analoghi
Contigui.

7. La comunicazione

Per comunicazione si intende la trasmissione di un'informazione da un soggetto emittente a uno ricevente. Si può comunicare in molti modi, con la voce, con i gesti, con gli abiti, ma il grafico è interessato in particolare a due forme: la comunicazione verbale accanto e a confronto con la comunicazione visiva non verbale.

Verbale e non verbale

La comprensione del livello verbale e visivo non verbale comporta due processi indipendenti: per esempio, si può leggere un fumetto nel quale le due forme sono compresenti e complementari. Verbale e non verbale sono due sistemi indipendenti che possono entrare in conflitto. Così come può esistere un divario di significato tra immagini accostate, allo stesso modo può esistere un divario tra parola e immagine. Il divario può essere limitato, cioè creato da una relazione diretta tra due elementi, oppure ampio e consentire così all'osservatore di ricostruire la narrazione non presente nell'immagine stessa. L'equivoco tra la parola e l'immagine può essere usato consapevolmente, come nell'umorismo o nel paradosso, oppure incidentalmente: la dissonanza tra i diversi piani è l'errore più grossolano nel quale può incorrere il grafico. In modo altrettanto forte le immagini hanno il potere di modificare il significato delle parole, specialmente se non sono mostrate all'osservatore in momenti diversi.

L'immagine **stilizzata** ha un grado maggiore di decifrabilità, mentre una foto può contenere elementi di disturbo che ne rendono ambigua la lettura. L'immagine stilizzata dimostra la capacità di astrazione dell'uomo: infatti, poiché sono eliminati i dettagli, può mostrare "l'essenza" delle cose. Per questo, nonostante le apparenze, il passaggio dall'immagine all'icona, alla rappresentazione sintetica presenta più difficoltà di decodifica di quanto non sembri a prima vista. Dall'icona al marchio, inoltre, la distanza è altrettanto grande.

Le immagini infine hanno un grande potenziale narrativo, lasciando libere l'intelligenza e l'immaginazione di prefigurare ciò che sta prima o dopo il momento rappresentato. Un accostamento delle fotografie in sequenza aumenta il potere narrativo, poiché nel confronto l'osservatore cerca di stabilire affinità e differenze e quindi è indotto a leggere e proiettare dei significati.

Le caratteristiche proprie dei due sistemi

Non verbale, visuale

- Intuitivo, concreto, innato.
- Globale: si ha una percezione complessiva dell'immagine.
- Non lineare, rapido.

Verbale (come il testo)

- Razionale, astratto, appreso.
- Sequenziale: una parola alla volta.
- Lineare, lento.

PERICOLO
SCOSSA
ELETTRICA

La narrazione sequenziale

Una serie di vignette come nei fumetti, solo che è sempre la stessa immagine che si ripete: si capisce il perché solo con l'ultima battuta: "A questa velocità arriveremo tra sei anni".

Agenzia: DDB, Brasile, A.D.: Carlos Nunes, Illustratore: Clariana Costa, Anelito

Un modello di comunicazione

Il circuito

Emittente → Meccanismo di codifica → Canale → Messaggio → Ricevente → Decodifica → Feedback → Emittente

Ogni processo comunicativo è paragonabile a un circuito elettronico dove un emittente, attraverso un meccanismo di codifica, invia un messaggio a un ricevente lungo un canale. Il ricevente procederà alla decodifica del segnale e all'invio di un feedback di avvenuta ricezione all'emittente.

Un caso

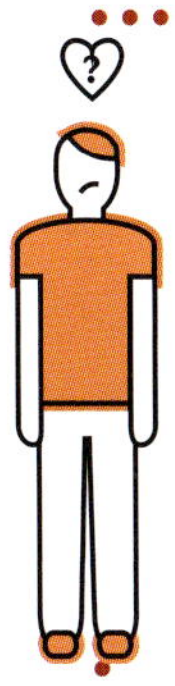

ti amo

Antonio è l'emittente che traduce il suo sentimento in una forma codificata cioè le parole.
Le trasmette attraverso un messaggio scritto, che può essere un foglio di carta o un messaggino.

Maria, la ricevente, leggendo il messaggio lo decodifica: deve essere però in grado di capire la lingua italiana, quindi di possedere un codice comune con l'emittente.

Infine Maria manda un segnale di ritorno, il feedback, all'emittente Antonio traducendo a sua volta il sentimento, in questo caso negativo, in parole.

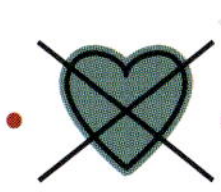

Cosa serve al processo di comunicazione

Un codice

sistema di regole per trasformare i segni in messaggio

Un canale

mezzo "fisico" e "psicologico" per trasportare il messaggio dall'emittente al ricevente

Gli elementi fondamentali della comunicazione

- un **emittente**, colui che invia il messaggio;
- un **ricevente**, il destinatario della comunicazione;
- un **referente**, o argomento, ciò di cui si vuole parlare, l'oggetto a cui ci si riferisce;
- un **contesto**, che è l'insieme della situazione generale e delle circostanze particolari in cui ogni evento comunicativo è inserito.

A disturbare un messaggio può intervenire un rumore sul canale.

Esercitazioni

La serie di variazioni

Per ciascuno degli esercizi sono rintracciabili degli esempi, all'interno del modulo stesso, che lo studente deve identificare.

●●●

Esercizio n. 1 – Esagerare

Scegliere una foto o una sua parte, un disegno, un pattern e realizzarlo in formato esagerato rispetto all'attuale. Lo scopo è creare impatto e cambiare il messaggio trasmesso dall'immagine.

Esempio: prendere una parola ed esagerarne una sillaba rendendola gigante. Prendere una foto e ingigantire le proporzioni di alcuni suoi particolari.

●●●

Esercizio n. 2 – Alterare

Fare cinque copie alterando lo stesso visual, per esempio un'illustrazione. L'alterazione non deve distruggerne completamente l'identità. Ridisegnarlo, tagliarlo, suddividerlo, condensarlo, distorcerlo, cambiare i colori. Lo scopo è ricercare i modi con i quali si possono variare i significati attraverso le mutazioni.

Esempio: fare più copie di una foto. Tagliarne una e riarrangiarla su una griglia.

●●○

Esercizio n. 3 – Rifare un'immagine

Prendere qualcosa che sta sotto gli occhi di tutti comunemente, come un segnale stradale, un celebre monumento, un marchio, e presentarlo, attraverso l'alterazione, aumentando, ridisegnando, sottraendo, in modo da forzare la sua immagine verso qualcosa di diverso e inatteso. Lo scopo è di pensare a qualcosa come se si vedesse per la prima volta.

Esempi:

> Ridisegnare una moneta o una banconota per esprimere un pensiero personale rispetto all'economia.
> Prendere un'opera famosa e ricontestualizzarla, ponendola in un ambiente insolito.
> Cambiare il colore di un logo famoso per alterarne lo spirito originale e la personalità.

●●○

Esercizio n. 4 – Sintetizzare

Creare un'immagine come sintesi di diversi elementi per formarne una nuova, più complessa. Lo scopo è trovare un modo originale e intrigante per creare messaggi visivi.

Esempio: combinare elementi generati al computer con altri fatti a mano. Creare un fotomontaggio.

●●○

Esercizio n. 5 – Fabbricare

Combinare oggetti trovati per esprimere temi astratti come "vita" e "morte". Lo scopo è capire che esistono molteplici vie per esprimersi visivamente.

Esempio: recuperare materiali a stampa e creare un collage intitolato "nascita". Recuperare a casa differenti oggetti correlati al tema. Montarli in una composizione tridimensionale e fotografarli.

●●○

Esercizio n. 6 – Fondere

Prendere due diversi oggetti o immagini e fonderli senza interruzione per creare un oggetto nuovo. Si può fare in due o tre dimensioni.

Esempio: unire una brioche e una pallina da tennis per rappresentare il campionato francese di tennis.
Trovare l'aspetto comune di due oggetti diversi e crearne la sintesi: per esempio due cose che suonano, il fischietto del bollitore con un fischietto da arbitro.
Usare Photoshop per fare la fusione di due animali.

●●●

Esercizio n. 7 – Le varianti

Fare 10 variazioni ispirate da ciascuna delle quattro serie orizzontali di tavole di Iliprandi. Su formato 3 : 2, rispettare lo stile grafico di ciascuna serie e l'uso dei colori.
L'esercitazione si può fare con un software a scelta del docente, preferibilmente preceduta da un veloce progetto a penna, in bianco e nero.
Ripetere l'esercitazione con le tavole della pagina che segue.

Proposte e variazioni

"...un modello da trasferire agli allievi, perché lo usino come le immagini di un caleidoscopio. Alterando le dimensioni del carattere, variando le inclinazioni e usando il colore non come semplice riempitivo. Bensì come sottolineatura semantica".

Giancarlo Iliprandi, 2013

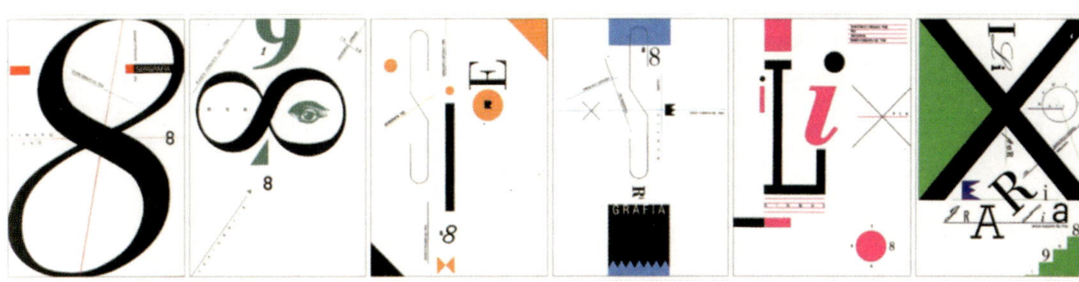

Varianti: batterie o lamette da barba come micro-copertine

"Gli studenti chiedono: ma da dove inizio a progettare? Copiando. Ma non copiando altra grafica da Internet, che poi fate sempre le stesse cose che si somigliano. Cercate invece qualcosa che vi possa attivare la mente in modo inconsueto, che inneschi dei meccanismi.
E non fatene una, fatene venti.

Per esempio, primo esercizio: disegnare 30 copertine per "Delitto e Castigo" ciascuna ispirata a una pila da 4,5 volt degli anni Sessanta."
Variante: copertine ispirate a lamette da barba anni Cinquanta.

Riccardo Falcinelli, 2016

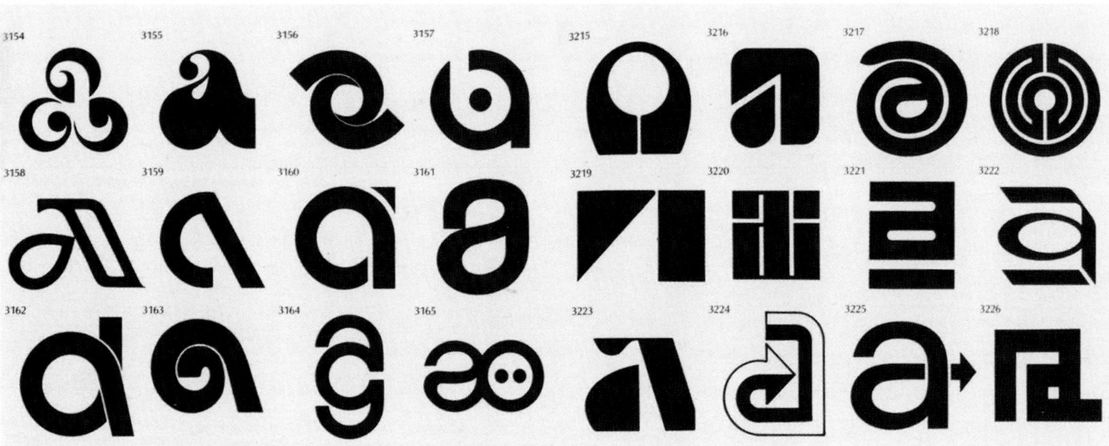

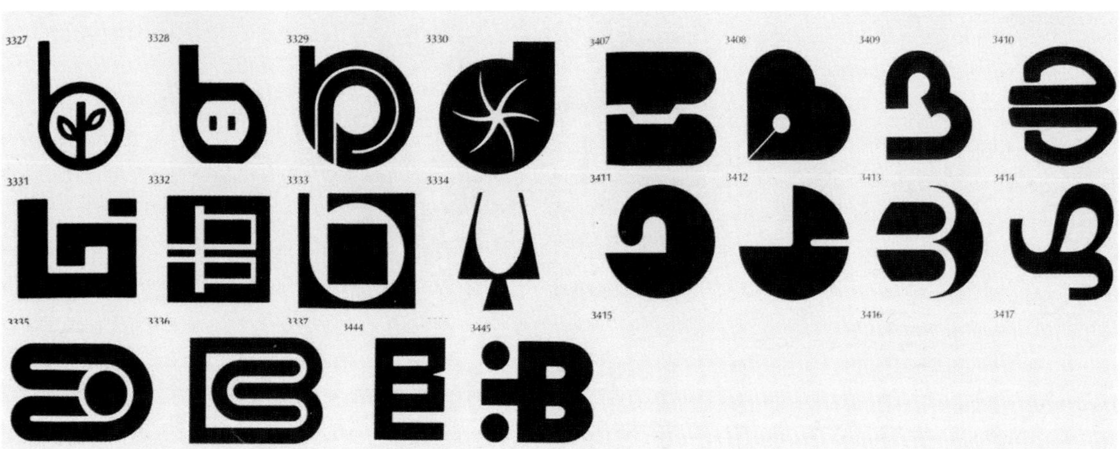

●○○ difficoltà bassa

●●○ difficoltà media

●●● difficoltà alta

Varianti: logotipi in bianco e nero A - B - C

Vecchia raccolta di logotipi degli anni Ottanta con varianti sui caratteri alfabetici. Ne sono stati selezionati alcuni con le tre prime lettere dell'alfabeto. Di tipo molto geometrizzante, risentono evidentemente del clima del tempo e della forte influenza della scuola svizzera che si respirava allora. Gli studenti sono invitati a fare variazioni e nuove proposte seguendone rigorosamente lo stile.

Esercizio n. 8 – Modello generativo di forme permutabili

Sulla base di forme geometriche semplici costruite su una griglia è possibile combinare un numero di varianti pressoché illimitate a partire da poche regole date: sono forme permutabili.
Stabilire un vocabolario di forme base, stabilire le regole di composizione: A quadrato, B cerchio, C triangolo, organizzate dentro una griglia modulare di 7 x 7. Tre colori: giallo, ciano, magenta. Quindi la regola sarà: per ogni composizione si sovrappone un solo elemento di A, preso tra i 12, con uno solo di B e uno solo di C: es. A7 + B8 + C12 ecc., in modo che le varianti siano date da sovrapposizione calcolata dentro la griglia compositiva e trasparenza.
Altre varianti sono possibili con le forme derivate D, E, F, e con sovrapposizioni di griglie G, H, I. Fare un numero a piacere di variazioni.
Con Illustrator è possibile che i colori si sovrastampino ottenendo un effetto di trasparenza: per ciascun oggetto da sovrastampare selezionare l'oggetto e su > Aspetto > Opacità > Moltiplica.
È possibile visualizzare le sovrapposizioni dei colori attivando > Visualizza > Anteprima sovrastampa.
Da una idea di Eduard Pecher.

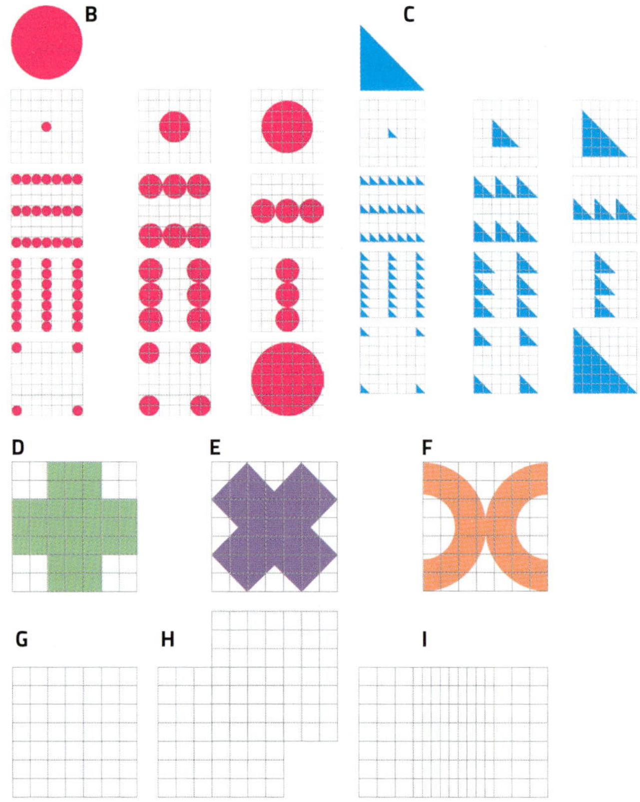

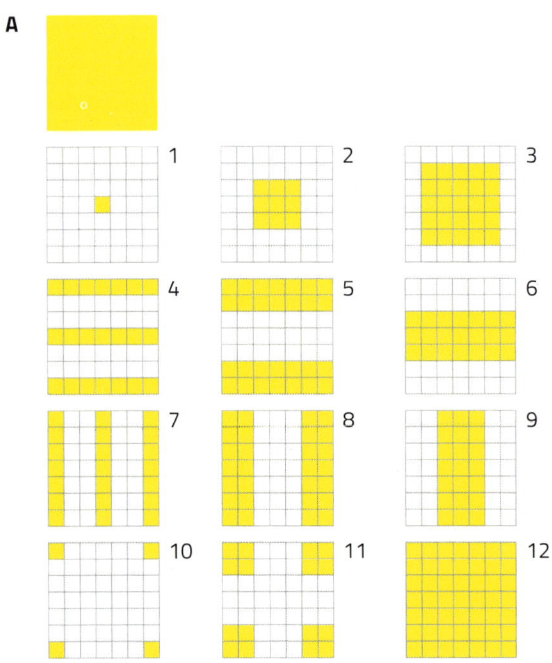

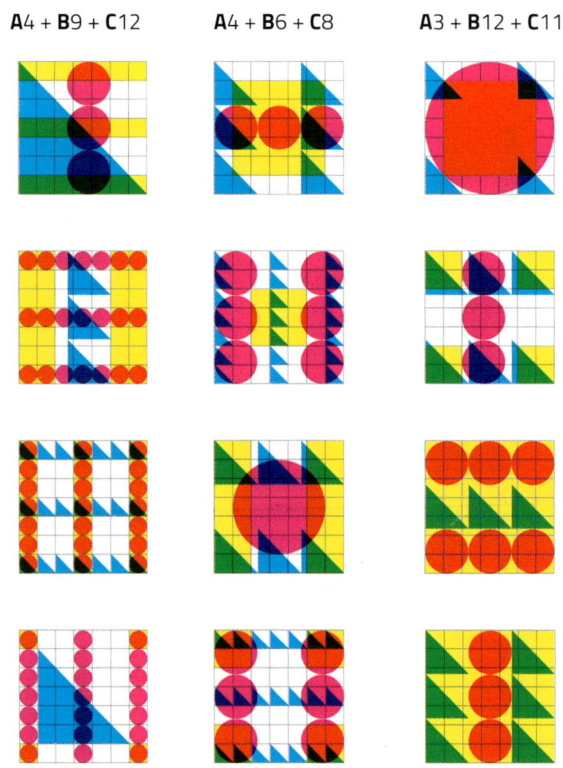

3
Storia e stili

Unità

1. La storia. Chiavi di lettura
2. Il segno e l'alfabeto
3. L'alfabeto
4. La riproduzione
5. Il disegno dei caratteri
6. L'età dell'informazione
7. Storie di marchi

Conoscenze

- Gli ambiti della comunicazione: evoluzione e caratteristiche.
- Evoluzione della grafica e del design.
- Le principali fonti di riferimento per un designer grafico.
- Tecnologie, processi e tecniche di produzione.
- Tecniche di presentazione.

Competenze

- Dimostrare consapevolezza delle radici storiche e delle linee di sviluppo nei vari ambiti della comunicazione, in particolare della grafica e del design.
- Reperire e consultare le principali fonti di riferimento, riviste di settore, testi di reference.
- Mostrare nel progetto di tener conto delle qualità formali, sociali, delle tendenze e dei costumi.
- Presentare i risultati delle proprie ricerche.

1. La storia. Chiavi di lettura

La storia degli uomini è fatta di complessi rapporti tra persone, di legami, di scambi culturali e materiali, e per poterla leggere e capire a volte la si semplifica compiendo delle rapide incursioni: in questa sede si metterà insieme una antologia di uomini e fatti. Altrettanto complessa e sfaccettata, la storia della scrittura può riguardare i millenni, oppure può focalizzarsi su pochi secoli, cinque per la precisione, seguendo l'evoluzione delle tecniche di stampa. A sua volta, la storia della grafica ne costituisce un sottocapitolo e ha solo pochi decenni; è possibile rintracciarne le fasi, per esempio nei marchi, dove si considerano le varianti, i rifacimenti o il restyling. Infine attraverso il filtro del breve periodo, degli anni o ancora più precisamente delle stagioni, si può leggere la storia recente come evoluzione del gusto e della moda. L'analisi può riguardare periodi lunghi o corti, ma sarà sempre interessante e fonte di ispirazione.

Microstorie

La storia della grafica comincia con la nascita della tipografia, a metà Quattrocento, e si arricchisce mano a mano di protagonisti e monumenti di carta: le tecniche di stampa, il disegno dei caratteri, la fotografia, la pubblicità, i marchi, l'infografica. In questo capitolo, lungo le sequenze cronologiche, o linee temporali, si individueranno pochi punti nodali che riguardano argomenti circoscritti, privilegiando le svolte tecnologiche e le innovazioni stilistiche. L'individuazione dei soggetti, dei personaggi o delle opere, indicati come nodi storici, è arbitraria, anche se motivata. Internet offre la possibilità di espandere queste tracce, necessariamente molto sintetiche; basta partire da un nome digitato in un motore di ricerca.

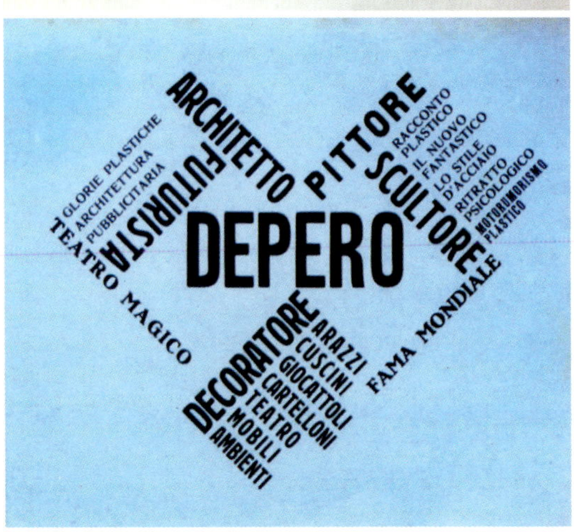

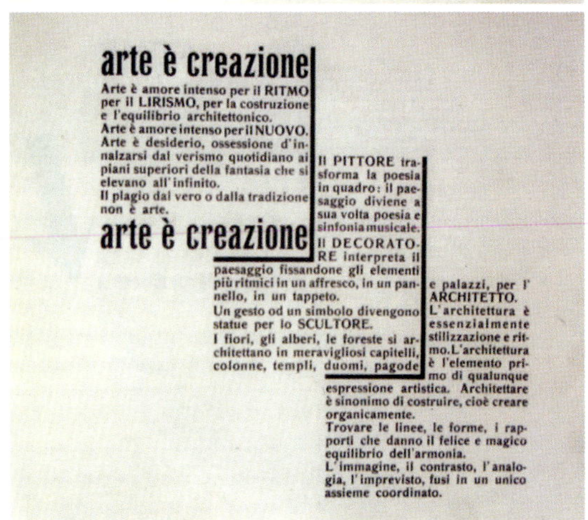

Pagine futuriste

Fortunato Depero, 1913-1927-1927, Archivio Depero

La matrice di stampa

Dal 1450 fino alla metà del XX secolo, le fonderie di caratteri colavano con leghe di piombo ogni singolo segno dentro una forma.

Più avanti, per alcuni caratteri particolarmente grandi, veniva talvolta utilizzato il legno, e da metà Ottocento era un pantografo meccanico a riprodurli con facilità su questo materiale.

Nel 1890 la tecnologia permise la composizione meccanizzata, che fondeva al momento, secondo necessità, non più i singoli caratteri ma l'intera riga di testo, direttamente della corretta dimensione e lunghezza. È la tecnologia del metallo caldo che rimase in uso fino agli anni Settanta.

Durante un periodo relativamente breve di transizione, tra il 1950 e il 1990, la tecnologia fotografica, o fotocomposizione, produsse tipi di carattere su dischi di pellicola. La fotocomposizione permetteva la scalatura ottica, cioè di avere dimensioni multiple dello stesso font.

Dalla metà degli anni Ottanta si impone la tipografia digitale e la composizione di testo e immagini sullo stesso supporto. I progettisti di alcuni caratteri, come Matthew Carter che ha disegnato il Microsoft Verdana, hanno ottimizzato il prodotto principalmente per l'uso sullo schermo.

Il termine inglese "font" ha radice dal latino "fundere" fondere, e fa riferimento al processo di fusione del metallo per ottenere i caratteri mobili prodotti per la stampa tipografica. Ogni font è composta da un certo numero di segni o glifi. Ciascuna font può avere più disegni, come il chiaro, il corsivo, il nero. Con il termine "font" si indica correntemente un file contenente le sagome scalabili dei caratteri.

Secondo il vocabolario Treccani, il sostantivo **"font"** è usato in italiano sia al maschile che al femminile.

Pagine dalla "Collana Nebiolo", 1962

Un libro che contiene gli specimen dei caratteri prodotti dalla fonderia Nebiolo, in sostanza un catalogo di caratteri.

Undesign Studio

2. Il segno e l'alfabeto

L'intelligenza umana inventa il segno, poi lo articola e lo combina; così forma il linguaggio. Su questa constatazione basilare si aprono mille quesiti. Il volo delle api è in gran parte semiotico, *un linguaggio che comunica*, come lo sono certi balletti, ovviamente più primitivi, dei pesci tropicali quando vanno in amore o quando si sfidano. Le api e i pesci sanno quindi comunicare; oppure scrivono senza sapere di farlo ma con un ottimo risultato comunque. L'homo sapiens va più per il sottile. Inventa la scrittura vera e propria, e scrive non sempre nello stesso modo. Passa dal geroglifico – che è per un certo verso assimilabile alla pittura figurativa – al cuneiforme, che è intimamente astratto, all'ideogramma che, lo dice la parola stessa, è concettuale. Ma raggiunge la più straordinaria delle sue invenzioni con l'alfabeto: se le altre scritture potevano richiedere migliaia di segni, se erano adatte alla fronte studiosa dell'erudito o del mandarino, quella nuova partiva dall'alfa, dall'aleph, che altro non era che la riduzione della testa cornuta d'un toro, e finiva con il tau o con l'omega. Così nacquero le lettere della semplicità che rivoluzionarono radicalmente il pensiero e le società del Mediterraneo. Queste lettere sono emancipazione e libertà. Ecco perché quando un rotolo della Torah ne perde una per via dell'usura, il rotolo spesso va riposto e sostituito. La lettera è sacra. Questa sua sacralità è stata esposta a lungo nei capilettera dei codici miniati della cristianità, vissuta in tono aulico o ironico nei testi profani, ha formato l'immaginario del dotto.

L'esaltazione della lettera non corrisponde alla difesa d'una supposta superiorità intellettuale d'Occidente su altre culture della scrittura; nondimeno rimane la constatazione che fu radicalmente democratica quella fantastica semplificazione voluta dai commercianti fenici per emanciparsi dalle classi sacerdotali che la sapevano troppo lunga. Non fu più necessario dominare elenchi di segni che solo un lungo apprendimento consentiva di capire. Poi la lettera si fece tipografica per seguire quasi ossessiva l'evolversi della figurazione, fino a diventare in epoca moderna una componente della stessa raffigurazione se non addirittura un suo stimolo. Ha formato l'immaginario di tutti.

Ripreso e adattato da Philippe Daverio, Arte e dossier, febbraio 2016.

Iscrizione geroglifica da sarcofago egizio

Capolettera da manoscritto medievale

Sviluppo del segno fonetico A

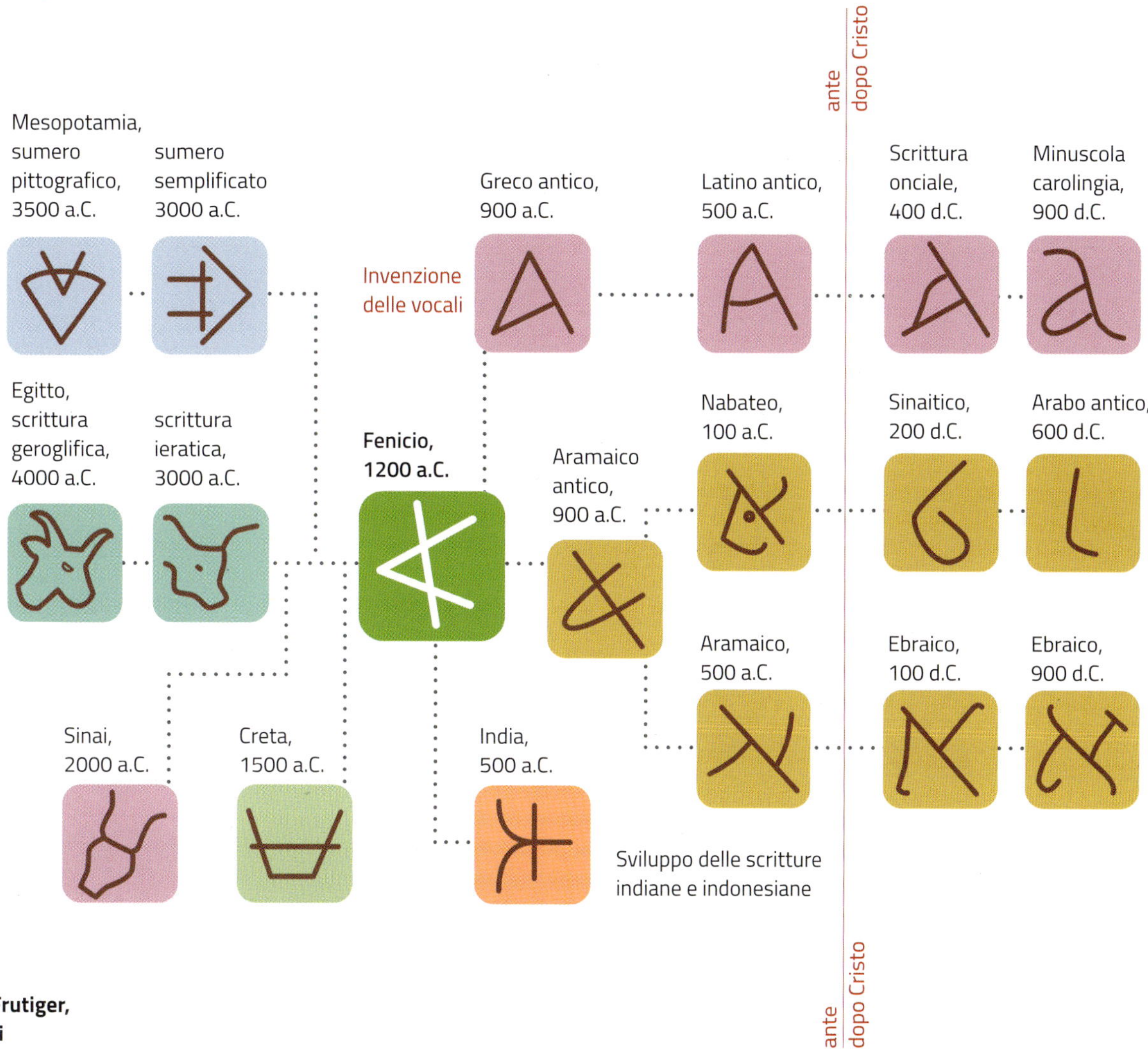

Ripreso da A. Frutiger, Segni e simboli

Caratteri tipografici in metallo

3. L'alfabeto

L'alfabeto è arrivato nella forma che conosciamo con una lenta evoluzione durata 4500 anni. La mutazione della forma delle lettere e degli strumenti di scrittura è stata il motore che ha permesso poi di rappresentare idee, di conservare le informazioni e quindi di dare vita al progresso dell'uomo.

Da Ellen Lupton e Judy Ross.

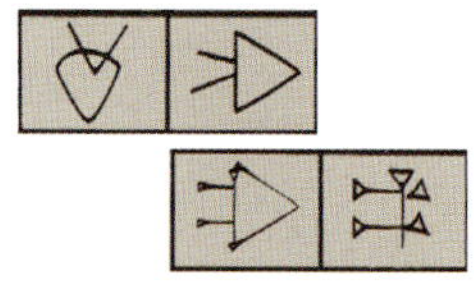

3000 a.C.
Un numero molto alto di pittogrammi è ridotto a 560 caratteri cuneiformi in Mesopotamia.

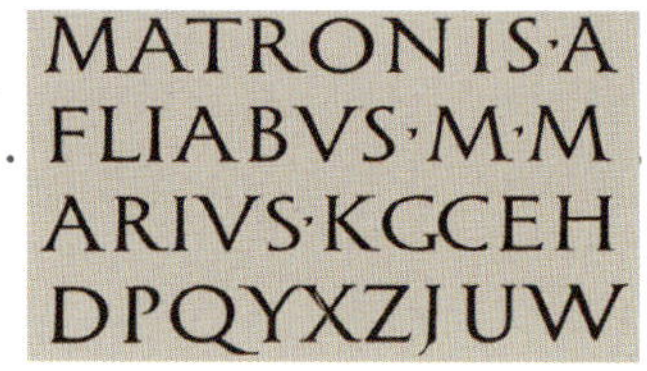

Dal 100 a.C. a oggi
I Romani adottano l'alfabeto greco con influenze etrusche.

Anno 1 nuova era

113 d.C.
L'iscrizione della colonna Traiana sarà il modello per le maiuscole.

100-140 d.C., Capitali quadrate
Il passaggio dall'incisione su pietra alla scrittura manuale con inchiostro determina il cambio di forma.

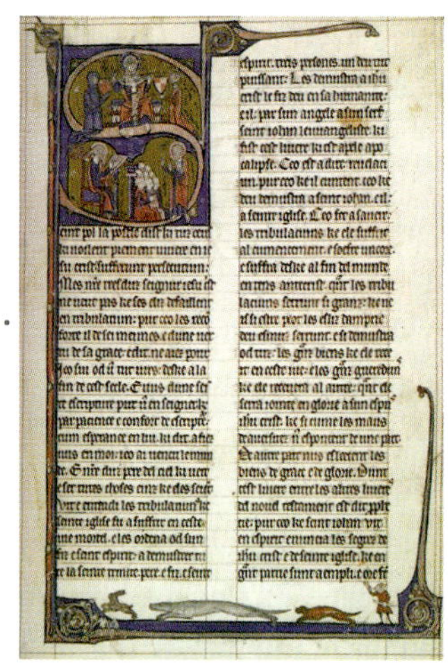

1260, La Douce Apocalypse
Il manoscritto gotico usa maiuscole e minuscole e le colonne per l'impaginazione.

XIII sec., Textura minuscolo
È il "gotico", condensato per guadagnare spazio.

1450, Stampa a caratteri mobili
Gutenberg copia il Textura dei manoscritti suoi contemporanei.

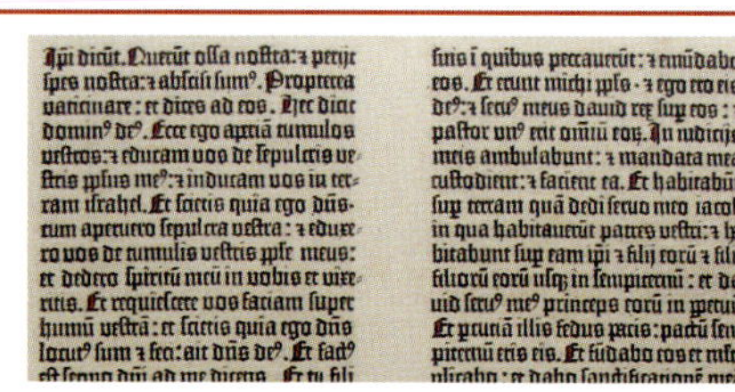

1450 a.C.
Gli Egiziani usano circa 700 geroglifici che combinano per rappresentare idee.

1500-1000 a.C.
I Fenici sviluppano 22 simboli derivati dalle iniziali di alcune parole.

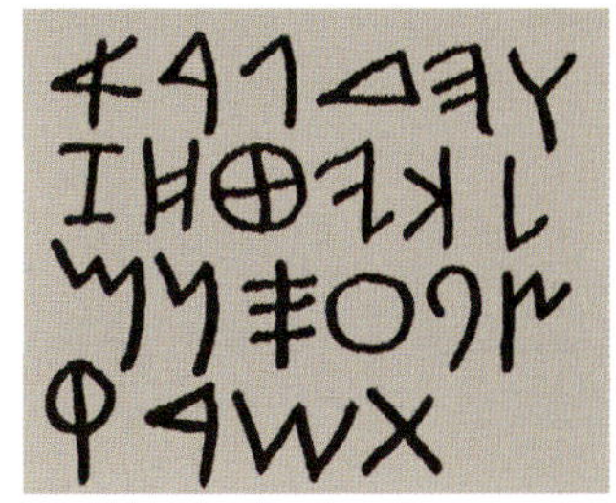

1000-300 a.C.
L'alfabeto greco è derivato dal fenicio, col cambio di 5 consonanti in vocali.

350 a.C.
I Greci raccolgono documentazione scritta fino a formare biblioteche.

100-400 d.C., Capitali rustiche
Il primo set di lettere condensate.

800, Libro di Kells
Il testo è accompagnato da miniature.

IV sec., Romana onciale
I segni si semplificano e velocizzano la scrittura: ad esempio, passano da 4 a 2 per la "E".

VI sec., Mezza onciale
Le prime lettere con ascendenti e discendenti.

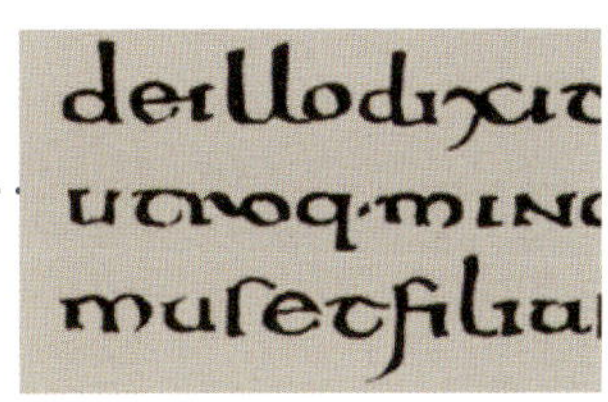

VIII-X sec., Carolingia
Usa maiuscole e minuscole. Economia di esecuzione e buona leggibilità. Standardizzata da Carlo Magno.

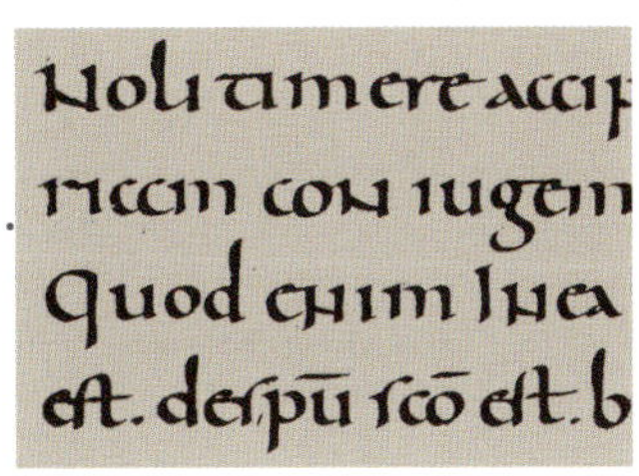

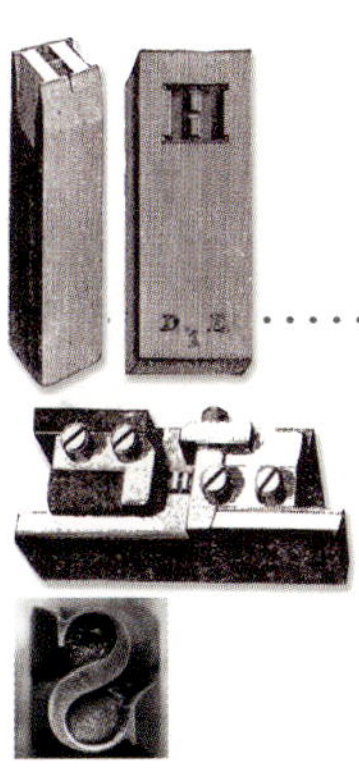

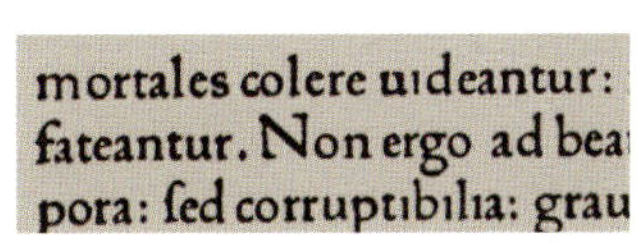

XV sec., Umanistico
Compare in Italia come combinazione di onciale minuscola e capitale romana. Manuzio lo declina nel corsivo.

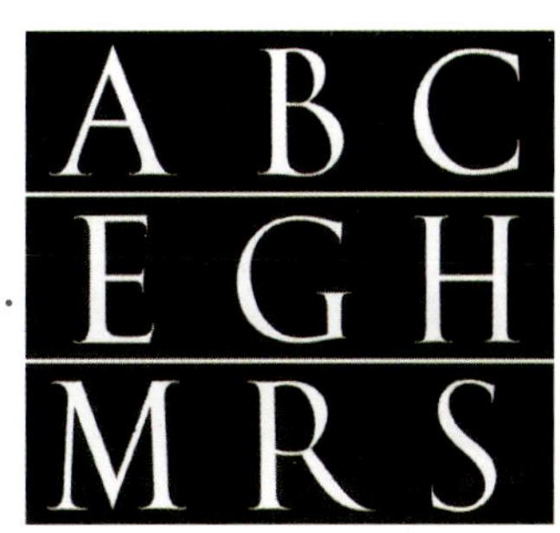

4. La riproduzione

La storia delle tecniche di stampa è stata una ricerca continua di qualità, velocità di produzione e basso costo. Dalle prime 200 copie della Bibbia stampate in 5 anni e carissime, si è arrivati alle infinite copie di un eBook.

1425
Si diffonde la stampa xilografica su carta.

1505
A. Manuzio a Venezia pubblica il primo libro in "ottavo", cioè un tascabile.

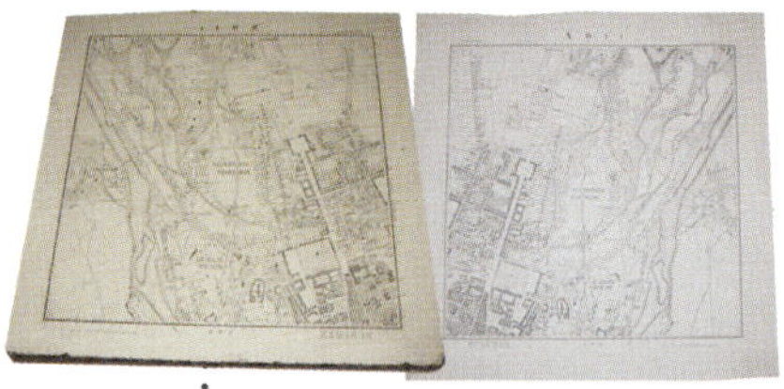

1796
Il tedesco A. Senefelder sviluppa la litografia.

1822
J.N. Niépce inventa la fotografia come perfezionamento della tecnica litografica.

1844
In Canada e in Germania si produce la carta dalla fibra di cellulosa.

1904
La litografia offset si diffonde.

XX secolo
È superiore a 2.000 il numero delle testate di quotidiani in circolazione.

1950-1970
Viene introdotta la fotocomposizione: testi e immagini sono foto incise su pellicola.

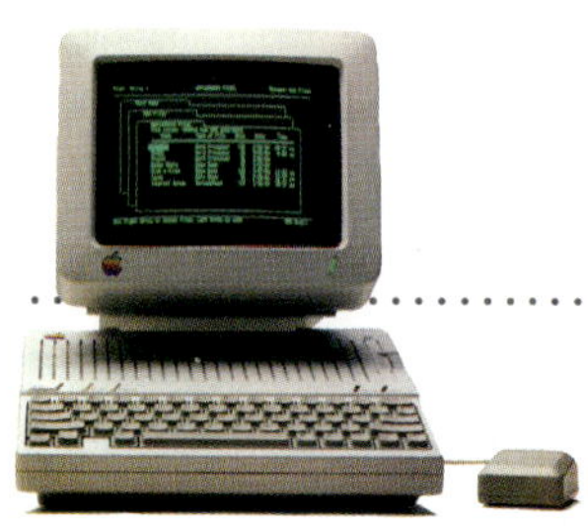

1960
La Xerox produce le prime macchine per fotocopiare.

1445
J. Gutenberg pubblica il primo libro a stampa: la Bibbia.

1457
Primo libro con colore, stampato da Fust e Schoeffer.

1499
Si stimano siano già stati stampati 15 milioni di libri dopo soli 45 anni dal primo libro di Gutenberg.

1875
In Inghilterra R. Barclay mette a punto la stampa offset.

dal 1850
Si sviluppa la cromolitografia e nasce l'affissione pubblicitaria a colori.

1892
M. Benton inventa il pantografo: consente di incidere i caratteri in diversi formati.

1892
Viene inventata la rotativa a 4 colori.

1969
La Xerox produce le prime macchine da stampa laser.

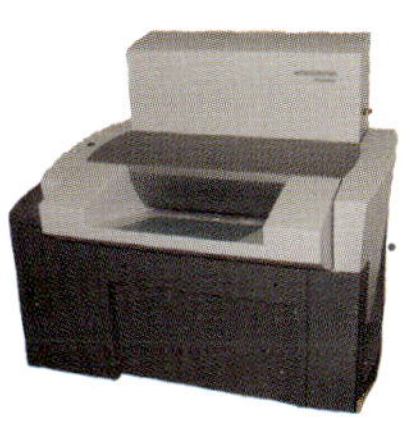

1990
La composizione viene incisa direttamente sulle lastre litografiche.

1993
Comincia la stampa digitale industriale.

2010
La vendita di eBook su Amazon supera quella dei libri cartacei.

5. Il disegno dei caratteri

Johannes Gutenberg, 1399-1468 circa. L'inventore della stampa a caratteri mobili per la sua Bibbia a 42 linee incise un carattere, il Textura, simile alla scrittura usata nella copiatura manuale dei libri, includendo un gran numero di legature, che sono congiunzioni tra caratteri, e abbreviazioni comuni.

Il suo allievo Nicolas Jenson disegnò il primo tondo umanistico a Venezia intorno al 1470: è il prototipo dello stile di caratteri "tondi", con grazie in uso fino a oggi.

Il fenomeno tipografico dei senza grazie, sans-serif, è relativamente recente nella storia. Il cosiddetto "egiziano", prodotto nel 1816 dalla fonderia di W. Caslon in Inghilterra, sembra il primo esemplare di carattere bastoni. Oggi sulle pagine web è generalmente preferito il carattere sans-serif poiché le grazie rendono i caratteri meno leggibili sullo schermo, ma probabilmente con il rapido miglioramento dei dispositivi di visualizzazione assisteremo al loro recupero.

IEAN GVTTEMBERG

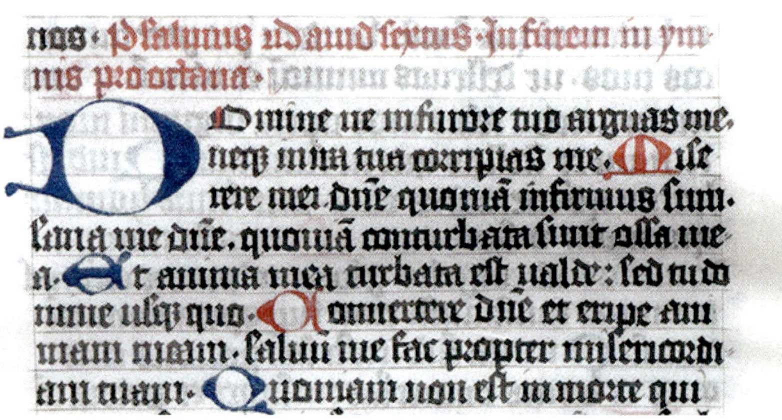

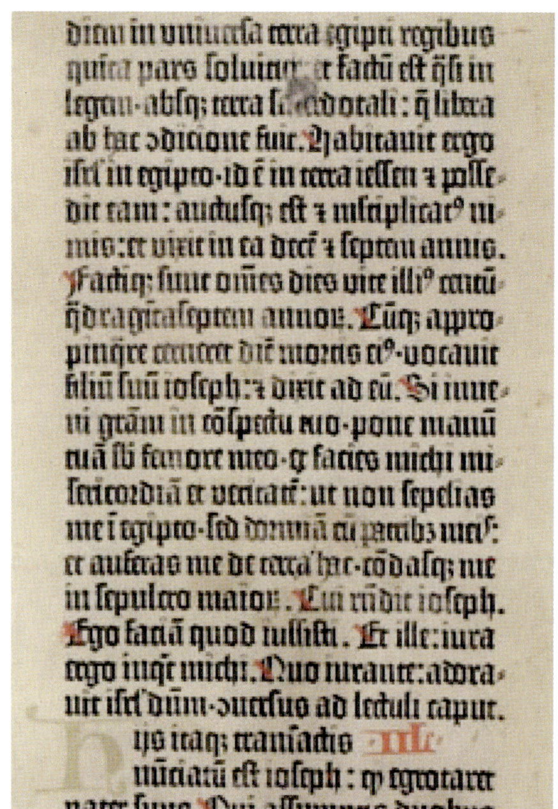

A destra, particolare di una delle copie rimaste della **Bibbia di Gutenberg** pubblicata nel 1455. È conservata nella biblioteca dell'Università di Austin, USA; si può sfogliare in Internet, pagina per pagina.
In alto, sono riprodotte alcune righe della Bibbia Gigante di Mainz, che fu scritta interamente a mano negli stessi anni in cui era stampata la Bibbia di Gutenberg. In entrambi i casi le decorazioni e i capilettera in colore sono manuali.
Si nota chiaramente come lo stile dei caratteri a stampa corrisponda a quello del manoscritto suo contemporaneo.

Jenson, 1475 ca

Stampata da Jenson, 1420-1480, a Venezia nel 1476, con il primo carattere tondo minuscolo derivato dalla calligrafia umanistica, la Storia Naturale di Plinio il Vecchio, nella traduzione in italiano. Il carattere è detto "romano" in contrapposizione al "gotico", il maiuscolo è ripreso dal lapidario romano.
Si osserva la perfetta texture della composizione ottenuta con una spaziatura molto flessibile tra le lettere e tra le parole. Le regole di spaziatura saranno codificate in maniera precisa in tempi successivi.

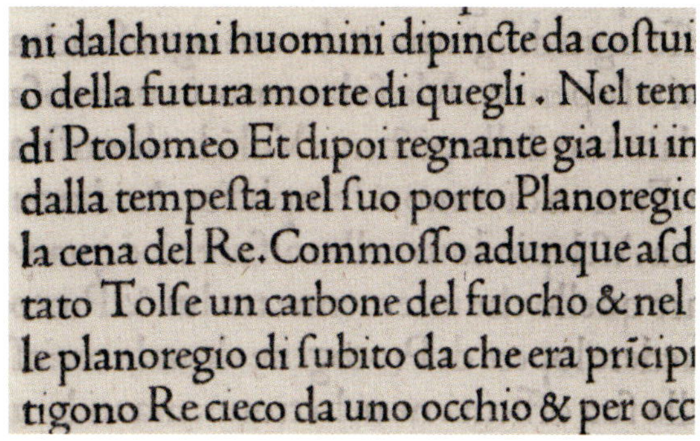
ni dalchuni huomini dipincte da coſtui
o della futura morte di quegli . Nel tem
di Ptolomeo Et dipoi regnante gia lui in
dalla tempeſta nel ſuo porto Planoregio
la cena del Re. Commoſſo adunque aſd
tato Tolſe un carbone del fuocho & nel
le planoregio di ſubito da che era pricipi
tigono Re cieco da uno occhio & per occ

Il corsivo di Griffo, 1501

Nel 1501, a Venezia, compare il primo carattere corsivo prodotto per il Virgilio, stampato da Aldo Manuzio, che aveva acquistato la tipografia di Jenson. Il carattere fu disegnato e inciso da Francesco Griffo. Il volume in ottavo, un formato ridotto, e il carattere compresso gli consentono di produrre libri leggeri e quindi facilmente trasportabili: in sostanza inventò il tascabile.
La pagina riprodotta, tratta dall'**Hypnerotomakia Polyphili,** è del 1502: è composta in corsivo per le minuscole e in tondo per le maiuscole.

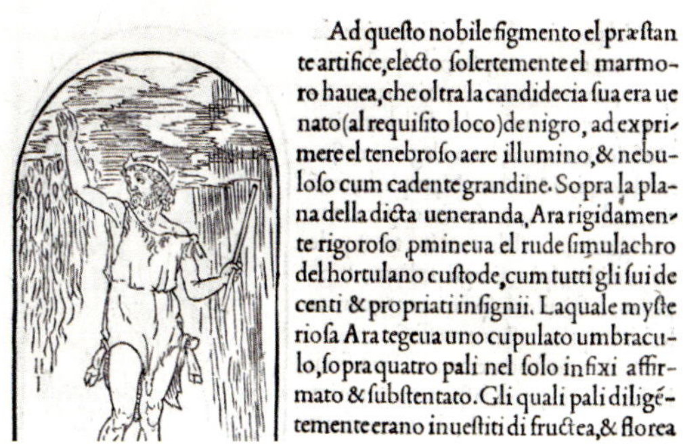
Ad queſto nobile figmento el præſtan
te artifice, electo ſolertemente el marmo-
ro hauea, che oltra la candidecia ſua era ue
nato (al requiſito loco) de nigro, ad expri-
mere el tenebroſo aere illumino, & nebu-
loſo cum cadente grandine. Sopra la pla-
na della dicta ueneranda, Ara rigidamen-
te rigoroſo pmineua el rude ſimulachro
del hortulano cuſtode, cum tutti gli ſui de
centi & propriati inſignii. Laquale myſte
rioſa Ara tegeua uno cupulato umbracu-
lo, ſopra quatro pali nel ſolo infixi affir-
mato & ſubſtentato. Gli quali pali diligẽ-
temente erano inueſtiti di fructea, & florea

Garamond, 1540 ca

Claude Garamond, 1480-1561, fu il primo a usare il corsivo insieme al tondo come si fa oggi, non in alternativa. Caratterizzano **il font Garamond** la lunghezza delle ascendenti e delle discendenti, la chiusura molto alta della "e", la "a" ristretta con chiusura bassa, le maiuscole molto alte rispetto alle minuscole.
Avrà grande successo anche in versioni diverse. Garamond si considera tutt'oggi il più leggibile carattere da stampa mai disegnato.

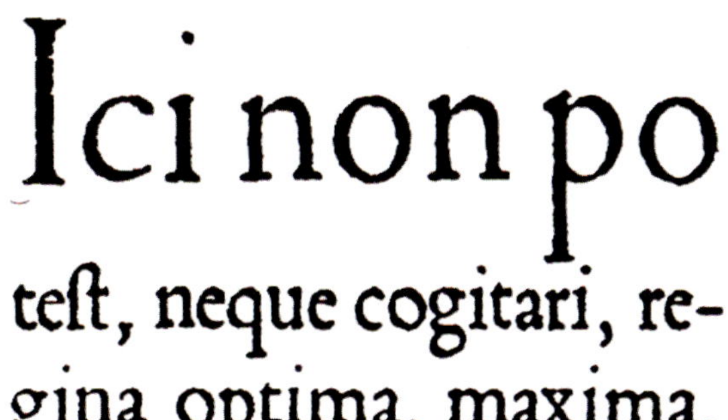
Ici non po
teſt, neque cogitari, re-
gina optima, maxima,

Caslon, 1722

Disegnato da William Caslon, 1692-1766, si impone per funzionalità e grazia. Il suo disegno rispecchia la nuova moda calligrafica del tempo praticata con la penna a punta anziché tagliata.
Caratterizzato da ascendenti e discendenti corte e moderato contrasto. È un carattere tuttora molto utilizzato.

Aa ABCDEFGHIJKLMN
OPQRSTUVWXY&Z
abcdefghijklmnopqrstuvwxyz
1234567890 fifl ff ffi ffl $£€ ct ſſ ſh ſi ß ſt

Aa ABCDEFG
HIJKLMNOPQ
RSTUVWXY&Z
ABCDEFGHIJKLMN
OPQRSTUVWXY&Z
abcdefghijklm
nopqrstuvwxyz
1234567890 fifl ff

(CONTINUED FROM PAGE 25)
William Caslon I was the preeminent punch-cutter and type supplier of 18th-century England, and his types crossed the Atlantic to become the standard medium for the printed word in the American colonies as well. (The founding document of the United States, the Declaration of Independence, was set in Caslon types when it was first printed and distributed throughout the insurgent colonies.) He started out as a gunsmith's apprentice, and when he went into business for himself, he branched out into engraving the tools and stamps used by bookbinders. His lettering skills caught the eyes of a consortium of Englishmen who wanted to break the dependence of the London printing trade on types imported

Aa ABBCC
DDEEFGGHIJJ
KKLMMNNO
PPQQRRSTT
UVVWXYY&Z
abcdefghijklm
nopqrstuvvwxyz

Il Romano del re, 1692

Fu commissionato da Luigi XIV e inciso da Philippe Grandjean. È il primo carattere a essere svincolato dalla calligrafia: ogni glifo è stato costruito geometricamente dentro una griglia a maglie quadrate 8x8 e costituisce così l'antecedente del metodo moderno di progettazione.
Ha disegno regolare e contrasto tra le aste piene e sottili.

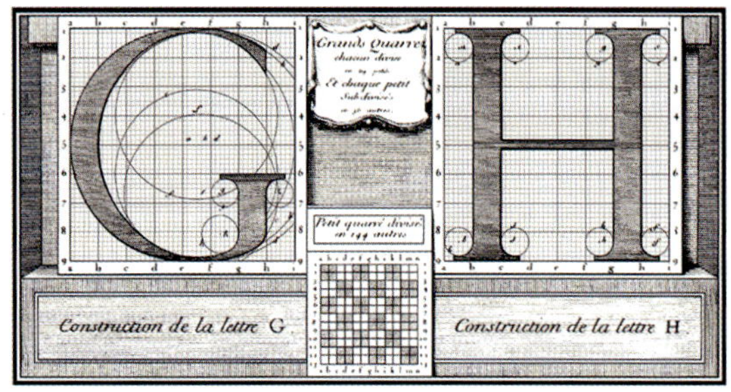

Bodoni

Segna e condiziona il periodo neoclassico. Giovanbattista Bodoni, 1740-1813, divenne molto celebre all'epoca per il suo trattato sulla tipografia e per la bellezza delle font disegnate; il **carattere Bodoni** è espanso, elegante, i bianchi abbondano e i contrasti sono accentuati, con grazie sottili e spesse.

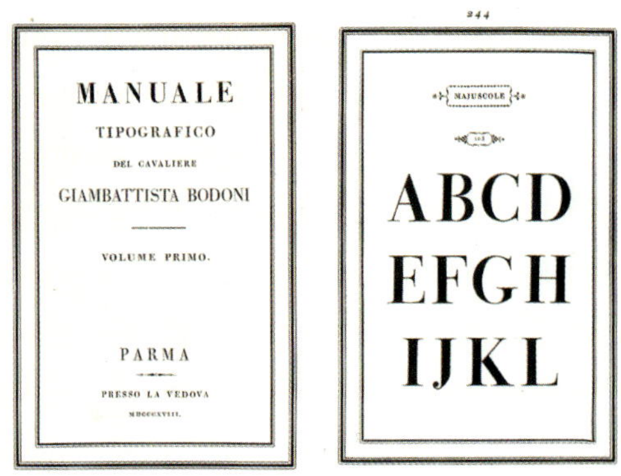

La stampa per grandi formati, XIX secolo

Alla fine del Settecento esplode l'industria tipografica, con locandine, manifesti, giornali, e in Inghilterra nasce la pubblicità commerciale.
Per i grandi formati si cominciano a usare caratteri di legno, più leggero del metallo e meno costoso, che hanno una grande diffusione soprattutto in America, dove sul finire dell'Ottocento viene inventato il pantografo per la riproduzione e deformazione delle singole grandi matrici in legno.

Times New Roman, 1932

Stanley Morison, 1889-1967, cura la realizzazione del carattere Times, per il quotidiano omonimo, tenendo conto della sua specificità: è infatti adatto a essere composto in corpi piccoli e giustezze strette.
Avrà una grande diffusione perché di ottima leggibilità in corpi piccoli, grazie alle lettere più piene, i tratti ascendenti e discendenti corti, lo spessore marcato e le grazie regolari.

Helvetica, 1957

Di Miedinger e Hoffmann, è la rivisitazione di un carattere di metà Ottocento. Si distingue per essere molto "neutro" agli occhi del lettore, poco caratterizzato, compatto, per un uso attento alla composizione della pagina più che al contenuto. La font è stata il grande "classico" per tutta la metà del secolo.

Helvetica Neue 25 Ultra Light
Helvetica Neue 35 Thin
Helvetica Neue 45 Light
Helvetica Neue 55 Roman
Helvetica Neue 65 Medium
Helvetica Neue 75 Bold
Helvetica Neue 85 Heavy
Helvetica Neue 95 Black

Univers, 1957

Le varianti del carattere Univers, 1957. Disegnato da Adrian Frutiger, 1928, aspirava a essere un carattere universale. La famiglia di 21 varianti porta una classificazione numerica e non un'indicazione fatta con termini generici. Nella tabella di classificazione, pubblicata nel capitolo sui caratteri, il centro è occupato dal carattere n. 55, lo standard normale da libro; sull'asse verticale mostra i diversi pesi, sull'asse orizzontale il peso e il disegno, dall'esteso al condensato: ogni carattere indicato da un numero pari è corsivo.

ABCDEFGHIJKL
MNOPQRSTUVW
XYZ abcdefghijk
lmnopqrstuvwxyz
.,-;:!? 123456789

Emigre, dal 1980

La "fonderia" di caratteri Emigre con 300 font ha segnato l'epoca del desktop publishing. I suoi fondatori, Rudy VanderLans e Zuzana Licko, per primi hanno utilizzato i difetti e le caratteristiche del computer per disegnare caratteri staccandosi dalla tradizione tipografica. Accanto, alcuni dei numerosi caratteri della Licko.

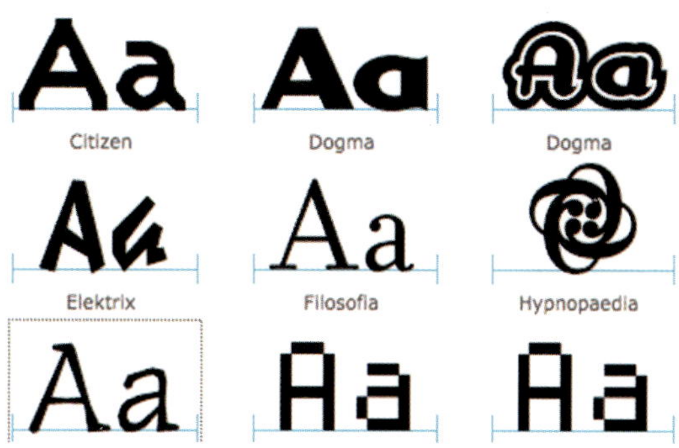

Verdana, font "da video", 1996

Oggi buona parte delle nostre letture si effettua su video, non su carta. Il video ha esigenze particolari, per cui le font devono essere costruite con particolari caratteristiche. Matthew Carter, inglese, è uno dei disegnatori di caratteri più influenti degli ultimi venti anni. Ha progettato una quantità notevole di caratteri, molti dei quali destinati alla lettura a video: tra questi ricordiamo Verdana e Georgia per la Microsoft. Il computer, e la possibilità di generare i caratteri digitali, ha reso più semplice la progettazione e la produzione delle font.

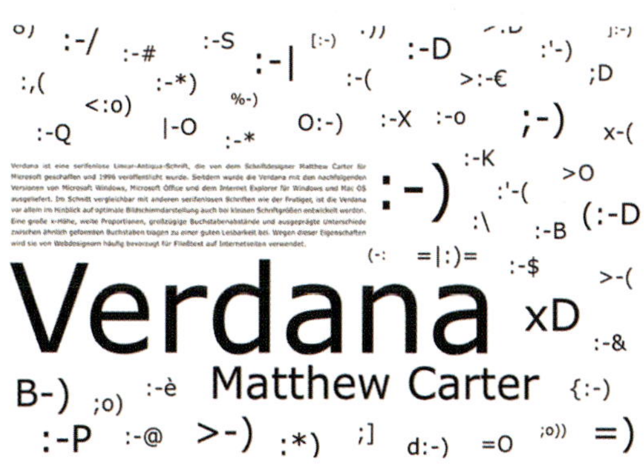

6. L'età dell'informazione

In questa selezione essenziale di oggetti grafici della seconda metà del Novecento fino ai giorni nostri, è possibile leggere l'influsso reciproco tra la grafica e le arti visive. Lo spirito dell'arte contemporanea entra nel gusto della costruzione della pagina, nella scelta e nel disegno dei caratteri. Le tecniche di produzione, dalla fotocomposizione al computer passando per il recupero della scrittura manuale, ne condizionano il risultato.

Manifesto per una mostra, Richard Paul Lohse, 1950

Una composizione che ben rappresenta lo stile della scuola svizzera degli anni Cinquanta: caratteri lineari, uso dei colori primari e loro complementari. Inoltre ordine, sobrietà e una composizione strutturata su sistemi modulari a gabbia.

Catalogo manifesto per una mostra Dada, Marcel Duchamp, 1953

L'artista Duchamp dà un saggio di grafica complessa e funzionale utilizzando due colori su un poster che presenta il catalogo della mostra, quattro articoli e un annuncio chiaro e leggibile anche da lontano. La texture del testo crea profondità diverse.

Poster Tetractys per Olivetti, Giovanni Pintori, 1956

Le frecce colorate attivano una continua tensione dinamica sulla superficie. Al centro del campo visivo, con discrezione emergono le lettere del logo "Tetractys Olivetti".

Pubblicità per Alfieri e Lacroix, Franco Grignani, 1960

Grignani esplorò le possibilità espressive della tipografia tradizionale: qui il carattere bastoni è deformato a suggerire il movimento della stampa rotativa. Usa i colori primari della stampa e il bianco della carta per suggerire una sovrapposizione che è una illusione ottica.

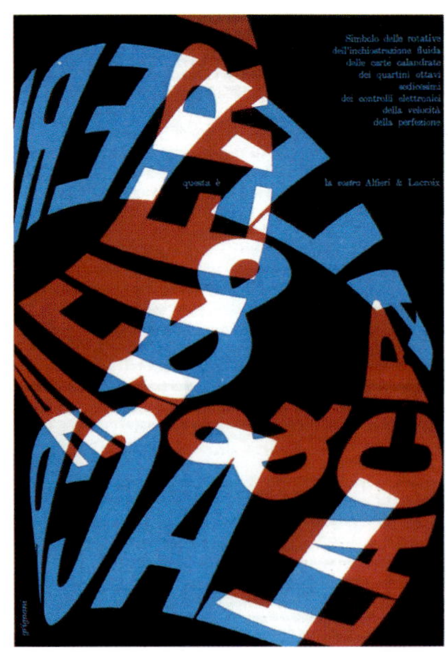

Copertina di un disco per la Blue Note, Reid Miles, 1964

Miles ingrandisce fotograficamente il titolo e il nome del musicista usando il carattere della macchina da scrivere, mostrandone tutte le imperfezioni, e lo contrappone a una riga a grandezza normale rendendo la composizione assai dinamica e forte.

Pubblicità, 1965

Eseguita con la fotocomposizione, un sistema introdotto nel 1961, è un campionario di pezzi di bravura, alcuni ottenibili anche con i precedenti sistemi, altri proprio grazie alla nuova tecnologia, come l'effetto di distorsione sui caratteri di "Mental illness" e di "Narcotic".

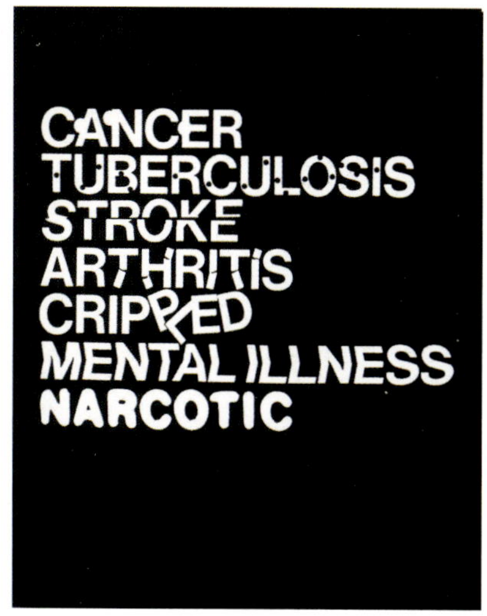

Bill Graham N. 4, Wes Wilson, 1966

Questo poster, primo di una serie, mostra chiaramente l'evoluzione del lettering verso la direzione che poi fu definita "psichedelica".

Bill Graham N. 8, Wes Wilson, 1966

L'ottavo poster della serie. Annuncia la prima apparizione di Andy Warhol and the Velvet Underground a San Francisco.

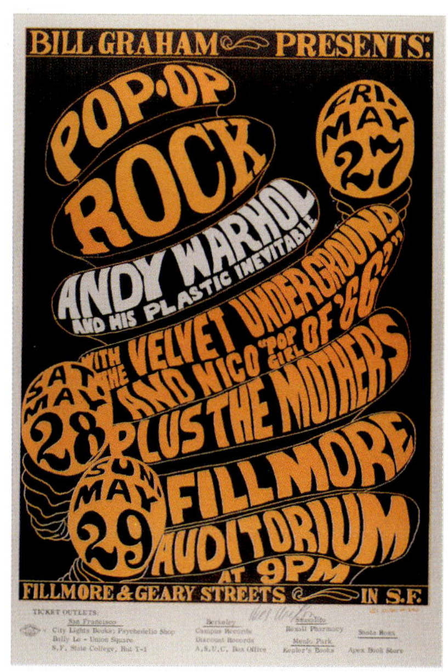

Think small, Helmut Krone

Lo stesso Lubalin, disegnatore del carattere Avant Garde, si congratulò con Krone, l'art director di questa pubblicità, per l'uso assai ravvicinato del suo carattere e per le numerose legature. Il gioco tra parole e colori è molto arguto.

Copertina del disco Never Mind The Bollocks dei Sex Pistols, Jamie Reid, 1977

Reid usa caratteri tipografici "riciclati" e colori violenti in sintonia con lo spirito anarchico della musica punk. Il suo lavoro, molto imitato, conferma la teoria secondo la quale visibilità non significa "facile lettura".

Manifesto per Sommer Theater, Rosemarie Tissi, 1981

Tracce della scuola svizzera nell'uso del carattere bastoni, ma ammorbidite con l'ironia e il colore per stimolare l'associazione di idee con l'estate.

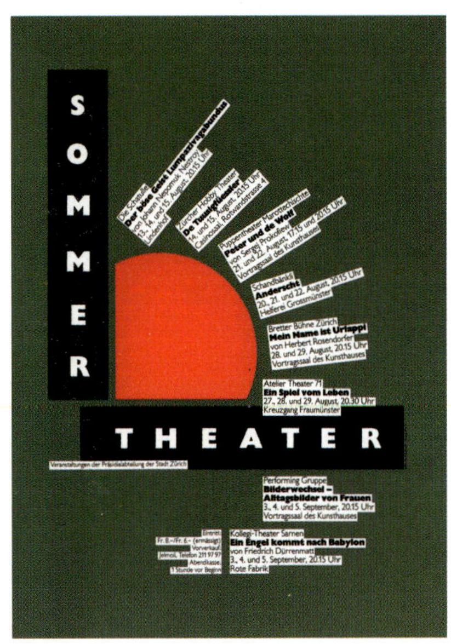

Copertina di Emigre, Starting from Zero, Lizko-Vanderland, 1991

È la rivista sulla ricerca tipografica che ha innovato maggiormente il settore negli anni Novanta. Questo numero tuttavia dimostra che la sperimentazione grafica può anche affermare i valori della semplicità.

Sagmeister & Walsh, Mostra di opere al museo di Zurigo, 2003

Sagmeister ha fatto dell'uso del suo stesso corpo una provocazione, in sintonia con quanto è avvenuto nell'arte dei due decenni alla fine del secolo. Il riferimento qui è altrettanto esplicito nei confronti del duo di artisti Gilbert & George.

Poster di Neville Brody per Graphic Arts Message, Tokyo, Giappone, 1992

La visione del carattere in movimento sul video influenza in modo determinante la grafica dagli anni Novanta in avanti. Immagini "liquide", trasparenze, sfocature ne sono le caratteristiche tipiche.

Poster per The Public Theatre

La grafica di Paula Scher è influenzata dapprima dai caratteri di legno rimessi in circolazione negli anni Sessanta dalla fonderia Morgan Press, in seguito dall'esplorazione della scrittura manuale e dal ridisegno dei caratteri tipografici. Una composizione in gabbia, molto emozionante, molto diversa da come l'avrebbe intesa la più fredda e funzionale grafica svizzera.

7. Storie di marchi

Definire un segno "marchio" significa in parte rivelarne il significato, dal momento che questi elementi visuali sono firme proprie di prodotti o servizi destinati al mercato; questi segni di identificazione vengono chiamati **marchi commerciali**. L'origine della marchiatura degli oggetti va messa in relazione con l'esigenza di dichiararne la proprietà: queste sono le mie pecore, le mie anfore di vino, e il marchio che vi ho impresso le distingue dalle altre. Quando trasporto le mie pecore e il vino al mercato, il marchio è riconosciuto come segno di qualità: i commercianti sanno che io sono un bravo contadino e cercano i prodotti contraddistinti dal mio segno. Negli ultimi tre secoli i marchi hanno assunto un aspetto pittorico o verbale, diventando così illustrazioni e descrizioni, piuttosto che segni.

Proprio come la bandiera di una nazione esprime l'identità di un Paese, così anche un marchio contribuisce a definire un nome e il carattere di una società.

Marchi efficaci diventano sinonimo delle organizzazioni che rappresentano. Sono immediatamente riconosciuti da milioni di persone, e aiutano a identificare le aziende e a trasmettere un messaggio sui prodotti ai quali vengono applicati. I loghi di Nike, McDonald's e Coca-Cola sono alcuni dei più globalmente riconosciuti. Ma quale meccanismo si nasconde dietro la scelta o il redesign di un marchio? In alcuni casi, come MTV, l'idea della scelta dell'acronimo, le iniziali, è abbastanza ovvio, ma nel caso di Fedex il progetto più complesso è costato più di un milione di dollari, mentre il logo Nike è costato solo 35 dollari.

In questa unità si metteranno a confronto una ristretta selezione di marchi che sono entrati nella storia per motivi diversi: per aver acquisito qualche primato, come la precocità inventiva o la durata, per la suggestione che hanno contribuito a esercitare nell'immaginazione del pubblico, oppure per la forza innovativa.

La mela Apple

Quando Steve Jobs e Steve Wozniak, i fondatori della Apple, lavoravano in un garage chiesero a Rob Janoff di creare il logo per il loro primo prodotto. Janoff racconta che la mela era un riferimento a Turing, il matematico inglese il cui contributo è stato fondamentale per l'invenzione del computer e che si è suicidato con una mela avvelenata. Il morso poi è dovuto al fatto che, cercando ispirazione per le mele, ne stava mangiando alcune ed è rimasto colpito dalla traccia del suo morso. L'arcobaleno di colori si deve al desiderio di rendere ancora più amichevole l'aspetto del computer, che a quei tempi era visto come una macchina tutt'altro che friendly.

Rob Janoff, 1977

AEG

Beherens, 1868-1940, membro fondatore del movimento artistico Werkbund, è autore del primo vero caso di immagine coordinata per l'azienda elettrica tedesca AEG. Disegna il marchio esagonale che vediamo sopra, le pubblicazioni, la pubblicità, i manifesti, i negozi, l'edificio industriale e il carattere Beherens Antiqua per la comunicazione aziendale. Le iniziali dell'azienda sono disegnate dentro le celle delle api, una metafora visiva della complessità e dell'organizzazione produttiva.

Peter Beherens, 1907, e la versione attuale

Westinghouse

Il marchio Westinghouse nella sua evoluzione dal 1900 al 1960. L'ultimo del gruppo, in basso a destra, è il redesign di Paul Rand, considerato uno dei maggiori teorici dell'immagine coordinata aziendale.

Il marchio dal 1900 alla versione di Rand del 1960

Opel

Nel 1862 Adam Opel fonda l'azienda di biciclette Opel. Il primo logo della Opel fonde una "A" in bronzo con una "O" rossa. Dal Novecento l'azienda inizia a produrre auto e il logo assume la forma di un occhio, poi la forma di un cerchio con un dirigibile stilizzato al centro. Successivamente entra nella composizione il fulmine, con importanza crescente, fino alla semplificazione del 1985.

Il marchio dal 1899 al 1985

Shell

La società è fondata nel 1897, nel 1904 adotta un logo che raffigura l'immagine di una conchiglia. Successivamente il marchio è stato via via semplificato fino alla forma attuale, in cui la conchiglia è stilizzata e si assiste alla scomparsa del nome. L'ultimo in basso è il redesign di R. Loewy.

Il marchio dal 1897 alla versione di R. Loewy del 1971

Pirelli

L'idea della "P" maiuscola che, allungandosi in orizzontale, copre come un tetto tutte le altre lettere del logo nacque a New York in un giorno del 1908: festeggia quindi cento anni di fortuna pubblicitaria e di forte popolarità. La storia del logo Pirelli è più calligrafica che grafica.
Subito dopo il 1945, si puntò sulla semplicità e sull'unità del linguaggio allo scopo di valorizzare la predominanza della "P". Fu fissata l'entità dello spessore delle altre lettere del nome.

Il logo del 1908 e quello del 1945

McDonald's

L'intenzione iniziale dei soci fondatori dell'azienda rispecchiava una esigenza essenziale: diversificarsi dai concorrenti. In realtà, preceduta da marchi figurati, la prima versione della "M", conosciuta anche come "Gli archi d'oro", è ispirata all'architettura dei due archi che fiancheggiavano i primi negozi. Alla fine il marchio è diventato un'icona dei nostri tempi e ha finito per non aver più bisogno del logo completo.

Il primo logo del 1963 e la versione del 2003

Chupa Chups

Nel 1969 il fondatore dell'azienda che produce caramelle interpella il suo amico, l'artista Salvador Dalí per chiedergli di disegnare il logo dell'azienda. Dalí insiste perché il logo venga posto sulle caramelle. Dal 1969 è rimasto invariato: un caso abbastanza eccezionale.

Salvador Dalí, 1969

Starbucks

Il nome deriva da un personaggio di Moby Dick e l'immagine rappresenta una sirena a due code. La sirena, secondo il mito, seduce gli uomini: il fondatore dell'azienda infatti collegava la seduzione al suo caffè.
Inizialmente la sirena era nuda, e mano a mano che è stata ridisegnata si è rimosso ogni riferimento ambiguo. Il marchio nel tempo diventa sempre più minimalista, allineandosi al gusto; inoltre l'immagine diventa così emblematica da poter rinunciare al logo.

L'ultimo restyling è di Lippincott, 2013

Philip Morris e Altria

Il marchio può servire per mostrare, ma anche per nascondere la propria identità. Alla fine degli anni Novanta la Philip Morris, che produce sigarette, si rende conto che il mercato comincia a guardare in modo avverso l'uso delle sigarette. Per evitare che questo riflesso negativo si estenda alle sue numerose altre attività, sceglie di occultarsi dietro il nome, Altria, e una nuova immagine. Il mosaico di colori può far pensare a una miriade di package di prodotti, come pure al mosaico di pixel.

Landor Associati, 2003

UPS

L'immagine UPS è stata ridisegnata nel 1961 da Paul Rand. Il primo logo è uno scudo con UPS scritto con un carattere bastoni e un pacchetto chiuso da un cordino. Nel 2003 il rifacimento di Futurebrand elimina il pacchetto, a significare il passaggio da compagnia di recapito a compagnia di logistica. Si è conservato lo scudo come simbolo di forza, ma è stata incrementata la dimensione del logo; la memorabilità dell'immagine deriva soprattutto dal colore marrone, onnipresente, che viene usato sulle divise dei fattorini, sui furgoni e sugli aerei della compagnia.

Paul Rand, 1961. Futurebrand, 2003

Poste Italiane

Un campo di girasoli, una montagna innevata, un bosco: con queste e altre immagini nasce la nuova identità, corporate identity, di Poste Italiane. Una scritta blu, Posteitaliane, all'interno di una striscia orizzontale giallo lime. Dal portale agli uffici, dalla sede alla pubblicità, dalle brochure ai contratti, tutto viene cambiato secondo la nuova immagine coordinata.
La versione più recente tuttavia ha perso le immagini e rimane solo con il logo.

Fragile, di Mario Trimarchi e Michele De Lucchi

Unilever

La Unilever è una multinazionale proprietaria di marchi di prodotti distribuiti in tutto il mondo. Tra questi: per gli alimenti, Algida, Knorr; per la cura della casa, Lysoform, Coccolino; per la cura della persona, Badedas, Pepsodent. Nel 2005 la Unilever cambia il logo per rinnovare la sua immagine. Il nuovo logo è composto riunendo le 24 diverse icone che rappresentano i suoi marchi a formare la lettera "U". Dal confronto tra il logo storico, a sinistra, e quello realizzato nel 2004 è evidente l'intento di trasmettere vitalità, leggerezza e freschezza.

Wolff Olins, 2004

Lo shock della novità

Con umorismo nero caratteristico dello stile britannico, in un articolo del 2007 comparso sul Design Council Magazine si dice che quelli dello studio Wolff Olins, progettisti del logo delle Olimpiadi del 2012, possono ritenersi fortunati perché nonostante le polemiche nessuno ha minacciato di sparare loro. Il giornalista si riferiva al 1960, quando George Stanley disegnò la bandiera canadese, bianca e rossa con la foglia d'acero, e qualcuno gli sparò davvero, non sopportando la novità.

La reazione pubblica che si è avuta a seguito della presentazione del logo dei Giochi Olimpici è stata molto forte. Ma il pubblico fa fatica a comprendere il nuovo. Fu così anche per la torre Eiffel, che comparve nel paesaggio di Parigi nel 1887 come monumento temporaneo, da abbattere subito dopo la grande esposizione, mentre è ancora oggi degna di ammirazione. Bisogna dire che la storia ha dato ragione ai progettisti, perché il logo Londra 2012, progettato per ben apparire sugli schermi della televisione, ha segnato una svolta epocale, il cambiamento tra il progetto finalizzato alla sua applicazione soprattutto cartacea, al progetto dove il dispositivo digitale è il primo obiettivo del designer implicando un uso particolare del colore e una tendenza a usare forme mutevoli o trasformabili.

Giochi Olimpici 2012

Dal 2007 il marchio fluorescente è diventato presto celebre per aver incontrato la disapprovazione globale: tutti i media lo hanno deriso e una petizione popolare online ne ha chiesto la revoca.
È concepito come una forma che può essere riempita a piacere. Usa un linguaggio cinetico, reso dalla impressione di sfocatura che ispira movimento, ed è sicuramente più adatto a essere animato sui mezzi digitali che sulla carta. Nel logo si legge, seppur a fatica, l'anno dei giochi, il 2012.

Wolff Olins, 2007

Djantoli

"Più uno" significa: oggi abbiamo salvato una vita.
La cifra 1 è aggiornata quotidianamente sul sito dell'organizzazione dai medici dell'associazione in corrispondenza con i dati reali. Una agenzia specializzata nel brand e nota in tutto il mondo, la Landor, usa un modo molto nuovo per comunicare l'immagine di una società no profit francese che cura bambini africani indigenti.
Il logo diventa così davvero significativo e aggiornabile, dinamico.

Landor, 2011

Esercitazioni

●●●

Esercizio n. 1 – Evocare stili e atmosfere

Comporre figurativamente poche parole, dieci al massimo, che sintetizzino le caratteristiche di un determinato periodo storico. Ci si può avvalere di supporti grafici, forme geometriche semplici, filetti, dingbat, grafismi, ma non di immagini né illustrazioni.

Esempi:

> The New York Café: si suggerisce l'utilizzo delle font Playbill e Woodtype ispirate al periodo fine Ottocento.
> Café de Paris: si suggerisce l'utilizzo delle font Harrington e Woodtype ispirate al periodo floreale Liberty.
> Caffè Roma: si suggerisce l'utilizzo della font Kabel ispirata al periodo futurista.
> Cafe Hollande: si suggerisce l'utilizzo della font Van Doesburg ispirata alla grafica del maestro olandese anni Venti.
> Café Moderne: si suggerisce l'utilizzo delle font ITC Anna e Bifur ispirate al periodo Déco.
> Bauhaus Café: si suggerisce l'utilizzo della font Poplar ispirata alla grafica della Bauhaus.
> Schweizer Café: si suggerisce l'utilizzo della font Univers ispirata alla grafica svizzera anni Cinquanta.
> Atomic Café: si suggerisce l'utilizzo della font Brush Scripte Times ispirata al periodo floreale eclettico degli anni Sessanta.
> Café Mojo: si suggerisce l'utilizzo della font Mojo ispirata al periodo psichedelico degli anni Sessanta.

●●○

Esercizio n. 2 – La linea del tempo 1

Raccogliere la documentazione e disegnare una linea del tempo (vedere gli esempi nel capitolo) sui movimenti storicizzati del design grafico, inserendo le voci nello stile grafico del movimento stesso.
Allestire la raccolta digitale impaginando su grandi dimensioni, in modo da poter cogliere tutta la linea temporale a colpo d'occhio.
Quando possibile, stampare il prodotto.
Includere il nome del movimento, le date, la descrizione, altre informazioni sintetiche e tre esempi di design per ciascun nodo temporale o periodo considerato.

Consultare:

> Baroni, Vitta, *Storia del design grafico*, Longanesi, 2003.
> Meggs, *Meggs' history of graphic design*, John Wiley & Sons, 2006.
> Heller, Chwast, *Graphic Style: From Victorian to Digital*, Harry N. Abrams 2001 (edito anche in italiano).
> Internet.

●●○

Esercizio n. 3 – La linea del tempo 2

Raccogliere la documentazione e disegnare una linea del tempo su storie monografiche. Vedere gli esempi nel capitolo.

Temi suggeriti:

> Il manifesto di un settore (alimentare, moda, cura del corpo, turistico).
> Il manifesto italiano del dopoguerra.
> Manifesti svizzeri.
> Manifesti liberty.
> Evoluzione di un marchio (settore, azienda).
> La copertina di un libro (narrativa, saggistica, poesia).
> L'illustrazione per bambini.
> L'illustrazione pubblicitaria.
> La fotografia (sport, food, natura, ritratti, urbana).

●●○

Esercizio n. 4 – Storia del design grafico

Definire la professione del designer grafico.

Acquisire la consapevolezza che la grafica vive su una storia lunga e che esiste una tradizione e degli stili che appartengono a epoche storiche.
Raccogliere materiali riutilizzabili in futuro.

Per definire il design grafico occorre avere presente la storia delle tecniche grafiche, l'origine della scrittura e dell'alfabeto e distinguere le caratteristiche del design nei seguenti stili e movimenti:

> Periodo vittoriano
> Art & Crafts
> Art Nouveau
> Moderno
> Art Déco
> Kitch americano anni Cinquanta
> Influenza della grafica svizzera
> Anni Sessanta psichedelici
> Contemporaneità
> Ribellione postmoderna
> Era digitale

●○○ difficoltà bassa
●●○ difficoltà media
●●● difficoltà alta

Allestire la raccolta digitale impaginando su grandi dimensioni in modo da poter cogliere tutta la linea temporale a colpo d'occhio.
Quando possibile, stampare il prodotto.
Includere i nomi, le date, le descrizioni, altre informazioni sintetiche e immagini.

Consultare:
> Baroni, Vitta, *Storia del design grafico*, Longanesi, 2003.
> Meggs, Purnis, *Meggs' history of graphic design*, John Wiley & Sons, 2006.
> Heller, Chwast, *Graphic Style: From Victorian to Digital*, Harry N. Abrams 2001 (edito anche in italiano).
> Internet.

●●○
Esercizio n. 5 – Storia, una scheda
Redigere, per uno o più dei periodi elencati nell'esercizio n. 4, una scheda di 500 parole circa, e allestire una videopresentazione (per esempio con PowerPoint o Google Document Presentation, o Screencast-o-matic) con immagini che illustrino adeguatamente.

●●●
Esercizio n. 6 – Storia, un poster
Ideare e realizzare un poster su una manifestazione attuale alla maniera di un periodo storico che il docente definisce e illustra alla classe con esempi.

Esempio: progettare un poster su un concerto di musica contemporanea illustrandolo con una fotografia futurista, sarà quindi una foto con un mosso controllato e il lettering tipico dell'epoca.

●●●
Esercizio n. 7 – Poster storici
Compiere una ricerca in Internet individuando i molti riferimenti a opere, autori e altri argomenti citati nelle didascalie dei poster. Completare le informazioni allestendo una videopresentazione a partire dai poster con le notizie essenziali sugli autori.

4
Le immagini

Unità

1. Le immagini comunicano
2. La fotografia
3. Esiste la foto di genere?
4. La fotografia nella pubblicità
5. Il grafico e la fotografia
6. Progettare la fotografia
7. Lo still life
8. L'illustrazione
9. I maestri dell'illustrazione
10. L'illustrazione nella pubblicità
11. L'illustrazione in sette passi

Conoscenze

- Le tecniche di produzione fotografica.
- Le principali tecniche di produzione di illustrazioni.
- Le tecniche di post-produzione digitale sulle immagini.

Competenze

- Produrre messaggi visivi su precise indicazioni, individuando e utilizzando una gamma selezionata di metodi, tecniche e media.
- Saper scegliere le modalità di visualizzazione in relazione al progetto di comunicazione.
- Dare chiare indicazioni agli specialisti per la realizzazione di foto e illustrazioni in relazione a un progetto di comunicazione.

1. Le immagini comunicano

Un riferimento prezioso per l'illustrazione, oltre che un'interessante rassegna di professionisti, è visibile sul sito della associazioneillustratori.it

Se il grafico lavora sulla combinazione di testi e immagini si può dire che le immagini sono dunque la seconda fondamentale componente della sua attività. Il grafico stesso crea le immagini per i progetti di comunicazione, oppure, nei casi più complessi o dove è esplicitamente richiesto, commissiona ad altri foto o illustrazioni. In questo caso deve saper dare indicazioni precise ai professionisti che realizzeranno le une o le altre a partire dalle esigenze del progetto. A sua volta, possiede una buona conoscenza delle potenzialità e delle tecniche produttive delle diverse forme di rappresentazione per poter dirigere al meglio l'abilità dei professionisti ai quali si rivolge.

Le pagine seguenti sono dedicate alla fotografia e all'illustrazione, considerate dal punto di vista del grafico, quindi di chi pianifica la realizzazione di tutte quelle immagini che accompagnano il testo scritto.

Il grafico ricorre al **fotografo** per avere un prodotto tecnicamente corretto e di qualità. Il fotografo possiede macchine da ripresa professionali, è in grado di organizzare spazi e attrezzature, il set, con l'abilità di uno scenografo, mettendo insieme gli oggetti giusti per creare un ambiente o una atmosfera. Lavora in équipe, sa organizzare gli assistenti, sceglie i personaggi che compaiono nella foto, i modelli, ingaggia truccatore e parrucchiere, e dirige tutti questi specialisti come un regista.

Il grafico sa produrre immagini, ma ricorre all'**illustratore** quando la complessità del caso lo richiede, oppure quando vuole produrre una particolare atmosfera utilizzando le capacità e il segno caratteristico di un certo artista. Dagli anni Sessanta agli Ottanta l'illustrazione è stata molto presente nella grafica e nella pubblicità. Dopo un periodo di crisi oggi sta ritornando in auge grazie alla qualità degli illustratori, tra cui molti italiani, e alla visibilità mondiale che la rete consente.

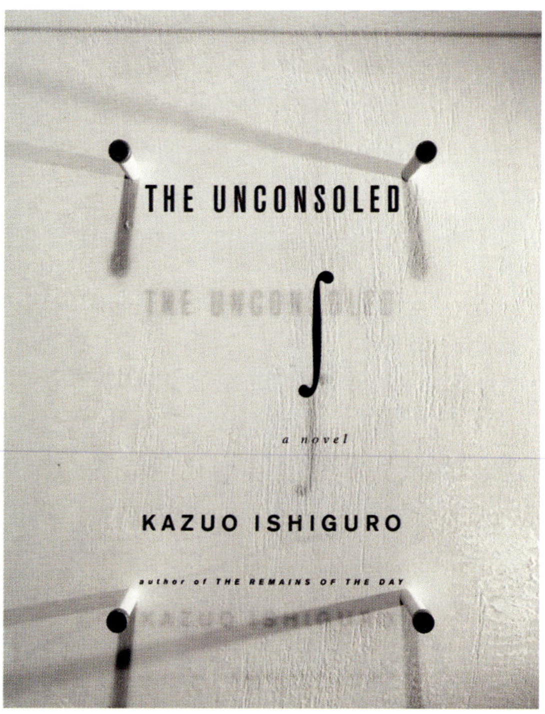

Copertina. The unconsoled

Una relazione molto sottile si instaura tra gli oggetti fotografati e il testo che a sua volta proietta un'ombra sulla superficie reale.

Designer Chip Kidd, foto Geoff Spear, 2016

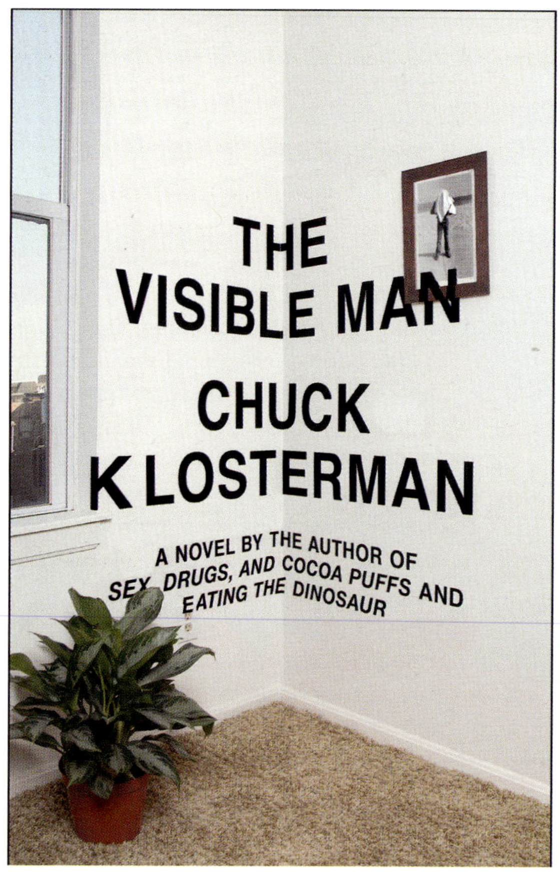

Copertina. The Visible Man

Sull'ambiente fotografato è stata adattata la grafica del titolo del volume.

Designer Paul Sahre, foto Paul Sahre, 2016

Cosa scegliere?

Quando il progetto grafico richiede un visual importante, occorre stabilire se è più adatta una fotografia, un'illustrazione o la combinazione di entrambe. La decisione si soppesa in rapporto all'idea da trasmettere. Semplificando, si può dire che in generale la fotografia comunica "realismo", mentre l'illustrazione ha più gioco nel comunicare "il fantastico".

Molto spesso gioca in favore della fotografia il fatto di averla già sottomano o reperibile in stock, ma occorre non scartare a priori l'illustrazione, che può più facilmente interpretare l'emozione o l'umorismo. Fatta la scelta, si decidono lo stile e il tono da dare all'immagine.

A seconda della necessità il grafico può trovare l'immagine che gli serve all'interno di un catalogo di immagini a pagamento, far produrre una foto o una illustrazione a un professionista, oppure creare il visual autonomamente con un programma di disegno o ritocco fotografico.

Il grafico che ha tempi stretti di produzione o un budget limitato può usare immagini di repertorio, lo "stock", sia per quanto riguarda le foto che le illustrazioni. In Internet ci sono cataloghi molto ricchi di immagini storiche o contemporanee delle quali è possibile acquistare i diritti d'uso per periodi e usi geografici regionali o nazionali: una licenza d'uso esclusivo e illimitato costa chiaramente di più. Tuttavia le immagini da stock, nella loro genericità, hanno spesso un sapore artificiale e possono essere estranee a ciò che si cerca, sia come ambientazione che per la scelta dei soggetti. Lo stock è ideale in termini di tempo ristretto e scarso impegno, sempre che si riesca a trovare esattamente quel che serve.

Le immagini prese da uno stock possono funzionare bene su un rapporto aziendale, ma meno bene per una campagna pubblicitaria, perché non possono mai competere, per aderenza al messaggio, con una immagine costruita ad hoc.

Reporters Without Borders

Ritratto con la macchina da scrivere. Riprende una tecnica di illustrazione di fine anni Settanta che sfruttava lo scatto regolare della scrittura a macchina.

Agenzia: Leo Burnett DE, Francoforte, Germania. Creativi: Hans-Juergen Kaemmerer, Hugo Moura, Álvaro Franca, 2015

L'arte come mezzo di protesta pacifica. Libera l'artico

L'illustrazione vuol dare l'idea di un'opera tridimensionale "fatta a mano". In realtà oggi gli illustratori applicano tecniche multiple passando disinvoltamente tra materiali fisici ed elaborazione digitale.

30 illustratori italiani per Greenpace. Artic 30. Agostino Iacurci, 2016

Autoproduzione

Se le immagini occorrenti non si trovano nei cataloghi si ricorre all'altra opzione: disegnare o fotografare. Tuttavia non ci si deve improvvisare fotografi, senza un'attrezzatura e una preparazione professionale: quello che sembra funzionare agli occhi del profano si rivela fatalmente dilettantesco agli occhi dell'esperto. Inoltre sarà molto difficile correggere con un programma di fotoritocco gli errori grossolani fatti in sede di ripresa. Per andare sul sicuro occorre affidare il lavoro a un professionista.

Il grafico può valicare i confini tra fotografia e illustrazione creando un linguaggio personale. Oggi il segreto di molti ottimi autori consiste nel mettere insieme il nuovo e il vecchio, mescolando tecniche digitali e tradizionali. Combinando le tecniche fotografiche digitali con quelle del disegno e della pittura, e unendole a tecniche derivate dalla grafica d'arte, dalla stampa tipografica fino ai graffiti dell'arte di strada, si ottiene un risultato innovativo molto interessante e si ridefinisce una nuova estetica.

Disegno preparatorio per le illustrazioni di "Il racconto" di Peter Rabbit

Beatrix Potter (1866-1943), Inghilterra, 1890

Disegno preparatorio per le illustrazioni di un libro.

Attribuito a Tsukioka Yoshitoshi (1839-1892), Giappone.

Il copyright

La proprietà intellettuale delle foto e delle illustrazioni è di chi le ha realizzate. Chi le commissiona può concordare forme diverse di pagamento in relazione all'uso a cui sono destinate; per esempio, una campagna internazionale verrà retribuita di più di una campagna nazionale o locale. Se l'immagine viene riutilizzata per una successiva campagna, l'autore deve essere nuovamente retribuito; infatti l'agenzia pubblicitaria acquista il diritto d'uso, che può essere limitato geograficamente e nel tempo, ma la proprietà intellettuale dell'opera rimane dell'autore. I programmi di ritocco fotografico consentono agli autori di inserire una firma digitale invisibile sulla fotografia per tutelarne i diritti di proprietà.

L'alterazione a computer di una foto apre una problematica complessa, e non risolta, sul diritto d'autore: è molto difficile stabilire la soglia di autenticità dell'originale mano a mano che si complica la manipolazione. Le stesse regole sul diritto di proprietà si applicano anche per l'utilizzo delle illustrazioni.

Celebre la polemica nata nel 2008 con la illustrazione di Shepard Fairey che ritrae Barack Obama, entrata nella storia come simbolo della sua campagna elettorale: l'illustratore è partito dalla foto scattata da Mannie Garcia nel 2006 per l'agenzia AP. L'agenzia ha denunciato Fairey, il quale sostiene di aver utilizzato solo un particolare della foto originale, stravolgendola, e dice: "L'opera non riproduce in maniera pedissequa il ritratto di Garcia, e dunque non è stato violato il diritto d'autore, perché l'intervento creativo ha profondamente trasformato la natura dell'immagine". D'altra parte, a complicare ulteriormente la faccenda, l'autore della foto originale, Mannie Garcia, che nel frattempo non lavora più con l'agenzia AP, ha dichiarato di non avere intenzione di fare causa a Fairey, pur rivendicando il copyright della foto.

Il ritratto del presidente Barack Obama

In alto, colorato in rosso, bianco e blu accompagnato dalla scritta Hope, e di seguito la fotografia che l'ha ispirata.

Illustrazione di Shepard Fairey, 2007
Fotografia di Mannie Garcia, 2006

2. La fotografia

Fin dalla sua nascita, nel 1830 circa, la fotografia ha tolto alla pittura il monopolio della rappresentazione e ha aperto la strada agli sviluppi dell'arte moderna, delle Avanguardie e dell'Astrattismo.

La fotografia ha la pretesa di cogliere la realtà obiettivamente, ma non è così: l'angolo di incidenza della luce sul soggetto, la messa a fuoco, il taglio condizionano pesantemente l'effetto finale. Inoltre l'occhio di chi la guarda è influenzato dalle esperienze precedenti, dal contesto in cui è posta la fotografia e dal testo che la accompagna, la didascalia.

La fotografia che si usa nella stampa commerciale, nei cataloghi, nelle brochure e nella pubblicità è opera di professionisti ed è frutto di un accurato lavoro di preparazione, di ripresa e di post produzione. Per esempio, tutte le foto che mostrano gli effetti dei prodotti cosmetici sulla pelle delle modelle sono ritoccate al computer; le foto delle ricette di cucina raramente mostrano cibi veri, che non sopporterebbero l'esposizione prolungata al calore delle lampade di uno studio fotografico, ma usano preparati e sostanze più adatte, che simulano la grana e la consistenza dei cibi veri.

La fotografia digitale da alcuni anni ha preso il sopravvento su quella tradizionale; è realizzata da un computer dotato di ottiche che permette interventi in fase di ripresa e successivamente.

Lo scatto fotografico inoltre può essere manipolato, alterato e ricostruito grazie ai software, in modo tale che non sembra avere più alcuna relazione con il soggetto fotografato. La storia ha visto il passaggio dalla realizzazione manuale di immagini, con la pittura, alla realizzazione meccanica, con la fotografia, e vede nuovamente un ritorno all'intervento della "mano" dell'uomo, che agisce attraverso il computer sull'immagine acquisita dalla macchina.

Quando un'azienda ha la necessità di allestire un catalogo dei suoi prodotti o una campagna pubblicitaria, o una rivista ha la necessità di illustrare un articolo, affida al grafico la realiz-

Ritratto di Cate Blanchett

Annie Leibovitz

zazione del progetto delle immagini: il grafico si occuperà di commissionarle, seguirne la realizzazione e adattarle infine al progetto. È il grafico che fa da tramite con il fotografo professionista e gli fornisce informazioni dettagliate sulle proporzioni della foto, sul tipo di soggetto, sull'ambientazione, le luci e l'inquadratura. Sono indicazioni che vengono trasmesse attraverso un brief e un layout che illustra le finalità del messaggio, il tono, lo spirito che si vuole ottenere.

Sarà compito del fotografo tradurre queste informazioni in immagini, e in molti casi riuscirà non solo a interpretarle correttamente, ma ad aggiungere quel qualcosa in più che lo distingue dagli altri fotografi, il suo tocco personale.

Autoritratto e una foto pubblicitaria

Annie Leibovitz (1949) crea un momento indimenticabile per ogni scatto. Dalle sue prime foto (per esempio le celebri copertine per la rivista "Rolling Stone", fino al suo lavoro più recente per la moda a "Vanity Fair" e "Vogue") continua a varcare confini e a presentare i suoi soggetti in modi mai visti prima. È imprevedibile, non pretenziosa, e soprattutto incredibilmente avventurosa.

Annie Leibovitz

3. Esiste la foto di genere?

Catalogare per generi la fotografia è un compito sfuggente. Sulla rivista "Progresso fotografico" un gruppo di studiosi l'aveva catalogata in parallelo alla letteratura e quindi distinguendo il genere epico, lirico, narrativo e così via. Wikipedia enumera 24 generi. Qui se ne presentano arbitrariamente nove: il fotogiornalismo, lo sport, la moda, lo still life, il food, la natura, il ritratto, la comunicazione sociale, la foto di scena o di concerto.

Se ne possono contare altri, a loro volta potenzialmente suddivisibili, che possono essere messi in relazione con l'attività del grafico. Inoltre a queste categorie corrispondono delle specialità professionali riconosciute: in sostanza, ci sono molte persone che vivono di uno di questi "generi" di foto, ai quali corrispondono trucchi del mestiere oltre ad attrezzature specifiche.

Il fotogiornalismo

È una forma di giornalismo che cerca le immagini al fine di raccontare una vicenda. Si distingue dagli altri generi per alcune qualità specifiche.
Tempestività: le immagini hanno significato nel contesto di eventi recenti.
Oggettività: la situazione rappresentata vorrebbe essere corretta nel riportare gli eventi sia nei contenuti che nei toni.
Narratività: le immagini si combinano con altre notizie per essere correlabili dal lettore.

Steve McCurry per National Geographic. Donna afghana, 1985

Il food

È una specializzazione dello still life. Produce immagini che illustrano la preparazione e l'allestimento finale del cibo per l'utilizzo in pubblicità, sul packaging, sui menu o nei libri di cucina. È molto più difficile di quel che si creda preparare cibo con un buon aspetto, colori brillanti, e far sì che conservi queste caratteristiche per tutto il tempo necessario allo scatto sotto la temperatura alta delle lampade.

Foto Lernert & Sander per la rivista Volkskrant. Cubi, 2014

La moda

È in gran parte destinata alle riviste specialistiche e alla pubblicità. Nel tempo la fotografia di moda ha sviluppato una propria estetica, secondo la quale l'abito assume importanza nell'ambientazione particolare e tipicamente esotica. Oggi tra i più celebrati fotografi si ricordano Patrick Demarchelier, 1943, Steven Meisel, 1954, Mario Testino, 1954, Annie Leibovitz, 1949, Oliviero Toscani, 1942.

Foto di Mario Testino per Vogue China, 2015

Lo still life

È la foto di soggetti inanimati, più tipicamente di gruppi di oggetti, che corrisponde al genere pittorico della natura morta. Più che altri tipi di fotografia, come il paesaggio o il ritratto, esige l'accurato studio preliminare della disposizione degli oggetti e del set di ripresa. Tra i più importanti fotografi di still life si ricordano Adolph de Meyer, 1868-1949, Edward Weston, 1886-1958, Irving Penn, 1917-2009.

Foto: Giuseppe Genova

Lo sport

Copre tutti i tipi di sport e nella maggior parte dei casi è una specializzazione del fotogiornalismo. L'applicazione principale è per scopi editoriali; i fotografi specializzati nello sport di solito lavorano per i quotidiani, le agenzie di stampa più importanti, le riviste di sport. Tuttavia la fotografia sportiva è utilizzata anche per scopi pubblicitari, sia per costruire l'immagine di un marchio sia per promuovere uno sport.

Foto: Solero, 2016

La natura

È scattata prevalentemente all'aperto e dedicata agli elementi naturali, come i paesaggi, gli animali selvatici, le piante, e tende a porre maggiore enfasi sul valore estetico rispetto ad altri generi. È pubblicata a scopo scientifico, e per documentare viaggi e Paesi particolarmente suggestivi, sulle riviste specializzate come "National Geographic Magazine", o "Wired". Si ricorda tra i fotografi storici Ansel Adams, 1902-1984.

Foto: Daniel Beltrà, 2011

Il ritratto

È la foto in cui la persona o il suo volto sono l'elemento dominante, e può raffigurare singoli soggetti o gruppi. L'obiettivo è quello di rendere il carattere e l'umore del soggetto; a ciò possono contribuire la posa, l'atteggiamento, l'illuminazione, l'ambientazione. Il ritratto è usato come documentazione sia domestica, come la tipica foto di famiglia, che pubblica, come il ritratto del presidente in carica per illustrare una relazione annuale, oppure per documentare un'intervista su un giornale. Tra i ritrattisti storici si ricordano Man Ray, 1890-1976, Richard Avedon, 1923-2004, Helmut Newton, 1920-2004.

La comunicazione sociale

È un genere di analisi, o critica sociale, dedicata a mostrare la vita delle persone svantaggiate o della gente comune. Alcune campagne fotografiche fatte con questo spirito hanno contribuito a far conoscere al mondo problemi locali particolarmente gravi. Si ricordano alcune figure, come Dorothea Lange, 1895-1965, Henri Cartier-Bresson, 1908-2004, considerato anche il padre del fotogiornalismo, colui che meglio di tutti sapeva cogliere il "momento decisivo", Sebastião Salgado, 1944, Mimmo Jodice, 1934.

Foto di Sebastião Salgado

La foto di scena o di concerto

In teatro si fotografa la scena per conservare la memoria dello spettacolo e per pubblicizzare l'evento.
Durante le riprese di un film, diversamente, si scatta sul set del film al fine di promuoverlo prima dell'uscita o pubblicizzarlo dopo l'uscita.
Se gli attori posano direttamente per gli scatti le fotografie di scena sono dette "posati".

Le foto di scena vengono anche usate per la realizzazione dei manifesti e delle locandine dei film.
Un sottogenere particolare riguarda le foto scattate ai concerti di band musicali.

Foto Lannino, 2015

Perché colorare la storia?

Sul suo sito Internet la rivista *Time* va orgogliosa, e uno si chiede perché, di aver fatto colorizzare, che è diverso da colorare, dalla svedese Sanna Dullaway le fotografie di bambini lavoratori di Lewis Hine (1874-1940).

Dullaway, presentata a seconda dei casi come photo editor, artista o restauratrice, si è fatta conoscere per aver reso a colori immagini iconiche del fotogiornalismo del secolo scorso. Ha spaziato dalla Farm Security Administration, creata dal presidente statunitense Roosevelt nel 1935 per commissionare reportage fotografici sulla recessione agricola dilagante, fino alla guerra del Vietnam, passando per un gran numero di ritratti. A questo punto siamo in diritto di chiederci se una tale operazione sia legittima. Lewis Hine era un fotografo sociale che ebbe la capacità, con le sue immagini di emigranti che arrivavano a Ellis Island o di bambini sfruttati nelle fabbriche, di usare la fotografia come mezzo di denuncia e di lotta. Colorare i suoi scatti è come ammettere implicitamente che oggi non sono più rilevanti, che non sono abbastanza seducenti per attirare il nostro interesse. Significa ammettere che non dobbiamo più sforzarci di trovare un senso in ciò che vediamo, che neghiamo la storia. Significa ammettere che siamo caduti dal documento sociale alla pura e semplice decorazione. E tutto questo sulle pagine di un notissimo settimanale di informazioni.

Christian Caujolle.
Comparso su “Internazionale” del 4 marzo 2016.

Una celebre foto di Dorothea Lange colorizzata da Sanna Dullaway.

4. La fotografia nella pubblicità

La fotografia pubblicitaria è una delle molte discipline della fotografia professionale, ma è una delle più importanti per i fotografi perché grazie alla sua diffusione permette loro di farsi conoscere universalmente. Nei principali mercati, come New York, Parigi, Milano, San Francisco, il fotografo pubblicitario è davvero uno specialista e spesso una celebrità. Sui mercati di piccole dimensioni questo tipo di fotografia è fatto da colui che viene chiamato il fotografo commerciale, che riceve anche altri generi di incarichi: il reportage giornalistico, la ripresa di eventi, di cerimonie.

Quasi tutti i fotografi del mercato pubblicitario si sono creati una reputazione come fotografi creativi e specialisti in lunghi anni di formazione e di esperienza. La fotografia pubblicitaria non è una disciplina per principianti: richiede una équipe di lavoro e l'abilità per dirigerla, una costosa attrezzatura come il banco ottico, gli ambienti adatti, spesso molto capienti, dove ospitare set per fotografare oggetti grandi come i mobili, ambientazioni per la moda, l'abbigliamento e i modelli che lo indossano.

I soggetti da riprendere possono essere minuscoli come i gioielli, che richiedono una illuminazione attenta e molta cura per evitare i riflessi dei metalli e dare la luce giusta e i riflessi alle pietre. Possono essere delicati e deperibili come i fiori o il cibo, che sotto il calore delle illuminazioni di studio cambiano colore velocemente e diventano avvizziti e grigi (e infatti nella maggioranza dei casi quello che può sembrare gelato o yogurt viene realizzato con prodotti chimici non commestibili).

I diversi soggetti possono richiedere set molto complessi da allestire, con oggetti di scena da ricercare di volta in volta, colori da armonizzare, abiti da far indossare a modelli perfettamente truccati e acconciati.

Campagna Victorinox. Storia vera

Le immagini vogliono illustrare le storie vere che sono raccontate nel lungo testo: per esempio, il battello è quello di un pescatore di gamberi che si è salvato dall'annegamento liberandosi dalla rete che lo tratteneva sott'acqua usando il coltellino che porta sempre con sé. Nager è stato scelto non solo per la sua bravura nel riprendere paesaggi epici, ma anche per far sentire la presenza umana dentro di essi.
Per effettuare gli scatti nei luoghi prescelti la campagna ha richiesto al fotografo due interi mesi di lavoro.
Da notare come i colori dei paesaggi siano perfettamente funzionali a far risaltare il rosso tipico della Victorinox, la casa del coltellino svizzero.

Foto: Michael Nager, 2010

5. Il grafico e la fotografia

L'art director progetta la fotografia per la pubblicità fornendo un brief a un fotografo; al fine di creare un nesso logico tra l'immagine e il testo che la accompagna le indicazioni riguarderanno l'obiettivo di comunicazione del messaggio pubblicitario, il suo utilizzo, il formato e infine il "tono" dell'immagine. A questo scopo sarà necessario che l'art director abbia idee chiare e inoltre:

1. un messaggio pubblicitario da veicolare e un headline;
2. un fotografo specializzato;
3. in alternativa un archivio di immagini;
4. un budget preciso.

Un messaggio pubblicitario

Una buona pubblicità è fatta da un messaggio chiaro, possibilmente un solo concetto da trasmettere, da una parte visiva, il visual, e da un testo, l'headline, oltre che da una serie di elementi accessori, come il marchio dell'azienda committente e un testo informativo. Una ottima pubblicità genera un significato nuovo nel mettere insieme testo e immagine, che si arricchiranno reciprocamente.

Ci si deve chiedere se è appropriato creare un messaggio utilizzando una fotografia; la foto può essere la soluzione ideale in alcuni casi, in altri è meglio l'illustrazione. Infine occorrerà valutare il budget e i tempi occorrenti per la realizzazione.

Un archivio di immagini

Una volta fissata l'idea, preferibilmente con uno schizzo, è utile sfogliare immagini online: esistono degli archivi in rete che si possono consultare e dai quali si possono acquistare le immagini per pochi euro fino a un centinaio. Soprattutto se l'immagine è un oggetto comune, come un ombrello, un paesaggio di montagna, o una persona, allora può essere conveniente acquistare online. Gli archivi sono internazionali, ma spesso rappresentano persone tipicamente anglosassoni e ambientazioni caratteristiche di un paese. Non sempre quindi le foto sono adattabili al caso in questione.

Volti da un catalogo di immagini

Le foto dei cataloghi sono contrassegnate da un watermark in trasparenza, il segno di copyright del catalogo dal quale provengono.

Dal catalogo Shutterstock

Un fotografo professionista

Se la fotografia che si desidera non è disponibile online, e non si è un fotografo professionista, è preferibile rivolgersi a un fotografo professionista. Quando lo si sceglie occorre guardarsi intorno e confrontare prezzi e offerte da fotografi che possano stare nel budget a disposizione. Se si decide di lavorare con un fotografo professionista sarebbe bene consultarlo in fase di progetto: spesso il fotografo è in grado di fare una foto meglio di quanto l'abbia già pensata il grafico e di dare consigli sui dettagli. Molti fotografi professionisti pretendono un primo confronto prima di accettare un incarico.

La ripresa

Occorre concordare le tipologie e l'aspetto dei modelli necessari allo scatto, ed eventualmente di parrucchieri e truccatori, costruire un set con i materiali di scena, o individuare una location esterna dove fare le riprese. In questo caso occorre avere i permessi dei proprietari del posto, se privato, o delle autorità comunali, se pubblico. È un lavoro preparatorio che a volte richiede la presenza anche del progettista dell'annuncio pubblicitario e che può richiedere molto più del tempo necessario a fare gli scatti.

Scatto e post produzione

Il professionista farà molti scatti in varie condizioni di luce anche se occorre una sola foto, con formati e tagli diversi, riprendendo il soggetto in modo che si possa poi effettuare un taglio della foto sia orizzontale che verticale e adattarla a diversi campi di impiego. L'art director deve scegliere lo scatto che risponda al meglio alle esigenze del messaggio.

Dopo aver scattato la fotografia, ci può volere del tempo ulteriore per effettuare delle operazioni che si compiono sul file digitale. A volte l'intervento da compiere può essere così complesso da richiedere uno specialista di ritocco fotografico, per correggere cromaticamente, per aggiungere qualcosa di inesistente o togliere particolari indesiderati, per fondere una illustrazione con la foto.

Uno stage

Uno scatto professionale: lo stage, le attrezzature di scena, i pannelli riflettenti, l'assistente di studio; la macchina professionale è collegata direttamente al computer per permettere alla fotografa di vedere lo scatto inngrandito in tutti i suoi particolari.

Annie Leibovitz fotografa Yoko Ono per il calendario Pirelli, 2015

6. Progettare la fotografia

Quando il grafico ha individuato il fotografo al quale affidare la foto che ha in mente di realizzare, si stabiliscono i termini del rapporto: i rispettivi compiti, le scadenze, i contenuti e i formati della fotografia. Se la foto richiede la presenza di modelli professionisti, questi devono firmare un accordo di utilizzo delle immagini. La foto risponderà appieno agli scopi della comunicazione se il progettista li sa illustrare in modo chiaro al fotografo spiegando quali sono il mezzo e il formato al quale essa è destinata, che cosa deve comunicare.

Il modo più semplice e diretto per coinvolgerlo nel progetto è mostrare al fotografo il bozzetto approvato dal committente: il bravo professionista contribuisce a migliorare il progetto con la discussione ed esponendo il suo punto di vista.

Il responsabile della foto deve seguire le regole della composizione dell'immagine come farebbe qualsiasi pittore o illustratore. La foto deve trasmettere un messaggio e, possibilmente, un'emozione; il soggetto dell'immagine deve catturare lo sguardo e dominare l'attenzione dell'osservatore, che va condotto attraverso un percorso preciso e prestabilito.

Qui di seguito si esamineranno alcuni criteri generali da seguire per progettare foto interessanti.

Lo sguardo

Invitare il soggetto a guardare in macchina: uno sguardo cattura l'attenzione in modo più significativo di qualsiasi altro espediente.

Foto: Paul Ripke, 2015

Isolare il soggetto

Il soggetto principale perde forza se ci sono altri elementi sullo sfondo, perché l'osservatore viene distratto da essi: quindi è meglio usare uno sfondo semplice. Un gioco di sole e ombra rende visivamente complesso e distraente un prato. Nei paesaggi evitare i pali e i fili elettrici, che tagliano il cielo.

Foto: Nick Brandt

La regola dei terzi

Collocare il soggetto fuori dai due assi centrali dell'immagine, verticale e orizzontale, rende la composizione più dinamica e interessante.

Campagna Samsonite. Foto: Christian Maricic

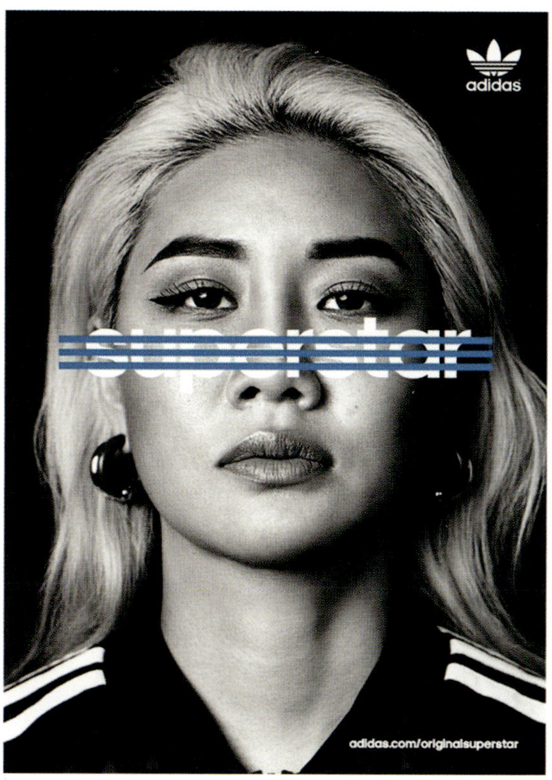

La distanza giusta dal soggetto

L'inquadratura ravvicinata al soggetto, il primo piano, rende meno dispersiva l'immagine e contribuisce a ridurre gli elementi di disturbo.

Campagna Adidas. Agenzia Johannes Leonardo, New York, USA

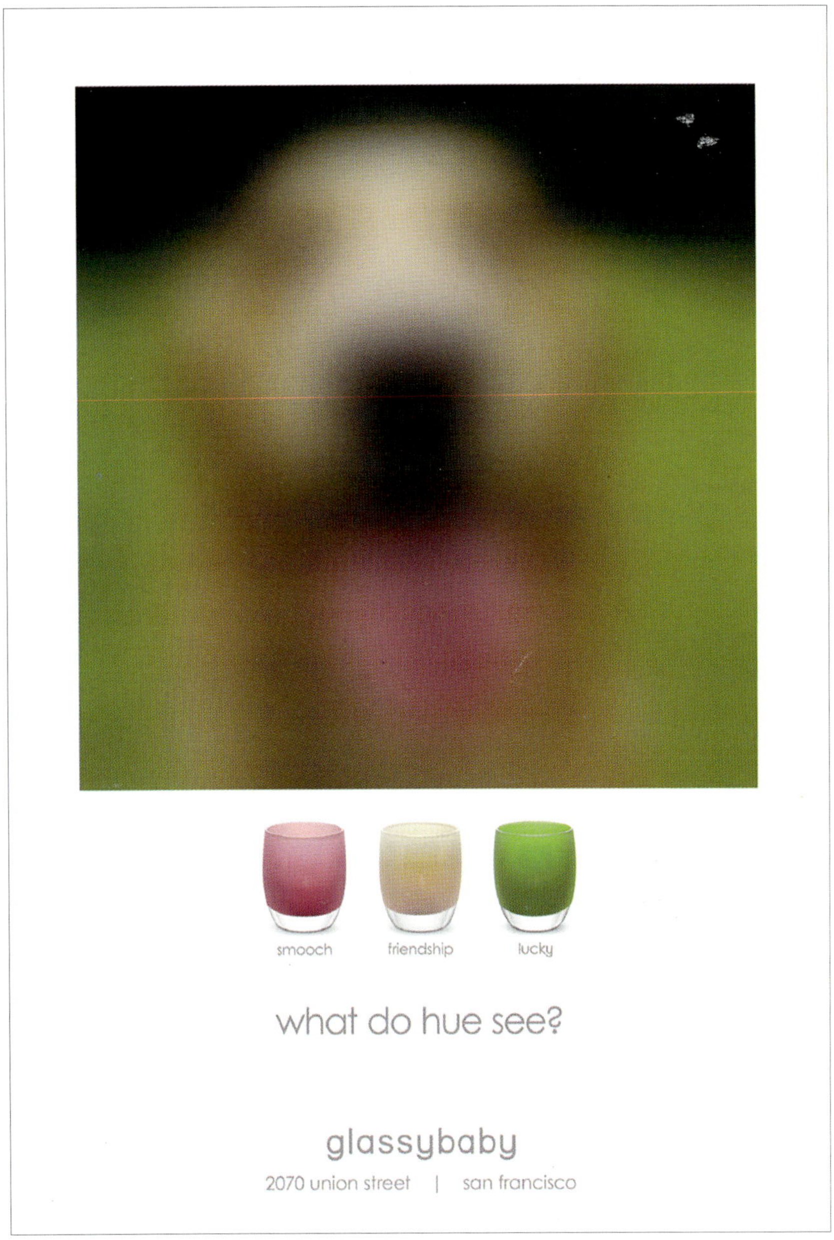

La messa a fuoco

La **sfocatura** totale o parziale di una foto, del primo piano, per esempio, può creare aspettativa e profondità, convogliando l'interesse verso il fondo dell'immagine. Si gioca con la messa a fuoco per creare momenti diversi di lettura dell'immagine.

Campagna per candele. A.D.: Martina D'Alessandro, Frances Yaramishyn, 2015

I tempi di esposizione

Il **mosso** in fotografia indica che il soggetto si è spostato durante lo scatto - ginnasta in alto - oppure che l'apparecchio di ripresa è stato mosso seguendo il soggetto in movimento ma con l'effetto di sfocare lo sfondo. I due effetti possono anche essere combinati - bici nel velodromo -.

Foto Daniel

La composizione e l'inquadratura

Guidano lo spettatore dentro l'immagine, scandendo così il suo percorso di lettura: un **punto di vista insolito** rende curiosa un'immagine altrimenti banale.

Foto: Olaf Bleker

L'illuminazione

L'illuminazione crea tono, atmosfera: a seconda dello scopo, un uso creativo della luce può rendere un soggetto emozionante, freddo e distaccato, surreale, sorprendente, nuovo.

Foto: Olaf Bleker

Raccontare storie

La capacità di raccontare facendo intuire un prima e un dopo lo scatto è determinante.
Mcdonald's promette un gelato per un soldo. Il bimbo taglia il fondo della tasca dei pantaloni del suo babbo sperando che egli, come al solito, ci metta le monete.
La conseguenza è facilmente intuibile.

Agenzia: Leo Burnett, Istanbul, Turchia, Foto: Candas Arin

Costruire storie

L'annuncio mette insieme una serie di scatti per una campagna contro l'abbandono dei neonati. L'immagine è costruita come la cronaca di un reportage: a sinistra la reazione dei passanti a un pianto che esce da una scatola, a destra la "scatola del pianto". Tutti gli uomini sono naturalmente toccati dal pianto di un neonato.

A.D.: Razvan Mitoiu

7. Lo still life

Per iniziare

Non è necessario uno studio o un locale particolare per iniziare con la fotografia di oggetti: sarà sufficiente utilizzare uno spazio domestico, ad esempio un tavolo posto davanti a una finestra, o un semplice sfondo utilizzando una coppia di lampade. Con lo still life si possono governare meglio le variabili e avere il completo controllo della situazione, ma è necessario essere accurati e creativi al fine di catturare il soggetto in un modo interessante e coinvolgente.

La scelta del soggetto

È opportuno fare una ricerca per trovare qualcosa di semplice ma interessante. Si possono evitare frutta e fiori, e pensare fuori dagli schemi, senza essere eccessivamente ricercati. Quando si è in giro, se qualcosa cattura l'occhio è il momento di portarlo a casa. È meglio evitare le superfici riflettenti come vetro e metallo, perché sono difficili da illuminare. Una volta che si è imparato a fotografare oggetti singoli, variando l'illuminazione, la messa a fuoco o i tempi di esposizione, si può provare a mescolare più oggetti combinandoli per contrasto di forma, di colore, di texture superficiale.

L'illuminazione

L'illuminazione non deve essere per forza professionale e quindi costosa: per lo still life occorre utilizzare tutta la luce con semplicità. Al contrario, se si volesse avere il pieno controllo della luce sul soggetto occorre trovare un locale in cui è possibile bloccare tutta la luce naturale utilizzando persiane o tende. Le lampade standard possono funzionare molto bene se usate in modo efficace: le macchine digitali da ripresa si possono calibrare a seconda della natura delle lampade che si usano, per luce fredda o calda. In alternativa si può scegliere una stanza che è ben illuminata da una finestra. La luce naturale proveniente da un lato sarà sufficiente, e può essere completata con una lampada o un pannello riflettore per ottenere il quale basta un foglio di carta bianco.

Una sala posa

Still life con attrezzatura semiprofessionale.

Sostegno e ambientazione giusta

Un treppiede ha un ruolo cruciale nel successo complessivo degli scatti perché permetterà di tenere tempi di posa più lunghi del solito e di mettere a fuoco l'immagine anche nella parte posteriore. È bene variare gli angoli e le altezze di ripresa: si prova ad altezza di soggetto o a volo d'uccello, dal basso all'alto, ma se ci si sposta è bene prestare attenzione a non lasciare l'ombra sul soggetto.

È preferibile mantenere un contesto semplice, in modo da non interferire con il soggetto: una parete colorata, o un grande foglio bianco, o carta colorata tenendo conto che la scelta dello sfondo può armonizzare o contrastare con il soggetto.

Per gli oggetti più piccoli si può usare un tessuto, magari del velluto nero, che assorbe la luce e si presenta come una superficie nera e solida.

Farsi ispirare dai maestri

Sia la storia della pittura che della fotografia contengono gli esempi che possono ispirare buone nature morte. Lo studio delle opere d'arte del passato aiuta a riflettere sulla forma e sui colori e dà sempre idee su come si possa modellare la composizione, che ha un ruolo cruciale nell'assicurare la buona riuscita dello scatto. Si consideri la **regola dei terzi** e come può essere applicata al soggetto per creare una composizione forte. È necessario inoltre assicurarsi che non ci siano elementi di distrazione all'interno della struttura; bastano il soggetto e lo sfondo.

Mettersi alla prova

Una volta che si sono appresi i fondamenti si deve compiere un passo in avanti e provare a ottenere foto più originali, sperimentando angolazioni di ripresa più inconsuete, illuminazione e sorgenti luminose alternative, come candele e lampade, con le quali si possono "pennellare" i set con la luce a diaframma aperto. È consigliabile evitare i soggetti più scontati e cercare piuttosto oggetti o combinazioni stimolanti ed evocativi: raccontare una storia attraverso le cose resta sempre una delle sfide più avvincenti.

Sulla regola dei terzi

Una composizione può risultare più dinamica se il soggetto viene collocato all'intersezione delle tre parti, sia in orizzontale che in verticale: in realtà è sicuramente asimmetrica.

"Sia il numero aureo che la regola dei terzi funzionano perché introducono un elemento asimmetrico e questo, attirando l'occhio, è sempre l'inizio di un discorso; però se spostassimo le cose un po' più a destra o a sinistra la composizione funzionerebbe ugualmente e forse il buon progettista è quello che tramite educazione e cultura alla fine va "a occhio".
Deve essere chiaro che in casi come questo abbiamo a che fare con princìpi storici e non scientifici."

Riccardo Falcinelli, Guardare Pensare Progettare.

8. L'illustrazione

Con il termine "illustrazione" si intende ogni forma di visualizzazione che si affianca alla scrittura, cioè che la illustra, e che mostra il contenuto del testo associato, ovvero che sia capace di interpretarlo. L'illustrazione che interessa al grafico può semplicemente accompagnare un testo, ma ha soprattutto lo scopo di chiarire concetti complessi o difficili da descrivere con le parole.

Si considerano illustrazioni le immagini prodotte con ogni genere di tecnica, purché non fotografica: dalle stampe artistiche, come silografia e calcografia, a quelle pittoriche tradizionali, come acquerello, tempera, olio, pastello, fino a quelle digitali e miste, tridimensionali, materiche, come il collage o la carta piegata, purché poi riprodotte sulle due dimensioni. Le illustrazioni sono utilizzate nei poster, i libri, le copertine, le riviste e i giornali, in pubblicità e nella creazione di mondi digitali, come nei videogiochi. Fino all'avvento del computer, anche i progetti grafici e pubblicitari di una certa complessità venivano disegnati accuratamente da specialisti, detti "visualizer", per ottenere una resa quanto più simile al prodotto finito, da poter presentare al committente.

Illustrazioni specialistiche

Particolari generi di illustrazione, ai quali sono dedicati studi e scuole specifiche, sono l'illustrazione scientifica e medica e l'illustrazione per i videogiochi.

L'illustratore medico interpreta e crea materiale visivo per supportare e diffondere le conoscenze mediche, biologiche e affini usando tecniche tradizionali o digitali: produce materiale che può essere utilizzato per testi di medicina, riviste specializzate e programmi di forma-

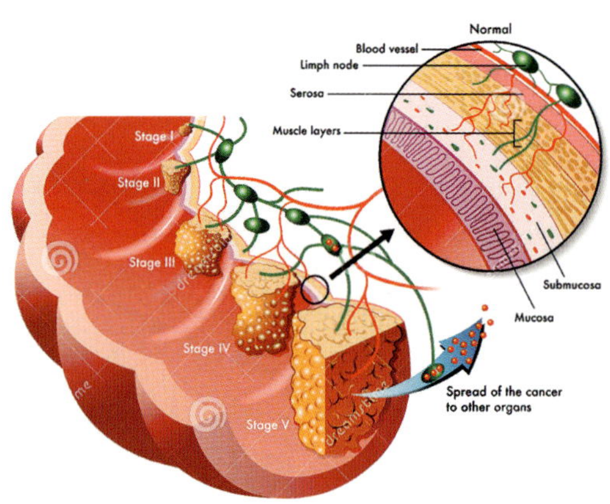

Illustrazione medica

La funzione della illustrazione medica è quasi sempre didattica: serve per mostrare dettagli anatomici escludendo il contesto, le fasi di una operazione chirurgica. Richiede una conoscenza profonda dell'anatomia.
Se l'immagine è ridotta all'essenziale, la difficoltà di comprensione è minima.

Illustrazione tecnica

L'illustrazione, l'ingrandimento dei particolari, la vista dell'interno in trasparenza di un oggetto chiarificano la complessità del concetto con l'efficacia che una foto non potrebbe mai ottenere.

Mike Fraser, 2009

zione. Molta illustrazione medica è progettata per la stampa o la presentazione, ma gli illustratori medici lavorano anche in tre dimensioni, per la creazione di modelli di insegnamento anatomici, simulatori di pazienti e protesi facciali.

Il grande sviluppo dei videogiochi ha dato un enorme impulso all'illustrazione a essi dedicata: paesaggi, accessori, personaggi e costumi sono disegnati da specialisti che ricreano situazioni storiche o inventano ambientazioni futuribili o fantastiche. Questi prodotti digitali vengono progettati e pianificati accuratamente ricorrendo spesso al disegno manuale.

Studio di costumi
Lucy Holton, 2012

9. I maestri dell'illustrazione

Sono numerosi gli illustratori che hanno dato un contributo importante all'evoluzione della comunicazione visiva e del design grafico.

In questa sede se ne ricordano pochi, con una scelta del tutto soggettiva. Alcuni sono artisti riconosciuti, con mostre e presenze nei musei, come Jean-Michel Folon o Norman Rockwell; altri, universalmente noti, svolgono un'attività vasta, che copre ogni forma di design, come Milton Glaser o Seymour Chwast.

In biblioteca si trovano monografie e in Internet le pagine personali, pertanto la ricerca può proseguire ricostruendo il portfolio degli illustratori presentati qui, o trovando documentazione su altri nomi.

Se ne suggeriscono alcuni: Guido Scarabottolo, Catalina Estrada, Hiroshi Tanabe, Gary Fernandez, Matthew Cook, Rob Ryan, eBoy, un collettivo tedesco noto per le immagini pixelate.

Illustrazioni per la serie di gialli Maigret.

Ferenc Pintér

Ferenc Pintér, 1931- 2008

Italiano di origine, ma di formazione ungherese, lavora dal 1960 per 30 anni come grafico per la casa editrice Mondadori, illustrando innumerevoli copertine con la tecnica dei colori a tempera. Celebri quelle per la serie di gialli che ha come protagonista l'ispettore Maigret. Dagli anni Sessanta in poi Pintér realizza in Italia campagne pubblicitarie per l'editoria e per aziende, da Facis al Banco Ambrosiano Veneto.

Norman Rockwell,
La fuga, 1958

Norman Rockwell, 1894-1978

Per 47 anni ha ritratto l'America sulle 321 copertine create per il "Saturday Evening Post". La sua opera complessiva ha la forza e l'efficacia documentaria di un grande romanzo popolare. La produzione di Rockwell è vasta: illustrazioni per 40 libri, poster e murali. "Rockwell non usò quasi mai la macchina fotografica. Lui sceglieva i soggetti delle foto e li metteva in posa. Si occupava di comporre l'immagine, ma lasciava che a scattare fossero tre fotografi, con i quali collaborò moltissimo nel giro degli anni. Usavano spesso la Speed Graphic di proprietà di Rockwell ed era lui che poi fondeva varie parti di diverse immagini in un'unica illustrazione. Era una sorta di Photoshop manuale messo in pratica mezzo secolo prima che l'Adobe lanciasse sul mercato questo strumento per manipolare le immagini digitali." Andrea Visconti.

Poster

Van Gogh 100 anni.

Festival di musica Cooperstown, 2015.

Juilliard, Il violinista cubista, 1991.

Mozart festival, Lo starnuto di Mozart, 1983.

Milton Glaser

Milton Glaser, 1929

Studia grafica in America e incisione in Italia, con Giorgio Morandi. Usa tutte le tecniche pittoriche e la sua attività spazia dal design alla grafica, fino all'illustrazione. Lo stile è eclettico e difficilmente classificabile. Ha grande influenza sul mondo della comunicazione visiva.

Disegni per "Yellow Submarine".

Heinz Edelmann

Heinz Edelmann, 1934-2009

Nel 1967-68 è art director del film d'animazione "Yellow Submarine" dei Beatles. Inaugura la stagione detta del "revival", cioè della riscoperta degli stili grafici e tipografici che vanno dal Vittoriano di fine Ottocento all'Art Déco, rivisitandoli in una versione che vede armonizzare stile della font e dell'immagine.

Jean-Michel Folon, 1934-2005

Il suo stile è inconfondibile e unico. Predilige l'acquerello, stendendo campiture larghe e sfumati suggestivi. Le sue opere sono pervase da un'atmosfera di fiaba e i suoi omini, che ricordano quelli del suo conterraneo Magritte, sono caratteristici e sognanti. Nel 1981 realizza un'intera campagna pubblicitaria in collaborazione con Alberto Meomartini con manifesti, cartoni animati e murales su tematiche ambientali per la Snam.

Acquerello.

Jean-Michel Folon

Da un quaderno di schizzi. Poster per il Fillmore Jazz Festival, 2007.

Craig Frazier

Craig Frazier

Designer a vasto raggio, è celebre per il suo stile di illustratore asciutto. Lavora con campiture di colore piatte e contorni netti: grazie a queste caratteristiche le sue illustrazioni sono state trasformate in animazione, con risultati di intensa poeticità, da Hillman Curtis.

Dice Frazier: "Disegnare alla ricerca del significato. Penso che possa essere un esercizio incompleto cercare di produrre un buon lavoro esclusivamente pensando all'aspetto visivo. Si tratta di una pratica più profonda e più gratificante, che consiste nel prendere in considerazione il significato di una illustrazione come punto di riferimento per il suo successo. Ciò richiede l'esame del nostro lavoro nel contesto delle reazioni che scatena nella mente dei suoi spettatori. In un certo senso, si sta disegnando con un occhio sul nostro lavoro e l'altro sulla sua causa ed effetto."

Poster

Fillmore Jazz Festival, 2015.

Film "Lawrence d'Arabia".

Parco Jockey's Ridge.

Poster del locale Peet's.

Michael Schwab

Michael Schwab

Il suo tratto è inconfondibile per la stesura larga e piatta dei colori, i tagli evocativi delle inquadrature, l'uso del nero per i contorni e le ombre. Le immagini, molto cariche, sono ottenute con un lavoro di semplificazione, fino all'astrazione della forma e alla creazione di archetipi umani.

Poster e copertina della rivista "The New Yorker", 2005.

Seymour Chwast

Seymour Chwast, 1931

Figura completa di designer, grafico e illustratore, come Milton Glaser, di cui è stato socio nei Push Pin Studios. Disegna prevalentemente a tinte piatte e con una voluta assenza di prospettiva, senza disdegnare la sperimentazione di tecniche insolite come la xilografia o il monotipo.

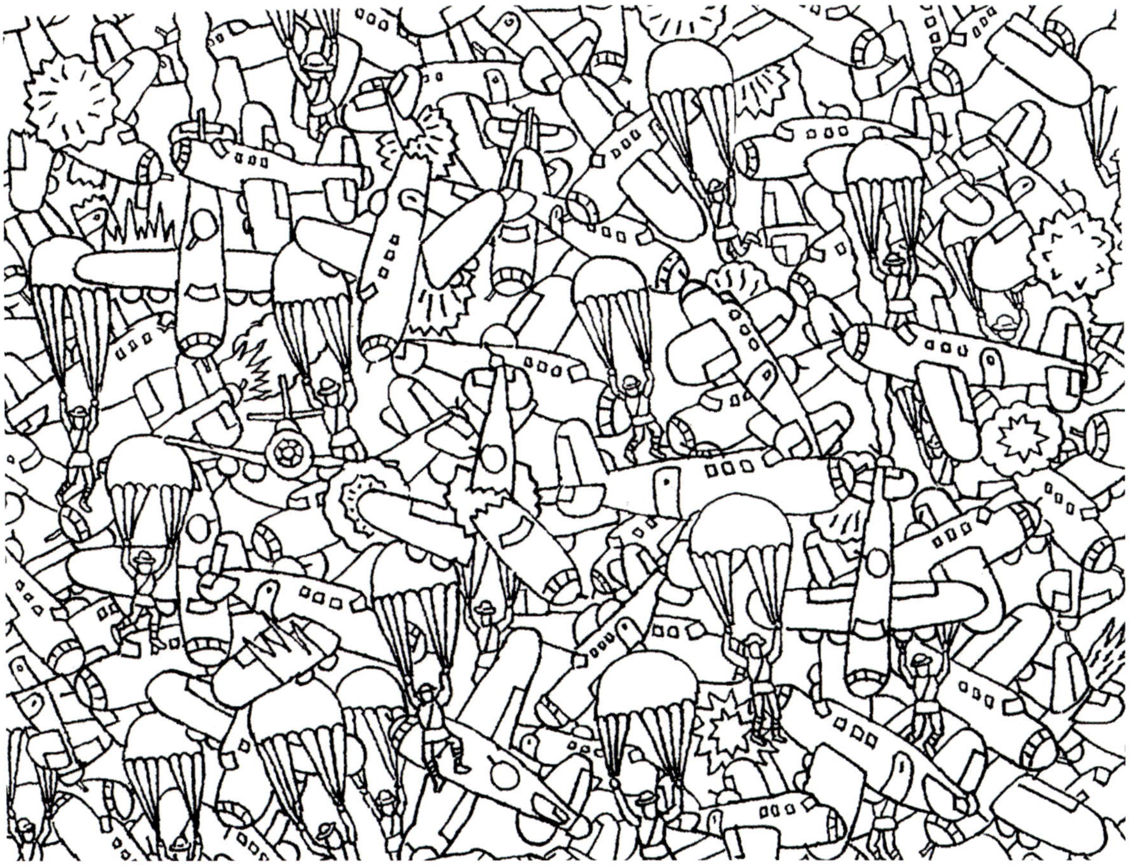

Guerra e pace

Rievocando le scene della Seconda guerra mondiale, intorno agli anni 2000 Chwast ha disegnato elaborate e drammatiche tavole di battaglie aeree. Nella sua vita professionale è stato molto attivo nell'opporsi alle guerre nel mondo.

Seymour Chwast

Metropolitan, The Nose, 1990-2000

Pubblicità per service di stampa.

Seymour Chwast

Libro illustrato: "Londra sei bella".
Copertina Penguin: "Sogno di una notte di mezza estate".
David Gentleman

David Gentleman, 1930

Sperimenta tecniche diverse, come acquerello, litografia, xilografia, e le applica per lavori di grandi dimensioni, come la decorazione murale per la stazione della metropolitana, o al contrario su copertine o francobolli. I suoi soggetti spaziano dal paesaggio alla protesta per la guerra in Iraq. Ha scritto e illustrato molti libri per bambini, e di viaggio su Inghilterra, Francia, Italia e India.

Poster Nosferatu,
serigrafia, 1977.
Poster Hubbard
Instruments, 1982.

David Lance Goines

David Lance Goines, 1945

Grafico, calligrafo, tipografo e saggista. Stampa in prima persona con una macchina litografica i lavori che progetta: poster in edizione limitata, calendari artistici da 2 fino a 24 colori. Il suo stile è una rivisitazione sofisticata degli stili del primo Novecento: una gamma ristretta di colori con stesura in genere piatta, mentre un contorno pronunciato marca le figure.
Dice Goines: "La prima cosa che viene in mente è la differenza principale tra chi l'artista debba compiacere e chi debba compiacere il grafico. L'artista deve compiacere solo se stesso: il grafico deve compiacere se stesso, il cliente e il grande 'dio', il pubblico, oppure va fuori mercato."
Io mi definisco uno stampatore, un grafico o un artista grafico.
Un grafico è una sorta di lavoratore qualificato".

Le copertine per le opere dello scrittore giapponese Murakami, Vintage Book Design.
Nella pagina accanto: copertine per lo scrittore americano Don De Lillo e le pagine di uno sketchbook.
Noma Bar

Noma Bar, 1973

Si colloca in una posizione intermedia tra la grafica e l'illustrazione: "Non è esattamente progettazione grafica e non è esattamente illustrazione. Faccio colpi di flash. Illumino i temi e sviluppo i soggetti attraverso la classica illustrazione".

Le sue immagini racchiudono un doppio significato: appaiono in un modo e successivamente si rivelano in un'altra veste a un'attenta osservazione. C'è sempre un gioco di figura e sfondo, positivo e negativo che sfida la percezione del pubblico e lo gratifica con la soluzione.

DON DELILLO
END ZONE
DON DELILLO
GREAT JONES STREET
DON DELILLO
RUNNING DOG
DON DELILLO
THE NAMES
DON DELILLO
WHITE NOISE
DON DELILLO
UNDERWORLD
DON DELILLO
THE BODY ARTIST
DON DELILLO
COSMOPOLIS
DON DELILLO
FALLING MAN
DON DELILLO
POINT OMEGA

Tavole e copertina dal volume illustrato "Vietnam". Copertina della rivista "The New Yorker".

Lorenzo Mattotti

Copertina di libro illustrato.

Lorenzo Mattotti

Lorenzo Mattotti, 1954

Esordisce come innovativo disegnatore di fumetti, dal segno pittorico ed espressionista. Collabora con la rivista di moda "Vanity Fair" per molti anni e con numerose altre riviste italiane e straniere; realizza manifesti, copertine, fumetti e campagne pubblicitarie. Predilige una tecnica mista, con prevalenza di pastelli morbidi.

«Pericoli, che cos'è un ritratto?»

È come fare i cento metri. Se li copri in mezz'ora, non corri. Devi almeno arrivare entro i dieci secondi, per dire ce l'ho fatta».
«È qualcosa di fulmineo?»
«Sì, con quattro segni su un foglio lasci emergere una figura che è unica».
«Dov'è il segreto?»
«È tutto nel potere degli occhi. Il potere di selezione, ossia di saper cogliere un dettaglio tra infinite possibilità».
Non sono in molti ad avere questo dono.
«È un potere che hanno tutti. Solo che alcuni lo sanno utilizzare, lo affinano, lo approfondiscono»
«Come nasce questa attrazione per i volti?»
«È un'attenzione che in me si è sviluppata molto presto e si lega a una personalissima forma di sofferenza».
«Per cosa?»
«Da bambino mi sentivo isolato. Temevo gli altri e il loro giudizio. Credo dipendesse in larga parte dal mio aspetto fisico, dal mio corpo indeciso».
«Indeciso?»
«Non crescevo. Tutti sviluppano fra i 14 e i 15 anni. Io ho cominciato a crescere dopo i 18. L'ho presa male. Temendo il giudizio dei miei coetanei, mi sono isolato. E poi, come per reazione, ho cominciato a guardarne i volti. A studiarli. Cercavo di capire chi fossero i buoni e i cattivi, i possibili amici o nemici».
«Strana fisiognomica».
«Provavo a sopravvivere attraverso la lettura dei volti. Il mio vero apprendistato all'osservazione è cominciato così».
«Ha trasformato un handicap in un vantaggio».
«A ripensarci non è stato difficile».
«Perché?»
«Scoprirmi in qualche modo diverso produsse in me una reazione a catena. Ero insofferente e abulico. Cominciai ad andare male a scuola. La sola cosa su cui mi sentivo invincibile era il disegno. Lì continuavo a primeggiare. È stata la mia zattera. Ho ricominciato a vivere guardando».
«Cosa vuol dire ripensare oggi a quella prima giovinezza prolungata nella sofferenza?»
«È come una liberazione. Solo a questo punto della mia vita riesco a parlare di un disagio che ho sempre tenuto segreto. È come se un dolore acutissimo avesse preso parte alla mia crescita».
«Vuole dire che non sarebbe stato lo stesso senza ciò che le è accaduto?»

Dall'intervista "Tullio Pericoli.
La più bella faccia del Novecento"
di Antonio Gnoli. "La Repubblica", 2005.

Tullio Pericoli, 1936

Un sottile senso di humour fantastico pervade le sue opere. Molto celebrati i paesaggi e i ritratti. Disegna con un segno calligrafico che può ricordare a volte il tratteggio dell'incisione e le sue tavole sono spesso acquerellate. La sua opera spazia dall'affresco alla vignetta, alle applicazioni grafiche. Ha collaborato con quotidiani e riviste e per la pubblicità.
Ha pubblicato monografie, libri illustrati e tiene periodiche mostre.

Dalla A alla Z, 1986

Tullio Pericoli

Case history: matita e acquerello

Marilena Nardi è una illustratrice che disegna con le **tecniche tradizionali**, matite e colori quindi, in un settore particolare che richiede velocità di esecuzione e una grande capacità di sintesi. Ci racconta come si svolge il suo lavoro.

"Il mio lavoro è disegnare vignette, caricature e illustrazioni soprattutto **per i giornali**. A volte propongo dei disegni, delle vignette su soggetti o temi che mi interessano. In questo caso mi prendo tutto il tempo che mi serve e poi propongo il lavoro una volta finito. Se un giornale intende pubblicare il mio disegno, i grafici della redazione decidono solo come collocarlo all'interno della pagina, ma non subisce variazioni di nessun tipo.

Altre volte si tratta di lavori **su commissione**. In questo caso, decido se accettare o meno il tema proposto, sulla base di una veloce spiegazione del contenuto al telefono. Se accetto, da quel momento il mio lavoro si incastra con quello dei grafici e dei giornalisti e si comincia a correre... Immagino molte soluzioni grafiche, invio le migliori via mail in redazione, di solito tre o quattro, in redazione. A volte, ricevo l'articolo a cui si riferirà la mia illustrazione mentre la sto già disegnando. Se si tratta di un racconto, invece, aspetto prima di conoscere l'esatto contenuto e poi procedo con la proposta di uno o due bozzetti al massimo. Mentre io trovo le idee e disegno i primi bozzetti, i grafici mettono a punto l'impaginazione del quotidiano. Quindi mi arrivano le misure esatte dell'ingombro. Nel frattempo i miei bozzetti sono sottoposti al direttore o al caporedattore per l'approvazione. A quel punto si decide cosa mettere in pagina fra le proposte inviate. Una volta che mi hanno comunicato la scelta, ridisegno il bozzetto approvato tenendo conto delle misure esatte che avrà nella pagina. A volte ricevo anche una schermata delle pagine, se la forma dell'illustrazione è articolata e si deve incastrare con il testo.

Quindi disegno il definitivo a matita, poi passo il tutto a china, completo con la stesura dell'acquerello.

Infine scandisco l'immagine a 300 DPI e procedo con eventuali correzioni con Photoshop. Molto spesso disegnando per il quotidiano, dalla telefonata iniziale all'invio del definitivo passano al massimo dalle 3 alle 5 ore." Marilena Nardi.

Le relazioni affettive ai tempi dei social network

L'articolo si riferisce alla difficoltà di lasciarsi quando, grazie a Internet, si continua a sapere tutto di chi non si vorrebbe vedere più.

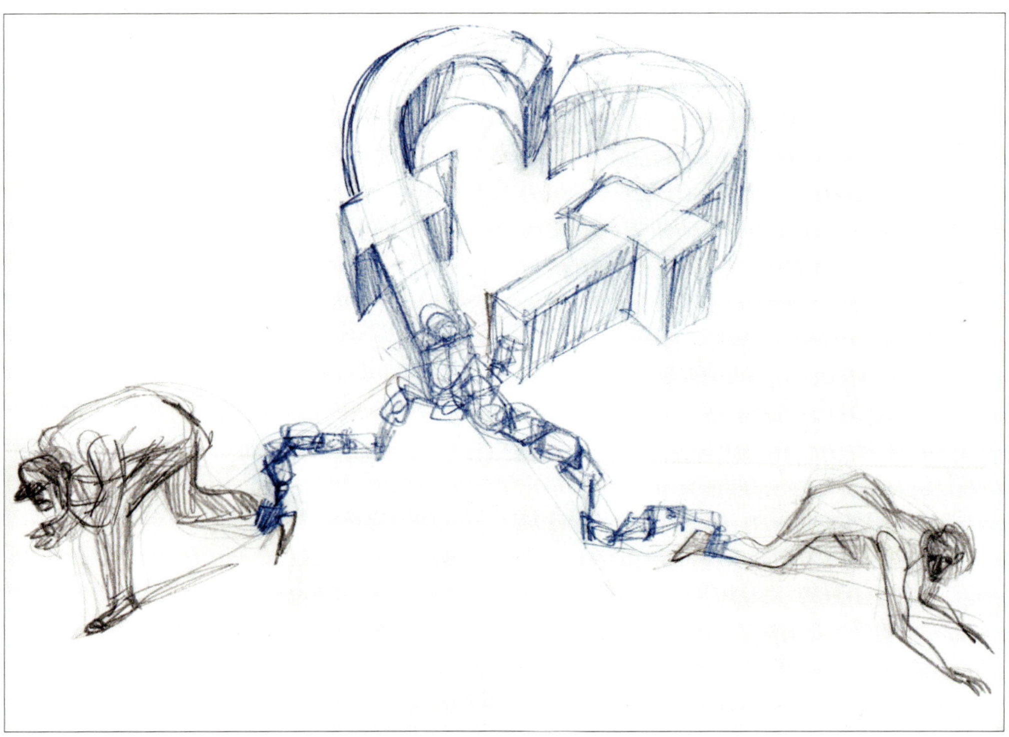

Il primo bozzetto a matita

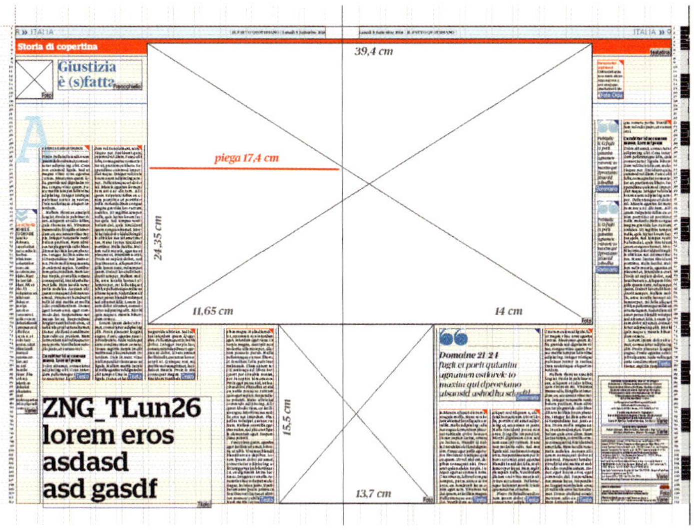

Il disegno viene adattato alle misure reali rilevate dalla bozza di impaginazione.

Disegno con le chine e coloritura

La bozza con l'illustrazione inserita e infine la pagina realizzata.

Case history: matita e computer

Ale Giorgini è uno dei più noti illustratori delle nuove generazioni, coordinatore della Biennale Illustri di Vicenza, che raccoglie il meglio della produzione italiana. Racconta il progetto di una sua creazione di particolare interesse e successo.

Il brief

Si chiedeva un'illustrazione che diventasse l'immagine di un evento dedicato alla bicicletta che ha avuto luogo a San Paolo del Brasile nel novembre 2014. L'evento, rivolto a chi già usa la bicicletta, è pensato anche per sensibilizzare e stimolarne l'utilizzo da parte di chi non lo fa abitualmente: un target piuttosto trasversale. L'immagine avrebbe dovuto vestire completamente l'evento: dal poster ufficiale alle decorazioni degli ambienti, fino a diventare emblema di tutto il merchandising. Un'ulteriore necessità era di poter ricavare il logo dell'evento dall'illustrazione stessa.

In questa fase occorre effettuare una **ricerca** di reference di eventi di questo tipo in giro per il mondo per valutare quale strada percorrere, ma soprattutto quali non seguire. Prima di tracciare qualsiasi segno su un foglio di carta, bisogna fare ipotesi e riflettere. L'immagine deve rispondere a precisi requisiti e risolvere alcuni problemi contenutistico-tecnici. Quanto più accurata è questa fase, tanto meno è il tempo che si passerà poi a fare modifiche chieste dal cliente.

L'esecuzione

Si passa alla **realizzazione di uno sketch** a matita da sottoporre al cliente per spiegare la soluzione individuata. Si è deciso di focalizzare proprio l'aspetto trasversale dell'evento: una giornata dedicata a chiunque voglia inforcare una bicicletta. Si è quindi pensato a un gruppo di ciclisti eterogeneo: la ragazza che passeggia in olandesina, il corridore sulla sua bici sportiva, la coppia di innamorati, l'hipster modaiolo con il tatuaggio "I love bike", l'uomo distinto: caratteri che incarnano i diversi tipi di pubblico; sullo sfondo una vista dello skyline di San Paolo contestualizza geograficamente l'evento. L'immagine va attentamente progettata dal punto di vista della strut-

Fasi del progetto

Lo sketch a matita, il vettoriale, l'esecutivo. Varianti colore.

Ale Giorgini, Esfera BR Midia, 2014

tura compositiva per rendere possibile e facile l'utilizzo: è il poster della manifestazione, va applicata sul merchandising come la t-shirt, la borraccia, lo shopper e tutto il materiale promozionale. La composizione sulla diagonale ha permesso un utilizzo piuttosto agile su tutti i formati e gli oggetti di proporzioni molto diverse. Una volta realizzato lo sketch, lo si **sottopone al cliente** accompagnato da una breve relazione che spiega le scelte e gli intenti per **l'approvazione**.

Il definitivo

Lo sketch a matita va trasposto nell'esecutivo. Si ritraccia vettorialmente la matita definendo ogni singola linea secondo quello che è lo stile prescelto: il disegno diventa così una sorta di puzzle geometrico nel quale ogni linea sottende e collega diversi elementi; la ruota di una bici detta la costruzione della figura di un personaggio, i capelli di un tipo diventano il profilo del corpo di un altro. Una volta terminata l'illustrazione in bianco e nero, la si sottopone nuovamente al cliente per chiederne l'approvazione. Di routine questa è la fase nella quale si chiedono e realizzano eventuali modifiche, l'ultima chance per cambiare elementi dell'illustrazione. Una volta definito il disegno, si passa alla colorazione. Si sono applicate tre diverse palette sul disegno, suggerendo al cliente quella che si riteneva più soddisfacente, che in effetti è stata scelta, e che riprende i colori della bandiera nazionale accostati alle tinte calde della primavera brasiliana: a novembre in Brasile è piena primavera.

Regole d'uso

Una volta approvata l'illustrazione, si realizza abbozzo dei veloci mockup per indicare come dovrà essere applicata; si tratta in effetti di un piccolo manuale d'utilizzo, per scongiurare distorsioni d'uso e per rendere un po' più facile la vita al grafico che dovrà trattarla.

Cliente: Esfera BR Midia. Pedalar 2014
Selezionata dalla Society of Illustrators, 2016

Merchandising e applicazioni

Il banner col marchio ricavato dall'illustrazione, fondali del palco, biciclette col logo e l'illustrazione usata come motivo decorativo in monocromo. Il merchandising: borraccia, medaglia, t-shirt, bag.

Ale Giorgini, Esfera BR Midia, 2014

Bella gente

Illustrazioni: Ale Giorgini, Agenzia: Milk Adv, Art: Paolo Margonari, Andrea Benacchio, Cliente: Gustolato, 2014

10. L'illustrazione nella pubblicità

Negli ultimi anni l'illustrazione ha ritrovato un posto importante nella pubblicità e un ruolo sempre crescente nell'editoria. Può essere realizzata con le tecniche più diverse, interamente digitale, interamente manuale, mista.

Qui si presenta una piccola selezione di illustrazioni recenti usate nella pubblicità, interessanti proprio perché molto diverse tra loro.

Rifare le tecniche classiche

Quando uno strumento ha finito per dominare nel campo della illustrazione, com'è successo con il computer negli ultimi vent'anni, si cerca un necessario ritorno alla manualità e alle tecniche artistiche che portano il segno della mano dell'uomo e degli strumenti che a essa sono legati: la carta con la sua trama, le tracce del pennello su di essa, la grana del colore. In realtà molto spesso gli illustratori arrivano a un risultato che sembra fatto a mano anche con il computer.

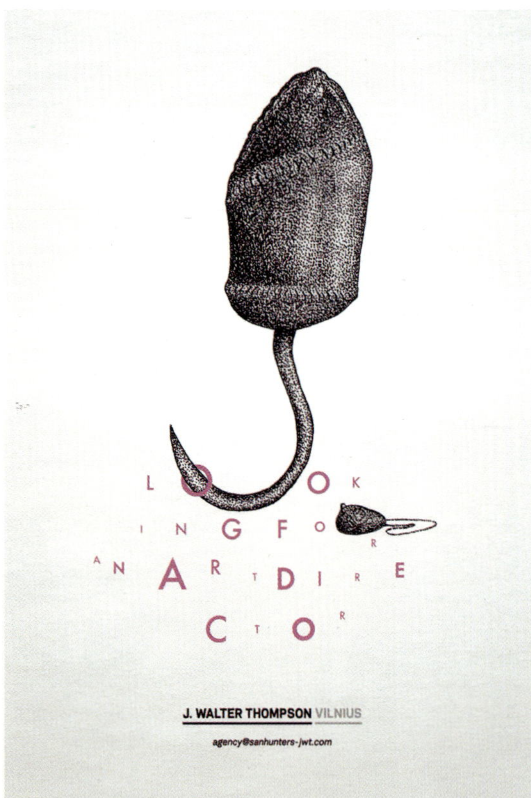

Cercando un art director

Un "gancio" realizzato con una puntinatura a penna sta su un foglio di carta da acquerello con la sua trama evidenziata da una accorta ripresa fotografica.

Agenzia: J. Walter Thompson Vilnius, Lituania. Autopromozione

I grandi artisti non vogliono essere pressati

Il ritratto di Pablo Picasso, il celebre artista del Novecento, realizzato con una tecnica mista con acquerello.

Agenzia: Frontera Group London, Londra, Gran Bretagna. Illustratore: Martín Echeverría, 2014

Classificato a rischio di estinzione

Quattro ritratti di animali dal taglio molto efficace realizzati con una tecnica pittorica dalla pennellata sicura e con una materia di colore grassa.

Agenzia: Noah's Ark, Lagos, Nigeria. Illustratore: Abolaji Alausa, 2013

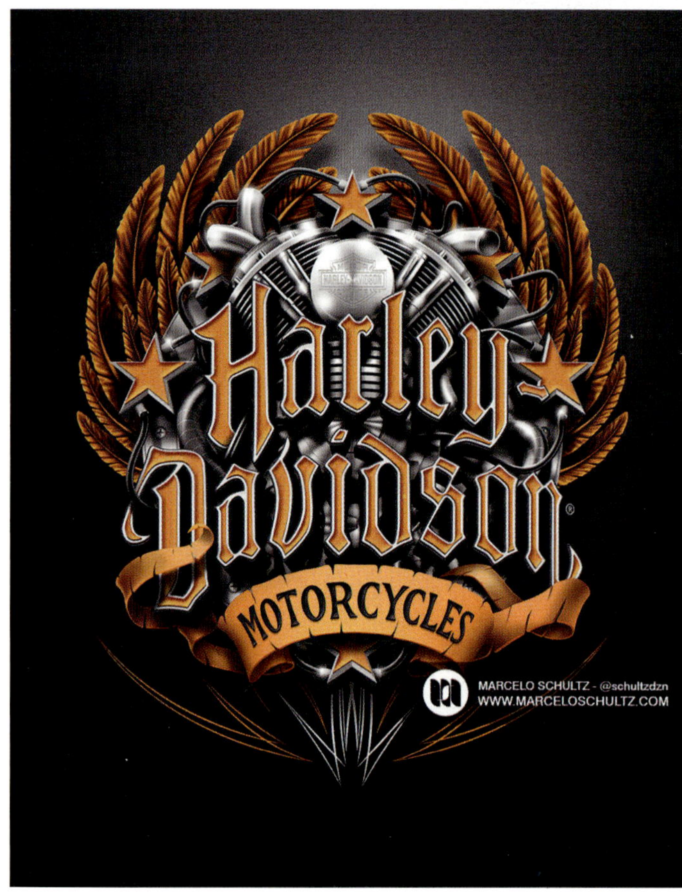

Campagne per Harley Davidson: schizzo preparatorio e tavole

Schultz, illustratore brasiliano di sensibilità tropicale e barocca e dalla capacità tecnica illimitata, manipola con la medesima finezza sia il carattere calligrafico, con composizioni al limite del virtuosismo, che il carattere tipografico.

Marcelo Schultz, Curitiba, Brasile

Tra calligrafia e tipografia

L'illustrazione rivaluta la scrittura calligrafica e la arricchisce e la incorpora dentro composizioni colorate, trasformandola in oggetti materici. Utilizza i caratteri tipografici intrecciandoli con oggetti e dando loro fisicità, rendendo vivi logotipi e headline, come nelle tavole in 3D.

"Fai più di un senior per diventare un junior"

"Mettiti alla prova per aver l'opportunità di metterti alla prova"

Il tuo lavoro fino in fondo

Il testo diventa un oggetto tridimensionale. Lo sfondo drammaticamente illuminato contribuisce a rendere ancora più monumentali le composizioni.

Agenzia Clemenger BBDO, Brisbane, Australia.
Illustratore 3D: Luke Dwyer. 2013

11. L'illustrazione in sette passi

Il grafico deve conoscere bene il metodo con cui l'illustratore procede per poter a sua volta progettare un lavoro da affidare a un professionista o per diventarlo lui stesso: la procedura non è molto diversa da quella richiesta per progettare nella grafica in generale.

L'attività si può sintetizzare in sette passi.

1. **Definire il problema.** I termini vengono stabiliti in genere in un brief dal committente, sia esso un'agenzia, una casa editrice, un'azienda: consiste nelle informazioni sul soggetto, nella spiegazione e sintesi del problema visivo, nella messa a fuoco degli obiettivi di comunicazione, dei dettagli e delle richieste specifiche. Vengono fissati le scadenze, i termini per i diritti d'autore e il compenso.
2. **Raccogliere le informazioni utili.** Lo scopo principale è ottenere una comprensione più ampia e profonda degli argomenti del brief di cui ci si occupa. Lo scopo secondario è vedere cosa hanno prodotto altri nella stessa situazione, sia per allargare il proprio orizzonte che per non cadere nel banale, nel già visto. Si può fare in molti modi: consultando libri, Internet, visitando un museo, una esposizione, discutendo con un esperto.
3. **Creare opzioni alternative.** Con la ricerca si possono generare idee e proporre soluzioni esplorando approcci paralleli allo stesso problema. I bravi illustratori consigliano di lavorare lontani dal computer in questa fase per non fissarsi su una sola idea.
4. **Valutare le opzioni.** Dopo aver esplorato diverse soluzioni, occorre cominciare a scegliere. È consigliabile sottoporre le scelte fatte a qualcuno di cui ci si fida e saper ascoltare le osservazioni e le obiezioni degli altri.
5. **Scegliere l'opzione migliore.** A un certo punto bisogna decidere, e sarebbe bene avere una lista di criteri da controllare come per esempio: è originale? Risponde al brief? Si può realizzare nei tempi e con i costi previsti? Da questo processo di selezione emergerà la soluzione migliore che merita di essere sviluppata. Se la decisione è stata meditata e il processo critico rigoroso, la scelta compiuta merita anche fedeltà.
6. **Ricontrollare le richieste del brief.** In particolare è opportuno prestare attenzione a dimensioni, colore, formato fisico e digitale, scadenze. Oggi con il computer si possono conservare anche le fasi intermedie del lavoro e rivederle o rimaneggiarle, ma certe tecniche pittoriche classiche non consentono molti margini di manovra e pentimenti.
7. **Monitorare e controllare i risultati.** Saper ascoltare le critiche è bene, ma occorre anche saper difendere le proprie scelte, motivandole con le parole. Spesso un iniziale "non mi piace" del committente si può trasformare in "a pensarci bene, può funzionare!", se si è davvero convinti per primi e si usano le parole giuste. Ogni lavoro può insegnare qualcosa, e il rapporto con i committenti, nel bene e nel male, pure. Ci si può chiedere se il committente è rimasto soddisfatto, se ci sono aspetti che si potevano trattare diversamente, se si potevano apportare miglioramenti durante il lavoro.

Storia di un'illustrazione

Le illustrazioni nella tavola sono di Schout che racconta la genesi di una tavola particolare richiesta dal "New Yorker" e destinata a illustrare un articolo sul traffico di droga verso gli Stati Uniti. L'epilogo è diverso da quanto mostrato nell'infografica: è stata recuperata, dopo un certo periodo di stallo, una delle ipotesi scartate in partenza, la n. 4.

Schout (Riccardo Gottardo), 2014

1. Definire il problema

2. Raccogliere le informazioni utili

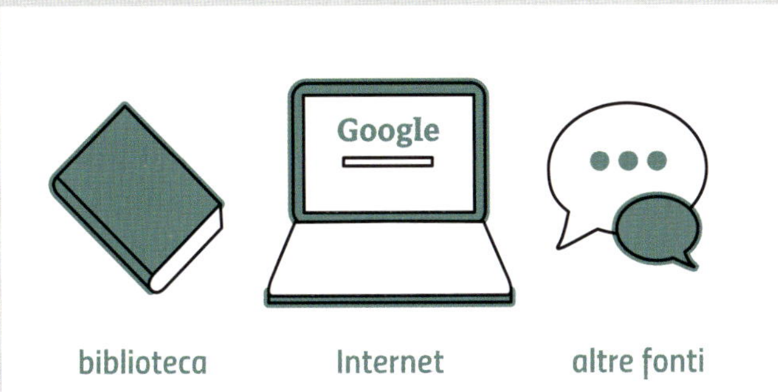

3. Creare opzioni alternative

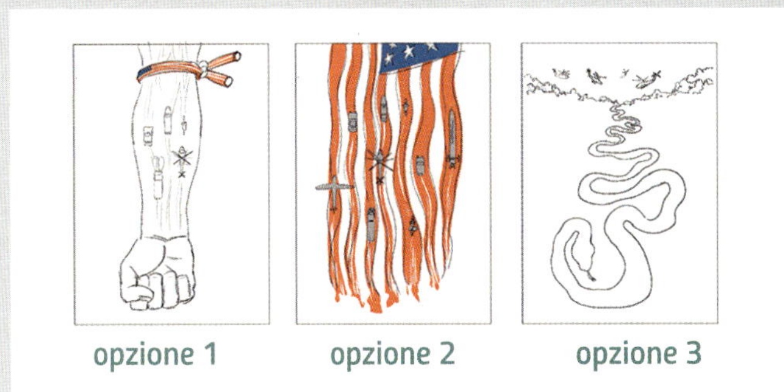

4. Valutare le opzioni

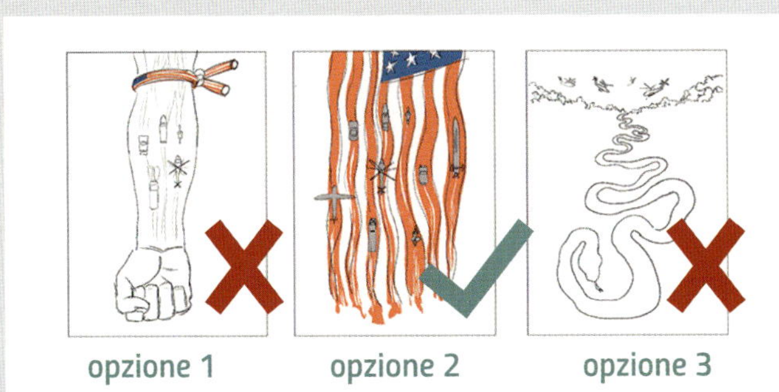

5. Scegliere l'opzione migliore

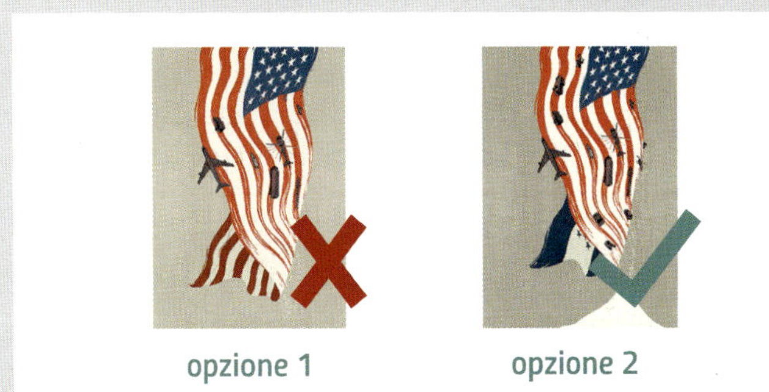

6. Ricontrollare le richieste del brief

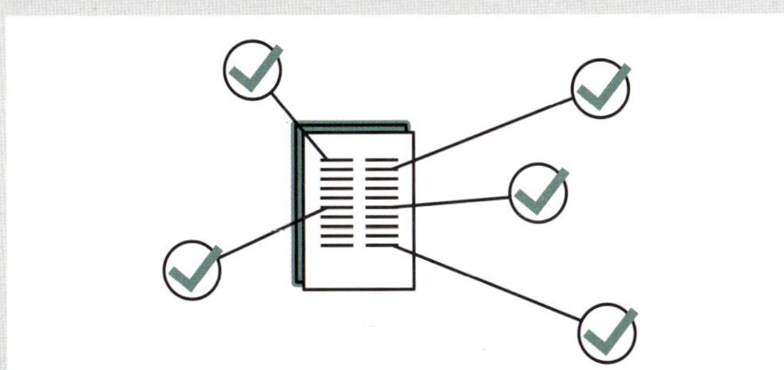

7. Monitorare e controllare i risultati

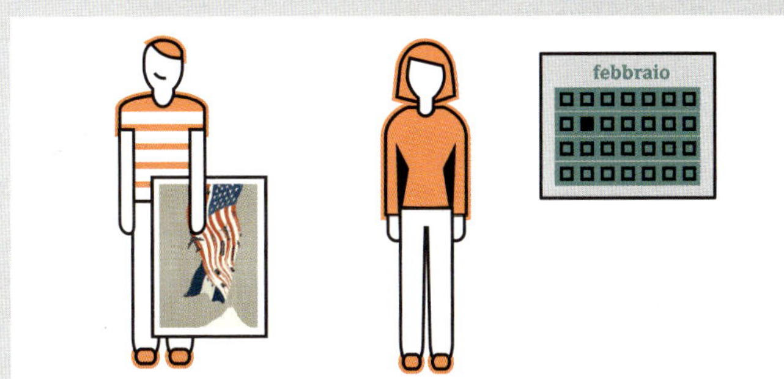

Esercitazioni

●●●

Esercizio n. 1 – Foto effetto "raggio di sole"

Creare un effetto "raggio di sole" in studio con luce solare artificiale. Il sole provoca sempre piacevoli sensazioni di benessere anche quando viene semplicemente evocato da un'immagine fotografica.

Lo scenario di illuminazione ideale sarebbe all'aperto, alla bella luce del mattino o della sera, con alcune nuvole gonfie per mettere in evidenza mezzi toni e luci suggestive. Tuttavia una fotografia solare, capace di trasmettere benessere, può essere realizzata all'interno di uno studio fotografico, anche in una giornata piovosa, con l'uso corretto degli illuminatori.

Gli ingredienti:

> Il sole: fonte diretta di luce = una lampada con bulbo chiaro.

> Momento della giornata: ore 18:00 di inizio serata primaverile/estiva = lampada posizionata a un angolo basso.

> Nuvole: diffusore artigianale ottenuto con fogli di carta velina o carta da lucido.

> La luce del sole raccolta attraverso le nuvole: tagliare un buco nella superficie del diffusore.

> Per ammorbidire le ombre difficili causate dalla luce unidirezionale, tenere presente che in fotografia si ottengono contrasti più marcati rispetto alla visione dell'occhio. Utilizzare una luce di schiarita che si può ottenere per via diretta da un faretto secondario a bassa potenza oppure per riflessione (luce bounce) illuminando la parte anteriore del soggetto tramite una torcia puntata verso il soffitto.

> Usare una messa a fuoco selettiva. La profondità di campo spesso aiuta a rendere la fotografia più interessante e attira l'occhio degli spettatori su una parte definita dell'immagine.

●○○

Esercizio n. 2 – Illustrazione. Varianti

Utilizzare un foglio A3 suddiviso in caselle staccate una dall'altra con caselle di mm 28 x 33 se ne creano 7 righe x 9 colonne.

Illustrare solo uno dei soggetti in elenco interpretandolo in decine di modi diversi. Considerare i principi del design grafico come la sovrapposizione, la ripetizione, l'intersezione di forme, il negativo e positivo, l'uso di texture, della scala dimensionale, dello spazio illusorio e tridimensionale, nonché di ogni tecnica possibile.

Soggetti: il sole, la formica, la mela, la rana, la foglia, la mano, il pesce, il naso, l'orecchio, l'occhio, la casa, l'albero, la nuvola, la valigia, il libro.

●●○

Esercizio n. 3 – Illustrazione. Operazioni manuali

Studiare e disegnare le fasi di una semplice operazione da compiere con le mani: svitare un tubetto di dentifricio, comporre un numero di telefono, applicare una crema sul viso, usare il mouse, connettere un cavo al computer.

Ricercare la sintesi, poche immagini, e l'inquadratura ottimale. Fotografare queste operazioni e ricalcare le foto ottenute con un programma vettoriale, usandole come traccia in modo da ottenere dei disegni al tratto che mostrino le parti essenziali di ciascuna foto e trascurino i particolari inutili. Occorre mantenere uno stile unitario, per esempio un segno di spessore costante in tutte le tavole. Usare pochi, essenziali colori. Riquadrare il tutto entro spazi rettangolari uguali.

Comporre la sequenza con le didascalie necessarie su un foglio A4 e stampare.

●●○

Esercizio n. 4 – Illustrazione. Progetto scienze

Il progetto può essere adottato pluridisciplinarmente e assegnato a un gruppo di lavoro.

Progettare una soluzione grafica per illustrare un problema scientifico, una teoria o una procedura costruttiva, come per esempio:

> la gravità
> la luce
> la circolazione del sangue
> la propagazione del suono
> la fabbricazione della carta
> la costruzione di una casa
> la perforazione petrolifera
> la stampa artistica
> l'affresco
> il mosaico
> la fusione a cera persa

e altro a scelta, in modo sia rigorosamente scientifico che poetico.

Suggerimenti

> In tutti i casi è necessaria la padronanza precisa del tema, in modo da poterlo comunicare e illustrare graficamente al pubblico.
> È bene concentrarsi sul "come fare" piuttosto che sulla forma adottata.
> La soluzione scientifica induce a una informazione grafica strutturata e alla costruzione di immagini facilmente decifrabili.
> La soluzione poetica incoraggia la ricerca creativa e il risultato innovativo.
> La scelta del tipo di supporto usato (poster, pagina, pieghevole) è parte del progetto.

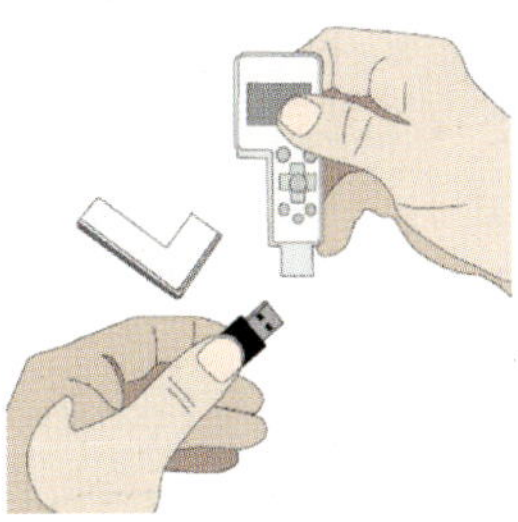

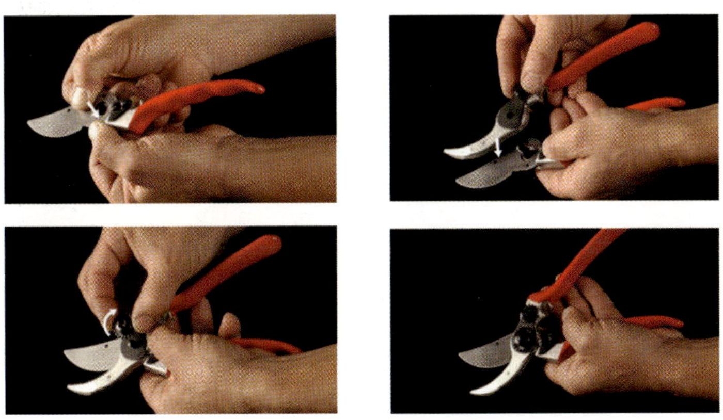

●○○

Esercizio n. 5 – Illustrazione. Meccanismi

I meccanismi degli orologi. Gli oggetti meccanici si prestano bene all'apprendimento degli strumenti di trasformazione e sulle operazioni sui tracciati in Illustrator. Qui è riprodotto, con qualche variazione, un antico meccanismo di orologio preso da una delle tavole dell'"Énciclopédie" (1750) e colorato con un po' di fantasia.

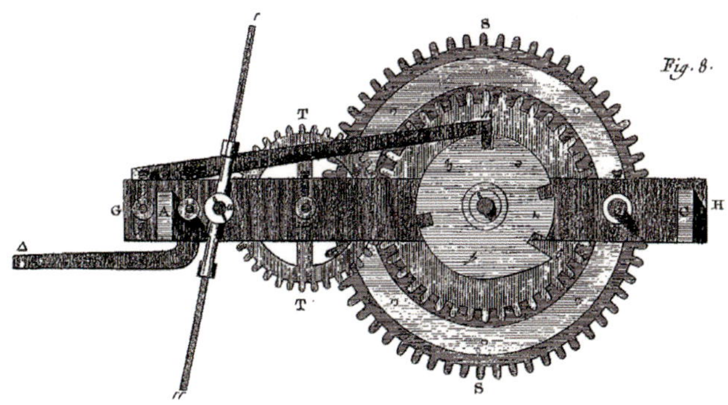

Esercizio n. 6 – Illustrazione. Campagna educativa

L'azienda che gestisce la metropolitana di Tokyo incentiva il corretto comportamento del pubblico attraverso una serie di manifesti. Se ne vedono riprodotti alcuni che mostrano i comportamenti scorretti, che consistono (per esempio) nel non cedere il posto a invalidi e anziani, nel tenere alto il volume degli apparecchi di riproduzione sonora, nello scuotere gli ombrelli bagnati per asciugarli. Il comportamento positivo corrispondente è rappresentato di volta in volta con modalità diverse. Altri cartelli mostrano altri atteggiamenti, ma in negativo: essere invadenti con il giornale, non parlare al telefono ad alta voce, non ingombrare con pacchi, non fare attività ginnica appesi alle maniglie di sicurezza, non mangiare né bere, non incipriarsi spolverando la cipria, non avere comportamenti da ubriachi, non sedere sulle valigie, non rifarsi il trucco in pubblico.

Di anno in anno i grafici studiano un nuovo modo o un testimonial per veicolare il messaggio, e questa è diventata ormai una divertente tradizione per la metropolitana di Tokyo. Sotto sono riprodotte alcune annate sul medesimo tema che raccomanda di non occupare più posti a sedere sdraiandosi o collocando propri oggetti sui posti vicini.

Si inventino altre forme di rappresentazione di questo o altri temi, usando liberamente foto, illustrazioni o entrambi gli strumenti in combinazione. Il poster giallo più grande mostra la versione positiva del messaggio: togliere lo zaino dalle spalle.

Unità

1. I caratteri comunicano
2. La nomenclatura e l'anatomia
3. Gli stili
4. I numeri
5. Il contrasto
6. Carattere e colore
7. Classificazione
8. Contro le regole
9. Tavola riassuntiva
10. Le regole della scrittura

5
I caratteri

Conoscenze

- Le regole di videoscrittura.
- Saper discriminare le font e abbinare i caratteri con fondi e colori per esaltarne la leggibilità e/o il contrasto.
- Conoscere, comprendere e utilizzare il linguaggio specialistico in italiano e nella lingua inglese.

Competenze

- Progettare autonomamente soluzioni per l'informazione finalizzata usando il testo e le immagini integrate.

1. I caratteri comunicano

Con **leggibilità** di un carattere ci si riferisce alla qualità della lettura in sé. Con **visibilità** di un carattere ci si riferisce al suo potere di emergere in un contesto.

Un testo a stampa può essere guardato da due punti di vista, uno più ravvicinato, che sarà microtipografico, e uno più lontano e complessivo, che sarà macrotipografico.

La **microtipografia**, o tipografia di dettaglio, riguarda il disegno del carattere, lo studio dei glifi, le famiglie di caratteri e delle font, lo spazio fra caratteri o parole, la distanza tra le righe.

La **macrotipografia**, ovvero la creazione del layout di un progetto, riguarda il formato, la gabbia e i margini e gli elementi che stanno fuori dai margini, testate e piedini, la griglia, ovvero la dimensione e la posizione delle colonne di testo e delle figure, nonché delle legende e dei titoli.

La forma dei caratteri e la composizione del testo hanno una grande influenza sulla **leggibilità** del contenuto. La stampa utilizza caratteri standard, codificati nella forma, disegnati per ottimizzare la lettura. Alcuni caratteri tuttavia sono più leggibili di altri o consentono di risparmiare spazio, e l'uso e il tempo hanno operato una selezione, scartando quelli più problematici e promuovendo i più efficaci. La scelta del carattere ha una funzione pratica ossia veicolare un messaggio di testo; ha un significato stilistico ovvero riflettere il gusto del tempo o le intenzioni del grafico; ha infine una funzione percettiva, perché il disegno del carattere trasmette una sensazione, anche se lo fa in modo sottile. Fino all'era digitale, la produzione di caratteri era riservata solo agli specialisti. Oggi il computer rende possibile a tutti la produzione di un intero set di caratteri.

Un prodotto grafico arriva sotto gli occhi di persone con caratteristiche fisiche e psicologiche diverse. Al lettore dalla vista debole serve un carattere di grande dimensione e un forte contrasto tra testo e fondo. Un bambino che impara a leggere vuole caratteri con un disegno standard e dimensioni grandi. Un passeggero in transito in un aeroporto internazionale può avere difficoltà a orientarsi e si aspetta di essere guidato da una

Caratteri leggibili

Nella segnaletica stradale inglese sono utilizzate due famiglie di caratteri: Transport e Motorway.

Jock Kinneir e Margaret Calvert, 1957-1963

Giocoso o elegante

In alcuni casi i caratteri sono disegnati appositamente per sottilineare l'unicità del brand o del prodotto.

segnaletica chiara e leggibile da lontano. A causa di questa somma di fattori la valutazione del lettore potenziale e prevalente è perciò importante. Il disegno complessivo della font influisce sul suo grado di leggibilità: ogni volta che, per qualche motivo, il carattere attira l'attenzione su se stesso riduce la leggibilità, perché si viene presi più dalle forme della scrittura che dal messaggio. Motivo di rallentamento della lettura, oltre alla particolarità del disegno, possono essere elementi in apparenza più normali: il forte contrasto tra le aste, la lunghezza anomala dei tratti ascendenti o discendenti rispetto alla linea di base fanno sì che il disegno del carattere non sia più un neutro veicolo di informazione, ma piuttosto causa di distrazione.

Aumentare lo spazio tra i caratteri può migliorarne la leggibilità, come pure allargare lo spazio tra le righe. Le font con grazie sono più adatte a un testo lungo, e in questo caso i caratteri calligrafici o molto disegnati sono da escludere, anzi in alcuni casi possono rappresentare un ostacolo alla lettura. Inoltre caratteri molto stretti, *condensed*, o molto larghi, *extended*, sono da escludere per corpi di testo lunghi, da lettura. I fattori chiave di cui tener conto ai fini della leggibilità di un testo sono:

> la dimensione del carattere;
> il disegno, maiuscolo e minuscolo;
> il contrasto di colore tra testo e supporto;
> la spaziatura tra le singole lettere e tra le singole parole;
> la spaziatura tra le righe del testo, detta "interlinea".

Disporre di una scelta illimitata di caratteri senza alcun filtro culturale significa non disporre di alcun carattere, essere impossibilitati nella scelta pur di fronte a un catalogo infinito.

Giovanni Baule, dalla prefazione "Dal carattere alla composizione".

La guerra cellulare di Google

Nella pagina di "XL" che parla del futuro dei cellulari, il carattere usato sottolinea la componente tecnologica del titolo.

XL, 2011

This is NPR

Copertina del libro "This is NPR" sui primi 40 anni di storia della radio pubblica americana, la National Public Radio.

2. La nomenclatura e l'anatomia

La struttura di ogni lettera è formata da aste, che sono i tratti caratterizzanti ogni singolo segno; esse possono essere uniformi o modulate. All'estremità delle aste si trovano i tratti terminali, o grazie, che hanno funzione decorativa. Le **aste** possono essere verticali, orizzontali, oblique o curve. Le **grazie** traggono origine dalla incisione su pietra delle lettere maiuscole, capitali, in uso nella Roma antica, ed erano un espediente tecnico che rendeva più netta l'incisione delle terminazioni.

I caratteri con grazie sono detti **graziati**, o serif, quelli privi di grazie sono detti **bastoni**, lineari o sans serif. Nei caratteri a stampa le grazie legano otticamente le lettere tra di loro; questa è considerata la più importante distinzione nel loro disegno, tanto che la differenza è sottolineata spesso nel nome stesso delle font proprio per distinguere i due tipi, (come per "Scala" e "Scala sans", per esempio). La presenza o meno delle grazie non incide in modo sensibile sulla leggibilità del carattere a stampa.

Per rendere coerente la serie dei segni alfabetici il disegnatore di caratteri usa una struttura di linee orizzontali, poiché la maggior parte dei caratteri poggia su una **linea di base**. Un'altra linea corrisponde all'altezza delle minuscole. Lo spazio tra le due linee è detto **occhio medio**, mentre i tratti che scendono sotto la linea di base sono detti **discendenti**. Un'altra linea corrisponde alle maiuscole, e una ancora sopra è l'altezza massima raggiunta dai tratti **ascendenti**: a volte le due linee possono coincidere.

La dimensione del carattere, il **corpo**, si misura dalla linea delle ascendenti alla linea delle discendenti più un piccolo spazio detto "spalla", e viene espressa con l'unità di misura, il **punto tipografico**, abbreviato in "pt", che corrisponde a 0,376 mm. Per trasformare la misura di un carattere dai punti ai millimetri si moltiplica l'altezza in punti per la misura in millimetri del punto tipografico. Per esempio, per un corpo 12 punti: pt 12 x 0,376 mm = 4,512 mm.

Le differenze tra i caratteri sono spesso minime e solo l'occhio esperto riesce ad apprezzarle: la forma delle grazie, l'inclinazione dei tratti, lo spessore delle aste, l'altezza e la profondità di ascendenti e discendenti, e molti altri dettagli.

Una serie è composta di **glifi** o segni: una tabella dei glifi è composta dai singoli caratteri ma-

La costruzione

Le lettere appoggiano sulla linea di base: il margine su cui si effettua l'allineamento del testo con altro testo o con le immagini. L'occhio medio, o delle "x", è l'altezza del corpo centrale della lettera minuscola, escluse ascendenti e discendenti, è convenzionalmente pari all'altezza della x. Di solito l'occhio medio occupa uno spazio superiore alla metà dell'altezza della maiuscola.
Le spalle inferiore e superiore delimitano un bianco ottico sopra e sotto il carattere, esso impedisce le sovrapposizioni e si eredita dal sistema tipografico.
Caratteri dello stesso corpo possiedono gradi diversi di leggibilità, e ciò dipende dal disegno e dall'altezza delle minuscole, in gergo "l'occhio medio". I caratteri con un'altezza d'occhio notevole migliorano la leggibilità dei corpi piccoli e sono stati disegnati appositamente per la stampa dei quotidiani, come il Times.

iuscolo e minuscolo, dalle cifre, dai caratteri speciali come "©" "™", e dai simboli di valuta, come quello dell'euro "€". Inoltre fanno parte della serie i segni di punteggiatura come pure i **segni diacritici**, come gli accenti, quelli che aiutano a interpretare la pronuncia delle parole. La serie completa dei glifi con uno stile e un disegno proprio costituisce il **tipo di carattere**, la **font** come per esempio il Times. Una font professionale è composta da un set di oltre 200 glifi.

Una **famiglia** è composta da più font, come per esempio Times tondo, Times corsivo, Times grassetto. Le famiglie più comuni e complete, come Helvetica o Univers, hanno un esteso numero di font.

Lo **specimen** di un carattere è il campionario dei glifi disponibili nei diversi pesi, comunemente a stampa fino alla diffusione del computer, oggi più spesso consultabile a video.

Gli spazi

Ogni lettera ha larghezza pari al suo disegno più un sottile spazio di accostamento alle altre lettere. La larghezza relativa di ciascun carattere dipende dalle proporzioni del carattere stesso: esistono caratteri di aspetto stretto o di aspetto largo. Nella tipografia elettronica la larghezza di un carattere potrebbe essere modificata variando la sua dimensione orizzontale, ma così si distorcono le proporzioni delle forme attribuite al carattere dal disegnatore, per cui questa operazione è assolutamente da evitare.

Lo spazio tra le lettere è detto **avvicinamento** o "tracking". La correzione estetica e funzionale dello spazio tra coppie specifiche di lettere è detta **crenatura** o "kerning". La **legatura** è l'operazione di unire due o più lettere; nelle font più complete si trovano già spesso unite in un glifo unico, come nella coppia "fi", perché il punto della "i" si sovrappone malamente alla barra della "f". I caratteri che hanno i glifi di larghezza variabile sono detti **proporzionali** e la lettera "i" è vistosamente più stretta della lettera "m". I caratteri con larghezza fissa sono chiamati **non proporzionali**.

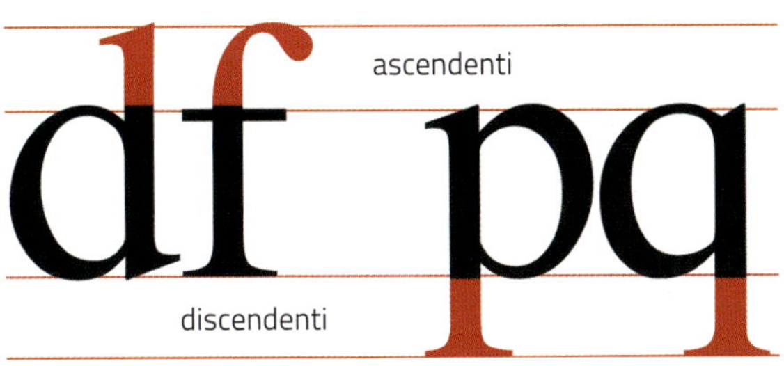

Font Times New Roman
Ascendenti e discendenti in colore.

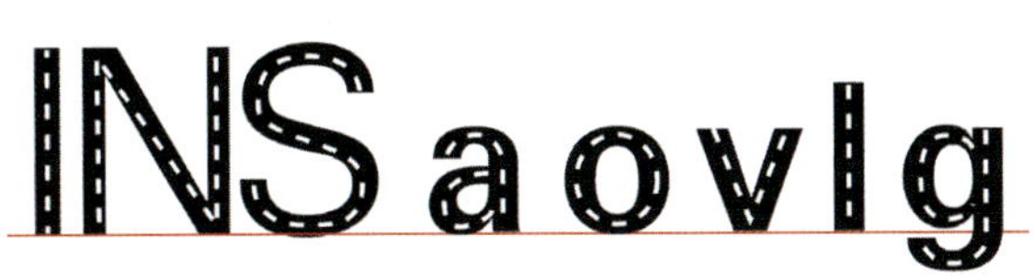

Font Univers
Aste in tratteggio.

Font Times
Grazie in colore.

Font Scala
Esempi di legature.

Effetto dell'avvicinamento
Font Scala corpo 10 punti

El ma velique vel ipsandae lis most, et prature
Avvicinamento automatico.

El ma velique vel ipsandae lis most, et prature
Avvicinamento ridotto - 50.

El ma velique vel ipsandae lis most, et prature
Avvicinamento aumentato + 50.

3. Gli stili

Le dimensioni

Una volta che si è individuata la font adatta al progetto, si devono compiere altre scelte che sono condizionate dal grado di leggibilità che si desidera per il testo. Si ottiene un testo leggibile in modo naturale e fluido quando esiste una **relazione armoniosa** tra la dimensione del carattere, la lunghezza della riga e gli spazi che corrono tra le righe. Se uno di questi elementi non è commisurato agli altri, la leggibilità viene compromessa; l'alterazione di un aspetto richiede il bilanciamento degli altri.

Le dimensioni del carattere dipendono dalla natura del progetto su cui si sta lavorando e dal suo destinatario; si sceglie una font che possa funzionare in termini di leggibilità e di stile e poi si decidono le dimensioni e i rapporti in relazione allo spazio a disposizione nel layout. Caratteri troppo piccoli o troppo grandi in un testo continuo stancano il lettore. Se si collocano i titoli all'inizio di ogni capitolo di un opuscolo, la misura sarà dettata dal più lungo di essi. Nel caso di testi lunghi è bene non fidarsi di come appare il testo a video, ma verificarne la leggibilità con una prova di stampa su carta.

La **dimensione ottimale** del carattere per un testo su una pagina posta a trenta centimetri di distanza dagli occhi del lettore si colloca tra 8 e 11 punti. Al di sotto degli 8 punti la lettura diventa difficoltosa ed è consigliabile solo per testi brevi, come le didascalie. Sull'elenco del telefono, per necessità di peso ed economia di carta, il testo è di 6/7 punti, ma non si può certo affermare che sia l'ideale per la lettura. Nei libri per bam-

Univers 6pt Roman

The quick brown fox jumps over the lazy dog.

Univers 7pt Roman

The quick brown fox jumps over the lazy dog.

Univers 8pt Roman

The quick brown fox jumps over the lazy dog.

Univers 9pt Roman

The quick brown fox jumps over the lazy dog.

Univers 10pt Roman

The quick brown fox jumps over the lazy dog.

Univers 11pt Roman

The quick brown fox jumps over the lazy dog.

Univers 12pt Roman

The quick brown fox jumps over the lazy dog.

Times 8pt Regular

Grazie alla diffusione della banda larga e di software interattivi è ora possibile far arrivare corsi universitari di alto livello in tutto il mondo.

Gill Sans 8pt Regular

Grazie alla diffusione della banda larga e di software interattivi è ora possibile far arrivare corsi universitari di alto livello in tutto il mondo.

Didot 10pt Roman

Grazie alla diffusione della banda larga e di software interattivi è ora possibile far arrivare corsi universitari di alto livello in tutto il mondo.

helve bodoni

Caratteri accostati della stessa misura (35 pt): Helvetica risulta più grande di Bodoni, infatti il lettore è influenzato da occhio medio, peso del tratto e larghezza.

bini, apprendisti lettori, si usano caratteri di 12 punti e oltre. I corpi sopra i 14 punti sono adatti per richiami e titolazioni. L'uso di scale giganti rispetto alla pagina avrà un effetto drammatico.

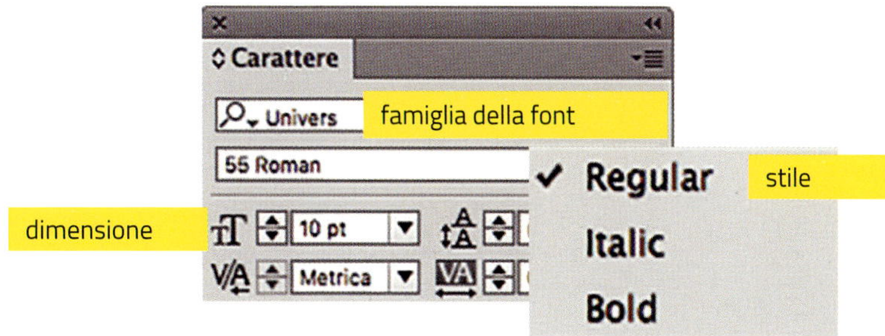

Tipica finestra di Carattere

Come si presenta nei software sia di impaginazione che di disegno.

Il peso

Un carattere professionale viene disegnato con varianti che riguardano lo **spessore** delle aste, **l'inclinazione** dell'asse e le **proporzioni**. Col variare dello spessore delle aste si attribuiscono al carattere nomi come **chiarissimo**, **chiaro**, **normale**, **nero**, **nerissimo**. Questi pesi in ordine progressivo di spessore del tratto costituiscono la famiglia di **varianti** per un unico stile tipografico. Il modo più efficace per attirare l'attenzione su una parola che si trova all'interno di una frase scritta in carattere normale è quello di metterla in nero. In una buona composizione il nero si usa tuttavia in modo molto accorto.

La variazione del peso, detta anche "colore", aumenta il contrasto visivo e identifica le componenti informative all'interno del testo, definendo così la gerarchia di lettura. Si può cambiare il livello gerarchico dell'informazione rimanendo nella medesima famiglia, ma variando semplicemente il peso degli elementi. Tuttavia solo alcune famiglie di caratteri sono disegnate in una gamma di pesi ampia: tra questi Univers e Helvetica.

Varianti di spessore di aste.

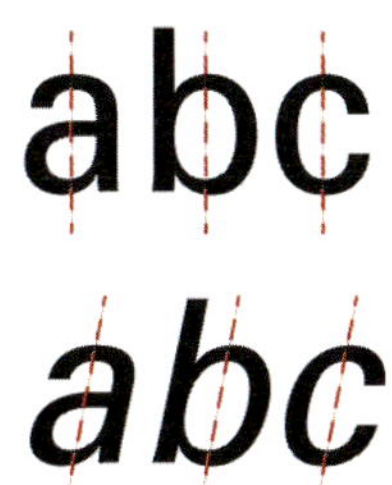

Varianti di inclinazioni.

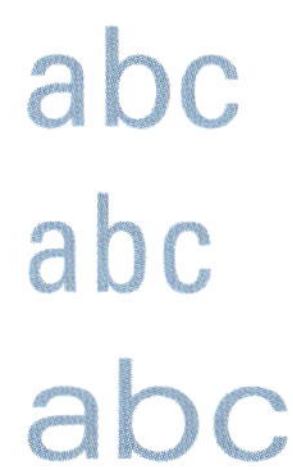

Varianti di proporzioni.

Forza delle aste

Univers
chiaro, light

Univers
nero, bold

Univers
nerissimo, black

Univers
extra black

Inclinazione

Univers
tondo, roman

Univers
corsivo, italic

Deformazione

Univers
allargato, expanded

Univers
condensato, condensed

Disegno

UNIVERS
maiuscoletto, small caps

Univers
contornato, outlined

Univers
ombreggiato, shaded

Univers
sottolineato, underlined

Univers
negativo, negative

Font Univers

Le varianti.

La larghezza

Le lettere di un carattere tipografico sono costruite sulla larghezza del quadrato contenente la lettera “M” maiuscola e sui suoi sottomultipli.

Molti caratteri sono disponibili solo nel formato costruito su questa forma; altri hanno una famiglia che comprende disegni più stretti, **condensati**, narrow o condensed, mentre quelli di proporzione dilatata, più larghi, sono definiti **estesi**. Quando si ha bisogno di un carattere condensato o esteso è consigliabile ricorrere a quelli che hanno già la versione stretta e larga piuttosto che alterare al computer caratteri che non la prevedono.

La deformazione digitale è considerata un crimine stilistico perché tradisce il disegno originale del carattere. Se necessario, è di gran lunga preferibile alterare gli spazi intermedi piuttosto che i caratteri. La leggibilità diminuisce quando le lettere sono condensate o estese. La moda ottocentesca di allargare o stringere le proporzioni dei caratteri era funzionale alla stampa dei manifesti pubblicitari e alla necessità di riempire le righe di larghi formati con parole corte alternate ad altre lunghe.

La spaziatura orizzontale

L’**avvicinamento** tra caratteri ben disegnati è impostato automaticamente al fine di ottenere la migliore leggibilità del testo possibile; se si agisce manualmente sull’avvicinamento, la spaziatura dovrebbe risultare invisibile e nessuno spazio tra due lettere dovrebbe essere tanto ampio da essere confuso con uno spazio tra due parole. La **crenatura** automatica dà i risultati migliori per le font tra 10 e 14 punti; al di sotto infatti sarà necessario un intervento manuale perché i corpi sembrano troppo fitti, e al di sopra perché possono dare l’impressione di una spaziatura eccessiva. L’intervento manuale su tutto il testo è previsto dai software di impaginazione. Per ottenere buoni risultati la crenatura andrebbe modificata in modo progressivo.

La **crenatura** tra coppie specifiche di lettere ha lo scopo di dare un aspetto più omogeneo alla riga. Si effettua con una tavola di crenatura che stabilisce l’accostamento delle diverse combinazioni di lettere. I disegnatori di caratteri includono le **coppie di crenatura** allo scopo di ridurre le spaziature antiestetiche.

La spaziatura verticale

La spaziatura tra le lettere e tra le parole è il fattore decisivo per la leggibilità. In misura minore, lo è anche la distanza tra le righe, cioè l’**interlinea**: se essa è troppo stretta, l’occhio deve compiere uno sforzo per distinguere una riga dalle altre, mentre se è eccessiva il lettore ha difficoltà a individuare la riga che segue. Se la font scelta ha una grande altezza dell’occhio medio, l’interlinea deve essere maggiore rispetto a una font con un occhio medio più ridotto.

Una regola per definire la misura dell’interlinea da applicare ad un testo lungo è quella di aggiungere il 120% in punti rispetto al corpo del carattere; tale definizione si indica con una

Font Univers normale.

Aque andunt ipsapient fugia nullat

Font Univers esteso.

Aque andunt ipsapient fugia nullat

Font Univers condensato. Si ha risparmio di spazio a leggero discapito della leggibilità.

Aque andunt ipsapient fugia nullat

Crenatura e avvicinamento

Le combinazioni di lettere TT e VE sembrano malcomposte: in questi casi si interviene manualmente per ottenere una composizione più regolare con la crenatura. Sotto è stato aumentato l’avvicinamento tra tutte le lettere.

frazione, nella quale al numeratore si mette la misura del corpo e al denominatore la misura dell'interlinea: per esempio, Times 10/12 = Times corpo 10 punti su 12 punti di interlinea. La spaziatura automatica del carattere piccolo, 5-8 punti, risulta inadeguata ai fini del riconoscimento del carattere, perciò deve essere incrementata. Per avere una buona leggibilità, la colonna con testi brevi come le didascalie conterrà circa 30 battute, per i testi più lunghi da 50 a 60/70 battute.

Lo stile

Il **corsivo**, o italico, è un'interpretazione del carattere **tondo** o **romano** con l'inclinazione delle aste e un piccolo restringimento del disegno del carattere. Si usa come **elemento di distinzione** all'interno del testo e per la composizione di titoli, mai per i testi correnti. Di lettura più difficile del tondo, è sconsigliato a video. In italiano si usa il corsivo all'interno di un testo normale solo in casi ben codificati:

- Termini tecnici e specialistici la prima volta che compaiono nel testo (esempio: *Il disco fisso* è un dispositivo di memoria di massa);
- parole e frasi straniere di uso non comune (esempio: Gli *stakeholder* sono i sostenitori di una iniziativa);
- parole alle quali ci si riferisce in quanto tali all'interno del testo (esempio: La parola *colore* compare dieci volte nel testo);
- per dare peso a una parola o a una frase il cui rilievo nel testo verrebbe perduto (esempio: Il *vero* Giotto lascia il segno qui per la prima volta);
- per i riferimenti a opere (esempio: Della sua vasta produzione ricordiamo *Il cuore artificiale).*

Il disegno

L'alfabeto presenta una forma grande o **maiuscola**, e una forma piccola o **minuscola**. Le maiuscole richiedono uno spazio maggiore tra le lettere per facilitarne la lettura e sono comunque meno leggibili della minuscola; inoltre occupano più spazio di un analogo testo scritto in minuscolo. Il TUTTO MAIUSCOLO è da evitare perché è privo degli elementi guida, come la varietà delle forme, ascendenti e discendenti che caratterizzano il minuscolo e ne facilitano la lettura. Da evitare l'uso del maiuscolo per evidenziare all'interno del testo, è preferibile il grassetto. In italiano si scrivono in maiuscolo:

- gli inizi di periodi e di citazioni;
- le iniziali dei nomi propri;
- le lettere iniziali di più parole, sigle o acronimi: S.N.A.M. sta per Società Nazionale Metanodotti.

Il **maiuscoletto** è un maiuscolo di altezza uguale all'occhio medio del minuscolo. Si usa nei titoli delle illustrazioni e delle tabelle, oppure nel testo per evidenziare o differenziare un brano. In Internet un testo TUTTO MAIUSCOLO comunica la sensazione che l'autore stia gridando.

Font Times normale, corsivo e nero corsivo.

La distanza tra le parole viene fatta corrispondere idealmente alla larghezza della lettera "i".

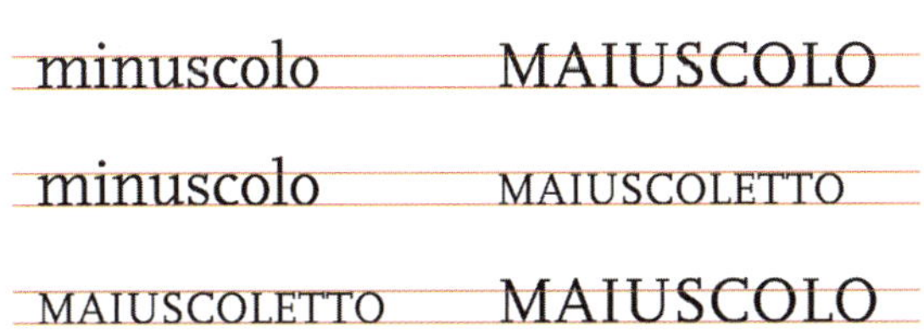

Font Scala

A confronto le altezze dei disegni dello stesso carattere.

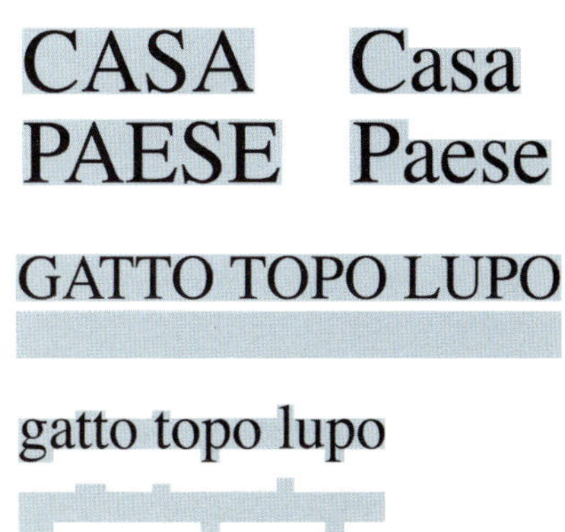

Diversa leggibilità

La modulazione dei disegni maiuscolo più minuscolo è più leggibile del tutto maiuscolo, perché il profilo disomogeneo dei caratteri minuscoli offre un elemento in più di riconoscibilità.

4. I numeri

La maggior parte dei caratteri tipografici prevede una serie di numeri che hanno altezza e larghezza uguale: sono i numeri monospaziati, che consentono l'allineamento verticale e rendono naturale l'incolonnamento della contabilità o delle tabelle numeriche. Inoltre sono facili da leggere perché hanno tutti la stessa altezza, che corrisponde alle maiuscole. È necessario incrementare la spaziatura tra le cifre per aumentarne la leggibilità.

I numeri Old Style hanno ascendenti e discendenti, quindi altezze e larghezze diverse, ma sono più eleganti all'interno del testo corrente.

In una tabella si usa la stessa forma di scrittura per tutti i numeri, usando lo spazio o il punto per la separazione delle migliaia. Per separare i numeri decimali si usa la virgola per i testi in lingua italiana, francese, spagnola, tedesca e russa; si usa invece il punto per i testi in lingua inglese.

I numeri ordinali, cioè primo, secondo, terzo, indicano l'ordine relativo fra i diversi elementi di un insieme. Sono di frequente abbreviati con numeri romani o arabi, e mentre i numeri romani non richiedono alcuna aggiunta, i numeri arabi sono seguiti dalle lettere "o" oppure "a" riportati in apice, cioè sottoforma di esponente:

> VIII secolo, VI flotta, III parte;
> 1ª parte, 15° reggimento, 6ª riga, 4° trimestre.

Suggerimenti
Non esistono regole nella scelta dei caratteri da utilizzare in un progetto, ma occorre tenere conto delle abitudini dei lettori e del buon senso.

Ristorante "Ai grafici"
via Bodoni 23
Parma

primo	8.00
secondo	12.50
contorno	4.50
dolce	4.00
caffè	1.50
coperto	2.50
Totale	**33.00**

Numeri

Monospaziati con la stessa altezza.
Numeri Old Style con ascendenti e discendenti.

Monospaziati	Helvetica 20pt Regular

123,45
32,08
5.633,21

Monospaziati	Helvetica 20pt Regular

1234567890
Via Milano 178, Roma

Numero Old Style	Scala 20pt Regular

123,45
32,08
5.633,21

Numero Old Style	Scala 20pt Regular

1234567890
Via Milano 178, Roma

Chi è alle prime armi viene spesso confuso dalla quantità di proposte che i software offrono e dalla voglia di sperimentare: nella maggior parte dei casi l'obiettivo di un progetto di comunicazione che contiene testo è di farsi leggere senza annoiare o ingannare.

Pertanto si suggerisce di scegliere caratteri di uso comune tra i bastoni o i graziati, ricordando che molti di essi sono carichi di storia.

Da evitare

Evitare di usare più di due o tre tipi di caratteri per pagina, altrimenti si rischia l'effetto campionario. La scelta differenziata determina di per sé una gerarchia tra gli elementi della composizione che rischia di essere ingannevole.

Evitare molte misure di corpo differenti sullo stesso progetto.

Evitare di mescolare caratteri aventi uno stile troppo simile, come due lineari o due graziati: se si vuole creare **contrasto** questo deve essere netto e riconoscibile, non sembrare un incidente.

Evitare testi lunghi tutti in corsivo o maiuscolo.

Numeri ordinali minori di 10

primo

nono

Numeri ordinali maggiori di 10

11°

Capitolo XI

~~Capitolo XI°~~

Mappe di nuove periferie

Marco Quaggiotto

Alla città evidente, alla città storica, si affiancano una serie di città sommerse, da scoprire. A questi territori inesplorati viene riconosciuto un ruolo primario nella ridefinizione di città, una città che nasce senza un piano e che non conserva memoria di sé. La metropoli-periferia assume forme temporanee, incomplete, ipotetiche, in perenne cambiamento e richiede nuove forme di rappresentazione.

Recentemente tuttavia il panorama della città è cambiato. Il modello attuale, quello raccontato dalla critica urbanistica contemporanea, descrive una città diversa, una città diffusa, una soft-city in cui architettura e urbanistica non sono più elementi di identità.
Alle periferie viene riconosciuto un ruolo primario nella definizione di città, una città che non conserva memoria di sé, che nasce senza un piano e si adatta in un farsi sempre in atto.
Lo spazio denso di significato della città storica perde la propria importanza nella metropoli-periferia, dove assume forme temporanee, incomplete, ipotetiche, in perenne cambiamento. Con dinamiche assimilabili più a quelle della biologia e degli esseri viventi che non riducibili alle categorie urbanistiche.
L'approccio strutturale della critica alla città lascia il posto ad un approccio nel quale all'interpretazione del dato viene preferita l'esperienza della realtà come testo (un'ermeneutica) a cui segue forse, poi, un racconto.
Proprio a questo tipo di racconto della città-periferia si rivolgono alcune sperimentazioni recenti nel campo del design della comunicazione. L'obiettivo non è più la ricerca e la comunicazione di un'identità stabile e ufficiale del territorio, ma piuttosto la narrazione delle molteplici identità che si sovrappongono nella periferia.
In questo contesto la ricerca dell'identità nella forma architettonica o urbanistica si rivela essere una strategia il più delle volte inadeguata. All'identità forte della città storica, basata su di elementi fortemente caratterizzati (palazzi, corsi, quartieri), si sostituisce una rete di una molteplicità di identità deboli, frammentarie, temporanee, talvolta addirittura in conflitto tra loro.
Alla città 'evidente', alla città storica, si affianca una serie di città sommerse, da scoprire: le

The Maps of the new suburbs
A series of new cities, cities to be discovered cities lurking within the obvious city, the city as we know it. These unexplored areas play a leading role in the re-definition of the city, the city which manifests itself with no planning and no history.
To describe a city means to present it through a series of images which will identify it: collect from these its identity and re-present it in the form of an image. Coats-of arms, banners and flags, brands with logos, posters and post cards constitute both the traditional and recent methods of describing a city.
However the city panorama has recently changed.
The suburbs have assumed a leading role in defining the city, a city without a past, created without planning and constantly changing. The historical city centre where space is full of meaning, loses its importance in the metropolis/suburb, where temporary patterns take shape, unfinished, hypothetical, in constant change.
The critic's structural approach to the city leaves its place to an approach in which actual experience is preferred to the interpretation of data like a text (hermeneutics) which is perhaps followed by a story.
In this context the search for identity in the architecture or urban plan appears to be more often than not, an adequate strategy. In place of the strong identity of the traditional city, based on strongly typical elements (buildings, avenues, neighbourhoods) one can substitute a network of a

C'N'C COSTUME NATIONAL:
per informazioni:
tel. 02.838.44
CALZEDONIA:
per informazioni rivolgersi a: Calzedonia, via Monte Baldo 20, Dossobuono di Villafranca (VR)
tel. 045.860.4111
CARTIER:
per informazioni rivolgersi a: Richemont Italia Spa, via Ludovico di Breme 44, Milano - tel. 02.302.61
CARVEN:
tel. +33.1.44.61.02.07
CHANEL EYEWEAR:
per informazioni rivolgersi a: Luxottica
n. verde 800.841.044
CHLOÉ:
per informazioni rivolgersi allo showroom:
tel. +33.1.449.433.33
chloe.com
COMETE GIOIELLI:
per informazioni rivolgersi a: Ufficio Clienti Comete
tel. 0444.341.341
comete.it
DAMIANI:
per informazioni
n. verde 800.565.656
DESIGUAL:
desigual.es
DIOR JOAILLERIE:
per informazioni rivolgersi allo showroom Christian Dior, via Montenapoleone 12, Milano
tel. 02.385.959.59
DIOR OCCHIALI:
per informazioni rivolgers a: Safilo, Settima Strada : Padova - tel. 049.698.51:
DODO:
per informazioni chiamare il n. verde 800.018.005
DOLCE&GABBANA EYEWEAR:
per informazioni: Luxottica,
n. verde 800.841.044
DONNAORO:
per informazioni rivolge a: DonnaOro, via Saponiera 20, Diano Marina (IM)
n. verde 800.414.305
DSQUARED2 EYEWE/ BY MARCOLIN:
marcolin.com

5. Il contrasto

In un progetto grafico i titoli sono gli elementi di richiamo: funzionano come uno schioccare di dita all'orecchio del lettore che dice "leggimi". I grafici delle riviste e dei quotidiani sono esperti nel creare interesse e gerarchia visiva esaltando il contrasto tra i caratteri. Contrasti di forza diversa suggeriscono l'importanza di una storia rispetto alle altre. L'uso di font pesanti e condensati permette di sfruttare meglio lo spazio e di far stare sulla riga un titolo che deve essere per forza breve e riassuntivo. Il contrasto è essenziale e deve essere chiaramente percepibile. Il punto di partenza più ovvio per ottenerlo è l'opposizione tra pesi (chiaro/grassetto), tra larghezze, (carattere normale/condensato/espanso), tra stili, (con grazie/senza), nel disegno, (calligrafico/manuale).

Le caratteristiche stilistiche e storiche oppure l'origine, calligrafica o tipografica, possono avere un ruolo importante nella contrapposizione dei caratteri.

Il lettore associa determinate qualità del carattere a classicità o modernità: una lettera maiuscola romana come Trajan, accostata a un carattere moderno come Univers, evoca associazioni di natura storica.

Agosto

Carattere con grazie, come Times, Garamond.

Agosto

Carattere senza grazie, come Helvetica, Arial, Verdana.

Agosto

Carattere con aste contrastate, o modulate, come Caslon.

Agosto

Carattere con grazie squadrate di peso uniforme, come Glypha.

Agosto

Carattere tipografico, come Bodoni.

Agosto

Carattere calligrafico, come Handwriting Dakota.

Agosto

Testo chiaro su fondo scuro, font molto marcato, come Impact.

Agosto

Testo scuro su fondo chiaro.

AGOSTO

Testo colorato.

AGOSTO

Testo nero.

Criteri di leggibilità

Sembra naturale che lo scopo del disegno di un carattere debba essere la leggibilità, ma in realtà non per tutti i caratteri è così: in alcuni casi ai fini della comunicazione si può privilegiare l'aspetto della **visibilità** a scapito della leggibilità. I caratteri studiati appositamente per la composizione del testo e come veicolo della comunicazione scritta sono detti **trasparenti** perché passano inosservati. All'interno di questo grande gruppo di caratteri, quelli più leggibili hanno caratteristiche comuni.

Forme distintive

In un carattere la sagoma di alcune singole lettere può essere determinante ai fini della sua leggibilità; le lettere più articolate si riconoscono meglio di quelle con profili semplici.
In rosso Futura contrapposto a Baskerville.
In blu Garamond contrapposto a Univers.

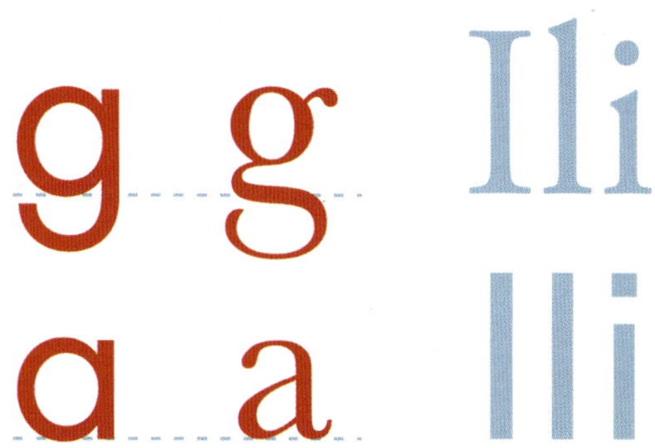

Profilo distintivo

L'occhio percepisce il contorno delle parole e lo memorizza più facilmente se ha una forma frastagliata; per questa ragione il minuscolo si addice più del maiuscolo alla composizione dei testi.

La zona fisionomica

È la metà superiore della lettera, e quindi risultano più leggibili quelle lettere che hanno tratti alti e accentuati e con forme più articolate. I caratteri graziati hanno una zona fisionomica più caratterizzata e sono più riconoscibili.
In colore la zona fisionomica dei caratteri Univers e Times.

Particolari distintivi

L'occhio del lettore riconosce più facilmente forme che gli sono consuete: risultano più leggibili i caratteri che presentano tratti terminali (grazie) che non disturbano la forma strutturale delle lettere, e ascendenti e discendenti ben definite rispetto all'occhio medio della stessa.

Contrasto

Figure troppo contrastate con tratti di raccordo molto sottili hanno un basso grado di leggibilità; per esempio, nei caratteri Bodoni e Didot l'occhio seleziona solo i tratti verticali.

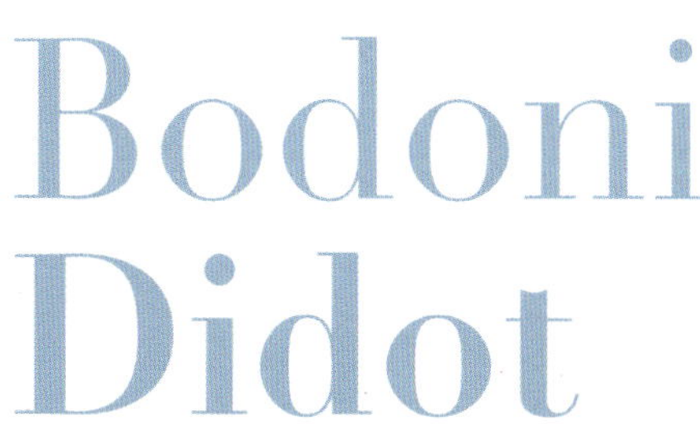

6. Carattere e colore

Il carattere è un elemento visivo che nello spazio si comporta come il punto, la linea, la superficie: questa qualità viene definita **colore tipografico**, che è simile al colore cromatico – ad esempio il giallo, il verde o il viola – ma riguarda solamente il cambio di luminosità, cioè il valore; inoltre si parla di "colore" anche se un testo è stampato tutto con l'inchiostro nero. Tale definizione infatti descrive i cambiamenti di ritmo e texture.

Modificare il colore tipografico consente di dare rilievo al testo rispetto alla superficie del foglio e di introdurre un ritmo dinamico. Una texture formata da un carattere piccolo appare retrocedere rispetto a una composta con un carattere più grande e nero. Il cambiamento di colore modifica anche il significato del testo, creando gerarchie di lettura diverse: si può scandire la lettura di un testo come fa la voce, con frasi pronunciate lentamente che si oppongono a frasi veloci.

Queste qualità del linguaggio parlato si possono rendere visivamente per aiutare a comprendere il senso dello scritto e accrescere l'emozione che induce, non solo per rendere affascinante la pagina.

Design lecture series

Contrasto tra colori complementari.

Braley Design, 2004

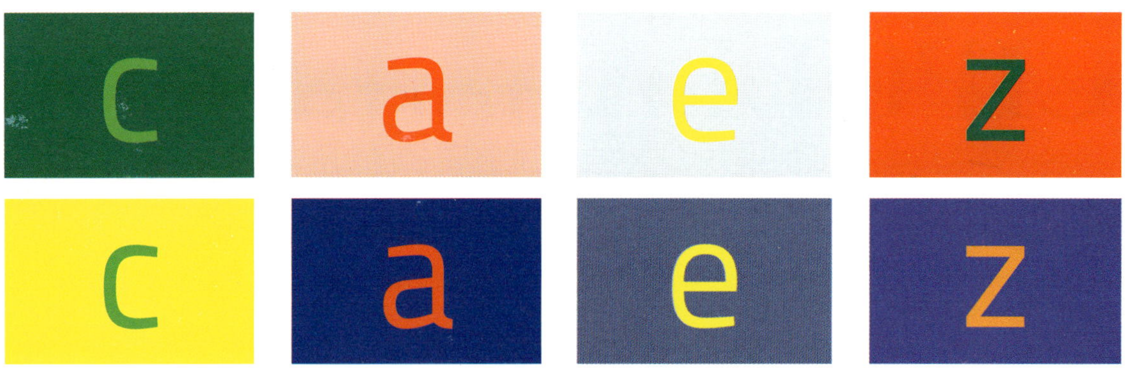

Le due "c" sono di colore identico, ma poste su sfondi diversi sembrano variare nella tonalità e nel valore. Lo sfondo verde assorbe il verde della lettera, rendendolo più chiaro. Lo sfondo luminoso assorbe il verde della "c", rendendolo più scuro.

Due lettere di colore rosso caldo appaiono diverse se poste su sfondi diversi. Uno sfondo di colore caldo fa sembrare la lettera più fredda, mentre lo sfondo di colore più freddo accentua il calore della lettera.

Sebbene queste due lettere siano dello stesso colore, lo sfondo chiaro rende la lettera meno luminosa di quella posta su uno sfondo scuro.

Due colori complementari, interamente saturati se giustapposti, vibrano per via del contrasto simultaneo.

11 Golden bee

Contrasto tra pesi di carattere.

Peter Bankov, 2014

Kazuki Yamada

Contrasto tra caratteri e colore caldo-freddo.

Base design, 2013

Il carattere nero su sfondo bianco è più facile da leggere.

Il carattere nero su sfondo bianco è più facile da leggere.

Il carattere nero su sfondo bianco è più facile da leggere.

Bodoni

Bodoni

Bodoni

Il carattere tipografico ha grazie e aste, e poggia su una linea di base.

Il carattere tipografico ha grazie e aste, e poggia su una linea di base.

Il carattere tipografico ha grazie e aste, e poggia su una linea di base.

Il carattere nero su sfondo bianco è più facile da leggere. Lo sfondo grigio diminuisce il contrasto e quindi la leggibilità. Il bianco su nero diminuisce la leggibilità anche se il blocco sulla pagina è in forte contrasto col resto.

Il carattere Bodoni rende il massimo in nero su bianco. Il chiaroscuro delle sue aste è compromesso se la stampa viene realizzata su qualsiasi altra combinazione di colore.

L'alta saturazione di colori complementari, blu e arancio, di per sé contrastanti, risulta difficile da leggere. Regolandone il valore si possono ottenere buoni risultati.

Il contrasto di forza, chiaro/scuro.
Il contrasto di tono, caldo/freddo.
Il contrasto di saturazione, vivido/pallido.

7. Classificazione

Sul mercato esistono più di 50.000 font, un numero sterminato, in crescita quotidiana. Nel tempo sono stati proposti con alterne fortune molti criteri di classificazione delle font, storici o formali, ma il panorama della produzione odierna è difficilmente classificabile in base a quei criteri.

Una classificazione ha senso oggi in quanto può aiutare a identificare e rintracciare una font all'interno di un catalogo o di un repertorio.

Qui di seguito si propone un criterio che permette facilmente di distinguere sei categorie, le prime quattro con taglio storico-formale, le ultime due con taglio esclusivamente formale.

1. Vecchio stile
2. Moderne
3. Con grazie marcate
4. Senza grazie
5. Calligrafiche
6. Decorate

La classificazione secondo Adobe e Google

Lo strumento di ricerca delle font secondo Adobe Typekit prevede dapprima la selezione tra sei tipi di font:

- senza grazie;
- con grazie;
- con grazie marcate;
- calligrafiche;
- gotiche, monospaziate;
- manuali;
- decorative.

Poi si può affinare la ricerca secondo la destinazione d'uso, a stampa oppure per web.
Altre scelte.

- Raccomandazioni: font per testo corrente o per titolo.
- Proprietà: peso, larghezza, occhio medio, contrasto delle aste, completo o solo maiuscolo.

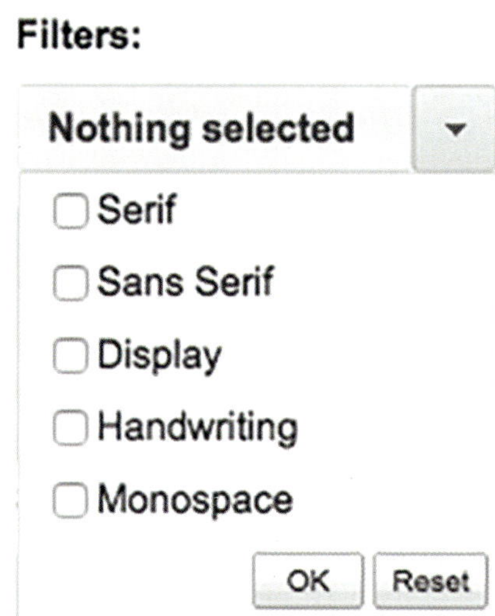

Il filtro generale di Google usa una classificazione con cinque sole categorie.

a

Garamond
Palatino
Bembo

Vecchio stile

Font nate con la stampa tipografica allo scopo di rendere il più possibile agevole la lettura; hanno un aspetto caldo ed elegante, e sono ottime per impaginare lunghi testi perché non disturbano la lettura.
Hanno le grazie che si assottigliano alle estremità, raccordate con curve alle aste.
Le aste, con passaggi graduati e tagli netti, sembrano disegnate con una penna da calligrafia, come si osserva nell'attacco alto della "a" del Garamond.

a

Didot
Modern
Bodoni

Moderne

A fine Settecento nasce un punto di vista razionale nella visione del mondo.
Le font "moderne" perdono le radici della scrittura manuale: si osservi la "a" del Baskerville con una goccia nella parte alta.
Il contrasto tra aste sottili e spesse provoca un effetto spiacevole alla lettura prolungata.
Possono avere grazie orizzontali sottili con raccordi minuti o inesistenti.
Sono eleganti, ma tendono a un aspetto freddo.

P

Egyptienne
Rockwell
Century Schoolbok

Con grazie marcate

A metà Ottocento, con la Rivoluzione industriale, nasce la pubblicità commerciale e con essa la moda delle affissioni, che richiedono caratteri visibili a distanza.
A causa dei tratti neri e spessi, i caratteri assumono un aspetto marcato e di impatto.
Hanno le grazie orizzontali, sottili, spesse o esagerate. Le aste hanno transizioni morbide e arrotondate, passando da sottili a grosse.
Sono chiamate anche "font egiziane".

P

Helvetica
Frutiger
Optima

Senza grazie

Nel 1816 Williams Caslon crea il "due linee Egiziano", carattere senza grazie che non avrà grande successo. Ma è solo con l'avvento del Bauhaus, nel 1919, che i caratteri senza grazie, sans serif, diventano popolari.
Non c'è transizione tra aste grosse e sottili, salvo poche eccezioni, come per l'Optima.
Hanno una tranquilla presenza sulla pagina e di solito non vengono usati nei testi correnti di narrativa.

a

Marker Felt
Script Edwardian
Dakota

Calligrafiche

Queste font imitano la scrittura nelle sue varie forme, dall'elegante corsivo inglese degli inviti matrimoniali al manoscritto "da architetti", al carattere dei fumetti.
A volte è lo strumento di scrittura a essere imitato nel disegno del carattere: pennello, pennarello, pennino da calligrafia.
Grazie a queste caratteristiche peculiari si identificano con facilità.

a

Euphoric
Demon
Harry Potter

Decorate

Includono qualche forma decorativa: dall'elemento etnico ai visi, ai materiali come il neon, l'acciaio cromato, la corda, sino alla più gratuita e libera espressione decorativa.
Spesso hanno contorni irregolari perché evocano la tecnica di produzione o la superficie di supporto: il gessetto, il carboncino.
È importante valutare i caratteri di questo tipo in base alla capacità di legarsi agli altri elementi del layout, ad esempio fotografie, illustrazioni o forme astratte.

8. Contro le regole

Dal 1998 i poster commissionati per la Scuola di Architettura di Yale seguono due specifici limiti di design: bianco e nero e il formato standard. Entro questi parametri ciascun poster usa forme tipografiche per annunciare seminari, dibattiti e mostre con forme semplici e sperimentali.
Dal 2016 Bierut ha cominciato a usare il colore sorprendendo chi ne seguiva le uscite con la curiosità di un collezionista. Si trovano in Internet.

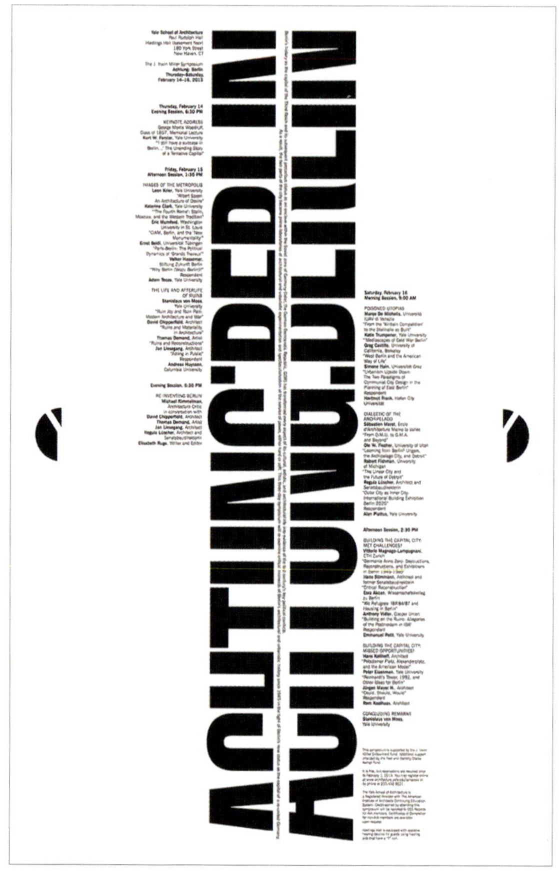

AD Michael Bierut, i più recenti vedono la collaborazione di Jessica Svendsen, USA

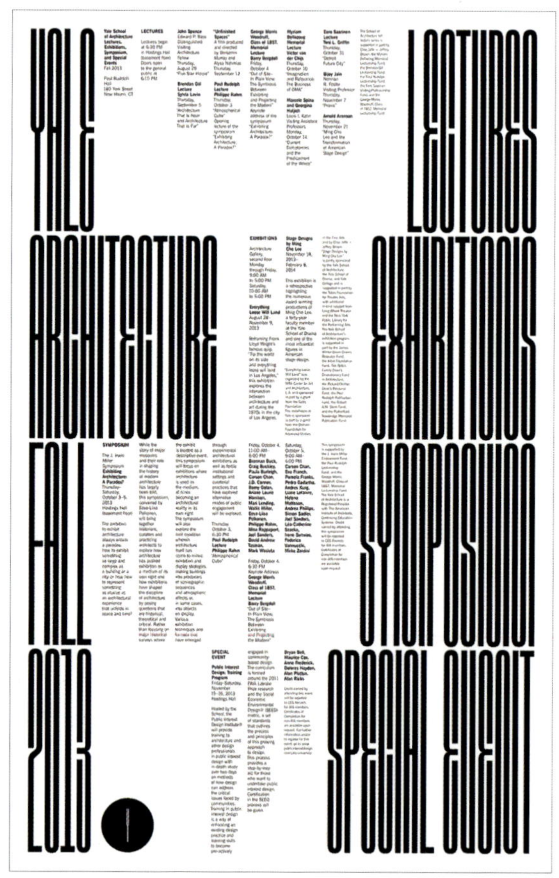

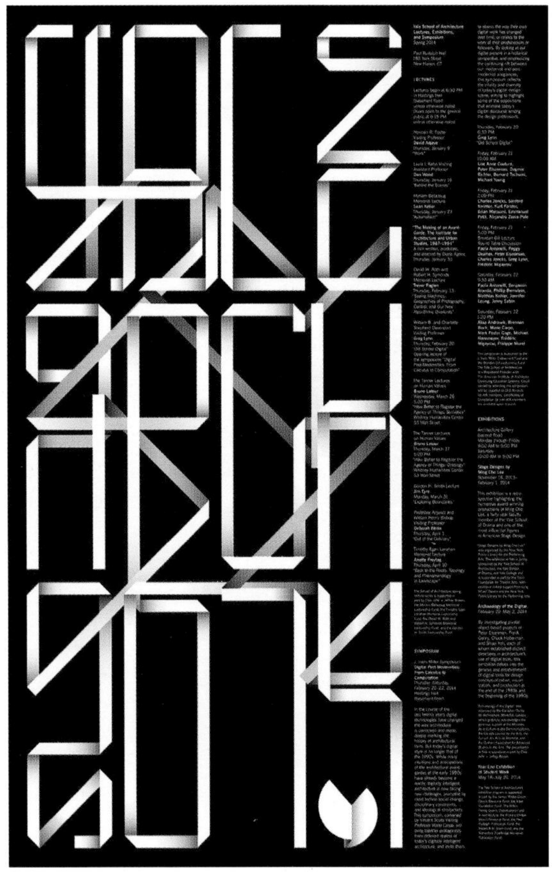

9. Tavola riassuntiva

Asta
Il disegno differenziale del singolo carattere è costituito da aste, senza le quali perderebbe riconoscibilità.
Può essere di forma e inclinazione diversa: verticale obliqua, curva.

Grazia
Terminazione di un'asta.

Linea di base
Allineamento su cui poggiano tutte le lettere maiuscole e minuscole.

Asse
Indica l'andamento del carattere. Può essere verticale o obliquo.

Corpo
Dimensione del carattere. Comprende ascendenti e discendenti e si misura in punti.

Avvicinamento
È lo spazio tra una lettera e l'altra, il bianco che tiene separati i caratteri. Può essere corretto globalmente in positivo o negativo sull'intera composizione.

Crenatura
Correzione selettiva dell'avvicinamento tra coppie di lettere, soprattutto maiuscole, allo scopo di migliorarlo (come nel caso della combinazione "AV").

Legatura
Alcuni caratteri, a causa del loro disegno, finirebbero per sovrapporsi o essere male accostati al vicino, per cui coppie specifiche vengono disegnate appositamente ottimizzandole.

Occhio medio
Distanza tra la linea di base e l'altezza delle minuscole: in alcuni caratteri è più o meno sviluppata, facendoli sembrare più o meno leggibili.

Peso
Indica lo spessore delle aste. I diversi disegni si utilizzano per dare evidenze e quindi gerarchia al testo.

Larghezza ridotta
Quando il disegno proporzionato di base del carattere è ristretto.

Larghezza estesa
Quando il disegno proporzionato di base del carattere è esteso.

Avvicinamento
Spazio tra i caratteri.

Spaziatura
Spazio tra le parole. Dovrebbe corrispondere a una "i".

Interlinea
Spazio tra le righe, di solito il 120% del corpo del carattere.

Minuscolo
Disegno del carattere con ascendenti e discendenti.

Maiuscolo
Disegno del carattere iscrivibile in un rettangolo. Occupa più spazio in orizzontale del minuscolo. Si usa per i titoli e i nomi propri.

Maiuscoletto
Disegno del carattere uguale al maiuscolo, ma con la stessa altezza del minuscolo. Occupa lo stesso spazio del minuscolo.

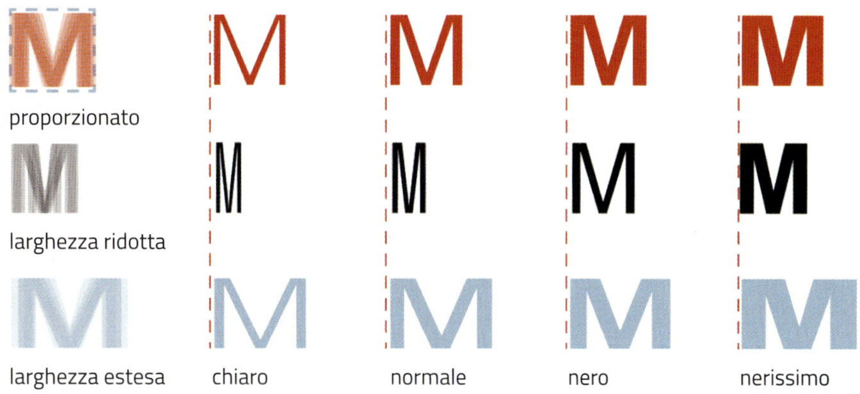

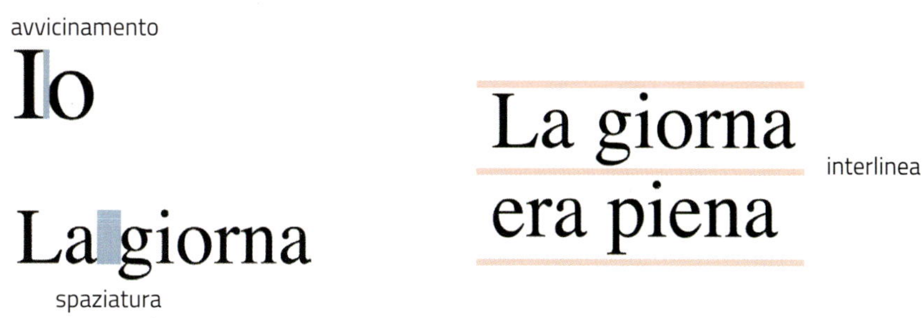

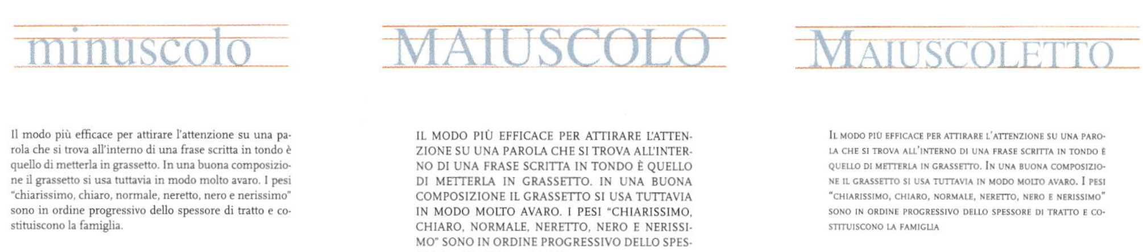

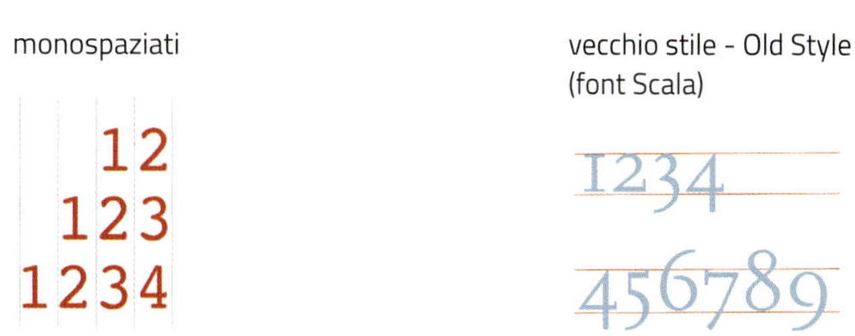

10. Le regole della scrittura

L'organizzazione e la presentazione del testo richiedono attenzione ad aspetti quali l'uso della punteggiatura, degli accenti, degli apostrofi e delle abbreviazioni, che non sono importanti solo per la corretta produzione del testo, ma anche per la sua comprensione.

Le regole di scrittura non sono uguali per tutte le lingue: ad esempio, gli spazi tra punteggiatura e parola differiscono dall'italiano al francese, così come ogni lingua ha le proprie regole di sillabazione. Per risolvere i dubbi sulla forma corretta della scrittura si consiglia il volume "Il nuovo manuale di stile, Guida alla redazione di documenti" di Roberto Lesina, edito da Zanichelli, Bologna.

Le indicazioni generali riportate qui di seguito, non esaustive, derivano da normative nazionali e internazionali.

Spazi e segni di interpunzione

SEGNO TIPOGRAFICO	SEGNO NEL TRATTAMENTO DEL TESTO	PRESENTAZIONE TIPOGRAFICA tipografia e informatica editoriale
a) Segni d'interpunzione e segni speciali		
,	xx, xx	casa,▪alberi (00,00)
;	xx; xx	casa;▪alberi
.	xx. Xx	casa.▪Alberi
:	xx: xx	casa:▪alberi
!	xx! Xx	casa!▪Alberi
?	xx? Xx	casa?▪Alberi
-	xx-xx	moto-raduno
—	xx — xx	poco▪—▪spesso
/	xx/xx	mare▪e/o▪montagna
( )	xx (xx) xx	elenco▪(vedi pag. 10)▪e
[ ]	xx [xx] xx	testo▪[...]▪testo
‹ ›	xx ‹xx› xx	poco▪‹mai›▪spesso
" "	xx "xx" xx	poco▪"mai"▪spesso
' '	xx 'xx' xx	poco▪'mai'▪spesso
%	00·%	00#%
+	+·00	+#00
–	–·00	–#00
±	±·00	±#00
°C (°F)	00·°C	00#°C
°	00°	00°
&	xx & xx	xx▪&▪xx
b) Richiami di nota e note		
xx ([1])	xx·([1]) (funzione ‹nota›)	xx#([1])

▪ Spazio normale (spazio "mobile" o "variabile", in gergo tipografico).

Mezzo spazio fisso (spazio fine).

· Spazio fisso (da usare unicamente nei casi presentati nella tabella).

Punto
Si usa:
- a fine frase;
- per separare i numeri nelle date:
  10.12.2010;
- per abbreviare parole:
  art. = articolo
  tel. = telefono.
  Se l'abbreviazione si trova alla fine di un paragrafo, non si aggiunge il punto di chiusura del paragrafo, ma si conclude il periodo con un solo punto;
- per sospendere un discorso o indicare una omissione:
  Voglio... una vacanza al mare.
  Era l'anno ... e la luna splendeva.

Apostrofo
Si usa:
- quando c'è elisione:
  l'inverno;
- in caso di troncamento:
  un po' di latte;
- per indicare i numeri primi nelle misure di tempo:
  5' = 5 minuti;
- nelle misure degli angoli:
  30° 10' = 30 gradi e 10 primi;
- nelle date quando si sopprime il millesimo o il centesimo:
  negli anni '60.

Virgolette
Si distinguono in:
- virgolette alte, dette inglesi:
  "virgolette alte";
- virgolette basse, dette francesi:
  «virgolette basse»;
- virgolette alte singole:
  'virgolette alte singole';
- virgolette basse singole:
  <virgolette basse singole>.

Le virgolette sono usate nei discorsi diretti, per le citazioni o per sottolineare una determinata parola. Le virgolette singole si usano poco, e all'interno di quelle doppie.

Trattino
Si usa:
- nelle suddivisioni in fin di riga:
  in generale le considera-
  zioni fatte riguardano;
- nelle parole composte:
  socio-linguistica;
- per evidenziare le parti di un elenco:
  - punto
  - virgola;
- negli intervalli numerici:
  ripetere 3-4 volte.

Trattino lungo
Si usa:
- per inserire un inciso di puntualizzazione:
  Quella donna – dicono – è un giudice;
- nei dialoghi:
  – Prego, entri pure.

Abbreviazioni
Possono essere:
- ordinarie, e conservare la parte iniziale di una parola oppure una parte iniziale e lettere finali o intermedie:
  pag. = pagina;
  ecc. = eccetera;
  ca. = circa;
  cfr. = confronta;
- acronimi o sigle, e conservare le iniziali di più parole, con, o senza punto.

Si deve fare un uso moderato delle abbreviazioni.
Sigle e acronimi, invece, si moltiplicano nel linguaggio moderno. Quando si cita per la prima volta una sigla o un acronimo, bisogna darne la denominazione completa:
- Agenzia Spaziale Europea (ASE).

Sigle e acronimi formano l'oggetto di molteplici convenzioni di grafia: con o senza punto, totalmente in maiuscolo, distinzione fra nozione di sigla e nozione di acronimo ecc.
Occorre rispettare le seguenti regole:
- fino a cinque lettere (per tutte le sigle e per tutti gli acronimi, compresi i nomi dei programmi), tutto in maiuscolo, senza punti né accenti, salvo qualche eccezione:
  CEE;
  COST;
  FEAOG;
- da sei lettere in poi, la prima lettera in maiuscolo e il seguito in minuscolo (salvo se il termine è assolutamente impronunziabile), senza punti né accenti, salvo eccezioni:
  Cnuces;
  Unesco;
- non suddividere una sigla a fine riga.

Titoli e appellativi

dott., dr., dott.ssa	= dottore, dottoressa
prof., proff.	= professore, professori
Sig., Sigg.	= signore, signori
Sig.ra, Sig.a, Sig.re	= signora, signore.

Unità di misura

cm	= centimetro
C°	= grado centigrado
h	= ora
kcal	= chilocaloria
CV	= cavallo vapore.

I simboli per le unità di misura non vogliono il punto finale.
Nel corso del testo le unità di misura vanno scritte per intero.

Tabella tratta dal Manuale interistituzionale di convenzioni redazionali.
http://publications.europa.eu/, 2011.

GRANDI & PICCINI
TONDI & *CORSIVI*
corsivi & **tondi**
elzeviri & **bastoni**
BASTONI & ELZEVIRI
CHIARO**SCURO**

GRASSO & MAGRO
LARGO & STRETTO
DIRITTO ROVESCIO
ROVESCIO DIRITTO
MAIUSCOLI & minuscoli
minuscoli & MAIUSCOLI

GRAZIOSO ROBUSTO
GRAZIOSO **ROBUSTO**
meccanico *manuale*
meccanico manuale
ORNATO semplice

irregolare **REGOLARE**
regolare IRREGOLARE
CONTRAPPOSTO
sicuro *incerto*
incerto *sicuro*

Esercitazioni

●○○
Esercizio n. 1 – Font
Riconoscere le origini storiche di alcune font in modo da compiere scelte appropriate al momento opportuno.

Compiere una ricerca in biblioteca, o in Internet, per identificare l'origine storica delle font sotto elencate. Con i materiali trovati allestire una serie di schede con un programma di presentazione. Curare la sobrietà dell'interfaccia, non aggiungere animazioni o transizioni inutili.
La presentazione, progettata e realizzata per essere mostrata in classe, dovrà contenere:
> una sintetica scheda storica di 300 battute circa;
> lo specimen, cioè la serie completa dei segni che compongono la font: basta fare una foto dello schermo anche delle font non gratuite e riportare l'immagine così ottenuta.

Sui propri siti Internet le case produttrici di font riportano gli specimen di tutte le font in catalogo.
Avant-Garde, Caslon, Franklin-Gothic, Jenson, Futura, Bodoni, Gill-sans, Bookman, Helvetica, Caslon, Frutiger, Garamond, Univers, Goudy, Palatino, Times.

●●○
Esercizio n. 2 – 100 schizzi
Esercizio da fare a mano libera su carta.

Scegliere una lettera dell'alfabeto, maiuscola o minuscola, interpretandola in decine di modi diversi, su un foglio A3 suddiviso in caselle staccate una dall'altra. Con caselle di 28 x 33 mm sul foglio si possono tracciare 7 righe x 9 colonne.
Considerare i principi del design grafico, come la sovrapposizione, la ripetizione, l'intersezione di forme, il negativo e positivo, l'uso di texture, della scala dimensionale, dello spazio illusorio e tridimensionale, nonché di ogni tecnica possibile.

●○○
Esercizio n. 3 – Copiare le font
Riflettere sulla personalità del disegno del carattere in relazione al contenuto della pagina.

Fare una raccolta di giornali e riviste. Con i materiali a disposizione ridisegnare a mano libera le pagine più interessanti, come gli annunci pubblicitari, gli indici, cercando di imitare più possibile la font originale. Per facilitare il lavoro tracciare con il righello le linee di base e dell'occhio.

●○○
Esercizio n. 4 – Copiare le font
Creare sei tavole a computer e su ogni tavola inserire le parole suggerite sotto a coppie contrapposte – se ne possono individuare altre a piacere – portandole a una altezza media di 5 centimetri. Cercare le font più adatte a rappresentare il contenuto, utilizzandole anche nei diversi stili, tondo, nero, nerissimo. Non deformare o stiracchiare i caratteri in alcun modo.

Apportare aggiustamenti, dove servono, alle spaziature dei caratteri.
> quieto - nervoso;
> tradizionale - innovativo;
> casuale - formale;
> energetico - statico;
> grande - piccolo;
> femminile - maschile.

Suggerimenti:
1. Osservare bene gli specimen delle font (sarebbe opportuno averne una copia stampata).
2. Per ogni coppia di parole dal significato opposto cercare il massimo contrasto.
3. Usare anche il corsivo.
4. Evitare di utilizzare la stessa font più volte.
5. Apporre una didascalia con il nome e lo stile della font usata.

●○○
Esercizio n. 5 – Caratteri come forme 1
Per utilizzare i segni della font come forma e non come carattere, esplorare e utilizzare l'intero set dei caratteri. Visitare il sito Bembo's Zoo per prendere ispirazione.

Utilizzando un software vettoriale scegliere una font e scrivere l'intero alfabeto completo di numeri e segni. Portarlo a dimensioni grandi (40/50 pt), poi convertire i caratteri in tracciati e creare l'autoritratto con i segni a disposizione. È valida la rotazione, ma non la deformazione dei segni. Il lavoro finito deve contenere le forme riconoscibili della font.

●○○
Esercizio n. 6 – Caratteri come forme 2
Per utilizzare i segni della font come forme e non come caratteri, esplorare e utilizzare l'intero set dei caratteri. Capire le possibilità espressive e interpretative dei caratteri.

●○○ difficoltà bassa
●●○ difficoltà media
●●● difficoltà alta

Usando la font Zapf Dingbats scrivere l'intero set completo di numeri e segni. Portarlo a dimensioni grandi (40/50 pt), poi convertire i caratteri in tracciati e costruire una storia di invenzione composta esclusivamente dai segni ottenuti. Nell'uso sono validi la rotazione e l'ingrandimento/riduzione, ma non la deformazione dei segni. Il lavoro finito deve contenere le forme riconoscibili della font. Si esegue in bianco e nero.
La poesia di Brecht riportata qui di seguito fornisce un esempio.

La casa tra gli alberi al lago
dal tetto fila fumo.
Non ci fosse,
come triste
casa, albero, lago.

●○○

Esercizio n. 7 – Caratteri come forme 3

Per utilizzare i segni della font come forme e non come caratteri, esplorare e utilizzare l'intero set dei caratteri. Capire le possibilità espressive e interpretative dei caratteri.

Dentro una serie di quadrati di cm 9 di lato collocare le parole dell'elenco riportato sotto, dando una interpretazione grafica. Sono valide le deformazioni del carattere, rotazione, distorsione, riflessione, raddoppio, ma non l'introduzione di segni estranei alla tipografia. Usare esclusivamente la font Univers nei diversi pesi e stili.

Esempio:
Addizionare > Addizzzionare
Sottrarre > Sotrare
Qualcuno > Qualc1
Evviva > EVV!VA

L'elenco può essere ampliato a piacere.
I termini da usare sono: rubare, metà, andata e ritorno, grande, piccolo, separato, aumento, gonfio, parentesi, trattino, mescolare, interpretare, nascondere, stupire, follia, magia, mangiare, nascere, tramonto, specchio, ritmare, spezzare.

●○○

Esercizio n. 8 – Caratteri come forme 4

Utilizzare i segni al posto dei caratteri senza perdere il senso del discorso. Capire le possibilità espressive e interpretative dei segni.

La punteggiatura indica attraverso semplici segni, come la virgola, il punto e le combinazioni, una pausa del discorso più o meno lunga, e può essere facile sostituire quei segni con altri di valore decorativo.
Pallini, stelle, asterischi, fregi, grandi e piccoli, usati con gusto possono introdurre una variante logica ed esteticamente piacevole a un breve testo.
È possibile utilizzare anche il colore come codice.
Al testo riportato qui di seguito sostituire la punteggiatura con caratteri Dingbats.

Stelle senza nome
I nomi delle stelle sono belli: Sirio, Andromeda, l'Orsa, i due gemelli.
Chi mai potrebbe dirli tutti in fila? Son più di cento volte centomila.
In fondo al cielo, non so dove e come, c'è un milione di stelle senza nome: stelle comuni, nessuno le cura, ma per loro la notte è meno scura.

da "Filastrocche in cielo e in terra"
di Gianni Rodari.

●●●

Esercizio n. 9 – Disegnare una font inventata

La classe viene divisa in gruppi di 5 componenti che prendono accordi precisi perché ciascun componente possa disegnare, seguendo un criterio comune, i caratteri di una font inventata, tridimensionale, che si chiamerà Aerofont.
Messi insieme, i caratteri dovranno comporre l'intero alfabeto, maiuscolo o minuscolo.
La font può essere completamente inventata o una rielaborazione di una font esistente.

Suggerimenti:

- Stabilire una misura comune, la distanza delle linee di base dettata dal quadrato della lettera "M".
- È possibile usare qualsiasi supporto o colore, e anche il disegno a mano libera.

●●●

Esercizio n. 10 – Disegnare i caratteri al computer

Ci sono elementi comuni a tutta la font che ne costituiscono il disegno specifico. Imparare i principi del disegno vettoriale attraverso una applicazione specificamente "tipografica".

Esistono software con i quali i professionisti disegnano i caratteri: uno di questi è Adobe Fontographer, ma ve ne sono

altri che si possono trovare gratuitamente in Internet, come Type Tool, Bit Font, FontLab.
Con questi software i caratteri si disegnano utilizzando tratti vettoriali.
Una volta stabiliti i parametri comuni a una font, fissati l'altezza dell'occhio medio e lo spessore delle aste, disegnare lettere, numeri e segni (in tutto 256 glifi).

●●○
Esercizio n. 11 – Il logotipo personale
Assemblare accuratamente un logotipo studiando proporzioni e spaziature.

Utilizzare il programma di disegno vettoriale. Dopo aver trasformato il carattere in tracciato, disegnare il logo del vostro nome e cognome usando una font a vostra scelta:
> disposizione su due righe;
> bianco/nero;
> tutto maiuscolo;
> compenetrazione tra alcune lettere.

●●●
Esercizio n. 12 – La composizione dei titoli
Raggiungere precisione e accuratezza esecutiva con il trattamento del testo breve: ciò consente di padroneggiare la grafica di testo senza essere fuorviati o confusi dalla presenza delle immagini.

Comporre i seguenti titoli:
> Tutto cambia
> La borsa valori
> L'uomo del giorno
> Casa dolce casa
> Follie e curiosità
> Leader in bilico
> I misteri in un libro
> Affàcciati alla finestra, amore mio
> Piccole storie e grandi donne
> Bufera all'orizzonte.

Applicando sistematicamente un principio alla volta ed effettuando molte variazioni si padroneggia meglio il lavoro.
Si procede progressivamente dall'esercizio più semplice al più complesso.
> Caratteri e corpi diversi. Nella composizione di titoli o logotipi mettere insieme elementi, caratteri o stili diversi.
> Il contrasto di forme. Applicare il principio del contrasto: grande-piccolo, con grazie-bastoni, grosso-sottile, scritto-bastoni, corsivo-tondo, formale-informale. Aggiungere al testo elementi grafici semplici, dingbats o poligoni.
> Il contrasto di colore. Usare una gamma ristretta di colori e toni contrastanti. Aggiungere forme semplici. Usare tecniche grafiche per manipolare i caratteri.

●●●
Esercizio n. 13 – I titoli in serie
Variante dell'esercizio 12, è la progettazione di una serie di titoli di una stessa rivista o di una collana di libri. Devono avere caratteristiche grafiche comuni, ma essere al contempo sufficientemente diversi e distinguibili.

Esempi di titoli di collane.

Harry Potter
> Harry Potter e la pietra filosofale
> Harry Potter e la camera dei segreti
> Harry Potter e il prigioniero di Azkaban
> Harry Potter e il calice di fuoco
> Harry Potter e l'Ordine della Fenice
> Harry Potter e il principe mezzosangue
> Harry Potter e i doni della morte

Ciclo dell'Eredità
> Eragon
> Eldest
> Brisingr
> Inheritance

Il signore degli anelli
> La Compagnia dell'Anello
> Le due Torri
> Il ritorno del Re

Twilight
> New Moon
> Eclipse
> Breaking Dawn
> La breve seconda vita di Bree Tanner
> Midnight Sun

●○○

Esercizio n. 14 – Le epigrafi

Un accostamento allo studio delle diverse forme storiche del carattere.

In tutte le città e i paesi d'Italia, così ricchi di stratificazioni storiche, si possono facilmente rintracciare lapidi e scritture sul marmo di epoche diverse. Muniti di grandi fogli di carta da pacco, scotch di carta e pastelli a cera, programmare con gli insegnanti una passeggiata in città.
Rintracciare questi manufatti, come le lapidi sul marmo, fissare il foglio di carta su tutto il bordo alto del marmo con lo scotch di carta, e "ricalcare" sulla carta i testi incisi sulla pietra, con la tecnica del frottage.
Occorre avere le necessarie autorizzazioni per poter fare l'operazione su particolari monumenti e raccolte lapidarie.

●○○

Esercizio n. 15 – Creare un prototipo di font bitmap disegnando le lettere su una gabbia a maglie quadrate.

Sostituire curve e diagonali delle lettere con elementi rettilinei ed evitare di produrre dettagli scalettati che sono un modo per fare curve e diagonali. Negli anni Dieci e Venti i designer delle Avanguardie volevano creare un alfabeto perfettamente modulare, sperimentando la costruzione delle forme attraverso la geometria applicata in modo rigoroso. Oggi si ritrovano gli stessi esperimenti sulla griglia digitale di pixel o LED per le segnalazioni o per la stampa a getto di inchiostro.

6
La composizione

Unità

1. La pagina comunica
2. Come impaginare
3. Il campo grafico
4. Gabbia e griglia
5. Allineamenti
6. Suggerimenti per comporre
7. Venti regole di impaginazione
8. Tavola riassuntiva

Conoscenze

- Le regole di composizione della pagina e la relativa nomenclatura.
- Le tecniche e le procedure di impaginazione di testi e immagini.

Competenze

- Produrre un progetto di impaginazione motivando le scelte progettuali e soddisfacendo le richieste del brief.
- Dimostrare padronanza nelle tecniche e nelle procedure specifiche per l'individuazione dei formati più opportuni e l'impaginazione di testi e immagini.
- Progettare autonomamente soluzioni per l'informazione e la comunicazione finalizzata usando testo e immagini integrate.
- Competenze trasversali: lavorare in gruppo operando per il raggiungimento dello scopo definito, nel rispetto di ruoli, mezzi e vincoli.

1. La pagina comunica

"Aprite un libro a caso e guardate un paio di pagine. Osservatene la composizione, le righe tipografiche, i margini, e soprattutto gli spazi bianchi dove cominciano e finiscono i paragrafi. Siamo in grado di giudicare, senza leggere, se il libro che abbiamo scelto sarà facile o difficile, giusto?
I paragrafi sono importanti per come appaiono quasi quanto per quel che dicono: sono manifesti".

Stephen King, "On Writing", 2001

La nostra cultura di lettori ci fa cogliere una serie di chiari indizi sul contenuto di una pagina ancora prima di leggere effettivamente il testo, per esempio il modo in cui sono disposte, allineate e raggruppate le parole. Mediante l'osservazione si possono osservare e decifrare gli indizi che la pagina offre e desumerne alcune significative informazioni. Gli indizi sono costituiti dal modo e dalla frequenza con cui è suddiviso il blocco del testo e sono interrotte le righe, dalla presenza di un titolo o una intestazione e dal peso che essa assume rispetto al testo, oppure dalla frequenza dei sottotitoli, dagli spazi vuoti o dai campi di riempimento, dalla incasellatura o dalla presenza di tabelle o filetti: insomma, dalle **forme del testo**.

Il campo destinato ad accogliere le forme interagisce inevitabilmente con il suo contenuto e con l'ambiente. Si ha sempre un **campo**, che sia carta, muro o monitor, che sta in un contesto e che contiene le **forme**. Le dimensioni del campo influenzano la sua percezione: un post-it giallo viene percepito in modo differente da un muro dello stesso colore, anzi il colore stesso sembrerà diverso. Lo stesso post-it attaccato su una larga parete ha una presenza di scarso impatto, mentre un manifesto giallo fluo 70 x 100 ha un impatto potente. Un foglio quadrato è neutro, potrebbe essere appeso su uno qualsiasi dei lati: un foglio rettangolare è passivo se appeso sul lato lungo perché richiama l'orizzonte, è attivo se appeso in verticale perché ricorda inconsapevolmente la forma umana allungata.

Dimensione, **presenza** e **forma** sono aspetti cruciali che il progetto deve controllare.

Il **formato** del prodotto grafico è dettato dal supporto, come la carta o il monitor. La carta viene fabbricata come un lungo nastro che viene successivamente suddiviso in fogli; quindi dal nastro, una forma lunga e stretta di partenza, si ricavano rettangoli nei formati industriali. Il libro nasce nel formato verticale e rimane così per tutti i suoi 500 anni di storia, salvo poche eccezioni. Il monitor sta assumendo sempre più la forma del rettangolo orizzontale, basti pensare alla televisione.

Il **formato verticale** della guida è richiesto dalla praticità d'uso: è necessario poterla tenere in tasca.
Il **formato orizzontale** scelto per il catalogo evoca l'orizzonte. Tale struttura diventa una finestra fotografica ed è riposante e contemplativa.
Il **formato quadrato,** tipico delle custodie dei cd e dei libri strenna, è neutro.

Elenco telefonico. Lo spazio occupato dalla stampa è massimo e il bianco è ridotto per questioni di economia.
Una pagina di **rivista grafica** con bianchi generosi. L'effetto è elegante e i blocchi di testo respirano.
Il **quotidiano**. Riduce il bianco e lo usa in modo funzionale per risparmiare spazio e carta.
Il **libro d'arte**. L'uso del bianco e di margini ampi, o al contrario il suo annullamento, dà una forza speciale alle immagini.

Il bianco e i margini sono importanti: una pagina è più elegante se ha respiro e i margini e il bianco sono distribuiti con accortezza. Al contrario, se si è costretti per ragioni di economia a comprimere gli spazi si otterrà un effetto di soffocamento.

Testi continui e non continui

Ricorrendo alla classificazione adottata in ambiti specialistici, sempre in riferimento alla forma del testo, si può parlare di **testi continui** e **non continui**. Nel primo gruppo rientrano i testi narrativi, informativi, descrittivi, conativi, argomentativi e persuasivi. Quelli del secondo gruppo hanno di solito una struttura a elenco e sono i moduli, gli elenchi, i fogli illustrativi, le tabelle, i tagliandi, i certificati, gli annunci, le figure, i diagrammi e i grafici.

La narrativa

La pagina da "I promessi sposi", ha le caratteristiche comuni alla narrativa: un blocco di testo perfettamente squadrato, continuo, praticamente privo di interruzioni, che è l'opera in sé. Lo spazio che circonda il testo, i margini superiore e inferiore, può contenere informazioni che ci consentono di contestualizzare l'opera: il nome dell'autore, il titolo del libro, l'editore e il numero di pagina.

La poesia

Sulla pagina di "Anniversario" di Giovanni Pascoli, tratto dalla raccolta "Myricae", il blocco di testo, preceduto da un titolo, è frastagliato sul margine destro con righe di lunghezza molto diseguale e occupa solo una parte molto ridotta della pagina: si riconosce così il sonetto, un testo poetico.

La lettera

La lettera porta in alto il vocativo al destinatario, per es. "Caro amico", la data, che può stare anche alla fine, il blocco del testo e alla fine il saluto e la firma del mittente. È una forma caratteristica e riconoscibile sia nella scrittura manuale, dattiloscritta, che nella composizione tipografica.

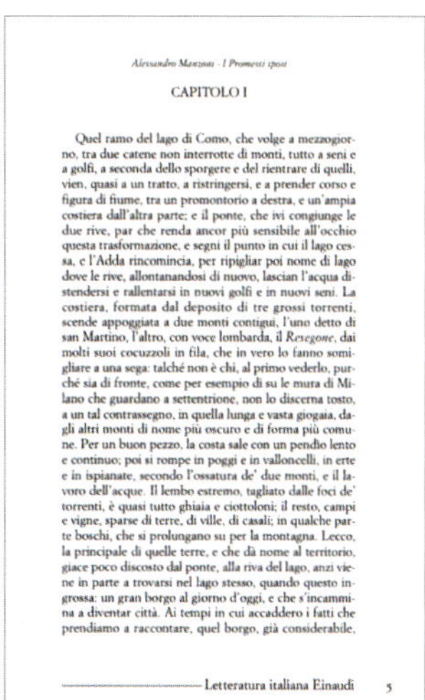

Alessandro Manzoni · I Promessi sposi

CAPITOLO I

Quel ramo del lago di Como, che volge a mezzogiorno, tra due catene non interrotte di monti, tutto a seni e a golfi, a seconda dello sporgere e del rientrare di quelli, vien, quasi a un tratto, a ristringersi, e a prender corso e figura di fiume, tra un promontorio a destra, e un'ampia costiera dall'altra parte; e il ponte, che ivi congiunge le due rive, par che renda ancor più sensibile all'occhio questa trasformazione, e segni il punto in cui il lago cessa, e l'Adda rincomincia, per ripigliar poi nome di lago dove le rive, allontanandosi di nuovo, lascian l'acqua distendersi e rallentarsi in nuovi golfi e in nuovi seni. La costiera, formata dal deposito di tre grossi torrenti, scende appoggiata a due monti contigui, l'uno detto di san Martino, l'altro, con voce lombarda, il *Resegone*, dai molti suoi cocuzzoli in fila, che in vero lo fanno somigliare a una sega: talché non è chi, al primo vederlo, purché sia di fronte, come per esempio di su le mura di Milano che guardano a settentrione, non lo discerna tosto, a un tal contrassegno, in quella lunga e vasta giogaia, dagli altri monti di nome più oscuro e di forma più comune. Per un buon pezzo, la costa sale con un pendìo lento e continuo; poi si rompe in poggi e in valloncelli, in erte e in ispianate, secondo l'ossatura de' due monti, e il lavoro dell'acque. Il lembo estremo, tagliato dalle foci de' torrenti, è quasi tutto ghiaia e ciottoloni; il resto, campi e vigne, sparse di terre, di ville, di casali; in qualche parte boschi, che si prolungano su per la montagna. Lecco, la principale di quelle terre, e che dà nome al territorio, giace poco discosto dal ponte, alla riva del lago, anzi viene in parte a trovarsi nel lago stesso, quando questo ingrossa: un gran borgo al giorno d'oggi, e che s'incammina a diventar città. Ai tempi in cui accaddero i fatti che prendiamo a raccontare, quel borgo, già considerabile,

Letteratura italiana Einaudi 5

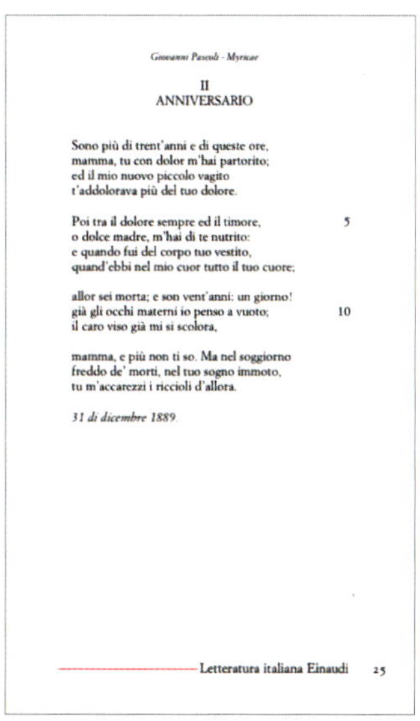

Giovanni Pascoli · Myricae

II
ANNIVERSARIO

Sono più di trent'anni e di queste ore,
mamma, tu con dolor m'hai partorito;
ed il mio nuovo piccolo vagito
t'addolorava più del tuo dolore.

Poi tra il dolore sempre ed il timore,
o dolce madre, m'hai di te nutrito:
e quando fui del corpo tuo vestito,
quand'ebbi nel mio cuor tutto il tuo cuore;

allor sei morta; e son vent'anni: un giorno!
già gli occhi materni io penso a vuoto;
il caro viso già mi si scolora,

mamma, e più non ti so. Ma nel soggiorno
freddo de' morti, nel tuo sogno immoto,
tu m'accarezzi i riccioli d'allora.

31 di dicembre 1889.

Letteratura italiana Einaudi 25

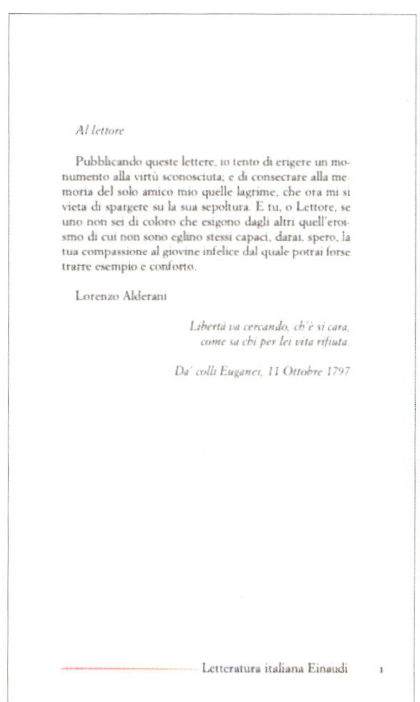

Al lettore

Pubblicando queste lettere, io tento di erigere un monumento alla virtù sconosciuta; e di consecrare alla memoria del solo amico mio quelle lagrime, che ora mi si vieta di spargere su la sua sepoltura. E tu, o Lettore, se uno non sei di coloro che esigono dagli altri quell'eroismo di cui non sono eglino stessi capaci, darai, spero, la tua compassione al giovine infelice dal quale potrai forse trarre esempio e conforto.

Lorenzo Alderani

Libertà va cercando, ch'è sì cara,
come sa chi per lei vita rifiuta.

Da' colli Euganei, 11 Ottobre 1797

Letteratura italiana Einaudi 1

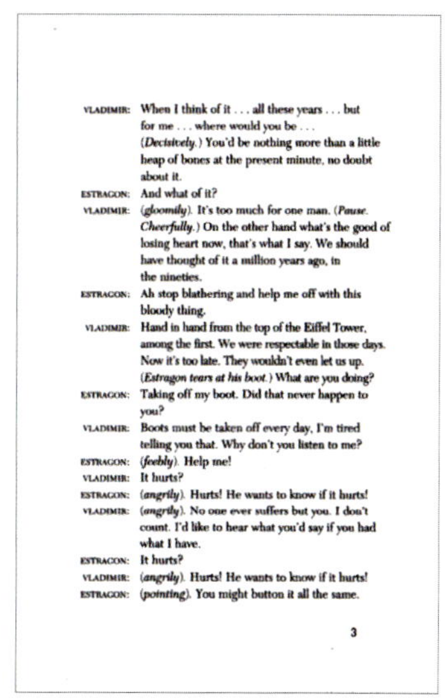

VLADIMIR: When I think of it . . . all these years . . . but for me . . . where would you be . . . (*Decisively.*) You'd be nothing more than a little heap of bones at the present minute, no doubt about it.
ESTRAGON: And what of it?
VLADIMIR: (*gloomily*). It's too much for one man. (*Pause. Cheerfully.*) On the other hand what's the good of losing heart now, that's what I say. We should have thought of it a million years ago, in the nineties.
ESTRAGON: Ah stop blathering and help me off with this bloody thing.
VLADIMIR: Hand in hand from the top of the Eiffel Tower, among the first. We were respectable in those days. Now it's too late. They wouldn't even let us up. (*Estragon tears at his boot.*) What are you doing?
ESTRAGON: Taking off my boot. Did that never happen to you?
VLADIMIR: Boots must be taken off every day, I'm tired telling you that. Why don't you listen to me?
ESTRAGON: (*feebly*). Help me!
VLADIMIR: It hurts?
ESTRAGON: (*angrily*). Hurts! He wants to know if it hurts!
VLADIMIR: (*angrily*). No one ever suffers but you. I don't count. I'd like to hear what you'd say if you had what I have.
ESTRAGON: It hurts?
VLADIMIR: (*angrily*). Hurts! He wants to know if it hurts!
ESTRAGON: (*pointing*). You might button it all the same.

3

Narrativa, poesia, lettera, copione teatrale

Osserva

Il copione teatrale

Nella pagina di "Aspettando Godot", i nomi dei due protagonisti, Estragon e Wladimir, sono evidenziati su una colonna laterale, mentre le frasi sono le battute recitate dal personaggio che porta quel nome.

Testi non continui

Le scritture testuali non strutturate in frasi e capoversi, ma frammentate in blocchi plurimi, si possono definire testi non continui, o misti. Sono materiali in cui l'intervento grafico può essere determinante per la comprensione del testo.

L'informazione

Quasi tutti i testi informativi hanno una forma, una struttura che ne permette o ne agevola la lettura. Ci sono titoli su più livelli, riquadri, filetti, tabelle, richiami, note, evidenze in colore, dingbat.

Il titolo principale emerge con forza dalla pagina ed è preceduto da elementi secondari. Il blocco del testo mostra delle interruzioni, i capoversi, che corrispondono a blocchi distinti di narrazione di senso compiuto, come paragrafi.

Il modulo

È uno stampato che chiede informazioni guidando il lettore nella sua compilazione: infatti pone delle richieste alle quali si deve rispondere con un numero di parole prestabilito collocandole dentro alcuni campi o su righe prestampate. Nella constatazione amichevole di incidente, detta anche Modulo Blu o CID, le informazioni richieste sono scritte e grafiche.

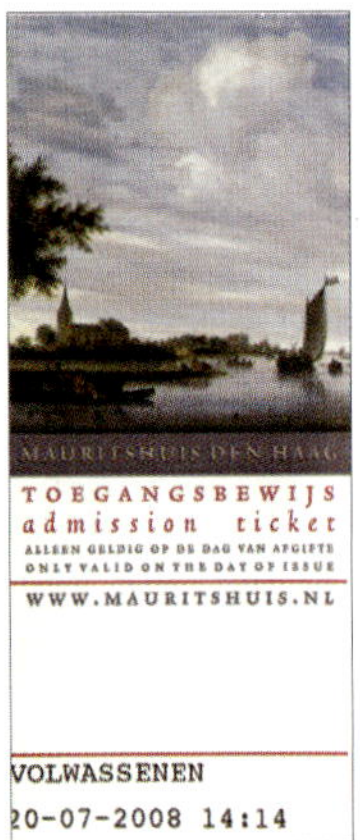

Due biglietti, tabella e certificato.

Regione	Iscritti 2007	Iscritti 2008	Aumento	Diminuzione	% rispetto 2007
Abruzzo	14.895	15.387	492		3,30
Alto Adige	8.491	8.729	238		2,80
Basilicata	3.265	3.324	59		1,81
Calabria	12.051	13.721	1.670		13,86
Campania	16.042	16.042			0,00
Emilia Romagna	154.740	157.408	2.668		1,72
Friuli Venezia G.	11.928	12.266	338		2,83
Lazio	44.479	45.251	772		1,74
Liguria	34.800	34.741		59	-0,17
Lombardia	321.157	323.022	1.865		0,58
Marche	28.710	29.097	387		1,35
Molise	5.386	5.676	290		5,38
Piemonte	74.573	74.328		245	-0,33
Puglia	36.875	38.458		417	4,29
Sardegna	17.580	17.580			0,00
Sicilia	35.718	35.718			0,00
Toscana	80.483	82.912	2.429		3,02
Trentino	10.450	10.628	178		1,70
Umbria	9.379	9.618	239		2,55
Valle d'Aosta	5.530	5.635	105		1,90
Veneto	193.438	194.831	1.393		0,72
Totale	1.119.970	1.134.372	13.123	721	1,29

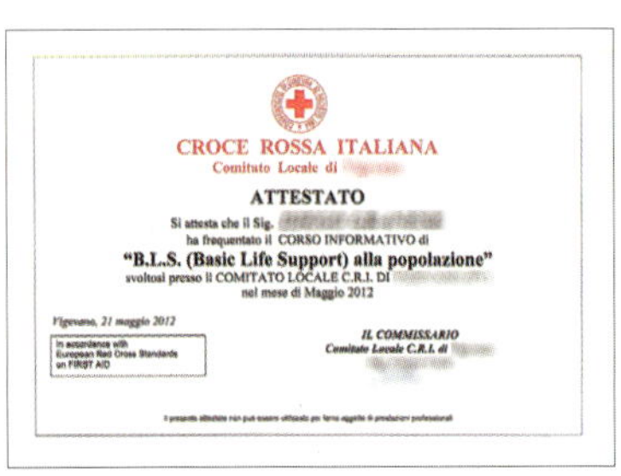

CROCE ROSSA ITALIANA
Comitato Locale di

ATTESTATO

Si attesta che il Sig.
ha frequentato il CORSO INFORMATIVO di
"B.L.S. (Basic Life Support) alla popolazione"
svoltosi presso il COMITATO LOCALE C.R.I. DI
nel mese di Maggio 2012

Vigevano, 21 maggio 2012

In accordance with European Red Cross Standards on FIRST AID

IL COMMISSARIO
Comitato Locale C.R.I. di

Modulo, elenco, regolamento

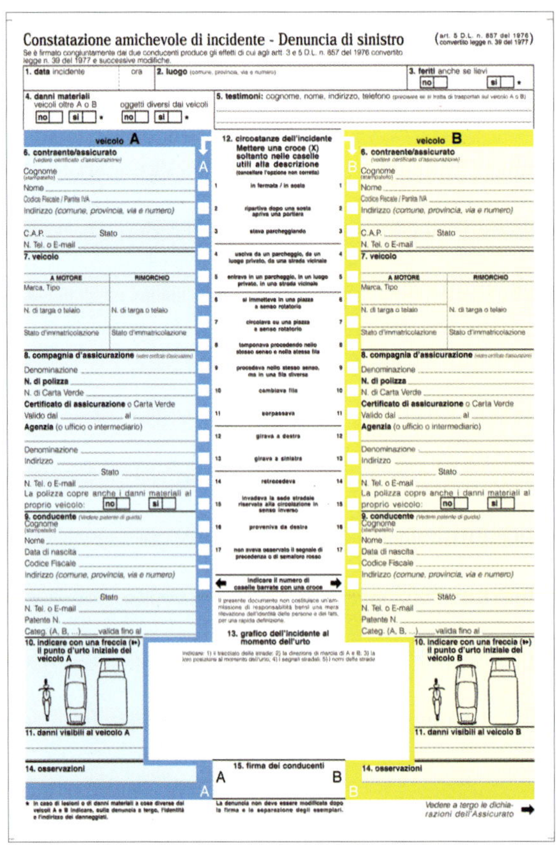

Constatazione amichevole di incidente - Denuncia di sinistro

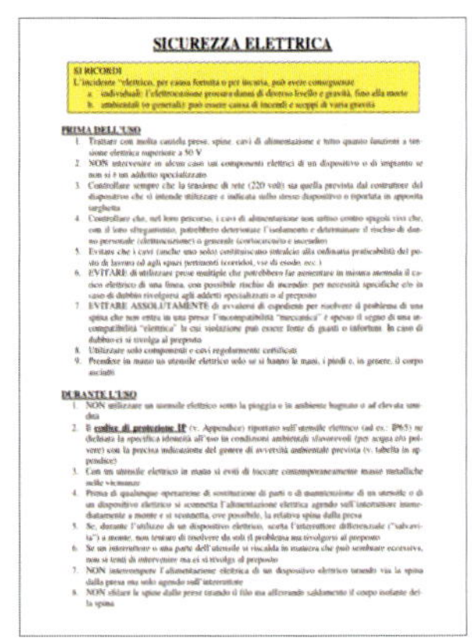

SICUREZZA ELETTRICA

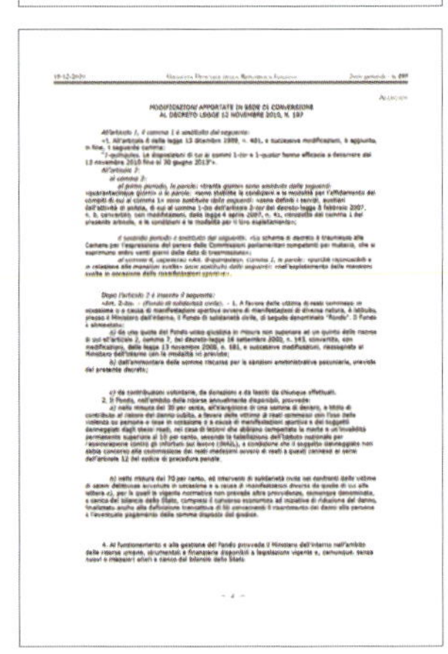

L'elenco, la procedura
Il blocco compatto del testo è preceduto da un'evidenza marcata dal colore. Grossi titoli: "Prima dell'uso" e "Durante l'uso", maiuscoli e in nero, separano in due il blocco del testo, che non è continuo, ma disposto per punti numerati. Si elencano i passi che devono essere seguiti nell'ordine per compiere in modo corretto una procedura.

Il regolamento
Porta un'intestazione che indica l'ente o l'azienda che dispone il regolamento. Il testo si sviluppa secondo un elenco numerato o puntato.

La tabella
È un contenitore di informazioni che permette di trovarle in modo rapido secondo una logica precisa. Nella tabella le informazioni sono disposte su righe e colonne, il testo è essenziale.

Il certificato
È un documento nel quale si attesta un fatto o un diritto e può assumere forme molto diverse, ma deve permettere di capire chi lo rilascia, quando e quali informazioni fornisce.

Il tagliando, il biglietto
Può assumere aspetti diversi a seconda della funzione: biglietto di un museo, di un concerto, del treno, dell'aereo o di una partita. Quasi sempre è di dimensioni contenute.

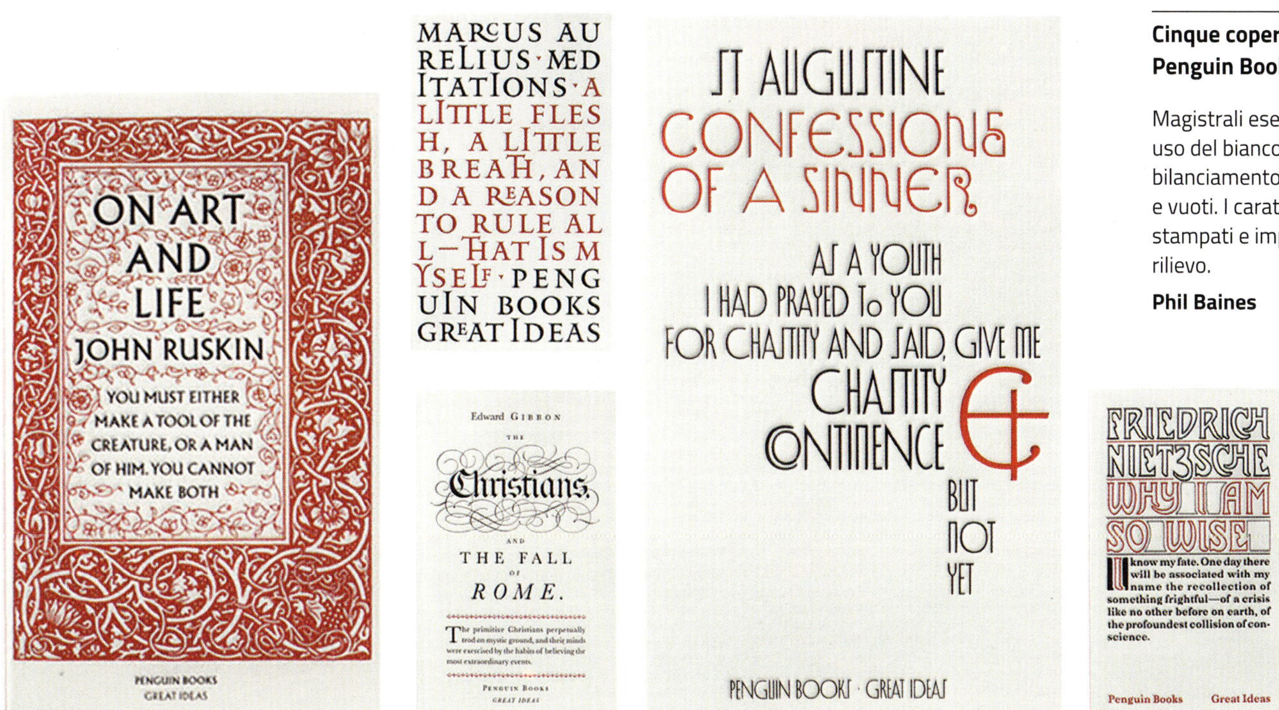

Cinque copertine Penguin Books

Magistrali esempi di uso del bianco e di bilanciamento tra pieni e vuoti. I caratteri sono stampati e impressi in rilievo.

Phil Baines

2. Come impaginare

La **composizione** del testo è il processo per cui ogni singolo carattere viene accostato al carattere vicino per ottenere la parola, una parola viene opportunamente spaziata rispetto all'altra per ottenere la riga, ogni riga viene aggiunta alla precedente fino a ottenere la pagina. Le regole per la composizione e per le spaziature assumono una veste stabile solo con le prove tipografiche di Aldo Manuzio all'inizio del Cinquecento e del figlio che scrive un manuale a riguardo verso il 1550.

La composizione manuale rimase in uso fino al 1886, quando fu inventata la Linotype, una macchina che fondeva l'intera riga in un blocco unico. In seguito, dal 1960 al 1990, abbandonando definitivamente il carattere di metallo, l'operazione fu effettuata con sistema fotografico su pellicola, la **fotocomposizione**. Infine, dagli anni Novanta, l'intero processo venne trasferito al computer. Oggi si fa **impaginazione**, non più **composizione**.

Infatti il computer accosta le lettere, compone le righe e le pagine, e infine consente la disposizione delle pagine, sui fogli di stampa e l'incisione delle lastre: con il computer il processo è interamente digitalizzato, svincolato dalla mano dell'operatore e affidato completamente alle sue conoscenze.

L'articolazione del testo

Nella Bibbia di Gutenberg e nei libri stampati durante il Quattrocento, gli incunaboli, i testi erano composti senza interruzione di sorta se non con la punteggiatura; l'introduzione degli accorgimenti che facilitano la lettura, i punti e le virgole, che ormai sembra così normale trovare in un libro, è avvenuta lentamente. Altri accorgimenti sono seguiti ai primi: la numerazione delle pagine, le interruzioni tra frasi e paragrafi, le spaziature e i rientri, l'indice e le note a piè di pagina, e non più a margine o inserite nel testo e nei glossari.

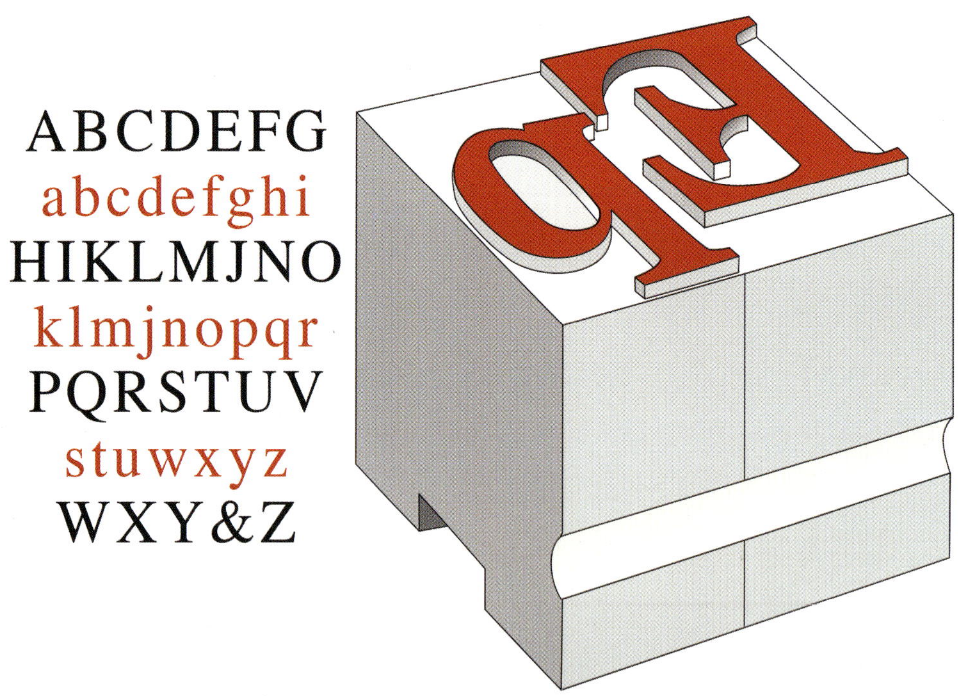

Un paio di blocchi di caratteri

I blocchi erano fusi in metallo singolarmente e poi la riga veniva composta a mano dentro un supporto detto "compositoio".

La riga Linotype

Un unico blocco di metallo fuso con una intera riga di testo.

La scansione del testo che si pratica ancora oggi prevede:

1. la **frase** compresa tra due punti fermi;
2. il **paragrafo**, che è una suddivisione letteraria e arbitraria di un testo. È contrassegnato dal ritorno a capo e a volte da una forma di segnalazione;
3. il **capitolo**, che comprende molti paragrafi solitamente si estende su più pagine. Inizia su una nuova pagina, e viene segnalato da un titolo che è ripetuto per tutta la sua estensione sul margine superiore della pagina (testata) o inferiore (piede).

Una precisazione: in grafica e sui software di impaginazione per "paragrafo" si intende tutto il testo, tanto o poco che sia, che sta tra un ritorno a capo e l'altro e identificato tra i **caratteri nascosti** dal segno **piede di mosca**.

La composizione manuale è ancora usata.

Frase

Nella Bibbia di Gutenberg e nei libri stampati durante il Quattrocento, gli incunaboli, i testi erano composti senza interruzione di sorta se non con la punteggiatura; l'introduzione degli accorgimenti che facilitano la lettura, che ormai sembra così normale trovare in un libro, è avvenuta lentamente.

Paragrafo

Il segno che identifica il paragrafo: il piede di mosca.

¶

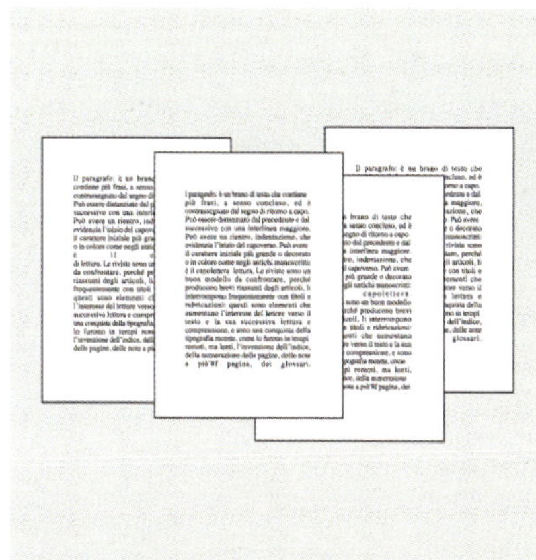

Capitolo

La composizione manuale

Il più antico metodo di stampa con carattere mobile richiede la composizione manuale.

Ricostruzione di tipografia cinquecentesca

Dal Deutsche Museum di Monaco.

3. Il campo grafico

Il testo scritto, o stampato, appare sempre come una forma in relazione con un campo (un foglio, un poster, una parete, una t-shirt), stabilendo col supporto una relazione che racconta qualcosa prima ancora della lettura del testo stesso; questa relazione è spesso fondamentale.

Un prodotto grafico si presenta come un parallelogramma. I libri normalmente hanno un formato verticale o quadrato; è più raro il formato orizzontale. Il formato verticale genera una spinta verso l'alto o verso il basso; in una zona profonda del cervello umano il formato verticale viene percepito come una figura, una persona. Il formato orizzontale è più statico e passivo, e produce una sensazione di quiete che deriva dalla percezione della relazione con un oggetto a riposo.

Il formato

La misura di un libro finito di 23 x 28,5 cm, come il presente, o la diagonale di un monitor che si esprime in pollici, per esempio 21", costituiscono il **formato** dell'oggetto: con questo termine si esprimono la forma e la dimensione dell'oggetto in sé, reale come il libro oppure virtuale come la videata che si proietta su una parete o che compare su un monitor.

Le misure

Per indicare le dimensioni del documento e degli oggetti in esso contenuti, si usano misure in **millimetri**: per esempio, il formato A4 è di 210 x 297 mm, indicando in grafica prima la larghezza e poi l'altezza, diversamente da quanto avviene quando si parla di edifici in architettura. Si usano le misure in **punti tipografici** per misurare il testo, per l'altezza del carattere, l'interlinea e lo spessore dei filetti: 1 punto equivale a 0,376 mm (per esempio, questo testo è scritto in corpo 10,5 punti su 12,5 punti di interlinea).

Nella pratica di stampa industriale alcune misure sono in relazione con il corpo del carattere e quindi sono misure relative. Dunque, cam-

I formati standard

In Italia il formato standard di riferimento per i prodotti grafici è il formato ISO serie A.
Il formato più grande è il formato A0; dividendo questo foglio orizzontalmente si ottiene il formato A2 e così via.
Il formato A4 è quindi la metà del foglio A3, e il doppio del formato A5.

La serie ISO serie B è utilizzata per i libri e la corrispondente ISO serie C per le buste.

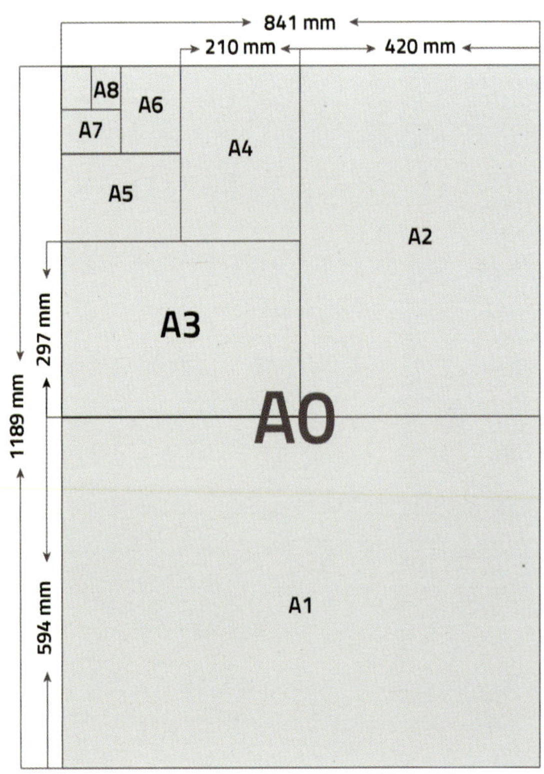

FORMATO	MISURE IN MM
A0	841 x 1189
A1	594 x 841
A2	420 x 594
A3	297 x 420
A4	210 x 297
A5	148 x 210
A6	105 x 148

biando le dimensioni della **font** si modifica il formato dell'elemento; per esempio, la larghezza del blocco quadrato che contiene il carattere più largo, in genere la "M" maiuscola, è la misura **em** e coincide con le dimensioni del corpo del carattere: un font di corpo 12 em è di 12 punti. La metà dell'em è l'**en**.

Il **bianco** si riferisce a tutte le zone non occupate da testo o elementi grafici, e non necessariamente è di colore bianco. Il bianco ha importanza nella pagina perché offre respiro alle immagini e le isola, impone un ritmo al testo, crea zone libere che possono rispondere a varie funzioni, come aiutare a stabilire una gerarchia visiva. Più bianco c'è attorno a un elemento grafico più questo viene esaltato e reso importante.

I margini

Sono costituiti dallo spazio lasciato libero dal blocco di testo e sono calcolati sul rapporto tra la pagina e il blocco di testo. L'area delimitata dai margini prende il nome di **gabbia**, che nelle due pagine affiancate può essere **simmetrica speculare** o **simmetrica per traslazione** quando i margini sono rispettivamente destro uguale a destro e sinistro uguale a sinistro.

Più i margini sono ampi, più il testo ha respiro e la pagina risulta visivamente elegante, (si tenga presente che i margini sono parte del bianco); al contrario, più i margini sono stretti, più la pagina è soffocata e povera.

I margini sono detti "superiore" o di testa, "interno" o di cucitura, "inferiore" o di piede, "esterno" o di taglio. Fuori dal rettangolo occupato dalla gabbia si dispongono gli elementi che servono a orientare il lettore, come fossero un'interfaccia di navigazione, e sono i numeri delle pagine e dei capitoli, il titolo stesso della pubblicazione o del capitolo corrente.

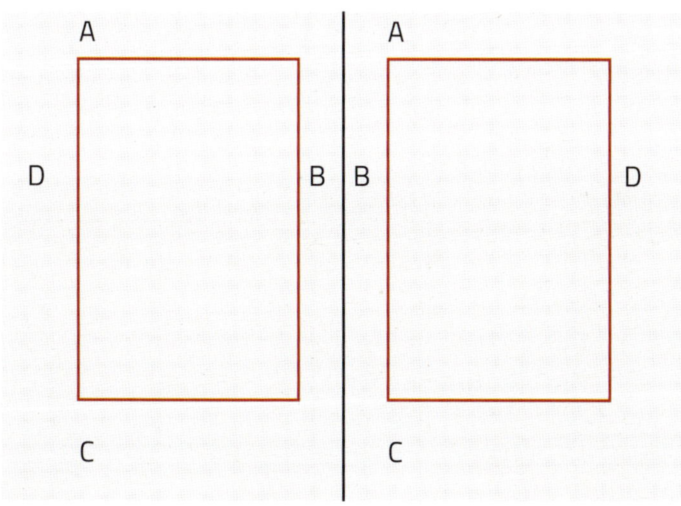

Margini

A - Margine superiore o di testa.
B - Margine interno o di cucitura.
C - Margine inferiore o di piede.
D - Margine esterno o di taglio.

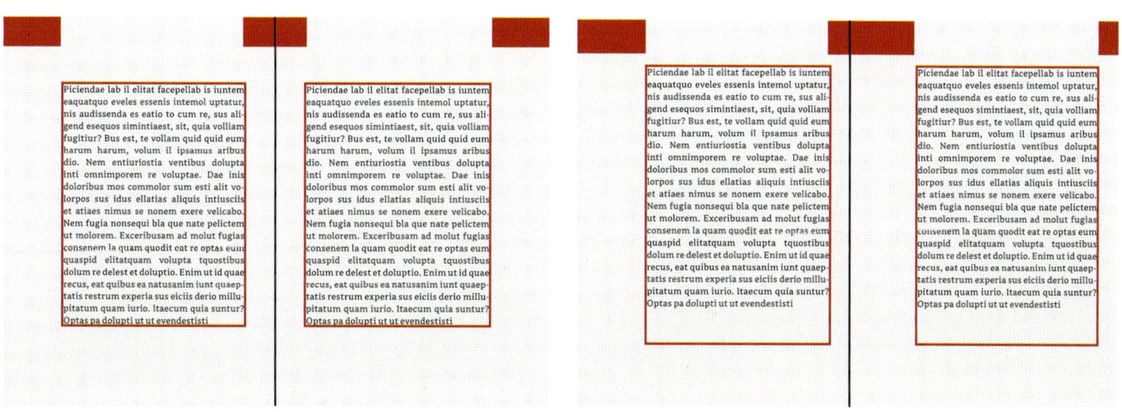

Gabbie

Simmetrica speculare: le pagine hanno margini larghi all'esterno.

Simmetrica per traslazione: le pagine hanno entrambe il margine sinistro largo.

4. Gabbia e griglia

"Il pregio del sistema a griglia è la disciplina che impone al grafico alle prime armi. Insegnando come si progetta ho notato che solo quando lo studente divide e analizza lo spazio della pagina riesce a scoprire soluzioni specifiche globali."

Allen Hurlburt, The Grid

La gabbia

È lo spazio racchiuso dai margini: può contenere testo e immagini, ed essere divisa in colonne per facilitare l'organizzazione dei contenuti: la suddivisione serve ad agevolare la lettura perché accorcia le righe. La larghezza della colonna di testo deve essere rapportata alle dimensioni del carattere usato, tenendo conto del fatto che per una comoda lettura la riga non deve contenere più di 60/70 battute, pari a 10/15 parole. Il bianco tipografico che sta tra le colonne è detto **spazio intercolonna**, e a volte vi si inserisce un **filetto** per separare visivamente il testo. Le righe di testo tra colonne devono mantenersi sempre allineate orizzontalmente: per agevolare l'operazione i software dispongono della **griglia delle linee di base**.

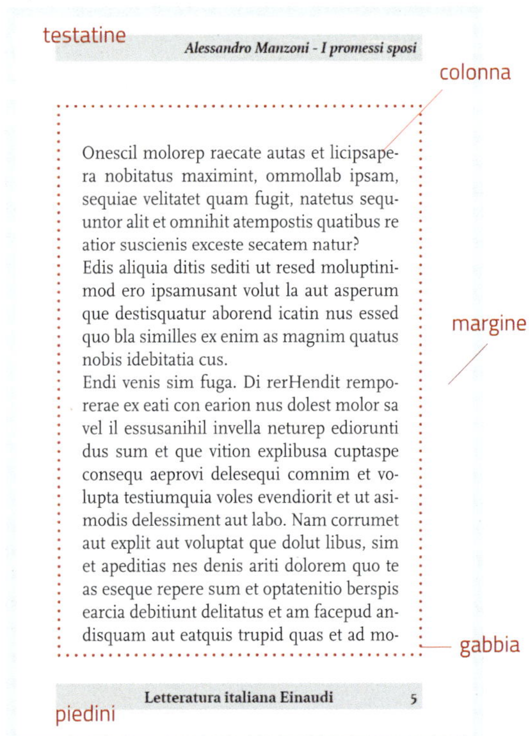

La griglia

In aggiunta alle colonne, lo spazio tra i margini si può dividere orizzontalmente in moduli rettangolari o quadrati. Lo schema ottenuto con la suddivisione in colonne e righe è detto **griglia** di impaginazione. Lo scopo della suddivisione in verticale e orizzontale è facilitare il lavoro di

disposizione degli elementi grafici e di testo. La griglia incoraggia inoltre la creazione di layout asimmetrici, rendendo più interessante la pagina. Il tipo di progetto suggerirà la struttura della suddivisione: un libro complesso con foto e testi richiede una griglia complessa a più colonne, mentre due, tre o quattro colonne sono usate comunemente per la pagina web.

Per disegnare una griglia si definiscono dimensione della pagina e margini, quindi si disegnano le colonne proporzionate al corpo del testo e lo spazio che le separa, che dipende dal formato e usualmente sta tra 3 e 6 millimetri; si disegnano infine le suddivisioni orizzontali. Si sperimenta poi la collocazione di testo e immagini sulla griglia, ancorando il più possibile gli elementi alle guide. Ogni elemento troverà così una sua più facile collocazione. Non si è obbligati a riempire ogni modulo: anche lo spazio bianco, o vuoto, ha una funzione, poiché aiuta a isolare ed enfatizzare e quindi a creare gerarchia visiva.

La storia

La griglia si è evoluta attraverso secoli di sviluppo della tipografia, dalle semplici due colonne verticali degli inizi fino all'Ottocento, quando le grandi e dense pagine dei quotidiani richiesero una suddivisione più fitta, fino a otto o dieci colonne, aprendo la strada a nuove e più versatili tipologie di gabbia.

Nel calcolare i margini si è fatto ricorso, per molto tempo, a un rapporto di **sezione aurea**, dove la parte maggiore (*a*) sta alla parte minore (*b*) come la parte intera sta alla parte maggiore.

$$(a+b) : a = a : b$$

In tipografia, un metodo semplice usato per determinare un corretto rapporto pagina-margini è il sistema delle due diagonali qui rappresentato, attribuito a Jan Tschichold. Suddividendo verticalmente e orizzontalmente la pagina in otto parti, si procede assegnando 1/8

"La gabbia tipografica è un regolatore proporzionale della composizione, delle tabelle, delle immagini. La difficoltà è trovare l'equilibrio, il massimo della conformità alla regola con il massimo della libertà, oppure il massimo delle costanti con la massima variabilità possibile."

Karl Gerstner, 1961

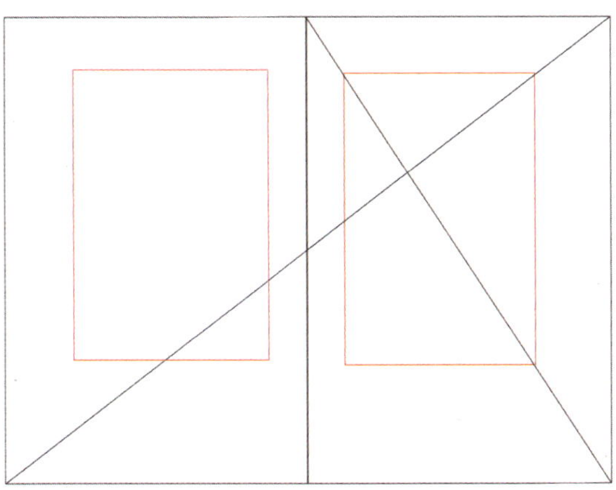

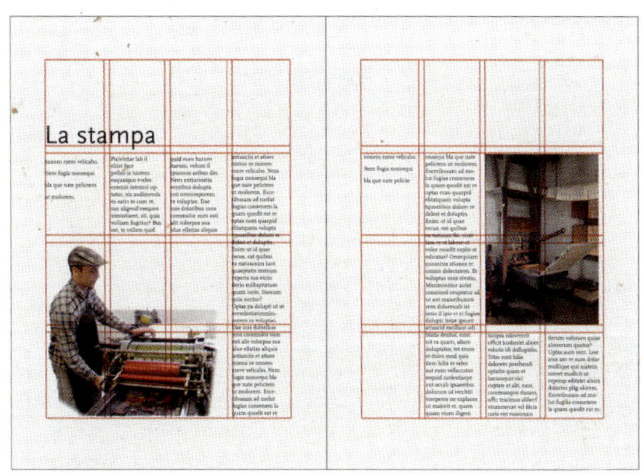

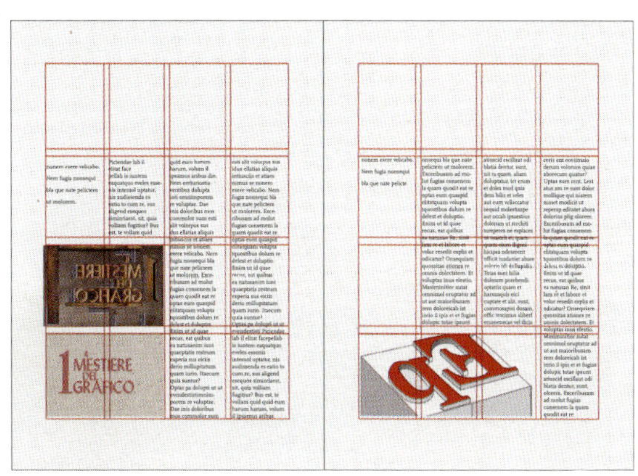

Pagine di libro impostate su una griglia

La collocazione di testi, immagini di dimensioni diverse e relative didascalie è facilitata dalla modularità di una struttura facilmente individuabile.

della larghezza al margine interno e 2/8 al margine esterno, e 1/8 dell'altezza della pagina al margine superiore e 2/8 al margine inferiore.

Un altro sistema consiste nel determinare il formato, poi individuare la font e la dimensione del testo corrente, quindi impostare la colonna sulle 50/60 battute. Infine o si raddoppia la colonna, se necessario, o si usa una colonna per il testo e una più stretta come accessoria.

La griglia come strumento

Non sempre è necessario o utile l'uso della griglia, anzi, a volte non ha proprio senso. Un approccio senza la griglia alla composizione è preferibile quando si prevede di dover produrre un pezzo unico o una pagina singola che non ha bisogno di avere continuità e coerenza con altri impaginati, come nel caso di un poster, di un annuncio, di un volantino.

Una volta stabiliti i margini della pagina, quasi sempre indispensabili, saranno gli elementi disponibili a guidare la composizione, a determinare con le sue linee di forza la posizione di titoli, corpi di testo e immagini per ottenere una corretta gerarchia di lettura.

È necessario spesso **infrangere lo schema** imposto dalla griglia per catturare l'attenzione del lettore, sorprendendolo con qualcosa di inatteso. La soluzione più semplice è disporre qualcosa fuori dallo schema, ruotando un oggetto o ingrandendolo. In conclusione, come tutti gli strumenti, la griglia va usata con buon senso, senza forzature e con libertà: sarà l'esperienza poi a suggerire quando è necessario liberarsene.

La spaziatura orizzontale

Uno studio di leggibilità venne effettuato dall'Ente dei trasporti americano, che determinò nella **spaziatura accurata** l'elemento determinante per la leggibilità dei testi brevi dei segnali stradali: a questa fanno seguito quindi le dimensioni del carattere e la distanza tra le lettere. Il software per l'impaginazione consente un controllo molto accurato delle spaziature tra caratteri e tra coppie di caratteri particolari. I termini che indicano l'**aggiustamento** positivo o negativo degli spazi sono:

> **avvicinamento**, o tracking, tra le lettere;
> **crenatura**, o kerning, ovvero la riduzione dello spazio in eccesso fra coppie di

Avvicinamento -75. Carattere Times

Avvicinam

Avvicinamento normale. Carattere Times

Avvicinam

Avvicinamento +75. Carattere Times

Avvicinam

caratteri, attuata al fine di eliminare spazi bianchi antiestetici. Ad esempio, si attua la crenatura per avvicinare le due lettere a bracci obliqui “A” e “V”;

> **spaziatura**, o spacing, tra le parole.

Altri elementi di leggibilità sono la misura della riga e di conseguenza il numero di caratteri che essa contiene, perché se la riga è eccessivamente lunga l’occhio fatica a ritrovare l’attacco della riga successiva. La larghezza complessiva della riga è detta **giustezza**.

La spaziatura verticale

Quando una pagina contiene due o più colonne, di regola si mantengono gli allineamenti tra le righe su colonne adiacenti, quindi le righe di testo sono pareggiate orizzontalmente. I programmi di impaginazione sono dotati di una griglia, detta **griglia delle linee di base**, che viene impostata sulla misura del carattere, su suoi multipli o sottomultipli, e sulla quale si forza l’allineamento delle righe del testo, anche se sono di corpo diverso. Se ci sono titoli di grandi dimensioni, sarà necessario attribuire misure che risultino multipli del corpo del testo principale.

L’interlinea

È la distanza tra una riga e l’altra. Si esprime in rapporto al corpo del carattere: per esempio, 10/12 pt significa che si avrà un corpo 10 punti su 12 punti di interlinea. Di solito la sua dimensione è superiore a quella del corpo del testo almeno di un paio di punti.

Può essere anche negativa, cosa abbastanza rara nel testo ma comune nei titoli, perché permette di compattare in modo efficace le righe.

Si possono introdurre delle spaziature aggiuntive tra i paragrafi, oppure prima dei titoli o dei sottotitoli.

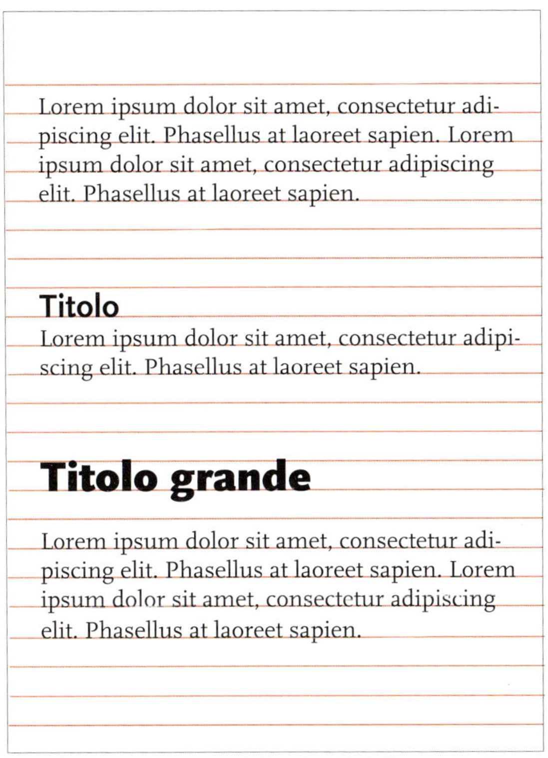

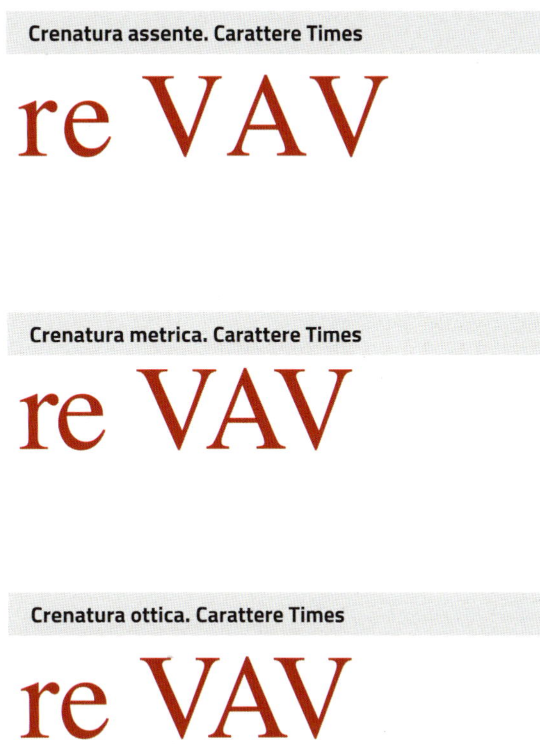

Allineamento sulle linee di base.

5. Allineamenti

Il termine "allineamento" è riferito alla disposizione del testo rispetto alla colonna, sia in orizzontale che in verticale.

Il blocco di testo scritto a mano si allinea solo a sinistra, mentre la stampa, fin dai suoi inizi, ha cercato di ottimizzare lo spazio e la carta, costringendo quante più parole dentro la riga e cercando il perfetto allineamento sia a sinistra che a destra. In seguito si sono consolidate altre forme di composizione: a sinistra, a destra, giustificata e a sagoma, quest'ultima resa più comune dal software di impaginazione. Le preferenze vengono accordate all'una o all'altra dal gusto, da esigenze di economia di spazi, da predilezioni estetiche. È consigliabile scegliere un tipo di allineamento su ogni pagina, senza mescolare le diverse forme, e decidere in base al contenuto del messaggio. È opportuno inoltre prestare attenzione a non mescolare righe troppo lunghe e altre troppo brevi, ed evitare che la sillabazione non crei buchi e "fiumi" bianchi tra le righe.

Times Regular interlinea 6/6 pt

Tate dolecta sitio. Tin nis etur aut officiis aut int quae vent lant, qui repro quam eat et lacerum quatemperum nonse nosam unt elitam eos aut id que vitatescia doluptatia con pora de cum solenti optatur, coremped qui velectotatem natenda nobis exceatur as magnihic te nusa vel etus ese ventio evelit venist, con plabo. Que mo iligniet quidebis enemquist offic te si dictur mosandesed quianda ecaborro

Times Regular interlinea automatica 6/7,2 pt

Tate dolecta sitio. Tin nis etur aut officiis aut int quae vent lant, qui repro quam eat et lacerum quatemperum nonse nosam unt elitam eos aut id que vitatescia doluptatia con pora de cum solenti optatur, coremped qui velectotatem natenda nobis exceatur as magnihic te nusa vel etus ese ventio evelit venist, con plabo. Que mo iligniet quidebis

Times Regular interlinea larga 6/9 pt

Tate dolecta sitio. Tin nis etur aut officiis aut int quae vent lant, qui repro quam eat et lacerum quatemperum nonse nosam unt elitam eos aut id que vitatescia doluptatia con pora de cum solenti optatur, coremped qui velectotatem natenda nobis exceatur as magnihic te nusa vel etus ese

Times Regular interlinea eccessiva 6/11 pt

Tate dolecta sitio. Tin nis etur aut officiis aut int quae vent lant, qui repro quam eat et lacerum quatemperum nonse nosam unt elitam eos aut id que vitatescia doluptatia con pora de cum solenti optatur, coremped qui velectotatem natenda nobis exceatur as magnihic te nusa vel etus ese ventio evelit venist, con plabo. Que mo iligniet quidebis enemquist offic te si dictur mosandesed quianda ecaborrorem nos nam fugiant faccusam ant eos estions erferibus aut quaeria conetur? Sed es as aut illorum aut ut molore estionsequos ut molorendel ipis sediti utemped qui te

L'interlinea è la distanza tra le righe: può andare da un valore pari al corpo del testo, per esempio 12 su 12 pt, detto "sterlineato", con ascendenti e discendenti che si toccano. Una interlinea normale si calcola sul 120% del corpo (per esempio, un corpo 10 pt avrà interlinea 12 pt), ed è quella impostata di default sui programmi di impaginazione. Aumentando l'interlinea si facilita la lettura nei corpi piccoli. Con una interlinea esagerata il testo viene percepito come una serie di linee anziché come un'area omogenea.

A bandiera, allineato a sinistra

È il modo naturale in cui si scrive manualmente, ma prima dell'Ottocento è raro trovare in tipografia qualche esempio di questa forma. Funziona bene perché l'occhio si muove con maggior facilità lungo un bordo destro diseguale, riconoscendo più agevolmente l'attacco della riga che segue. In un paragrafo a bandiera con asta a sinistra, e margine irregolare a destra, gli spazi tra le parole sono uniformi.

Quando a fine riga lo spazio non è sufficiente per contenere la parola, questa si può interrom-

A bandiera con allineamento a sinistra

È il modo naturale della scrittura
a mano: si può sillabare oppure
no. Si dovrebbero evitare trattini
di sillabazione ripetuti.

È consigliabile scegliere un tipo
di allineamento su ogni pagina,
senza mescolare le diverse forme.

A bandiera con allineamento a destra

Cambia il punto di inizio di
ogni riga e l'occhio è costretto
a cercarlo ogni volta, quindi
la lettura è più faticosa. Si usa
per didascalie e note a mar-
gine, evitando di alternare
righe lunghe e troppo corte.

pere con un trattino e mandare a capo, cioè si può sillabare. La composizione a bandiera con allineamento a sinistra si può sillabare o meno; un testo allineato a sinistra ma non sillabato rischia tuttavia una frammentazione eccessiva. Quando si compone un testo breve, come una didascalia, il titolo o un testo su un poster, è preferibile mandare a capo col senso delle parole anziché in modo automatico.

Centrato

Nella composizione centrata, simmetrica o a "epigrafe", che si usa solo per testi molto corti come i titoli, si manda a capo il testo in base al senso, e non si usa mai la sillabazione. È di lettura impegnativa perché l'occhio fatica a ritrovare l'attacco di ogni riga, e ricorda una scrittura formale, come quella delle lapidi. Se si centra a epigrafe un titolo, la composizione risulterà noiosamente simmetrica perché riempie lo spazio e lo bilancia automaticamente; nella maggioranza dei casi sostituendo all'epigrafe la composizione a bandiera allineata a sinistra si otterrà un effetto convincente e dinamico, dal sapore meno dilettantesco.

A bandiera, allineato a destra

Si usa raramente, per scelta grafica o per didascalie, e non va sillabato: cambia il punto di inizio di ogni riga e l'occhio finisce per stancarsi. Si deve armonizzare la lunghezza delle righe, in modo da non averne di lunghe e cortissime insieme.

Giustificato

È il modo convenzionale per comporre i libri, a cominciare dagli inizi della stampa tipografica, perché ottimizza al massimo lo spazio a disposizione. Si ottiene alterando la spaziatura tra le parole e mandandole a capo dove necessario con la sillabazione.

I programmi di videoscrittura compiono in automatico l'operazione di adattare le parole alla giustezza della riga e mandano a capo il testo, ma gestiscono molto approssimativamente la sillabazione, a volte allargando esageratamente le spaziature, a volte restringendole all'eccesso, creando un fastidioso disturbo visivo.

In un paragrafo giustificato, gli spazi tra le parole variano: quando il testo è giustificato e non sillabato, o sillabato forzatamente, lo spazio

Centrato

Si usa raramente
e con attenzione,
solo per testi brevi.
Le righe devono essere corte
e non vanno sillabate.
È noioso
e di lettura non agevole.

Giustificato e non sillabato

Si ottiene distribuendo nella riga la spaziatura tra le parole. Si rischia tuttavia di avere righe troppo spaziate. Ovviamente il controllo più efficace si ottiene con la sillabazione.

Giustificato e sillabato

È il modo più tradizionale per comporre i libri. Si ottiene distribuendo nella riga la spaziatura tra le parole. Richiede sempre la sillabazione.

Giustificato e sillabato, inclusa l'ultima riga

Bori dolorum facernam ent. Idel idipsande nostiust, omni ium, nem alit, ni a am, quid et veliquae et quoditist, quis etur, num es coreped mint omnim que pratestorum fugitis elit adipsae peresenitem tra le parole cambia costantemente, dando luogo a innumerevoli rivoli o canaletti, cioè spazi bianchi uniti visivamente, o buchi veri e propri. Ciò accade se la colonna è troppo stretta rispetto alla misura del carattere. Si può rimediare allargando la colonna o riducendo il carattere.

Buona regola è di non produrre con la sillabazione più di tre ritorni a capo di seguito e di non spezzare parole di sole quattro lettere.

L'ultima riga della pagina, detta **orfana**, non deve essere più corta di un terzo della giustezza; se la prima riga di una pagina è più corta di un terzo della giustezza viene detta **vedova** ed è da evitare.

Sillabazione

Sillabare significa spezzare le parole a fine riga per mandarle a capo, seguendo le regole dell'ortografia. Ciascuna lingua ha regole proprie, perciò occorre specificare nelle preferenze del programma la lingua del testo in uso.

Allineamento asimmetrico

Si utilizza quando si vuole ottenere unità logiche o conferire un aspetto espressivo al testo; è da evitare nel caso di un testo lungo. Il **testo a sagoma** è una forma di allineamento asimmetrico quando segue il contorno di una immagine. Nel software di impaginazione corrisponde al comando "contorna con testo".

Allineamento verticale

All'interno di una casella di testo, o di una cella, l'allineamento verticale consente di distribuire le righe in alto, al centro, in basso, di giustificarle sull'intera altezza o di pareggiare le colonne.

Separazione dei paragrafi

Il paragrafo può essere distinto e distanziato dal precedente e dal successivo con un'interlinea maggiore. Può avere un rientro all'inizio, una **indentazione**, che evidenzia l'attacco del **capoverso**. Può avere il carattere iniziale più grande, decorato o in colore come negli antichi manoscritti: il **capolettera**. I libri di narrativa abitualmente non hanno stacco tra i paragrafi; al contrario, la scrittura saggistica, scientifica, informativa o commerciale ha lo stacco e articola il pensiero con titoli e sottotitoli di vari livelli.

Qui rest eum es et illacca borehenti invellam re debitibus ne volorem de reperia dolorei cidustio cum que laboritibus. Aper uptibus, est estias moluptatint volest qui quo quid min earchil luptassi veliquis rem quaspidem quati dunt hilis quid untem et volestia doluptature nis vollatur modit ut lab il issin nobis quide lit porenis reium volor re, iliquibus, occum doluptate dolendae prem qui voluptatet in neceat aut quiamet. ¶

Spaziatura ottenuta con l'introduzione di una riga tra i paragrafi

Qui rest eum es et illacca borehenti invellam re debitibus ne volorem de reperia dolorei cidustio cum que laboritibus. Aper uptibus, est estias moluptatint volest qui quo quid min earchil luptassi veliquis rem quaspidem quati dunt hilis quid untem et volestia doluptature nis vollatur modit ut lab il issin nobis quide lit porenis reium volor re, iliquibus, occum doluptate dolendae prem qui voluptatet in neceat aut quiamet.¶

Spaziatura ridotta, meno di una riga: risulta più armonica

Qui rest eum es et illacca borehenti invellam re debitibus ne volorem de reperia dolorei cidustio cum que laboritibus. Aper uptibus, est estias moluptatint volest qui quo quid min earchil

Spazio di indentazione, o rientro sinistro della prima riga

Qui rest eum es et illacca borehenti invellam re debitibus ne volorem de reperia dolorei cidustio cum que laboritibus. Aper uptibus, est estias moluptatint volest qui quo quid min

Segno o dingbat

☙ Qui rest eum es et illacca borehenti invellam re debitibus ne volorem de reperia dolorei cidustio cum que laboritibus. Aper uptibus, est estias moluptatint volest qui quo quid min earchil

Allineamento asimmetrico

Per rompere il ritmo tra i
To break the rhythm
paragrafi si accresce l'in-
between paragraphs
terlinea, aggiungendo uno
is increased spacing

Allineamento a sagoma

Ilignihi tature dolum eium qui ut ide porit qui alique volentibus quo et inciandebit aci omnis duciis di re quiatia spella dolorum, vollam eaquibust quidebit ex et doles min repelibus aute sed utationest eaquis invendis earcidipsae samet odiorun tecestem non et is que imusciet dolum, simillit hic totati consectur rectoria iunt. Namusdae cuptatur autatiis aditibus ut venem quis aut et libera nonsenis eos molore eatemporupta qui quo odio tem im re velicabore verrum simus sed ut officaes aut latem et aspis mi, corum que et volupta quosae. Nequisquunt autatem qui dentium as aperibusam intiatiis rehent voloria doloriatur aute volupta sit est, ut quat porio dolori que nonsequiat.

Eruptiam laboria volupta spiene sunt occuptate volorro opti accus, vendebis veliti aut qui tem ad magnian dempores simodi omnis etur sus, ex et vero omnis maximint omnimpor re earchit etur remquasperum adis serecerest quasinciis alitiuribus, sunt aut fugit odignimint dolupta testrum inum idignim usantibus, ut que sitam, ommodis torite erum sit faccum nonsecu llatquiasi officabo. Ebis eum rere cum et volupidebit ut volenis secaborum acerepe dundae iusdae. Iqui ni quas eum nonsequatium incid modis de qui quae dus, officias ex et minum quunt quodis audia nuscia dit porionse et aut is ipicius.

Per rompere il ritmo tra i paragrafi si accresce l'interlinea, aggiungendo uno spazio che non corrisponde a una intera interlinea, che sarebbe eccessiva, quanto piuttosto il corrispondente di una mezza riga. Nei programmi di impaginazione questo salto si ottiene introducendo nella finestra di dialogo riguardante il paragrafo un valore numerico che viene indicato come **spazio dopo**, inteso come "spazio che si aggiunge dopo la fine del paragrafo, prima del successivo".

Nei testi commerciali e pubblicitari viene usata una spiccata suddivisione del testo, un po' come nelle pagine del web ben fatte, creando più livelli di lettura per agevolare il lettore nella comprensione. Le riviste e oggi anche i quotidiani sono un buon modello al quale guardare, perché presentano brevi riassunti degli articoli che interrompono frequentemente i blocchi di testo con titoli e rubricazioni.

Sono elementi che aumentano l'interesse del lettore verso i contenuti, facilitano la comprensione e avvicinano sempre più la struttura dell'informazione cartacea a quella del web.

La gerarchia

Serve a organizzare il contenuto di un testo enfatizzandone alcune parti rispetto ad altre; si può creare gerarchia anche solo col mettere in rilievo una parola dentro una frase con il neretto o il corsivo.

Il grafico, segnalando con vari espedienti la gerarchia in un testo, indica i punti di entrata della lettura e la selezione del contenuto, aiutando così il lettore a esplorarlo. Ogni livello di testo va segnalato con un espediente spaziale come un rientro, lo stacco di riga, l'allineamento, oppure con un espediente grafico come il colore, il contrasto di dimensione o di stile.

Allineamento verticale

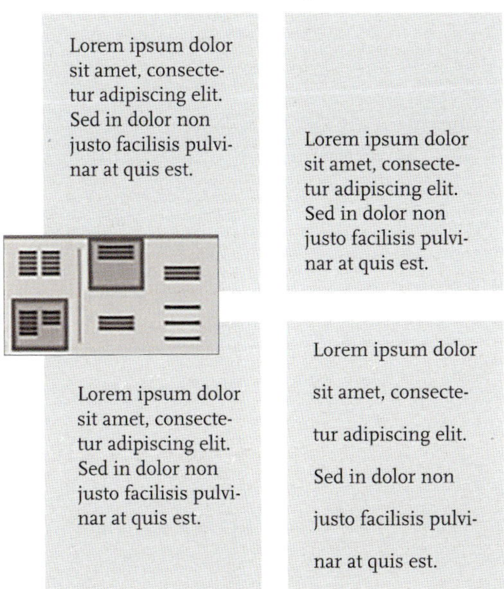

Impaginazione del quotidiano

Il titolo è allineato a destra. L'occhiello è a bandiera come i titoli. Il testo è giustificato e distribuito su quattro colonne, mentre la quinta colonna inizia con il capolettera e prosegue con il testo a bandiera.

Il quotidiano inglese The Guardian

Progetta: l'impaginazione

I titoli

Nell'organizzazione della pagina si stabiliscono livelli diversi di lettura. In un oggetto grafico, che deve guadagnarsi l'attenzione del lettore, la scansione del testo impostata dai titoli offre un primo riassunto e può condizionare il lettore nel decidere se vale la pena di affrontare l'intero testo. Due o tre livelli di titolazione orienteranno ancora meglio il lettore: così si darà la possibilità di affrontare il testo a livelli diversi, via via sempre più approfonditi e dettagliati.

Per comporre un titolo è ideale un carattere che mostri un forte contrasto visivo con il testo, così come sarà opportuno avere una netta distinzione visiva tra i diversi livelli di titolazione. Se si imposta un testo a due o tre colonne, il titolo si può estendere a tutta pagina, come sui quotidiani.

Titoli e sottotitoli non vanno sillabati e non portano il punto finale. I titoletti dentro il testo vanno distanziati leggermente dal paragrafo precedente e connessi a quello successivo, quindi senza stacco.

Il capolettera

Nei manoscritti del Medioevo le lettere iniziali di un testo venivano colorate e decorate. La tradizione venne raccolta anche dai primi tipografi e continua anche oggi in altre forme.

Il capolettera è un inizio grafico del testo, e rompe la monotonia di un testo lungo. I programmi di impaginazione hanno comandi automatici per impostare la prima lettera di un paragrafo come capolettera, consentendo di definire **dimensioni** e **immersione** del carattere tra le righe di testo.

Gli elenchi

Si possono avere due forme di elencazione: numerata e non numerata. L'**elenco numerato** implica un ordine, una sequenza logica dei paragrafi, che saranno contrassegnati da numeri o lettere, maiuscole o minuscole, seguite da un punto o da una parentesi tonda chiusa.

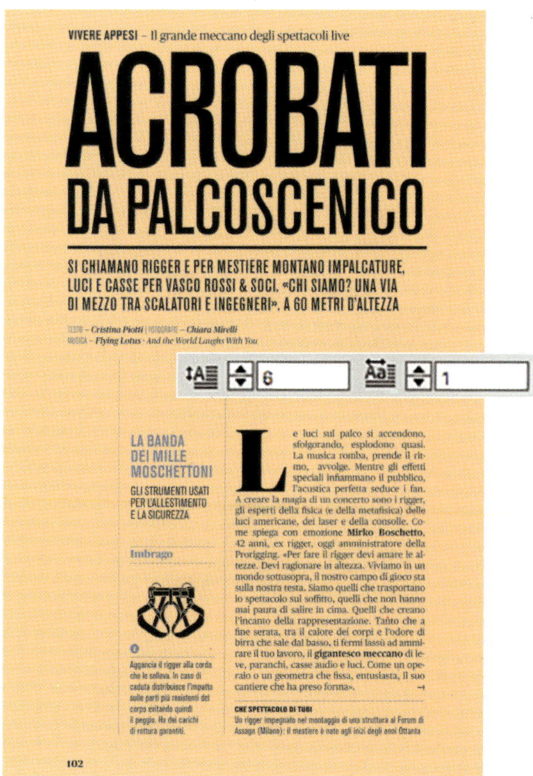

VIVERE APPESI – Il grande meccano degli spettacoli live

ACROBATI

DA PALCOSCENICO

SI CHIAMANO RIGGER E PER MESTIERE MONTANO IMPALCATURE, LUCI E CASSE PER VASCO ROSSI & SOCI. «CHI SIAMO? UNA VIA DI MEZZO TRA SCALATORI E INGEGNERI». A 60 METRI D'ALTEZZA

TESTO – *Cristina Piotti* | FOTOGRAFIE – *Chiara Mirelli*
MUSICA – *Flying Lotus* · *And the World Laughs With You*

LA BANDA DEI MILLE MOSCHETTONI

GLI STRUMENTI USATI PER L'ALLESTIMENTO E LA SICUREZZA

Imbrago

Aggancia il rigger alla corda che lo solleva. In caso di caduta distribuisce l'impatto sulle parti più resistenti del corpo evitando quindi il peggio. Ha dei carichi di rottura garantiti.

Le luci sul palco si accendono, sfolgorando, esplodono quasi. La musica romba, prende il ritmo, avvolge. Mentre gli effetti speciali infiammano il pubblico, l'acustica perfetta seduce i fan. A creare la magia di un concerto sono i rigger, gli esperti della fisica (e della metafisica) delle luci americane, dei laser e della consolle. Come spiega con emozione **Mirko Boschetto**, 42 anni, ex rigger, oggi amministratore della Prorigging. «Per fare il rigger devi amare le altezze. Devi ragionare in altezza. Viviamo in un mondo sottosopra, il nostro campo di gioco sta sulla nostra testa. Siamo quelli che trasportano lo spettacolo sul soffitto, quelli che non hanno mai paura di salire in cima. Quelli che creano l'incanto della rappresentazione. Tanto che a fine serata, tra il calore dei corpi e l'odore di birra che sale dal basso, ti fermi lassù ad ammirare il tuo lavoro, il **gigantesco meccano** di leve, paranchi, casse audio e luci. Come un operaio o un geometra che fissa, entusiasta, il suo cantiere che ha preso forma».

CHE SPETTACOLO DI TUBI
Un rigger impegnato nel montaggio di una struttura al Forum di Assago (Milano): il mestiere è nato agli inizi degli anni Ottanta

102

Titolo e capolettera

Pagina con titolo suddiviso su due righe per rafforzare il peso della parola "Acrobati".
Il capolettera è inserito in sei righe di testo, come mostra il relativo riquadro del software.

IL, Intelligence in Lifestyle, 2011

1
GALEOTTO FU IL PC
«Ho avuto il primo pc a 6 anni e Internet al liceo. Sono virus da cui mi sono lasciato contagiare, anche per sperimentare il mutamento di questi tempi. Ri-mediare chat, sms, aste online, agende elettroniche, videogiochi nei miei testi mi piace perché sono luoghi vivi della scrittura quotidiana in cui intravedo potenziali inesplorati».

2
VERSI IN TOURNÉE
«Nel 2007 ho rappresentato l'Italia alla prima Coppa del Mondo di *poetry slam* a Parigi e nel 2008 al Literaturfestival di Berlino, di cui ho curato il programma l'anno successivo. Nel 2010, dopo una residenza artistica a Berlino, ho cominciato una tournée con un progetto multilingue di *spoken word* e musica in 21 città europee».

3
PO3SIS DIGITALIS
«La poesia digitale, ovvero quei progetti artistici che non solo si trovano nei media digitali ma che sono stati composti proprio per quei media e ne usano le caratteristiche in modo significativo, ha già diverse opere notevoli all'attivo. La tecnologia apre prospettive interessanti alla creazione linguistica. Basta saperle vedere».

Elenco orizzontale

All'andamento classico verticale dell'elenco si può contrapporre un elenco orizzontale rafforzato da elementi grafici.

Wired, 2011

Un esempio:

1. Spazio e vuoto
2. Simmetria e asimmetria
3. Unità e spazio
4. Spazio come struttura visiva

L'**elenco non numerato** è una lista di paragrafi marcati da un elemento grafico detto "dingbat". Un esempio:

> Spazio e vuoto
> Simmetria e asimmetria
> Unità e spazio
> Spazio come struttura visiva e spazio tridimensionale

L'elenco può essere separato dal testo da una spaziatura verticale maggiore, ma è quasi sempre caratterizzato dall'indentazione esterna della prima riga, che fa sporgere dal testo il numero, o il segno, allineando nel contempo il testo a sinistra.

L'elenco strutturato, o nidificato, è una lista a più livelli, ordinata o non ordinata. Ne è un esempio il seguente itinerario di un viaggio in due blocchi:

> mattino
  – Basilica di San Marco
  – Palazzo Ducale
> pomeriggio
  – Peggy Guggenheim Collection
  – Isola di Murano

Indice
Pur mantenendo i [illegible]ti tipici dell'indice classico e i r[illegible] pagine, è gi[illegible] disposizione [illegible]ra.
XL, 2011

Gli indici

L'indice è l'elenco di capitoli e contenuti con i rimandi alla pagina corrispondente. In un libro o una rivista può essere messo all'inizio o alla fine, oggi prevale la prima forma. In un libro si può trovare un indice del testo, un indice dei nomi e un indice delle immagini presenti.

Considerando la funzione dei titoli, si noti come la suddivisione del testo in capitoli e paragrafi, scanditi da frequenti titoli e sottotitoli, faciliti il ritrovamento di argomenti o parti. In molti casi l'indice, o sommario, ha più livelli di titolazione; infatti, anche visivamente l'organizzazione dell'indice deve riflettere quella del libro.

Per indicare le parti, i capitoli o i paragrafi, si possono usare numeri, numeri romani o lettere.

Se in un libro l'indice deve privilegiare la leggibilità e quindi una struttura più rigida e formale, nelle riviste l'indice può creare suggestioni diverse.

La tabella

È usata per **classificare, ordinare, confrontare e presentare informazioni** sulla qualità o quantità di un determinato oggetto di analisi, facilitando il lettore nella ricerca e nella comprensione dei dati. Offre il vantaggio di **raggruppare** in uno spazio limitato una quantità di **dati** alleggerendo il testo e permettendo di presentare dettagliatamente molte informazioni non egualmente riproducibili in un grafico.

Con l'avvento dei software di videoscrittura e dei fogli elettronici la tabella è diventata di uso comune, perché facilita l'organizzazione degli elementi.

La tabella è composta da **righe** e **colonne**: l'intersezione tra le due genera l'area dei dati costituita da **celle**. Si possono prevedere intestazioni evidenziate a descrizione del contenuto di righe e colonne, ordinate alfabeticamente o con criteri di raggruppamento coerenti con il contenuto della tabella.

I numeri si incolonnano a destra, e in presenza di cifre decimali l'allineamento avviene utilizzando la virgola come punto di riferimento.

Caratteri di peso diverso, filetti e fondini colorati possono arricchire la tabella e renderne più agevole la lettura. Progettare tabelle chiare e interessanti è un problema compositivo stimolante, perché si possono inventare soluzioni nuove in modo da integrarle armonicamente dentro un progetto complessivo.

La numerazione delle pagine

Le prime pagine dei libri, quelle che portano informazioni editoriali, come colophon e frontespizio, non vanno numerate. Le pagine con le presentazioni o le introduzioni e l'indice sono numerate con una serie di numeri romani. Successivamente la numerazione ricomincia da "1" con i numeri arabi.

Il layout detta la disposizione dei numeri di pagina. La pagina simmetrica richiede la numerazione centrata perché è preferibile utilizzare un solo tipo di allineamento per pagina. La pagina simmetrica speculare richiede la numerazione a margine esterno. I numeri dispari cadono sempre sulla pagina a destra: infatti la prima pagina di un impaginato è destra.

I giovani e lo studio: i numeri chiave

per 100 giovani con le stesse caratteristiche

Fonte ISTAT

COMPETENZE 2012	ITALIA	UE 28
Punteggio medio in lettura	490,0	496,0
Studenti con scarse competenze in lettura	19,5	18,0
Studenti con elevate competenze in lettura	6,7	8,4
Punteggio medio in matematica	485,0	494,0
Studenti con scarse competenze in matematica	24,7	23,1
Studenti con elevate competenze in matematica	9,9	12,6

Gli espedienti grafici

In tipografia si sono sviluppati nel tempo una serie di accessori grafici che sono stati codificati dall'uso, tanto che formano insiemi di glifi coerenti stilisticamente.

I **filetti tipografici** catturano l'attenzione su parti del testo e possono servire a suddividerlo. I filetti orizzontali organizzano le informazioni e favoriscono la leggibilità. Il loro spessore dovrebbe accordarsi con il disegno del testo.

I **riquadri**, i **fondini** e le **cornici** sono molto usati e la loro funzione è di isolare un testo per segnalare un approfondimento rispetto al testo principale.

I **dingbat**, o fregi tipografici, sono segni ornamentali che possono far parte del set del carattere, e conferiscono un aspetto gradevole alla pagina, con un richiamo alla tradizione. Sono usati tra l'altro nelle riviste per segnare la fine di un articolo. Si possono usare al posto dei pallini di un elenco, al posto del punto alla fine di un paragrafo o ripetuti per creare una texture.

Gli **swash character** hanno forme elaborate con svolazzi che imitano la calligrafia. Adobe InDesign gestisce in modo particolare i caratteri ornati mostrandoli in una palette a parte. Si possono impiegare a conclusione di frase o per ornare un titolo: occorre sceglierli per le situazioni appropriate, ma aggiungono un tocco di eleganza e personalità alla pagina.

Espedienti grafici

Nel particolare di una pagina di rivista si nota un uso combinato di dingbat, colori e diversi tipi di font, per un efficace richiamo visivo.

Velvet, 2006

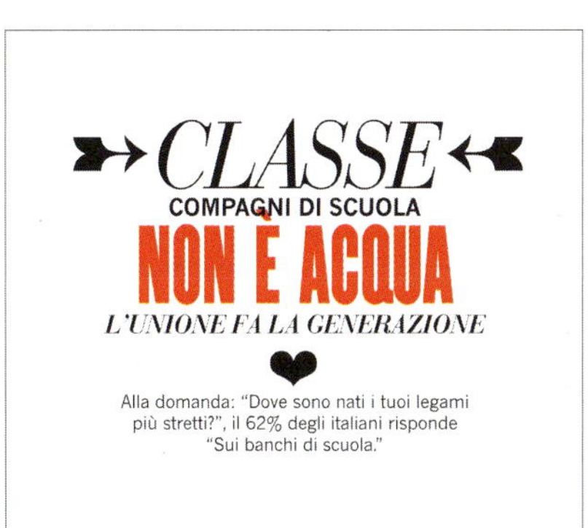
CLASSE
COMPAGNI DI SCUOLA
NON È ACQUA
L'UNIONE FA LA GENERAZIONE
Alla domanda: "Dove sono nati i tuoi legami più stretti?", il 62% degli italiani risponde "Sui banchi di scuola."

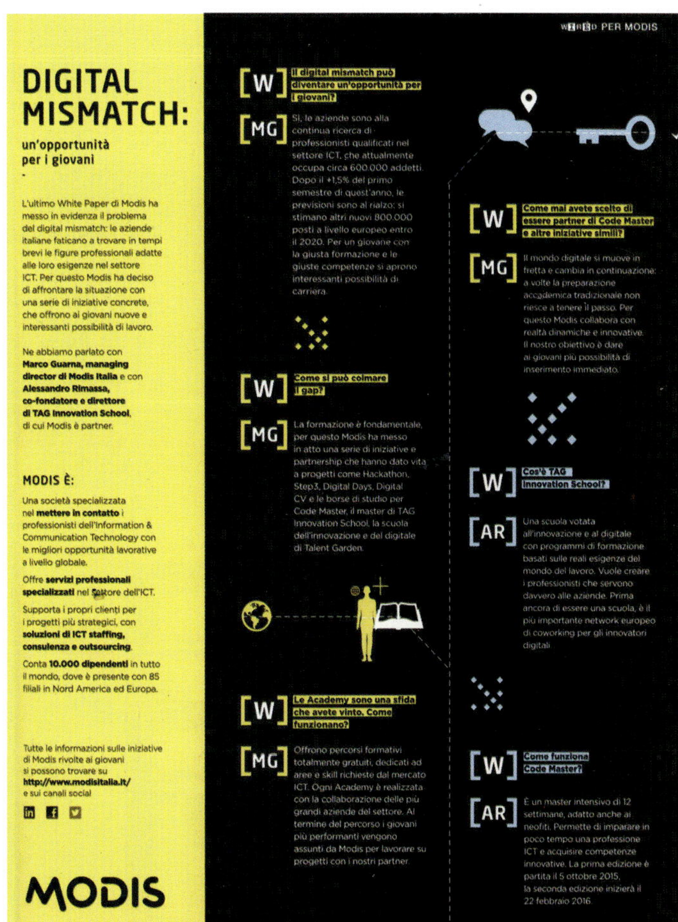
WIRED PER MODIS

DIGITAL MISMATCH:
un'opportunità per i giovani

L'ultimo White Paper di Modis ha messo in evidenza il problema del digital mismatch: le aziende italiane faticano a trovare in tempi brevi le figure professionali adatte alle loro esigenze nel settore ICT. Per questo Modis ha deciso di affrontare la situazione con una serie di iniziative concrete, che offrono ai giovani nuove e interessanti possibilità di lavoro.

Ne abbiamo parlato con **Marco Guarna, managing director di Modis Italia** e con **Alessandro Rimassa, co-fondatore e direttore di TAG Innovation School**, di cui Modis è partner.

MODIS È:

Una società specializzata nel **mettere in contatto** i professionisti dell'Information & Communication Technology con le migliori opportunità lavorative a livello globale.

Offre **servizi professionali specializzati** nel settore dell'ICT.

Supporta i propri clienti per i progetti più strategici, con **soluzioni di ICT staffing, consulenza e outsourcing**.

Conta **10.000 dipendenti** in tutto il mondo, dove è presente con 85 filiali in Nord America ed Europa.

Tutte le informazioni sulle iniziative di Modis rivolte ai giovani si possono trovare su **http://www.modisitalia.it/** e sui canali social

MODIS

[W] Il digital mismatch può diventare un'opportunità per i giovani?

[MG] Sì, le aziende sono alla continua ricerca di professionisti qualificati nel settore ICT, che attualmente occupa circa 600.000 addetti. Dopo il +1,5% del primo semestre di quest'anno, le previsioni sono al rialzo: si stimano altri nuovi 800.000 posti a livello europeo entro il 2020. Per un giovane con la giusta formazione e le giuste competenze si aprono interessanti possibilità di carriera.

[W] Come si può colmare il gap?

[MG] La formazione è fondamentale, per questo Modis ha messo in atto una serie di iniziative e partnership che hanno dato vita a progetti come Hackathon, Step3, Digital Days, Digital CV e le borse di studio per Code Master, il master di TAG Innovation School, la scuola dell'innovazione e del digitale di Talent Garden.

[W] Le Academy sono una sfida che avete vinto. Come funzionano?

[MG] Offrono percorsi formativi totalmente gratuiti, dedicati ad aree e skill richieste dal mercato ICT. Ogni Academy è realizzata con la collaborazione delle più grandi aziende del settore. Al termine del percorso i giovani più performanti vengono assunti da Modis per lavorare su progetti con i nostri partner.

[W] Come mai avete scelto di essere partner di Code Master e altre iniziative simili?

[MG] Il mondo digitale si muove in fretta e cambia in continuazione: a volte la preparazione accademica tradizionale non riesce a tenere il passo. Per questo Modis collabora con realtà dinamiche e innovative. Il nostro obiettivo è dare ai giovani più possibilità di inserimento immediato.

[W] Cos'è TAG Innovation School?

[AR] Una scuola votata all'innovazione e al digitale con programmi di formazione basati sulle reali esigenze del mondo del lavoro. Vuole creare i professionisti che servono davvero alle aziende. Prima ancora di essere una scuola, è il più importante network europeo di coworking per gli innovatori digitali.

[W] Come funziona Code Master?

[AR] È un master intensivo di 12 settimane, adatto anche ai neofiti. Permette di imparare in poco tempo una professione ICT e acquisire competenze innovative. La prima edizione è partita il 5 ottobre 2015, la seconda edizione inizierà il 22 febbraio 2016.

Suddividere la pagina

Lo spazio è suddiviso visivamente da filetti e fondini colorati che consentono di ripartire e gerarchizzare la pagina.

Wired, 2016

6. Suggerimenti per comporre

Perché alcune immagini funzionano meglio di altre? Perché l'occhio è attratto di più dall'armonia che dal disordine?

Gli uomini, fin dai tempi più remoti, hanno imparato come armonizzare un campo visivo e conoscono, a volte più o meno consapevolmente, le regole che poi applicano nelle opere artistiche. L'efficacia di queste regole è percepita comunemente proprio per il modo in cui funziona la fisiologia della percezione umana. Tuttavia solo a partire dal 1924, per la prima volta, questi meccanismi sono stati identificati e descritti dalla Gestaltpsychologie, abbreviata in Gestalt, la psicologia della forma.

Il principio guida della Gestalt è che l'**insieme degli elementi conta di più di ciascun elemento preso singolarmente**, ossia che nella visione delle cose l'intero vale più della somma dei singoli elementi.

Quando si osserva una via trafficata si vede uno scenario fisso (il cielo, la strada, le case) e degli oggetti in movimento (i passanti, le auto); ogni cosa è illuminata dal sole e proietta ombre che si spostano insieme agli oggetti. Un insieme che genera una miriade di stimoli visivi sovrapposti. Ciò accade perché il mondo è complesso, e la mente dell'uomo ha elaborato strategie per distinguere le cose importanti nella confusione circostante. Per la soluzione dei problemi di caos visivo, la mente applica la regola del passaggio dal complesso al semplice. Per esempio, al fine di non essere sopraffatta dagli stimoli la mente raggruppa gli oggetti che hanno caratteristiche comuni. Questi raggruppamenti si formano in base a una gerarchia e hanno effetto sulla nostra percezione delle cose: più è forte questo effetto, più chiara e netta sarà la percezione.

Nella grafica, è il raggruppamento di oggetti sulla pagina a contribuire alla costruzione dell'ordine nella composizione visiva. L'applicazione pratica dei principi che sono enunciati dalla Gestalt è uno dei mezzi più potenti per **creare unità e ordine** nella visione. Inoltre chi produce le immagini applica queste regole per guidare l'osservatore, il suo pubblico, verso un obiettivo preciso.

Per ottenere l'effetto contrario, cioè per esaltarne la singolarità, si separano gli oggetti; si applica la rottura dello schema usato per formare raggruppamenti di oggetti grafici e dare unità. Questi sono i principi utili per creare varietà e differenza rispetto al contesto o all'abitudine: è l'elemento che aggiunge interesse all'imma-

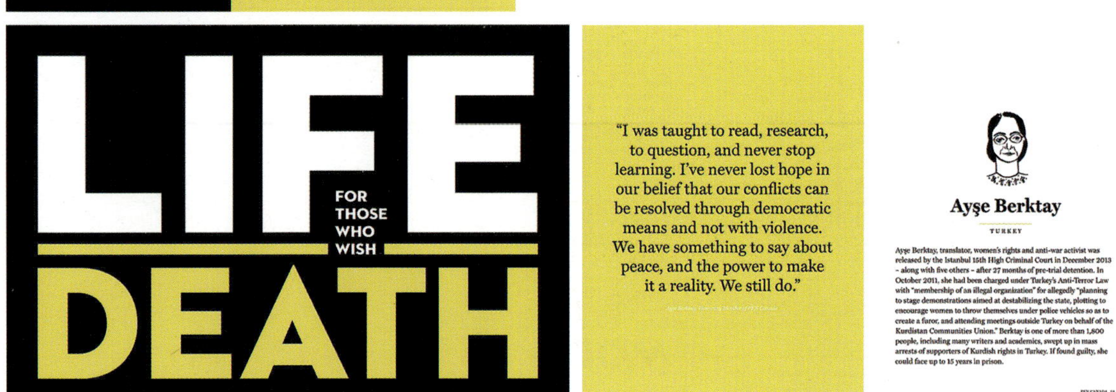

Coppie di pagine di brochure

Ritmo, ripetizione del contrasto e una scelta cromatica forte sono le caratteristiche di queste pagine.

Agenzia Parcel Design, This Book Is Political, Canada 2016

gine. Il trucco consiste nel bilanciare questi due opposti, **unità** e **varietà**: troppa unità nel design grafico crea noia e ripetitività, troppa varietà porta alla confusione. Si faranno qui alcune considerazioni sul testo scritto nella sua relazione con il campo osservando i modi secondo i quali il testo viene disposto sulla pagina. La conoscenza e l'adesione alle leggi che regolano la visione sono di aiuto per una progettazione grafica corretta e per fissare dei parametri di qualità: in conseguenza di ciò si sarà in grado di capire e motivare perché una comunicazione visiva funziona oppure perché un'altra, al contrario, non raggiunge il suo obiettivo. In sostanza si sarà pronti a rispondere alle domande che ci si è posti all'inizio di queste pagine.

Le molteplici regole di organizzazione del campo visivo possono essere condensate in **quattro tecniche**:

> raggruppare;
> allineare;
> ripetere;
> contrastare.

RAGGRUPPARE

Oggetti accostati sono percepiti come parte dello stesso insieme. Gli oggetti che si vogliono in relazione tra loro devono essere raggruppati creando insiemi chiusi.
Si possono così organizzare logicamente le informazioni. Si riduce il disordine, offrendo al lettore una struttura chiara.

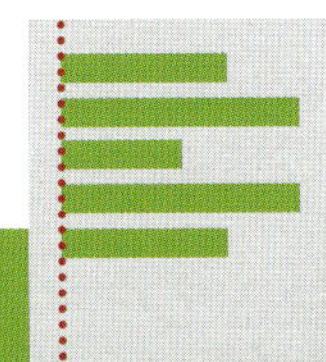

ALLINEARE

Nulla va collocato in modo arbitrario sulla pagina. Ogni elemento deve avere una connessione logica con gli altri, per congiunzione o disgiunzione. L'allineamento mette in rapporto gli elementi con la pagina, che ha sempre i lati paralleli, e li connette tra loro. Mette ordine e aiuta il lettore a riconoscere le parti.

RIPETERE

È possibile ripetere elementi visuali sulla pagina, in base a colore, forma, texture, relazioni spaziali, spessore di linee, oppure font con lo stesso disegno o dimensione.
Lo sguardo del lettore trova connessioni, e quindi raggruppa, oggetti che condividono una o più di tali caratteristiche.

CONTRASTARE

Il contrasto è il motivo di maggiore attrazione della pagina, perché indica al lettore la cosa da guardare per prima e gli offre la guida per orientarsi.
Se gli oggetti, come i caratteri, i colori, le dimensioni, lo spessore di linee, di forme, sono solo leggermente diversi, ma non contrastanti, si crea soltanto un disarmonico conflitto.

Osserva: raggruppare

Nella pagina gli elementi correlati per senso, siano essi immagini o testo, vanno uniti, **correlati**. Occorre guidare gli occhi del lettore sul campo, indicargli il percorso, costringerlo a fermarsi e ad arrivare al bersaglio, quindi costruire una progressione logica sulla pagina: da un inizio importante a una fine decisa e convincente.

Accostare nello spazio elementi simili aiuta a leggere e a ricordare, così come **organizzare gli spazi** vuoti, bianchi. Bisogna evitare:

> di avere troppi elementi simili sparsi sulla pagina;
> di infilare elementi negli angoli;
> di avere il medesimo spazio vuoto tra gli elementi di un gruppo e un altro elemento estraneo;
> di creare relazioni improprie tra elementi che non hanno nulla in comune.

Il panico del foglio bianco è la sensazione che coglie quando si deve ideare da zero una pagina e che spinge a disporre un oggetto qui e uno là; ma se gli elementi sono disseminati ovunque si satura lo spazio, e la pagina risulta disorganizzata e di difficile lettura. Occorre perciò raggruppare insieme gli elementi correlati: gli oggetti che sono spazialmente staccati e indipendenti offrono indizi contrastanti al lettore e lo mettono in allerta. Si confrontino per esempio, i due elenchi riportati qui di seguito.

Gli studenti più bravi della scuola

Daniela
Piero
Luana
Ettore
Giovanni

Gli studenti più bravi della scuola

Daniela
Piero
Luana

Ettore
Giovanni

Biglietto da visita
Se gli elementi sono dispersi sul campo e danno segnali contrastanti, come due neretti, l'occhio non sa da che parte cominciare e dove finire la lettura.

Il redesign
Il raggruppamento organizza sia concettualmente che visivamente le informazioni.

La prima lista mostra un solo gruppo, la seconda introduce uno stacco che crea due gruppi: gli studenti Ettore e Giovanni, dopo averla letta e constatato che non è in ordine alfabetico, rimangono giustamente perplessi. La lista metterà in testa il più bravo e gli altri a seguire?

Lo spazio bianco designa un primo gruppo di bravissimi rispetto a un secondo gruppo, staccato, dei “solo bravi”; forse si tratta di un errore casuale, un piccolo dubbio tuttavia si affaccia. Il fatto di essere separati dagli altri vuol dire qualcosa?

Quando si è invitati a una festa e si trovano le persone che stanno parlando in piccoli gruppi isolati, si è indotti a pensare che stiano avendo tra loro una forma di interazione sociale: se alcuni sono vicini visivamente, è facile supporre un legame.

La vicinanza sulla pagina, e nell’esperienza di vita quotidiana, implica il concetto di “relazione”.

Dare senso raggruppando

Per un grafico è necessario entrare nella logica del testo per comprenderne il significato, e la lettura serve per stabilire gerarchia nel testo, evidenziare alcune cose più notevoli di altre, che saranno segnalate al lettore in modo evidente, e creare insiemi e sottoinsiemi. Tutto ciò è semplice quando le informazioni sono poche, ma diventa più complicato mano a mano che la pagina, o il documento, ne contiene un numero crescente. Se si sta progettando una comunicazione commerciale oppure un invito, un menù, un pieghevole, facilmente accadrà di imbattersi in testi che hanno una struttura come quella che segue.

Analizzando il confuso indice della rivista “Tutto sui robot” con titoli e occhielli di articoli, si scopre che è difficile ritrovare le informazioni. Nel redesign a fianco, i titoli degli articoli sono evidenziati e accostati fisicamente al relativo occhiello, assegnando quindi il medesimo spazio bianco tra un articolo e l’altro, a indicare che sono strettamente collegati tra loro.

✗

Tutto sui robot

pag. 3 - I robot stanno per diventare “persone elettroniche”?

Un gruppo di lavoro formula una proposta di dare uno status giuridico
ai robot, per evitare eventuali vuoti normativi.

pag. 6 - Elon Musk racconta i prossimi 10 anni di Tesla

Elon Musk mostra il Master plan di Tesla tra energia solare, automobili, camion e car sharing.

pag. 9 - Guarda Emma, il robot fisioterapista

Sensori e un braccio robotico per curare le contratture del futuro. Guarda come funziona.

pag. 10 - Robot chirurgici, arriva il senso del tatto

Una sonda invia feedback sulla consistenza dei tessuti durante gli interventi chirurgici.

pag. 12 - Ecco R1, il nuovo robot domestico dell’Iit

Il nuovo robot lavorerà in ambito personale e domestico e guarda velocemente all’approdo sul mercato.

✓

Tutto sui robot

pag. 3 - I robot stanno per diventare “persone elettroniche”?
Un gruppo di lavoro formula una proposta di dare uno status giuridico
ai robot, per evitare eventuali vuoti normativi.

pag. 6 - Elon Musk racconta i prossimi 10 anni di Tesla
Elon Musk mostra il Master plan di Tesla tra energia solare, automobili, camion e car sharing.

pag. 9 - Guarda Emma, il robot fisioterapista
Sensori e un braccio robotico per curare le contratture del futuro. Guarda come funziona.

pag. 10 - Robot chirurgici, arriva il senso del tatto
Una sonda invia feedback sulla consistenza dei tessuti durante gli interventi chirurgici.

pag. 12 - Ecco R1, il nuovo robot domestico dell’Iit
Il nuovo robot lavorerà in ambito personale e domestico e guarda velocemente all’approdo sul mercato.

Il menù della mensa

La lista di questa scuola primaria è veramente illeggibile: il problema consiste nel fatto che tutto è posto allo stesso livello. Nel ridisegno:

> sono stati individuati nel testo i gruppi formati dai giorni, evidenziati con Univers bold e un corpo maggiore;
> per ogni giornata sono stati distinti i sottogruppi formati da primo e secondo piatto, rientrati i primi e ulteriormente rientrati i secondi rispetto ai primi;
> un pittogramma evidenzia frutta e dessert, che di solito costituiscono la portata più attesa dagli scolari;
> la stampa su carta colorata suggerisce un colore caldo e appetitoso, senza gravare sui costi;
> i giorni, messi in negativo su rettangolo nero, acquistano particolare risalto.

Si possono trovare altre soluzioni interessanti creando due colonne di testo.

Nel menù scolastico reimpaginato i testi sono disposti evidenziando i livelli di lettura. Attribuendo un punteggio a ogni livello si ottiene:

1. tutti i giorni della settimana il punteggio 1;
2. i primi piatti il 2;
3. i secondi il 3;
4. la frutta o dessert il 4.

Il 4 sarà di ordine minore ma non meno importante, perché frutta e dessert possono costituire un motivo di interesse goloso per i bambini di una scuola, ma non il principale per i loro genitori.

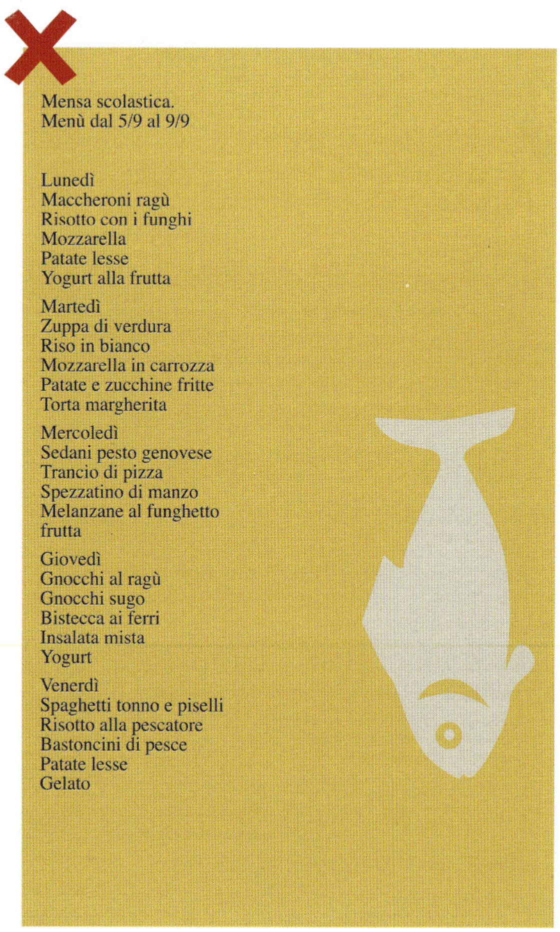

Il poster "Le scienze raccontate"

Il poster è il programma di un ciclo di conferenze con uno stucchevole allineamento a epigrafe e nessun raggruppamento a indicare la scansione delle giornate, i titoli delle conferenze e le date.

Nel ridisegno sono state mantenute le font della versione originale Univers per il titolo e Times per il resto. Tuttavia la grossa differenza è costituita dal raggruppamento concettuale delle informazioni: ogni giornata ha la sua evidenza con la data a margine destro ed è divisa dalla successiva con il filetto. Il titolo è stato evidenziato con Univers bold.

Ora ci sono più livelli di lettura:

1. la data;
2. il titolo della conferenza;
3. una presentazione sintetica;
4. il nome del relatore.

A perfezionare la composizione, l'allineamento a destra conferisce robustezza alla pagina.

Ma l'allineamento sarà l'argomento successivo di queste pagine.

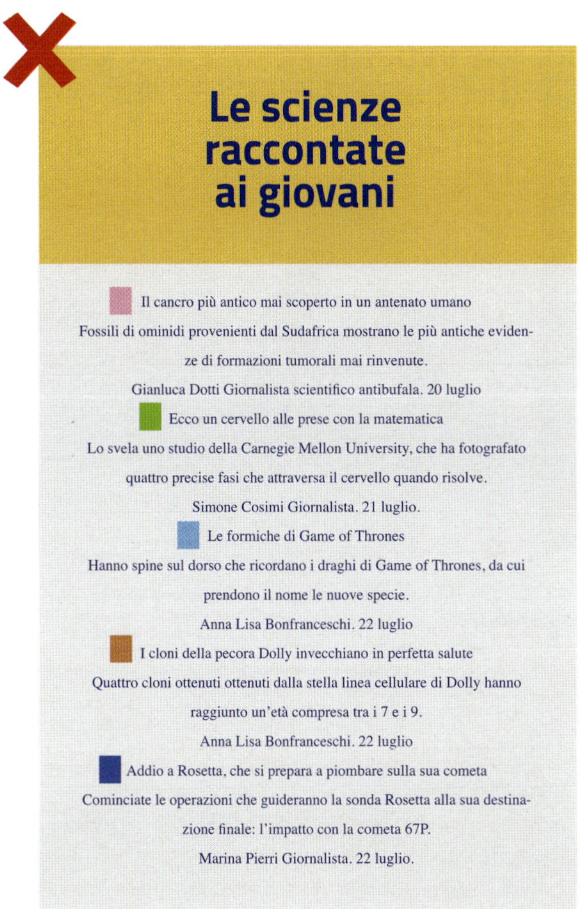

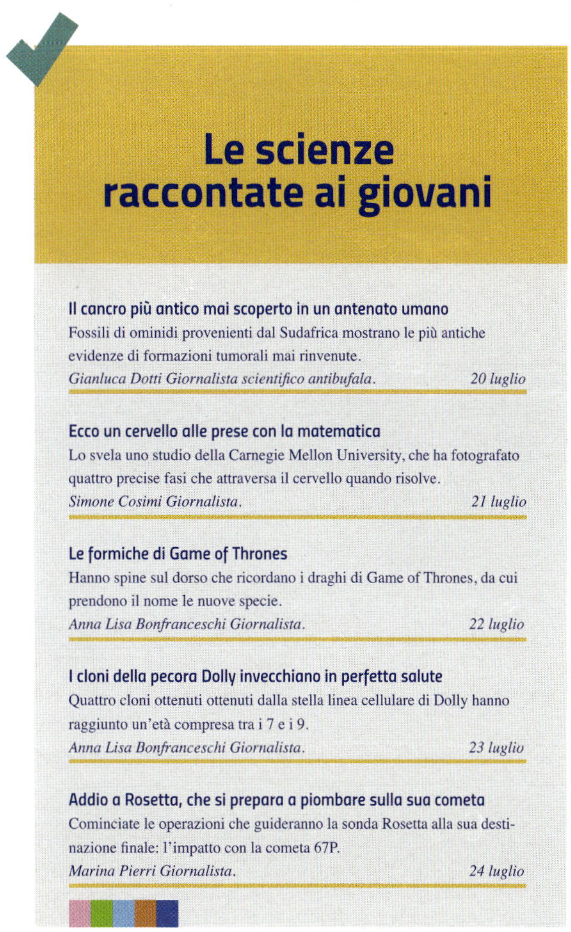

Osserva: allineare

Il secondo principio da osservare nella composizione della pagina, dopo il raggruppamento, è l'allineamento. Nulla va collocato sulla pagina in modo casuale: ogni oggetto deve avere un collegamento con la pagina e con gli altri oggetti che sono compresenti.

Gli elementi allineati creano una forte unità: anche se sono separati da spazi vuoti, una linea invisibile li accomuna agli occhi e per la sensazione di chi guarda.

Ogni elemento nella pagina deve avere una connessione visiva con gli altri, e se c'è uno spazio vuoto che li separa questa connessione sarà data dall'allineamento. Avremo così una pagina unificata e organizzata coerentemente. Un forte allineamento contribuisce, a seconda dei casi, a dare un aspetto formale, informale, casual o sofisticato.

Biglietto da visita

Il biglietto a epigrafe mostra un apparente allineamento: tutte le righe sono disallineate e c'è solo una centratura rispetto al campo.

Il redesign
L'allineamento conferisce forza alla composizione.

Copertina

Una copertina con impaginazione piuttosto debole e un po' ingenua.

Il redesign
L'allineamento a sinistra le conferisce forza. Sono separati i due gruppi di informazioni: l'argomento del testo e l'autore. Ma i testi hanno un invisibile elemento in comune: l'allineamento a sinistra.
La grande A, carattere Bodoni, sovrapposta a una A, carattere Univers, crea un elemento dinamico e di sorpresa.

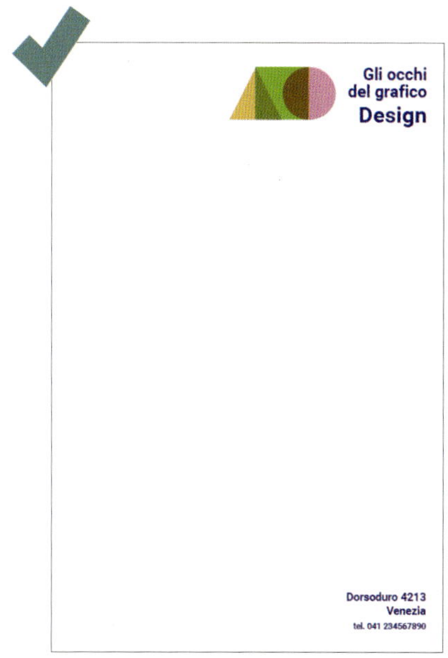

Carte intestate

La prima è composta in modo noioso: la rende tale l'allineamento al centro. Il bordo tratteggiato racchiude tutto e contribuisce a soffocare la pagina.

Il redesign
L'allineamento a sinistra la rende moderna e sofisticata.

L'allineamento è a destra, ma sul margine interno, con leggeri interventi sul testo: in basso sono allineati indirizzo e marchio.

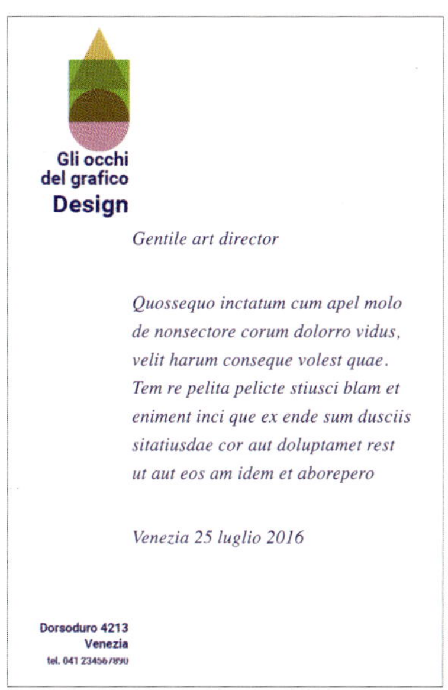

Forte allineamento sul margine di sinistra, dove sarà composto il blocco di scrittura della lettera vera e propria.

La carta intestata va allineata al centro quando lo richieda un committente particolarmente formale, dove è opportuno un aspetto tradizionale e rassicurante.

Osserva: ripetere

Nella composizione della pagina la ripetizione è il terzo principio da considerare dopo l'avvicinamento e l'allineamento. La ripetizione lega insieme elementi debolmente strutturati, come avviene nelle canzoni quando il **ritornello**, ripetendo motivo e parole, **unisce una composizione** che altrimenti è libera.

È utile ripetere qualche elemento entro la pagina o su pagine diverse; può essere un carattere evidenziato, un elemento grafico, le relazioni spaziali tra elementi, un colore, una particolare forma, una linea sottile, i pallini o i dingbat di un elenco, un'immagine o una forma, qualsiasi cosa che lo sguardo possa cogliere nell'insieme o in sequenza, che possa fungere da segnaposto e dare unitarietà alla composizione.

Anche se gli elementi vengono ripetuti su pagine diverse (come una linea in testa, lo stesso pallino a inizio paragrafo, il numero di pagina evidenziato da una font originale, o in colore, o dentro un box), ebbene questi elementi costituiscono la consistenza del progetto grafico, la continuità che fa capire al lettore che nella stessa pagina alcune cose appartengono allo stesso insieme, oppure che pagine diverse fanno parte della stessa pubblicazione.

Questo mese

INTERNET
- Facebook e Twitter, le prossime tv dello sport

ATTUALITÀ
- Aspettando Rio 2016

GADGET
- Ecco come funziona una camera bianca

GIOCHI
- I 10 migliori fantasmi del cinema

ATTUALITÀ
- Da chi si procura le armi lo Stato Islamico

SCIENZA
- Le formiche di "Game of Thrones"

Ripetere per organizzare
Anche se il documento è composto di una sola pagina, gli elementi ripetitivi stabiliscono una continuità e contribuiscono a mantenere l'insieme unitario.
In questo riquadro sono ripetuti:
- il carattere neretto
- il carattere normale
- i punti elenco
- la spaziatura
- il filetto bianco.

È utile usare nella stessa pagina degli elementi ripetuti, grafici o testuali, per rafforzare la struttura compositiva e aggiungere interesse visivo.

Ripetizione su più pagine
Quando si ha a che fare con più pagine, la ripetizione non è solo utile, ma essenziale. Sulle pagine iniziali di capitolo di un report aziendale sono ripetuti:
- il titolo su fondino blu
- l'occhiello
- le titolazioni di secondo livello
- le finestre con foto
- i grafismi
- le spaziature.

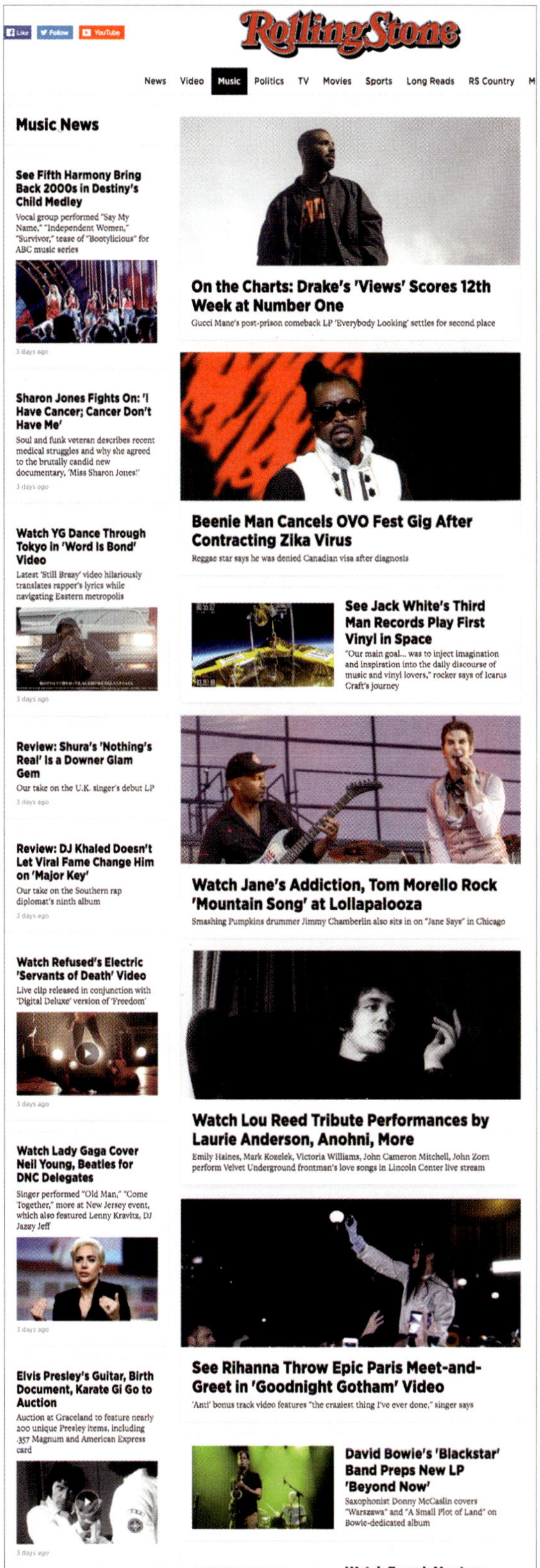

Rolling Stone

Like · Follow · YouTube

News · Video · Music · Politics · TV · Movies · Sports · Long Reads · RS Country

Music News

See Fifth Harmony Bring Back 2000s in Destiny's Child Medley
Vocal group performed "Say My Name," "Independent Women," "Survivor," tease of "Bootylicious" for ABC music series

On the Charts: Drake's 'Views' Scores 12th Week at Number One
Gucci Mane's post-prison comeback LP 'Everybody Looking' settles for second place

Sharon Jones Fights On: 'I Have Cancer; Cancer Don't Have Me'
Soul and funk veteran describes recent medical struggles and why she agreed to the brutally candid new documentary, 'Miss Sharon Jones!'

Beenie Man Cancels OVO Fest Gig After Contracting Zika Virus
Reggae star says he was denied Canadian visa after diagnosis

Watch YG Dance Through Tokyo in 'Word Is Bond' Video
Latest 'Still Brazy' video hilariously translates rapper's lyrics while navigating Eastern metropolis

See Jack White's Third Man Records Play First Vinyl in Space
"Our main goal... was to inject imagination and inspiration into the daily discourse of music and vinyl lovers," rocker says of Icarus Craft's journey

Review: Shura's 'Nothing's Real' Is a Downer Glam Gem
Our take on the U.K. singer's debut LP

Review: DJ Khaled Doesn't Let Viral Fame Change Him on 'Major Key'
Our take on the Southern rap diplomat's ninth album

Watch Jane's Addiction, Tom Morello Rock 'Mountain Song' at Lollapalooza
Smashing Pumpkins drummer Jimmy Chamberlin also sits in on "Jane Says" in Chicago

Watch Refused's Electric 'Servants of Death' Video
Live clip released in conjunction with 'Digital Deluxe' version of 'Freedom'

Watch Lou Reed Tribute Performances by Laurie Anderson, Anohni, More
Emily Haines, Mark Kozelek, Victoria Williams, John Cameron Mitchell, John Zorn perform Velvet Underground frontman's love songs in Lincoln Center live stream

Watch Lady Gaga Cover Neil Young, Beatles for DNC Delegates
Singer performed "Old Man," "Come Together," more at New Jersey event, which also featured Lenny Kravitz, DJ Jazzy Jeff

See Rihanna Throw Epic Paris Meet-and-Greet in 'Goodnight Gotham' Video
'Anti' bonus track video features "the craziest thing I've ever done," singer says

Elvis Presley's Guitar, Birth Document, Karate Gi Go to Auction
Auction at Graceland to feature nearly 200 unique Presley items, including .357 Magnum and American Express card

David Bowie's 'Blackstar' Band Preps New LP 'Beyond Now'
Saxophonist Donny McCaslin covers "Warszawa" and "A Small Plot of Land" on Bowie-dedicated album

Watch French Montana,

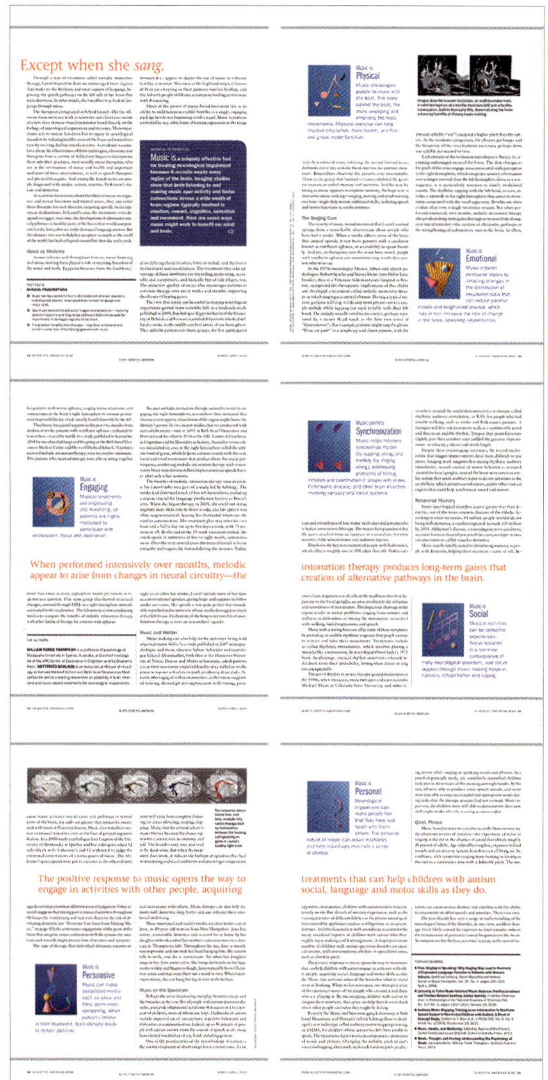

Ripetizione su periodico

Per una rivista cartacea è importante stabilire connessioni forti e avere carattere. Così da mantenere la sua identità visiva.
In questo esempio si ripetono:

- la griglia di impaginazione
- le titolazioni
- i colori guida
- i grafismi
- i ricorrenti.

Scientific American

Ripetizione su home page

Per l'home page di un periodico è fondamentale stabilire connessioni forti dall'inizio alla fine della pagina, che può essere a molte videate di distanza dall'intestazione, e ancora di più tra le diverse pagine.
In questo esempio si ripetono:

- le titolazioni
- l'occhiello
- i riquadri
- lo schema foto-didascalia.

Rolling Stone

Osserva: contrastare

Il contrasto è uno dei modi più efficaci per aggiungere **interesse visivo** alle pagine.

Ci sono molti espedienti adatti a ottenere contrasto in una composizione di testo e immagini, per esempio usando:

> un carattere chiaro contro un carattere scuro;
> un carattere grande contro un carattere piccolo;
> una font con grazie contro una font senza grazie;
> un campo negativo contro un campo positivo;
> un colore caldo contro un colore freddo;
> una texture omogenea contro una texture a grana grossa;
> una linea grossa contro una linea sottile;
> una struttura o un elemento verticale contro un elemento orizzontale;
> gli spazi vuoti contro gli spazi pieni.

La tecnica del contrasto ha due obiettivi:

> **creare interesse** nella pagina, che sarà letta con maggior curiosità;
> **organizzare le informazioni** in modo che il lettore possa essere condotto con ordine e logica dall'una all'altra.

In genere il modo più usato per ottenere il contrasto è l'uso accorto dei caratteri e delle dimen-

Peso di font

Forma di font

Grafismi (come i filetti)

Positivo e negativo

Colore

Texture

Orizzontale e verticale

Pieno e vuoto

Diverse forme di contrasto

sioni, ma non bisogna dimenticare il colore, lo spazio tra gli oggetti e gli elementi grafici. Il contrasto tuttavia non deve mai essere usato per confondere o portare l'attenzione dove non è necessario. Il contrasto guida l'occhio sulla pagina ed è il modo più stimolante per il grafico di aggiungere interesse visivo: occorre però applicarlo con nettezza e determinazione. Il contrasto si ottiene quando gli elementi sono effettivamente differenti: se la differenza tra elementi è piccola, al contrario, si avrà solo **conflitto**. Non si crea contrasto tra un corpo di 12 punti e un corpo di 14 punti, che sono molto simili, ma tra una misura di corpo e il suo doppio, ossia tra 12 e 24 punti.

Stabilire un punto focale d'attrazione

Nella pagina 1 gli elementi visivi hanno lo stesso peso, quindi non c'è contrasto. Le altre pagine sono caratterizzate da diverse soluzioni di contrasto: sulla pagina 2 una delle due immagini diventa il punto forte di attenzione; sulla pagina 3 predomina il titolo; sulla pagina 4 il punto di attrazione è costituito dall'immagine.

7. Venti regole di impaginazione

1. Impostare un formato di carta standard piuttosto che un formato non standard. C'è un risparmio di carta che fa bene a tutti.

2. Accertarsi che il testo sia davvero nella versione definitiva, perché correggerlo dopo l'impaginazione è più faticoso. Se si importa da un programma di videoscrittura, cancellare gli stili importati.

3. Pulire il testo da spaziature manuali, MAIUSCOLE usate senza necessità, stili che possono interferire con l'impaginato.

4. La griglia è uno strumento che facilita l'impaginazione, ma non deve essere applicata a discapito del buon senso. Una riga sulla pagina allineata su una griglia invisibile rimane appesa al nulla.

5. Usare la griglia per dimensionare e posizionare con precisione immagini, didascalie e testo.

6. Scegliere un carattere appropriato al senso del testo e un formato di agevole lettura: il carattere a video apparirà più piccolo del suo stampato. Nel caso si debba usare un formato di testo molto piccolo, aumentare la distanza tra i caratteri, l'avvicinamento.

7. Non impostare la riga con più di 60 battute, compresi gli spazi. La colonna sarà commisurata alla riga: se il formato della pagina lo permette, raddoppiare la colonna.

8. Aggiustare manualmente l'avvicinamento tra lettere sui titoli e i testi in corpo grande.

9. Non mettere il punto finale sui titoli e non sillabarli. Se vanno su più righe, dividere il testo tenendo conto del senso.

10. Il contrasto tra caratteri, allineamenti, dimensioni deve essere consistente, altrimenti sembrerà non voluto.

11. Non mettere insieme più di tre font per pagina. Usare piuttosto disegni diversi della stessa font (chiaro, neretto, nerissimo).

12. Evitare di usare troppo testo evidenziato con neretti, corsivi, sottolineato.

13. Giustificare sempre il testo con la sillabazione attivata, per la quale ogni lingua ha regole proprie. Sillabare manualmente dove necessario.

14. Evitare orfane e vedove.

15. Evitare il testo lungo a epigrafe o a bandiera allineato a destra.

16. Allineare orizzontalmente le righe sulle colonne vicine usando la griglia delle linee di base.

17. Usare in modo appropriato gli strumenti del software per numerare in automatico le pagine, creare gli indici, creare i ricorrenti (testate e piedini).

18. Attivare le abbondanze delle pagine al vivo se si prevede che le immagini escano dal taglio pagina.

19. Accertarsi di usare immagini adatte alla stampa sia per la risoluzione che per il formato di salvataggio.

20. A fine lavoro generare con il software il "pacchetto" per la stampa, verificando che non manchino collegamenti, e trasmetterlo al service di stampa con una bozza cartacea.

Anatomia della pagina stampata

Titoli correnti e numeri di pagina
Sui margini superiore e inferiore. Servono per orientare il lettore.

Occhiello
Breve testo sopra il titolo che identifica la categoria del pezzo.

Colonne

Filetto tratteggiato

Titolo

Strillo
Brano che sintetizza il contenuto dell'articolo.

Immagine al vivo
Esce dal taglio della pagina.

Didascalia
Testo che descrive l'immagine.

Corpo del testo
Testo principale, detto anche "testo corrente".

Dingbat
Grafismo che separa paragrafi o indica una chiusura del testo.

Numero di pagina

Wired Numero speciale

STORIA DI COPERTINA

Roberto Robotnick

NOI ROBOT

Presto saremo dieci miliardi. La nostra sopravvivenza sarà impossibile se non sviluppiamo umanoidi intelligenti, medicina di precisione, reti di sensori.

Lo studio di memorie sempre più grandi e capaci di apprendere

Il mondo nuovo verso il quale stiamo avanzando sollecita in tutti noi dubbi e speranze, aspettative e incertezze e ci pone di fronte ad un sistema complesso di sentimenti, anzi, ammettiamolo, ad un senso di disorientamento. Certo sarebbe molto più rassicurante poter individuare un punto di partenza ed un punto di arrivo in un tracciato così articolato. Ma il senso della storia ci indica percorsi sovrapposti, concomitanze, concause, casualità e scelte consapevoli, variabili di varia natura, ovvero le ragioni e le dinamiche che hanno sempre accompagnato la storia dell'uomo e che hanno avuto nella comunicazione e nell'innovazione i motori propulsori del cambiamento. Se guardiamo alla comunicazione, per millenni saperi e civiltà sono stati accompagnati dalla parola, dalla lettura e dalla scrittura, tre codici familiari e alla portata di ogni comprensione.

Regnanti, scienziati, prelati, commercianti e gente comune sono stati per secoli gli agenti promotori dello sviluppo delle comunicazioni. I messaggi, le comunicazioni personali, le informazioni commerciali dei nascenti mercati dovevano viaggiare da un luogo all'altro, mentre nozioni, ricerche e saperi dovevano essere custoditi nel tempo per essere ulteriormente arricchiti e per essere trasferiti alle generazioni successive.

L'avvento dell'uso dei caratteri mobili e della stampa ribaltò il controllo plurisecolare sulla conoscenza, offrendo le basi per una prima diffusione di massa del sapere e contribuendo così ad aprire le società dell'epoca a nuovi confini e alla prima libera circolazione delle merci.

◆◆

Così la scoperta di Gutenberg trasferì i testi dalle trascrizioni degli amanuensi alla carta che proveniva dalla Cina. La scoperta del nuovo mondo, lo sviluppo della scienza e delle arti furono causa ed effetto del grande sviluppo di quel tempo. Lì risiedono le radici moderne della globalizzazione: nelle grandi scoperte, nel primo trasferimento di massa di nuove colture e di nuove culture da un continente all'altro. Parallelamente, uno dei tratti distintivi più forti del mondo in cui viviamo rispetto a quello in cui vivevano i nostri antenati è dato dalla nostra abilità collettiva di costruire strumenti sempre più complessi.

Se guardiamo ai processi di innovazione, la storia dell'uomo è sempre stata scandita dalla introduzione di strumenti che hanno consolidato i modi di vivere e tracciato i percorsi di civiltà. Così è stato dall'era della caccia e del nomadismo. Così è stato dalla successiva età dell'agricoltura, accompagnata dalle prime attività di allevamento e successivamente dalla nascita dei primi mercati.

Innovazioni strategiche

La maggior parte delle innovazioni strategiche dell'industria tessile dell'epoca derivò dalla trasformazione di strumenti già in uso, piuttosto che dallo studio sistematico di teorie scientifiche: il telaio meccanico azionato ad acqua, ad esempio, fu inventato da un barbiere di Preston, mentre il filatoio multiplo fu messo a punto da un tessitore a mano del Lanc asc ci de ashire.

Ci vollero ancora e molti dei decenni, perché anche rivoluzione dei trasporti, la trasformazione delle strutture economiche, l'aumento della produttività, la nascita della competizione internaz le del ion ale solle cita ssero la nascita dei primi laboratori di ricerca e perché questi si affiancassero prima alle romantiche figure degli ingegnosi inventori, per sostituirli nel volgere di poche stagioni.

Con il secolo che si è appena chiuso si realizza una compiuta sovrapposizione tra scienza e tecnologia, ma con una costante. Se guardiamo all'arco e alla carrucola, all'asfalto e all'ascensore, abbiamo solo un piccolo esempio di invenzioni il cui impatto è andato ben al di là dei fini a cui erano destinate.

Continua a pag. 11

8 Inverno 2015/16

Firma
Il nome dell'autore dell'articolo. Può comparire anche alla fine del testo.

Box
Pezzo breve inserito in un articolo. Di solito approfondisce un argomento.

Fondino colore
Isola ed evidenzia parte del testo.
È dotato di margini propri.

Sottotitolo
Identifica una sezione dell'articolo.

Testo a sagoma
Contorna l'immagine seguendone il profilo.

Rimando
Segnala dove trovare il seguito del testo.

Piè di pagina
Titolo del libro o dell'articolo e numero di pagina. Collocato sul margine basso, aiuta il lettore a orientarsi.

Spazio fra le colonne

Fondino al vivo
Se il fondino colorato e le immagini vanno oltre il formato della pagina, occorre prevedere 4 mm di abbondanza.

8. Tavola riassuntiva

Formati
Orizzontale, quadrato, verticale, broadside.

Articolazione del testo
Frase, paragrafo, capitolo, libro. In grafica il paragrafo è tutto ciò che è contenuto tra due invii a capo.

formati

verticale orizzontale quadrato broadside

frase

La composizione manuale è ancora usata.

paragrafo

¶
Nella Bibbia di Gutenberg e nei libri stampati durante il Quattrocento, gli incunaboli, i testi erano composti senza interruzione di sorta se non con la punteggiatura; l'introduzione degli accorgimenti che facilitano la lettura, che a noi sembra così normale trovare in un libro, è avvenuta lentamente. ¶

Misure
Per la stampa è preferibile progettare nei formati UNI per non sprecare carta.

Margini
Ogni campo dovrebbe avere dei margini.
Si dicono di testa o superiore, di piede o inferiore, di destra, di sinistra. Possono essere tutti di misura uguale o calcolati sulle proporzioni della pagina.

Gabbia
È lo spazio delimitato dai margini.

Griglia
È la suddivisione in moduli verticali della gabbia e genera le colonne. La suddivisione orizzontale genera le righe.

Colonna
Suddivisione verticale della gabbia, lo spazio contenuto dentro i margini.

Modulo
Risulta dalla divisione verticale e orizzontale dello spazio dentro la gabbia.

Griglia delle linee di base
Mantiene allineati titoli e testo in orizzontale tra le colonne. Serve anche a determinare la suddivisione in moduli della gabbia; per esempio, una colonna con 52 linee di testo può essere divisa in sette moduli da sei righe ciascuno.

pagina

griglia con moduli

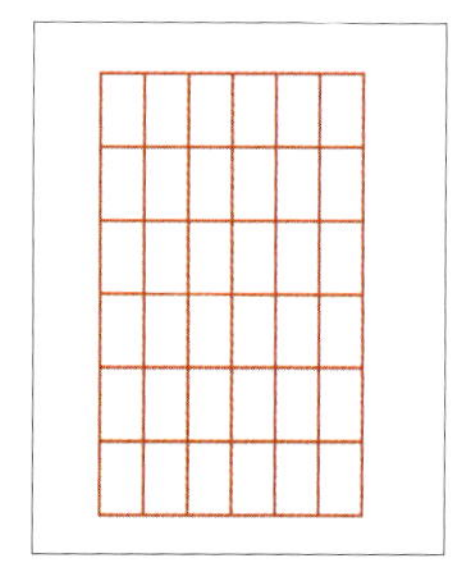

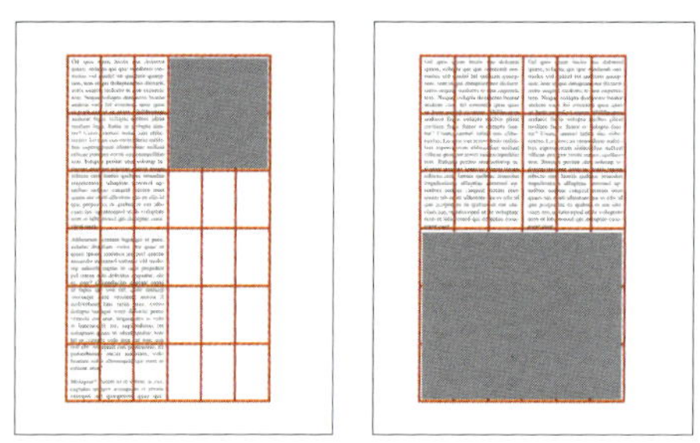

applicazioni della griglia modulare

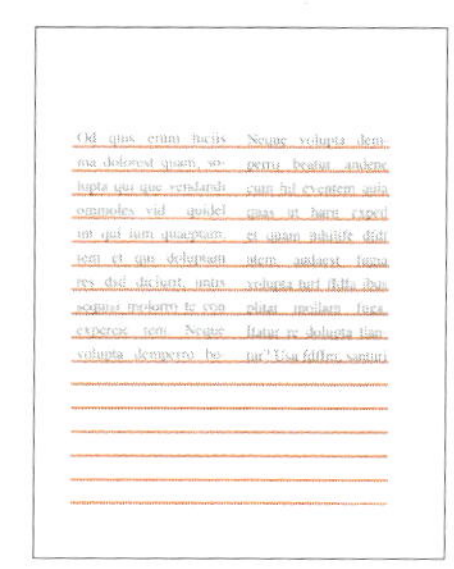

colonne sulla griglia delle linee di base

Interlinea
È la distanza tra le righe di testo. Di default calcolata sul 120% del corpo del carattere, può essere aumentata o ridotta.

Allineamento verticale
A bandiera con allineamento a sinistra, centrato, a bandiera con allineamento a destra, giustificato, allineamento asimmetrico e a sagoma.

Sillabazione
La divisione in sillabe delle parole che consente di spezzarle mandandole a capo. Ogni lingua ha regole di sillabazione proprie.

allineamenti

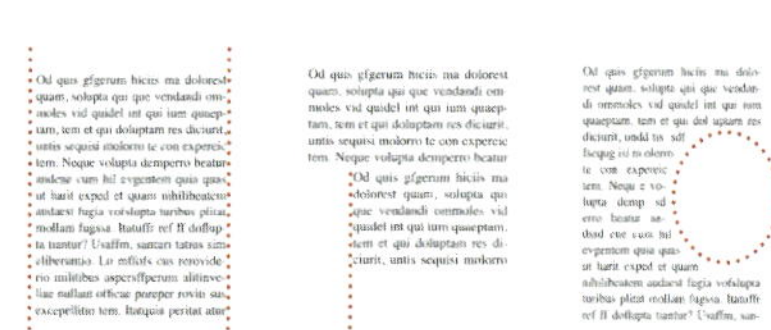

Separazione dei paragrafi

I paragrafi si possono contrassegnare con uno stacco verticale, una interlinea alterata, una indentazione della prima riga o con altri espedienti grafici.

Titolo

Va distinto nettamente dal testo, ma è preferibile tenerlo accostato. Non va sillabato e non va scritto il punto finale.

Titolo

Od quis erum hiciis ma dolorest quam, solupta qui que vendandi ommoles idel int qui ium quaeptam, tem et qui doluptam res diciurit, untis safg equisi molorro te con expereic

spazio di indentazione

Neque volupta demperro beatur andene cum hil eventem quas ut harit exped et quam nihilibeatem aud.est fugia volupta turibollam fuga. Itatur re dolupta tiantur?

rientro sinistro

Us santuri tatius sequis ipsam nihicto eum lantiis quibusc imusdan impelenienis ulluptiae coremol uptatibus seditae catquid minim imet quam nis eosti ullesto

paragrafi aperti, con interlinea

Capolettera

Grafismo che serve a evidenziare l'attacco di un articolo o un capitolo. Può essere immerso dentro la colonna di testo per una o più righe oppure sporgente.

capolettera

Od quis erum hiciis ma dolorest quam, solupta qui que vendandi ommoles idel int qui ium quaeptam, tem et qui doluptam res diciurit, untis s ggg equisi molorro te con expereic tem. Neque volupta demperro beatur andene cum hil eventem quas ut harit exped et quam nihilibeatem audaest fugia volupta turibollam

Elenco

Può essere puntato, se contrassegnato da un segno, e numerato, se contrassegnato da un numero. Quest'ultimo serve a stabilire un ordine gerarchico tra i diversi elementi.

elenco puntato

Ingredienti ricetta

- **Scatola pomodori**
- **Aglio**
- **Olio**
- **Sale qb**
- **Spezie**

elenco numerato

Procedura ricetta

1. **Aprire la scatoletta**
2. **Scolare il contenuto**
3. **Soffriggere la cipolla**
4. **Aggiungere l'aglio**
5. **Versare nel soffritto**

Indice o sommario

L'elenco delle parti di un libro con riferimento al numero di pagina.

Tabella

Griglia composta da righe, colonne e celle. Si usa per ordinare dati.

Numerazione delle pagine

Collocata su uno dei margini della pagina, numera con una serie di cifre romane le pagine di presentazione del libro per poi proseguire normalmente con numeri arabi.

Grafismi

Dingbat, fondini colorati, filetti.

indice

pagina con grafismi

Esercitazioni

●○○
Esercizio n. 1 – Gabbia
Realizzare un pieghevole a due ante: "la mia città". Ricercare testo e immagine. Progettare la gabbia tenendo conto che sarà stampato a colori su carta formato A5, fronte e retro.

●○○
Esercizio n. 2 – Allineamento
Ricercare in un periodico quali forme di allineamento del testo sono state utilizzate. Specificare inoltre quali testi sono stati allineati a sinistra, a destra, al centro o giustificati e in quali situazioni sono stati adottati allineamenti diversi.

Esempio: i titoli delle rubriche sono sempre allineati al margine sinistro della pagina, i testi delle rubriche sono sempre giustificati e sillabati ecc.

●●○
Esercizio n. 3 – La scrittura tecnica 1
Osservare le forme della scrittura tecnico-scientifica destinata alla redazione di cataloghi o manuali d'istruzione. Allenarsi a descrivere in termini tecnici aiuta a focalizzare le idee e a capire che la scrittura è essenziale nella comunicazione. Infine sintetizzare le informazioni per poterle illustrare.

Raccontare sinteticamente e per punti la procedura per:
> fare il caffè con la moka;
> telefonare con il cellulare, prevedendo le diverse alternative (numero libero/occupato ecc.);
> trovare una parola sul dizionario, un nome sull'elenco del telefono;
> fare il tè;
> prendere una bevanda da una macchina distributrice;
> compiere un'operazione con un software al computer, come salvare un documento su supporti diversi.

Utilizzare le procedure così formulate per:
> redigere un manuale d'istruzione;
> spiegare a una persona di lingua diversa;
> illustrare una confezione con istruzioni;
> produrre una tabella da fissare sul dispositivo.

Una volta fatta una prima stesura del testo, riassumerlo utilizzando il minor numero di parole possibili per descrivere ogni singola operazione. Fissare il numero di parole per ogni singolo passo. Disporre su un elenco numerato le fasi esecutive.
Lavoro di gruppo: leggere le consegne e scegliere lo scopo e la procedura che si desidera descrivere. Procedere individualmente alla prima stesura dei testi. Confrontare poi le soluzioni trovate da ciascuno dei componenti del gruppo e valutare la più sintetica ed efficace. Controllare la proprietà di linguaggio rispetto alla terminologia usata per descrivere oggetti e operazioni.

●●○
Esercizio n. 4 – Illustrare il testo tecnico
Progettare le immagini delle singole operazioni descritte nell'esercizio precedente.
Con l'utilizzo del programma di disegno vettoriale produrre disegni essenziali, dapprima solo al tratto, poi usando anche il colore.

●●●
Esercizio n. 5 – Analisi
Scegliere le pagine a fronte di una rivista illustrata.

> Individuare gli elementi di testo: diverse gerarchie di titoli, box, approfondimenti, testo corrente, didascalie, sommari.
> Definire il tipo di carattere, il disegno, le dimensioni, il colore per ciascun elemento di testo.
> Individuare gli elementi visuali: foto, illustrazioni e grafismi.
> Riprodurre su un foglio la distribuzione del testo all'interno della gabbia.

L'esercizio è facilitato se si scaricano i .pdf da Internet dai quali si possono copiare i testi originali.

●●○
Esercizio n. 6 – Redesign
Ridefinire la griglia e la gabbia di impaginazione delle due pagine esaminate nell'esercizio precedente mantenendo gli stessi elementi e quantitativi di testo e di grafica. Usare i testi originali per i titoli e un testo simulato.

Misurare con cura le immagini e mantenere gli ingombri nel formato originale anche nella nuova disposizione, oppure fare la scansione e o recuperarle dai file .pdf.

●●○
Esercizio n. 7 – L'impaginazione
Comporre l'indice di un testo dato. Prendere in esame le regole della tradizione tipografica, esplorare possibilità nuove e alternative.
Individuare e ordinare i titoli di primo livello, di secondo livello, di terzo livello con le opportune gerarchie di peso, dimensioni e contrasto. Ritagliare l'indice di alcune riviste e confrontare i vari modelli, individuando gli espedienti tipografici e grafici usati.

●●●
Esercizio n. 8 – La griglia di impaginazione
I criteri di ottimizzazione dell'uso della griglia d'impaginazione.

Disegnare nel software di impaginazione la disposizione ottimale di un testo con immagini e didascalie date, prevedendo soluzioni con griglie diverse a due, tre e quattro colonne. Cercare la corretta dimensione del carattere a seconda della giustezza della colonna e del lettore a cui è destinato il testo.

●○○
Esercizio n. 9 – Impaginare su due colonne
Analizzare e riprodurre la colonna "Ai bordi della foresta" mantenendo gli stessi formati.

> Titolo Garamond 20 pt.
> Titoletti Arial Black 6 pt.
> Testo corrente Arial 6 pt.

●●○
Esercizio n. 10 – La griglia di impaginazione
I criteri di ottimizzazione dell'uso della griglia d'impaginazione.

Con il programma di impaginazione aprire un documento di 210 x 210 mm, margini di 10 mm su tutti i lati, quindi creare una griglia di più colonne ottimizzata rispetto alle dimensioni del carattere usato, spazio tra le colonne di 4 mm. Disporre il medesimo testo, di 600 battute circa, in modo diverso su pagine successive utilizzando caratteri di origine Svizzera come Helvetica, Frutiger, Univers, Sabon a 8, a 10, a 12 punti.

Ai bordi della foresta

PACCHETTI

SCIARE SENZA CONFINI

Per chi scia "senza confini" la neve è internazionale: le stazioni di Tarvisio, Sella Nevea, Passo Pramolinio/Nassfeld, Kranjska Gora e Bovec-Kanin, Amoldstein, Gerfitzen Alpe e Verditz sono a disposizione in un raggio di 40 km. Aggiungendo 10 euro alla somma pagata per gli skipass si può usufruire dell'accesso alla pista in Slovenia e in Corinzia.

SETTIMANA BIANCA

Tarvisiano e Sella Nevea

Dal 19 al 26 dicembre 2004, 6 notti, skipass, hotel tre stelle a mezza pensione, 480 euro a persona per l'individuale, 390 euro a persona per gruppi di almeno 25 persone. Dal 26 dicembre al 2 gennaio 2005, stesse condizioni, 565 euro per l'individuale, 480 euro per i gruppi.
Passo Pramolio
Dal 18 al 25 dicembre 2004, stesse condizioni, 480 euro per l'individuale, a richiesta per i gruppi; dal 25 dicembre al 2 gennaio 2005, stesse condizioni e un giorno in più, 830 euro per l'individuale.

WEEKEND BIANCO SCIATORI

Tarvisiano e Sella Nevea

Dal 19 al 26 dicembre 2004, 2 notti skipass, hotel tre stelle a mezza pensione 170 euro per l'individuale, 140 per i gruppi; dal 19 gennaio al 27 febbraio 2005, stesse condizioni, 175 euro per l'individuale, 145 per i gruppi.

WEEKEND BIANCO FONDO

Tarvisiano e Sella Nevea

Dal 19 al 26 dicembre 2004, 2 notti, hotel tre stelle a mezza pensione 120 euro per l'individuale, 100 per i gruppi; dal 19 gennaio al 27 febbraio 2005, stesse condizioni, 120 euro per l'individuale, 100 per i gruppi.

VIAGGIO

Il comprensorio del tarvisiano è raggiungibile via autostrada, ultima uscita in Italia della A23 Alpe Adria, in treno con la linea Roma – Vienna, stazione di Tarvisio, oppure in aereo scendendo all'aereoporto di Klagenfurt in Corinzia.

NUMERI UTILI

Consorzio servizi turistici del Tarvisiano, di Sella Nevea e Passo Pramolio Via Roma 10 Tarvisio 0428 2392/ fax 0428 2306 www.tarvisiano.org Agenzia di informazione e accoglienza turistica del Tarvisiano, Sella Nevea e Passo Pramolio 0428 2135 e-mail apt@tarvisiano.org Ente regionale per il turismo della Corinzia 0043 463 3000 www.carinzia.it Ente sloveno per il turismo Dunajska 156 Ljubjana 038 615891804 www.slovenia-turism.sl

●○○ difficoltà bassa
●●○ difficoltà media
●●● difficoltà alta

●●●

Esercizio n. 11 – Il notiziario

Creare una griglia per un notiziario su tre colonne.
Apprendere le funzioni fondamentali del software di impaginazione.

L'obiettivo è realizzare un notiziario di formato A4 verticale e margini da sinistra in senso orario rispettivamente 2, 1, 2, 1 cm. Creare sulla pagina mastro una griglia con tre cornici di testo tra loro collegate, delle quali una di 8 cm e due di 5 cm. Il testo deve essere allineato alla griglia di base.
Inserire la numerazione automatica delle pagine stabilendo la posizione dei numeri. Definire i seguenti stili: normale, titolo 1 in colore, titolo 2, titolo 3, utilizzando la famiglia del carattere Helvetica.

●●●

Esercizio n. 12 – L'annuncio formato tabloid

I criteri di ottimizzazione dell'uso della griglia d'impaginazione. Le funzioni fondamentali del software di impaginazione.

Un gruppo ambientalista vuole pubblicare un annuncio a piena pagina su tabloid, cm 28 x 43, tutti i margini di cm 3.
L'annuncio contiene l'headline:
Tutta la gente ha la stessa madre: la Terra
Va evidenziata e accuratamente spaziata. Il testo è di 300 battute complessive (circa 55/60 parole) ed è firmato dalla "Associazione Amici della Terra".
Il logo è racchiuso dentro una forma circolare.
Un box isolato, contornato da filetto, o con fondo retinato in colore, contiene l'elenco delle attività dell'Associazione, 100 battute. Progettare la disposizione sulla pagina e proporre tre diverse soluzioni.
Prima alternativa per il visual: il visual è composto dal solo testo giocato creativamente. Seconda alternativa per il visual: è dato da una immagine con persone che rappresentano diverse etnie e professioni e dal primo piano di un testimonial sorridente.

●●○

Esercizio n. 13 – Annuncio su spazi diversi

Lo stesso annuncio spesso viene utilizzato su mezzi diversi con formati diversi, come quadrati o rettangoli verticali oppure orizzontali.
Reimpaginare l'annuncio *Tutta la gente ha la stessa madre: la Terra* (si veda esercizio 12) con gli stessi elementi di testo e grafica dentro i seguenti formati:

> A4 orizzontale, in bianco e nero.
> Per l'anta di un pieghevole che misura cm 10 x 21 (verticale) a colori.
> per l'anta di un pieghevole che misura cm 21 x 21 a colori.

Gli oggetti fanno parte di una serie prodotta per lo stesso avvenimento; sarà necessario pertanto mantenere la coerenza stilistica ma ricercare, di volta in volta, l'equilibrio compositivo adatto al formato.

●●○

Esercizio n. 14 – Progettare una griglia di impaginazione

Creare un nuovo documento in InDesign. Le misure della pagina sono 21 x 21 cm. Creare una griglia con 2 cm di margine intorno e una finestra di testo con quattro colonne verticali e uno spazio di 4 mm tra le colonne.
Usare le guide per dividere lo spazio in orizzontale e creare le quattro righe orizzontali con una spaziatura di 4 mm. La posizione delle guide si determina introducendo i dati numerici nella finestra delle info. Arrangiare il testo sulla griglia creando tre differenti configurazioni su tre pagine diverse con la medesima griglia. Usare un carattere disegnato in Svizzera come Helvetica, Frutiger, Univers, Sabon.
Usare per due pagine un carattere corpo 8 punti e sulla terza una misura diversa.
Scegliere uno dei tre progetti e stamparlo.

Il testo da usare:
La calligrafia
Interessante e simpatico è stato l'intervento "Tra calligrafia e tipografia" di James Clough, esperto calligrafo che ci ha mostrato come noi grafici siamo circondati da 'grafici non grafici' che, utilizzando maldestramente il computer, si sentono tali pur non avendo alcuna cultura progettuale. La prima categoria di lettere che ha mostrato comprendeva il Mistral di Roger Excoffon del 1953, uno dei più popolari caratteri di stampa dal dopoguerra a oggi. Mistral è il primo esempio di scrittura calligrafica non calligrafica industriale, 'industrial handwriting', scrittura spontanea casuale resa in un carattere tipografico. Clough è un grande ammiratore di Roger Excoffon non solo come disegnatore di caratteri, ma anche come grafico. Excoffon era un grande protagonista del gesto grafico. La seconda categoria mostrata riguarda i caratteri tipografici che prendono ispirazione dal modello di scrittura del corsivo inglese, basato sull'uso del pennino a punta fine e flessibile che risponde alla pressione: quindi tratti sottili o spessi secondo la pressione della mano, riprendendo l'uso del bulino sulla lastra di rame calcando tratti fini e tratti più spessi. Il Boulevard di Gerard Lange del 1955 per la Berthold di Berlino è una

interpretazione più vivace e più artistica e meno aderente al modello classico del corsivo inglese. È sorprendente notare quanti di questi caratteri calligrafici siano stati disegnati nell'arco di tempo dagli anni '40 agli anni '60.

Il Juliet del carissimo Aldo Novarese è un corsivo inglese disegnato per un blocchetto metallico verticale e non inclinato per la Nebiolo. Le pubblicità delle fonderie sono una espressione di arte tipografica bellissima, quelle della Nebiolo sono vere e proprie opere d'arte tipografiche. Juliet ha richiesto un lavoro prodigioso di ingegneria al fine di ottenere le linee molto fini, un carattere simpatico che emana un certo calore senza la solenne e presuntuosa dignità del corsivo inglese. È stato un successo: non si sa quanti chili di piombo abbia venduto la Nebiolo, questo carattere è tuttora utilizzato.

Le occasioni di esprimersi con la scrittura,in cui si possa lavorare sulla scrittura come immagine, sono purtroppo rarissime. Speriamo che in futuro qualche grafico prenda questa direzione, perché anche la calligrafia è un'arte che fa parte dell'area del graphic design. Per fare questo tipo di lavoro occorrono una passione per le lettere e anni di studio grafico del lettering.

●●○

Esercizio n. 15 – Impaginazione. Testo Bretagna (si veda a pagina seguente)

Riprodurre su formato A4, con i parametri indicati, il documento proposto alla pagina seguente.

> Margini: cm 3 su tutti i lati.
> Titolo: (Bretagna) tutto maiuscolo, Impact 36 pt, allineato a sinistra, sfondo grigio 25%.
> Sottotitolo: (da "Una regione di ..." a "e foreste incantate") maiuscolo/minuscolo, Garamond 18 pt, corsivo, allineamento a sinistra.

Testo: Garamond 14 pt, giustificato e sillabato.

Per la tabella

> Font Arial
> Prima riga: 12 pt grassetto, centrato, bianco su sfondo nero, spazio prima e dopo 6 pt.
> Seconda riga: testo 10 pt centrato orizzontalmente e verticalmente.
> Righe successive: testo 11 pt, sfondo grigio 25%, a righe alterne.
> Disattivare i bordi tranne l'ultima riga (bordo inferiore 1 pt nero).

●●○

Esercizio n. 16 – La gabbia

Una gabbia modulare ha divisioni orizzontali e verticali uniformi dalla testa al piede e da un margine all'altro. I moduli che si ottengono regolano la disposizione e il taglio delle immagini e del testo. Usare una gabbia modulare per organizzare un testo in tutti i modi che riescono possibili. Utilizzando un solo corpo di testo, la misura e il solo allineamento a sinistra, costruire una gerarchia tipografica esclusivamente con l'organizzazione dello spazio. In seguito si possono inserire altre varianti come il peso del carattere, la dimensione o l'allineamento.

Una griglia modulare ed esempi d'utilizzo.

●●○

Esercizio n. 17 – Impaginazione. Volantino. "Dolomiti di Pace"

Progettare su un formato 21 x 21 cm, da stampare fronte e retro, un volantino/programma di cui è fornito il testo.

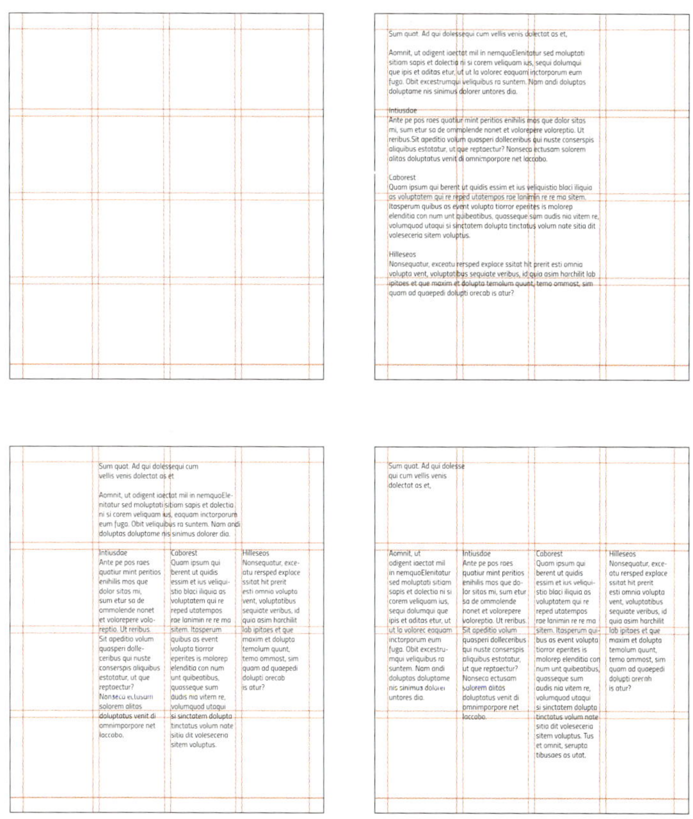

Esempi gabbia (esercizio n. 16)

BRETAGNA

Una regione di campagne e coste infinite.
Di rocce, di sabbia, di mare.
Di antichi villaggi e foreste incantate.

Terra di marinai snob e fieri contadini. Così protesa verso il mare e l'infinito, come fosse pronta a staccarsi dal resto e partire, deve avere trasmesso ai suoi abitanti un senso di inquietudine, di sfida. E anche di diversità.
Non si sentono francesi i bretoni, ma una razza a parte: gli ultimi rappresentanti di quell'antico praticare l'avventura per mare che era dell'Europa di un tempo. Avventure di lavoratori, chiusi nel loro rapporto intimo con gli elementi, non di navigatori in cerca di gloria e successi. Anche se sembrava proprio un trampolino naturale verso l'avventura questa terra allungata sull'Atlantico.
Nessuna fama per queste rocce sul mare, ma solo i piccoli racconti dei marinai e dei pescatori in lotta perenne per strappare la sopravvivenza. Mentre, appena dietro le scogliere, altri bretoni dovevano affrontare, ancor più duramente, una terra salmastra per farci crescere il possibile. Gente di terra e gente di mare, unite nelle difficoltà quotidiane. Così crebbe uno spirito di popolo più forte di quello di un popolo isolano e la convinzione di essere bravi nel proprio mestiere, forse i più bravi. Certamente più bravi dei *cugini* francesi. La senti quest'anima bretone ogni volta che un vecchio con la pipa, la maglia da marinaio a righe orizzontali bianche e blu, il maglione a coste larghe pesante come un pastrano ti parla seduto sopra uno scoglio guardando verso un punto lontano, tra la schiuma che l'Atlantico qui produce sempre in abbondanza sbattendo contro le rocce e gli anfratti di una costa complicata. Lo senti questo distacco dal resto, questa solitudine di un popolo che gli *altri* francesi chiamano snobismo.

IL CLIMA IN BRETAGNA NEI PROSSIMI SEI MESI

mese	temperatura min/max in °C	giorni di pioggia precipitazioni in mm	temperatura mare in °C
Agosto	13 - 20	10 - 80	17
Settembre	11 - 18	13 - 90	16
Ottobre	9 - 15	13 -105	15
Novembre	6 - 11	16 -140	13
Dicembre	5 -10	19 - 150	11
Gennaio	4 - 9	18 - 135	10

es6-soluzione.rtf

Esempio impaginazione esercizio 15

Individuare i punti focali (titolo, località, programma, info) e disporli in maniera ottimale. Utilizzare il colore per rendere più interessante il volantino. Illustrare con immagini di montagne trovate in Internet.

Testo

Dolomiti di Pace
Dialoghi sulla pace oggi
Nei luoghi della guerra di ieri

Dolomiti di Fassa, Altopiano di Vezzena, Rovereto, Paneveggio, Presanella, Valle del Vanoi, Altipiani di Folgaria, Lavarone e Luserna, Lagorai
5 luglio - 16 agosto

Otto appuntamenti, tra luglio e agosto, con giornalisti ed esperti che condividono le proprie riflessioni sulla pace e sul fare concreto per raggiungerla. Si tratta di Dolomiti di Pace, che quest'anno si ripete abbinando alle riflessioni anche musiche dedicate a questo tema.

A fare da sfondo agli appuntamenti, alcuni tra i luoghi più significativi della Grande Guerra immersi in una natura incontaminata, collegati tra loro dal Sentiero della Pace, un tracciato di 350 chilometri dalla Marmolada al Passo dello Stelvio, dal Pasubio all'Adamello e raggiungibili con brevi passeggiate o escursioni montane in compagnia delle Guide Alpine del Trentino.

Centro ideale di questo itinerario è la Campana dei Caduti di Rovereto, realizzata con i cannoni fusi delle nazioni belligeranti tra il 1915 e il 1918, e da ottant'anni riconosciuto simbolo internazionale di pace. Le zone un tempo teatro di scontri, le fortificazioni e i trinceramenti si trasformano, grazie a Dolomiti di Pace, in luoghi di pensiero e riflessione, e offrono spunti per trasformare la vacanza in un momento di rigenerazione non solo del corpo ma anche dello spirito.

MERCOLEDÌ 5 LUGLIO ore 14 Dolomiti di Fassa, Rifugio Contrìn TRIO JOGRAL in concerto GIOVANNA BOTTERI giornalista LORENZO CREMONESI giornalista
MERCOLEDÌ 12 LUGLIO ore 14 Altopiano di Vezzena Forte Busa Verle BARBARA CASINI, MONICA DEMURU, GABRIELE MIRABASSI in concerto GAD LERNER giornalista
GIOVEDÌ 20 LUGLIO ore 21.30 Rovereto, Campana dei Caduti NOA ACOUSTIC BAND & SOLIS STRING QUARTET in concerto
MERCOLEDÌ 26 LUGLIO ore 14 Paneveggio, Forte Dossaccio GIOVANNI SOLLIMA in concerto ALBERTO CAIRO delegato della Croce Rossa Internazionale in Afghanistan
GIOVEDÌ 3 AGOSTO ore 14 Presanella, Rifugio Francesco Denza STELLA D'ORIENTE TRIO in concerto MIMOSA MARTINI giornalista
MARTEDÌ 8 AGOSTO ore 14 Valle del Vanoi, Stoli della Toboga ELIAS NARDI, LORENZO SERAFIN in concerto RICCARDO PETRELLA consigliere della Commissione Europea a Bruxelles
GIOVEDÌ 10 AGOSTO ore 14 Altipiani di Folgaria Lavarone e Luserna, Forte Dosso delle Somme ENZO PORTA, ARSTUDIUM in concerto TONI CAPUOZZO giornalista
MERCOLEDÌ 16 AGOSTO ore 14 Lagorài, Rifugio Caldenave PAOLO BUCONI TRIO in concerto PADRE MATTEO ZUPPI rettore della Comunità Sant'Egidio di Roma

Info
In occasione di ciascun evento è possibile effettuare una escursione con le Guide Alpine del Trentino.
La partecipazione alle escursioni, ai concerti e agli incontri è libera e gratuita.
www.trentino.to

●●○

Esercizio n. 18 – Impaginazione. Pagina periodico

Riprodurre su formato A4, con i parametri indicati, il documento proposto. Predisporre il margine superiore di 5 cm e di 3 cm gli altri. Disporre il testo su due colonne, distanza tra le colonne 1 cm. A sinistra del riassunto inserire un'immagine di un pesce.
Progettare una impaginazione alternativa mantenendo i margini come prima, ma variando le dimensioni dell'immagine.

Testo

Da cibo negletto a star dello chef. La sardina lascia la triste e storica scatoletta per approdare a piatti raffinati e ipersalutari

Antartide: diminuisce il buco nell'ozono, ma i pinguini continuano a soffrire
Stando a uno studio appena pubblicato su "Science", il buco nell'ozono sull'Antartide inizia timidamente a richiudersi. Ma i cambiamenti climatici in atto stanno decimando le colonie di pinguini sul continente

di Sandro Iannaccone, Giornalista scientifico
Pubblicato luglio 1, 2016

Antartide, una buona e una cattiva notizia in arrivo. Cominciamo dalla prima: stando a un lavoro appena pubblicato su "Science", il famigerato buco nell'ozono sui cieli del Polo Sud sta timidamente iniziando a richiudersi, soprattutto grazie all'applicazione dei divieti internazionali, in vigore da quasi vent'anni, sulla produzione, commercializzazione e utilizzo di sostanze che danneggiano l'ozono. La cattiva notizia, invece, riguarda i pinguini: come racconta sulle pagine di "Scientific Reports" un'équipe di ricercatori della University of Delaware, infatti, le colonie di pinguini di Adelia (la specie più diffusa al Polo Sud; l'altra è quella dei pinguini imperatore) potrebbero diminuire fino al 60% prima della fine del secolo, a causa dei cambiamenti climatici in atto.

"Ci aspettiamo che il buco si rimpicciolisca, anche se molto lentamente", hanno scritto gli autori dello studio relativo al risanamento dello strato di ozono, del Massachusetts Institute of Technology, guidati da Susan Salomon. "Ora possiamo essere certi che i provvedimenti che abbiamo preso – il più importante è il protocollo di Montreal, siglato nel 1987 – hanno riportato il pianeta sulla strada giusta. Abbiamo deciso collettivamente di liberarci delle molecole che danneggiano l'ozono. Ce ne siamo liberati, e il pianeta sta rispondendo bene". L'ozono è così importante perché scherma la Terra dalla radiazione ultravioletta, responsabile, tra le altre cose, di danneggiare la catena alimentare degli oceani, alterare il ciclo vitale delle piante e favorire l'insorgenza di tumori della pelle e cataratta negli esseri umani. Stando alle misurazioni effettuate dagli scienziati una volta ogni anno dal 2000 al 2015, nell'ultimo quinquennio il buco nell'ozono si è rimpicciolito di circa 4 milioni di chilometri quadrati, un'area più grande dell'India.

Restiamo in Antartide e arriviamo al punto dolente. Ossia la sofferenza dei pinguini. "Mentre in passato", scrivono gli autori del lavoro, "le popolazioni di pinguini di Adelia avevano beneficiato dei cambiamenti climatici, oggi non è più così". L'aumento delle temperature, infatti, potrebbe presto diminuire la qualità del cibo e la disponibilità di siti dove costruire il nido e nascondere le uova. Secondo le previsioni più ottimistiche, i pinguini potrebbero decidere di spostarsi in aree dove il clima è rimasto relativamente inalterato, preservando così la sopravvivenza della specie. Lo scenario più infausto, invece, prevede che un terzo della popolazione attuale di pinguini di Adelia scompaia entro il 2060, e due terzi entro il 2099.

●●○

Esercizio n. 19 – Creare gerarchia. Indice. "La scienza per gioco".

Trascrivere l'indice riprodotto alla pagina seguente creando due o tre livelli usando, di volta in volta, espedienti come:

> simboli, rientri e stacchi di riga;
> solo rientri e stacchi di riga;
> cambio di font, rientri e stacchi di riga;
> allineamento, cambi di font e stacchi di riga;
> variazioni di dimensioni e cambi di font;
> disposizione sulla pagina, allineamento, colore;
> dimensione del font, stile;
> simboli o dingbat, allineamento.

Stando a uno studio appena pubblicato su Science, il buco nell'ozono sull'Antartide inizia timidamente a richiudersi. Ma i cambiamenti climatici in atto stanno decimando le colonie di pinguini sul continente

di Sandro Iannaccone
Giornalista scientifico

Pubblicato
luglio 1, 2016

Antartide: diminuisce il buco nell'ozono, ma i pinguini continuano a soffrire

Antartide, una buona e una cattiva notizia in arrivo. Cominciamo dalla prima: stando a un lavoro appena pubblicato su Science, il famigerato buco nell'ozono sui cieli del Polo Sud sta timidamente iniziando a richiudersi, soprattutto grazie all'applicazione dei divieti internazionali, in vigore da quasi vent'anni, sulla produzione, commercializzazione e utilizzo di sostanze che danneggiano l'ozono. La cattiva notizia, invece, riguarda i pinguini: come racconta sulle pagine di Scientific Reports un'équipe di ricercatori della University of Delaware, infatti, le colonie di pinguini di Adelia (la specie più diffusa al polo sud; l'altra è quella dei pinguini imperatore) potrebbero diminuire fino al 60% prima della fine del secolo, a causa dei cambiamenti climatici in atto.
"Ci aspettiamo che il buco si rimpicciolisca, anche se molto lentamente", hanno scritto gli autori dello studio relativo al risanamento dello strato di ozono, del Massachusetts Institute of Technology, guidati da Susan Salomon: "Ora possiamo essere certi che i provvedimenti che abbiamo preso — il più importante è il protocollo di Montreal, siglato nel 1987 — hanno riportato il pianeta sulla strada giusta. Abbiamo deciso collettivamente di liberarci delle molecole che danneggiano l'ozono. Ce ne siamo liberati, e il pianeta sta rispondendo bene". L'ozono è così importante perché scherma la Terra dalla radiazione ultravioletta, responsabile, tra le altre cose, di danneggiare la catena alimentare degli oceani, alterare il ciclo vitale delle piante e favorire l'insorgenza di tumori della pelle e cataratta negli esseri umani. Stando alle misurazioni effettuate dagli scienziati una volta ogni anno dal 2000 al 2015, nell'ultimo quinquennio il buco nell'ozono si è rimpicciolito di circa 4 milioni di chilometri quadrati, un'area più grande dell'India.
Restiamo in Antartide e arriviamo al punto dolente. Ossia la sofferenza dei pinguini. "Mentre in passato", scrivono gli autori del lavoro, "le popolazioni di pinguini di Adelia avevano beneficiato dei cambiamenti climatici, oggi non è più così". L'aumento delle temperature, infatti, potrebbe presto diminuire la qualità del cibo e la disponibilità di siti dove costruire il nido e nascondere le uova. Secondo le previsioni più ottimistiche, i pinguini potrebbero decidere di spostarsi in aree dove il clima è rimasto relativamente inalterato, preservando così la sopravvivenza della specie. Lo scenario più infausto, invece, prevede che un terzo della popolazione attuale di pinguini di Adelia scompaia entro il 2060, e due terzi entro il 2099.

Esempio impaginazione esercizio n. 18

Testo
La scienza per gioco. Piano dell'opera

Parte prima
Ottobre
Il laboratorio delle meraviglie
Un'infinità di esperimenti per costruire razzi, aerei e altre diavolerie
Novembre
Che la forza sia con te
Scopriamo le forze che hanno dato forma agli atomi come ai pianeti
Dicembre
La danza degli elementi
Come si trasforma la materia grazie ai trucchi della chimica

Parte seconda
Gennaio 2016
Il magico mondo dei numeri
Un viaggio da zero all'infinito e oltre, tra numeri magici e forme bizzarre
Febbraio
Che cos'è la vita? Esplora il mondo dai microbi fino a noi, per svelare i misteri della vita
Marzo
La rivoluzione dell'evoluzione
Dai fringuelli delle Galapagos che ispirarono Darwin fino al DNA

Parte terza
Aprile
Che hai nella testa?
Perché ridiamo? Perché sogniamo? La fantastica macchina del cervello
Maggio
Perché io sono io
Ognuno di noi è diverso da tutti gli altri. Andiamo insieme a capire perché

Parte quarta
Giugno
I matemagici
Una storia della matematica, dal mondo antico alla scienza moderna
Luglio
Sei quel che mangi?
Alla scoperta del rapporto tra il cibo e il nostro corpo

●●○

Esercizio n. 20 – Impaginazione. Pieghevole a due ante "Festival dei Mondi 2017"

Impaginare il pieghevole a due ante di cui sono riprodotte in scala ridotta sulla pagina seguente le due pagine interne. Oppure creare varianti a piacere, mantenendo le due pagine affiancate, applicando però rigorosamente stili di paragrafo e di carattere: individuare gli stili necessari, spaziare opportunamente senza usare "a capo" bensì con "spazio dopo".
Utilizzare l'esempio come guida.

Misure reali
> pagina: mm 120
> margini: mm 10, 15, 10, 15 (a partire dall'alto, in senso orario)
> colore fondino: tonalità 10% di C=100, M=0, Y=0, K=0 cornice di testo: distanza testo dal bordo mm 3
> font: Arial o Helvetica o Univers (carico il font Univers compresso, che è più ricco)
> eventi in maiuscoletto

Proporre la grafica delle due ante esterne col titolo "Festival dei Mondi 2017"

Sull'anta di servizio ci saranno i dati di contatto del festival: indirizzo, telefono, mail e sito web.

Mercoledì 5 giugno

ore 16.00

UNA NUOVA CASA EDITRICE

APPUNTAMENTO CON L'ARCHIVIO DEDALUS

Porte aperte alla sede della casa editrice per un caffè e una gradevole conversazione.

Archivio Dedalus, via Pietro Custodi 18.

ore 17.30

UNDICESIMO COMANDAMENTO

A CURA DI ELENA MEARINI

Affronterà un dialogo con i detenuti sul delicatissimo tema della violenza di genere.

CC San Vittore, Gruppo di lettura sez. Femminile.

ore 18.00

STORIE DELL'ERA DEL TANGO

MARCELO CARACOCHE

L'autore affronterà i temi del Tango (la storia, il ballo come sfida alle regole costituite, chiesa e polizia nemici naturali del Tango).

CC San Vittore, gruppo di lettura "Liberi di leggere".

Giovedì 6 giugno

ore 17.00

VIAGGIO VIRTUALE NEL MONDO DELL'ARTE

A CURA DI MARGARITA CLEMENT

Scoperta della cultura Mapuche attraverso i Murales (Argentina, Cile)

Biblioteca Chiesa Rossa, via San Domenico Savio 3.

ore 17.30

OFELIA SAPEVA NUOTARE

DI ROSSANA GIROTTO (EDIZIONI RSWITALIA).

Il libro è un'antologia di 17 racconti "al femminile". Le donne di Rossana hanno un fortissimo contatto con i sensi, con la vita, con gli elementi.

La Fornace, alzaia Naviglio Pavese 16

ore 17.30

VIA PADOVA A DUE PASSI DAL DUOMO

CON GIO FEDERLE

"L'ultimo bar a sinistra" (Ligera Edizioni), brevi racconti ambientati nella via più multietnica di Milano.

Negozio Civico ChiAmaMilano, via Laghetto.

ore 18.30

PASOLINI ULTIMO TRAGUARDO

DI PIETRO LAZAGNA E CARLA SANGUINETI

Il libro compie un'approfondita indagine e interpretazione dell'opera di Pasolini: saranno proiettati alcuni spezzoni del cortometraggio "La ricotta", 1962. Coordina Marta Mazzacano.

Unione Femminile Nazionale, Corso di Porta Nuova.

ore 18.00

IL FREDDO DI QUESTA NOTTE

DI LORENZA MORI (ARCHIVIO DEDALUS EDIZIONI)

Un libro di memorie, iniziato a scrivere per suggerimento dell'analista, dà l'avvio a un viaggio nel tempo.

Tessereincontri, Via Filippino Lippi 26.

Venerdì 7 giugno

ore 18.30

LA PARTE DEL FUOCO (BARBÈS)

CON L'AUTORE MARCO ROVELLI

Karim, giovane intellettuale tunisino in fuga, dopo aver conosciuto l'inferno su una barca, aggrappato a un "vuoto pneumatico", incontra in un Centro di Permanenza Temporanea il "grado zero", la nuda vita.

Spazio Ligera, via Padova 133; bus 56

ore 18.30

SCRIVERE IN BRIANZA

INTERVISTA CON SCRITTORI DI "SCRIVERE IN BRIANZA"

I testi vincitori, selezionati dalla redazione, vengono pubblicati sulla rivista e successivamente nel volume che raccoglierà tutti i racconti vincitori.

Biblioteca Gallaratese, via Quarenghi 21

ore 18.30

Uomini sperduti. La vita non è una passeggiata

DI CHRISTIANO CERASOLA (ELMI'S WORLD)

A volte appare come grottesca caricatura dei nostri sogni, altre volte come uno schiaffo ai nostri desideri, altre volte ancora va esattamente come vorremmo.

Frida Cafè, via Pollaiuolo 3

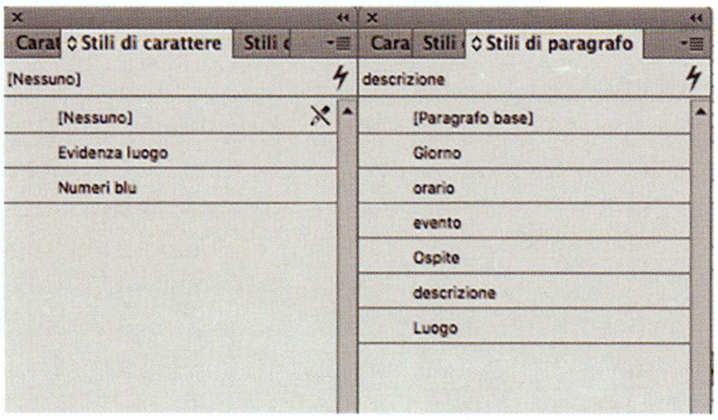

7
Stampa e produzione

Unità

Conoscenze

- Le tecnologie e i materiali di stampa.
- Le caratteristiche e i contenuti di un preventivo di stampa.
- Le tecnologie e i software di produzione.

Competenze

- Indirizzare il progetto all'uso delle tecnologie e dei materiali più idonei ai fini della comunicazione.
- Chiedere un preventivo di stampa esplicitando tutti i parametri inerenti un progetto mediante un linguaggio appropriato.

1. La carta

Prima di parlare di stampa è necessario fare una premessa sulla carta, il materiale essenziale per il processo. Essa è costituita da **fibre vegetali** unite per feltrazione ed essiccate che in seguito possono essere arricchite con collanti, rifinite con coloranti e spalmate con additivi in superficie. La scelta della carta o del cartone su cui stampare spetta quasi sempre al designer grafico e ha notevole importanza ai fini di un corretto risultato e di un piacevole effetto finale.

La storia

Usando come materia prima gli stracci, i cinesi cominciarono a fabbricare la carta già dal primo secolo a.C. La tecnica cinese arrivò in Europa attraverso gli arabi e già nel XII secolo si trovano testimonianze della sua fabbricazione in Italia.

Di pari passo con l'invenzione della stampa a caratteri mobili, nel 1450, si passò all'uso della carta come supporto, abbandonando l'utilizzo della pergamena, costosissima. Enorme fu l'impulso dato alla produzione della carta dalla richiesta degli stampatori; basti pensare che a soli 50 anni dall'invenzione della stampa a caratteri mobili in Europa venivano prodotti milioni di copie di libri. La sua produzione acquistò quindi carattere pre-industriale già nel XV secolo e grazie all'invenzione di Saxon Keller, nel 1843, si ebbe il passaggio dalla carta prodotta con stracci, più costosa, alla carta prodotta con polpa di legno. La carta di stracci, fabbricata a mano, oggi si usa solo in campo artistico.

Il prodotto industriale

La fabbricazione della carta industriale avviene in due fasi: la preparazione dell'impasto di base e la produzione di un nastro di carta. Dopo l'essiccatura dell'impasto, il nastro di carta viene lisciato e può subire trattamenti speciali che rendono la sua superficie di natura diversa: uso mano, patinata lucida oppure patinata opaca.

La carta "uso mano" ha diversi gradi di lisciatura in superficie: è adatta alla stampa di libri e di pubblicazioni a basso costo, e le immagini non risaltano bene come sulla carta patinata.

La carta patinata, lucida e opaca, ha la superficie spalmata con un composto di gesso che conferisce una forte levigatura e una resa ottimale della stampa di immagini, perché ne esalta i colori.

La carta e le sue caratteristiche

TIPO CARTA	PESO E CARATTERISTICHE	UTILIZZO
pelure	da 10-12 g/m^2 - semi trasparente	velina, posta aerea
stampa tipografica	da 20-25 g/m^2 - es. carta "bibbia", finissima, opaca e resistente	stampa tipografica
da giornale	da 50-60 g/m^2 - molto assorbente	stampa dei quotidiani
satinata	da 50-150 g/m^2 - poco bianca	stampa di libri, opuscoli
da scrivere	da 80-120 g/m^2 - liscia, bianca o colorata, spesso filigranata	scrittura manuale o stampa con stampanti domestiche
patinata	da 75-150 g/m^2 - lucida o mat, patinata su ambedue i lati o su uno solo (detta "monopatinata")	qualsiasi stampato per la riproduzione del colore, stampa domestica di fotografie
cartoncino patinato	da 150-300 g/m^2 - lucido o mat, patinato su ambedue i lati o su uno solo	qualsiasi stampato, soprattutto per la riproduzione del colore
cartoncino e cartone	da 150-300 g/m^2 - liscio, lavorato in superficie, monocolore o colorato	soprattutto per copertine, cartelline e confezioni, packaging

Sette attributi della carta

1. Il **peso**, che va misurato in grammi per metro quadrato. Le carte più pesanti e insieme sottili sono in genere le migliori.
2. Lo **spessore**, che si misura in millimetri.
3. La **resistenza**, fattore importante che lo stampatore deve conoscere, poiché la carta è sottoposta a tensioni. È determinata dal peso, dallo spessore e dalla grana.
4. La **grana**, che dipende dalla qualità dei materiali di partenza e dalla lavorazione.
5. L'**opacità**, che dipende dallo spessore e dalla grana. Se poco opaca, la carta lascia intravvedere quanto stampato sul retro del foglio.
6. La **luminosità**, che dona riflettenza e brillantezza alle immagini stampate. Dipende da quanto è stata sbiancata la carta.
7. Il **colore**. Si trovano in commercio carte colorate in fibra, in genere più costose della carta bianca.

Altre caratteristiche

> **Uso mano**: è la carta opaca dei libri di narrativa.

> **Patinata lucida**: ha una superficie dura e poco assorbente. È la carta delle riviste di moda o giardinaggio, dove occorre dare risalto alle foto.

> **Patinata opaca**: molto bianca, è ottima per i libri di pregio perché non produce riflessi sulle immagini.

> **Ecologica**: può essere prodotta a partire dal mais, dalle alghe o da altra carta riciclata senza uso di additivi chimici inquinanti. Non è mai del tutto bianca e ha inclusioni di materiali.

Il formato della carta da stampa

Il formato di un progetto deve rispondere, oltre ai criteri estetici e funzionali, anche a criteri di economia, se possibile adattandosi alle dimensioni della carta esistente in commercio per evitare gli sprechi.

Catalogo commerciale di carte.

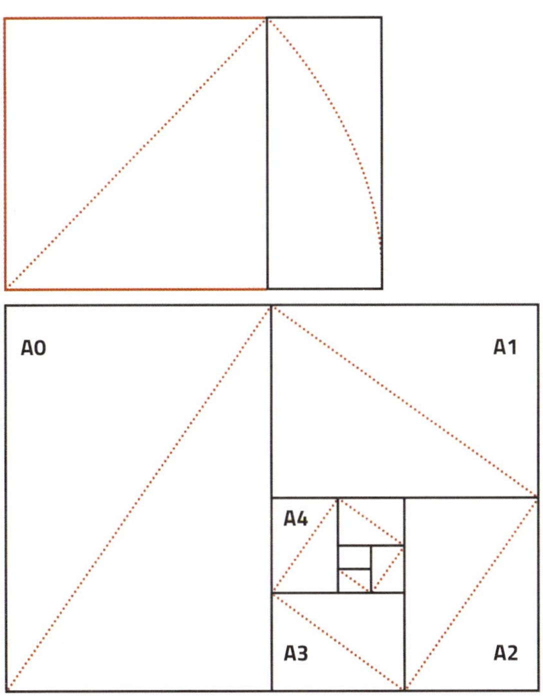

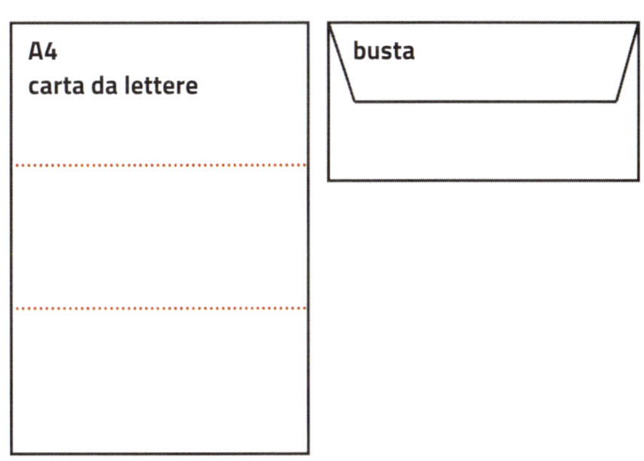

La proporzione aurea dalla quale sono derivati i formati e il sistema UNI A.

Osserva: lavorazioni

Nella piccola editoria il formato di stampa massimo più diffuso è di 64 x 88 cm, di cui il primo numero convenzionalmente indica la base, il secondo numero l'altezza; in alternativa si utilizza il formato delle macchine da stampa di 70 x 100 cm dal quale si ottengono, in taglio o piega, i relativi sottomultipli.

Per convenzione internazionale, regolata dalla normativa UNI, i formati della carta sono indicati con tre serie: il formato contraddistinto dalla lettera "C" contiene i prodotti cartotecnici della serie "A", come cartelle e buste, e "B" è destinato a contenere i prodotti finiti appartenenti alla serie C. Così una lettera in formato A4 sarà contenuta in una cartella formato C4, e questa in un sacchetto formato B4.

I formati della serie "B" e "C" si ottengono in progressione geometrica dai formati della serie "A".

Finiture

Nella fase di stampa finale o una volta stampato, il prodotto cartaceo può essere rifinito con una **lavorazione della superficie** che ha la funzione di proteggere l'inchiostro o di dare risalto a un'area prestabilita.

Esistono quattro tipi di finitura. I primi due possono essere applicati su tutta la superficie del foglio o su un'area specifica:

> la **patinatura Ultra Violet** (UV) è spalmata come liquido e poi asciugata con i raggi ultravioletti. Può essere lucida o satinata;

> la **verniciatura** è un rivestimento neutro e trasparente che può essere applicato come ultimo passaggio di stampa o con un passaggio separato. Può essere di tipo lucido, opaco o satinato e a sua volta assumere una colorazione propria ottenuta con pigmenti.

Impressione a secco su carta

Invece possono essere applicate solo sull'intera superficie:

- la **patinatura ad acqua**, satinata, lucida o opaca. È abbastanza costosa e viene applicata alla fine del processo di stampa come rivestimento totale;
- la **plastificazione**, o laminatura, un film di plastica trasparente che si lega alla carta con il calore per proteggerla. Può essere di tipo lucido o opaco, quest'ultimo piuttosto delicato.

Lamina o goffratura

Negli anni Settanta e Ottanta spesso le copertine dei romanzi di successo avevano titoli brillanti e metallici ottenuti con impressioni su lamina, a secco o a freddo.

La **lamina** è colorata in oro e argento o colori metallici. Uno stampo metallico caldo pressa un film sulla carta da stampare.

Impressione a secco

Uno stampo metallico pressa direttamente la carta o il cartoncino e produce una **zona a rilievo**, o in cavo, per farla risaltare dal fondo. Questa procedura viene usata spesso sulla carta intestata per la sua particolare finezza e per l'effetto tattile.

L'impressione, sia a lamina che a secco, non è adatta a riprodurre dettagli troppo fini né caratteri piccoli.

Impressione a freddo

Processo in uso sul packaging e nelle etichette di prodotti farmaceutici, alimentari, di bellezza. Un adesivo viene stampato su carta tramite stampa offset e la lamina metallica viene accoppiata alla carta, aderendo all'area voluta mentre viene rimossa dal resto della superficie. Questo processo si serve di comuni lastre per la stampa invece che di appositi stampi e risulta quindi meno costoso.

Fustellatura

Lamina argento su intestazione

Verniciatura UV lucida

Lamina oro su marchio

Osserva: oggetti di carta

Il lavoro di artisti che lavorano con la carta, più conosciuto con il termine inglese *paper cutting*, recupera tecniche di intaglio antiche legate alla tradizione popolare che sopravvivono in alcune nazioni come Messico, India, Svizzera, Filippine, e una tradizione storico-artistica molto nobile; basti pensare che Joanna Koerten, artista del Seicento, era più famosa e valutata del contemporaneo Rembrandt grazie ai suoi ritratti su carta. Grazie alla specializzazione di questa pratica manuale, che oggi si può realizzare anche attraverso i plotter da intaglio, l'italiano Dario Cestaro e molti suoi colleghi si sono affermati come illustratori. Le loro opere trovano applicazione a vasto raggio nel design e nella moda, e si adattano spesso facilmente ad altri supporti, alla grafica, alla serigrafia, alla ceramica, ai tessuti, al taglio laser. Cestaro si dedica soprattutto al paper engineering, alla costruzione di libri pop-up. Rob Ryan preferisce intagliare coppie di figure stravaganti con romantici intrichi sentimentali, paesaggi e testi, trascrizioni di pezzi umoristici di scrittura che egli stesso ammette essere autobiografici.

Altri artisti lavorano la carta incrociando tecniche diverse come il collage, la costruzione di oggetti tridimensionali che poi vengono fotografati; per esempio, Jeff Nishinaka applica una tecnica sofisticata che conferisce al foglio intagliato, bianco o colorato, una curvatura tridimensionale. I risultati sono in tutti i casi sorprendenti e lasciano intravedere ulteriori spazi di invenzione su un materiale che ha più di mille anni d'età.

La lavorazione della carta è una buona premessa per la progettazione del packaging, e in questa tecnica i giapponesi sono dei veri maestri.

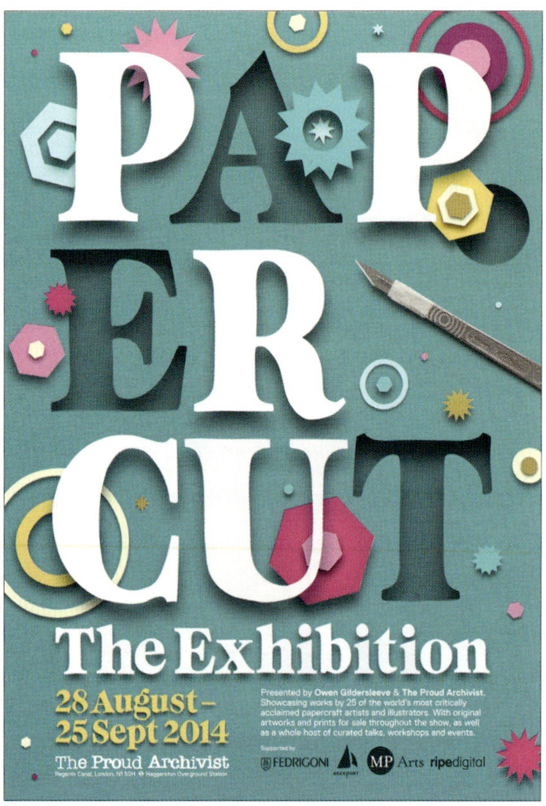

Poster mostra Paper Cut

Owen Gildersleeve, Inghilterra, 2014

Collage trompe l'œil

Owen Gildersleeve, The Guardian, 2014

Intaglio su carta

Robert Ryan

Libro pop-up

Un complesso e accurato lavoro di ingegneria della carta costituisce il fondamento di progettazione dei libri pop-up.

Dario Cestaro

Collage tridimensionale

Nishinaka modella la carta in modo che grazie alle luci e a una ripresa fotografica ben congegnata essa assuma plasticità.

Jeff Nishinaka, USA

2. La stampa

Le forme di stampa cosiddetta "artistica" hanno dato origine con il tempo a quelle industriali, i cui prodotti vengono utilizzati tutti i giorni; per questo è particolarmente utile studiarne l'origine e la tecnica. Per esempio, il principio che sta alla base del funzionamento della stampa artistica litografica è lo stesso che permette la stampa industriale offset.

Le procedure di stampa artistica, nella forma originale, sono sopravvissute solo a uso di pochi: permettono la moltiplicazione di opere in un numero limitato di esemplari e con un procedimento manuale lento che richiede molta pratica e molta precisione.

La più semplice forma di stampa che, si ottiene premendo una **matrice** con una forma semplice a **rilievo** su un **supporto**, è un sistema di riproduzione antichissimo, conosciuto dagli uomini primitivi e comune nella stampigliatura di ornati geometrici su argilla, pelli e tessuti; il funzionamento di una superficie a rilievo come un timbro o in incavo e della sua impressione è intuitivo.

Impressione

Sigillo assiro cilindrico di lapislazzuli e la sua impressione sull'argilla.

14 sec. a.C., Museo Smithsonian, USA

La tiratura di multipli con la stampa a matrice inchiostrata risale alla Cina del VI secolo, e richiede l'incisione della matrice in legno per ricavarne una forma a rilievo, che viene poi inchiostrata e premuta su un foglio di carta.

In Occidente la prima testimonianza di una **xilografia** (da *xilos*, "legno" in greco) è la "Vergine di Bruxelles" del 1418. La prima produzione seriale fu impiegata per la stampa di tessuti, di carte da gioco, di illustrazioni che spesso completavano le pagine manoscritte dei libri. Dal XVI secolo divenne una forma d'arte autonoma ed estremamente raffinata grazie all'opera di vari artisti.

La **stampa a caratteri mobili** di Gutenberg, o tipo-grafia, che significa scrittura con matrice, non è altro che un'evoluzione della stampa xilografica, e la differenza fondamentale è il riutilizzo e la ricomposizione delle matrici. I singoli caratteri sono fusi in metallo in copie multiple e composti poi assieme per formare la pagina. La superficie dei caratteri è inchiostrata e pressata contro la carta. La tipografia sopravvive oggi come forma d'arte per la stampa a mano di piccole tirature di libri di alta qualità: la composizione avviene tuttavia al computer, e la matrice è prodotta quasi sempre con procedimento fotopolimerico. La forma moderna di **stampa a rilievo**, ma industriale e automatizzata, è la **flessografia**; utilizza lastre di gomma o plastica su una macchina da stampa a bobine e inchiostri liquidi a base di solventi. Viene usata principalmente per il packaging su carta e per la stampa di alcuni giornali.

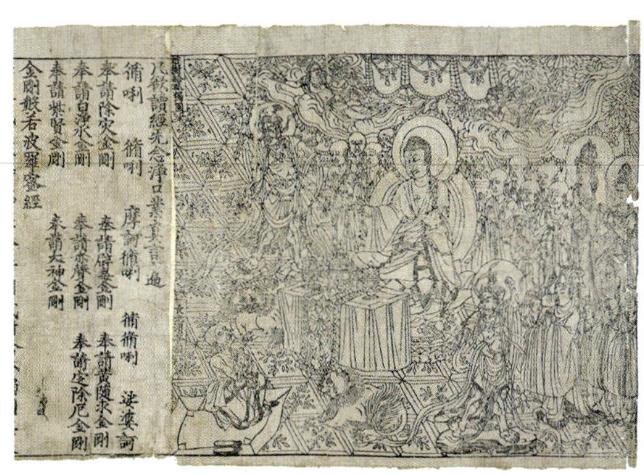

Stampa con matrice di legno

Il primo foglio stampato di cui si conosce la data: il frontespizio del Sutra del Diamante.

868 d.C., British Museum

La rilievografia, la stampa con matrice a rilievo, ha il suo opposto nella **stampa in incavo** o **calcografia**, (da *calcos*, "rame" in greco). In questo caso la carta va ad assorbire l'inchiostro che si è depositato dentro solchi incisi su una lastra metallica con una punta o con un procedimento di acidatura. Nacque in Germania nel Quattrocento e si sviluppò in Italia in ambito orafo; raggiunse grande splendore grazie all'opera di artisti come Mantegna, Dürer, Rembrandt, Hogart, Piranesi, Goya. La calcografia ha il suo corrispettivo moderno e industriale nella **rotocalcografia**, con la quale si stampano giornali di grande tiratura.

Il **metodo in piano**, o **litografico**, consiste nell'ottenere l'immagine premendo la carta su una superficie piana su cui si è disegnato con una sostanza che trattiene l'inchiostro e respinge l'acqua. La procedura fu messa a punto in Germania nel 1796 da Alois Senefelder e divenne subito popolare. Artisti come Goya se ne servirono, così come Füssli e Toulouse-Lautrec. La sua evoluzione con matrici di metallo piane, leggere e flessibili, ha dato origine alla **stampa industriale litografica**, la più comune forma di stampa attuale.

La seconda tecnica planigrafica è la **serigrafia**, che produce l'immagine filtrando l'inchiostro attraverso una superficie di tessuto sottile mascherata in vario modo. Brevettata nel 1907 in Inghilterra e perfezionata in America, venne adottata ben presto per realizzare insegne e decorazioni perché permette la riproduzione su superfici di materiali diversi anche di grandi dimensioni, purché in piano. Tra gli artisti che l'hanno usata figurano Andy Warhol e Roy Lichtenstein. Ancora oggi ha uno sviluppo industriale notevole per la possibilità di stampa con medium di ogni tipo: si possono infatti utilizzare non solo gli inchiostri o le vernici industriali, ma i materiali più disparati, perfino il cioccolato, su superfici piane ma anche curve e di materiali vari.

Infine la **stampa digitale** meriterebbe una scheda a parte perché, pur essendo invenzione recentissima, ha prospettive inimmaginabili.

Stampa con matrice di legno: carta da gioco, XV secolo

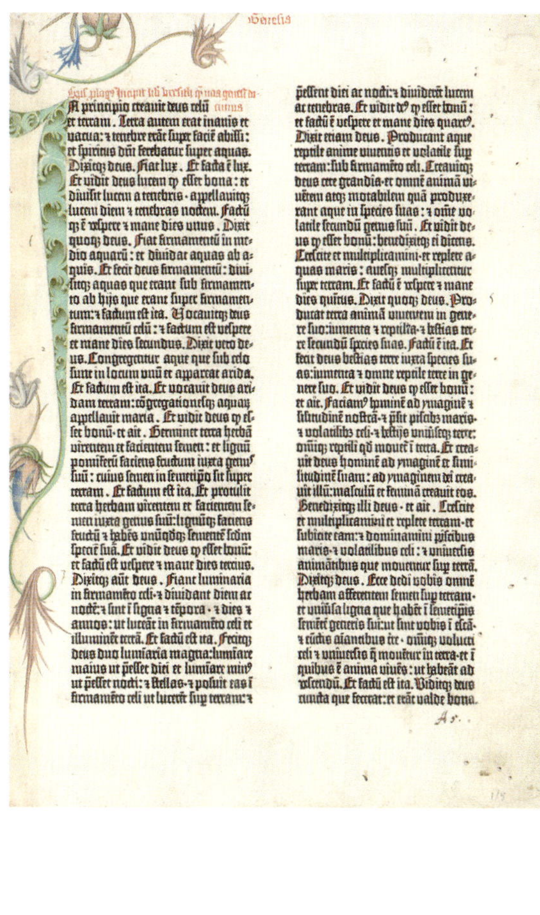

Pagina della Bibbia di Gutenberg e caratteri mobili

Una cassetta di legno contiene molte copie dello stesso carattere. I caratteri che compongono una parola venivano selezionati a mano e allineati sul compositorio a formare le righe e poi le pagine.

Bibbia della Morgan Library, 1450

3. La xilografia

Per xilografia, dal greco *xilos*, "legno", e *grafo*, "scrivo", si intende l'incisione di immagini e a volte di brevi testi su tavolette di legno, le **matrici**, che successivamente sono inchiostrate e utilizzate per la realizzazione di più esemplari dello stesso soggetto, su carta e a volte su seta, mediante la stampa con il torchio. Dato che la xilografia è un tipo di incisione a rilievo, è facile inserire la matrice di legno nelle forme tipografiche, stampando contemporaneamente testo e immagini. Questa caratteristica della xilografia rende il processo di stampa molto economico ed è per questo che veniva usata soprattutto per i **testi popolari**.

Stampe ottenute da matrici lignee sono giunte fino a noi dalla Cina dell'VIII secolo, dove la carta era fabbricata con fibre vegetali. In Europa si diffuse nel tardo Medioevo e rese possibile per la prima volta la riproduzione di immagini su grande tiratura: per esempio, quelle delle **carte da gioco** o di fogli con **immagini religiose** oppure di astrologia.

Una storica stamperia italiana specializzata in stampe popolari fu quella dei Remondini a Bassano del Grappa, Vicenza.

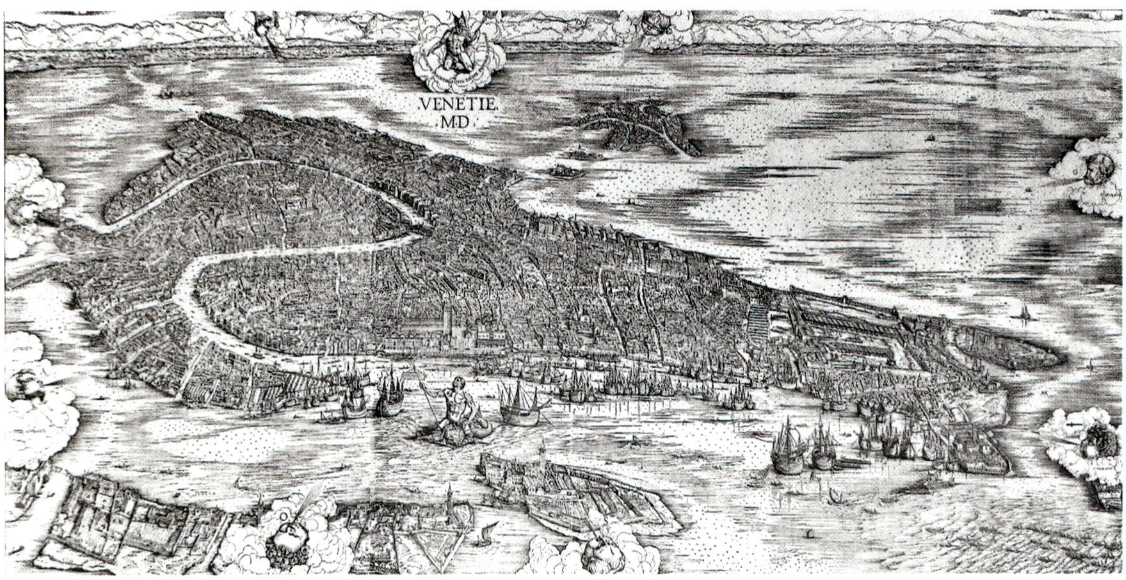

Veduta di Venezia

Sei pannelli xilografici sono serviti per comporre la mappa la cui stampa misura mm 2818 x 1315: il particolare di uno di essi è visibile qui accanto.
Le matrici xilografiche originali e la copia a stampa sono tuttora conservate ed esposte presso il Museo Correr di Venezia.

Jacopo dè Barbari, Venezia, 1500

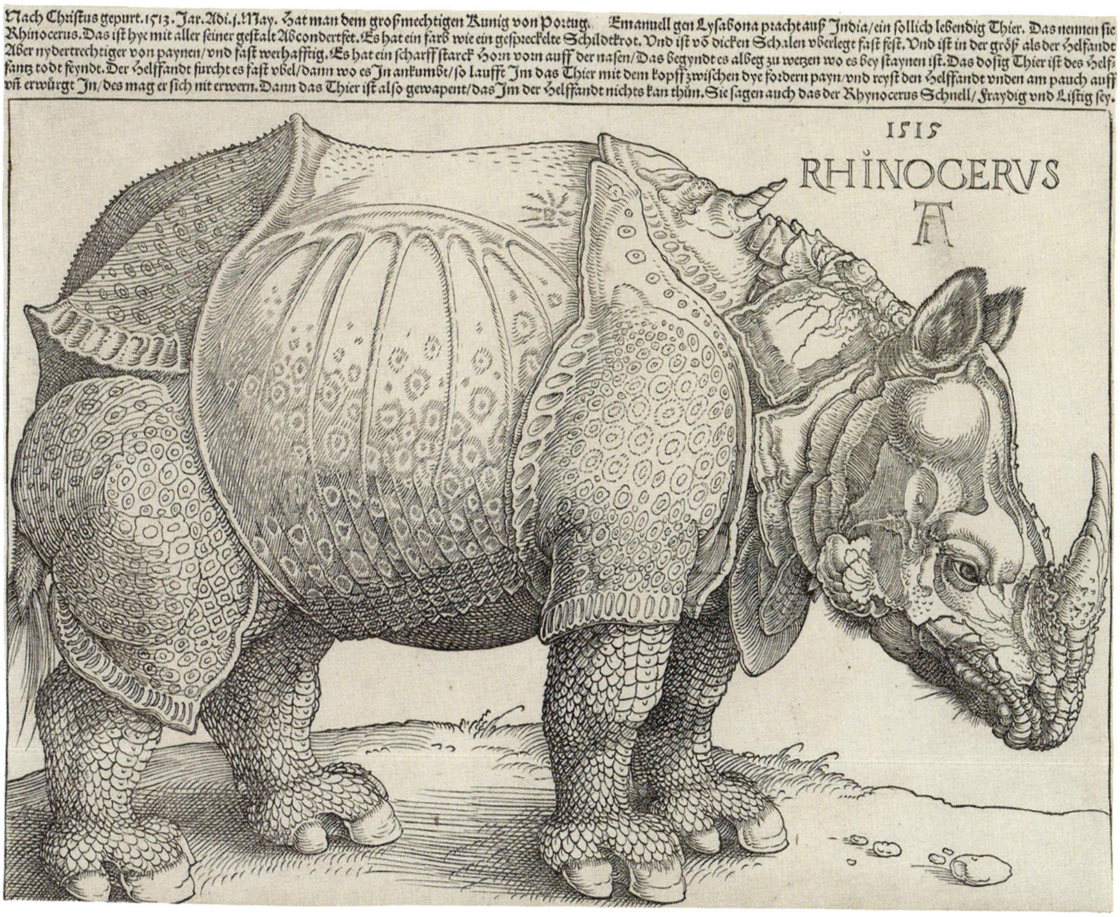

Il rinoceronte

Xilografia

Albrecht Dürer, G.B. 1515, British Museum

Giorno e notte

Si possono ottenere risultati di grande finezza anche con la stampa xilografica; in questo caso la stampa è ottenuta da una matrice per il nero e una per il grigio.

M. Cornelius Escher, 1938 M.C. Escher Foundation, Olanda

Caratteristiche della stampa xilografica

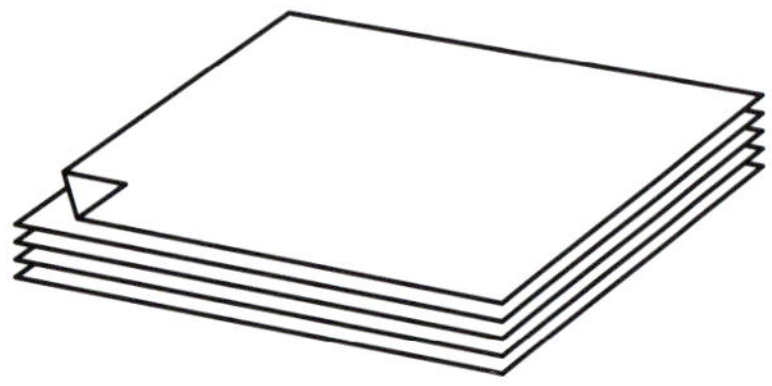

Cosa si stampa
Carta, cartone, tessuto.

Tiratura
Da decine a centinaia di copie, poiché la matrice si usura.

Stampa
Diretta, dalla matrice sulla carta.

Tipo di matrice
Tavoletta di legno, di testa o di taglio. In epoca moderna linoleum, Adigraf morbida e facile da incidere, polimeri.

Come si riconosce una xilografia
L'incisione xilografica classica produce un segno più grosso e irregolare di quello derivante dall'incisione su metallo; sulla carta il segno stampante può lasciare un'impronta in incavo, mentre la matrice non lascia impronta.

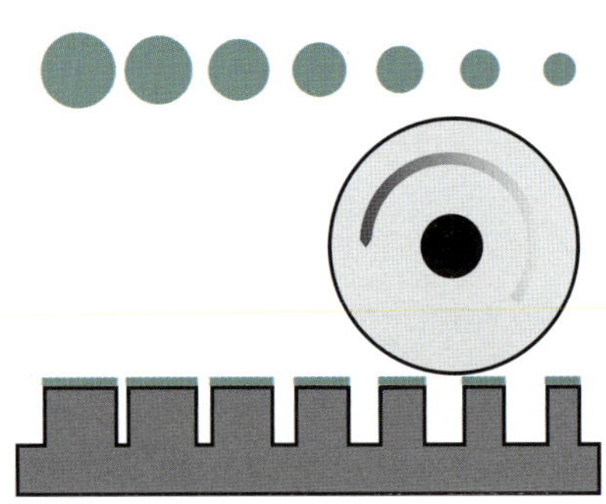

Stampa industriale derivata
Flessografia, cliché, stampa con matrici polimeriche.

“Das Ständebuch”, la storia di un libro illustrato.

Il titolo del libro era all’origine *Originale illustrazione di tutte le professioni sulla Terra*, poi abbreviato popolarmente in *Ständebuch*.

Si tratta della raccolta di 114 incisioni su legno eseguite dal disegnatore, incisore e pittore svizzero Jost Amman con i versi di Hans Sachs, otto versi per ciascuna xilografia, ed è la descrizione delle professioni e dei mestieri.

Il libro venne pubblicato a Francoforte nel 1568 dall’incisore su legno e tipografo Sigmund Feirebend, 1528-1590, e vede insieme la composizione di caratteri metallici a stampa, per i testi, e la xilografia, per le immagini.

Das Ständebuch

Der Beutler, Il fabbricante di borse.
Heertrummel, Tamburo di guerra.
Der Schuhmacher, Il calzolaio.

Jost Amman e Hans Sachs

4. La tipografia

Incunabolo
Libro stampato dalla nascita della tipografia nel 1450 fino al 1500.

Il nome deriva dalla composizione delle parole greche *typos*, "impronta", e *grafo*, "incido", "disegno".

Ha precedenti in estremo Oriente per le matrici di metallo o di legno e per il rilievo della matrice, per cui è imparentata con la xilografia. Nasce nel 1450 in Germania per opera di Johannes Gutenberg, che mette a punto la stampa con i **caratteri mobili** di metallo, il **torchio** per la stampa e l'**inchiostro** più adatto.

Nella tipografia tradizionale tutto il testo è composto con caratteri di metallo e le illustrazioni vengono realizzate mediante forme tipografiche, o **cliché**. Tutti gli elementi vengono assemblati per comporre la **forma di stampa** all'interno di un telaio rigido, che viene posto sul piano del torchio, e la parte stampante è in rilievo rispetto allo sfondo. All'inizio della sua storia la matrice veniva inchiostrata a mano: sulla matrice veniva poggiato il foglio inumidito, che poteva essere sia di carta che di pergamena, quindi lo stampatore girava la vite del torchio, il quale esercitava una pressione omogenea su tutta la superficie. Il foglio era rimosso e posto ad asciugare, e il procedimento si ripeteva uguale a ogni singolo foglio.

Per stampare in grandi formati a metà Ottocento entrarono in uso caratteri di legno, anziché di metallo, ritagliati grazie al pantografo, uno strumento che consente la riproduzione e la deformazione dimensionale di un originale.

La tecnica tipografica è utilizzata oggi in ambiti specializzati per libri a edizione molto limitata, o per lavori a bassa tiratura, come gli inviti. In questo caso tuttavia le matrici possono essere generate digitalmente e prodotte con polimeri, in modo da avere a disposizione tutti i caratteri del mondo digitale nei vari formati e disegni. Viceversa, i corrispettivi dei caratteri metallici costano, pesano e ingombrano.

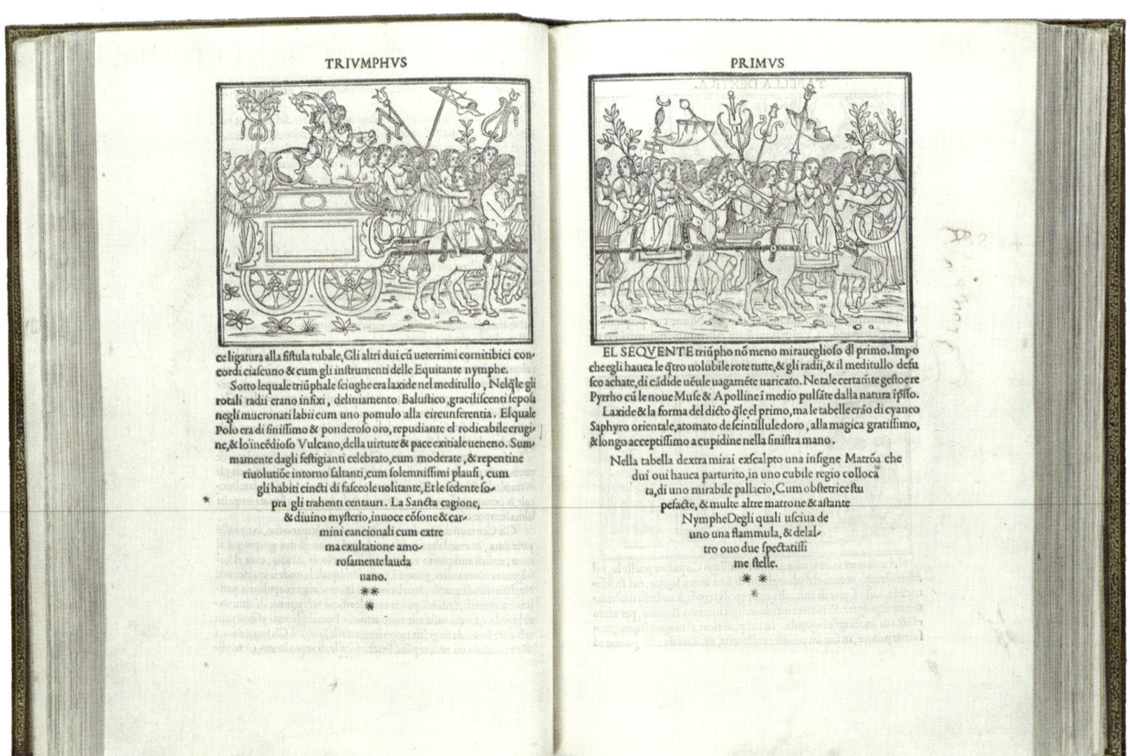

Hypnerotomachia Poliphili

Quello che è considerato il più bell'incunabolo illustrato è uscito dai torchi di Aldo Manuzio a Venezia nel 1499. Contiene 172 xilografie. Il testo del libro è sempre composto in armonia con le tavole e termina spesso con un finalino a decrescere.

Copia conservata nella Pinacoteca Ambrosiana di Milano, 1499

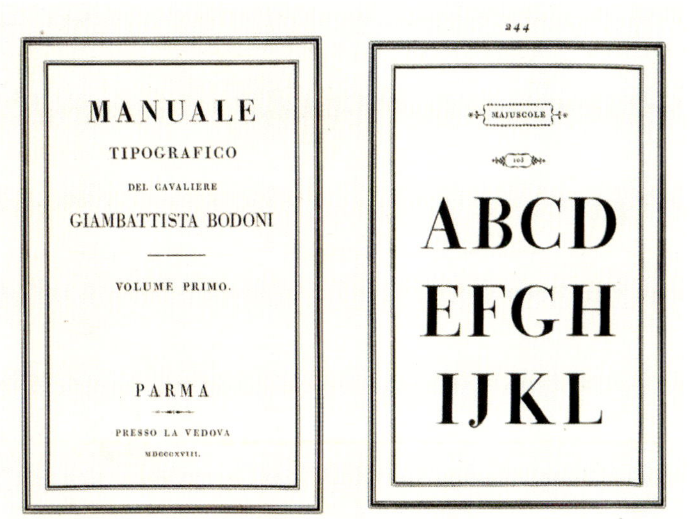
MANUALE
TIPOGRAFICO
DEL CAVALIERE
GIAMBATTISTA BODONI
VOLUME PRIMO.
PARMA
PRESSO LA VEDOVA
MDCCCXVIII.

244
MAJUSCOLE
ABCD
EFGH
IJKL

Frontespizio del manuale tipografico

Bodoni, teorico e tipografo, afferma i principi del buon progetto "da cui tutta la bellezza sembrerebbe procedere", vale a dire la regolarità, la nitidezza, il buon gusto e l'incanto.

Giambattista Bodoni, Parma, 1818

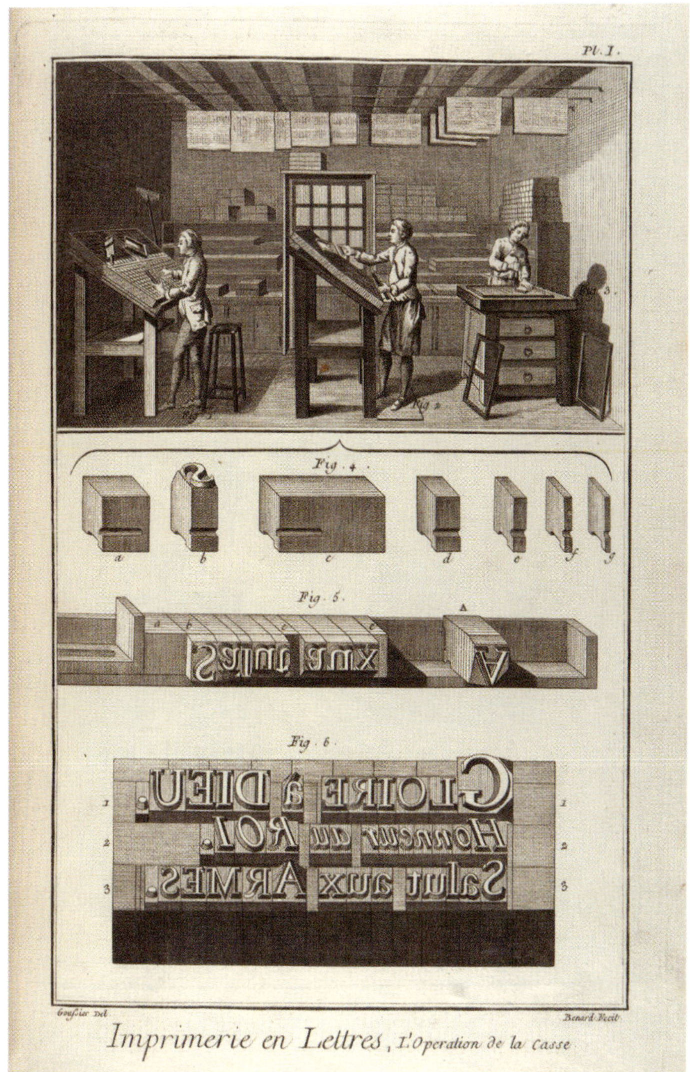

Tavola dall'Enciclopédie di Diderot

L'Enciclopedia dedicava molte tavole a illustrare la stampa, dalla incisione e fusione dei caratteri fino alla pressa, segno dell'importanza attribuita a questa attività. La tavola documenta la procedura della composizione tipografica con la veduta d'insieme dei singoli operatori: sotto i singoli caratteri metallici con il compositoio, l'attrezzo che serviva a disporli in righe ordinate.

Louis-Jacques Goussier, 1762

Caratteristiche della stampa tipografica

Cosa si stampa
Carta, cartone.

Tiratura
Potenzialmente, con macchine automatiche, fino a migliaia di copie.

Matrice
Costituita con elementi di metallo riutilizzabili, i caratteri mobili, composti dentro una forma.
Una matrice per ogni colore.

Stampa
Diretta da matrice sul supporto scelto.

Come si riconosce una stampa tipografica
L'inchiostro tipografico è denso e produce un nero molto deciso e una stampa nettamente profilata. Quando si stampa su carta morbida i caratteri possono lasciare uno schiacciamento sul retro del foglio, visibile nel frammento sopra riprodotto.

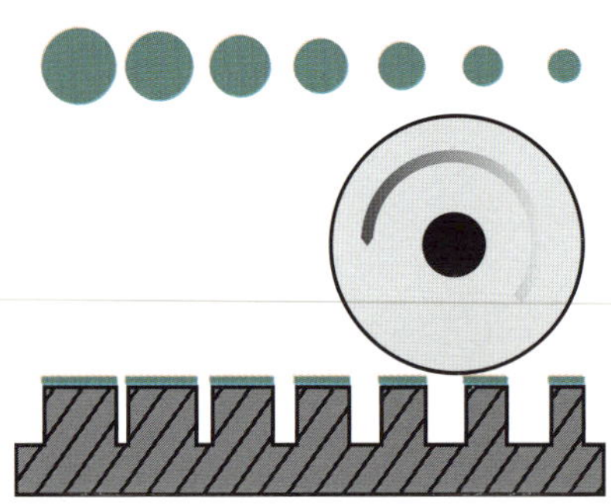

Stampa industriale che usa lo stesso principio
Flessografia.

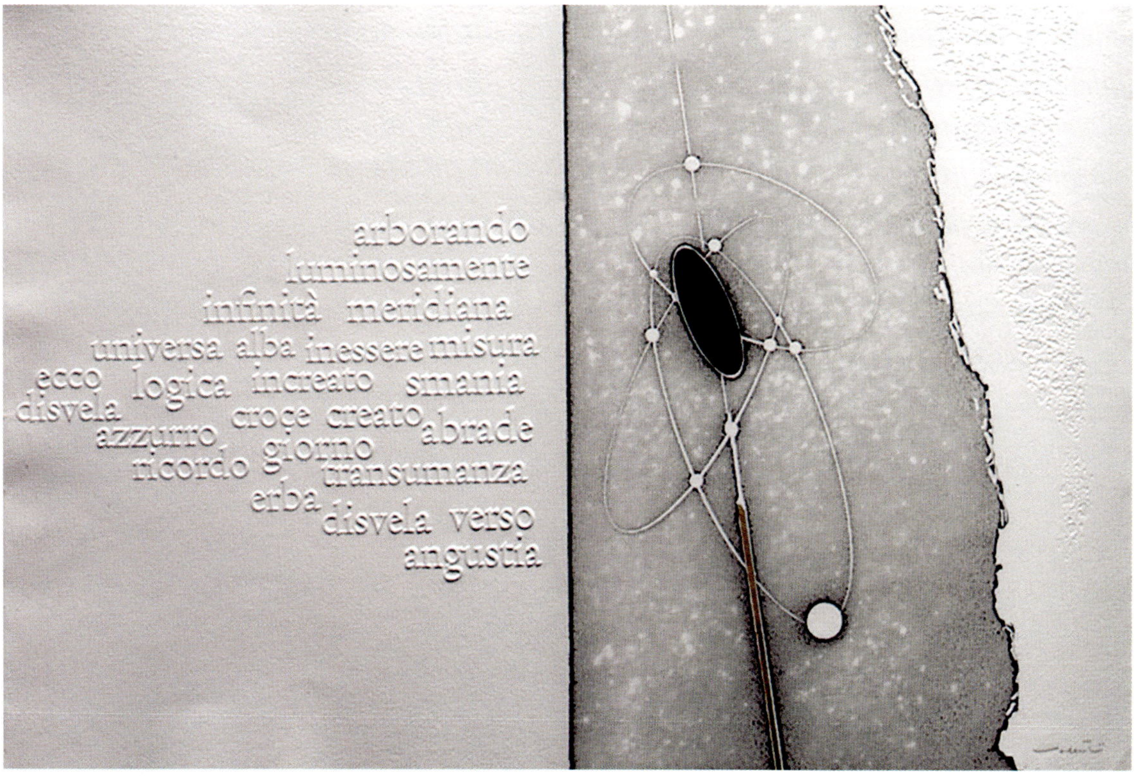

Stampa tipografica moderna

Luzi, Vetrinetta accidentale,

Incisioni di Walter Valentini, officina Alessandro Zanella, 2005

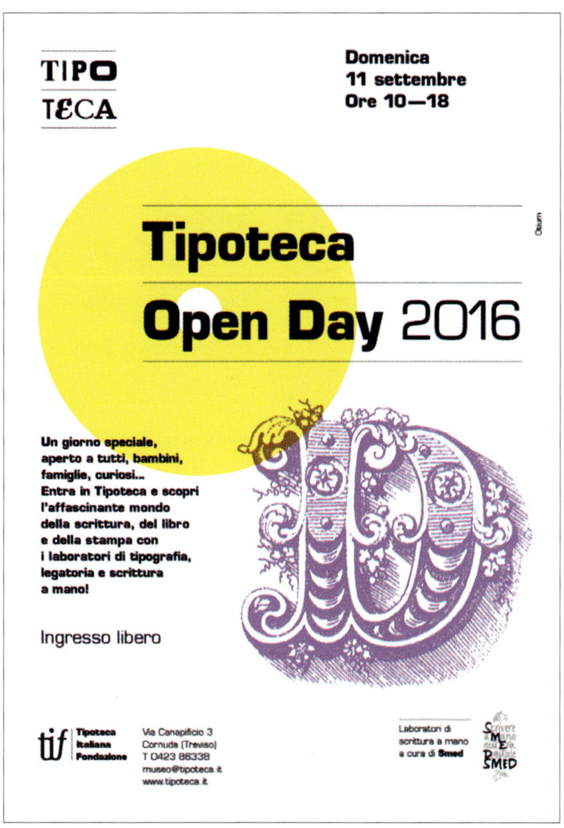

Poster

Open day della Tipoteca di Cornuda (TV), un importante museo sulla storia della stampa.

Otium

Annuncio

Seminari TDC '26-'66. Tipografia, design, comunicazione

Design Herb Lubalin, Cooper Union, New York, USA, 1966

5. La calcografia

L'origine del termine deriva dal greco *calcòs*, "rame", e *grafo*, "incido", "disegno".

Nel 1450 Maso Finiguerra, orafo fiorentino, è il primo a usare questa tecnica. Il disegno viene inciso direttamente su rame con strumenti appuntiti, oppure scavato con l'acido. L'inchiostro, steso a rullo, rimane solamente dentro le incisioni e viene trasportato dalla pressione del torchio sulla carta leggermente umida. La pressione esercitata dal torchio è notevole, e alla lunga appiattisce i solchi presenti sulla matrice: pertanto più il metallo usato è duro, più la matrice resta integra.

Le varianti tecniche sono molteplici, sia per ottenere la parte stampante (acquatinta, puntasecca) che per i materiali usati per la matrice (dal rame all'acciaio, lo zinco, l'alluminio, il plexiglas).

La carta va bagnata prima della stampa. A processo concluso e stampa ben asciutta, i fogli vengono posti tra carta assorbente, sotto peso, per evitarne l'incurvatura.

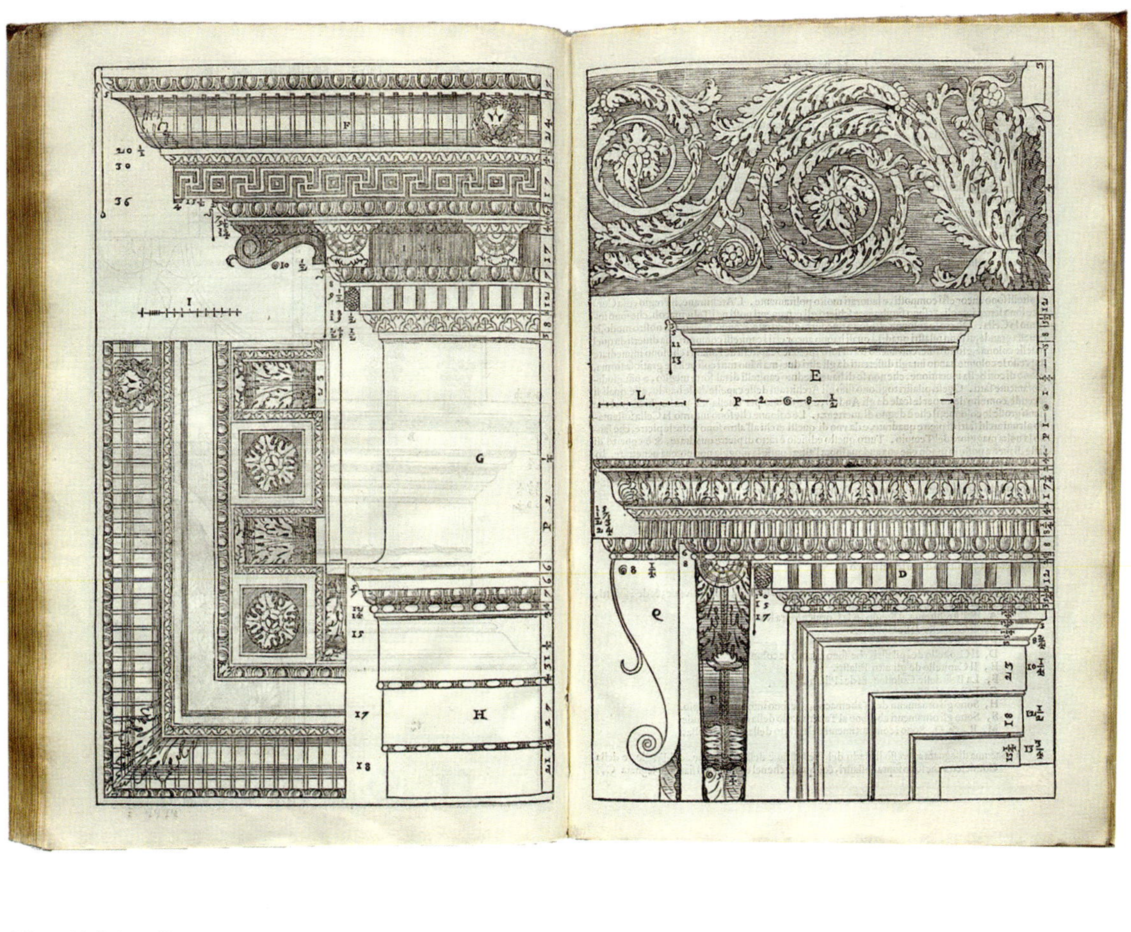

Tavole dai Quattro libri dell'architettura, Ordini classici

Le incisioni sono tratte dai disegni del Palladio.

Andrea Palladio, Vicenza, 1570

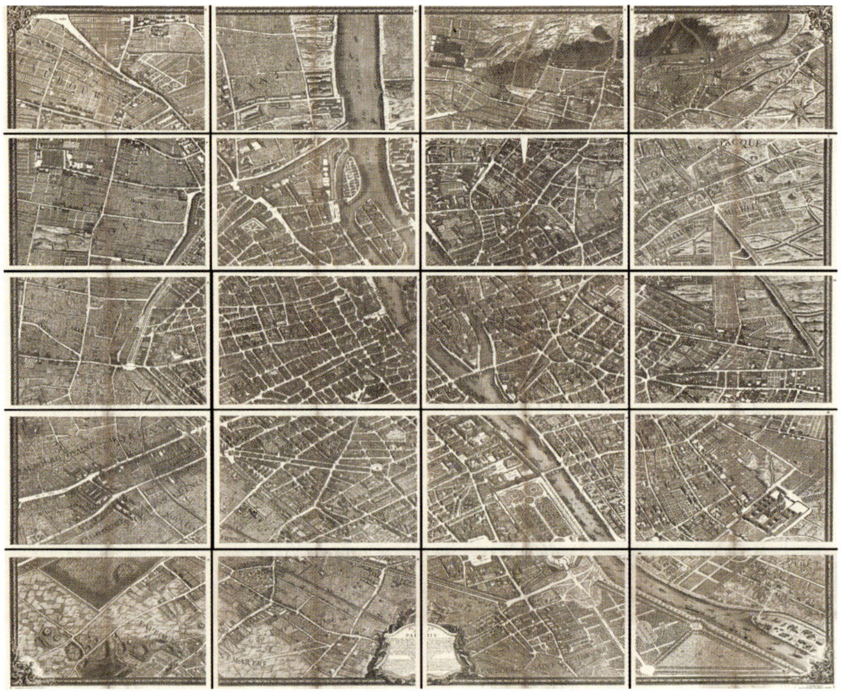

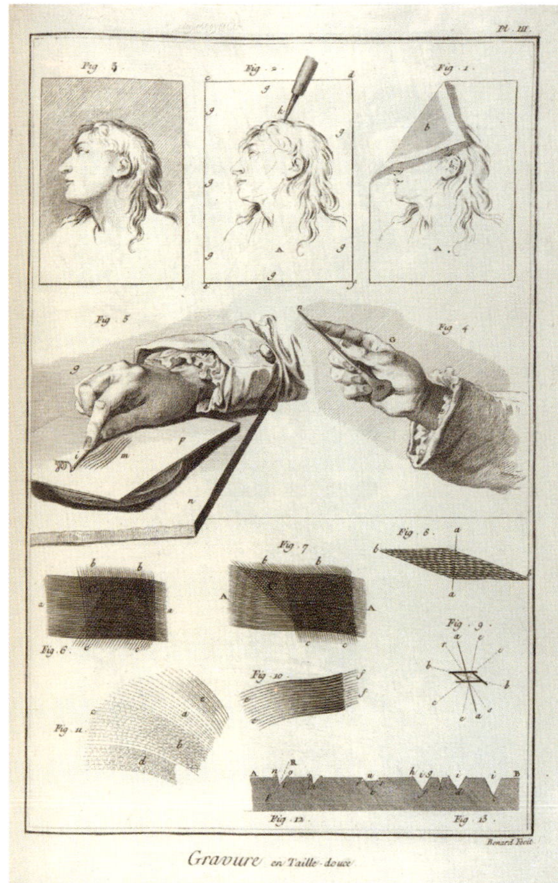

Tavola dall'Enciclopédie di Diderot

La tavola illustra la procedura dell'incisione su metallo ed è essa stessa prodotta con tale tecnica.

Louis-Jacques Goussier, 1762

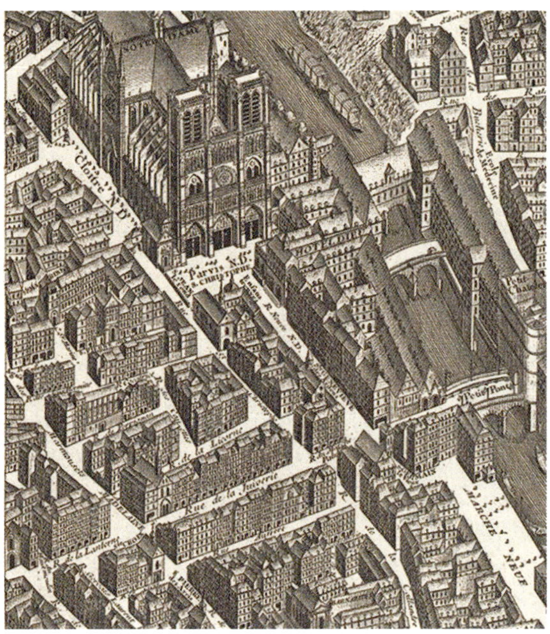

Mappa di Parigi di Turgot

Per lungo tempo le mappe sono state riprodotte grazie alla calcografia. La mappa di Turgot, dal nome del committente, è una veduta a volo d'uccello ed è composta da 20 lastre non sovrapposte per complessivi mm 3225 x 2505.

Il particolare ingrandito mostra il grado di finezza dei dettagli grazie alla tecnica molto precisa della calcografia, che consente una densità e uno spessore minimo di segno molto superiore alla xilografia.

Claude Lucas e Louis Bretez, originale del 1739, qui l'edizione Taride del 1900

Caratteristiche della calcografia

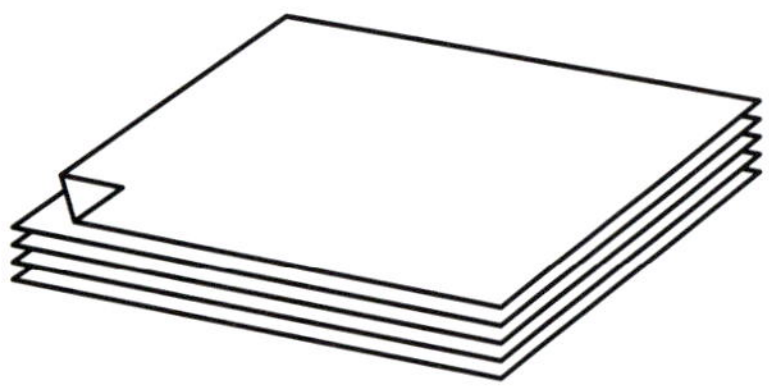

Cosa si stampa
Carta, cartone.

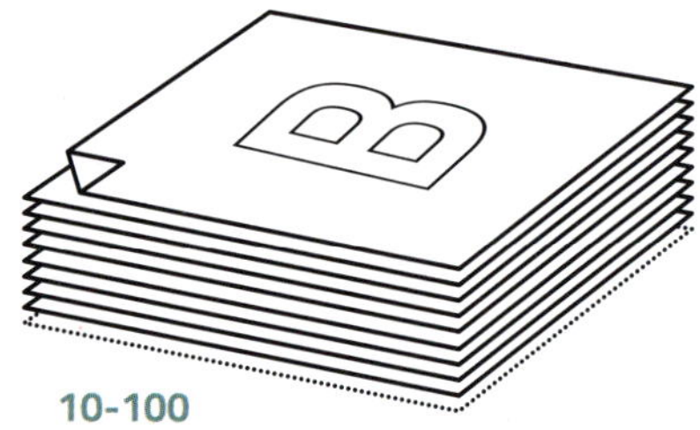

Tiratura
Da decine a centinaia di copie.

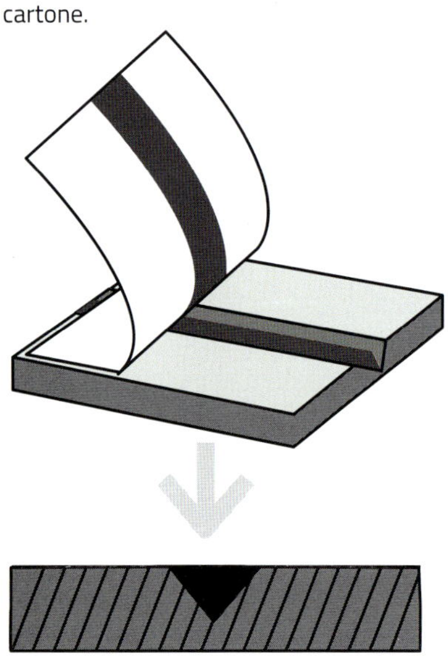

Stampa
Diretta da matrice sulla carta.

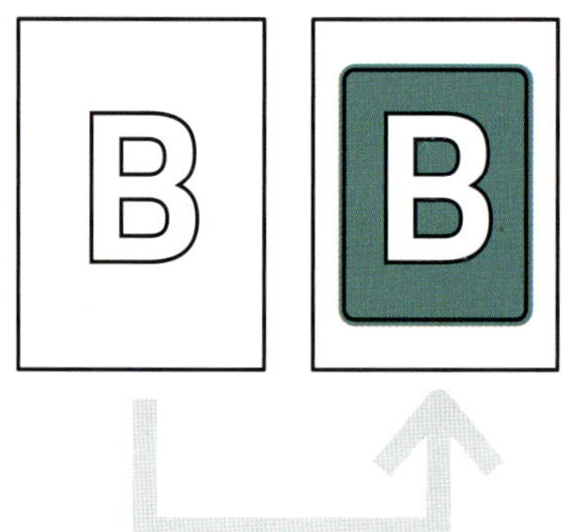

Tipo di matrice
In metallo incisa a mano o con l'acido: matrice incavografica. Una matrice per colore.

Come si riconosce una calcografia
La stampa calcografica lascia sulla carta il segno stampante, che può essere un leggero rilievo dovuto all'inchiostro. La matrice a sua volta lascia l'impronta dei propri bordi sul foglio di carta.

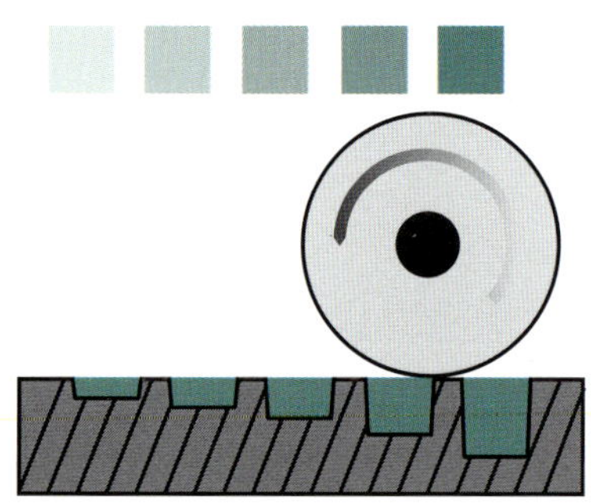

Stampa industriale derivata
La rotocalcografia usa lo stesso principio: la parte stampante è incassata nella superficie di un cilindro e viene riempita di inchiostro. Le cellette variano in profondità, ma non nelle dimensioni.

Il cavaliere, la morte e il diavolo

Incisione a bulino di mm 245 x 188.

Albrecht Dürer, Staatliche Kunsthalle, Karlsruhe, 1513

Dalla raccolta Carceri d'invenzione

La serie è una delle più celebrate opere dell'arte calcografica, per la complessità degli ambienti rappresentati e i forti contrasti di luci.

Giovan Battista Piranesi, 1761

Natura morta

Acquaforte su rame di un maestro dell'incisione moderna. Le incisioni d'arte sono catalogate in base al numero di tiratura (per esempio, esemplare n. 8 su una tiratura di 60. I cataloghi forniscono inoltre sia la misura della lastra (cm. 29,9 x 23,9) che del foglio (cm. 51,4 x 35).

Giorgio Morandi, 1932

6. La litografia

Il nome deriva dalla composizione delle parole greche lithos, "pietra", *grafo*, "incido", "disegno".

Nel 1796 Aloys Senefelder, 1771-1834, in Baviera mise a punto la tecnica utilizzando una pietra speciale che **trattiene** l'inchiostro là dove è stata disegnata con una matita grassa e lo **respinge** dal resto della sua superficie. Nel 1840 fu introdotto l'uso di lastre sottili e leggere di metallo al posto della pietra. Nel 1837 in America venne brevettata la cromolitografia, la separazione dei colori e la stampa con matrici diverse di ciascuno dei colori ottenuti. È solo con l'applicazione del principio "offset" all'inizio del XX secolo che questo procedimento cominciò a essere utilizzato per la stampa commerciale.

Il funzionamento della litografia è il meno intuitivo perché chimico-fisico e non osservabile come il procedimento incavografico: infatti le parti della lastra metallica sensibilizzate a ricevere l'inchiostro sono a malapena distinguibili dalle circostanti.

La litografia a colori corrisponde a una sovrapposizione di zone colorate: l'artista utilizza una matrice in pietra per ogni colore. L'ordine di stampa di ciascun colore deve essere attentamente studiato e messo a punto con le prove di stampa.

È un procedimento **planografico**, poiché la superficie stampante è in piano invece che rialzata come nella xilografia o la tipografia.

Gran parte dei problemi della stampa litografica derivano dall'impiego dell'acqua per l'umidificazione, che può alterare la carta su cui si stampa e mettere a repentaglio la messa a registro. È lo stesso problema, molto più rilevante, che si incontra con la stampa industriale offset.

Nel 1891 Harold Zidler, direttore del Moulin Rouge, mette a contratto Toulouse-Lautrec come successore di Jules Chéret per disegnare i manifesti del locale. Fotomontaggio.

Poster per Jane Avril,1893

Litografia a colori: rosso, giallo, oliva e nero. Misure: 22,2 x 15,9 cm. Pubblicizza la famosa danzatrice che in questa scena danza un ballo popolare. Il poster fa parte di una collezione di piccoli poster a uscita mensile sul giornale "Les Affiche Illustrées" per i collezionisti.

Henry de Toulouse-Lautrec, 1864-1901

Poster

Questo duo di artisti si affermò come autori di litografie di raffinata essenzialità, ridotto uso dei colori e memorabilità della composizione.

William Nicholson e James Pryde, con lo pseudonimo Beggarstaff Brothers

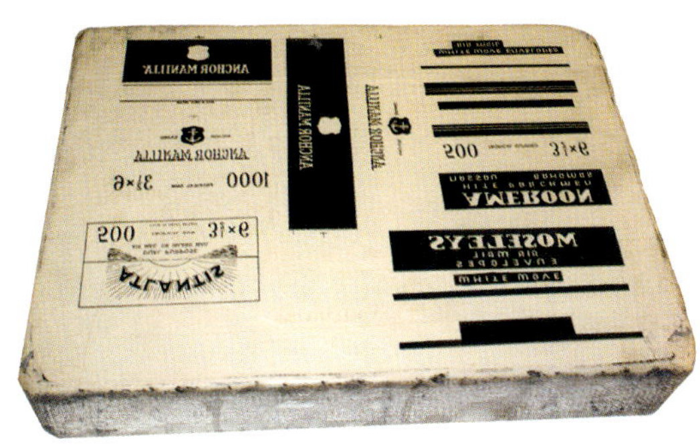

Pietra litografica

Le prime litografie venivano realizzate con matrici realizzate con pesanti lastre di pietra, prima che venisse scoperto che il metallo in fogli, leggero e flessibile, poteva avere la stessa funzione. Qui accanto, la lastra in posizione sul torchio mentre lo stampatore la inchiostra.

Caratteristiche della litografia

Cosa si stampa
Carta, cartone.

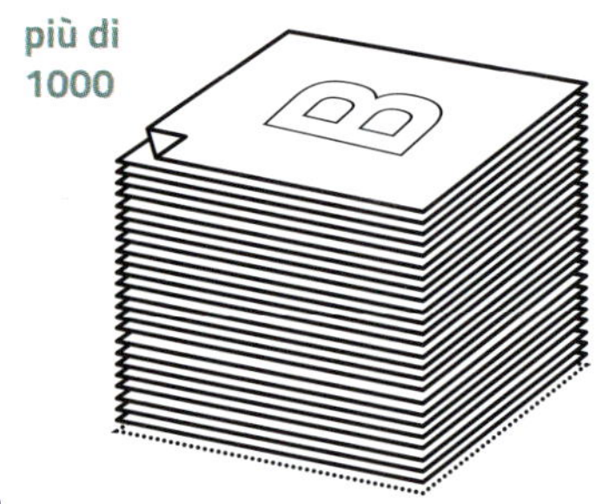

Tiratura
Migliaia di copie: la lastra non subisce alcun deterioramento nel processo di stampa.

Stampa
Diretta da matrice sulla carta.

Matrice
In pietra, planigrafica. Una matrice per colore.

Come si riconosce una litografia
Sulla carta il segno stampante non lascia alcun rilievo e la matrice non lascia impronta sul foglio. Si può distinguere da altre tecniche più per differenza che per caratteristiche proprie.

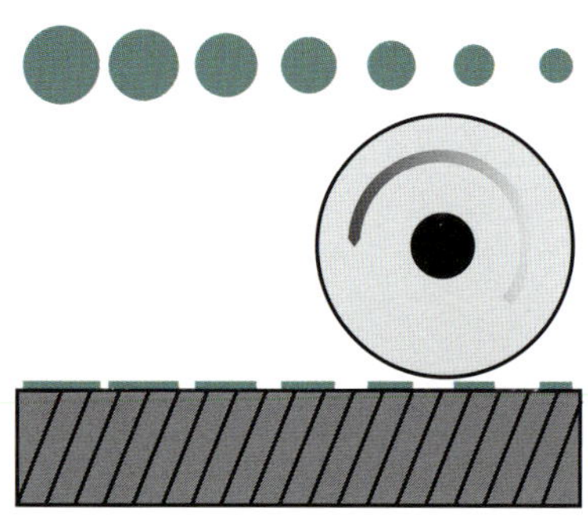

Stampa industriale che usa lo stesso principio
Litografia offset: si avvale di una superficie stampante piana.

Tavola e particolare, The Grammar of Ornament

Dal volume di Owen Jones, 1809-1874, architetto e artista decoratore britannico, pioniere della cromolitografia, che lo pubblica nel 1856 grazie alla nuova tecnica da poco messa a punto. Al tempo si impose come riferimento perché incitava i contemporanei ad aprirsi a forme d'arte provenienti da culture fino ad allora sconosciute, ma frequentate e documentate dall'autore, come Cina, Persia, India, Arabia. La scelta dell'impiego del colore nel libro fu considerata di grande impatto nel contribuire al cambiamento del linguaggio figurativo e del gusto.

Owen Jones, 1856

7. La serigrafia

Il nome deriva dalla composizione delle parole greche *serikòs*, "di seta" e *grafo*, "incido", "disegno". Introdotta in Europa dall'estremo Oriente, venne usata dapprima per stampare tessuti.

Il primo brevetto per una matrice ricavata fotograficamente risale al 1907 ed è americano. Nella sua variante più semplice consiste nello spalmare il colore sulla carta mediante una spatola, detta **racla**, attraverso un tessuto teso su **telaio** che uniforma la stesura: interponendo un ritaglio di carta o di film impermeabile tra il tessuto e la carta, la si maschera impedendo così all'inchiostro di passare.

La procedura più sofisticata prevede che il tessuto che fa da filtro venga mascherato attraverso un processo fotografico di impermeabilizzazione della superficie grazie a un'**emulsione fotosensibile**.

Il fatto che il procedimento serigrafico sia in grado di applicare uno strato spesso di inchiostri della più svariata natura, quindi non solo nati per la stampa, ma anche vernici industriali e materiali gommosi gonfianti, rende la serigrafia ideale per i manifesti e la stampa su superfici diverse, tra cui legno, stoffa, vetro, plastica e metallo. Può utilizzare inoltre supporti come carte molto leggere.

Non sempre i caratteri piccoli vengono riprodotti nitidamente; inoltre è difficile stampare le foto con la definizione garantita da altri procedimenti.

VY-29-A

Serigrafia.

Victor Vasarely, 1973

Metamorphic Flowers

Milton Glaser

Reflections on Girl, dalla serie Reflection

Litografia e serigrafia a colori con rilievo e collage con PVC metallizzato. Misure mm 1146 x 1391.

Roy Lichtenstein, 1990

Ritratto n. 6

Della serie Marylin Monroe.

Andy Warhol, 1968

Campbell Soup

L'artista riprodusse in serigrafia immagini patrimonio della cultura popolare, come oggetti di consumo o volti di personaggi celebri. Solitamente partiva da scatti fotografici ridotti al solo bianco e nero con interventi di colore. Qui una zuppa in scatola.

Caratteristiche della stampa serigrafica

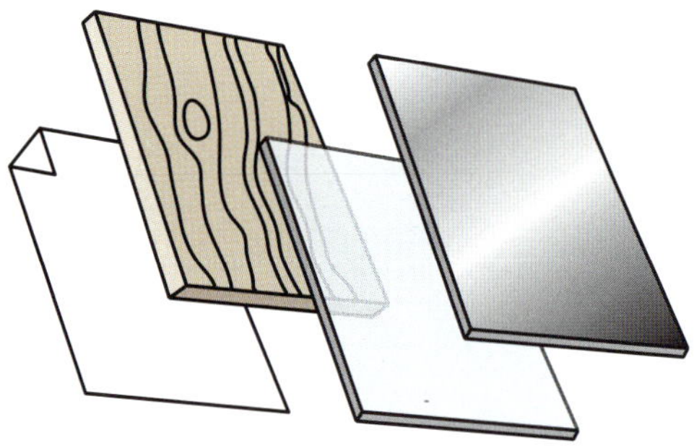

Cosa si stampa
Carta, tessuto, legno, vetro, plastica, metallo ecc.

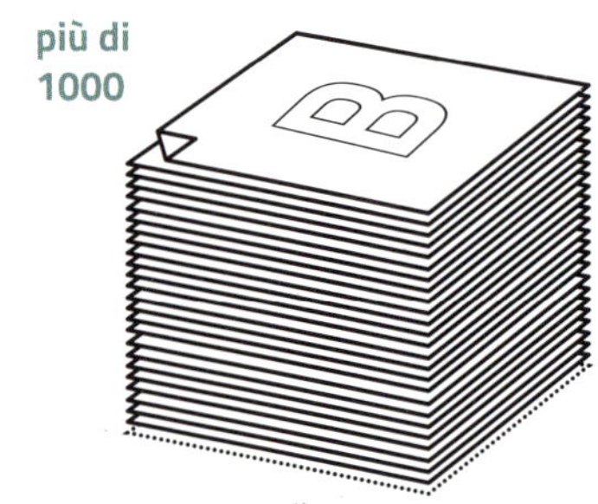

Tiratura
Da poche a migliaia di copie. Nel processo di stampa il telaio subisce un deterioramento minimo perché il tessuto impiegato è particolarmente robusto.

Stampa
Diretta da matrice sul supporto scelto.

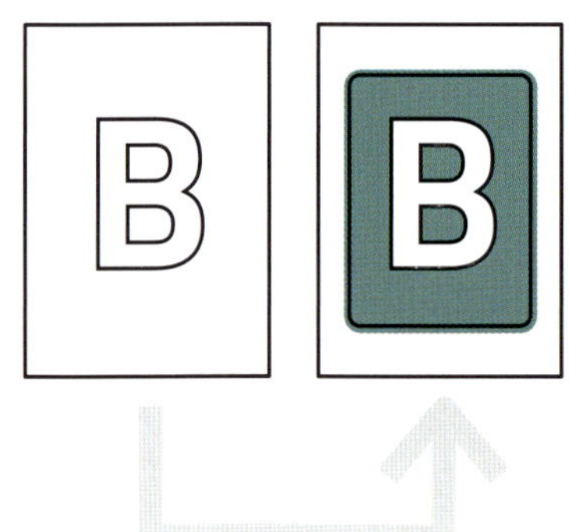

Matrice
Telaio con tessuto naturale, come la seta, o artificiale, come il nylon.
Matrice piana. Una matrice per ogni colore.

Come si riconosce una serigrafia
Non provoca l'alterazione della carta, per cui la superficie è integra. A volte, ma non sempre, lo strato di colore è consistente, coprente e fa spessore.
Se l'inchiostro include materiali come polveri e sabbie, chiaramente percepibili, è facile si tratti di una serigrafia.

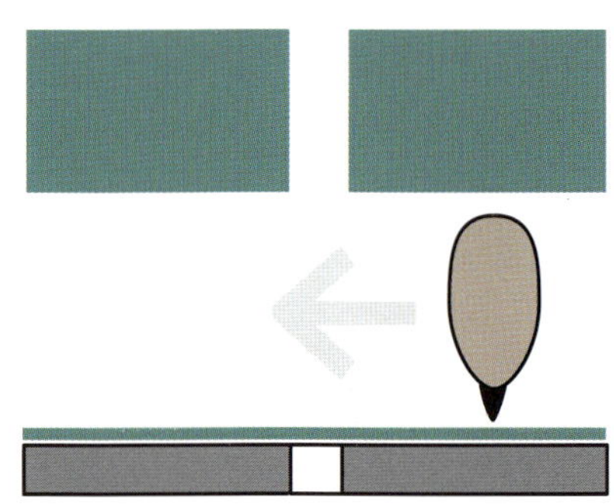

Stampa industriale che usa lo stesso principio
Serigrafia industriale: stampa su tutti i materiali con inchiostro/vernice adatti al supporto.

Poster

Multiplo dipinto a mano, serigrafia su legno.

Shepard Fairey

8. La riproduzione delle immagini

Stocastico o con disposizione casuale
Il retino stocastico, detto anche "retino FM" è un sistema di riproduzione di una sfumatura tramite retinatura basata su una distribuzione casuale dei punti del retino.

Prima di descrivere le caratteristiche della stampa industriale più diffusa, la litografia offset, è necessario raccontare come si riproducono le immagini.

La fotolitografia è il processo di produzione degli impianti che servono a produrre la matrice di stampa per l'offset. Uno dei punti cardine è la riproduzione delle immagini attraverso la retinatura, ovvero la loro suddivisione in matrici di punti o con il punto stocastico.

Caratteristiche del retino

Un retino è costituito da punti posti sull'intersezione di due fasci perpendicolari di rette parallele ed equidistanti. Se i punti sono tutti delle stesse dimensioni, il retino è uniforme o piatto. Per un retino uniforme si può parlare di percentuale di grigio, cioè del rapporto percentuale tra area coperta e area bianca del supporto. Il numero di linee per unità di misura, centimetro o pollice, è la frequenza o lineatura del retino misurata in linee per centimetro (lpc) o linee per

Immagini al tratto
Sono in bianco e nero pieno.

Immagini a tono continuo
Vanno dal bianco al nero, passando attraverso le gradazioni di grigio. Sopra, l'ingrandimento di un particolare.

Immagini a mezzatinta
Un'immagine retinata è detta "mezzatinta" o "halftone".

Immagini a colori
Come questa, riprodotta in quadricromia.

pollice, linee per inch (lpi). Naturalmente, la frequenza va misurata lungo le linee stesse.

L'angolo che una linea di punti del retino forma con la verticale è l'angolo del retino. I punti di un retino hanno una forma.

Tipicamente la forma del punto è un cerchio come nel retino a punti, ma sono possibili forme diverse, per esempio la forma a linea nel retino a linee, oppure a ellisse, a quadrato, a rombo. Un retino che rende l'idea di una trama si chiama texture.

Retinatura a colori

La gamma dei colori si ottiene stampando i retini dei singoli colori primari ad angolature diverse. Nel caso più comune i retini sono quattro, stampati rispettivamente con inchiostro Ciano, Magenta, Giallo e Nero (CMYK), e con angolature diverse.

Dal sito di Mauro Boscarol

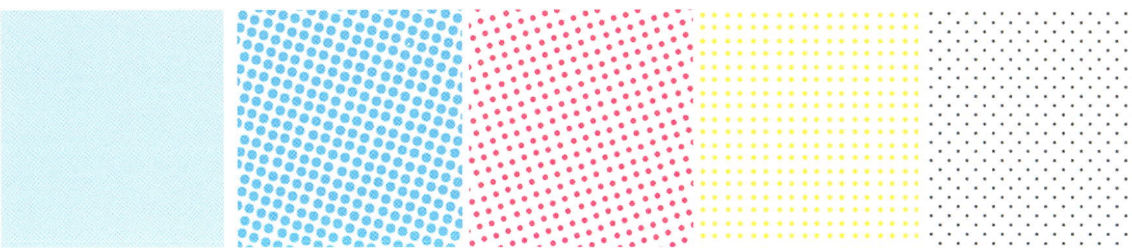

Riproduzione CMYK
Questo azzurro potrebbe essere ottenuto con le seguenti retinature:
ciano al 50%,
magenta al 20%,
giallo al 15%, nero al 5%.

Pellicole ciano, magenta, giallo, nero

giallo; giallo + magenta; giallo + magenta + ciano; giallo + magenta + ciano + nero.

Progressive di stampa
L'ordine dei colori stampato uno di seguito e sopra l'altro in tipografia è il seguente:

9. La litografia offset

La maggior parte dei materiali grafici che si trovano stampati su carta si ottengono oggi con la litografia offset. Questo processo di stampa permette la tiratura di **alti numeri di copie** con la possibilità di stampare 4 e più colori, quelli tradizionali, oppure con colori speciali e ottenere effetti di superficie speciali con vernici. Si può stampare su una gamma molto varia di supporti e carte di diversa grammatura, e si possono ottenere finiture di superficie con la stessa macchina con la quale si stampa. L'offset consente la stampa di immagini di **alta qualità** che sono controllabili durante la fase di prova e di tiratura. È una tecnica conveniente per tirature sopra le 1000 copie; il costo per prodotto unitario diminuisce con l'aumentare della tiratura, mentre rimangono fissi i costi per l'impianto e la messa in macchina.

Da ricordare la stampa **rotocalcografica**, un'altra tecnica industriale adatta per tirature altissime come giornali, riviste o materiale pubblicitario.

Il principio

La stampa offset impiega quattro inchiostri trasparenti, tanto che viene definita **quadricromia** o CMYK, o **di processo**; i colori sono ciano, magenta, giallo e nero, colori che si possono chiamare primari, in questo ambito, e che vengono stampati nella loro pienezza, oppure in percentuale, grazie alla retinatura.

In teoria potrebbero essere sufficienti i tre colori da stampa, ciano, magenta e giallo, dosati in modo diverso, per riprodurre qualsiasi colore e quindi lo spettro visibile completo. In realtà i tre inchiostri sono limitati nella resa; infatti me-

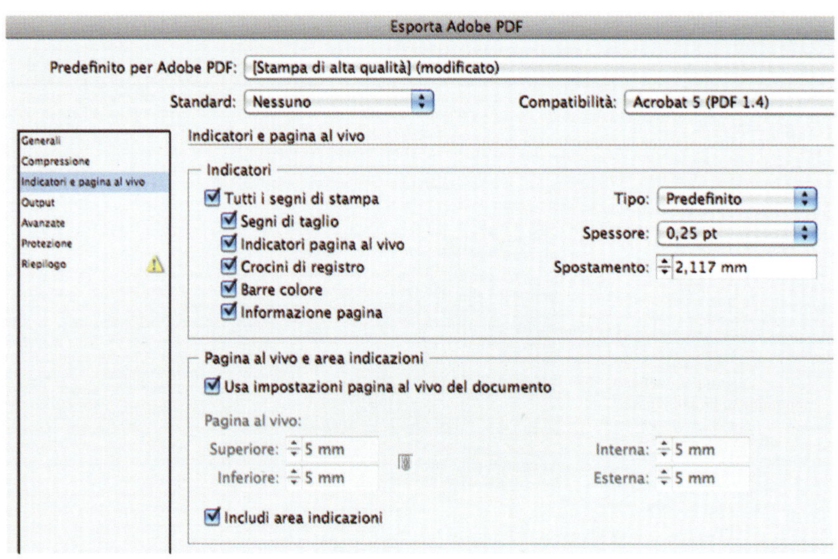

La finestra di esportazione in PDF

Nel programma InDesign, con i valori impostati come nell'immagine si ottiene il file riprodotto a destra.

Pagina "al vivo"

L'area evidenziata in azzurro mostra i bordi effettivi della pagina. Quando le immagini, o il fondino, in giallo, sbordano uscendo dal taglio pagina, la pagina viene detta "al vivo". Occorre prevedere una abbondanza di 3/5 mm per evitare che nelle operazioni di confezionamento il rifilo sia difettoso.

scolati insieme in parti uguali danno un marrone anziché il nero teorico, che è stato aggiunto per questo motivo alla triade. I tre colori da soli rendono con molta approssimazione anche altri colori, come l'arancio, il viola o l'azzurro pallido. Per ottenere le diverse sfumature di una gamma di colori, gli inchiostri possono essere avvicinati, con effetto di **mescolanza additiva** in media spaziale, o sovrastampati: per esempio, il verde si ottiene anche sovrastampando una percentuale di giallo con una di ciano. Per ciascun colore necessario, se si tratta di quattro o più, in fase di prestampa viene allestita una lastra sulla quale la parte da stampare viene marcata: questo procedimento è detto in **separazione di colore**. Quando la cianografica di prova è stata controllata dal grafico, lo stampatore effettua le modifiche necessarie e poi produce le lastre per la stampa. Oggi convivono sul mercato due sistemi per farlo: il passaggio attraverso una **fotounità** che impressiona la pellicola fotosensibile con luce laser, oppure con un platesetter che imprime i file digitali direttamente sulla lastra, in genere tramite il laser. Il secondo processo, più veloce, si chiama **computer to plate** e sta soppiantando il primo. I colori vengono poi ricostruiti, imprimendo le lastre con il rispettivo inchiostro.

Una stampante offset, oltre ai quattro inchiostri, può utilizzarne anche altri, che si definiscono **tinte piatte** o **colori spot**. Essi si possono sovrastampare tra di loro e con i colori di quadricromia.

Infine, contemporaneamente al colore, in un unico passaggio, si può stampare anche il trattamento finale di superficie, la verniciatura.

Bozza di stampa
Le informazioni di contorno servono al tipografo nella lavorazione di prestampa e compaiono nell'area che sarà rifilata.

Indicatori pagina al vivo
I segni più esterni segnalano lo spazio delle "indicazioni per la stampa".

Scale di controllo
Barre di colore utilizzate in formatura e stampa.

Segni di taglio
I più interni indicano il contorno esatto della pagina dove praticare il taglio.

Crocini di registro
Servono a mettere a perfetto registro le 4 pellicole CMYK.

Informazioni pagina
Titolo della pagina e giorno e ora di produzione.

La pagina finita
Come risulta dopo il taglio.

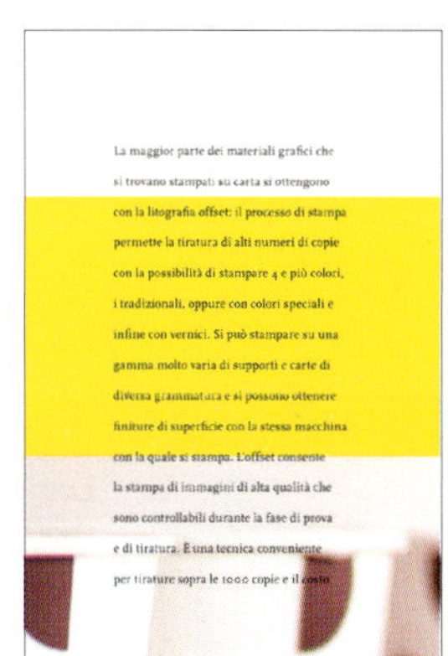

Caratteristiche della litografia offset

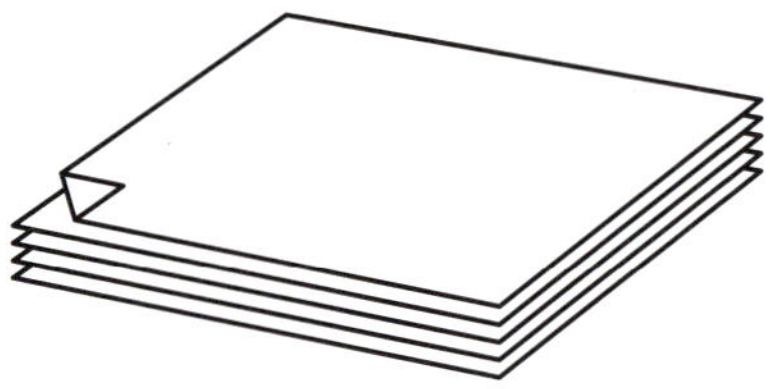

Cosa si stampa
Carta, cartone.

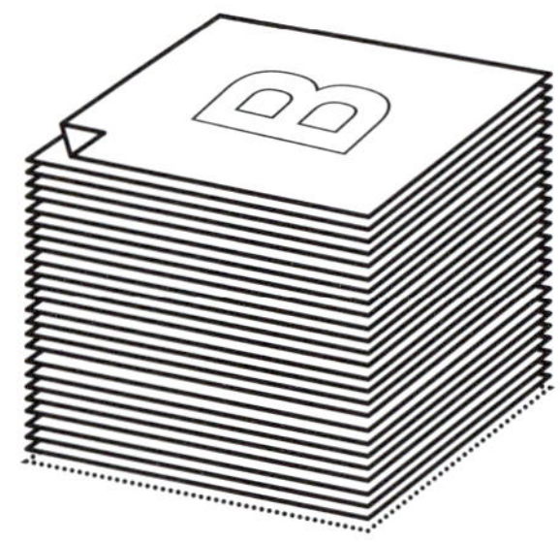

Tiratura
Un numero illimitato di copie: la matrice non subisce deterioramento. Solo la relativa lentezza di stampa può diminuirne la convenienza.

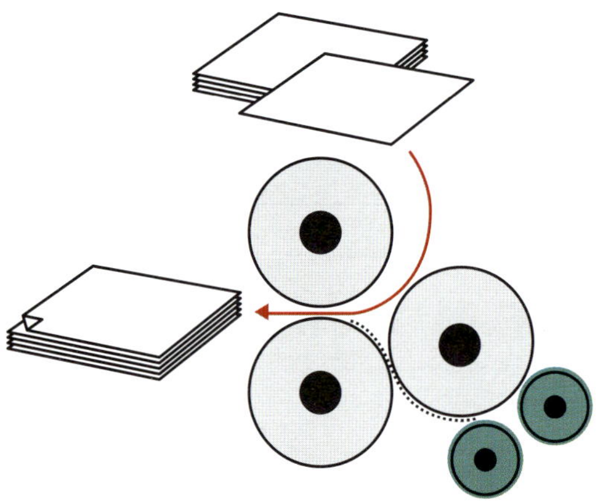

Stampa
Indiretta: da matrice sul cilindro e quindi sulla carta. Carta in fogli o in bobina.

Matrice
Metallica planigrafica. Una matrice per ogni colore.

Come si riconosce una litografia offset
Nella stampa offset né l'inchiostro né la matrice lasciano traccia sulla carta. Segno regolare e precisissimo, resa paragonabile alla fotografia.

Stampa industriale che usa lo stesso principio
Cromolitografia.

Osserva: tavola riassuntiva

	STAMPA ARTIGIANALE			
	SILOGRAFIA	**CALCOGRAFIA**	**SERIGRAFIA**	**LITOGRAFIA**
ORIGINE O INVENTORE	Origine: Cina, stampe su carta VIII secolo d.C.	Inventore: Maso Finiguerra, Firenze, 1450.	Origine: Isole Fiji, come stampa da tessuto.	Inventore: Aloys Senefelder, Germania, 1796.
PROCEDURA, NUMERO COLORI PER MATRICE	Matrice a rilievo, 1 colore per matrice. 	Matrice in incavo, 1 colore per matrice. 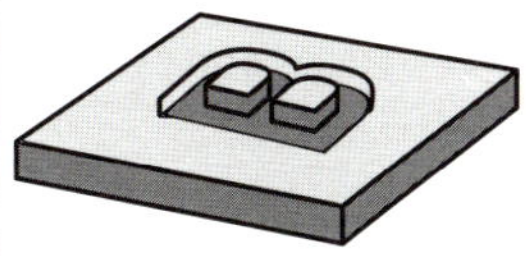	Matrice piana, 1 colore per matrice. 	Matrice piana, 1 colore per matrice. 
SUPPORTO	Carta.	Carta.	Carta e materiali vari.	Carta, cartone.
TIRATURA	Decine di copie.	Decine/centinaia di copie.	Migliaia di copie.	Migliaia di copie.

	STAMPA INDUSTRIALE DERIVATA			
	RILIEVOGRAFICA	**INCAVOGRAFICA**	**PERMEOGRAFICA**	**PLANOGRAFICA**
PROCEDURA	Tipografia. Matrice composta da elementi combinabili, in metallo o altro, o da cliché in fotopolimero o zinco. Flessografia. Matrice flessibile in fotopolimero o gomma. Usa inchiostro fluido e macchine rotative a bobina. Tampografia. Affine alla flessografia con forma flessibile. Si usa per stampare su superfici sagomate e materiali delicati. 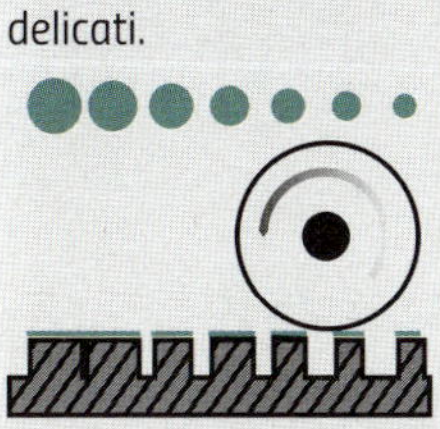	Rotocalcografia. Usa come matrice un cilindro rivestito in rame e inciso a cellette più o meno profonde. Per forte pressione trasferisce l'inchiostro contenuto negli alveoli dalla forma sul supporto. Usa macchine rotative a bobine per alte tirature, con resa cromatica buona e colori brillanti. 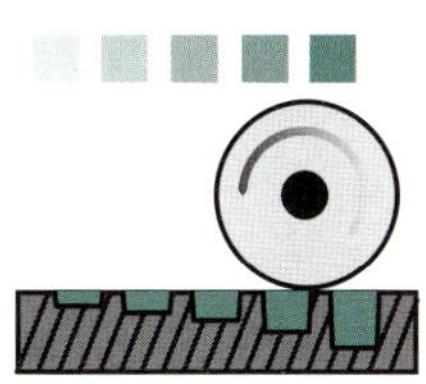	Serigrafia industriale. La matrice è costituita da un telaio entro cui è teso un tessuto permeabile sintetico. Il tessuto viene formato con gelatine fotosensibili. Una racla, manuale o meccanica, preme il tessuto sul supporto e facilita la filtrazione dell'inchiostro tra le maglie del tessuto e l'adesione al supporto. L'ottima resa cromatica è dovuta allo strato spesso di inchiostro. 	Litografia offset. La matrice è un foglio di alluminio trattato in superficie. La separazione digitale dei colori consente la stampa a quattro, CMYK, o più colori. L'inchiostro, grasso e denso, passa dal calamaio ai rulli bagnatori e a un trasferimento intermedio su gomma. Le macchine da stampa sono rotative o piane, monocolori o pluricolori. 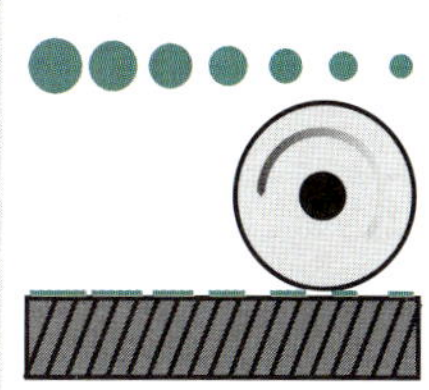
ORIGINE	Tipografia: 1450, Germania. Flessografia: 1890, Inghilterra.	Rotocalcografia: 1932.	Serigrafia industriale: 1907, Inghilterra.	Cromolitografia: 1837, Francia. Lito offset: 1875, Inghilterra.
NUMERO DEI COLORI PER MATRICE	1 colore per matrice.	1 colore per matrice.	1 colore per matrice.	1 colore per matrice.
SUPPORTO	Carta, cartone. In flessografia: plastica, pelle, anche supporti ruvidi.	Carta e plastica per imballaggi.	Vario: per es. carta, contenitori di vetro, tessuti, pelle, plastiche.	Carta, cartoncino; lamierino metallico.
TIRATURA	Tiratura illimitata.	Tiratura illimitata.	Tiratura illimitata.	Tiratura illimitata.

10. La stampa digitale

È un termine generico per identificare un sistema di stampa attraverso il quale i file digitali sono riprodotti direttamente su carta, usando una polvere colorata, cioè il **toner**, che si fissa col calore.

La stampante digitale industriale è come una grossa stampante da ufficio e lavora su fogli di formato 30 x 45 cm al massimo, a colori o in bianco e nero. Normalmente viene usata per **stampe veloci e a bassa tiratura**, inferiore ai 1000 pezzi, e per poter stampare copie personalizzate, una diversa dall'altra. Già nel 2010 più della metà di tutti i lavori a stampa ha avuto una tiratura inferiore alle 2.000 copie e la tecnologia digitale è in rapida evoluzione.

La stampa di dati variabili gestiti da database, resa possibile dalla stampa digitale, è il modo più economico di personalizzare materiale di direct marketing, messaggi inviati per posta cartacea e per la produzione di newsletter che richiedono frequenti aggiornamenti.

Un altro uso che sta avendo un discreto successo è la stampa di **libri on demand**: a un prezzo paragonabile a quello di un libro acquistato in libreria si può stampare in digitale un manoscritto con una tiratura minima e dall'aspetto assai simile a quello di un libro vero grazie ai dispositivi di finitura e rilegatura presenti nella stessa macchina da stampa. In questo caso gli ordini vengono gestiti elettronicamente, in modo che un libraio o un privato possa avviare automaticamente il processo di stampa e ottenere il libro attraverso la spedizione postale. Si possono così recuperare testi specialistici o dei quali si era esaurita la stampa e che in precedenza non sarebbero stati più disponibili.

La qualità della stampa digitale è spesso inferiore a quella offset, ma sta migliorando; in particolare si nota che i colori hanno un aspetto più saturo e brillante a causa della tecnica di deposizione sulla superficie della polvere di stampa. A volte si corre il rischio che i toni più leggeri vengano accentuati, per esempio nei fondini leggeri, che quindi sono di difficile resa, o che stesure di colori uniformi non risultino tali. Si tratta di una tecnologia in rapida evoluzione e si prevede che anche la qualità sia in grado di competere presto con la stampa offset.

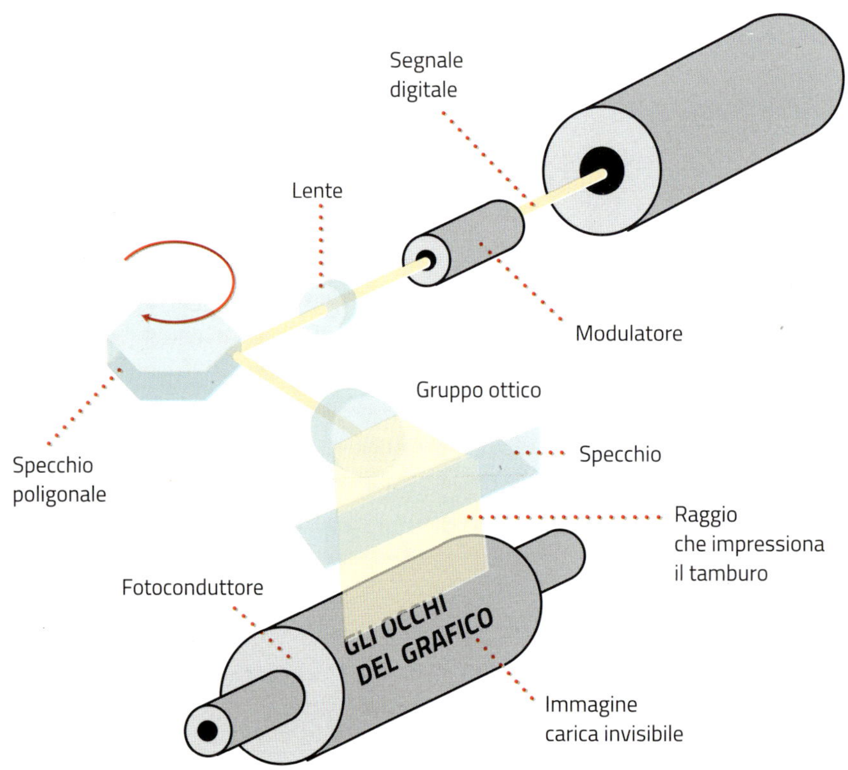

Sistema di stampa laser

Il tamburo fotoconduttore viene caricato positivamente con energia statica: l'immagine digitale viene proiettata sulla sua superficie. La carica positiva raccoglie il toner nelle zone da stampare e lo respinge da quelle da lasciare senza stampa. Un cilindro caldo fisserà poi il toner sulla superficie della carta.

Osserva: un confronto

STAMPA DIGITALE	STAMPA OFFSET
Quando conviene Va direttamente su carta. Conveniente per la stampa al di sotto delle 500 copie, oppure per tirature alte ma con dati variabili, che cambiano a ogni copia.	**Quando conviene** La differenza è dovuta ai costi di avviamento: le pellicole e le lastre. Ci vuole tempo per la preparazione, la messa a punto e la pulizia finale della macchina.
Scarsa prevedibilità nel colore Non si potrà mai essere certi del risultato finale. La stampa digitale a quattro colori presenta delle limitazioni sulla luminosità, la saturazione e la gamma di colori disponibili. Non si potrà mai ottenere un rosso brillante, un arancio o un viola.	**Prevedibilità nel colore** La stampa offset in quadricromia ha dei limiti nella resa del colore che sono discretamente prevedibili e ciò aiuta il progettista. Con l'aggiunta dei colori speciali, come i Pantone, si ha una resa più allargata precisa e costante.
Perdita nella gamma La stampa digitale a quattro colori ne penalizza alcuni, senza rimedio. E il risultato dipende spesso da come è impostata la singola macchina.	**Colori più brillanti** La quadricromia penalizza alcuni colori in particolare, ma si può ovviare con colori aggiuntivi. Con la stampa di colori speciali, come i Pantone, si possono avere colori predefiniti, brillanti, fluo, pastello, metallici.
Più costoso il proofing Il proofing è un sistema per produrre colori accurati. Può essere costoso, se paragonato al costo complessivo. Ma spesso ne vale la pena. Alla fine, si otterrà una stampa molto precisa.	**Meno costoso il proofing** Le prove colore non sono costose rispetto al costo complessivo del lavoro. Tuttavia possono rivelarsi imprecise rispetto al tipo di carta su cui il lavoro finale verrà stampato.
Può essere più veloce L'esecuzione su macchina digitale può essere molto veloce, tanto che alcuni service di stampa possono svolgere il lavoro senza preavviso.	**Richiede tempo** Molti i passaggi di lavorazione della stampa offset, il tempo per l'asciugatura delle copie e per il taglio e la piegatura, se necessaria.
Scelta limitata di carta Le macchine digitali possono trattare solo un limitato spessore della carta tanto che molti service di stampa non offrono alternative.	**Scelta praticamente illimitata di carta** Si può scegliere da interi campionari di colori, di spessori e materiali, cartoncini e carte speciali ecologiche, goffrate, carta pergamena e metallica.
Limitate opzioni di finitura Di solito non offre la stampa a caldo, inchiostri metallici e la goffratura. Alcune stampanti digitali, inoltre, non offrono servizi di piegatura, fustellatura o speciali.	**Molte tecniche di finitura** Inchiostri con superficie lucida e verniciature eseguiti a mezzo stampa CMYK. Si possono aggiungere le lavorazioni di superficie come goffratura, fustellatura e lamina.
Limiti di dimensioni, stili, materiali e formati Consentiti solo formati precisi e standard. I grandi formati non sono disponibili se non con lente stampanti a getto per poche copie.	**Formati innovativi, forme e dimensioni diverse** Le macchine sono in grado di ospitare una vasta gamma di formati cartacei. Esistono aziende specializzate su formati grandi.

Progetta: il preventivo di stampa

Quando si progetta uno stampato è necessario avere una conoscenza delle problematiche legate ai costi di produzione. Inoltre è compito preciso del grafico supportare il committente in questa fase e, durante la stampa, orientarne le scelte e sorvegliare la qualità del prodotto finito. I costi della stampa offset per medie e grandi tirature dipendono da quattro fattori qui di seguito illustrati.

La natura della stampa
La natura del prodotto a stampa, le particolari lavorazioni e i materiali necessari alla sua realizzazione:

> le dimensioni;
> il numero di pagine e i colori necessari;
> il materiale;
> la carta;
> la finitura della stampa;
> la legatura e l'imballaggio.

Per esempio: un pieghevole a tre ante su carta patinata opaca da 170 g/mq, oppure un catalogo in carta patinata lucida da 150 g/mq, la copertina in cartoncino lucido da 300 g/mq e una sovraccoperta in acetato trasparente da 40 micron sono prodotti tipografici molto diversi tra loro e hanno costi non paragonabili, dovuti a materiali e lavorazioni.

Modulo di preventivo

TIPO DI PRODOTTO:		**TITOLO:**	
N. copie:			
Misura formato chiuso finito:		Misura formato aperto:	
PRESTAMPA, ELABORAZIONE TESTO, IMPAGINAZIONE			
Fornita dal committente ☐		A carico del fornitore ☐	
N. di pagine		stampate a	colori
su carta		da g	/mq
copertina		da g	/mq
Plastificazione			
Legatura			
Imballo			
Trasporto			

La quantità delle copie

Detta "tiratura". I costi di prestampa, impaginazione, produzione delle lastre e avvio delle macchine da stampa sono fissi sia che si stampino poche copie sia che, al contrario, se ne producano molte, perciò vanno ripartiti su ogni copia prodotta.

Il tipo di azienda grafica

Le attrezzature e l'interdipendenza con altre aziende in grado di intervenire nella lavorazione. Alcune aziende, per struttura e organizzazione, sono in grado di fornire il prodotto finito; altre hanno bisogno di appoggiarsi all'esterno per particolari lavorazioni, come la plastificatura o la legatura, o per servizi come la prestampa e le lavorazioni speciali.

Le esigenze della distribuzione

È necessario stabilire chi si occupa di recapitare il prodotto finito al cliente o come viene collocato presso i grandi magazzini e in che forma.

Il grafico che richiede un preventivo all'azienda di stampa deve dare informazioni dettagliate su quello che vuole produrre. È la fase finale del progetto durante la quale in uno schema saranno riassunti i dati tecnici del lavoro, con i dettagli di lavorazione e finitura: sono dati sufficienti e completi perché il fornitore, o più fornitori messi in concorrenza, possano formulare un preventivo dei costi.

Scheda redatta da Giuseppe Bernardini

TIPO DI PRODOTTO: CATALOGO		**TITOLO:** "ORA ESATTA"		
N. copie:	10.000			
Misura formato chiuso finito: cm 21 x 29,7		Misura formato aperto: cm 42 x 29,7		
PRESTAMPA, ELABORAZIONE TESTO, IMPAGINAZIONE				
Fornita dal committente	☒	A carico del fornitore	☐	
Impianti digitalizzati forniti in file di formato PDF				
N. di pagine	24 di interni	stampate a	4/4	colori
su carta	patinata opaca	da g	100	/mq
copertina	4 pag. a colori su carta patinata opaca	da g	200	/mq
Plastificazione	Opaca sul lato esterno, no verniciatura			
Legatura	Con due punti metallici a sella, rifilo sui tre lati			
Imballo	Pacchi cellofanati a 20 copie, in scatole			
Trasporto	Incluso nel prezzo, da effettuare presso l'azienda committente			

Esempio di modulo compilato

11. La fotografia

Il nome deriva dalla composizione delle parole greche *photòs*, "luce", e *grafo*, "incido", "disegno".

È la scienza e l'arte di creare immagini durevoli grazie alla luce per mezzo di un sensore di immagini o un materiale fotosensibile. Una lente cattura la luce riflessa, o trasmessa, da un oggetto e la converte in una immagine su una superficie sensibile. Nel caso della foto chimica il processo avviene dentro una camera oscura durante un tempo di esposizione. Nel caso della foto digitale un sensore elettronico genera una carica diversa su ciascun pixel, producendo una immagine processata e registrata in un file digitale per essere successivamente mostrato o rielaborato.

Foto chimica

È il risultato dell'esposizione di una **emulsione fotografica**, che dapprima diventa una **immagine latente invisibile** e poi viene sviluppata in una **immagine visibile**, **negativa o positiva** in relazione allo scopo, al materiale e al metodo utilizzato. L'immagine negativa è usata tradizionalmente per creare una immagine **positiva su carta**, che viene chiamata "stampa fotografica", o attraverso un proiettore ingrandita ulteriormente. Un processo alternativo prevede invece una **stampa da contatto** diretto tra negativo e carta. La fotografia è usata in molti campi scientifici, artistici e commerciali, come hobby e nella comunicazione di massa.

La storia

Il primo risultato sotto forma di una stampa fotografica sopravvissuta risale al 1826-1827, anche se tentativi di riproduzione delle immagini erano stati compiuti negli anni precedenti. Processo dapprima lentissimo e molto complesso, evolve grazie all'individuazione di materiali più sensibili alla luce e all'invenzione della **pellicola** e del **film**, nel 1889, un nastro impressionabile in momenti diversi su riquadri definiti. Originariamente solo in bianco e nero, dopo vari esperimenti si raggiunse un risultato valido a colori nel 1861 grazie all'applicazione del principio della separazione di tre colori di Maxwell, 1855, che prevede la ripresa del soggetto con un filtro rosso, verde e blu in modo da ottenere tre pellicole in bianco e nero. La ricomposizione avviene in base

Vista dalla finestra a Le Gras

La prima foto presa da una camera oscura con lente e stampata che si conservi: richiedeva come minimo 8 ore di esposizione.

Joseph Nicéphore Niépce, 1826-27

Una stampa Polaroid

Si riconosce immediatamente perché l'immagine quadrata è contenuta da una cornice di materiale impermeabile che era allo stesso tempo, nella parte inferiore, il contenitore dei materiali chimici necessari per sviluppo e fissaggio.

Foto Sarah Angelina Acland, 1903

al **principio additivo**. Tra il 1935 e il 1936 le case produttrici americane Kodachrome e Agfa misero in commercio pellicole che dopo un laborioso processo in camera oscura davano come risultato le foto a colori. Un sistema rapido per ottenere foto a colori fu commercializzato dalla Polaroid nel 1963: un minuto circa dopo lo scatto e l'espulsione della pellicola l'immagine si formava sotto gli occhi del fotografo.

Foto digitale

Nel 1961 la ditta giapponese Sony produsse la prima macchina digitale, perfezionata dalla Kodak nel 1991: si rese così possibile il salvataggio delle immagini su supporto di memoria e la possibilità di rivederle su monitor o in proiezione come alternativa alla stampa. Oggi la foto digitale costituisce il 99 per cento del mercato, tanto che le case produttrici hanno progressivamente ridotto la produzione dei materiali per realizzare foto chimiche.

Differenze

Il sistema chimico è **difficilmente manipolabile e falsificabile**, perché implica supporti come la pellicola e la carta, mentre il sistema digitale è per sua natura un **medium più facilmente manipolabile**. Inoltre, con la foto chimica tra lo scatto e la stampa dell'immagine si frappone un **processo** che richiede un tempo misurabile in parecchi minuti e, inoltre un ambiente, la camera oscura, e un'attrezzatura specifici, tanto che esso veniva in genere demandato dal fotografo a service specializzati: il processo lungo e costoso costituiva in sé un limite alla produzione di fotografie. La foto digitale invece non ha bisogno né di mezzi o interventi esterni alla ripresa, né di tempi lunghi: la foto è immediatamente fruibile sul dispositivo stesso di ripresa, o stampabile. Inoltre, l'immagine digitale archiviata non comporta nessun costo, per cui dal punto di vista quantitativo la sua produzione non ha limiti. Un'altra importante differenza è dovuta alla **miniaturizzazione** progressiva delle apparecchiature per la ripresa fotografica, tanto che le fotocamere sono state inglobate da altri dispositivi, come i telefonini.

L'emiro di Bukara

Ricostruzione digitale a colori dalle tre lastre in bianco e nero ottenute con l'applicazione dei filtri rosso, blu e verde, scattate da un pioniere della foto a colori.

Foto: Sergei Mikhailovich Prokudin-Gorskii, 1911

Caratteristiche della fotografia chimica

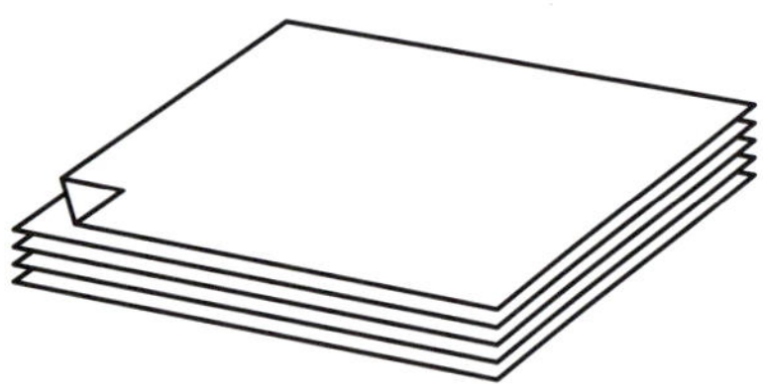

Cosa si stampa
Carta, cartoncino.

Tiratura
Teoricamente un numero illimitato di copie. La matrice non viene manipolata né entra a contatto con i supporti, quindi non subisce deterioramento. Ma la tiratura non è conveniente a causa del processo lento e manuale.

Come si riconosce una fotografia
Con una lente si distingue da una stampa meccanica per la mancanza del retino, per la qualità del colore e la definizione del dettaglio.

Matrice
Negativo riproducibile. La copia di un negativo è indistinguibile dall'originale.

Stampa
Indiretta: la luce passa attraverso la pellicola e impressiona la carta da stampa che poi si immerge in un bagno di fissaggio. Carta in fogli o in bobina.

Stampa industriale che usa lo stesso principio
Nessuna.

Caratteristiche della fotografia digitale

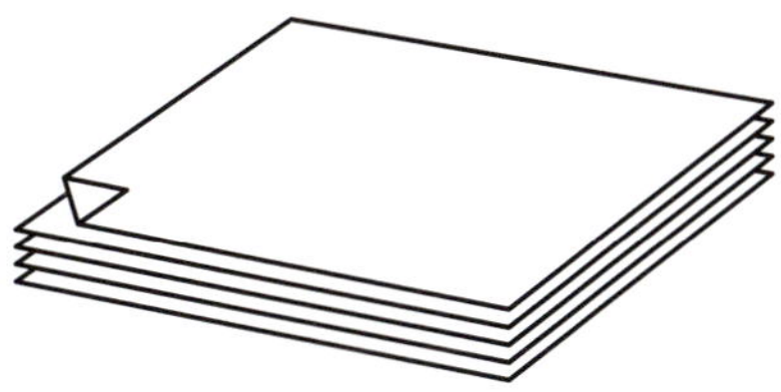

Cosa si stampa
Carta, cartoncino. Tuttavia le stampanti digitali possono stampare teoricamente su qualsiasi superficie, anche irregolare.

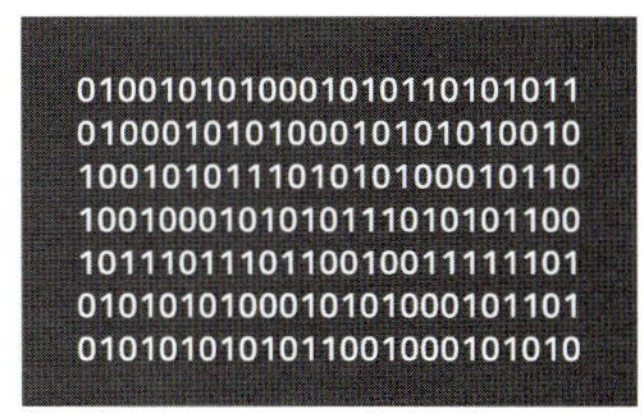

Matrice
Digitale. È composta da una sequenza di numeri che descrivono dei pixel. È immateriale.

Tiratura
Un numero illimitato di copie. La stampa digitale può non essere concorrenziale con la stampa sopra una certa tiratura,tuttavia la qualità di una riproduzione fotografica è molto più alta.

goccia d'inchiostro | asciugatura per evaporazione | inchiostro secco in superficie

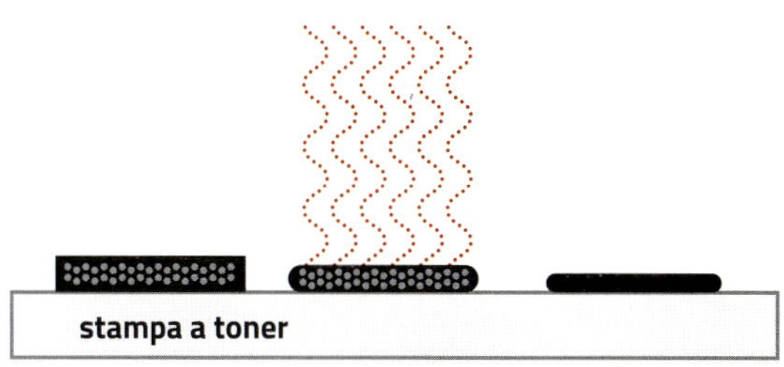

particelle di toner | fusione grazie a calore o pressione | toner secco in superficie

Stampa
Diretta: a getto o a toner. Carta in fogli o bobina.

Come si riconosce una stampa digitale
Sotto forte ingrandimento si possono notare i micropunti del sistema di stampa disposti casualmente. La carta fotografica migliore ha in genere superficie liscia.

Stampa industriale che usa lo stesso principio
Nessuna. Ha una parentela relativa con il retino stocastico della stampa computer to plate, CTP.

Esercitazioni

Esercizio n. 1 – Strumenti e tecnologie

Completare il cruciverba. Se la risposta è composta da due o più parole, non scrivere gli spazi.

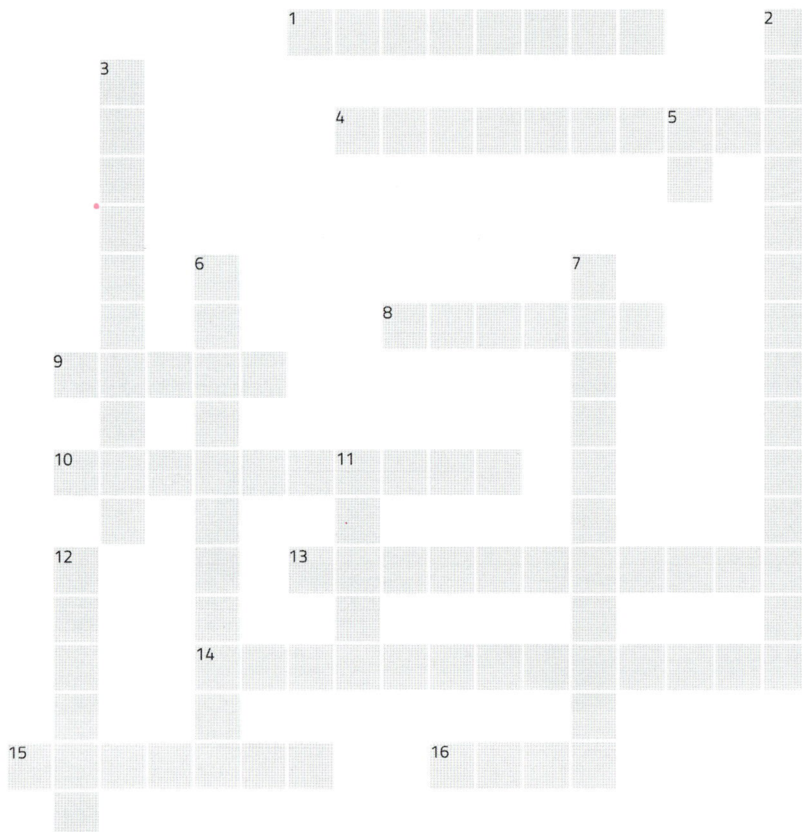

Orizzontali

1 Lo strumento per il taglio/piega della carta.

4 Lo è la tiratura della stampa offset.

8 La matrice non viene a contatto con la carta nella stampa...

9 Lo strumento per stendere l'inchiostro in serigrafia.

10 Tecnica di stampa che usa una matrice di pietra piana.

13 Tecnica di stampa che usa una matrice di legno.

14 Lo è la gelatina che si usa per impermeabilizzare la matrice serigrafica.

15 Lo è il tipo di carta usata per i libri di narrativa.

16 Lo è la matrice della stampa serigrafica.

Verticali

2 Lo sono le misure della carta industriale.

3 Tecnica di stampa che si avvale di un compositoio.

5 Lo è il formato della carta da lettera.

6 Tecnica di stampa incavografica.

7 Tecnica di stampa permeografica.

11 La sostanza per scavare la matrice nella calcografia.

12 La matita lo è nella litografia.

8
Gli artefatti

Unità

1. Le attività del designer grafico
2. Il segno
3. Il marchio
4. La carta intestata
5. L'immagine coordinata
6. Il manuale di immagine
7. Il modulo
8. Il pieghevole
9. L'invito
10. Il manifesto e il poster
11. La pubblicità
12. Il packaging
13. Il catalogo
14. Il calendario
15. Il libro
16. La copertina
17. La collana editoriale
18. L'allestimento

Conoscenze

- Conoscere la figura e i compiti professionali del designer grafico.
- Conoscere affinità e differenze tra figure professionali che operano nella comunicazione visiva e nelle arti visive.
- Comprendere le responsabilità sociali del grafico.

Competenze

- Saper leggere, analizzare e interpretare un brief allo scopo di definire il problema.
- Ricercare e raccogliere informazioni utilizzando fonti primarie e secondarie e formulare ipotesi.
- Pianificare la sequenza di sviluppo di un progetto.
- Acquisire un metodo progettuale corretto.
- Applicare il metodo dell'individuazione e soluzione del problema in contesti nuovi e diversificati.

1. Le attività del designer grafico

Il designer che opera con i media tradizionali, sostanzialmente per la stampa su carta, ha prevalentemente a che fare con due ambiti: la comunicazione di prodotti e servizi e il design editoriale. Il **designer di prodotti commerciali** copre tutta la gamma dei prodotti a stampa che comunicano beni e servizi: marchi e loro applicazioni, carte d'uso aziendali, packaging di prodotti o di linee, pieghevoli, brochure o monografie, cataloghi.

Entra a far parte del gruppo di progetto della pubblicità, collabora alla grafica degli allestimenti fieristici e museali. Deve avere una buona conoscenza dei processi produttivi a stampa per fare una progettazione coerente, per garantire la qualità del prodotto finito e l'ottimizzazione dei costi.

La conoscenza, e di conseguenza la scelta, della carta e delle tecniche di stampa come degli inchiostri o delle finiture speciali influiscono in modo determinante sull'esito del prodotto e sulla sua aderenza agli obiettivi del progetto.

Il **designer editoriale** si occupa della progettazione dell'impaginazione delle pubblicazioni e delle copertine di giornali, libri e riviste. Il suo compito è quello di rendere chiaro e leggibile un testo dal punto di vista visivo e di trasformarne lo stato grezzo in veicolo di **massima leggibilità** e **potenziale comunicativo**. Deve avere doti di adattabilità per essere in grado di progettare per un pubblico finale eterogeneo, con interessi specifici, settoriali, hobbystici o scientifici, di grado culturale diverso. Ogni progetto richiede uno stile e un layout propri, che vanno concordati con il team di redazione. Occorre tener presente che il confine tra i due ambiti può essere a volte sfumato o sovrapponibile.

Osserva: la mappa

Tecnologie tradizionali

Design editoriale
- copertine
- libri
- giornali
- periodici

Design commerciale
- folder
- manifesti
- poster
- brochure
- cataloghi

Design sul prodotto
- immagine di prodotto
- immagine di linea
- espositori
- cartelli vetrina
- packaging
- etichette

Pubblicità
- annunci
- campagne
- direzione artistica per foto e illustrazioni

Infografica
- mappe
- segnaletica
- modulistica
- diagrammi
- rappresentazioni visive

Design dell'immagine aziendale
- marchi
- carte d'uso
- immagine coordinata
- sue applicazioni

Allestimenti
- segnaletica
- striscioni e gonfaloni
- biglietti d'ingresso
- inviti
- cataloghi
- etichette
- videopresentazioni
- merchandising

Competenze trasversali
- analisi
- ricerca
- sintesi
- perizia informatica
- innovazione
- collaborazione
- cultura
- lingua inglese
- miglioramento personale

Per le nuove tecnologie si veda modulo 9

In tutti i casi un designer responsabile è sensibile ai **temi della sostenibilità** e dell'**impatto ambientale** che le sue scelte implicano, nonché al **peso sociale** che comporta la sua attività di comunicatore: in particolare, una forte responsabilità nei confronti di chi ha problemi di lettura, per disabilità o età, che diventano discriminanti nella progettazione di etichette alimentari, di medicinali, di detersivi e riguardano la salute delle persone. Ha responsabilità nelle scelte che si effettuano in campo pubblicitario, nel rispetto del **codice di autodisciplina** e dell'**etica professionale**.

Tutto ciò che concerne le nuove tecnologie e la dimensione temporale della grafica in movimento sarà oggetto del modulo 9.

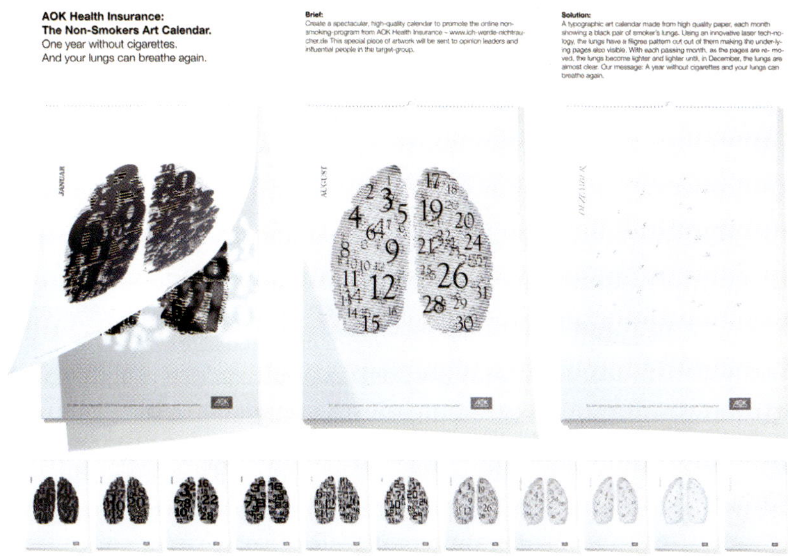

Un anno senza sigarette.
E i vostri polmoni tornano a respirare.

Il testo sulla pagina dice: "Brief: create un calendario spettacolare, di alta qualità, per promuovere il programma online per la lotta al fumo della AOK Assicurazione. Questo oggetto particolare verrà poi inviato agli opinion leader e alle persone influenti nel target".

Agenzia: Serviceplan Health & Life, Monaco, Germania, 2011. A.D.: Wolfgang Nagel

Come farsi venire un'idea

"Mi chiesero di progettare un invito per due eventi imminenti: una mostra di mobili avveniristici e un seminario di scienziati della NASA, l'ente spaziale americano, eventi che si svolgevano nel medesimo hotel; ma il budget era così ridotto da poter finanziare uno solo dei due progetti.
Allora feci un disegno che visto da una parte sembra un tavolo con un mazzo di fiori e visto dall'altra un missile. Ecco che il mio disegno, per quanto rozzo, era in grado di suscitare sorpresa e divertimento nel lettore.
In qualche modo così ho intuito che il contenuto è più importante della forma."

Michael Bierut

2. Il segno

Le impronte prodotte da un viandante sul fango sono segni, ma non si possono considerare come risultato di un'azione intenzionale e non rappresentano un'intenzione comunicativa: sono solo l'indizio del passaggio di una persona.

Nel design grafico invece interessano i **segni intenzionali** che l'uomo produce con la volontà di comunicare qualcosa a qualcuno. Questo tipo di segni sono raggruppabili in categorie frutto di un sistema culturale, quindi sono il risultato di un **accordo sociale**, cioè di una **convenzione**. Sono i segni che si richiamano alla lingua, come l'alfabeto, i **segni verbali** e i **segni visuali**. Quanto alla giustificazione del perché il segno assomigli in qualche modo alla cosa rappresentata, o al motivo per cui un disegno ci ricordi qualcosa di preciso, è una faccenda sulla quale ancora si discute, in ambito psicologico e semiotico, e non sembra al momento risolta e conclusa.

Il pittogramma e l'icona

Le figurine sulle porte dei bagni per indicare maschi e femmine sono segni, detti più precisamente **pittogrammi**, chiamati anche **icone**, che, per comune accordo, stanno a indicare un luogo, una cosa o una funzione generica non legata a un singolo prodotto o azienda. Al pittogramma viene attribuito un significato per **consuetudine** casuale o preordinata, da un gruppo di utenti o un gruppo **sociale**; può non essere compreso o accettato universalmente da altri gruppi, da culture diverse e lontane nel tempo o geograficamente.

Sulla faccia della terra emergono modi di esprimersi visivamente che sono compresi solo in ambiti ristretti. Si pensi per esempio al contorno della figura maschile, in pantaloni, o femminile, con la gonna, delle immagini esposte sulla porta dei bagni. Così come si conoscono in Occidente non possono funzionare in India, dove donne e uomini portano i pantaloni e una giacca lunga che può essere interpretata figurativamente come una gonna.

Pittogramma dei bagni indiani

Il pittogramma a sinistra ha un significato neutro, ma per alcune culture come per i sikh ogni maschio porta il turbante e un drappo, altrimenti è nudo. In questa cultura, e così rappresentato, è ancora un segnale neutro.

Annink Ed, Bruisma Max, Lovely language words divide images unite, Veenman publisher, 2008

In un mondo di merci che circolano globalmente, grazie ai pittogrammi si evita di dover ripetere indicazioni e istruzioni in varie lingue, come accade, ad esempio, nelle etichette dei vestiti, nei manuali d'uso o nei cataloghi.

Il pittogramma nel linguaggio visivo equivale alla parola nel linguaggio scritto. Poco alla volta, grazie alle tecnologie, si è sviluppata una cultura che combina lettere e simboli pittografici in parole verbo-visive. I pittogrammi possono raffigurare con efficacia messaggi complessi in modo semplice, oppure essere di complemento a un testo. Si può pensare, per esempio, all'enorme scelta di **emoticons**, a quelle forme visive di abbreviazione che si utilizzano negli SMS e nella posta elettronica e che sono la versione digitale dei pittogrammi. Le strade stesse delle città si sono trasformate da spazi architettonici a testi verbali e visivi in quattro dimensioni.

L'uso dei pittogrammi ha assunto grande importanza con l'avvento delle apparecchiature tecnologiche; queste infatti hanno comandi che vengono identificati attraverso segni, piuttosto che parole. Per esempio si osservino i comandi come "avanti", "indietro", "avanti veloce" impressi sui tasti dei riproduttori hardware e software di musica MP3, e quelli che contraddistinguono le **interfacce grafiche** dei software, come l'icona del cestino, della cartella, del documento.

Lo scopo ultimo di un'icona è di veicolare un messaggio superando le barriere linguistiche, facendolo velocemente, chiaramente e in modo esteticamente appropriato per lo scopo e per l'audience. Per essere comprensibili, e formalmente corrette, le icone devono avere però una coerenza visiva all'interno di un sistema con una sintassi comune e devono derivare formalmente da una identica matrice.

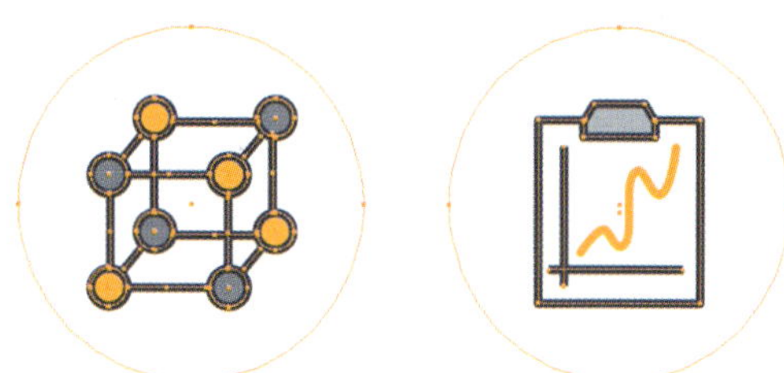

Pittogrammi per le scienze

Disegnati come supporto alla comunicazione scientifica. Basati su una griglia e una palette ristretta di colori.

Osserva

Per pittogramma si intende una forma di scrittura i cui segni dovrebbero rappresentare l'oggetto della parola e non il suono della parola che lo designa, come invece avviene con le scritture sillabiche o alfabetiche. Se si disegna una mano intendendo proprio parlare della mano, il segno è definito **pittogramma**. Se invece con il disegno della mano si intende indicare il numero cinque come le dita, il segno si definisce **ideogramma**, dal momento che il significato è un concetto che viene definito per convenzione tra chi comunica e non dalla forma del disegno in sé. Un pittogramma dovrebbe poter comunicare una cosa sola ed essere univoco. Se si mettono insieme due o più pittogrammi per indicare un concetto, come facevano gli Egizi con i geroglifici, si comincia a costruire un **codice di segni**.

Tuttavia la distinzione tra i due casi non sempre è semplice; pittogrammi e ideogrammi insieme vengono detti anche **logogrammi**, segni che indicano parole.

Pittogrammi e Olimpiadi

Le grandi manifestazioni sportive come le Olimpiadi devono ricorrere a un sistema di segnaletica interna per migliaia di partecipanti e spettatori di ogni parte del mondo. Si fa uso di un **sistema di pittogrammi** che identifica le diverse discipline.

Osservandone l'evoluzione si notano cambiamenti stilistici, ma anche continuità nel metodo di progettazione. Ogni nazione tenta di rendere al meglio il proprio carattere attraverso lo stile di questi segni. Il primo sistema di comunicazione organizzato in questo senso è realizzato da Masaru Katzumie per Tokyo 1964. Monaco 1972 è il caso esemplare, perché l'apparato dei pittogrammi fu disegnato in modo sistematico per la prima volta da un'équipe capeggiata dal grafico Otl Aicher.

I pittogrammi delle Olimpiadi

A Monaco, nel 1972, il designer Otl Aicher, si propose di creare un "Progetto di segnaletica con caratteristiche formali rigorose, modulari e geometriche".
Nell'edizione successiva, a Montreal 1976, furono utilizzati gli stessi pittogrammi di Monaco per dare un senso di continuità.
Da sinistra: Tokyo 1964, Mexico 1968, Monaco 1972, Montreal 1976.

Isotype

La rappresentazione stilizzata e semplificata della figura ha il suo pioniere in Otto Neurath, 1885-1945, che insieme al grafico Gerd Arntz, 1900-1988, sviluppa un metodo di rappresentazione grafica dei dati statistici. Anche in questo caso si ha un sistema di pittogrammi composto da migliaia di segni: a un certo punto c'è anche il tentativo di creare un vero e proprio codice, mettendo insieme più di un segno a indicare un concetto. Neurath nel 1936 fonda il movimento Isotype, International System of Typographic Picture Education, studiando un sistema di pittogrammi progettati come linguaggio visivo internazionale che include una serie di figure umane stilizzate.

Il lavoro di Otl Aicher per le Olimpiadi di Monaco si deve considerare una derivazione dell'esperienza di Isotype.

Copertina dell'autobiografia di Otto Neurath

Gerd Arntz con Otto Neurath, 1932

Dizionario per immagini

È lo strumento di lavoro con i pittogrammi nel quale Arntz ha raccolto tutti i prototipi delle sue raffigurazioni. Alcuni oggetti sono ardui da semplificare: è impossibile, per esempio, disegnare un pittogramma riconoscibile senza equivoci per "patata": i tentativi di Arntz sono mostrati qui in due versioni sui due sacchi marroni.

Gerd Arntz con Otto Neurath

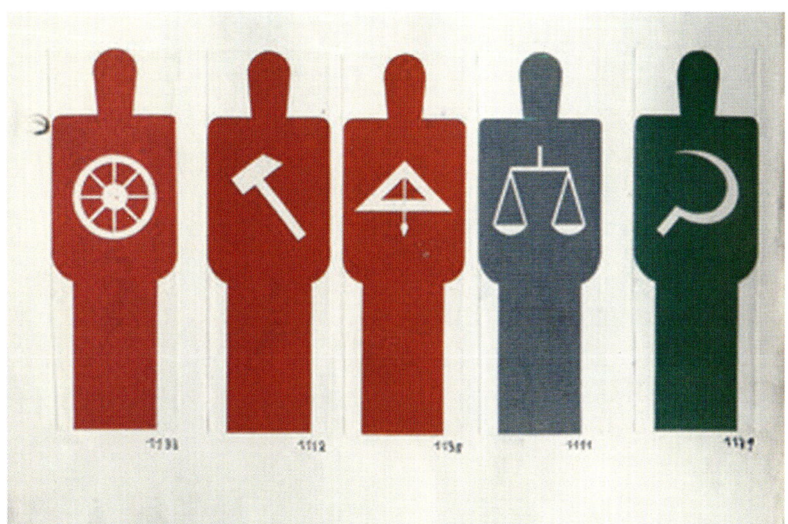

Pagina da Isotype, "Dizionario di figure"

Questo foglio mostra l'aspetto grammaticale dei pittogrammi nei quali un simbolo in combinazione con un altro vuole generare un significato; i simboli sulle figure umane indicano le varie professioni. La combinazione di figure e simboli genera un linguaggio strutturato. Neurath chiede che le figure "non contengano più caratteristiche di quante sono necessarie per rappresentare il fatto per il quale sono scelte".

Gerd Arntz con Otto Neurath, 1932

3. Il marchio

"Un marchio è allo stesso tempo forma e sostanza, immagine e idea."

Chermayeff Geismar, Geisbuhler

Un bambino cresciuto in un paese occidentale, esposto alla vita quotidiana e ai mezzi di informazione, all'età di sette anni conosce già alcune centinaia di marche diverse e le sa collegare al prodotto che rappresentano.

Tra le molte marche di jeans o di scarpe presenti nei negozi, si fa una scelta e se ne acquista un tipo. La scelta dipende dalla notorietà che la marca ha acquisito e dalle suggestioni che ha saputo comunicare nel tempo con la pubblicità, oltre che dalle caratteristiche proprie del prodotto e dal packaging, dalla collocazione del negozio e dal prezzo. Si tratta di fattori che si percepiscono più o meno consciamente e che agiscono in modi diversi a seconda delle circostanze, ma che l'azienda, da parte sua, studia attentamente: sono i fattori che compongono il marketing mix e costituiscono l'immagine della marca. Nel linguaggio comune oramai difficilmente si distingue tra un simbolo, un nome, un marchio: le parole nel tempo possono assumere sfumature diverse, addirittura cambiare significato.

Ogni parola, nome, simbolo, emblema, o combinazione di essi, usato nel commercio e registrato, contraddistingue e identifica un'azienda, un prodotto, un servizio: è un marchio. Quasi sempre composto da un segno e un nome, è il più importante componente dell'identità visiva di un'azienda. Di solito viene progettato insieme agli elementi principali di questa identità, come la carta intestata, le insegne, le decorazioni sui veicoli commerciali, il packaging. In inglese il termine corrispondente è *trademark*.

Pervasività dei marchi

La tavola mostra come i dieci marchi centrali assommino la proprietà degli altri, anche molto noti, che sono sul mercato.

Il logotipo

Nome di un'azienda o di un prodotto trattato con elementi grafici caratterizzanti, senza che ne venga alterata la leggibilità, a differenza del marchio, la cui funzione è esprimibile anche per mezzo di un semplice segno astratto.

È il gruppo di lettere unite in una forma grafica a indicare un prodotto o un'azienda. Il termine inglese *logo*, che riunisce il significato sia di logotipo che di marchio, sta prendendo piede estensivamente, fino a occupare entrambi i significati.

Il simbolo

È un elemento della comunicazione che rappresenta un concetto o quantità, un'idea, un oggetto, una qualità.

Il simbolo è un tipo di segno convenzionale, tale in virtù di un accordo sociale, ed è analogico, cioè capace di evocare una relazione tra un oggetto concreto e un'immagine mentale.

Il brand

Il brand, o marca, comprende non solo il simbolo identificativo dell'azienda, ma anche tutto ciò che evoca, valori, sensazioni, emozioni, la sua anima e la sua personalità, tutto ciò che non è tangibile.

La marca è la somma di tutte le esperienze, impressioni e conoscenze che una persona ha del prodotto, servizio o azienda e che le permettono di identificarsi e legarsi a essa.

Il marchio: Enel

L'azienda ha avuto fino al 2016 un marchio composto da un segno e un nome. Dal 2016 è stato abbandonato il nome per una nuova forma colorata. Pentagram, 2016.

Il logotipo: Netflix

Il simbolo: la Croce Rossa e la Mezza Luna Rossa

Progetta

La progettazione del marchio è uno dei compiti più difficili che il grafico possa affrontare: anche se il marchio può sembrare affine al pittogramma, in realtà si colloca a un livello molto diverso per il significato che lo pervade.

Diversamente dal pittogramma, che indica semplicemente una funzione o un luogo, il marchio ha una serie di significati e di obiettivi di comunicazione di cui si carica, cioè di connotazioni, che non sono facilmente esprimibili se non con uno studio multidisciplinare.

Nella realizzazione intervengono fattori di marketing, di strategia aziendale, di storia, di psicologia e infine fattori eminentemente tecnici; il grafico dovrà tenere conto di ognuno di essi.

Contenuti espressi

Il marchio deve:

> essere unico e inconfondibile agli occhi del consumatore;
> trasmettere una emozione;
> rappresentare con efficacia l'identità di un prodotto o di una azienda;
> durare nel tempo (di media si considera un periodo utile da 10 a 15 anni);
> essere frutto di una scelta motivata sia delle forme che dei colori;
> essere privo di connotazioni sgradevoli nella lingua di origine o nelle traduzioni, o di secondi significati negativi in altri mercati;
> essere registrabile nei principali paesi.

La tecnica

Il marchio deve essere funzionale e usabile in contesti diversi senza perdere la sua integrità, dunque deve poter essere applicabile:

> in grandi dimensioni, come per le insegne;
> in piccole dimensioni, come su prodotti di superficie ridotta, come per esempio sulle astine degli occhiali;
> in positivo o in negativo, in rilievo o in incavo;
> a colori o in bianco e nero, o a mezzi toni.

Deve infine essere adattabile all'applicazione su materiali diversi.

L'officina del grafico

Uno sguardo agli schizzi di progettazione di Tschichold con il pinguino della casa editrice diventato poi molto famoso e grande nella sua versione attuale.

Un tempo alcuni aspetti tecnici erano considerati punti fermi universali nella progettazione del marchio: per esempio, non era ammesso l'uso della fotografia come oggetto grafico che diventa marchio, o veniva ritenuto inammissibile un marchio sfocato, non riducibile al bianco e nero al tratto.

Oggi un marchio deve funzionare bene sia stampato che mostrato a video: anzi, a volte questa ultima esigenza diventa dominante, e quindi ciò che funziona bene a video non sempre è altrettanto efficace se stampato. Di questa tipologia l'esempio più noto, anche per il dibattito che ha suscitato, è il marchio per le Olimpiadi estive 2012 di Londra, ma oggi ce ne sono molti che seguono questa strada.

La legge

Il marchio non deve essere:

> un'indicazione generica o descrittiva del prodotto/servizio, come "latte", "sartoria", "dentista";
> costituito da un nome geografico, se esiste un rapporto tra questo e i prodotti/servizi, come gondole "Venezia", panforte "Siena";
> identico o simile a un altro o confondibile con altri preesistenti, anche in settori diversi, se a essi crea pregiudizio o ne trae vantaggio, come "Nicke" o "Disel";
> costituito da un nome o un ritratto altrui, come caramelle "Mozart" o scarpe "Messner";
> costituito da una parola o un segno di uso comune o nell'uso del particolare settore commerciale;
> costituito dalla forma del prodotto;
> contrario alla legge.

Prima

Dopo

Il logo
Penguin Random House

È il logo di un editore globale di libri che produce oltre 15 mila titoli all'anno: proviene dalla fusione di Random House e Penguin Group. Questa premessa è necessaria per capire l'attuale progetto dovuto a Pentagram e l'esito a partire dalla integrazione delle due immagini iniziali. "Dopo aver provato vari modi per fondere i due marchi si è arrivati alla conclusione che creare un nuovo marchio per una società che ne rappresenta 250 non aveva senso. La strada percorsa è stata pertanto quella di creare un forte logo che possa essere associato a ciascuno dei 250 marchi esistenti".

Pentagram, 2016

Case history: marchio

Marchio per il turismo
La Siria è di dolorosa attualità per motivi politici. Gli autori sperano che evocare un tempo forse più tranquillo se non migliore dell'attuale possa riportare presto la pace in quella terra bellissima. Il lavoro inedito di Anceschi merita comunque di essere qui ripreso.

Nel 2006, anno in cui fu commissionato questo lavoro, la Siria era una delle mete preferite del turismo europeo, al centro di antiche civiltà e punto di raccordo tra Asia, Africa ed Europa, per la bellezza del paesaggio e l'interesse dei suoi monumenti.

A Giovanni Anceschi e Massimo Botta fu richiesta l'elaborazione del marchio "Promotion of Syrian Tourism and Cultural Heritage Identity Design", come parte di un progetto più ampio. Gli autori elaborarono e presentarono una prima proposta, correndo un rischio calcolato.

Racconta Anceschi: "Sapevamo di andare controcorrente rispetto ai trend segnalati nella nostra ricerca nell'ambito del turismo mediterraneo, e contro il divieto della rappresentazione della figura umana del mondo musulmano. Il logo nasceva dalla composizione libera di volti e profili, di picassiana memoria, derivati dalla

Tipologie esistenti

Ministero del Turismo, Consiglio Nazionale, Ministero della Cultura e del Turismo, Ministero per i Beni e le Attività Culturali, Consiglio Regionale ed enti non governativi.

Tipologie semiotiche

Categorie prevalentemente figurative, diagrammatiche, logotipi.

ricca iconografia archeologica. Ma la proposta fu bocciata. Consapevoli dell'azzardo, stavamo già elaborando altre due idee, di nuovo controcorrente almeno sul primo punto, cioè il trend comune che era tutto dalla parte dei marchi disegnati a mano.

La seconda idea partiva dall'elaborazione di segni derivati dalla scrittura cuneiforme.

La terza, piuttosto sofisticata, nasceva dai motivi geometrici della ceramica moresca, gli *azulejos*, realizzata con una serie di tasselli che possono far pensare ai frattali, a un motivo digitale".

Percorso strategico: "quando uno stereotipo si consolida, si produce un doppio effetto. Da una parte c'è il timore di non usare uno stereotipo comune, dall'altra l'adozione dello stereotipo porta banalizzazione e impedisce di cogliere le identità dei diversi brand. Per queste ragioni la strategia può seguire una strada comune o una strada autonoma".

Si riporta qui di seguito la presentazione degli autori con l'accurata documentazione iniziale. I testi delle didascalie sono tratti dalla presentazione al committente.

Logo Syrian Tourism, 2006.
Committente: Ministero del Turismo Siria.
Design: Giovanni Anceschi e Massimo Botta.

Gli stereotipi figurativi

Gli stereotipi figurativi anche nel campo grafico hanno origini artistiche.
Stile schizzo, Raoul Dufy.
Segno grafico, Hans Hartung.
Dripping, Jackson Pollock.
Pittura gestuale, Georges Mathieu.
Effetti semantici positivi: spontaneo, amichevole, ingenuo.
Effetti semantici negativi: no alta qualità, disordine, no regole.

Concept. The Multiple One Becomes One

Questa frase straordinaria si è sviluppata durante un incontro con il committente. Essa racchiude due idee allo stesso tempo, perché descrive l'anima e l'essenza della cultura siriana: varietà e sintesi.

Marchio costitutivo
Funziona attraverso la sintesi. Cielo e terra sono stati rappresentati in molti modi lungo l'evoluzione della scrittura. Il problema del designer è scegliere il più significativo.

Terra e cielo
Questi due elementi sono davvero appropriati per rappresentare il turismo in Siria. Un cielo splendente e soleggiato. La terra è l'ambiente da esplorare, il luogo nel quale preservare le tracce e la storia dell'eredità culturale.

Marchio additivo
Funziona attraverso la generazione di varietà. Ceramica siriana, pattern e frattali sono le associazioni di idee che ispirano la terza proposta.

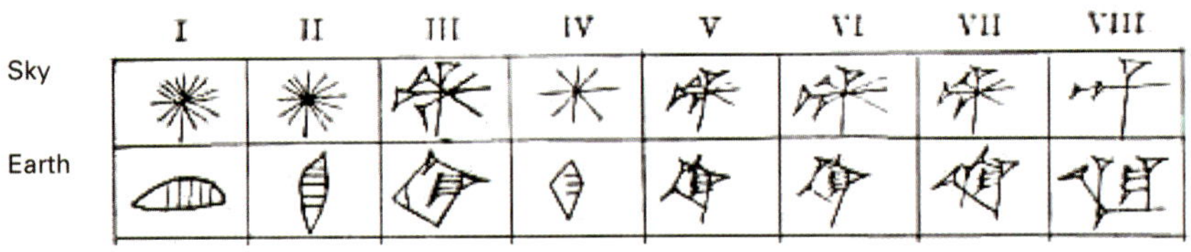

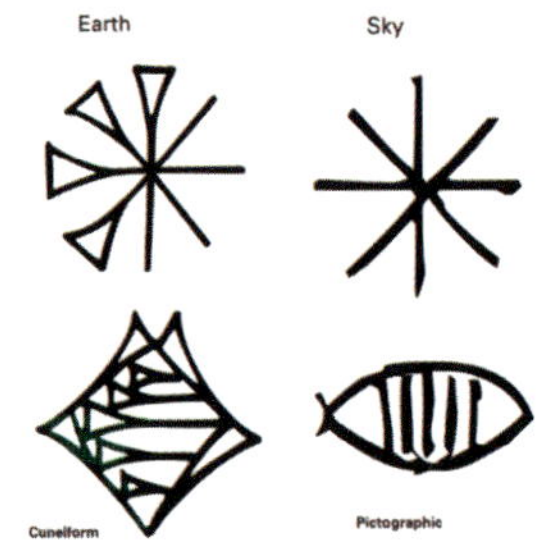

Sky - Circle

Earth - Square

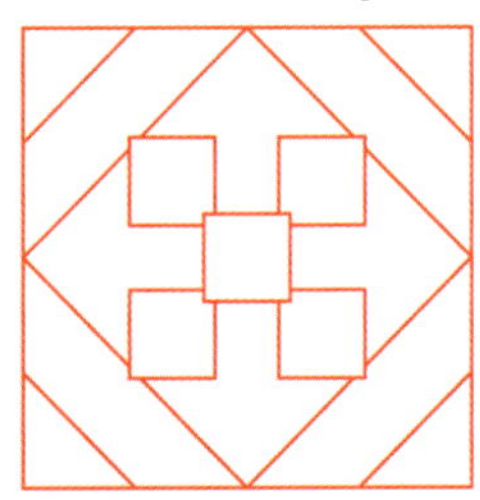

Le regole

La costruzione del marchio attraverso un processo di trasformazione del cerchio e del quadrato, le forme di base.

In nero la versione ridotta per la stampa.

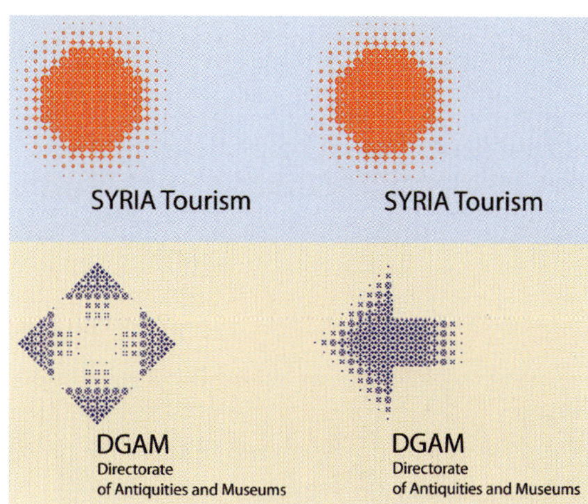

Esecutivi a colori

4. La carta intestata

Di solito la prima applicazione del marchio avviene sulle **carte d'uso**: biglietto da visita e carta da lettera. L'azienda che si presenta al pubblico ha la necessità di disporre di un'immagine unica su tutta la comunicazione, commerciale e non, che esce dal suo interno. L'immagine coordinata è composta da elementi grafici, font, colori, stile e griglie di impaginazione, che sono applicati sistematicamente su tutto ciò che concerne l'azienda, oltre al materiale cartaceo, la pubblicità, i mezzi di trasporto, le insegne, il sito web, i prodotti. Le carte d'uso costituiscono un **insieme visivamente unitario**, in modo che ogni pezzo richiami l'insieme. Ciò non significa che il biglietto debba essere la miniatura della carta intestata, anzi: la varietà di soluzioni costituisce un pregio. L'elemento più importante, caratterizzante e strategico è il marchio aziendale, che va applicato su tutte le carte d'uso.

Il materiale cartaceo commerciale che serve all'azienda per intrattenere rapporti con clienti e fornitori è l'insieme formato da biglietti da visita, buste, carta intestata e modulistica.

Biglietto da visita

A volte le regole si possono dedurre dall'uso pratico che si fa delle cose: per esempio, a partire dalla misura standard di mm 85 x 55 della carta di credito per motivi di praticità se ne deduce la misura massima del biglietto da visita, misura alla quale si adeguano anche i portafogli; rimanendo sotto questo limite c'è la più completa libertà di forme e tagli nella progettazione.

Il biglietto da visita in genere si stampa su cartoncino consistente, da 200 gr/m^2 minimo, su ogni tipo di carta, colorata, ecologica, goffrata, purché coordinabile con busta e carta da lettere, più raramente anche su materiali fuori dell'ordinario. Il requisito più importante del biglietto è la sua **memorabilità**, cioè la capacità di rendere indimenticabile il suo possessore.

Carta intestata e busta

La carta si stampa su foglio formato A4 e va piegata in tre sezioni per essere imbustata: i contenuti saranno modulati su questa tripartizione. Ancora una regola deducibile dalla pratica suggerisce di non inserire dati significativi sul lato sinistro della lettera, perché essa probabilmente sarà archiviata dal destinatario pinzandola su

Immagine coordinata: punti di vista

Un confronto tra due progetti per lo stesso tipo di committente. L'associazione degli scout americani, per certi caratteri militaresca, adotta una immagine formale, il marchio centrato, la sobrietà del colore; ma rende tutto più giocoso con l'immagine blu delle attività all'aria aperta. L'illustrazione diventa così parte dell'immagine senza essere vincolante, infatti è giocata in maniera diversa sui supporti.

Pagina a fianco
L'immagine ufficiale degli scout italiani resta molto formale.

Progetto per AGESCI di Piero Gavinelli

quel lato. L'intestazione e i dati dell'azienda si possono stampare liberamente sui tre lati rimanenti. Occorre dare alle carte il tono giusto in conformità con l'immagine che l'azienda vuol trasmettere: seria, disinvolta, tecnologica, alla moda, giovane, elegante. Si può stampare anche sul fondo, sullo spazio riservato al testo, purché si abbia l'accortezza di non superare una retinatura leggera, per non disturbare la lettura del testo. La redazione della lettera segue **norme consolidate**, diverse a seconda delle nazioni, nella posizione dell'indirizzo, dell'oggetto, della data e della firma. Il grafico fornirà un modello di impaginazione al committente perché questi possa avere un comportamento omogeneo nella redazione della corrispondenza. La lettera si piega in tre parti e in corrispondenza della piegatura si stampano a margine dei tratti sottili o **punti di riferimento**, affinché l'operazione possa essere svolta facilmente. La busta normalizzata misura 22 x 11 cm; si può stampare in offset in bianca o volta con aree di rispetto perché la macchina da stampa ha bisogno di 1 centimetro di pinza al margine per poter afferrare la busta e portarla sotto l'area stampante.

Secondo la normativa postale, la facciata della busta ha **zone di rispetto** dove non si deve porre alcunché. L'indirizzo del destinatario va posto sulla metà di destra della busta, l'indirizzo e il logo del mittente possono essere collocati a piacere, purché sulla busta siano nelle zone consentite.

Per un'immagine aziendale di qualità si sconsiglia l'uso della busta con finestra: anche le comuni stampanti desktop possono stampare indirizzi direttamente sulla busta.

Segue pagina

Le aziende con una corrispondenza di una certa rilevanza stampano il segue pagina, un foglio che riporta solo il marchio dell'azienda in formato ridotto. Nella corrispondenza si usa la carta intestata completa come primo foglio, e per i successivi il segue pagina.

Istituzioni a confronto

Barbican di Londra, uno spazio multi arte dove si fa musica, arte e spettacolo, sceglie il colore e una certa informalità con il logo in bastoni disposto in verticale.

Studio North, Inghilterra, 2013

Whitney Museum of American Art di New York compie una scelta diversa, fortemente minimalista.

Studio Experimental Jetset, USA, 2013

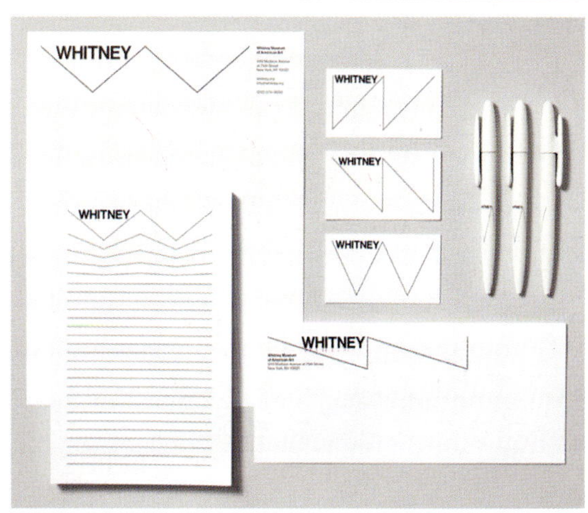

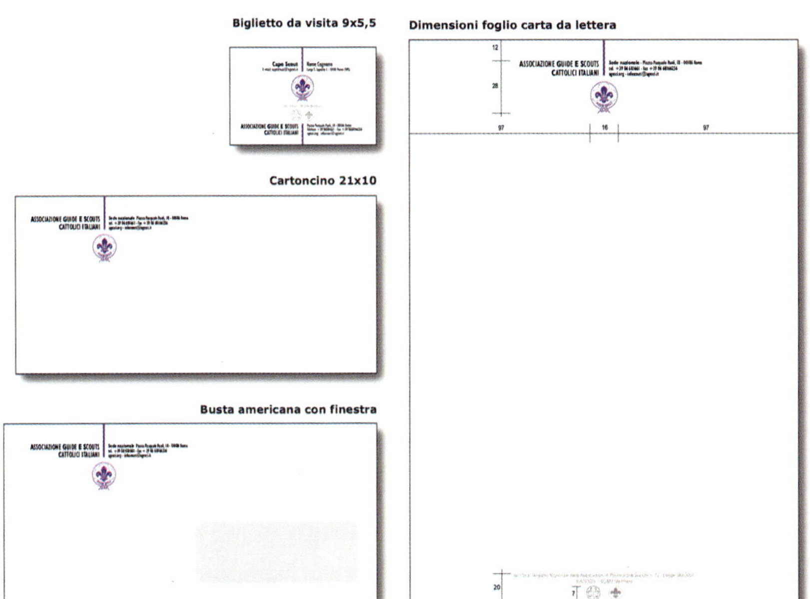

5. L'immagine coordinata

L'immagine coordinata di un'azienda nasce dall'esigenza di avere un **aspetto comune** su tutti i prodotti comunicativi e ha origine nei primi del Novecento. Essa va applicata sui tradizionali mezzi cartacei (carta intestata, insegne, packaging), nella comunicazione pubblicitaria e televisiva, che implica anche suoni e jingle; inoltre oggi la presenza dei mezzi di comunicazione digitale impone una rigorosa coordinazione sulle pagine web. Essa contribuisce efficacemente al **rinforzo del brand** e può essere costituita non solo da segni ma anche da colori, suoni e immagini.

L'immagine coordinata, o di marca, si sviluppa prevalentemente intorno al marchio e viene costruita dalle sue applicazioni e da quelle occasioni in cui l'azienda, o il prodotto specifico, mostra il suo volto nei rapporti con il pubblico in genere e con i fornitori e i clienti.

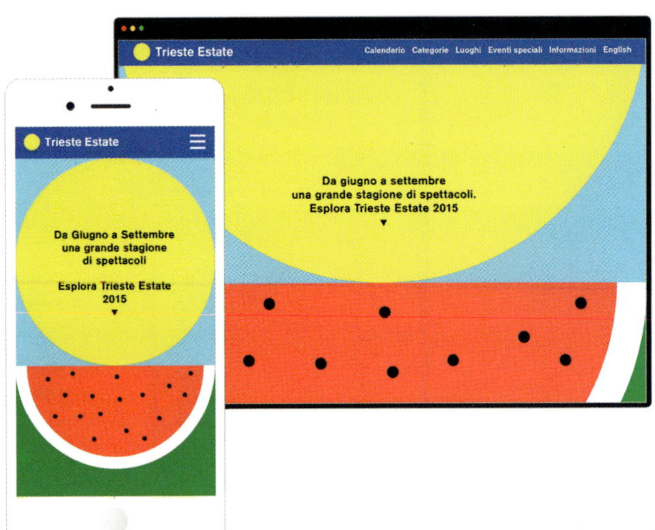

Trieste estate

Poster, programmi, web per mobile e home del sito. L'immagine basa la sua forza essenzialmente sul colore e su forme elementari.

Studio MUT, Bolzano, 2015

Applicazioni

Il marchio viene applicato nelle seguenti situazioni:

- > la **corrispondenza** commerciale e istituzionale;
- > i **documenti** che accompagnano il movimento delle merci, come i moduli per le bolle e le fatture;
- > il **packaging**, il documento di garanzia;
- > **l'etichettatura**, gli espositori dei prodotti;
- > le **insegne** sugli edifici e nelle decorazioni dei veicoli;
- > il **materiale informativo**, come pieghevoli, manuali d'istruzione;
- > il **sito** Internet aziendale;
- > la **pubblicità**.

Oggi si coordina l'immagine non solo dell'azienda ma anche degli eventi effimeri, che durano qualche settimana o mese: la mostra d'arte, la fiera, il concerto, la stagione teatrale. L'immagine coordinata concatena multisensorialmente tutta la comunicazione e contribuisce a renderla memorabile per il pubblico.

Consorzio italiano cooperative dello spettacolo

Marchio, carte intestate, web per mobile e home del sito, campagna affissioni.
"CICS racchiude in sé le arti dello spettacolo come: Musica, Danza, Cinema e Teatro. È il movimento che le lega tutte, la vibrazione. Per questo, analizzando le lettere che ne compongono il nome fino ad arrivare a forme semplici, abbiamo individuato tre segni lineari che si sviluppano da uno stato di quiete e si modellano, nelle restanti lettere, come corde pizzicate o come un corpo sinuoso, piccoli pezzi di una forma d'onda che ne disegna i contorni".

Studio Concreate, Venezia

6. Il manuale di immagine

Il manuale d'immagine coordinata è una sorta di **regolamento** per l'uso del marchio aziendale con gli esempi di tutta la casistica applicativa: quindi nel variare delle sue dimensioni, molto grande e molto ridotto, in condizioni difficili di stampa o impossibili per il colore, e visto sugli oggetti grafici in cui di solito compare, comprese pagine web e mobile.

Il manuale di immagine coordinata come strumento di progetto viene messo a punto per la prima volta intorno al 1930 dalle grandi compagnie petrolifere americane, che sono tipicamente multinazionali con sedi sparse per il mondo e un numero di dipendenti molto alto, allo scopo di omogeneizzare l'uso del marchio aziendale nelle diverse sedi.

Quando il designer grafico ha progettato e costruito il marchio, scelte le font che verranno usate in tutte le pubblicazioni, definiti i colori, le carte d'uso, la modulistica, la segnaletica, raccoglie queste informazioni in un manuale dove ne spiega tecnicamente le modalità d'applicazione.

Linee guida

Manuale di uno studio di graphic design: la corretta definizione del marchio.

Cambridge design partnership

Lo scopo

È molteplice.

> **Condensare** in un solo documento, cartaceo ed elettronico, tutte le possibilità d'uso dei diversi componenti dell'immagine coordinata.

> Permettere all'azienda di **conservare e consultare** nel tempo e nei diversi luoghi fisici il materiale dell'immagine coordinata.

> Dare ai fornitori, ad esempio le tipografie, le **indicazioni tecniche** precise per avere l'omogeneità dei prodotti.

> Fornire le **linee guida** agli sviluppatori esterni di cui spesso si avvalgono aziende o associazioni di utenti, come Android, per tutte le produzioni che fanno riferimento al gruppo.

In Internet sono consultabili molti manuali di immagine coordinata.

Linee guida

Manuale di un'agenzia di lavoro.

The Logo Smith, Gran Bretagna

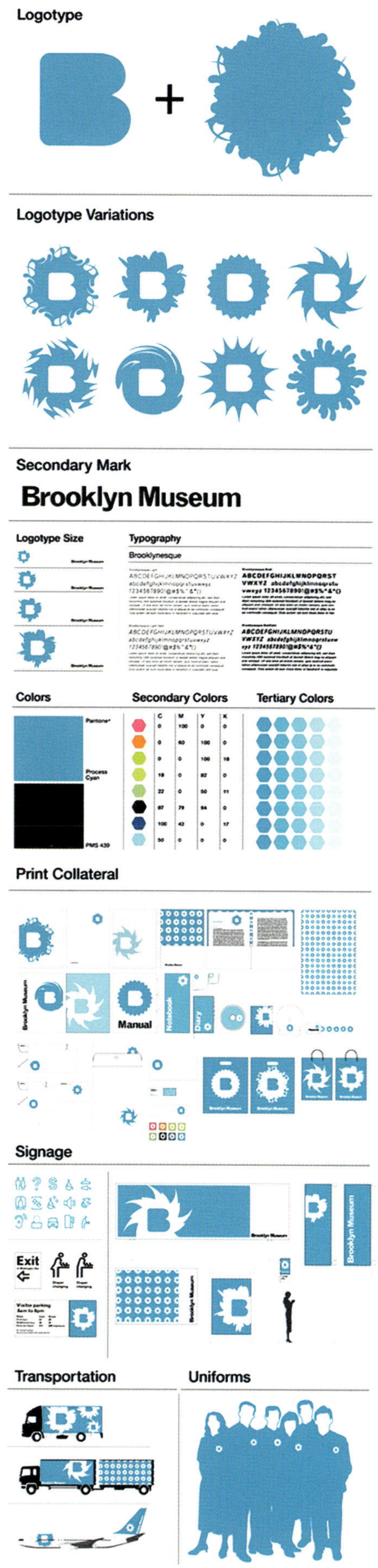

Linee guida

Per il Brooklyn Museum: una presentazione del manuale in forma di poster, abbastanza inconsueta per una istituzione museale.

AD. 2 x 4, USA

7. Il modulo

Il modulo è un oggetto grafico parzialmente stampato che fornisce o chiede informazioni, o tutte e due le cose contemporaneamente.

Il modulo può essere attivo in due momenti distinti: la compilazione e la lettura.
Ad esempio:

1. La **compilazione**. Quando allo sportello della stazione si richiede un abbonamento del treno, viene chiesto di compilare un modulo a penna.
2. La **lettura**. L'addetto lo legge e trascrive i dati al computer.

Capita a volte di dover scrivere a penna su un modulo mal progettato dove, ad esempio, lo spazio per il codice postale, di 5 cifre, è largo quanto il nome della città, che potrebbe essere lungo.

Nella vita quotidiana si incontrano **varie tipologie** di moduli: si può considerare tale anche il biglietto del treno, la scheda per l'abbonamento di una rivista e il form che si compila in Internet.

Le aziende usano un gran numero di moduli, o formulari, nella comunicazione interna e nella contabilità, come fatture, classificazioni, schede di lavoro o di prodotto per il magazzino. Altrettanti ne usano per la comunicazione esterna, come i coupon pubblicitari o la richiesta di informazioni al pubblico.

Il modulo chiede o trasmette dati, ed è cruciale nei rapporti tra persone: ai fini della trasparenza dei rapporti con gli utenti, la pubblica amministrazione e le aziende di servizi vengono giudicate proprio per la chiarezza o per l'indecifrabilità dei moduli che utilizzano nella pratica quotidiana. Gli spazi vuoti devono essere adeguati all'informazione chiesta, se si prevede la compilazione a penna; le istruzioni per la compilazione devono essere chiare e distinte dal resto del testo, usando preferibilmente un disegno di carattere distintivo come il corsivo.

Prima

Rolling Stone magazine

I miei dati
Cognome ....
Nome ....
Via .... n. ....
Località ....
CAP .... prov. .... tel. ....

I dati del mio amico
Cognome ....
Nome ....
Via .... n. ....
Località ....
CAP .... prov. .... tel. ....

Sì, desidero abbonarmi
per 1 anno E 22,60 ❑
per 2 anni E 34,80 ❑

scelgo la formula di pagamento ❑
bollettino di conto corrente ❑
addebito sulla mia carta di credito ❑

Acconsento che si utilizzino i miei dati sì ❑ no ❑

Acconsento alla comunicazione
dei miei dati a soggetti terzi sì ❑ no ❑

Cartolina abbonamento

Dopo

Rolling Stone magazine

I miei dati
Cognome
Nome
Via n.
Località
CAP prov. tel.

I dati del mio amico
Cognome
Nome
Via n.
Località
CAP prov. tel.

Sì, desidero abbonarmi
per 1 anno E 22,60 ❑
per 2 anni E 34,80 con un amico ❑

scelgo la formula di pagamento
bollettino di conto corrente ❑
addebito sulla mia carta di credito ❑

acconsento
che si utilizzino i miei dati sì ❑ no ❑
alla comunicazione dei miei dati
a soggetti terzi sì ❑ no ❑

Cartolina abbonamento

Modulo di abbonamento

Prima: sono evidenziate con il colore e in grassetto le parti importanti, ma l'insieme appare confuso. Dopo: nel ridisegno i vari elementi sono tutti allineati, viene ripetuta la banda rossa, e i campi dei dati da scrivere a penna sono evidenziati dal fondino azzurro.
In basso le righe di testo sono accorpate con le caselle di spunta dai rettangoli azzurri.
Le informazioni sono avvicinate logicamente e spaziate.

Dalla rivista Rolling Stone

Progetta

La progettazione risulta più facile se si concepisce il modulo come una tabella ordinata o un insieme di tabelle composte da righe e colonne. Deve risultare comprensibile per chi lo compila e facile da leggere e da compilare a mano; la successiva lettura dei dati non deve presentare problemi per un eccessivo affollamento. A questo fine è determinante lo studio di spazi adeguati alla compilazione, sia per dimensioni che per capacità. Una volta abbozzato il layout del modulo, è sempre bene sottoporlo alla verifica di qualcuno estraneo al progetto, che deve leggerlo, interpretarne le richieste e compilarlo.

Anche in questo caso le quattro tecniche di composizione vengono in aiuto nel regolare la disposizione delle parti.

> **Raggruppare** le informazioni omogenee.
> **Allineare** i testi su una o più colonne.
> **Contrastare** i titoli degli argomenti.
> **Ripetere** coerentemente gli accorgimenti grafici quali filetti, colori, testi evidenziati, dingbat.

Compilare moduli al computer

I documenti in formato .pdf si prestano bene alla doppia possibilità di compilazione, a mano oppure online; sono ormai diffusi tra le aziende e la pubblica amministrazione e riducono il consumo di carta.

Il produttore deve realizzare il modulo con Acrobat Pro ed estendere le funzioni in Adobe Reader, per consentire all'utente di salvare in locale il documento e compilarlo.

L'utente può completare il modulo con applicazioni gratuite come Foxit Reader, Adobe Reader e PDF Creator.

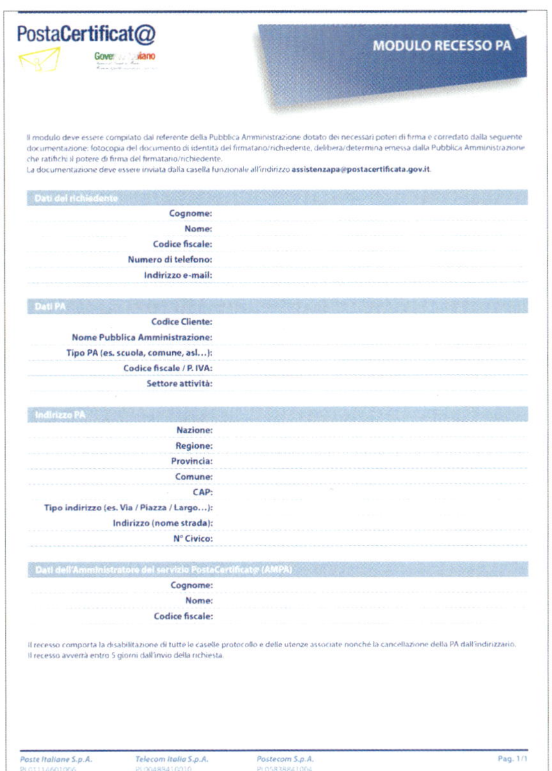

PostaCertificat@

MODULO RECESSO PA

Il modulo deve essere compilato dal referente della Pubblica Amministrazione dotato dei necessari poteri di firma e corredato dalla seguente documentazione: fotocopia del documento di identità del firmatario/richiedente, delibera/determina emessa dalla Pubblica Amministrazione che ratifichi il potere di firma del firmatario/richiedente.
La documentazione deve essere inviata dalla casella funzionale all'indirizzo **assistenzapa@postacertificata.gov.it**.

Dati del richiedente
Cognome:
Nome:
Codice fiscale:
Numero di telefono:
Indirizzo e-mail:

Dati PA
Codice Cliente:
Nome Pubblica Amministrazione:
Tipo PA (es. scuola, comune, asl…):
Codice fiscale / P. IVA:
Settore attività:

Indirizzo PA
Nazione:
Regione:
Provincia:
Comune:
CAP:
Tipo indirizzo (es. Via / Piazza / Largo…):
Indirizzo (nome strada):
N° Civico:

Dati dell'Amministratore del servizio PostaCertificat@ (AMPA)
Cognome:
Nome:
Codice fiscale:

Il recesso comporta la disabilitazione di tutte le caselle protocollo e delle utenze associate nonché la cancellazione della PA dall'indirizzario.
Il recesso avverrà entro 5 giorni dall'invio della richiesta.

Poste Italiane S.p.A. PI 01114601006 | Telecom Italia S.p.A. PI 00488410010 | Postecom S.p.A. PI 05838841004 | Pag. 1/1

Modulo di recesso Pubblica Amministrazione

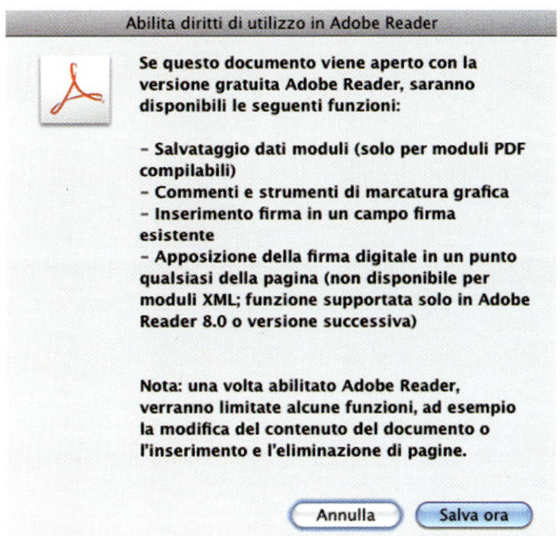

Abilitare la compilazione del modulo

La finestra "Abilita diritti di utilizzo in Acrobat Reader", di Acrobat Pro, specifica dettagliatamente le funzioni disponibili all'utente e le limitazioni durante la compilazione del modulo.

8. Il pieghevole

Gli strumenti di comunicazione di una pagina, indipendentemente dalle loro dimensioni, sono chiamati **volantini**. I fogli ripiegati su se stessi in vari modi sono i **pieghevoli**. Gli **opuscoli** sono composti da più fogli tenuti insieme in vario modo. Si usano anche termini non italiani per designarli, in inglese *flyer* e *folder*, spesso senza una chiara distinzione, o il francese *brochure*.

Sono strumenti di informazione che si presentano quasi sempre inaspettati nelle mani del pubblico: possono uscire dalle pagine di una rivista, vengono infilati sotto il tergicristallo dell'automobile, inviati con la posta. Devono avere in sé la forza sufficiente per farsi notare prima di essere cestinati. Hanno **vita effimera**, proprio per la loro natura: per suscitare la curiosità nel lettore, devono possedere quel tanto di fascino che fa superare il momento critico iniziale e permette loro di farsi accettare, dopo di che possono interessare grazie a una veste grafica piacevole.

Devono contenere **informazioni essenziali**, senza omettere i riferimenti più importanti: quando e dove avviene la cosa di cui si parla, e i numeri utili, il sito o la mail per ottenere successivi dettagli.

I **formati** più usati vanno dall'A5 disteso all'A4 in varie pieghe. La qualità della carta è importante: occorre infatti considerare che certe carte patinate si piegano male; inoltre, se previsto l'invio postale, è necessario restare entro i limiti di peso, che si colloca attualmente entro i 20 grammi.

Il volantino

È un solo foglio stampato, per il quale spesso si usa una carta colorata e la stampa a un colore, in modo da avere una nota di attrazione che lo possa distinguere pur mantenendo costi bassi di produzione. In uno spazio molto ristretto è opportuno ridurre le informazioni all'essenziale, tenere tutto in ordine, allineare e creare la giusta gerarchia di lettura. Tre sono le cose che non bisogna dimenticare di riportare sul flyer: **chi**, **dove** e **quando**, che gli inglesi ricordano con le tre "W", *Who*, *Where* e *When*. I volantini in genere sono usati per pubblicizzare eventi, e dovreb-

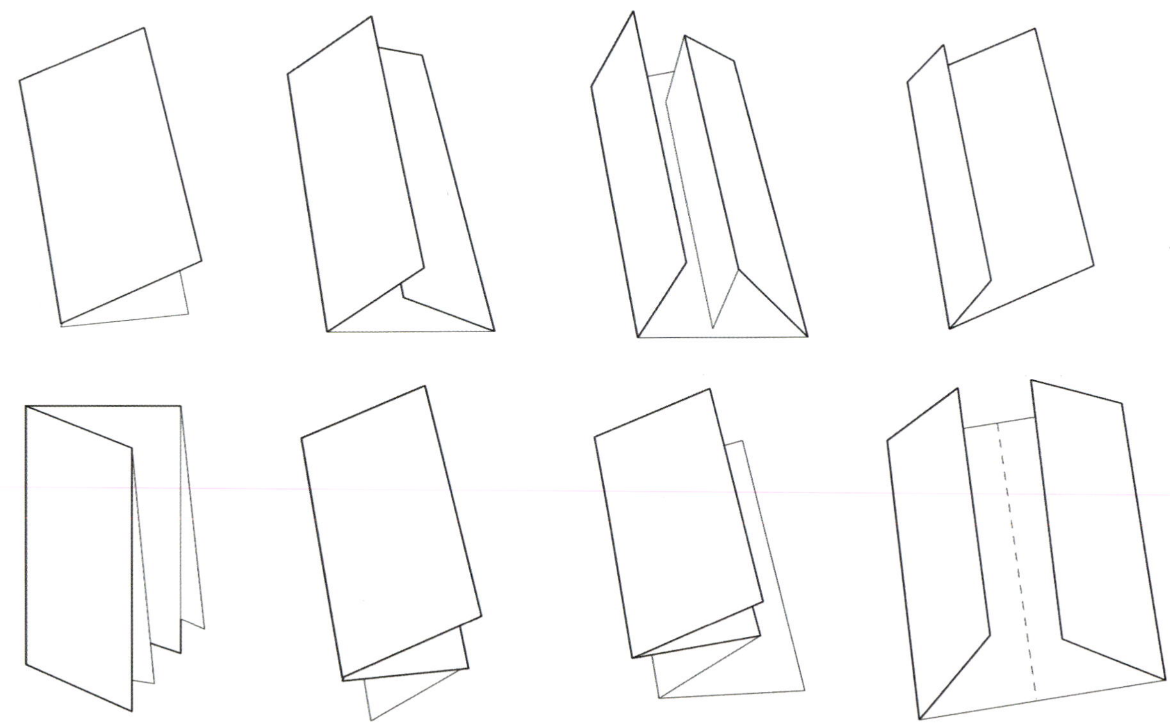

Il pieghevole
Tipologie di pieghe

bero essere prodotti e diffusi in tirature molto alte perché possano raggiungere in numero sufficiente le persone da coinvolgere entro un pubblico molto indifferenziato.

Il pieghevole

In genere è più grande e complesso del semplice volantino, rispetto al quale si suppone possa avere una vita più duratura; ha una superficie più ampia, quindi può contenere più informazioni e può essere ripiegato meccanicamente in varie maniere. La **copertina** è essenziale nella fase di avvicinamento al target. Va progettato in funzione dell'uso a cui è destinato e della piega più o meno complessa che si vuole dare al prodotto finito a cominciare dalla qualità della carta su cui è stampato. È bene poi tenere sempre a mente le tre "W".

La brochure

La brochure, termine importato dalla lingua francese, è uno stampato composto da un numero ridotto di pagine e destinato a presentare un'azienda, i suoi prodotti o i suoi servizi. Raccoglie in uno spazio limitato immagini e testi particolarmente significativi per lo scopo prefissato.

Gli obiettivi di un opuscolo sono:

> spingere il lettore ad acquisire informazioni sull'azienda. Il progettista ha a disposizione circa 10 secondi per attirare l'attenzione del lettore;
> **far conoscere** l'azienda attraverso immagini e testi ben scritti;
> **fornire informazioni** pertinenti e utili, in modo che il lettore conservi la brochure come riferimento per il futuro;
> spingere il lettore ad approfondire l'informazione attraverso il **richiamo all'azione**. Ciò implica la necessaria presenza di dati di riferimento dell'azienda.

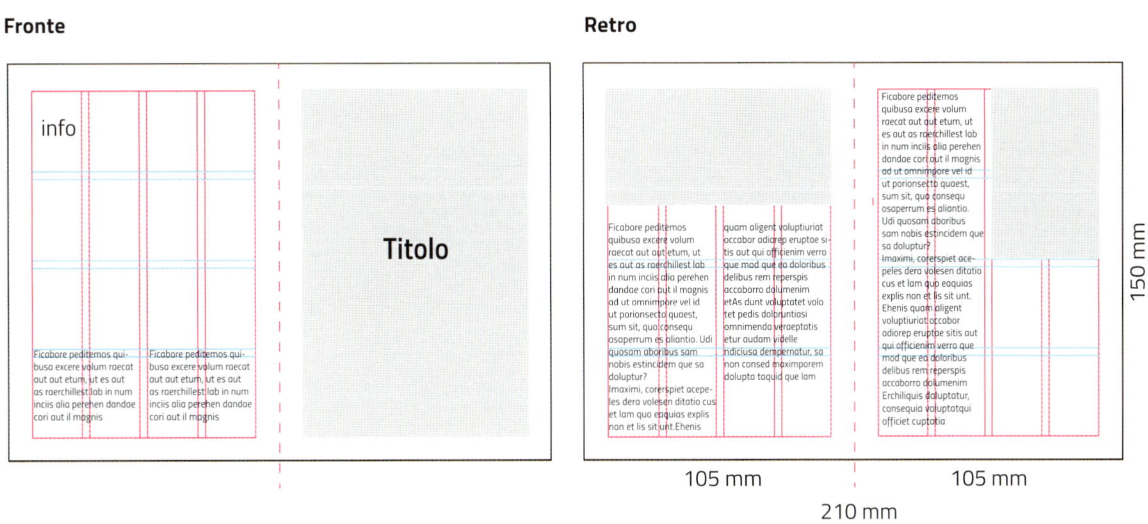

Volantino a quartino
Anche su un impaginato così semplice la griglia di impaginazione permette di mantenere tutto in ordine e di disporre razionalmente gli oggetti negli spazi, ricordando sempre di raggruppare, allineare, contrastare, ripetere, ovvero le buone regole della composizione.

Progetta

Il *leaflet*, o pieghevole, come viene chiamato in Italia da grafici e tipografi, è uno dei prodotti di comunicazione più diffusi e più utilizzati in ogni settore. Il **leaflet** è ovunque. Se di formato cm 21 x 29,7, una delle tre ante deve essere più stretta delle altre, per permettere una migliore piegatura. È nato come strumento di **direct mailing**, cioè della promozione postale, sino dalla fine del 1800: infatti il suo formato è perfetto per essere inserito in una busta per corrispondenza di formato americano e, se la carta con cui è stampato non è troppo spessa, ha un peso che non comporta sovrapprezzi di spedizione. Come in ogni prodotto di comunicazione, un buon design può fare la differenza. Qui di seguito si riportano 10 consigli per progettarlo al meglio sul formato classico A4 21 x 29, piegato a tre ante.

1. **Ordinato**. Il pieghevole ha un ordine di lettura che deve essere tenuto in considerazione durante la sua progettazione. Ha una copertina e un retro di copertina in cui di solito vanno le informazioni di contatto, un'eventuale mappa e i loghi, se non inseriti in copertina. Ma prima di aprirlo completamente e avere la vista completa del suo interno ci si trova di fronte a due pagine. La pagina di destra, che viene letta non appena si apre il pieghevole, è quella che si può definire di **presentazione**, dove si illustra il contenuto oppure si inserisce un testo che sia autoconclusivo. L'interno è costituito da tre pagine e si mostra solo all'apertura finale: in genere contiene i testi più lunghi, ed è perfetto per elenchi, programmi, calendari, tabelle.
2. **Coordinato**. Il leaflet deve essere coordinato con gli altri strumenti di comunicazione della campagna promozionale o del corporate aziendale. Deve rispettarne l'uso delle font e dei colori e utilizzare una copertina coerente con gli altri prodotti.
3. **Chiama all'azione**. Percepito come prodotto usa-e-getta, converrebbe che contenesse un invito all'attivazione, in modo che oltre alla lettura si debba per esempio fare una donazione, telefonare, scrivere una mail, ritagliare un coupon.

Pieghevole A4, piegato a portafoglio, a tre ante
Il classico pieghevole, sia per il formato standard della carta che per l'imbustabilità.
Misura mm 297 x 210.

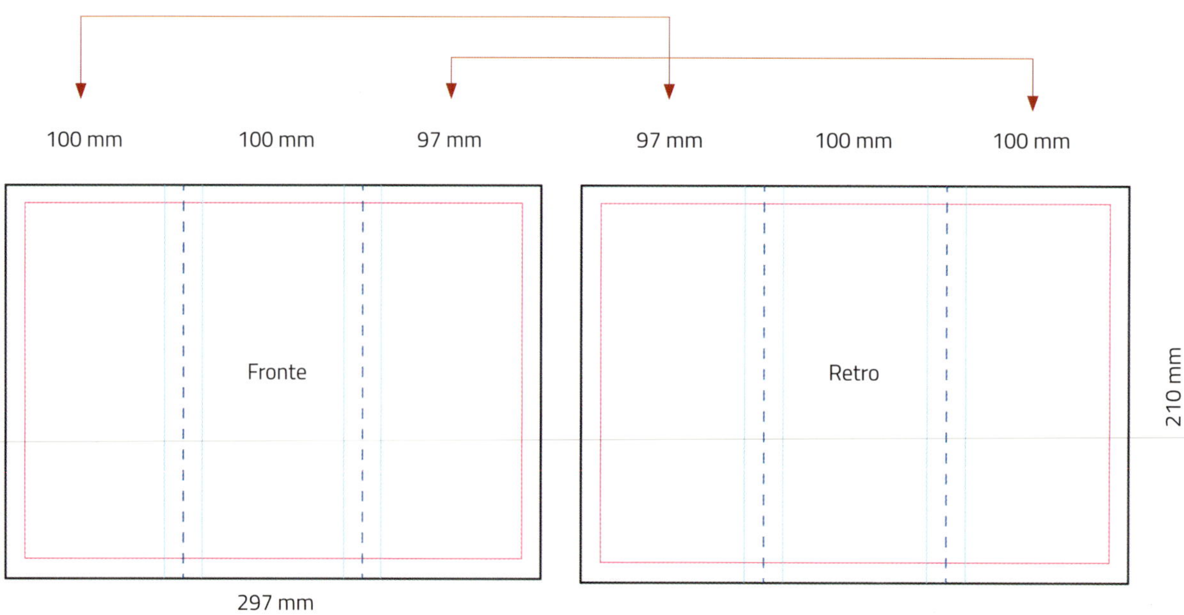

4. **Portatile**. La sua larghezza (21 cm) è perfetta per essere tenuto nella tasca o in borsa: per esempio, è comodo nelle sere d'estate come programma di un festival. Data la leggerezza, è perfetto per essere appeso su una lavagna magnetica o sul frigo come memo.
5. **Informativo**. Ospita 4 colonne larghe almeno 9 cm: significa che può contenere in modo ordinato una discreta quantità di testo.
6. **Elegante**. Basta aumentare lo spessore della carta, fino a 250 gr, ad esempio, e perde subito il suo aspetto povero per trasformarsi in prodotto promozionale anche per clienti più esigenti.
7. **Spazio vuoto**. Molto spazio vuoto è indice di un buon progetto. Infatti al designer poco esperto sembrerà impossibile riuscire a ricavare spazio in colonne così anguste.
8. **Parla di sé**. In uno spazio di meno di 10 cm di larghezza non è facile progettare un titolo grande che faccia capire subito di cosa si tratta. Eppure è una delle cose che influirà di più sull'eventualità di essere preso dal mucchio e consultato. Lo spazio verticale della copertina è atipico rispetto agli altri prodotti di comunicazione, per cui richiede uno studio specifico e non un mero adattamento.
9. **Multiuso**. Quando è completamente aperto, è grande quanto un foglio A4. Se si inserisce una immagine diventa un miniposter pieghevole e spedibile.
10. **Originale**. Con qualche taglio in più, una fustellatura, un semplice leaflet può trasformarsi in un originalissimo oggetto di design. Il solo limite è l'immaginazione.

Uno degli errori che fanno gli inesperti è quello di non stampare una bozza fronte-retro del pieghevole. È sempre meglio farlo, per capire bene dove cadono le pieghe e l'orientamento che deve avere il documento in stampa perché ogni parte sia al suo posto.

Adattato da Creatività, grafica, Stampa e grafica, giugno 2016.

Esterno

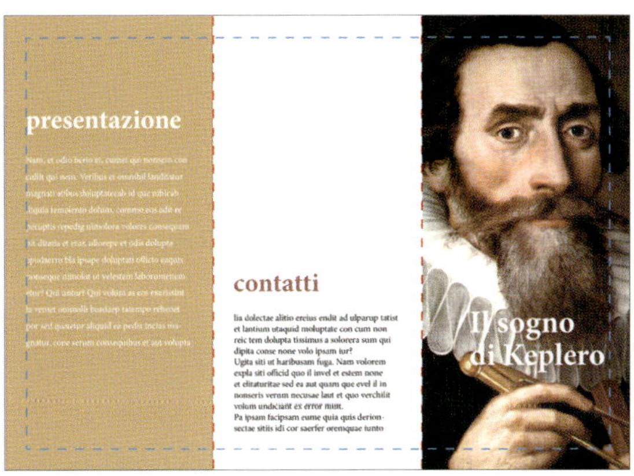

testo principale — informazioni — copertina

Interno

testo prima anta — testo seconda anta — testo terza anta

Il classico A4
Nel suo uso più consolidato la disposizione è questa. Si osservi come ciascuna anta è trattata come una pagina singola, con margini uguali su tutti i lati.

Case history: A3 a tre ante

Per accompagnare sul mercato un prodotto, in questo caso un attrezzo da giardinaggio che serve a triturare le foglie e i rami secchi, lo studio grafico propone al cliente la realizzazione di un pieghevole formato A3 a tre ante che illustra l'utilità di creare il compost in casa, anziché conferire i rifiuti del giardino al deposito.

Il pieghevole è messo a disposizione del pubblico nei negozi nei quali viene venduto l'attrezzo per la triturazione. In questo modo si ottiene un ritorno commerciale, educando contemporaneamente il pubblico a una pratica ecologicamente vantaggiosa.

Il testo è stato preparato dal copy e le illustrazioni sono state commissionate a un professionista.

Raccolto il materiale, il tutto è stato impaginato con InDesign attribuendo ai diversi elementi di testo gli stili di paragrafo.

Stampa su carta riciclata opaca formato A3 a 4 + 4 colori di quadricromia.

Cliente: Worx
A.D.: Roberto Capanna

Il progetto
Un bozzetto schizzato su carta prefigura l'impostazione che avrà il pieghevole e la disposizione di testo e immagini. La pagina è un A4 con tre ante con 10 mm di margine intorno a ciascuna colonna.
Il testo è separato in brevi paragrafi, il contenuto dei quali è sintetizzato dai titoli: si crea così un doppio livello di lettura, veloce e lenta, che stimola e incuriosisce anche il lettore più indifferente.
La parte più tecnica e generica delle informazioni viene suddivisa in tre parti, che portano il titolo comune "Lo sapevi?".
Le soluzioni dei problemi di funzionamento collocate in tabella hanno l'andamento tipico dei manuali d'istruzioni dei sistemi produttivi e fanno pensare al composter, un semplice contenitore di plastica, come a una fabbrica dove avviene un processo chimico.

Avviare e mantenere

Scaldare

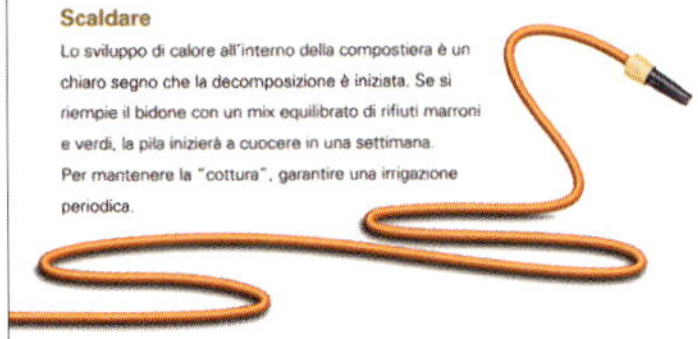

Lo sviluppo di calore all'interno della compostiera è un chiaro segno che la decomposizione è iniziata. Se si riempie il bidone con un mix equilibrato di rifiuti marroni e verdi, la pila inizierà a cuocere in una settimana. Per mantenere la "cottura", garantire una irrigazione periodica.

Spezzettare

Pacciamatura, materiali triturati e tritati si decompongono più velocemente e riducono la necessità di girare il composto con una forca da giardino.

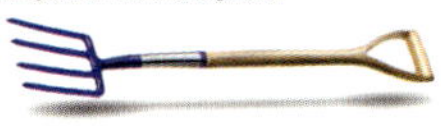

Buon divertimento

Sarete in grado di ottenere compost pronto per l'uso entro uno o due mesi, a seconda dele condizioni atmosferiche.

Lo sapevi?
Il compost contiene tutte le sostanze nutrienti più importanti per le piante come il fosforo, l'azoto e il potassio. Non solo, è un ideale fertilizzante del terreno: se mescolati con compost, i terreni argillosi migliorano il drenaggio, mentre i terreni sabbiosi migliorare la loro ritenzione idrica.
Infine, l'aggiunta di compost contribuisce al controllo dell'erosione, favorisce lo sviluppo della radice sana e l'equilibrio del pH.

Risoluzione dei problemi

Sintomo	Causa	Soluzione
Non si scalda/temperatura troppo bassa	Materiale troppo asciutto o umido	Aggiustare il livello
	Pezzi di materiali troppo grandi	Introdurre foglie e pacciamatura frantumata
	Troppo carbonio, non sufficiente azoto	Incrementare il materiale verde
Cattivo odore	Umidità eccessiva	Girare il materiale per l'aerazione e aggiungere pacciamatura o un giornale
	Troppe bucce o vegetali	Aggiungere terreno asciutto, foglie, pacciamatura o un giornale.

WORX
it's your nature

www.worxyardtools.com

Riportalo alla natura

Come sbarazzarsi delle disordinate foglie autunnali senza doverle impacchettare

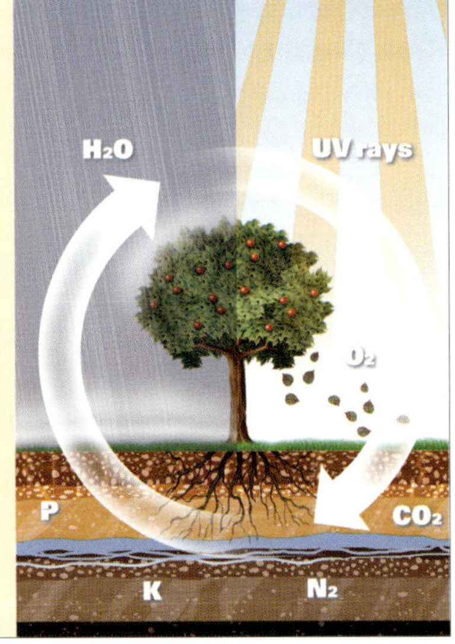

La legge del ritorno

Le foglie degli alberi che si accumulano a ogni caduta nel vostro giardino sono una risorsa naturale che può essere utilizzato per fornire preziose sostanze nutritive organiche al prato, alle piante e all'orto. Ora che avete la vostra nuova Worx trinciatrice, imparate dal nostro foglio. Non impacchettatele. Restituitele alla natura.

Lo sapevi?
Gli alberi in un acro di foresta danno fino a due tonnellate di foglie ogni autunno. Esse formano uno strato organico che trattiene l'umidità e previene l'erosione del suolo. Con il tempo, come un tappeto naturale sono decomposte da batteri e funghi, forniscono le piante con le sostanze nutritive di cui hanno bisogno.

Piano gestione foglie

Una volta che il trinciat-foglia Worx ha frantumato le foglie cadute si può semplicemente applicare la pacciamatura intorno alla base di alberi e arbusti e sopra le aiuole. Per gli orti, uno spesso tappeto di foglie pacciamato tra le file farà il lavoro. In alternativa, è possibile utilizzare le foglie frantumate per ottenere il proprio compost.

Cos'è il compost?

Il compost è un morbido, scuro e terroso materiale organico profumato che è il risultato di un processo di decomposizione naturale dei rifiuti del giardino e di cibo. Il compost contiene tutti i principali nutrienti per le piante come azoto, fosforo e potassio, pronti per essere assorbiti dalla piante. Contiene anche una ricchezza di elementi minori che lo rendono un perfetto, completo fertilizzante naturale.

Lo sapevi?
Cantieri e rifiuti alimentari, che potrebbe essere facilmente e comodamente compostati, costituiscono una gran parte dei rifiuti solidi urbani da smaltire. Rappresentano circa il 30% del flusso dei rifiuti in Italia. Studi provano che il compostaggio domestico può deviare una media di 700 chilogrammi di materiale per famiglia all'anno dal flusso dei rifiuti.

Perché il compost?

Aiuta il suolo — non solo il compost fertilizza le piante, ma migliora anche la struttura del suolo
Risparmia denaro — non devi acquistare più costosi fertilizzanti chimici e riduci la tassa sui rifiuti
Risparmia tempo — non devi più portare i rifiuti del giardino al centro di raccolta
Riduce l'inquinamento — riduci l'inquinamento dei mezzi che trasportano i rifiuti
Migliora il paesaggio — limiti il volume delle discariche

È più facile di quanto si pensi

Al fine di padroneggiare l'arte del compostaggio, tutto ciò che serve è un contenitore di compost e alcune conoscenze di base. I contenitori disponibili in commercio possono essere acquistati presso il negozio più vicino di ferramenta o un garden center. Per quanto riguarda la conoscenza, tutto quello che dovete fare è seguire queste semplici istruzioni. Se si hanno dei bambini, condividere questa conoscenza con loro, e saretel lieti di diventare produttori di compost.

Come iniziare

Per comodità, inserire la vostro compostiera a casa e vicino all'acqua, in quanto la decomposizione richiede umidità. Un zona semi-ombreggiata, protetta dal vento è preferibile. Non preoccuparsi per il cattivo odore: un composter in corretta esecuzione non puzza affatto.

Cosa aggiungere

Il moglior compost è un mix di materiali "marroni" e di materiali "verdi" ricchi di azoto. Per sapere a cosa corrispondono consulta la lista sotto.

Materiali marroni

Foglie d'autunno pacciamatura, cartone triturato, giornali stracciati, ritagli di legno, segatura...

Materiali verdi

Erba tagliata, ritagli, scarti di frutta e verdura, bustine di tè e fondi di caffè...

Cosa non aggiungere

Ossa (ci vorrà molto tempo per decomporle), formaggi e latticini (attireranno parassiti), piante malate o infestate e vegetali, erbicidi trattati erbacce.

9. L'invito

Ha un campo di applicazione così vasto che è difficile stabilire degli standard. Si potrebbe dire che riguarda di solito cerimonie, private o pubbliche, e pertanto quasi sempre tende a essere formale.

Nel caso si tratti di un invito alla inaugurazione o vernice di un evento, una fiera, una mostra d'arte, un concerto, un convegno, esso dovrà essere strettamente coordinato a tutto il resto del materiale che si progetta per l'evento.

Se si prevede che l'invito venga spedito per posta è opportuno che segua i formati standard imbustabili, ma ciò non toglie che possa avere una sua spiccata personalità raggiungibile con lavorazioni complesse.

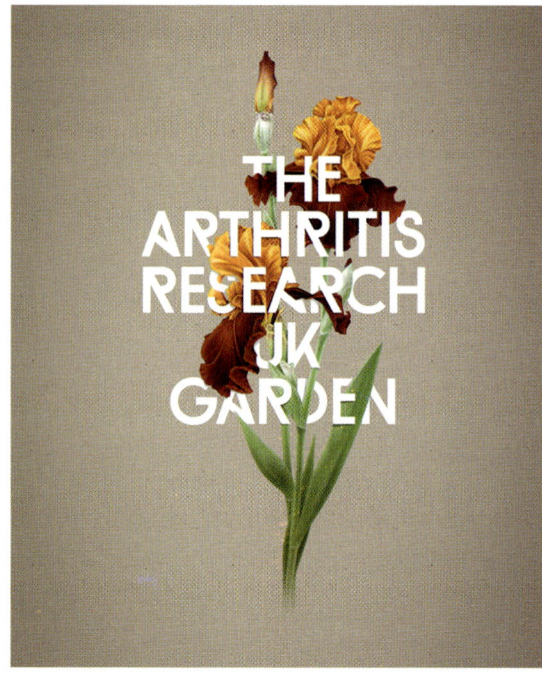

Invito per evento

Uso di una carta particolare sulla quale è stampata una immagine a colori molto ben costruita dal grafico e dalla illustratrice.

A.D.: David Davidopoulos, Illustrazione: Irene Laschi, Inghilterra

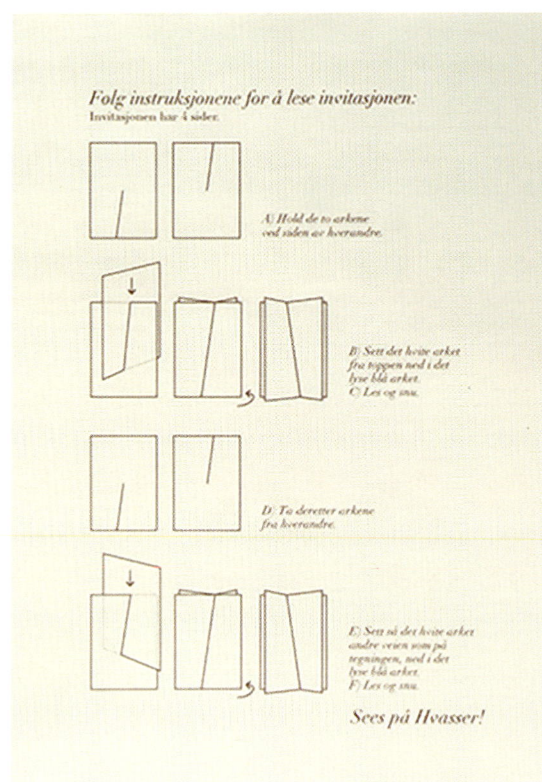

Invito di matrimonio

Componibile, raffinato e ironicamente corredato di istruzioni per il montaggio.

A.D.: Olssøn Barbieri, Norvegia

Case history: invito

Happycentro è stato invitato da una agenzia londinese a progettare e produrre un invito a tiratura limitata per le donne della maratona di 10 chilometri che ha avuto luogo a Londra nel giugno 2015. Voleva che fosse l'invito a parlare da solo, con la passione per il minimalismo, che abbiamo fortemente sostenuto e hanno davvero apprezzato. Il kirigami è una tecnica orientale di intaglio e piega della carta per ottenere forme tridimensionali a partire da un unico foglio, senza aggiungere pezzi. Noi lo abbiamo applicato con risultati soddisfacenti su questo invito di cartoncino. C'è una sottile, minimale gerarchia, che dalla busta chiusa all'invito aperto dice:

Chi: Nike, in coppia con il logo dell'evento - l'ala. **Cosa**: invito alla maratona dei 10 mila insieme a molti altri da tutto il mondo. **Quando**: il 21 giugno 2015. **Dove**: non si può non notare lo skyline di Londra, che si profila aprendo l'invito kirigami. Dai test grezzi alla consegna finale degli inviti imballati abbiamo letteralmente volato su un tappeto magico: abbiamo disegnato lo skyline di Londra, testato il meccanismo dei sei diversi strati pieghevoli, tagliato al laser tutti gli inviti, applicata la lamina d'oro per i dettagli architettonici e i testi, montato a mano uno per uno ciascun kirigami alla copertina.

Crediamo di avere così ottenuto un perfetto equilibrio tra la complessità della progettazione, l'apparenza visiva, la materia, il peso della carta, il formato invito e la stabilità globale per un oggetto da spedizione.

Happycentro - Exposure, Federico Padovani, Federico Galvani, 2015

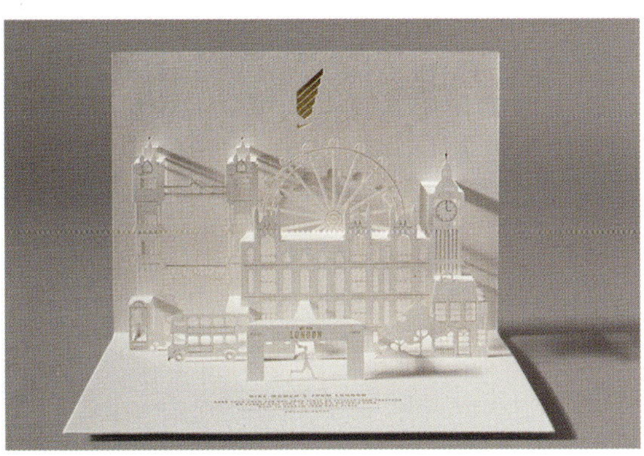

10. Il manifesto e il poster

Il manifesto ha solitamente grandi dimensioni ed è stampato in offset in bassa definizione, dalle 60 alle 100 linee al centimetro, da aziende specializzate. La sua **vita breve** si svolge sui luoghi appositamente predisposti dalle amministrazioni delle singole città, che ne decidono la quantità e la collocazione. Deve imporsi per **chiarezza e originalità**, e essendo destinato a un lettore frettoloso deve avere testi brevi ed essenziali, di dimensioni leggibili a distanza.

Il manifesto deve risultare **visibile** ed emergere rispetto alla confusione generata dalla compresenza di immagini concorrenti. La sua caratteristica visiva, oltre alle dimensioni e alla forza del messaggio, è l'effetto di **ripetizione** creato dall'affissione di molti pezzi uguali uno accanto all'altro.

Per sua natura si espone a un pubblico indifferenziato, ma deve cogliere il suo target specifico: ha un effetto di forte impatto momentaneo sul passante. Per esporre pubblicamente i manifesti si paga una tassa comunale che varia in base al numero di abitanti del Comune ed è calcolata, oltre che sulle dimensioni del manifesto, sulla durata dell'esposizione; le tabelle di ciascun Comune si trovano facilmente in Internet. L'ammontare della tassa può superare il prezzo unitario di produzione del manifesto, quindi è un fattore da considerare attentamente nella definizione di un budget pubblicitario.

La locandina

Un particolare tipo di manifesto, di solito piccolo e allungato, è la locandina, che deriva il suo nome dall'essere inizialmente esposta dentro le locande, gli antichi alberghi, per informare i viaggiatori.

La locandina viene esposta sulle vetrine o nei locali pubblici, e paga una tassa di affissione. La locandina **informa** su **avvenimenti**, manifestazioni, spettacoli, corsi di formazione.

I formati pubblicitari

Poster: 24 fogli
6 x 3 m

Progetta

Il poster è un manifesto che nasce con scopo non direttamente pubblicitario ma prevalentemente **informativo.** Annuncia una mostra, un concerto, espone una foto particolarmente significativa. Ha una destinazione e una **vita** generalmente più **lunga** del manifesto ed è spesso collezionato o in vendita nei bookstore dei musei per giungere a decorare case e stanze. Alcuni poster sono diventati leggendari. In inglese la parola *poster* traduce "manifesto" senza distinzioni.

Come fare

1. **Identificare il soggetto** e avere ben chiaro il messaggio che si vuole trasmettere. Si può dare efficacemente solo un messaggio forte alla volta, non due o tre come vorrebbe il committente. Non dimenticare tuttavia le informazioni essenziali. Identificare il target.
2. **Condensare il messaggio** in poche parole, cinque al massimo.
3. Creare un visual che sia una **metafora** del messaggio o che lo sintetizzi efficacemente.
4. **Esplorare** l'uso alternativo o combinato della fotografia, della illustrazione, del solo lettering.
5. Il **colore** esiste e anche il testo può essere colorato. Meglio non banalizzare.
6. Raramente il prodotto sarà solo su una parete: dovrà condividere e contendersi spazio e attenzione.
7. Non innamorarsi della prima idea. **Fare molte prove** sottoponendole alla visione di molte persone: un occhio estraneo vedrà, leggerà, capirà qualcosa che al progettista può sfuggire.
8. Applicare le **quattro regole**: allineare, raggruppare, contrastare, ripetere.

Aldo Manuzio Il rinascimento di Venezia

Leonardo Sonnoli, 2015

Poster

Se l'immagine sborda il taglio del poster, traccia blu, è detta "al vivo", e deve eccedere di mm 3-4 di abbondanza la misura finale del poster.
L'esempio riportato non ha misure perché possono variare di volta in volta. Una griglia aiuta a mantenere in ordine i testi e a rispettare i margini.

Case history: poster

La Fondazione XXI secolo del museo Hermitage di San Pietroburgo nel 2014 ha invitato 53 designer particolarmente rappresentativi della cultura del nostro tempo a produrre i poster destinati alla mostra Past Post e quindi a costituire il nucleo di una collezione di grafica. L'unico italiano invitato, Leonardo Sonnoli, racconta qui il processo ideativo del suo poster. Se ne osservi la progressione: dallo studio di motivi geometrici ripresa dall'ornamentazione sette-ottocentesca dell'edificio stesso del museo quindi da pavimenti di marmo e legno, bassorilievi, decorazioni parietali, fino alla creazione di una texture mista, molto ricca e in bianco e nero che verrà usata come sfondo.

In ultimo appare la lettera "H" di Hermitage in versioni semplici e complesse, fino alla fusione della trama di fondo con la lettera dell'alfabeto rielaborata in oro.

Sul sito dell'Hermitage Past Post è scaricabile l'intero catalogo in PDF.

Il poster, esecutivo
Una selezione dei motivi che ispirano la texture in bianco e nero e la successiva composizione. Compare la lettera "H", a volte in dialogo, altre volte fusa con i motivi geometrici, fino a una elaborata versione che ha accenti calligrafici.

H, una lettera, una forma
La lettera sembra emergere o fondersi con i motivi del fondo grazie alla rielaborazione delle aste in oro e alla trasparenza.

11. La pubblicità

I testi nell'annuncio pubblicitario
L'headline è il testo principale, detto anche "slogan".
Il pay off è un richiamo al marchio o alla campagna.
Il bodycopy porta le informazioni sul prodotto.

In questo volume si parlerà della pubblicità solo in forma di annuncio. L'argomento sarà approfondito nel volume successivo.

La campagna pubblicitaria

La pubblicità deriva la sua terminologia specifica dalla **vita militare**: si parla infatti di **campagna**, **strategia**, **obiettivi**. Si fa campagna quando la comunicazione viene indirizzata su mezzi diversi portando lo stesso messaggio: può esserci una campagna di sola stampa, o di sole affissioni, più rara, o mixed media, quando uno spot televisivo e radiofonico, dei poster stradali e delle pagine pubblicitarie sui giornali raccontano la stessa storia, hanno gli stessi visual e headline e finiscono tutti con il bersagliare il pubblico da più punti con lo stesso messaggio. La campagna ha una estensione **territoriale** precisa e una **durata** nel tempo.

L'annuncio

Visivamente è una composizione di vari elementi che servono a far conoscere e reclamizzare un prodotto o un servizio. È composto da una parte visiva, detta **visual**, e da uno o più testi. Secondo l'attuale tendenza, capeggiata dalla pubblicità della moda, sta perdendo sempre più le parole, il testo, a favore delle sole immagini e del marchio. Se si confrontano le pubblicità dell'ultimo secolo si nota che da un prevalere del testo sull'immagine il visual ha conquistato sempre più spazio diventando preminente. Nel tempo l'accumularsi esponenziale di messaggi vede un lettore sempre più distratto, e l'evoluzione delle tecniche di riproduzione ha dato all'immagine il colore e un grado di sofisticazione, e quindi di interesse, altissimo.

Quasi sempre è presente il marchio dell'azienda che lo commissiona, mentre non sempre è presente l'immagine del prodotto oggetto dell'annuncio.

Alcuni aspetti tecnici dell'annuncio riguardano direttamente la progettazione grafica:

- il **formato**: il modulo pubblicitario e i suoi multipli. In editoria è una frazione di pagina modulare in base alla quale si valutano i costi. Oppure si considera l'intera pagina le sue frazioni o i suoi multipli, la doppia ecc.;
- la **posizione**: sinistra o destra, seconda, terza o quarta di copertina, posizioni importanti rispetto alla pagina interna generica;
- la **foliazione**: la collocazione dell'annuncio rispetto all'intera pubblicazione, e cioè all'inizio, nel mezzo, alla fine;
- i **colori**: l'annuncio può essere a uno o più colori;
- la **marginatura**: l'annuncio può rimanere entro i margini della pagina oppure al vivo, cioè su tutta la superficie. In questo caso occorre produrre una immagine che sborda di 4-5 mm per lato.

I contenuti

- La lunghezza del testo: il testo in genere è costituito da poche parole, circa 50.
- La tipologia dell'immagine: una fotografia o una illustrazione o la combinazione delle due.
- L'immagine del prodotto: in certi casi è dominante, come nella pubblicità dei cibi, mentre in altre è marginale.
- La categoria merceologica del prodotto: esistono mode o convenzioni. Raramente il committente decide di non tenerne conto.

Osserva: l'annuncio su rivista

Il testimonial
È un personaggio noto, (in questo caso un personaggio televisivo, lo chef Cannavacciuolo) che garantisce con la sua immagine la qualità del prodotto.

L'headline
Il titolo di testa, il testo principale ed evidente che esprime in parole il tema della campagna.
Di solito ha nella pagina una posizione dominante rispetto agli altri testi.

Il pack shot
L'immagine del prodotto o della sua confezione. Di solito è riportata in formato ridotto.

Il codice QR
Si vede sempre più spesso. È il codice che attraverso scansione con un dispositivo, conduce il lettore direttamente sulla pagina Internet dove si troveranno altre informazioni sul prodotto.

Il bodycopy
Il blocco di testo che informa sulle caratteristiche del prodotto. La quantità di bodycopy presente sugli annunci ha avuto andamenti diversi e decrescenti nel tempo, e si diversifica fortemente oggi a seconda della tipologia di prodotto e dello stile dell'annuncio.

Il payoff
La frase riassuntiva che caratterizza il prodotto o l'azienda (in questo caso "L'irresistibile dolce e piccante").
È usata come legame nel tempo tra diversi annunci, diverse campagne o diversi mezzi. Ne sono un esempio "Galbani vuol dire fiducia" e "Collistar, io guardo ai risultati".

Il visual
Il soggetto dell'annuncio è espresso da un'immagine. Il suo rapporto con l'headline è strettissimo. Nelle situazioni ideali, dall'interferenza tra headline e testo scaturisce un significato più complesso, di secondo livello, che non appartiene solo al testo o solo all'immagine, ma appunto nasce dalla giustapposizione dei due elementi.

Case history: campagna integrata

Picnic è una agenzia che si fa notare per il tocco leggero e l'ironia tipica della sua comunicazione. Queste sono tre campagne di affissione per la centrale del Latte di Torino.

"Obiettivo della campagna: creare un format che unisca concettualmente tutti i prodotti della Centrale ma che dia la possibilità di farne emergere i singoli plus. La soluzione creativa adottata è di umanizzare la freschezza del latte e di tutti i prodotti della Centrale attraverso il bambino, che diventa protagonista di tutte le campagne. Essendo prodotti alimentari freschi abbiamo optato per la pulizia e la freschezza della grafica, attraverso l'utilizzo di colori pastello. I visual esprimono sempre il plus di prodotto; ad esempio la bontà è identificata dal tappo rosso, i baffi-insalata per analogia con i baffi che lascia il bicchiere di latte, lo yogurt che scatta a molla dal vasetto e sorprende. Il copy è semplice ma non scontato e, come il visual, esprime sempre il plus e l'idea creativa. Plus e idea creativa sono così conseguenti".

PLUS	IDEA CREATIVA
Fresche e buone	come un bicchiere di latte
Così buono	che ti sorprende
Se è buono	ha il tappo rosso

Picnic per Centrale del Latte di Torino.

Sequenza progettuale
Il bozzetto: è una forma di comunicazione interna allo studio e serve a trasmettere informazioni tra addetti ai lavori, come la foto ritoccata coi baffi-insalata.
Il director cut: su fondo verde, è la ripresa del fotografo che inquadra il soggetto con un taglio più largo del necessario per lasciare maggiore libertà di intervento al grafico.
Il finale: vede l'inserimento del pack shot, dell'headline e del marchio. Il fondo è stato ritoccato verso una tonalità più fredda e sbiancato nella parte centrale, per accentuare il contrasto col viso.

12. Il packaging

Uno degli elementi che contribuiscono maggiormente all'immagine di un prodotto è la confezione, il packaging. Fino a 30 o 40 anni or sono nei negozi alimentari i prodotti erano venduti quasi tutti sfusi, pesati e imballati davanti al cliente secondo le sue stesse indicazioni. Oggi si assiste a pesatura e imballo solo davanti al banco della gastronomia, e comunque parte dei formaggi e degli insaccati si trovano spesso già porzionati.

Nel settore vige la regola della tradizione e della **conservazione** nel tempo dell'immagine, tanto che il packaging di alcuni prodotti finisce per diventare parte del patrimonio visivo di ciascuno e cambia poco nel corso degli anni se non dei decenni: si pensi alle marche più note di pasta alimentare, al caffè, alle merende, e a quanto ci si sorprende quando il prodotto al quale si è legati per gusto cambia veste. I prodotti consolidati sul mercato, specialmente quelli di alto consumo, cambiano veste in modo impercettibile proprio per non disorientare il cliente. La stabilità nel tempo del packaging è uno degli elementi che aiutano visivamente l'acquirente nell'identificare e riconoscere sugli scaffali il prodotto, contribuendo a rinforzare la sua **fedeltà alla marca**.

Le funzioni

L'avvolgere un prodotto dentro un involucro assume **funzioni** diverse, alcune facilmente intuibili, altre più legate al particolare punto di vista del marketing e della comunicazione del prodotto stesso.

Rispetto al consumatore

> **Facilitare il riconoscimento** del prodotto per il consumatore abituale e attirare l'attenzione di quello non abituale.

> **Dare informazioni** e spiegare le caratteristiche del prodotto. In particolare, il packaging alimentare, come stabilito dalla legge, deve portarne il nome commerciale, la quantità e la qualità, la modalità di conservazione e la scadenza. Per esempio: Nutella, nome commerciale: crema spalmabile al cioccolato.

> **Illustrare le proprietà**, il funzionamento e le modalità d'uso.

> Tramite il materiale con il quale è realizzato l'involucro, **dare una sensazione** visiva e tattile.

Campo dei fiori, linea spremute

Le spremute di frutta si trovano spesso nel brick, come il latte. Anche per questi prodotti la normativa è severa nelle sue prescrizioni.

Sintesi, Italia, 2016

Giocattoli 6m+

Una linea per giocattoli ispirati alla filosofia modernista.

Agenzia 2 x 4, USA

Rispetto al venditore

> Consentire il **trasporto**, l'immagazzinaggio e l'esposizione.
> Assicurare la perfetta **conservazione**.
> Portare scritta la data di **confezionamento**, la **scadenza** e il **prezzo**.
> **Impedire il furto** con dispositivi antifurto rilevabili o altri espedienti: per questo motivo certe confezioni sono molto più grandi e ingombranti dei piccoli prodotti che contengono, che altrimenti sarebbero facilmente intascabili.

Rispetto alla concorrenza
Rendere distinguibile il prodotto e **metterlo in evidenza** rispetto a quelli che gli stanno vicino sugli scaffali di vendita.

Le cose hanno un nome

In questa unità si trovano molti termini specifici del settore: chi utilizza tutti i giorni uno strumento o pratica un ambiente di lavoro si rende ben presto conto che è necessario nominare anche le parti di uno strumento, di un oggetto o le fasi di una lavorazione che altrimenti avrebbe ignorato. Tutti gli oggetti fabbricati dall'uomo e il loro modo per realizzarli o usarli hanno le parole adatte per nominarli. Lo stesso vale per il packaging, di cui si riporta un glossario specifico.

Accademia Barilla

La confezione regalo della Barilla realizza un packaging equilibrato dovuto ai materiali e alla versatilità d'uso della confezione, che si utilizza per il trasporto e per la presentazione sul punto vendita. Essa ha una grafica pulita e in linea con il messaggio del prodotto, ed è attenta alla sostenibilità.

Cartacrusca, Industrie Favini, Italia, 2016

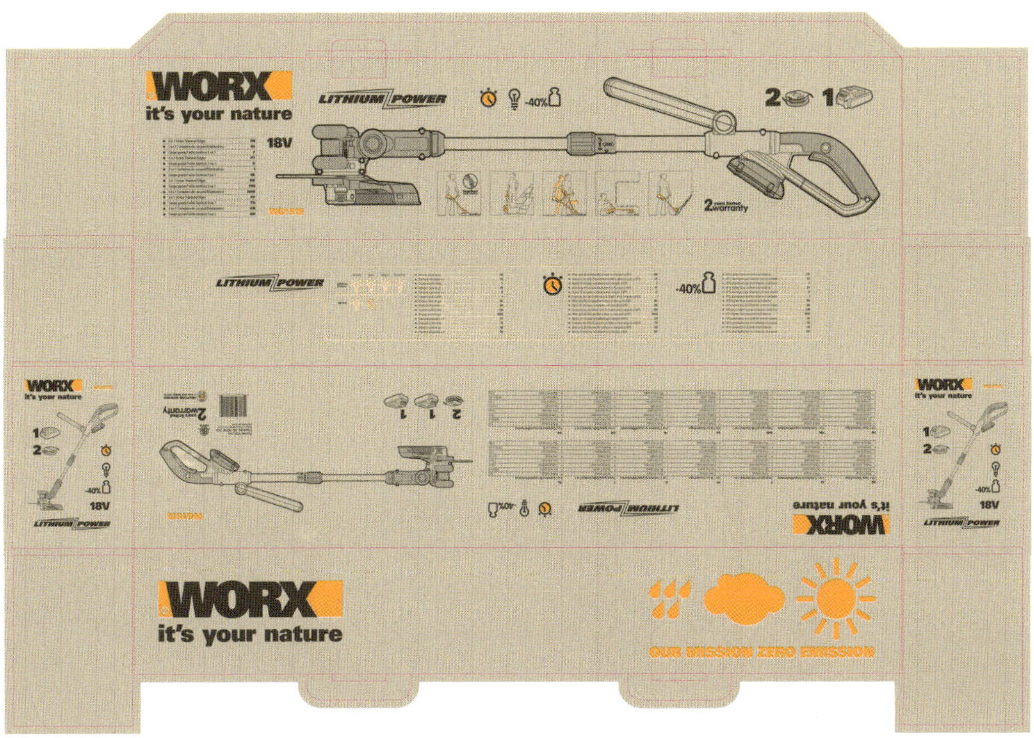

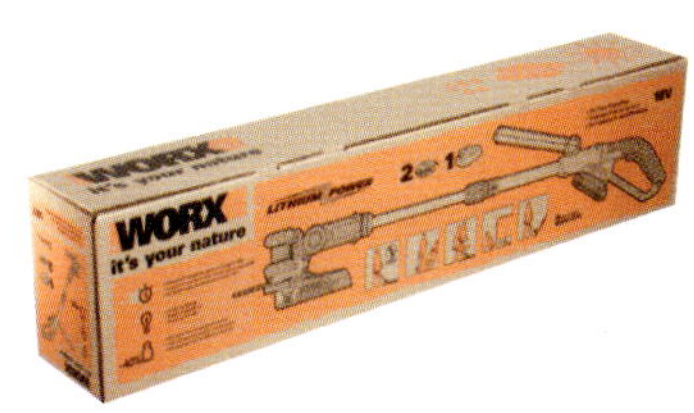

Rasaerba Worx

Esecutivo con tracciati e foto dell'imballo finito.
Il progettista deve collocare tutti gli elementi informativi e grafici dentro il tracciato di sviluppo della scatola rispettandone rigorosamente le misure.

A.D.: Roberto Capanna

Progetta

La progettazione del packaging di un prodotto, o di una linea di prodotti, rientra nella **strategia di vendita** dell'azienda e deve rispondere alle finalità stabilite dal piano di marketing.

Il packaging consente l'**identificazione del produttore**, ne porta il marchio. Ha caratteristiche funzionali ed ergonomiche, come il sistema che ne consente l'esposizione o la maniglia per il trasporto, ed è portatore di messaggi. Deve essere **maneggevole**, avere indicazioni per l'apertura e, se necessario, la richiusura e conservazione del contenuto. Deve portare indicazioni chiare sul trasporto e il **riciclaggio** delle materie prime usate per fabbricarlo, come carta, plastica, vetro. È veicolo di una grande quantità di informazioni al consumatore, e queste sono trasferite, prima ancora del nome, dal complesso del visual, da una immagine accattivante, da una presentazione golosa. Il packaging costituisce il più potente mezzo di vendita diretta del prodotto, perché è più immediatamente vicino all'atto di acquisto.

Un gioco tridimensionale

Prima di pensare all'immagine che va sul packaging, occorre studiare il contenitore come oggetto tridimensionale. Il volume del contenitore deve accogliere il prodotto in modo funzionale, considerando gli ingombri dei materiali di protezione aggiuntiva, come carta, trucioli o polistirolo. I motivi delle scelte del formato del package partono da lontano, per esempio dalle esigenze delle misure per trasporto e stoccaggio del prodotto, fattori che incidono vivamente sui costi. Di frequente le misure della singola scatola sono calcolate perché ne possa entrare un numero esatto dentro il pallbox, un grande contenitore di cartone, il quale moltiplicato per un numero esatto di volte starà dentro il container o il veicolo da trasporto senza perdita di spazio.

Flusso di lavoro

La corretta progettazione del packaging prevede le seguenti fasi:

> esame del **brief**;
> definizione degli **obiettivi** del design;
> ricerca e **analisi dell'esistente** e della concorrenza diretta;
> **osservazione** del comportamento del consumatore;
> stesura di **proposte**;
> messa a punto del **prototipo** – modello tridimensionale, o **mock up**;
> **ricerche di mercato** sul gradimento al pubblico e test funzionali e di eco compatibilità;
> **ingegnerizzazione** del prodotto: studio dei processi produttivi;
> ricerche di mercato e **test di usabilità**.

Due packaging che sono stati premiati con l'Oscar per l'imballaggio 2015, per l'innovazione dell'uso dei materiali, sia sotto il profilo del riciclaggio che del risparmio energetico e alimentare.

Brick prodotto con materiali innovativi

Prodotto con materiali interamente da fonti rinnovabili: il materiale utilizzato per la chiusura a vite e per il rivestimento della componente cellulosica viene realizzato da canna da zucchero, ed è equivalente a quelli ottenuti da petrolio.

Tetra pack, Italia

Direct object printing

La tecnica di stampa UV viene effettuata direttamente su bottiglie in plastica PET, quindi non subisce danni da agenti esterni. L'eliminazione dell'etichetta è stata valutata come un vantaggio nel riciclo del materiale.

Plastik Italia, 2015

Osserva

Qui di seguito sono riportati alcuni insiemi entro i quali si possono collocare le diverse tipologie di strumenti che avvolgono, accompagnano e informano sui prodotti.

Le etichette

Fanno parte dell'etichettatura i termini, le diciture, i marchi di fabbrica o di commercio, le immagini o i simboli raffigurati su qualsiasi imballaggio, documento, cartello, etichetta, nastro o fascetta che accompagnano un dato prodotto o che a esso si riferiscono.

I tag

Sono tutti i cartellini apposti sul prodotto: contengono le informazioni che non si applicano direttamente sull'oggetto o per comodità, o perché risulta del tutto impossibile farlo in altro modo, o perché si prevede di poterle sostituire o integrare in casi particolari come i saldi. Vanno comunemente sui capi di abbigliamento e su alcuni prodotti alimentari sofisticati. Portano non solo il prezzo ma anche informazioni per il consumatore, scadenze, composizioni, notizie sul produttore.

Riciclati e riusati

Sono materiali fabbricati riciclando carta o plastica, ma anche inventando un uso alternativo di materiali già in commercio: ne sono un esempio le lattine di metallo per fagioli, utilizzate per inserirci cravatte, calzini o intimo.

Shopping bag

Gli shopper contengono di solito i prodotti acquistati presso un punto vendita, quindi portano quasi sempre il marchio del negozio. Le marche di lusso prevedono degli shopper personalizzati. Sono di carta o plastica. I manici possono essere dello stesso materiale o di materiali diversi.

Carte da imballo e tessili

Le carte e i tessili da imballo portano decorazioni o marchi *all over*, cioè disposti su tutta la superficie. Stampati con tecniche veloci ed economiche, come la **flessografia**, si usano per i libri, i prodotti tessili, per imballare ulteriormente scatole e confezioni destinate ai regali che richiedono quindi una presentazione particolarmente sofisticata. Sono completati spesso da nastri con monogramma e marchio.

Mercato Fioroni

Il packaging può toccare ambiti in cui non si era mai visto prima o non se ne era sentita la necessità. Qui a fianco, un divertente e innovativo progetto di coordinamento per un mercato popolare, che rafforza in modo visibile l'identità di un insieme di venditori altrimenti scollegati. Comprende marchio, cartelli per i prezzi, carte da imballaggio, shopper.

Studio Quattrolinee, Italia, 2016

Le scatole

Si parte dalla semplice scatola di cartone con coperchio, fino ad arrivare a forme e colori sofisticati. Sono stampate in serigrafia o con altre tecniche, con etichette applicate e forme studiate dai designer per sorprendere l'utilizzatore.

Oggi i cartoni riciclati ma grezzi sono spesso usati dai produttori per oggetti eleganti e costosi, perché diventano indice di attenzione all'ecologia piuttosto che di povertà.

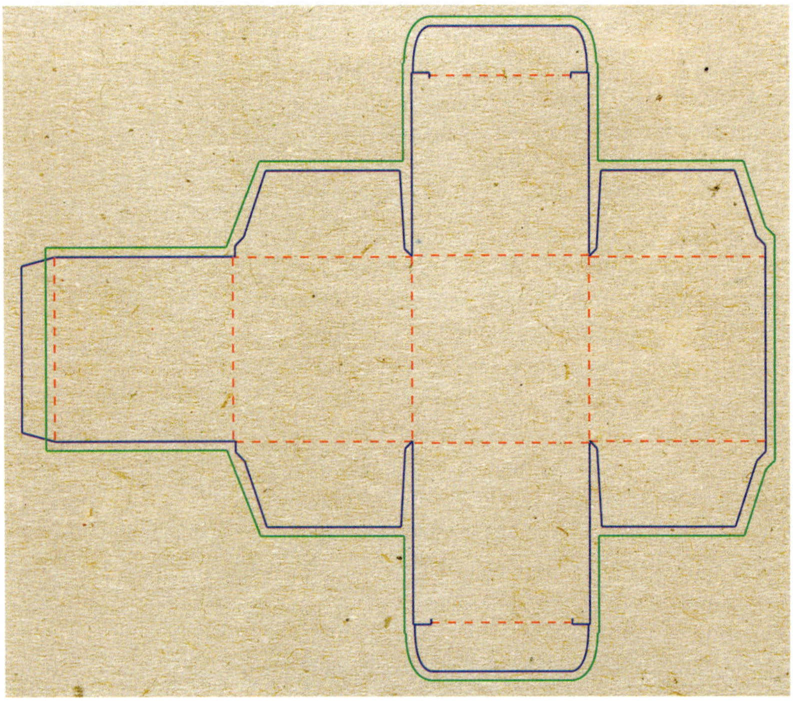

Tracciato di fustella
Per scatola con coperchio. In blu il taglio; tratteggiata la cordonatura, cioè la piega; in verde l'abbondanza.

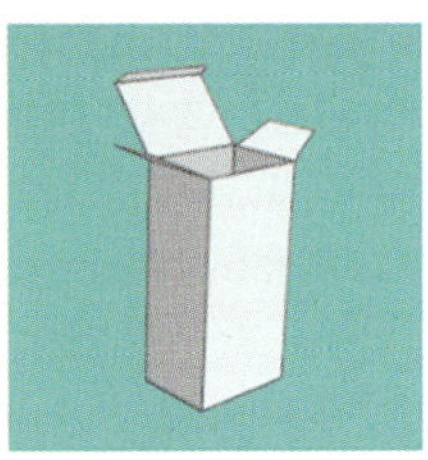
astuccio lineare

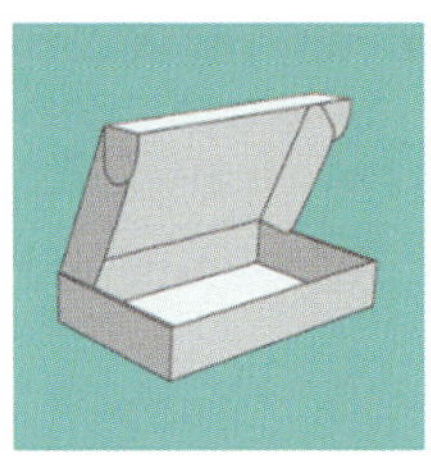
valigetta

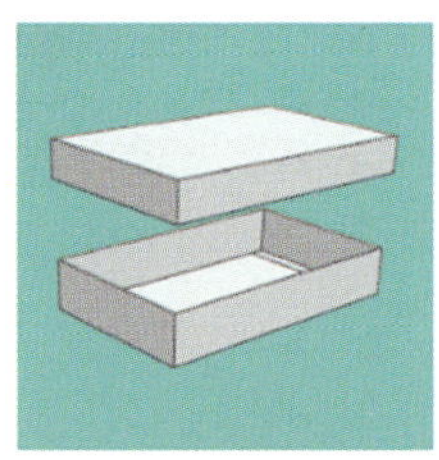
fondo e coperchio

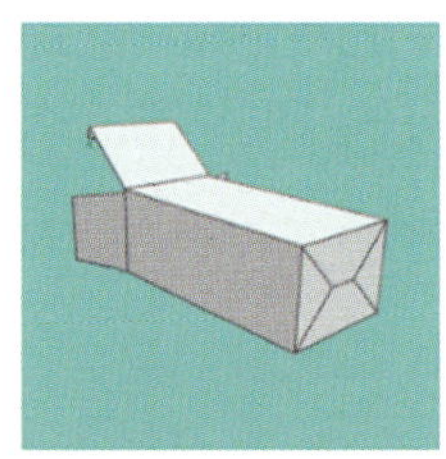
con fondo a coda di rondine

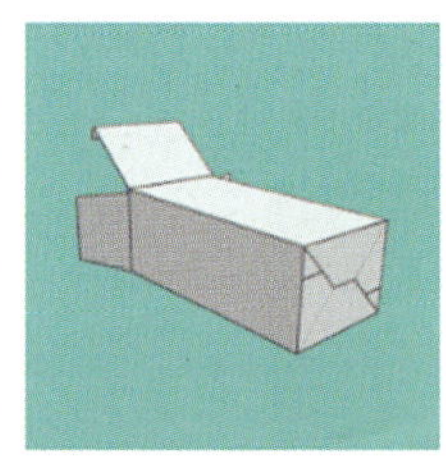
a fondo automatico

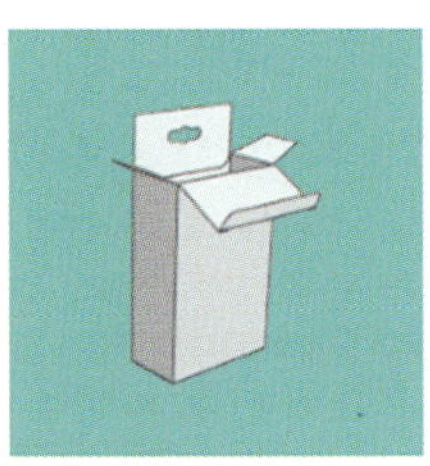
appendibile

con manico

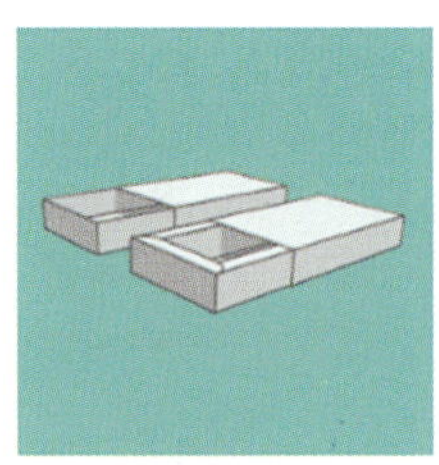
a fiammifero

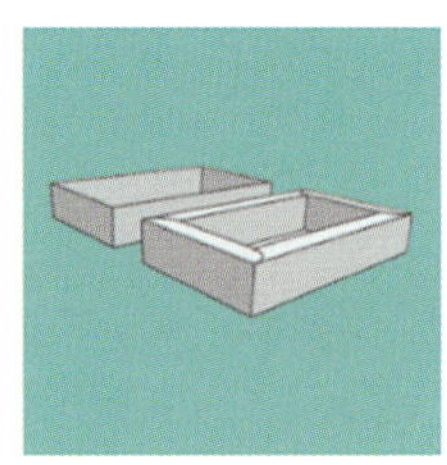
vassoio

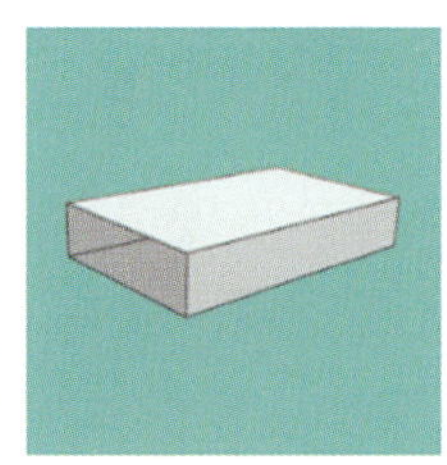
fascetta

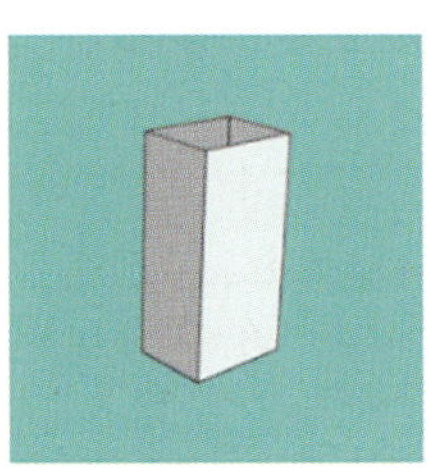
contenitore

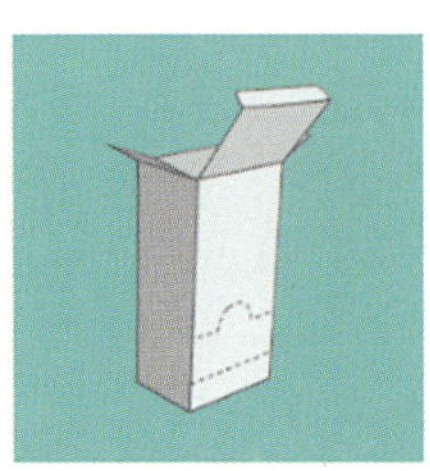
dispenser

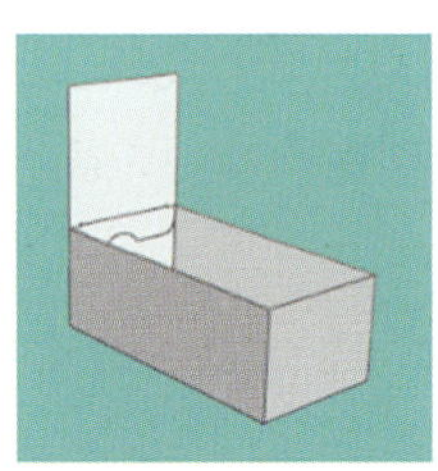
espositore

Le scatole

Il glossario del packaging

Abbondanza Termine usato nella grafica per indicare l'area stampata oltre il tracciato di taglio. È opportuno che non sia inferiore ai 3 mm ed è necessaria quando il colore è previsto 'al vivo'.
Altezza scatola - H È indicata con "H" e identifica la misura dello spazio interno tra le falde, cioè l'ingombro utile, di un imballo chiuso e appoggiato su un piano.
Astuccio Prodotto cartotecnico predisposto a contenere, pubblicizzare e, con determinati accorgimenti, proteggere un articolo. Di norma è di dimensioni medio piccole e di forma standard.
Bag in Box Letteralmente "sacca in scatola". La sacca in materiale flessibile, atta a contenere liquidi e dotata di rubinetto, di frequente usata per il vino, viene inserita in una scatola di cartone.
Blister Tipo di confezione per capsule o compresse, consistente in un involucro sagomato e trasparente incollato su un foglietto di alluminio. Usato soprattutto per compresse farmacologiche anche come unità di misura.
Cartone ondulato Materiale rigido costituito dall'accoppiamento ottenuto tramite collante di tre o più fogli di carta, ad alcuni dei quali è stata preventivamente conferita una forma ondulata.
Cartotecnica È un settore industriale che produce una molteplicità eterogenea di manufatti in carta e cartone, ma non solo.
Cluster Packaging che raccoglie una serie di altri contenitori per agevolarne la vendita o il trasporto simultaneo, per esempio per i vasetti di yogurt o le bottiglie di birra. Alla lettera significa "grappolo".
Collarino Fascetta sagomata con fustella da apporre al collo delle bottiglie.
Cordonatura Si intende l'azione di una lama metallica che incide ma non taglia la carta o il cartoncino in modo da favorirne la successiva piegatura.
Crowner Cartello pubblicitario da incastrare sulla schiena di un espositore da terra, oppure ricavato dalla sagomatura del coperchio di un espositore da banco.
Espositore Prodotto cartotecnico utilizzato per esporre articoli e presentare merce al pubblico; può essere da banco o da terra. Di solito è completato da un cartello pubblicitario, il crowner.
Etichetta Elemento che si applica a contenitori, merci, oggetti di ogni tipo per indicarne contenuto, qualità, prezzo, collocazione.
Finestra È la sagoma forata ottenuta in fustellatura, eventualmente chiusa da un film plastico incollato all'interno, che consente la visione del prodotto contenuto nel packaging.
Fustella Attrezzo formato da una base di legno dotato di filetti di taglio e di cordoni di piega, che, montato sulla macchina fustellatrice, taglia, incide e comprime i fogli macchina per ottenere la forma desiderata di ciascun packaging.
Goffratura - carta goffrata Operazione che consiste nell'imprimere sulla carta un disegno decorativo in rilievo con l'uso di apposite calandre.
Laminil È il materiale risultante dall'accoppiatura di due fogli di carta, tra i quali viene inserito uno strato di polistirene estruso espanso. È utilizzato per cartelli vetrina.
Larghezza - P Indicata con "P" (profondità), identifica la misura del lato corto della base di un imballo chiuso e appoggiato sul piano.
Lunghezza - L Indicata con "L" identifica il lato lungo della base di un imballo chiuso e appoggiato sul piano.
Mock-up Modello in scala 1:1 dell'articolo da realizzare in serie. Permette di verificare, valutare e apportare eventuali modifiche prima della produzione.
Packaging Tutto ciò che concorre a definire le confezioni con cui viene proposto un prodotto al consumatore finale. È il visual dei prodotti, nonché lo studio dei vari fattori pratici, tra cui la protezione e la comunicazione. Non esiste analogo termine italiano.
Piegaincolla Macchina utilizzata per comporre il packaging nella sua forma finale tramite piegatura e incollatura.
Prototipo Primo esemplare di prodotto finito sulla base del quale sono realizzati i successivi.
QR-code Quick Response = risposta rapida, è un codice bidimensionale, o 2D, formato da moduli neri disposti in uno schema quadrato. Porta informazioni che possono essere lette anche tramite uno smartphone munito di apposito programma.
Rifili Parti del foglio eccedenti la sagoma del packaging. Buona norma è lasciare sempre un margine di rifilo lungo tutto il perimetro per ottenere una sagomatura precisa.
Sacchetto Può indicare un vero e proprio sacchetto con chiusura, o anche la scatola, normalmente per bottiglie, che assume la forma di un sacchetto quando è chiusa. La maniglia, centrale, è ricavata dalla scatola stessa.
Stampa flessografica È la tecnica più utilizzata in cartotecnica e in scatolifici di cartone ondulato.
Termoimpressione Trasferimento a caldo, per mezzo di un cliché o altra matrice, di una lamina di metallo. Si utilizza per imprimere scritte di vari colori metallizzati non ottenibili con la stampa tradizionale.
Tracciato fustella Disegno della fustella, in scala 1:1. Il tracciato serve agli studi grafici per l'impaginazione della grafica e l'imposizione del foglio macchina.

13. Il catalogo

Si differenzia dall'opuscolo e dalla brochure, che mostrano una sola linea di prodotti o servizi, perché contiene serie diverse di articoli e di linee di prodotti. Può essere destinato ai **rivenditori** o al **consumatore finale**: in questo caso, arriverà in mano al cliente in modo che sia quest'ultimo a fare le sue scelte autonomamente senza che qualcuno faccia da intermediario. Il catalogo è uno strumento tecnico e deve essere perciò sufficientemente autoesplicativo.

Dovrebbe **funzionare** senza la necessità di lunghe istruzioni, mostrando i prodotti con immagini nella maniera più efficace possibile e descrivendoli in modo che possano essere **identificati** senza equivoci all'interno di una serie di prodotti simili. Il modo migliore per ottenere tale risultato è organizzare il contenuto in sezioni ben definite dal **tipo** di articolo, dalla sua **funzione** o dal **luogo** in cui è utilizzato.

Lo sforzo che deve fare il committente, aiutato dal grafico, è quello di mettersi nei panni di chi consulta il catalogo, uscendo dal proprio ruolo di produttore.

Realizzare il catalogo

Si devono usare immagini grandi e titoli, o codici colore, che indichino le varie sezioni. A questo scopo è utile usare le potenzialità delle font e i disegni del carattere, i colori e i fondini. Un layout con una **griglia** progettata in funzione della regolare e corretta disposizione di testo e immagini aiuta il lettore a ritrovare con lo sguardo le informazioni da una pagina all'altra.

La forma, il colore, il prezzo, i materiali di fabbricazione, la destinazione e le caratteristiche distintive dei prodotti per i quali il catalogo è realizzato devono essere evidenziati nel testo.

Catalogo Ikea

Nel catalogo Ikea il codice colore contrassegna le varie sezioni del catalogo che distinguono gli oggetti in base alla loro zona domestica d'uso; soggiorno, pranzo, cucina, camera da letto. Confrontandolo con le precedenti edizioni si nota che i mobili e gli oggetti sono ambientati, è diminuito l'affollamento sulle pagine e la grafica è più ordinata. Le pagine finali sono dedicate al servizio post vendita con le informazioni di servizio, le modalità d'acquisto, le informazioni utili e di consegna, l'indice, le garanzie e i contatti.
Catalogo Ikea 2017, formato: 19,2 x 22,4 cm, carta 80 gr/m^2, stampa: quadricromia.

Progetta

- > **Fotografie chiare** o **disegni esplicativi**. Le immagini devono essere descrittive del prodotto ed essere presentate con uno stile omogeneo. La **fedeltà dei colori** riprodotti in alcuni casi è fondamentale, per esempio per i tessuti da arredamento, o per l'abbigliamento. In altri casi è la qualità del colore che conta: un catalogo di prodotti alimentari riprodotti con colori slavati e immagini poco evocative non avrà verosimilmente molto successo.
- > **Facilità di consultazione**. Il catalogo deve essere facile da scorrere, avere buoni indici e raggruppare gli argomenti secondo una logica intuitiva, la più vicina a quella del lettore. Ogni descrizione deve essere strettamente correlata con la foto del prodotto, o per vicinanza o attraverso una codifica.
- > **Informazioni** sul produttore e i contatti. I numeri di telefono, le mail, le indicazioni sui siti del produttore devono essere riportati, anche ripetutamente, in modo evidente.

Le informazioni sulle modalità e le condizioni di trasporto, di garanzia, di restituzione e di pagamento sono necessarie infine per dare una impressione di serietà dell'azienda.

Molto di frequente oggi i cataloghi cartacei sono presenti in Internet e contemporaneamente scaricabili in formato PDF, oppure vengono realizzate apposite app che permettono di cercare i prodotti in base alle loro particolarità o alle esigenze del lettore e infine di procedere all'acquisto. In questo caso, le caratteristiche del catalogo devono essere **adattabili** ai diversi dispositivi mobili sui quali verrà visualizzato. Devono cioè essere **fluide**, quindi necessariamente diverse dalla struttura del catalogo PDF, che è il trasferimento del catalogo cartaceo, strutturato e rigido.

Editi in forma cartacea e in .pdf dalle aziende stesse, si possono porre a confronto i cataloghi di due giganti dell'arredamento: Ikea, multinazionale dell'arredo a tutto tondo, celebre per vendere prodotti in scatola che si devono poi montare in casa, e Unopiù, una azienda italiana con filiali in Europa che produce mobili da giardino di fascia alta.

Catalogo Unopiù

La quasi totalità del catalogo di 240 pagine è dedicata alle foto di prodotti ambientati, con particolare cura per la location. La suggestione dei prodotti fotografati dentro ambienti particolarmente curati e spesso esotici contribuisce fortemente al loro fascino. Poche pagine finali sono dedicate all'elenco dei prodotti scontornati.
Formato A4, stampa in quadricromia.
AD: R+W design, Italia, 2016

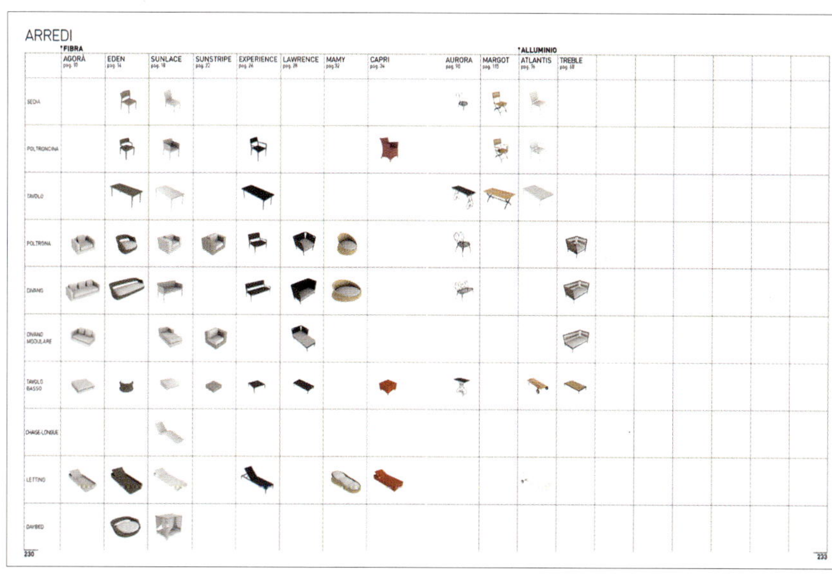

Case history: cataloghi

Due cataloghi, entrambi progettati dallo studio Noparking anche se sono di soggetto molto diverso. Il primo è un catalogo di marmi pensato per un intermediario tra l'azienda e il consumatore finale, architetto o venditore; il secondo, di turismo in bicicletta, verrà consultato dal viaggiatore stesso. Nel primo è decisiva la qualità delle fotoriproduzioni dei marmi e del loro colore; nel secondo è rilevante la spettacolarità delle foto, a suggerire i paesaggi che si incontrano negli itinerari, anche se l'attenzione del progettista si concentra in grado elevato sulla esposizione delle informazioni riguardanti i percorsi, che devono essere affidabili e precise. In tutti e due i casi vengono mostrate due piacevoli tavole di infografica, una specialità dello studio: la prima riporta la storia e la mappa degli edifici sui quali è intervenuta l'azienda di marmi, la seconda mostra la distribuzione degli itinerari nel mondo e in Europa.

Noparking. Clienti: Margraf 2015, Girolibero 2016.

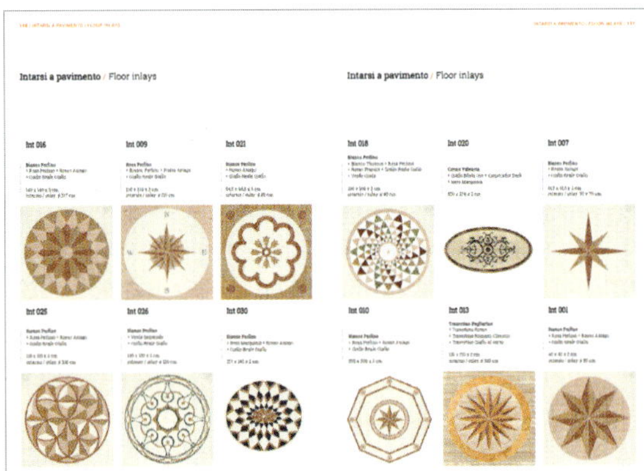

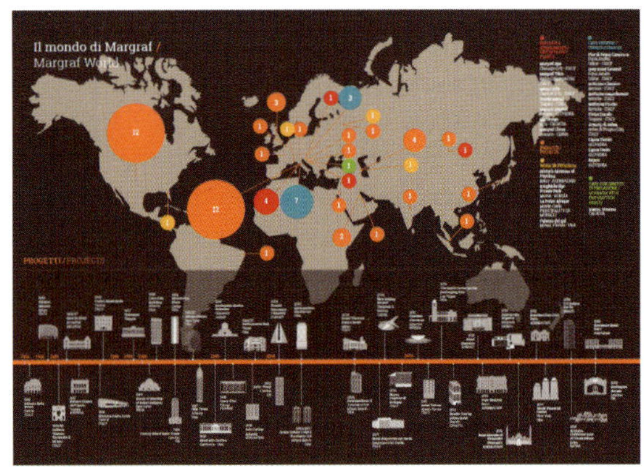

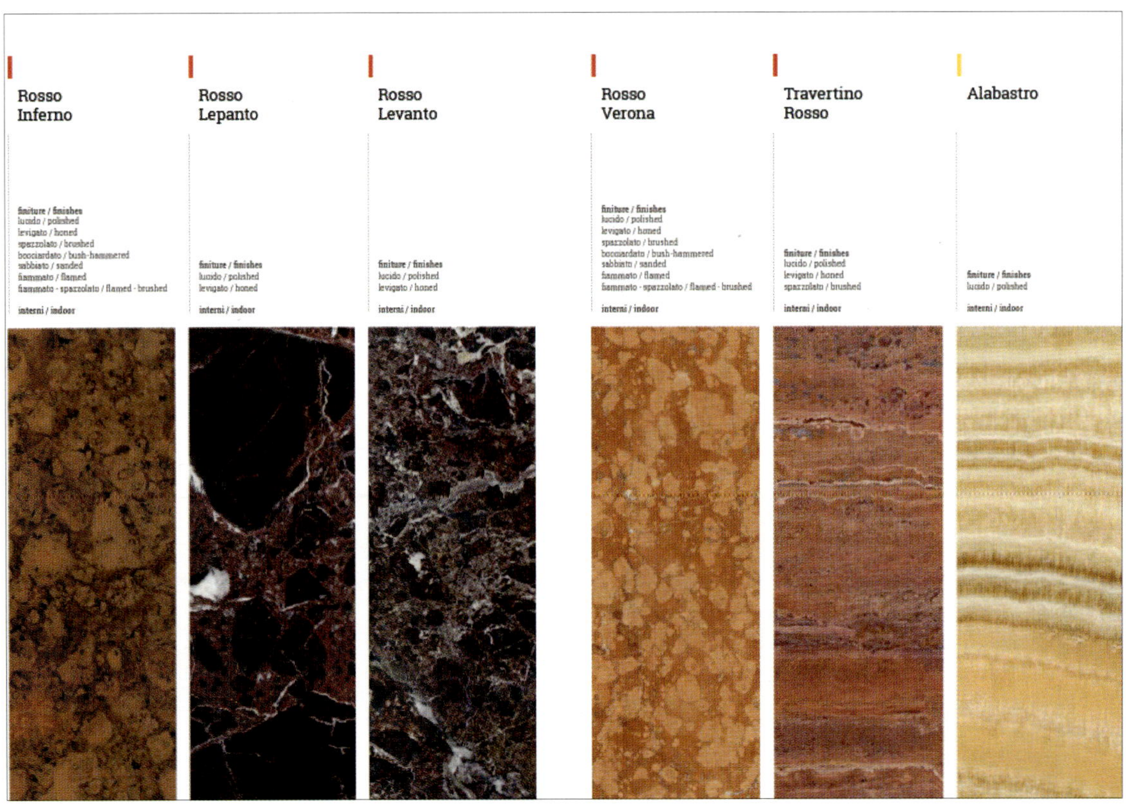

La fedeltà della riproduzione dei colori

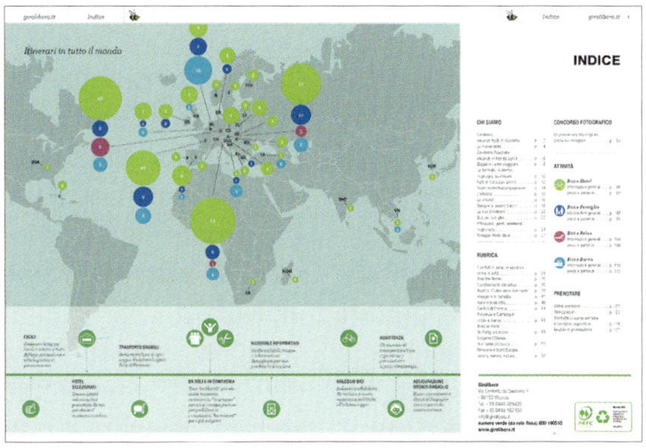

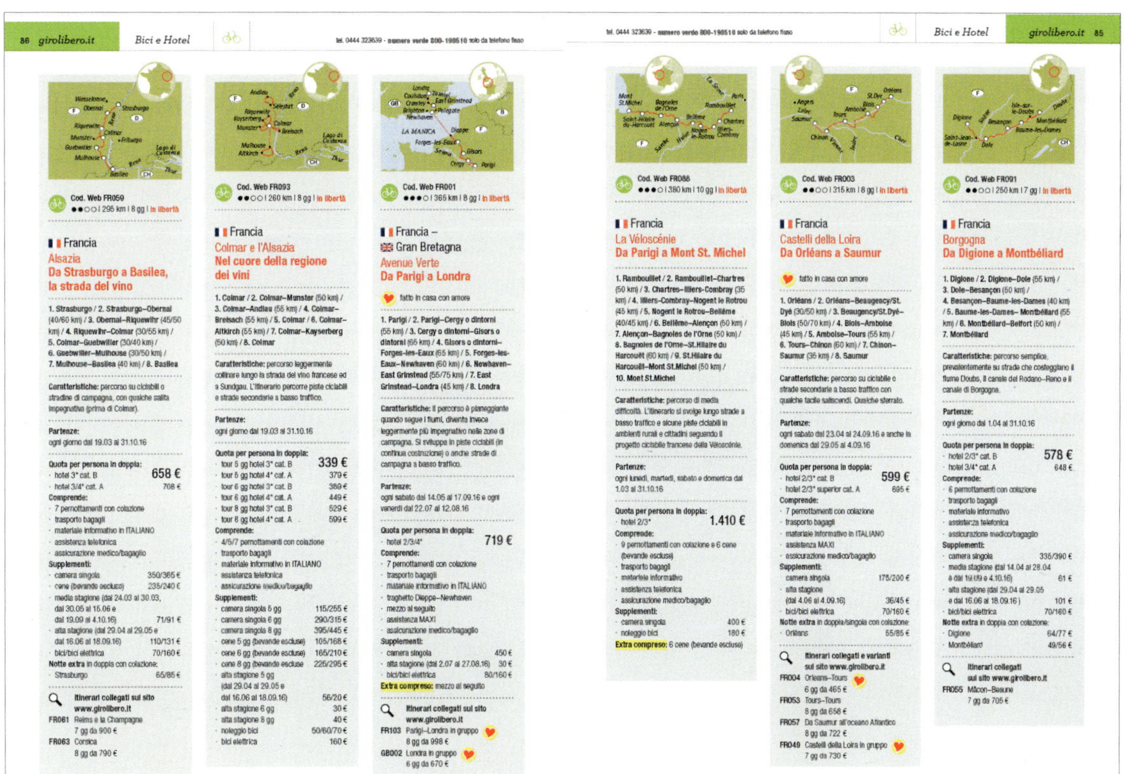

L'affidabilità, la reperibilità delle informazioni, il fascino dei paesaggi

Case history: eBook potenziato

Lo studio Eflux è molto attento agli incroci tra i vari possibili media. Qui viene illustrata una esperienza particolarmente strutturata.
In alternativa ai classici cataloghi cartacei, agli ospiti dello stand vengono proposti delle collezioni di cartoline, Smart Postcards, l'eBook potenziato, o Enhanced eBook, e un sito web, progettati all'origine per integrarsi in un unico flusso.

È possibile infatti suggerire l'idea di un insieme di prodotti ordinato e tecnologico, progettato e smart, emotivo e comunicabile, condivisibile e personale, associando a ogni soluzione cucina un classico della canzone pop internazionale, selezionato per affinità di carattere.

Le collezioni sono confezionate come fossero altrettante playlist: una scheda in formato cartolina, per ogni soluzione cucina presente in fiera, introduce il concept generale di lista personalizzata, i valori del brand, nonché i riferimenti per il download diretto tramite QR Code del catalogo in formato eBook, oltre ai link relativi alle pagine web di approfondimento predisposte sul sito aziendale.

Tutto questo avviene sulla base di una modalità di fruizione del catalogo estesa in un'ulteriore dimensione di esperienza personale e coinvolgente per ogni singolo utente, eppure ugualmente profilata e ottimizzata secondo i diversi target di riferimento.

Stefano Marotta e Roberto Russo, Eflux, per Snaidero SpA in Eurocucina 2014

Flusso della comunicazione

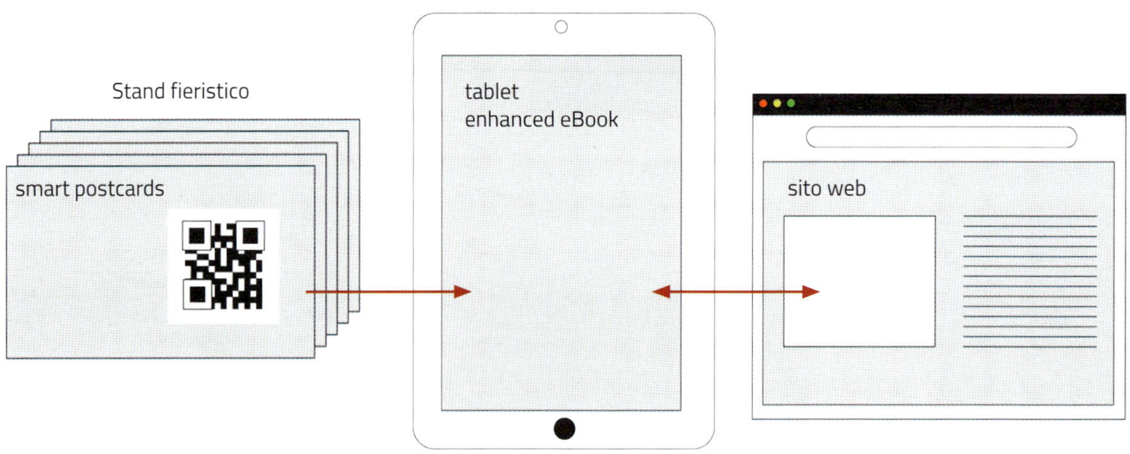

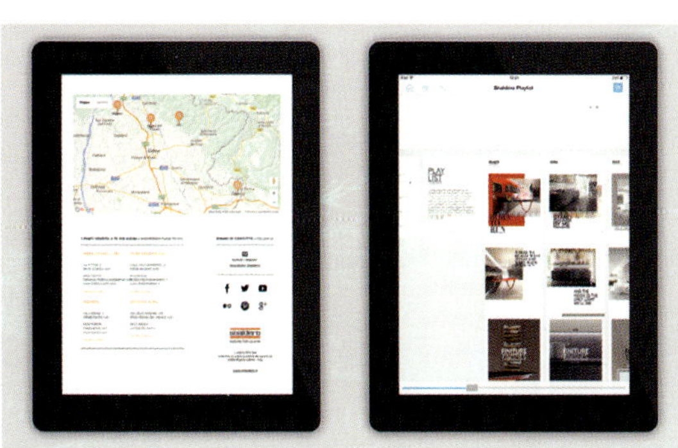

La playlist del titolo del progetto è composta da alcuni brani celebri che danno a loro volta il loro nome ai modelli di cucina. L'idea lega tutto il progetto di comunicazione con una assenza importante nella app, la musica, che invece sarà presente nello stand. I brani musicali sono: "Walk this Way", "A Day in the Life", "The Sound of Silence", "Born to Run", "Light my Fire", "Stand by me".

14. Il calendario

Il calendario è un gadget che molto spesso è un veicolo pubblicitario, il cui costo può essere modesto o alto nel caso di lavorazioni cartotecniche più impegnative. Viene regalato a fornitori e clienti, e rimane appeso ai muri per tutto l'anno ricordando al tempo stesso il nome di chi l'ha prodotto. Se realizzato per chi lavora nella produzione di immagini o della stampa, ha la capacità di esemplificare la qualità dell'azienda che lo sponsorizza.

Non esiste un formato standard per produrre un calendario, esistono piuttosto tipologie: da tavolo, da parete, formato poster, di più pagine, come gadget su materiali non comuni. Nei diversi casi, la funzione primaria del calendario, che è quella di ricordare gli impegni di ogni giorno, può essere sacrificata all'esigenza estetica o di memorabilità dell'oggetto. Il numero di pagine, la tipologia delle immagini e la disposizione dei testi sono legati alla qualità che si vuole esibire.

Un campionario calendario

Allestito con un cartoncino Woodstock colorato, è un calendario da tavolo che si può considerare allo stesso tempo un minicampionario delle stesse carte.

Jodie-Ann Langley, Inghilterra

L'albero della vita

È il simbolo della città di Morshyn, che sponsorizza il calendario. L'illustrazione varia a ogni mese.
Il grande formato e lo spazio bianco intorno ai numeri favoriscono l'uso del calendario anche nella sua funzione primaria, ovvero annotare gli eventi.

Mademe, Latsushek, Fozekosh, Ucraina

Tutti i mesi in un solo poster

Una stampa serigrafica di grande qualità impreziosisce questo calendario poster nel quale, evidentemente, la funzione di contare i giorni diventa secondaria rispetto al fattore decorativo dell'oggetto.

Estudio Pum, Brasile

Calendario a muro spiralato

Un formato classico e un sistema di rilegatura dei fogli. Le illustrazioni molto dense sono accattivanti e ricordano il gioco in cui si cerca un personaggio in mezzo a una folla molto numerosa.

Autori vari, Corea

Calendario da tavola

Di piccolo formato, composto da 12 cartoline illustrate e un supporto di legno, è il gadget che un raffinato illustratore invia ai propri clienti come strumento promozionale.

Aditya Pratama, Indonesia

15. Il libro

I libri si possono distinguere in grandi gruppi a seconda degli argomenti che trattano; è una suddivisione utile, perché determina in genere la loro forma grafica.

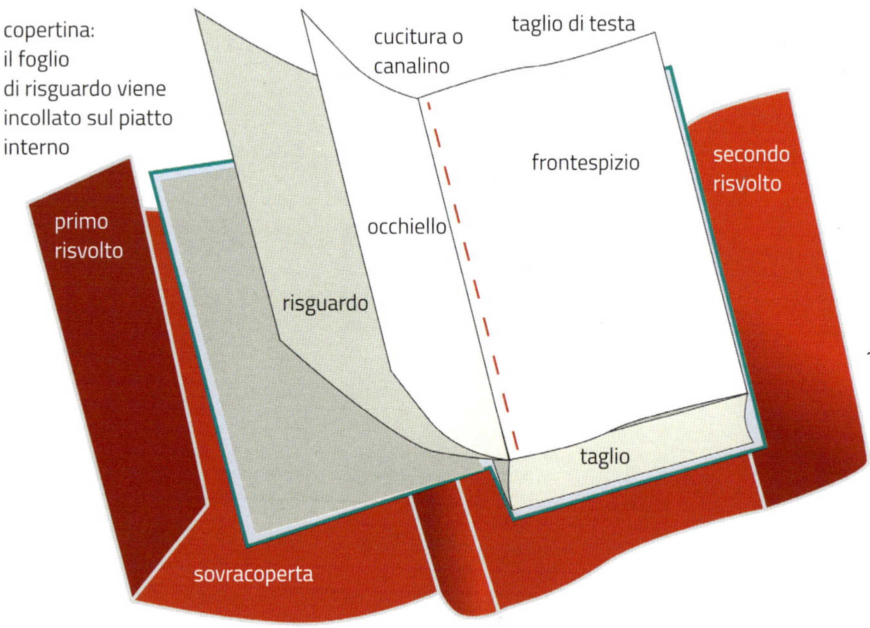

I libri di **narrativa**, i romanzi, i saggi, che sono fatti per la lettura lineare, si leggono procedendo dalla prima all'ultima pagina.

I libri **educativi**, i libri **per l'informazione**, si possono leggere in modo non lineare, **ipertestuale**, saltando da un argomento all'altro oppure ad un approfondimento.

Le enciclopedie, i dizionari, le guide turistiche, i repertori di immagini, che sono libri per la consultazione, si leggono saltando da una pagina all'altra.

A partire dalla Bibbia di Gutenberg del 1455, il libro ha avuto un'evoluzione che lo ha portato nel giro di qualche decennio ad avere una forma costante nel tempo che è rimasta pressoché invariata, con **forme grafiche convenzionali**. Chi progetta il libro dà indicazioni sulla griglia compositiva, sugli stili che saranno adottati per gli elementi tipografici, sui grafismi. Le indicazioni vengono applicate sull'intero impaginato da chi si occupa effettivamente dell'impaginazione, l'impaginatore.

Inoltre il designer grafico progetta nel dettaglio la copertina, o la struttura delle copertine mediante una griglia nel caso di una collana di libri e quindi di situazioni che possono variare, pur mantenendo una immagine complessiva.

Frontespizio di Ninfale Fiesolano, Giovanni Boccaccio

Per la riedizione sono state recuperate le xilografie quattrocentesche di una antica edizione fiorentina.

Officina Bodoni, 1940, Giovanni Mardesteig

Frontespizio di Typographische Gestaltung

Un esempio moderno di composizione, sia per l'accostamento del carattere calligrafico con un bastoni rigido e squadrato, sia per la disposizione dei testi.

Jan Tschichold, 1935

NINFALE FIESOLANO

DI GIOVANNI BOCCACCIO CON LE FIGURE DI UNA PERDUTA EDIZIONE FIORENTINA DEL QUATTROCENTO ORA RIUNITE DA VARI LIBRI DEL CINQUECENTO E REINCISE IN LEGNO

EDITIONES OFFICINAE BODONI
VERONA

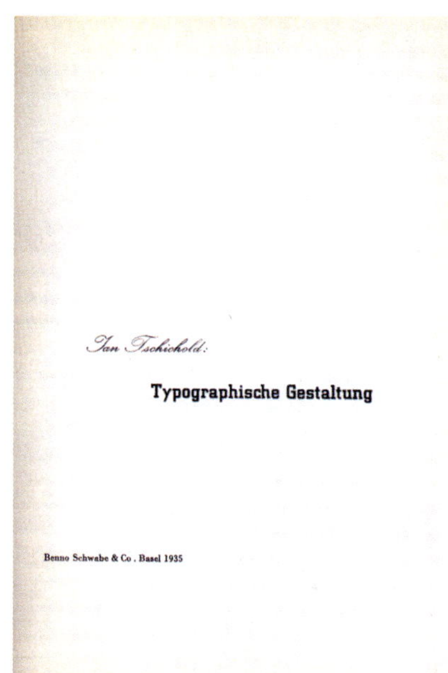
Jan Tschichold:

Typographische Gestaltung

Benno Schwabe & Co. Basel 1935

Osserva: le parti del libro

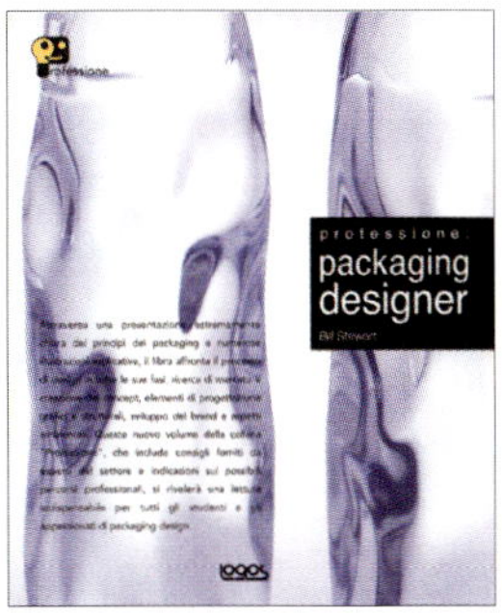

La copertina: porta la testata con titolo, nome dell'autore e dell'editore.

Il frontespizio, con il titolo e il nome dell'autore.

L'indice.

Il colophon, con il copyright, il nome dell'editore e l'anno di pubblicazione.

La numerazione
Le prime pagine possono avere una sequenza diversa da questa: l'indice, per esempio, come pure il colophon possono essere posti alla fine del volume.

Le introduzioni e le prefazioni, che precedono il testo vero e proprio.

La prima pagina di ogni capitolo.

Il testo principale, le immagini, le didascalie, le intestazioni delle tabelle.

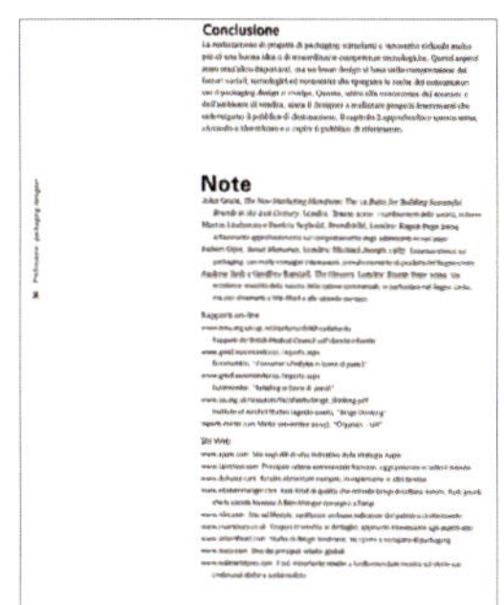

Le note a fine capitolo.

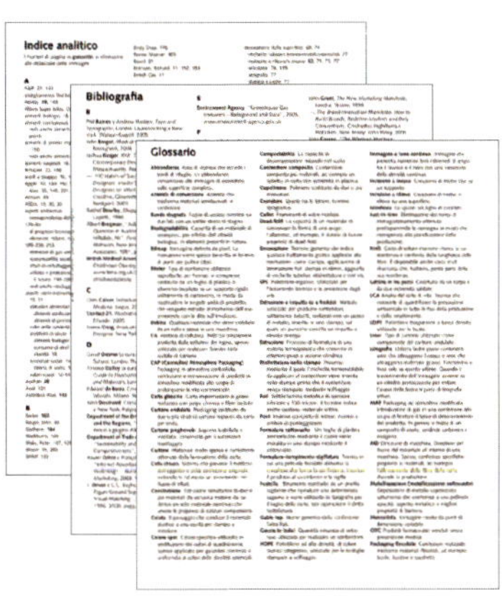

Le appendici: il glossario, l'indice analitico, la bibliografia.

I crediti, i ringraziamenti.

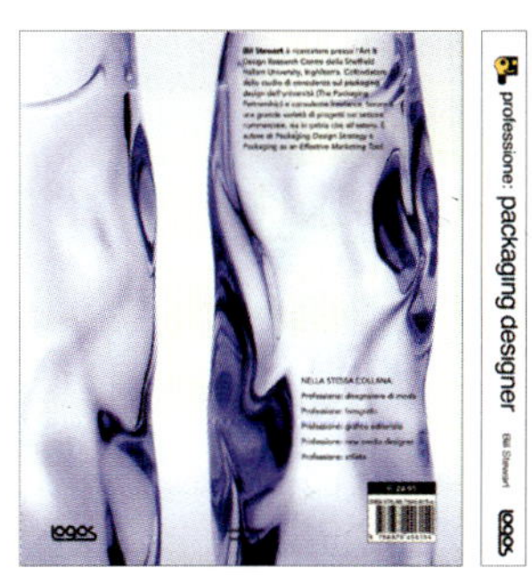

La quarta di copertina e il dorso.

Progetta

La progettazione del libro riguarda una serie di aspetti materiali e immateriali. La carta può essere sottile e quasi trasparente oppure robusta, uso mano opaca e non lisciata, adatta alla lettura, oppure patinata, che al tatto è liscia ed esalta particolarmente le immagini. Il formato può essere piccolo, **da tasca**, o grande, **da tavolo**, cioè da sfogliare tenendolo appoggiato. Il formato tipico del libro è un rettangolo verticale: un cambio rispetto a questa scelta generale indica la volontà di uscire in qualche modo dalla tradizione.

La pagina non è mai considerata da sola, ma sempre a fronte della sua omologa, che a destra porterà sempre un numero dispari. Il totale delle pagine di un libro è sempre un multiplo di sedici, perché è il risultato della somma di due fogli legati al centro che compongono quattro pagine. La **legatura** è l'asse di divisione delle due pagine e costituisce il perno di rotazione dei fogli. La **copertina** sarà leggera per i libri economici, in **brossura**, o pesante, **cartonata**; è spesso avvolta da una **sovracoperta** con **bandelle** ad arricchirla ulteriormente. Le bandelle e la quarta di copertina contengono i cosiddetti **paratesti**, ovvero degli scritti che parlano del contenuto del libro: un riassunto, qualche riga di critica, la biografia e la bibliografia dell'autore.

La copertina è l'immagine del libro e può condizionare la diffusione e la vendita del volume, quindi è fondamentale nel complesso del progetto.

L'interno del libro prevede il **colophon**, che contiene i dati dell'editore, il **frontespizio**, che ripropone le informazioni della copertina, la quarta pagina, in genere bianca, l'**antiporta**, l'inizio vero e proprio con il numero di pagina, tutto dentro una precisa gabbia. In genere il **margine inferiore** è più ampio di quello superiore, e il margine **interno** è uguale o superiore al **margine esterno**. La **riga di testo** non deve superare le 55/60 battute, quindi il carattere deve essere proporzionato rispetto a questa misura.

Indice

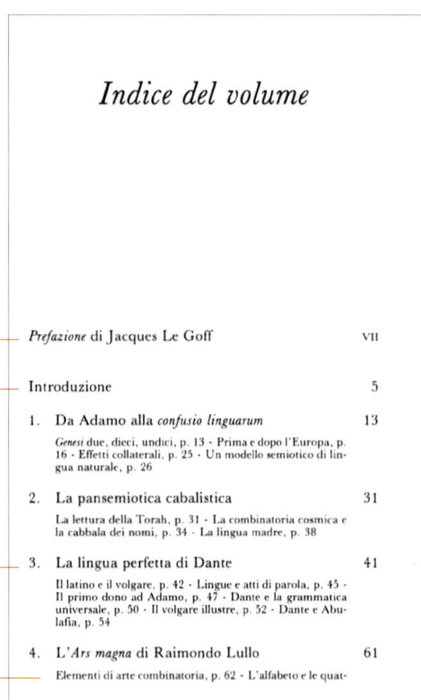

Indice del volume

Pagina iniziale del capitolo

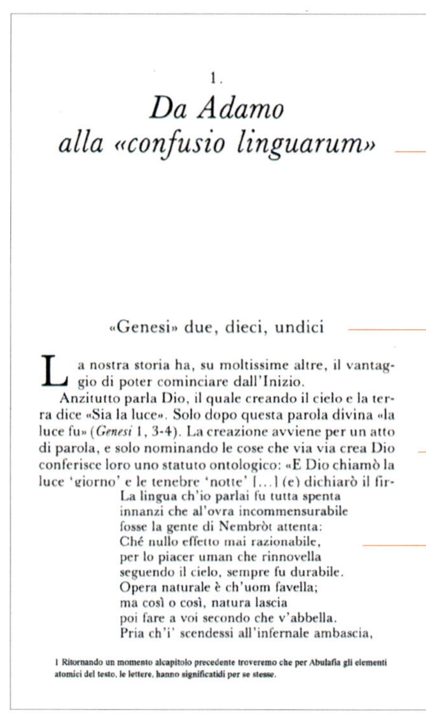

1.

Da Adamo
alla «confusio linguarum»

«Genesi» due, dieci, undici

La nostra storia ha, su moltissime altre, il vantaggio di poter cominciare dall'Inizio.

Anzitutto parla Dio, il quale creando il cielo e la terra dice «Sia la luce». Solo dopo questa parola divina «la luce fu» (*Genesi* 1, 3-4). La creazione avviene per un atto di parola, e solo nominando le cose che via via crea Dio conferisce loro uno statuto ontologico: «E Dio chiamò la luce 'giorno' e le tenebre 'notte' [...] (e) dichiarò il fir-

La lingua ch'io parlai fu tutta spenta
innanzi che al'ovra incommensurabile
fosse la gente di Nembròt attenta:
Ché nullo effetto mai razionabile,
per lo piacer uman che rinnovella
seguendo il cielo, sempre fu durabile.
Opera naturale è ch'uom favella;
ma così o così, natura lascia
poi fare a voi secondo che v'abbella.
Pria ch'i' scendessi all'infernale ambascia,

1 Ritornando un momento alcapitolo precedente troveremo che per Abulafia gli elementi atomici del testo, le lettere, hanno significatidi per se stesse.

La caratteristica principale di un carattere da lettura è quella di non possedere una personalità, ovvero di essere in qualche modo trasparente agli occhi del lettore, non farsi notare. Il testo scorre dentro una **gabbia**, che è costituita dai margini. Se si osserva, si nota che i libri di prezzo contenuto hanno margini stretti, mentre i libri d'arte o di grafica, che costano di più, abbondano con il bianco della pagina. La gabbia di impaginazione crea ordine dentro il libro e permette di mantenere lo stesso aspetto su una collana di libri o sui libri di uno stesso editore.

I **capitoli** si fanno iniziare a destra. I **paragrafi** si distinguono per un leggero rientro, detto "indentazione". Le **citazioni** o **note** vanno separate adeguatamente dal testo e sono in genere composte con un **corpo minore** del testo. Infine, ma non sempre in fondo al libro, si trovano l'**indice** e alcune pagine con il catalogo dell'editore e i dati dello stampatore, o a volte semplicemente bianche, ma necessarie a integrare le segnature per rilegare il libro.

Per la progettazione si deve tenere conto che:

> il libro è formato sempre da un **numero di pagine pari** multipli di quattro;
> le **prime pagine** del libro, fino all'indice, non vanno numerate;
> i **capitoli** di solito **cominciano a destra** su pagina con numerazione dispari;
> le pagine contenenti immagini o fondini che sbordano dai margini sono dette **pagine al vivo**. Con un programma di impaginazione è necessario far uscire le immagini dal foglio di almeno 3-4 millimetri, perché il taglio della pagina non lasci spiacevoli rifili indesiderati;
> gli **stili** che si applicano al testo, ai titoli e ai sottotitoli devono essere **coerenti** graficamente nel corso di tutta l'impaginazione;
> occorre rivedere fino all'ultimo momento l'indice del libro e la numerazione delle pagine, per non avere discrepanze.

Pagine interne

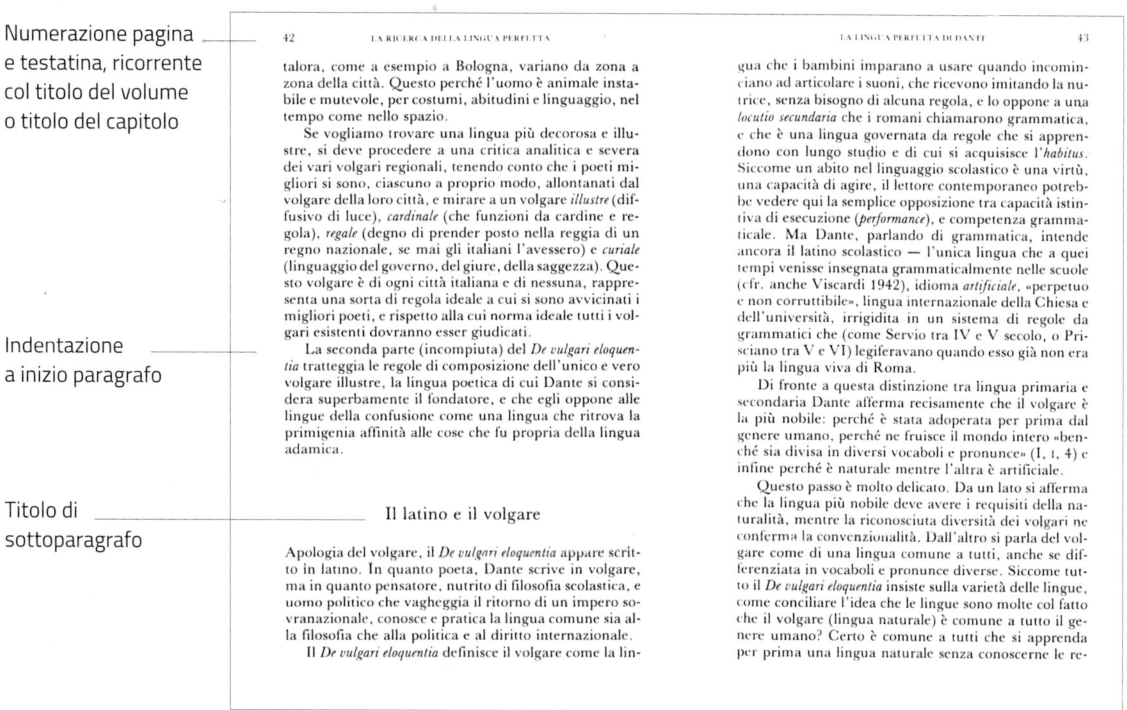

42 LA RICERCA DELLA LINGUA PERFETTA

talora, come a esempio a Bologna, variano da zona a zona della città. Questo perché l'uomo è animale instabile e mutevole, per costumi, abitudini e linguaggio, nel tempo come nello spazio.

Se vogliamo trovare una lingua più decorosa e illustre, si deve procedere a una critica analitica e severa dei vari volgari regionali, tenendo conto che i poeti migliori si sono, ciascuno a proprio modo, allontanati dal volgare della loro città, e mirare a un volgare *illustre* (diffusivo di luce), *cardinale* (che funzioni da cardine e regola), *regale* (degno di prender posto nella reggia di un regno nazionale, se mai gli italiani l'avessero) e *curiale* (linguaggio del governo, del giure, della saggezza). Questo volgare è di ogni città italiana e di nessuna, rappresenta una sorta di regola ideale a cui si sono avvicinati i migliori poeti, e rispetto alla cui norma ideale tutti i volgari esistenti dovranno esser giudicati.

La seconda parte (incompiuta) del *De vulgari eloquentia* tratteggia le regole di composizione dell'unico e vero volgare illustre, la lingua poetica di cui Dante si considera superbamente il fondatore, e che egli oppone alle lingue della confusione come una lingua che ritrova la primigenia affinità alle cose che fu propria della lingua adamica.

Il latino e il volgare

Apologia del volgare, il *De vulgari eloquentia* appare scritto in latino. In quanto poeta, Dante scrive in volgare, ma in quanto pensatore, nutrito di filosofia scolastica, e uomo politico che vagheggia il ritorno di un impero sovranazionale, conosce e pratica la lingua comune sia alla filosofia che alla politica e al diritto internazionale.

Il *De vulgari eloquentia* definisce il volgare come la lin-

LA LINGUA PERFETTA DI DANTE 43

gua che i bambini imparano a usare quando incominciano ad articolare i suoni, che ricevono imitando la nutrice, senza bisogno di alcuna regola, e lo oppone a una *locutio secundaria* che i romani chiamarono grammatica, e che è una lingua governata da regole che si apprendono con lungo studio e di cui si acquisisce l'*habitus*. Siccome un abito nel linguaggio scolastico è una virtù, una capacità di agire, il lettore contemporaneo potrebbe vedere qui la semplice opposizione tra capacità istintiva di esecuzione (*performance*), e competenza grammaticale. Ma Dante, parlando di grammatica, intende ancora il latino scolastico — l'unica lingua che a quei tempi venisse insegnata grammaticalmente nelle scuole (cfr. anche Viscardi 1942), idioma *artificiale*, «perpetuo e non corruttibile», lingua internazionale della Chiesa e dell'università, irrigidita in un sistema di regole da grammatici che (come Servio tra IV e V secolo, o Prisciano tra V e VI) legiferavano quando esso già non era più la lingua viva di Roma.

Di fronte a questa distinzione tra lingua primaria e secondaria Dante afferma recisamente che il volgare è la più nobile: perché è stata adoperata per prima dal genere umano, perché ne fruisce il mondo intero «benché sia divisa in diversi vocaboli e pronunce» (I, I, 4) e infine perché è naturale mentre l'altra è artificiale.

Questo passo è molto delicato. Da un lato si afferma che la lingua più nobile deve avere i requisiti della naturalità, mentre la riconosciuta diversità dei volgari ne conferma la convenzionalità. Dall'altro si parla del volgare come di una lingua comune a tutti, anche se differenziata in vocaboli e pronunce diverse. Siccome tutto il *De vulgari eloquentia* insiste sulla varietà delle lingue, come conciliare l'idea che le lingue sono molte col fatto che il volgare (lingua naturale) è comune a tutto il genere umano? Certo è comune a tutti che si apprenda per prima una lingua naturale senza conoscerne le re-

Case history: libro pop-up

Il paper designer Dario Cestaro racconta in prima persona quali sono i passi necessari alla realizzazione di uno dei suoi complessi progetti.

Il concept

È il punto di partenza del progetto. Spiega in sintesi: idea, identità e obiettivi della pubblicazione. Il progetto "À l'abordage!" è un libro con un'unica apertura pop-up di ampio respiro. Possiede tre livelli di fruibilità: la storia, il pop-up giocabile come playset e il gioco da tavola. Il target sono bambini dai quattro agli otto anni. L'elemento più ludico nella mitologia piratesca è senz'altro il galeone, il mezzo di trasporto in cui si svolgono tanti momenti avventurosi. Decido quindi di creare una grande nave al centro della doppia pagina: il termine tecnico per chiamare la **doppia pagina** è **spread**.

Ricerca e documentazione

La prima fase di ricerca avviene all'interno delle mie memorie ed emozioni. Disegno schizzi e scrivo appunti sulle suggestioni personali suscitate dall'argomento. Segue una ricerca storica e iconografica attraverso i libri e il web. La **ricerca** mi permette di definire l'ambito in cui posso muovermi. Cerco anche immagini di cosa è già stato prodotto in precedenza con la stessa tematica nell'ambito dell'editoria e del giocattolo, confrontandomi con le idee già sviluppate da altri designer. A questo punto seleziono ciò che ritengo più interessante per i miei scopi. È importante in questa fase valutare le immagini immedesimandosi nel target con cui intende dialogare. Oltre ai bambini a cui si rivolge questa pubblicazione, va considerato anche l'impatto verso i genitori che saranno poi i reali acquirenti del libro.

Prototipi preliminari

Inizio la fase di **taglio**, **piegatura** e **incollaggio** della carta per costruire la struttura del pop-up. I principali strumenti che utilizzo sono: cartoncino di 220 grammi circa, colla vinilica, cutter, squadrette, osso di balena e cancelleria varia. Durante la costruzione dei primi **prototipi**, o

preliminary dummies, mi pongo l'obiettivo di realizzare una forma emozionante con un effetto di apertura sorprendente. Nelle fasi di lavorazione successive, invece, cerco di sintetizzare il più possibile la quantità di elementi e punti d'incollo in maniera da ridurre i costi di produzione; infatti i libri pop-up vengono assemblati a mano, quindi più elaborata sarà questa fase, più costoso diventa il prodotto.

Tracciati di fustella

Una volta definita la cartotecnica, scandisco gli elementi singoli che compongono il pop-up passandoli quindi al computer. Tramite un programma di disegno vettoriale realizzo i **tracciati di fustella**, o *die cut*, definendo le posizioni delle linee di taglio, di piegatura e delle zone d'incollo. Nella fase d'illustrazione tengo conto che, a differenza di una immagine bidimensionale, il pop-up è un oggetto e sarà osservato da più punti di vista poiché il fruitore vi si muoverà attorno. Spesso il soggetto da illustrare è smembrato in diverse parti, quindi manca il riferimento diretto della forma unitaria.

Le aree dei segmenti che vanno incollate devono spesso riprodurre fedelmente la parte d'illustrazione del segmento sottostante che vanno a coprire. Ogni parte deve essere illustrata con un'abbondanza di circa mm. 5 oltre il tracciato di fustella, in modo da evitare la comparsa di zone non illustrate, qualora il taglio dovesse risultare accidentalmente non preciso. Ciascun segmento deve essere illustrato in entrambi i lati.

Prototipo definitivo

Terminate le illustrazioni viene montato un ultimo prototipo, o *ultimate dummy*, per verificare che tutta la lavorazione sia corretta e le parti illustrate combacino senza errori. Solo allora potrà essere consegnato all'editore per la stampa.

Dario Cestaro – À l'abordage!, 2015

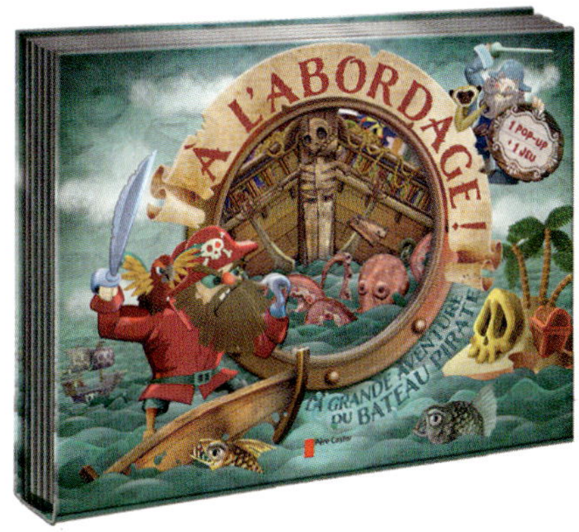

16. La copertina

Il termine è di uso recente, infatti nel mondo dei libri si è affermato nella seconda metà dell'Ottocento contro l'uso prevalente di "coperta", che sopravvive solo in alcuni ambienti specialistici. Nel Cinquecento si impose l'uso di mettere il titolo del libro e il nome dell'autore, dapprima solo in costa e poi anche sulla copertina: contemporaneamente si cominciarono a raccogliere sulla prima pagina, il frontespizio, altre informazioni, come la data e l'editore, oltre al titolo e all'autore.

La copertina può essere di carta, cartoncino o cartone rivestito. Ha una funzione protettiva e serve alla presentazione del contenuto. Libri d'arte o libri sperimentali possono avere copertine di materiali diversi. Essa consiste in un quadrilatero doppio, **piatto anteriore** e **posteriore**, ottenuto accostando due pagine. I piatti sono separati da un rettangolo, il **dorso** o **costa**.

I due sistemi più diffusi di confezione sono la rilegatura morbida, o in **brossura**, e la **rilegatura rigida** detta **cartonata**. In tutti e due i casi si può prevedere una **sovracoperta**. Copertina e sovracoperta si sono imposte come veicoli di comunicazione visiva, e con l'affermarsi di sofisticate e nuove tecniche di finitura spesso diventano il banco di prova di effetti grafici, illustrazioni o tecniche tipografiche.

Sulla copertina convivono dati, in forma testuale, illustrazioni, che possono essere un disegno, un dipinto o una elaborazione grafica, e infine gli elementi decorativi. La loro funzione è soprattutto quella di attirare e colpire il potenziale lettore.

Le scelte grafiche di uno stile possono essere dettate: dall'appartenenza del testo a un **genere**, come la narrativa, la saggistica, la divulgazione; dal **pubblico** a cui è destinato; dalle **esigenze editoriali**, come il far parte di una collana; dall'eventualità che si tratti di una novità di un noto autore; dalla fascia di prezzo, tascabile, brossura, strenna, da tavolo.

Pur essendo molto diffuse le copertine di solo testo, soprattutto per i saggi, sono predominanti le copertine illustrate con segni forti e basate su criteri psicologici, soprattutto nella narrativa di genere thriller e mystery. Le immagini fotografiche collegano la narrativa alle riviste disegnate da illustratori. Vi sono poi illustratori specializzati nei generi come fantasy o thriller.

La copertina
Va progettata nella sua interezza rispettando i margini e l'abbondanza, se necessaria.
Lo spessore della costa è dettato dal numero delle segnature. La larghezza delle bandelle dipende dalla scelta del grafico.

Osserva

Copertine illustrate

Lorenzo Mattotti, Guido Scarabottolo, Giovanni Mulazzani

Progetta

La fotografia di paesaggio è usata nei romanzi di avventura, alla Wilbur Smith o Le Carré, mentre le foto con inquadratura cinematografica funzionano bene per saghe e storie d'amore. Le copertine subiscono le **mode** e le tendenze contemporanee, come tutti gli oggetti grafici. Il lettering tiene conto della concezione editoriale dell'opera. Grandi titoli trattati con lamine metalliche, con caratteri di fantasia oppure ispirati alla grafia celtica o asiatica, vengono usati per i titoli fantasy, come "Harry Potter". Allo stesso modo, caratteri elaborati e corrotti vengono utilizzati per accentuare il clima di brivido nel caso dei gialli.

Non manca tuttavia la grafica di qualità, specialmente destinata a certa narrativa di nicchia, che ha meno bisogno di spiccare tra gli altri titoli perché è il lettore stesso a cercarla: sono copertine fatte di immagini, con una grafica discreta ed elegante che si rifà a modelli inglesi e tedeschi. Resta comunque a carico del grafico l'interpretazione dei contenuti del libro.

La copertina si progetta come un campo grafico unico, nonostante le sue tre parti, costa e piatti, siano più spesso fisicamente su piani diversi. Lo stesso si fa con la sovracoperta, le cui parti diventano cinque contando i due risvolti.

Vi sono poi elementi che a prima vista sembrano accessori al libro, come la **fascetta** e il **segnalibro**, che portano testi promozionali e possono essere eliminati successivamente all'acquisto. Quando si va in libreria e si scorrono i titoli dei libri disposti a scaffale, occorre spostarsi continuamente per leggere i titoli sulle coste dei libri, che sono a volte dall'alto al basso e a volte dal basso all'alto. Gli editori italiani non si sono ancora accordati per un verso unico. La disposizione **dall'alto al basso** è di tradizione anglosassone ed è giustificata dal fatto che se un libro è appoggiato a faccia in su, questa disposizione consente di leggere il titolo della costa. La disposizione con lettura del titolo **dal basso all'alto** è continentale.

Copertina con soli caratteri tipografici.

David Foldvari

David High

Copertina con illustrazione, caratteri tipografici e calligrafia.

Kyler Martz

Copertina con fotografia e caratteri tipografici.

Zoe Norvell

Copertina con fotografia, caratteri tipografici e manuali.

Jack Smyth

Copertina con grafia manuale e illustrazione.

John Gray

Case history

Riccardo Falcinelli ha disegnato alcune delle più belle copertine di libri degli ultimi anni. Ci mostra la genesi di un progetto risolto con l'illustrazione. Per approfondire il tema si veda: "Fare i libri", Minimum Fax, Roma 2011.

Quando siete felici, fateci caso. Il testo raccoglie una serie di discorsi del pensatore e scrittore americano Kurt Vonnegut (1922-2007). Il titolo e il nome dell'autore sono inseriti dentro l'illustrazione stessa e la riflessione del designer in questo caso si sposta sul colore. Quando si combinano colori e caratteri si potenziano le loro caratteristiche sia visivamente che a livello emotivo, ma occorre tener d'occhio la leggibilità in funzione del messaggio, che su una copertina è determinante.

Le proprietà del colore, quali la tonalità, il valore e la saturazione, sono fattori critici nella scelta dei colori per il carattere e lo sfondo. L'attento bilanciamento dei tre attributi consente combinazioni di colore e carattere più efficaci. È necessario che la leggibilità sia perfetta: il contrasto testo-fondo deve essere forte. I colori più accesi potrebbero colpire di più l'occhio del lettore penalizzando tuttavia la leggibilità, che deve essere dominante.

Progetto grafico e illustrazione:
Riccardo Falcinelli, Editore: Minimum Fax.

La copertina scelta

Prime ipotesi

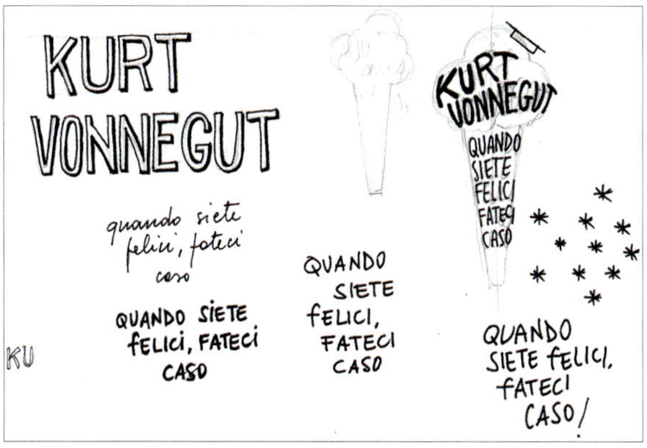

La soluzione finale prende corpo
Bozzetti a penna e studi di posizione del titolo.

Studio del colore
Colori non equiluminosi.
Il lettering è più leggibile in alcuni punti e meno in altri.

Colori equiluminosi
Il lettering poggia su un unico grado di grigio.

17. La collana editoriale

La collana è un'invenzione commerciale che risale alla seconda rivoluzione industriale, con la nascita dell'organizzazione editoriale che a quei tempi cominciava a sfruttare le innovazioni tecniche di stampa.

Le collane editoriali hanno un'**immagine omogenea** per fare in modo che il lettore le identifichi a colpo d'occhio. La differenza maggiore si ha tra le collane di libri di saggistica e il resto della produzione: i saggi, in genere, tendono ad avere copertine più sobrie. Non vi è dubbio, comunque, che la copertina figurata attrae maggiormente l'acquirente.

Nelle collane di narrativa tendenzialmente si seguono due strade:

1. mantenere la **composizione fissa** e variare solo l'interpretazione figurativa del soggetto del libro;
2. **variare tutto** e mantenere solo lo stile come legame tra un prodotto e l'altro. Nelle copertine ricorre spesso l'uso di cornici più o meno disegnate, o etichette entro cui collocare le informazioni necessarie. Molti editori adottano poi il sistema del **codice colore** per distinguere le varie discipline all'interno di una collana.

La progettazione di una collana deve essere fatta con il concetto della **variante**: tutte le perle si devono assomigliare e imparentare, ma ciascuna deve poter essere riconosciuta tra le altre. Se le copertine sono del tipo 1), una volta impostata la griglia e scelto il carattere ci si mantiene fedeli alla linea.

Più complesso ma più divertente il caso 2), dove occorre reinventare tutto ogni volta pur restando dentro i caratteri stilistici del modello scelto.

Se si imposta la griglia per una collana che si desidera costante nel tempo, occorre calcolare titoli, sottotitoli e nomi degli autori di dimensione diversa, per cui si assegnano spazi abbondanti che non obbligheranno a modificare il corpo.

Inoltre nel progettare si tiene conto di ciò che si potrà realizzare nella **finitura**, come ad esempio lo sbalzo a **rilievo** di un titolo o dell'immagine, l'uso di lamine metallizzate o di colore speciale, oltre a possibili **riserve serigrafiche** lucide sulle plastificazioni opache.

Collana italiana della casa editrice Mondadori

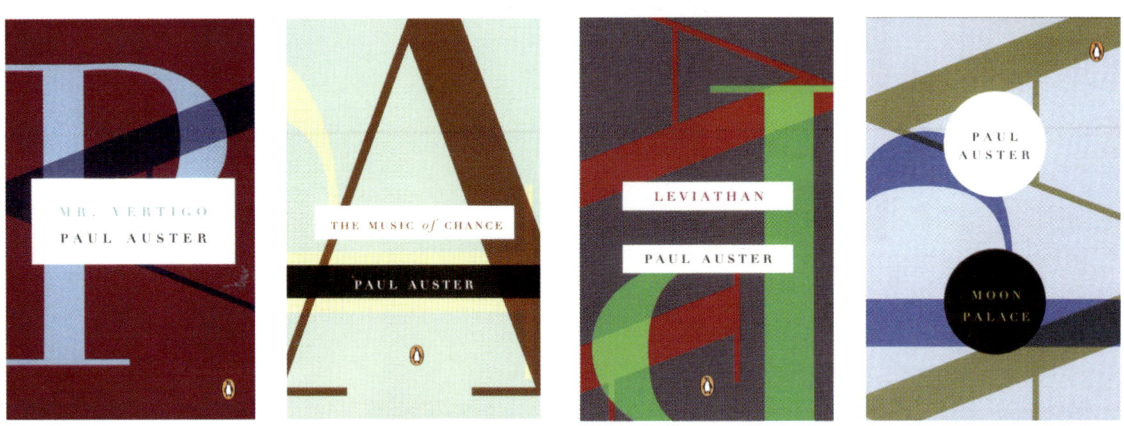

Copertine Penguin

Copertine Penguin

18. L'allestimento

"Semplificare" troppo spesso è inteso come sinonimo di "impoverire" ma indica, al contrario, "un'operazione colta, raffinata, volta a sottrarre complicazione e ad aggiungere senso".

A. Lucarelli

Un allestimento espositivo o museale ha lo scopo di realizzare sistemi di comunicazione capaci di trasmettere efficacemente contenuti e significati delle opere e dei luoghi a un numero più ampio di persone. I visitatori che comprendono l'organizzazione di una mostra e la usano nella sequenza suggerita spendono più tempo e capiscono di più. L'allestimento prevede di solito una serie di elementi.

Segnaletica di orientamento

Serve a individuare punti e linee di riferimento che rappresentino efficacemente l'ambiente in cui ci si trova. Un genere particolare è costituito dalle mappe: possono essere fisse oppure "mobili", ad esempio contenute all'interno di una brochure informativa. Quelle fisse dovrebbero/potrebbero essere anche in braille. In caso di mappe a rilievo, queste dovrebbero possibilmente essere portatili (piccole dimensioni, stampa a serigrafia o carta a microcapsule). Nel caso di un sistema integrato di mappa in un sito culturale, è necessario assicurare la coerenza di informazioni e omogeneità di simboli.

I pannelli informativi

Forniscono informazioni d'insieme su ambienti o gruppi di opere, che possono essere di diversa natura. Possono essere sulle pareti o su pannelli stand-alone.

I fogli di sala

Consentono di approfondire individualmente la conoscenza di specifici oggetti o parti degli ambienti. Vantaggio principale dei fogli di sala è che questi possono essere portati con sé, e quindi consentono di associare informazioni di dettaglio a un numero ampio di oggetti o parti di ambienti. Sono in genere collocati all'ingresso delle sale.

Le didascalie

Devono essere brevi e contenere informazioni specifiche. Differiscono anche in base alla tipologia di museo. Le didascalie interpretative sono testi più lunghi rispetto alle didascalie più comuni (massimo 500 battute), in cui si offrono approfondimenti e spunti per una migliore comprensione dell'opera.

Sono collocate il più vicino possibile alle opere che descrivono, per evitare confusione o la ricerca da parte del visitatore.

Materiale informativo a stampa
Comprende l'invito, il poster, la brochure, la mappa del percorso, il catalogo dell'esposizione, i biglietti per l'accesso, la campagna pubblicitaria, la segnaletica urbana.

Allestimenti multimediali
Sempre più spesso le mostre sono illustrate attraverso audioguide i cui file si possono scaricare direttamente dalla pagina Internet dell'ente che organizza, da una ricca pagina web e da apparati multimediali o multisensoriali, video, animazioni interattive, totem informativi, dentro la mostra stessa.

Organizzazione
Il corretto posizionamento di ogni supporto informativo non solo consente l'accesso dei visitatori ai supporti stessi, ma influisce sulla comprensione dei contenuti. L'attenzione, infatti, è selettiva: non tutto "cattura" allo stesso modo. Inoltre, quando si concentra l'attenzione su qualcosa, si tende a ignorare il resto. Per catturare l'attenzione del visitatore e fare sì che legga i testi, occorre tenere presenti i seguenti elementi.

> La **distinguibilità**, favorita dall'isolamento, da pannelli, etichette e caratteri grandi, da un buon contrasto delle scritte rispetto allo sfondo, da maggiore illuminazione rispetto allo sfondo, dall'altezza dell'asse visivo; le scritte poste troppo in alto sono ignorate.

> La **collocazione** lungo il percorso, evitando di posizionare pannelli e didascalie lontano dal percorso principale o in angoli ciechi, ma nelle immediate vicinanze degli oggetti cui si riferiscono.

> La **presenza di immagini**, oggetti tridimensionali e in movimento, che catturano l'attenzione prima dei testi scritti.

Sul documento del Ministero figurano in sostanza le stesse regole che si sono richiamate in questo volume, per qualsiasi progetto grafico che voglia comunicare con chiarezza.

Dalle linee guida del Ministero dei beni culturali Linee-guida-comunicazione.

Un grafico si trova ad allestire molto altro, oltre al museo o alla esposizione: per esempio, una biblioteca, un parco pubblico, un museo per bambini, un negozio di hamburger, un aereo o un aeroporto.
Michael Bierut

Case history: allestimento mostra

Nel percorso espositivo che raccoglieva le testimonianze e le opere del tipografo veneziano Aldo Manuzio, lo Studio Fludd ha organizzato in particolare la grafica sul Polifilo e racconta qui di seguito i motivi che hanno ispirato le scelte progettuali grafiche ed espositive.

Abbiamo lavorato nella direzione richiesta dai curatori, cioè quella di ideare uno spazio "altro" rispetto al resto del percorso, che portasse il visitatore in una dimensione immersiva che gli permettesse quasi di entrare nelle pagine dell'"Hypnerotomachia Poliphili". Siamo quindi partiti da un'analisi dei temi principali sottesi a quest'opera: dimensione onirica, labirinto-percorso, giardino, viaggio di scoperta. È risultato chiaro fin da subito di dover rispettare l'integrità del manufatto-libro, non snaturando le sue componenti fondamentali. Dopo numerose ipotesi, siamo giunti a definire una struttura a corridoio a linea spezzata, volta a moltiplicare i punti di vista sulla distesa di pagine che compongono il libro. Alle pannellature è stato assegnato un colore grigio scuro, per dare massimo risalto alle stampe che riproducono ad alta qualità 129 doppie pagine dell'"Hypnerotomachia", ovvero tutte quelle che contengono trattamenti grafici o illustrazioni. Questa struttura è stata pensata per far comprendere a colpo d'occhio l'entità e la qualità dell'impresa di Manuzio e dei suoi collaboratori, e al contempo funge da strumento per specifici confronti iconografici tra alcune immagini dell'opera e altri volumi originali nelle teche sottostanti.

Il colore

Il progetto cromatico ha cercato di restituire un'idea di Venezia ideale. Ispirazione principale sono state le superfici di marmi e marmorini veneziani e le atmosfere della Laguna.

Questa suggestione si è tradotta nella proposta di una **palette ristretta**, formata da tre tipologie di colori, con diversi ruoli all'interno del percorso espositivo. I quattro colori pastello, rosa, azzurro, verde, tortora, sono stati impie-

Il percorso del Polifilo.

Parete espositiva con vetrina.

Parete con grande opera e scultura su base rossa.

La palette cromatica della mostra. Al centro i colori pastello rosa, azzurro, verde e tortora. Agli estremi il grigio antracite e il rosso.

gati per tutte le pannellature e le teche, abbinati a due a due nelle diverse combinazioni lungo il percorso della mostra e a seconda della cromia delle opere esposte su ogni singolo pannello. La scelta di toni chiari e ariosi ha permesso di alleggerire visivamente l'imponenza delle strutture e di creare un delicato effetto cangiante, a seconda degli accostamenti e dell'illuminazione nei vari punti dell'esposizione.

Il tono scuro, grigio antracite, è stato usato per l'interno delle teche e lo zoccolo verticale della struttura, in continuità con il pavimento scuro della sede, per dare massimo risalto ai toni chiari di libri e pannelli. Il rosso brillante ha assolto la funzione di evidenziare drammaticamente alcune parti e opere, creando un percorso nel percorso.

La grafica

Il progetto grafico della mostra si è caratterizzato per una ricerca di **massima chiarezza** e **leggerezza visiva** nei confronti delle opere esposte, privilegiando una buona fruizione dei contenuti testuali. Ogni sezione è individuata a parete da lapidi disegnate a contorno, elaborate a partire da alcune xilografie del Polifilo. Queste evocano in maniera minimalista il tema del ritorno all'antico, centrale nel progetto curatoriale.

La cifra contemporanea è data dal **contrasto** tra le cornici a segno e i testi, composti con un accostamento di un carattere bastone, il Circular, per titoli delle sezioni e didascalie, e di un carattere graziato, il Bembo, per gli spiegoni. Le scelte dei materiali e il dimensionamento derivano dall'esigenza di ottenere un'eleganza che non andasse a discapito di leggibilità e funzionalità.

Aldo Manuzio, il Rinascimento di Venezia, Gallerie dell'Accademia, 2015/16, Studio Fludd

Installazione: Emilio Alberti, Mauro Zocchetta, Curatore: Guido Beltramini

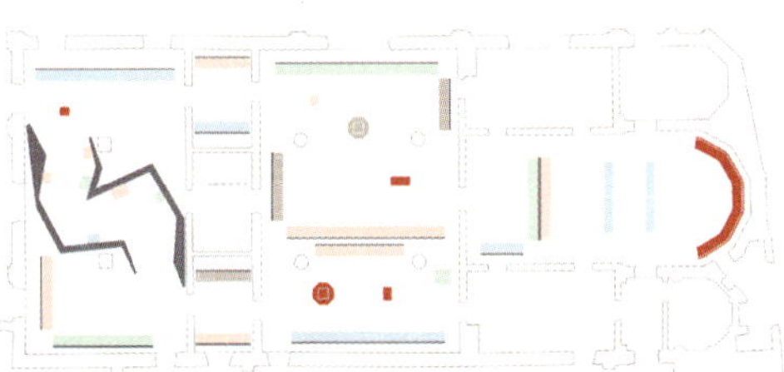

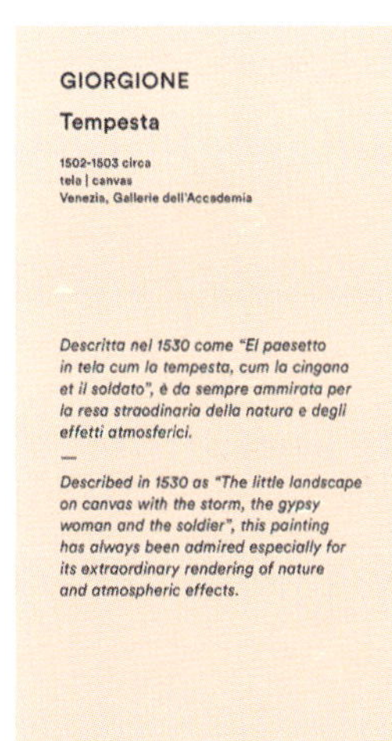

Le sezioni espositive e il modello delle pareti

A lapide il nome della sezione, in colore su colore. Sui testi a muro le font usate sono Circular (bastoni) e Bembo (con grazie).

Parete con lapidi, spiegone e teche con oggetti.

Foto: Agostino Bonaventura, Grafica: Studio Fludd

Case history: allestimento negozio

L'immagine coordinata di una azienda viene sviluppata in pieno nell'allestimento di un negozio monomarca, che vende prodotti solamente del marchio che ne costituisce l'intestazione. È il caso di Rigoni, con la sua caffetteria ristorante di Milano, un'azienda che produce conserve alimentari, marmellate e miele.

Lo studio Chiani mostra le fasi di progettazione, dagli schizzi preparatori ai manufatti finiti, le carte intestate, i cartelli vetrina e i menù. Tutto viene coordinato dal colore dei fondi, dalla scelta del merletto pasticcere che è il motivo grafico ricorrente, dallo stile di foto e illustrazioni su fondo bianco.

Gli schizzi di progettazione del materiale per l'allestimento di un punto Rigoni, caffetteria ristorante.

Progetto Franco Chiani, Vieri Chiani, per Rigoni di Asiago, 2015

Lo abbiamo sognato a lungo.

Abbiamo lavorato sodo perché accadesse nell'anno dell'Expo.

Siamo felici di inaugurarlo insieme a Lei.

Naturalmente a Milano.

Esercitazioni

●○○

Esercizio n. 1 – Il segnale stradale

Una comunicazione iconica, di facile comprensione è tipica del segnale stradale. Tenendo presente questo principio, dentro un quadrato di misura data, progettare i soggetti elencati, o altri a scelta, mantenendo la coerenza grafica e dello stile. Va realizzato in bianco e nero.

Temi

Giardino botanico, parco per bimbi, parco per cani, pista ciclabile, incrocio pericoloso, attraversamento pedonale, area riservata ai pedoni, scivolo per carrozzine.

●○○

Esercizio n. 2 – Icone

Queste sono alcune delle icone di Gerd Arntz usate nel sistema Isotype. Prenderle a modello per disegnarne altre su soggetti dati. Osservare e riprodurre con precisione lo stile. Si trovano tutte in Internet sul sito ufficiale del designer.

●○○

Esercizio n. 3 – Il logotipo

Scrivere il nome dell'azienda o del prodotto:

> con svariate forme e con font diverse;
> tutto maiuscolo o minuscolo, con forma mista;
> con grazie e senza;
> con font scritte a mano oppure elaborando quelle esistenti;
> con font nuove e sperimentali.

Scrivere il testo maiuscolo darà un risultato più formale e rigido; minuscolo darà un effetto sciolto e informale.
Da queste forme si ricavano successivamente delle suggestioni compositive.

●●●

Esercizio n. 4 – Il marchio

Esplorare i modi diversi per rappresentare un concetto, una forma, uno stile: connettere il design alla cultura contemporanea.

Ricercare l'icona di un animale a scelta. Progettare l'identità di un negozio usando l'animale come simbolo.

- Decidere per quale tipologia di negozio si applica l'immagine di un animale.
- Individuato l'animale, creare una morfologia, sia iconica che simbolica, con diversi stili e tecniche. Produrre molte proposte alternative.
- Usare il nome dell'animale come soggetto per studiare e disegnare il logotipo.
- Combinare simbolo e logotipo.
- Proporre alternative e varianti di colore.

●●○

Esercizio n. 5 – La carta intestata

Conoscere le convenzioni per comporre la carta intestata personale.

Le carte d'uso sono il primo pezzo della costruzione dell'identità aziendale. Si chiede di progettare le proprie carte d'uso come se si dovesse aprire uno studio grafico.
L'esercitazione si può svolgere anche incrociando committente e grafico all'interno dello stesso gruppo di lavoro: il committente dell'uno diventa il cliente dell'altro facendo leva ogni volta su uno spirito professionale diverso: aggressivo, romantico, sognante, ipertecnologico, avventuroso, sperimentatore, amante del passato.

Le regole da seguire sono le seguenti:
- Il biglietto da visita non deve necessariamente avere una forma standard, purché rientri nella misura massima di mm 85 x 55.
- Consultare nel testo le regole per la composizione dell'indirizzo e le regole postali per l'aspetto della busta.

Una volta stabilito l'aspetto del biglietto da visita, che si disegna per primo utilizzando il logo già creato, comporre carta da lettera e busta, rispettando una disposizione analoga: simmetrica, asimmetrica, casuale. Quando si disegna la carta da lettera, progettare un modello di testo di lettera commerciale, individuando precisamente, rispetto all'intestazione, la disposizione dei diversi elementi: data, destinatario, oggetto, corpo del testo, firma.

●●○

Esercizio n. 6 – Carta d'uso per aziende specifiche

La carta intestata personale riflette il carattere del committente, che occorre individuare e comunicare visivamente.

Progettare le carte d'uso per le seguenti professioni, individuandone i caratteri e cercando di renderli nel modo più adeguato.
- Dott. Antonio Carli – notaio.
- Sweet-Lemon (Antonia Carli) – dj.
- Dott. Antonio Carli – architetto.
- Antonia Carli – pasticcera-cioccolataia.
- Antonio Carli – snowboarder.
- Dott.ssa Antonia Carli – ricercatrice astrofisica.

Suggerimenti
Evitare il più possibile di ricorrere a illustrazioni o fotografie. Utilizzare le forme della carta, il colore, gli elementi tipografici e grafici essenziali.

●●○

Esercizio n. 7 – Il modulo 1

Raccogliere diversi tipi di modulo: biglietti del mezzo di trasporto pubblico, coupon da riviste, modulistica aziendale e scolastica.
L'obiettivo dell'esercizio è di migliorare la qualità del modulo preso a campione ottimizzandone la leggibilità, le dimensioni, gli spazi occupati dal testo e quelli destinati alla scrittura. Ottimizzare la logica delle informazioni contenute o richieste.

Progettare il ridisegno del modulo usando i criteri di impaginazione illustrati nel testo:
- raggruppare secondo il senso;
- allineare gli elementi grafici e il testo;
- ripetere stili di testo e grafismi;
- usare il contrasto del colore e del peso dei caratteri;
- usare filetti e fondini per separare, differenziare, evidenziare;
- trasformare in icone le parole quando possibile;
- tenere conto degli spazi di riempimento e della modalità, con scrittura manuale e a computer;
- collaudare l'adeguatezza degli spazi assegnati ai riempimenti manuali.

Verificare il modulo sottoponendolo a potenziali utenti. Effettuare le correzioni dove necessario. Sperimentare modalità di compilazione o raccolta elettronica tramite mail o moduli su formati .pdf di Acrobat o con programmi di videoscrittura.

●●○

Esercizio n. 8 – Il modulo 2

L'agenzia World Expeditions vuole riprogettare un vecchio modulo per facilitare le prenotazioni e i pagamenti dei viaggi. Il modulo attuale, riprodotto a fondo pagina, è un vero campionario di scelte sbagliate.

Fare una analisi dei problemi presenti e proporre più di una soluzione, in bianco e nero oppure a colori. Prestare attenzione in particolare agli allineamenti, alla scelta dei caratteri e alle loro dimensioni, agli spazi destinati alla compilazione manuale.

●●○

Esercizio n. 9 – Il folder

Progettare un pieghevole di formato A4 piegato a tre ante 10,5 x 21 cm, per una manifestazione che si svolge in una località italiana:

> Festivaletteratura, Mantova.
> Umbria Jazz.
> Giffoni Film Festival.
> Taormina Film Fest.
> Festival della scienza, Genova.
> Festival Economia, Trento.

Selezionare la quantità di testo adatta al formato: per esempio, solo ciò che si svolge nel primo giorno. Stabilire gerarchie nette del testo, raggruppare gli eventi, evidenziare la scansione delle manifestazioni/giornate. Uniformare gli stili di paragrafo e di carattere. Sul retro inserire i dati degli organizzatori con sito web, numeri di telefono e mail. Prevedere lo spazio per gli sponsor.

Per ciascuna di queste manifestazioni in Internet sono reperibili i programmi e gli archivi con le precedenti edizioni, dai quali è possibile ricavare testi e immagini.

●●●

Esercizio n. 10 – La brochure

Progettare un folder o una brochure di 2/3 quartini di formato aperto A3, chiuso 21 x 29,7 cm, per una manifestazione che si svolge in una località italiana. Si utilizzi l'elenco dell'esercizio n. 9.

Selezionare la quantità di testo adatta al formato: per esempio, ciò che si svolge in tre/quattro giorni.

Stabilire gerarchie nette del testo, raggruppare gli eventi, evidenziare la scansione delle manifestazioni/giornate. Uniformare gli stili di paragrafo e di carattere. Sul retro inserire i dati degli organizzatori con sito web, numeri di telefono e mail. Prevedere lo spazio per gli sponsor.

World Expeditions	Booking Form
Partecipante n. 1 Nome ____________ Cognome ______________ Indirizzo (Via e n. civico) __________________ Città _______________ Prov. _____CAP ___ Data di nascita ______________	**Pagamento** ☐ Visa ☐ American Express ☐ Master Card **N. della carta di credito** __________________ **Nome riportato sulla carta** ______ **Data di scadenza** ______ **Importo in euro** __________
Viaggio prenotato 1. Nome del viaggio 2. Volo prenotato da 3. Avete già viaggiato con noi (sì/no)	

●●○
Esercizio n. 11 – Il manifesto
Progettare un manifesto di formato 100 x 140 cm per una delle manifestazioni elencate nell'esercizio n.9. In Internet sono reperibili i manifesti delle precedenti edizioni dai quali è possibile ricavare i testi.

Partire dal presupposto che si vuole interrompere la tradizione o la continuità grafica e stilistica, senza tradire tuttavia lo spirito della manifestazione. Tenere presente che un festival del cinema è diverso dal festival di letteratura o del jazz.

Stabilire gerarchie nette del testo, raggruppare gli eventi, evidenziare la scansione delle manifestazioni/giornate. Uniformare gli stili di paragrafo e di carattere. Inserire i dati degli organizzatori con sito web, numeri di telefono e mail. Prevedere lo spazio per gli sponsor.

●●○
Esercizio n. 12 – Il poster
Padroneggiare la composizione sulla pagina, indagando le possibili combinazioni visive e riducendo al minimo gli elementi in gioco.

Progettare un poster per una serie di conferenze sul design contemporaneo. Trattare con molta cura la gerarchia delle informazioni presentate: il lettore deve essere facilitato nel riconoscere il calendario degli eventi e leggere velocemente il relatore più importante.

Il poster deve dare un'idea del design contemporaneo a un pubblico di designer e studenti. Le informazioni stesse devono costituire il visual del poster, che sarà pertanto di pura tipografia.

Suggerimenti.
Usare colori, forme, linee; evitare di fare un solo blocco compatto di testo, ma "muovere" la pagina. Usare una interessante ma limitata varietà di caratteri; se il fondo è colorato eviterete più facilmente il rischio di banalizzare il tutto.

Testo
> La cultura del design oggi
> Triennale di Milano
> 12 settembre 2007 Graphic designer Roberta Rossi, design editor Carlo Matti
> 2 novembre 2007 Giulio Bergman, DIRT Studio, urban designer Michele Gabellini
> 4 dicembre 2007 Studio MACOMM Rebecca Whurt, designer Massimo Verdi.

●●●
Esercizio n. 13 – Poster Post Past
Il caso di studio di Leonardo Sonnoli come punto di partenza per una ricerca.

Ricercare in Internet altri poster della mostra Post Past.
I nomi presenti rappresentano una selezione mondiale davvero notevole: Per Arnoldi, Pierre Bernard, Ivan Chermayeff, Seymour Chwast, Milton Glaser, Igor Gurovich, Jianping He, Mervyn Kurlansky, Elena Kltaeva, Sergey Kuzhavskiy, Laboratoires CCCP, Uwe Loesch, Keizo Matsui, Shin Matsunaga, Holger Matthies, M/M, Piotr Mlodozeniec, Kazumasha Nagai, István Orosz, Kari Piippo, Gunter Rambow, Makoto Saito, Leonardo Sonnoli, Boris Trofimov, Annik Troxler, Niklaus Troxler, Paula Troxler, Vladimir Tsesler, Rambod Vala, Hamid Vasfi, Jukka Veistola.

●●●
Esercizio n. 14 – La copertina, problem solving
Nell'esercitazione sono coinvolte più materie. Può essere assegnato come lavoro di gruppo.

L'editore Ponte commissiona la progettazione della copertina, dell'impaginazione e l'assistenza alla stampa di un volume di narrativa, primo di una serie.
Titolo: La follia della macchina
Autore: Corrado Augias
Editore: Ponte editore

È un giallo ambientato all'inizio del secolo, in ambiente romano, con personaggi d'invenzione frammisti ad altri reali, che si aggirano intorno a Filippo Tommaso Marinetti.

L'editore, per motivi di diritto d'autore, chiede che la foto sia di invenzione, a imitazione dello stile futurista, e che si riprenda con la grafica lo stile del Futurismo creando una imitazione, un falso d'autore, giocando con titolo, autore, editore, da inserire obbligatoriamente.

Anche se verranno introdotti altri elementi tipografici, questi non dovranno soverchiare i tre elementi dati, titolo, autore, editore, o comprometterne la leggibilità.
La copertina avrà una stampa a 4 o più colori e, dove lo si ritenga necessario, l'applicazione di altri espedienti di finitura: stampa a caldo, a rilievo, da indicare.

●○○ difficoltà bassa
●●○ difficoltà media
●●● difficoltà alta

In base alla richiesta dell'editore, spiegare come si può produrre tecnicamente una fotografia futurista nella quale venga esaltato il movimento come scia-traiettoria, indicando anche l'attrezzatura che si ritiene più opportuna (macchina, pellicola, illuminazione).
Elencare e illustrare brevemente i punti salienti del Futurismo.
Alla luce degli stessi, giustificare le scelte fotografiche e compositive relative al progetto richiesto.

Alcuni suggerimenti per fare la ricerca in Internet di materiale documentario:
> il museo della fotografia del Futurismo, e in particolare il Fotodinamismo futurista.
> I manifesti del futurismo.
> Pagine di un museo virtuale con molte foto di opere e biografie dei protagonisti.
> Le musiche di Russolo.

●●●
Esercizio n. 15 – Le copertine della serie
Progettare una serie di copertine per una rivista educativa sulle scienze o la natura. Stabilire il target: scuola media superiore, università, adulti in genere.
Si chiede di identificare di volta in volta un soggetto, rappresentato da una o più parole, che diventa il titolo della pagina, e un numero di serie e la data, a piacere, integrati dentro la composizione. Formato A4 a colori.
Sono richiesti tre numeri della serie e un adeguato numero di concept iniziali; il fattore progettuale essenziale è che le copertine siano strettamente imparentate dal punto di vista grafico e visibilmente appartenenti a una collana.

●●●
Esercizio n. 16 – Il libro
Il libro è una prova piuttosto complessa per quanto riguarda l'impaginazione. Non si tratta solo di progettare il formato, la gabbia e la griglia, ma anche di disporre il testo e le immagini in modo coerente, allestire l'indice e raccogliere le voci di glossario o le note.

Progettare la monografia di un artista contemporaneo. Raccogliere testi e immagini da Internet e usare testo simulato, se indispensabile. Il libro finito sarà piuttosto corposo, 250 pagine, e ricco di immagini. Pertanto occorre suddividerlo in file corrispondenti ai cinque capitoli, ciascuno preceduto da una propria pagina di intestazione.
Progettare i quartini prototipi dei cinque capitoli, la pagina iniziale e una doppia, più la finale, mantenendo in tutti i capitoli gli stessi stili di paragrafo e di carattere per:
> tre livelli di titolazione: titolo del capitolo, titolo del paragrafo, sottotitolo (stili di paragrafo);
> testo normale (stile di paragrafo);
> testo evidenziato (stile di carattere);
> testo di presentazione (stile di paragrafo);
> elenco nel testo (stile di paragrafo);
> testo didascalie (stile di paragrafo);
> titolo didascalie (stile di carattere).

Produrre un template iniziale definendo i parametri complessivi e tutti gli stili dal quale far partire ciascuno dei 5 capitoli: Salva una copia > Modello di InDesign.
Definire i cinque capitoli con caratteristiche diverse, per esempio di colore.
Il capitolo iniziale contiene 4 pagine dispari distinte:
> il colophon, il frontespizio, l'indice, la presentazione.

Infine occorre creare un documento di collegamento tra i file che nel programma di impaginazione è detto "libro" > Nuovo libro, per avere una numerazione di pagina automatica e coerente e un unico file finale in .pdf.
Raccogliere il sommario automatico > Layout > Sommario, in base agli > Stili di sommario.

●●●
Esercizio n. 17 – Packaging
Comprendere la logica della progettazione del packaging legata alla tipologia del prodotto, considerando i dati tecnici e sapendo rintracciare la normativa.

Confezioni di carta.
Esaminare e rilevare la confezione di carta di una linea di saponi aromatizzati e progettare tre prodotti nuovi che la estendano. Per esempio: a partire dall'esistente alla lavanda, al fiore di arancio, al gelsomino estendere al muschio, all'aloe, alla camomilla.

●●●

Esercizio n. 18 – Prodotti da forno

Esaminare e rilevare la confezione di prodotti da forno, cracker salati e aromatizzati della stessa linea e progettare tre prodotti nuovi che la estendano.

Esempio: a partire dall'esistente linea di biscotti Stelline, Pangocciole, Mattutini, estendere a Fiorlatte, Rollini, Frollini.

●●●

Esercizio n. 19 – Riprogettare un modulo complesso

Situazione iniziale

Documento scolastico, un modulo destinato ai docenti, da compilare a mano. È impaginato con un programma di videoscrittura. La font è Arial.

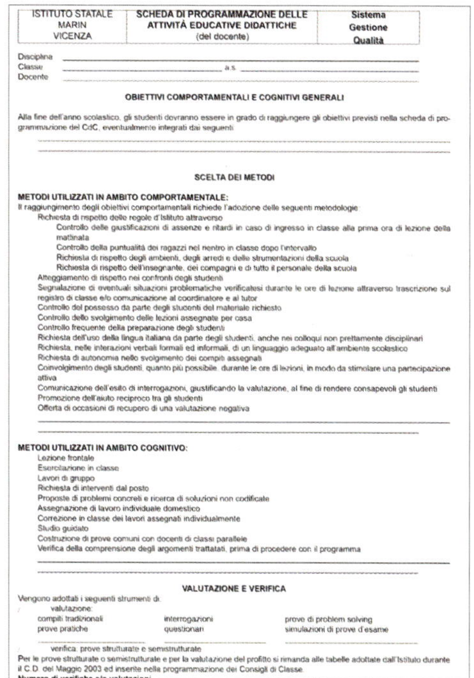

ISTITUTO STATALE MARIN VICENZA	SCHEDA DI PROGRAMMAZIONE DELLE ATTIVITÀ EDUCATIVE DIDATTICHE (del docente)	Sistema Gestione Qualità

Disciplina ______
Classe ______ a.s. ______
Docente ______

OBIETTIVI COMPORTAMENTALI E COGNITIVI GENERALI

Alla fine dell'anno scolastico, gli studenti dovranno essere in grado di raggiungere gli obiettivi previsti nella scheda di programmazione del CdC, eventualmente integrati dai seguenti

SCELTA DEI METODI

METODI UTILIZZATI IN AMBITO COMPORTAMENTALE:
Il raggiungimento degli obiettivi comportamentali richiede l'adozione delle seguenti metodologie:
Richiesta di rispetto delle regole d'Istituto attraverso
Controllo delle giustificazioni di assenze e ritardi in caso di ingresso in classe alla prima ora di lezione della mattinata
Controllo della puntualità dei ragazzi nel rientro in classe dopo l'intervallo
Richiesta di rispetto degli ambienti, degli arredi e delle strumentazioni della scuola
Richiesta di rispetto dell'insegnante, dei compagni e di tutto il personale della scuola
Atteggiamento di rispetto nei confronti degli studenti
Segnalazione di eventuali situazioni problematiche verificatesi durante le ore di lezione attraverso trascrizione sul registro di classe e/o comunicazione al coordinatore e al tutor
Controllo del possesso da parte degli studenti del materiale richiesto
Controllo dello svolgimento delle lezioni assegnate per casa
Controllo frequente della preparazione degli studenti
Richiesta dell'uso della lingua italiana da parte degli studenti, anche nei colloqui non prettamente disciplinari
Richiesta, nelle interazioni verbali formali ed informali, di un linguaggio adeguato all'ambiente scolastico
Richiesta di autonomia nello svolgimento dei compiti assegnati
Coinvolgimento degli studenti, quanto più possibile, durante le ore di lezioni, in modo da stimolare una partecipazione attiva
Comunicazione dell'esito di interrogazioni, giustificando la valutazione, al fine di rendere consapevoli gli studenti
Promozione dell'aiuto reciproco tra gli studenti
Offerta di occasioni di recupero di una valutazione negativa

METODI UTILIZZATI IN AMBITO COGNITIVO:
Lezione frontale
Esercitazione in classe
Lavori di gruppo
Richiesta di interventi dal posto
Proposte di problemi concreti e ricerca di soluzioni non codificate
Assegnazione di lavoro individuale domestico
Correzione in classe dei lavori assegnati individualmente
Studio guidato
Costruzione di prove comuni con docenti di classi parallele
Verifica della comprensione degli argomenti trattatati, prima di procedere con il programma

VALUTAZIONE E VERIFICA

Vengono adottati i seguenti strumenti di:
valutazione:

compiti tradizionali	interrogazioni	prove di problem solving
prove pratiche	questionari	simulazioni di prove d'esame

verifica: prove strutturate e semistrutturate
Per le prove strutturate o semistrutturate e per la valutazione del profitto si rimanda alle tabelle adottate dall'Istituto durante il C.D. del Maggio 2003 ed inserite nella programmazione dei Consigli di Classe.
Numero di verifiche e/o valutazioni

Riprodurre fedelmente il modulo come da esempio applicando rigorosamente gli stili di paragrafo e carattere. Creare varianti con il colore. Estendere la serie applicando gli stessi criteri ad altra modulistica raccolta, per esempio, presso il proprio istituto.

> L'intestazione è ingabbiata, mentre tutto il resto fluttua sulla pagina senza ordine.
> Nel primo blocco di testo, "scelta dei metodi", viene evidenziato un sottogruppo dopo la prima domanda; righe corte sono alternate a righe lunghissime.

Ridisegno

Considerando che verrà fotocopiato, o stampato a un solo colore, si evita di utilizzare fondini se non il nero pieno, che dà forza alla pagina e impatto ai titoli e all'intestazione.
Due dei principi per l'impaginazione:

> Avvicinamento: sono raggruppati "i metodi" comportamentali e cognitivi entro la stessa cornice a filetto e "le valutazioni" dentro un'altra cornice.
> Allineamento: si è creato un secondo livello di domande, dipendenti dalla prima riga, raggruppandole con apposita indentazione, usando i filetti di separazione tra le domande. Si sono diversificati i titoli, dando loro forza con un carattere nerissimo e riportando il testo in MAIUSCOLO-minuscolo.

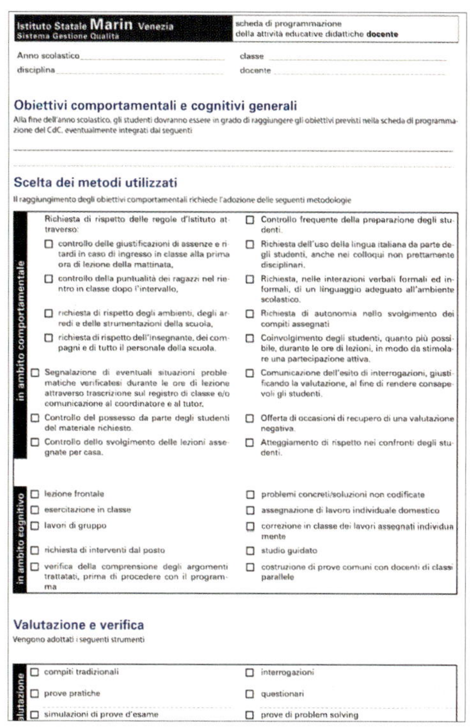

Istituto Statale **Marin** Venezia Sistema Gestione Qualità	scheda di programmazione della attività educative didattiche **docente**

Anno scolastico ______ classe ______
disciplina ______ docente ______

Obiettivi comportamentali e cognitivi generali
Alla fine dell'anno scolastico, gli studenti dovranno essere in grado di raggiungere gli obiettivi previsti nella scheda di programmazione del CdC, eventualmente integrati dai seguenti

Scelta dei metodi utilizzati
Il raggiungimento degli obiettivi comportamentali richiede l'adozione delle seguenti metodologie

in ambito comportamentale

Richiesta di rispetto delle regole d'istituto attraverso:	☐ Controllo frequente della preparazione degli studenti.
☐ controllo delle giustificazioni di assenze e ritardi in caso di ingresso in classe alla prima ora di lezione della mattinata,	☐ Richiesta dell'uso della lingua italiana da parte degli studenti, anche nei colloqui non prettamente disciplinari.
☐ controllo della puntualità dei ragazzi nel rientro in classe dopo l'intervallo,	☐ Richiesta, nelle interazioni verbali formali ed informali, di un linguaggio adeguato all'ambiente scolastico.
☐ richiesta di rispetto degli ambienti, degli arredi e delle strumentazioni della scuola,	☐ Richiesta di autonomia nello svolgimento dei compiti assegnati
☐ richiesta di rispetto dell'insegnante, dei compagni e di tutto il personale della scuola.	☐ Coinvolgimento degli studenti, quanto più possibile, durante le ore di lezioni, in modo da stimolare una partecipazione attiva.
☐ Segnalazione di eventuali situazioni problematiche verificatesi durante le ore di lezione attraverso trascrizione sul registro di classe e/o comunicazione al coordinatore e al tutor.	☐ Comunicazione dell'esito di interrogazioni, giustificando la valutazione, al fine di rendere consapevoli gli studenti.
☐ Controllo del possesso da parte degli studenti del materiale richiesto.	☐ Offerta di occasioni di recupero di una valutazione negativa.
☐ Controllo dello svolgimento delle lezioni assegnate per casa.	☐ Atteggiamento di rispetto nei confronti degli studenti.

in ambito cognitivo

☐ lezione frontale	☐ problemi concreti/soluzioni non codificate
☐ esercitazione in classe	☐ assegnazione di lavoro individuale domestico
☐ lavori di gruppo	☐ correzione in classe dei lavori assegnati individualmente
☐ richiesta di interventi dal posto	☐ studio guidato
☐ verifica della comprensione degli argomenti trattatati, prima di procedere con il programma	☐ costruzione di prove comuni con docenti di classi parallele

Valutazione e verifica
Vengono adottati i seguenti strumenti

alutazione

☐ compiti tradizionali	☐ interrogazioni
☐ prove pratiche	☐ questionari
☐ simulazioni di prove d'esame	☐ prove di problem solving

A margine sinistro il titolo delle tabelle, posto in verticale, aggiunge carattere e allo stesso tempo sottolinea la comune appartenenza delle domande.
L'impaginazione a due colonne è scelta per la diversa lunghezza delle domande, ottimizzando lo spazio. Il testo corrente è Univers nei diversi pesi, ma per le note di chiarimento si è usato un carattere con grazie, il Meridien.
L'intestazione acquista la forza di un marchio aziendale nella sua essenzialità, e il box a destra, riquadrato da un filetto, consente di scrivere il titolo della scheda, supponendo che questa faccia parte di una lunga serie.

Variante colore

Lo stesso modulo in versione a colori dimostra come con la stampa a colori il modulo guadagni in ricchezza visiva ed efficacia informativa.

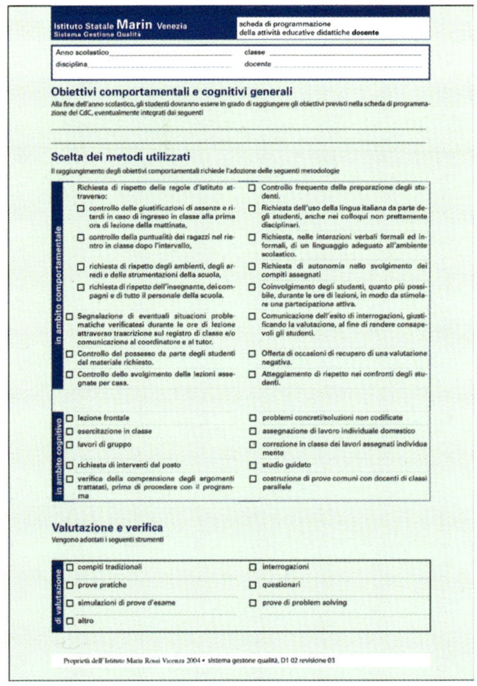

Istituto Statale Marin Venezia
Sistema Gestione Qualità

scheda di programmazione
della attività educative didattiche **docente**

Anno scolastico ______ classe ______
disciplina ______ docente ______

Obiettivi comportamentali e cognitivi generali
Alla fine dell'anno scolastico, gli studenti dovranno essere in grado di raggiungere gli obiettivi previsti nella scheda di programmazione del CdC, eventualmente integrati dai seguenti

Scelta dei metodi utilizzati
Il raggiungimento degli obiettivi comportamentali richiede l'adozione delle seguenti metodologie

in ambito comportamentale

Richiesta di rispetto delle regole d'istituto attraverso:
- ☐ controllo delle giustificazioni di assenze e ritardi in caso di ingresso in classe alla prima ora di lezione della mattinata,
- ☐ controllo della puntualità dei ragazzi nel rientro in classe dopo l'intervallo,
- ☐ richiesta di rispetto degli ambienti, degli arredi e delle strumentazioni della scuola,
- ☐ richiesta di rispetto dell'insegnante, dei compagni e di tutto il personale della scuola.

- ☐ Segnalazione di eventuali situazioni problematiche verificatesi durante le ore di lezione attraverso trascrizione sul registro di classe e/o comunicazione al coordinatore e al tutor.
- ☐ Controllo del possesso da parte degli studenti del materiale richiesto.
- ☐ Controllo dello svolgimento delle lezioni assegnate per casa.
- ☐ Controllo frequente della preparazione degli studenti.
- ☐ Richiesta dell'uso della lingua italiana da parte degli studenti, anche nei colloqui non prettamente disciplinari.
- ☐ Richiesta, nelle interazioni verbali formali ed informali, di un linguaggio adeguato all'ambiente scolastico.
- ☐ Richiesta di autonomia nello svolgimento dei compiti assegnati
- ☐ Coinvolgimento degli studenti, quanto più possibile, durante le ore di lezioni, in modo da stimolare una partecipazione attiva.
- ☐ Comunicazione dell'esito di interrogazioni, giustificando la valutazione, al fine di rendere consapevoli gli studenti.
- ☐ Offerta di occasioni di recupero di una valutazione negativa.
- ☐ Atteggiamento di rispetto nei confronti degli studenti.

in ambito cognitivo

☐ lezione frontale	☐ problemi concreti/soluzioni non codificate
☐ esercitazione in classe	☐ assegnazione di lavoro individuale domestico
☐ lavori di gruppo	☐ correzione in classe dei lavori assegnati individualmente
☐ richiesta di interventi dal posto	☐ studio guidato
☐ verifica della comprensione degli argomenti trattatati, prima di procedere con il programma	☐ costruzione di prove comuni con docenti di classi parallele

Valutazione e verifica
Vengono adottati i seguenti strumenti

di valutazione

☐ compiti tradizionali	☐ interrogazioni
☐ prove pratiche	☐ questionari
☐ simulazioni di prove d'esame	☐ prove di problem solving
☐ altro	

Proprietà dell'Istituto Maria Rosai Vicenza 2004 • sistema gestone qualità, D1 02 revisione 03

●●●
Esercizio n. 20 – Progettare immagine coordinata

In occasione del Convegno di studi sulla musica di Antonio Vivaldi (1678-1741), intitolato "Torna a sonar il prete rosso" e che si tiene a Venezia presso la chiesa di Santa Maria della Pietà il 12 settembre 2017, viene pubblicato un CD doppio contenente le sue musiche con strumenti originali (tra queste "Le quattro stagioni").
Per tale iniziativa si proponga lo sviluppo dei seguenti progetti, ponendo particolare attenzione all'impaginazione, alla riproducibilità e al rapporto testo-immagine:

> il manifesto del convegno (cm 50 x 70);
> la copertina, la controcopertina e il booklet (piccolo libro o gruppo di pagine che sta esattamente nel contenitore di CD) di un CD contenente musiche di Antonio Vivaldi.

Potranno essere sviluppati progetti in scala diversa dal formato, indicando la scala usata.
Si chiedono i seguenti elaborati: schizzi preliminari, progetto esecutivo con annotazioni e mock-up, relazione illustrativa del progetto.

●●●
Esercizio n. 21 – Progettare la grafica espositiva della mostra didattica

"La stampa. L'invenzione che ha cambiato il mondo"
Il museo del capoluogo commissiona la progettazione della grafica espositiva della mostra didattica itinerante che racconta la storia e le tecnologie della stampa dalla nascita ai giorni nostri, mediante pannelli illustrativi e piccoli oggetti da esporre in bacheca, facilmente trasportabili, come campioni di carte, caratteri di metallo e modellini di torchi storici. La mostra itinerante sarà riproposta nelle più importanti città d'Italia. Montata su 30 pannelli componibili, ciascun pannello, realizzato con stampa digitale a colori, porterà: intestazione, testo in italiano e inglese, da 3 a 5 immagini di attrezzature o personaggi e relative didascalie.
I testi vanno rapportati a una lettura agevole da 1 metro di distanza.

Obiettivo di comunicazione del progetto

Attirare i visitatori che non conoscono l'evento. Informare su luoghi, date e orari di apertura, gratuità dell'ingresso, possibilità di effettuare visite guidate e di accedere a un laboratorio didattico.

Pubblico di riferimento

In particolare le scuole e gli studenti della scuola secondaria.

Richieste

Realizzare il logotipo della mostra, da applicare anche sui materiali espositivi, e inoltre:

> il manifesto di cm 70 x 100;
> il mock-up della grafica di un pannello espositivo di cm 100 x 200;
> il mock-up di un cartello esplicativo per i materiali esposti nella mostra di cm 21 x 15 da esporre accanto ai modelli.

Realizzare la videopresentazione del progetto di comunicazione.

9
Audiovisivo multimediale

Unità

1. I nuovi mezzi
2. Le caratteristiche
3. Design in movimento
4. La narrazione
5. Il sonoro
6. La videopresentazione
7. Il web
8. La grafica in movimento
9. Il video digitale
10. Lo story board

Conoscenze

- Avere la conoscenza degli elementi costitutivi di linguaggi audiovisivi e multimediali negli aspetti espressivi e comunicativi.
- Avere consapevolezza dei fondamenti storici e concettuali.
- Conoscere le principali linee di sviluppo tecniche e concettuali delle opere audiovisive contemporanee, e le intersezioni con le altre forme di espressione e comunicazione artistica.
- Produrre e presentare un lavoro finale che soddisfi le richieste del brief.

Competenze

- Progettare oggetti grafici per l'informazione e la comunicazione usando un appropriato metodo per concretizzare le proprie intenzioni, in modo che siano valutati i fattori significativi del caso e che la consegna sia assolta.
- Applicare le tecniche adeguate nei processi operativi.
- Avere capacità procedurali in funzione della contaminazione tra le tradizionali specificazioni disciplinari.
- Saper applicare i principi della percezione visiva e di composizione.

1. I nuovi mezzi

Interfaccia
"Insieme dei dispositivi hardware e software che ci permettono di interagire con una macchina o con un programma in maniera il più possibile semplice e intuitiva".

In questo modulo si vogliono fornire delle chiavi di lettura per gli strumenti conosciuti tra gli addetti ai lavori come **nuove tecnologie** e le basi per la successiva progettazione e regia dell'audiovisivo multimediale, che sarà chiamato design della **grafica in movimento**.

Sulle due componenti della grafica in movimento, testo e immagini, valgono criteri e regole già fissate nei precedenti moduli specifici: la scelta del carattere, l'uso dei diversi stili, la composizione sulla pagina, il contrasto di colore con lo sfondo, la leggibilità e la visibilità.

Mettendo in sequenza temporale immagini e testo con un montaggio video si possono raccontare storie complesse e suggerire emozioni più forti di quanto possa fare un'immagine vista isolatamente. Se alle immagini e alle parole si associano rumori e musiche, ecco che la narrazione, lo *storytelling*, si arricchisce in modo esponenziale. Si analizzerà la narrazione per immagini e come sia necessario mettere queste ultime in sequenza corretta secondo un certo ordine, o grammatica. Seguirà un breve cenno sulla produzione e l'uso del sonoro, quindi la lettura e la costruzione delle pagine web.

Con l'espressione **nuovi media** si intendono i mezzi di comunicazione veicolati da un computer, visibile o meno: quindi, oltre ai computer, gli smartphone, i tablet e i diversi dispositivi. La loro storia è recente, ma punteggiata di avvenimenti che hanno impresso una svolta decisiva al modo di vivere odierno: solo per ci-

La mappa delle attività del design grafico

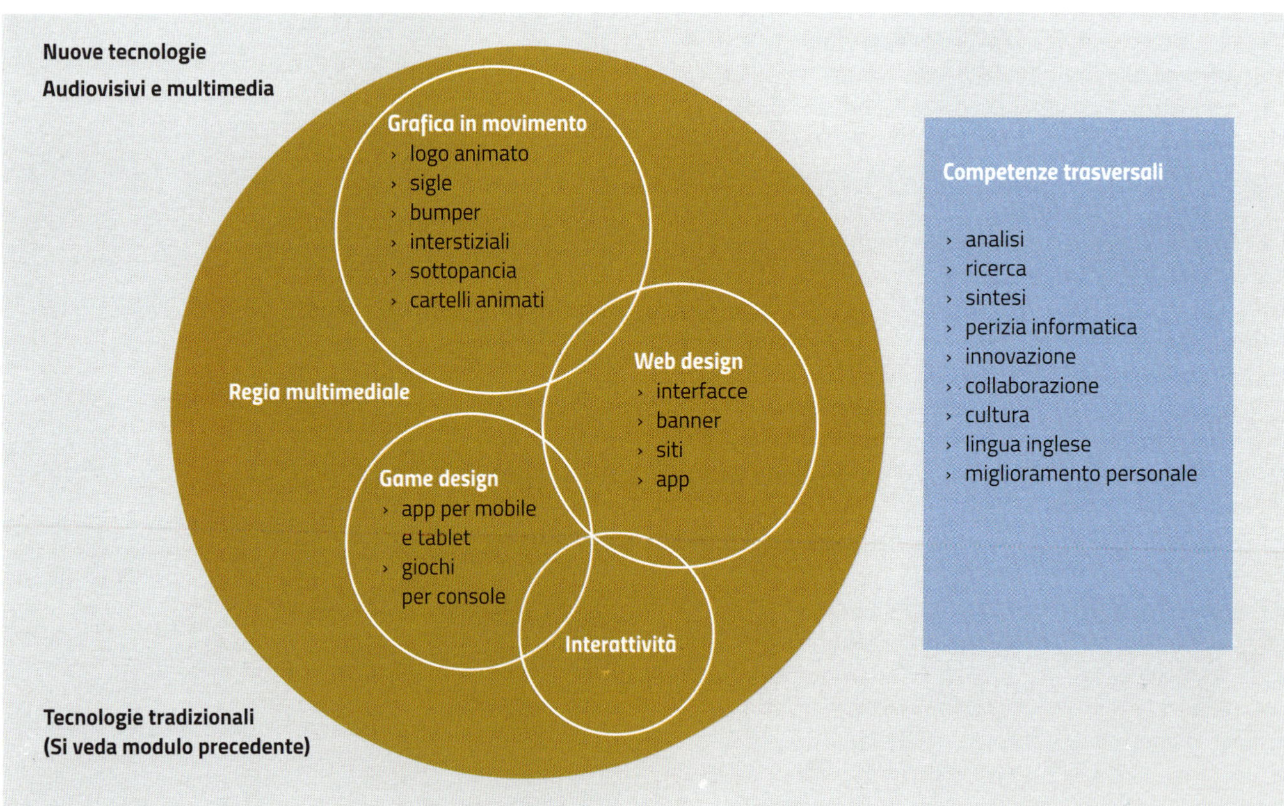

tare qualche dato i primi computer nascono negli anni Quaranta-Cinquanta, i tablet esordiscono nel 2000, l'ipod che digitalizza la musica nel 2001, gli e-reader dopo il 2006.

L'informazione digitale

Oggi l'informazione viaggia in modo preponderante attraverso i nuovi **media digitali**, piuttosto che attraverso la carta, che per questo motivo è stata declassata a medium vecchio: è l'informazione che sta dentro gli eBook, le videopresentazioni, i videogiochi, le pagine web, l'infografica. I dati, sotto forma di testi, immagini statiche e in movimento, fotografie, video, voce, suoni e musica, sono compresenti nello stesso dispositivo digitale, assumono forme multiple e sono fruibili, condivisibili e modificabili ovunque in modo teoricamente indipendente dai dispositivi usati. Ciò che viene generato da un computer, oppure da una macchina per giocare, è visualizzato attraverso il monitor, o la proiezione, riprodotto dagli altoparlanti.

Gli strumenti digitali e multimediali mettono in gioco altri sensi dell'uomo, come la vista, l'udito e il tatto. Per esempio, con i videogiochi si produce un coinvolgimento totale della persona, una **sinestesia**. I nuovi mezzi sono definiti anche **multimediali** perché utilizzano diversi linguaggi di comunicazione: l'esempio classico è l'enciclopedia multimediale con testo scritto, immagini, sonoro, filmati. Si avrà invece una campagna pubblicitaria multimediale quando l'emittente si serve di diversi strumenti di comunicazione e d'informazione, a stampa o audiovisivi.

Lavoro d'équipe

Come accade sempre all'avvento di nuove tecnologie, le caratteristiche dei mezzi richiedono al progettista una specializzazione per essere dominate, e dunque l'acquisizione di **nuove competenze**. Oggi il ruolo del grafico diventa più simile a quello di un regista che coordina tecnologie e competenze attorno a un progetto che può svilupparsi nel **tempo** (si pensi al video in movimento). Alla produzione di un oggetto di questo tipo concorrono solitamente diverse figure professionali: un progettista multimediale, o regista, un esperto dei contenuti, che può essere un ricercatore e scrittore, un softwarista informatico e un grafico. Nei casi più complessi ci si avvale anche di illustratori, fotografi e musicisti.

Sinestesia
Fusione in un'unica sfera sensoriale delle percezioni di sensi distinti; per esempio, mangiando un pasticcino si fa una esperienza sinestetica perché vengono coinvolti la vista, l'olfatto, l'udito, il gusto.

Freelife Visual Book

Una campagna sviluppata su mezzi diversi: dalla carta al cellulare, con illustrazioni, grafica e animazione.

Happycentro per Fedrigoni, AD Federico Galvani

2. Le caratteristiche

"Quale è il più importante cambiamento nella pratica del design grafico dell'ultimo decennio? Una parola sola mi viene in mente: movimento".
Steven Heller

Si analizzeranno qui le caratteristiche proprie dei nuovi mezzi, ovvero quelle proprietà per cui si distinguono fortemente dai mezzi tradizionali e vanno progettati con criteri particolari.

L'interattività

La possibilità di interazione permette il passaggio di informazioni tra emittente e utente nelle due direzioni, anche se in gradi diversi. Il **grado massimo di interazione** si ha quando il dialogo e l'informazione viaggiano nei due sensi. Il grado minimo si ha invece quando il mezzo non consente replica, come per esempio avviene con la televisione. L'interattività è forse la caratteristica socialmente più importante dei nuovi sistemi di comunicazione, perché permette all'utente di creare a sua volta contenuti.

L'ipertestualità

Il libro di carta ha una struttura sequenziale e si legge dalla prima all'ultima pagina. Al contrario, in un sito web, o in un eBook, le informazioni sono organizzate in modo diverso, non lineare ma **ipertestuale**, e si leggono saltando da una pagina all'altra, guidati dai link alle parti che interessano. L'ipertesto riflette il modo di pensare umano, che procede per analogie, perciò è un modo più naturale di raccogliere ed esplorare le informazioni. Questo elemento fondamentale, e distintivo della pagina web e dell'eBook rispetto al libro cartaceo, contrasta con il modo statico con cui il grafico ha progettato finora e impone un diverso approccio.

L'indipendenza dei dati

L'utente può usufruire dei dati digitali in modo indipendente dai dispositivi; i dati sono letti, visti, uditi su dispositivi riproduttori ai quali i contenuti dovrebbero adattarsi. Un brano musicale digitale è riprodotto allo stesso modo da dispositivi diversi, un eBook può essere sincronizzato su dispositivi di lettura diversi.

Quando si stampa una informazione su carta il grafico ha il completo controllo del risultato. Un prodotto digitale invece può essere fruito su dispositivi eterogenei per qualità, potenza, dimensione, software, e quindi la sua progettazione non può più essere totalmente controllabile.

Il grafico regista

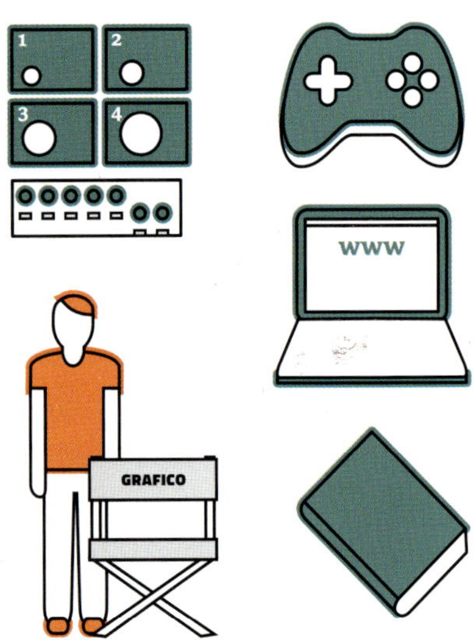

Ruolo del grafico
Coordina un progetto di messa in scena o in inquadratura che può svilupparsi nel tempo o nello spazio.

In particolare si può occupare oggi di:
- eBook
- video
- cinema
- web
- grafica in movimento
- gioco digitale

Caratteristiche dei nuovi mezzi

1. ipertestualità

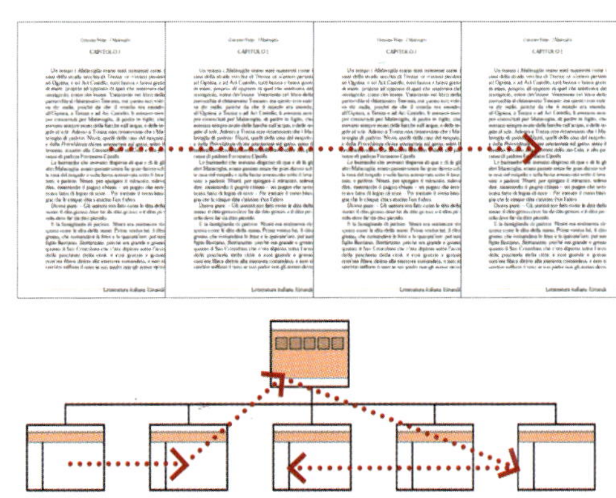

- Il libro di carta ha struttura sequenziale.
- Un sito web ha struttura ipertestuale e non lineare, con link.

Il movimento

Il movimento incrementa le potenzialità della grafica per il web, l'editoria elettronica, le applicazioni per gli smartphone e i tablet. Esso rappresenta, insieme all'interazione, la linfa vitale per l'arricchimento dei contenuti di titoli di testa dei film, delle sigle televisive, dei videoclip musicali, dei cartoon, degli spot pubblicitari. Questa è una dimensione che rientra in pieno nell'ambito del progetto grafico, anche se costituisce una parziale novità.

Il formato di lettura

Altra proprietà importante è che i contenuti multimediali vengono visti prevalentemente su un **campo orizzontale**, e fruiti sui monitor degli smartphone in verticale con un'azione detta "scrolling". Sulla carta i contenuti sono sostanzialmente disposti in verticale e fruiti per scansione lineare, sfogliando le pagine una dopo l'altra. Inoltre tablet e smartphone propongono i contenuti in modalità mista: verticale per la lettura delle pagine web, principalmente orizzontale per eBook, riviste online e app.

La fluidità

È una variabile dovuta alla differenza delle risorse tecniche e alla necessità di adattamento richiesta alle informazioni realizzate per il video. La fluidità consiste nella possibilità che gli oggetti multimediali si conformino alla tecnica di riproduzione senza perdere forma e significato. La differenza tra la carta e il web è che su quest'ultimo il designer grafico deve prevedere la possibilità che gli elementi, cioè testo, immagini e sistemi di navigazione, si possano disporre in modo diverso da come sono stati impaginati, senza che questo comprometta la leggibilità complessiva della pagina e il rapporto reciproco tra le informazioni.

Se l'impaginazione di una pagina web è costruita su una griglia rigida, analoga a quella che si usa per la stampa su carta, i mezzi incorrono nella difficoltà di poterla visualizzare correttamente. I tablet e gli smartphone con un monitor piccolo offrono la possibilità di navigare in Internet, tanto che i siti più attrezzati a questo scopo prevedono una versione delle loro pagine appositamente dedicata a tali mezzi.

2. interazione

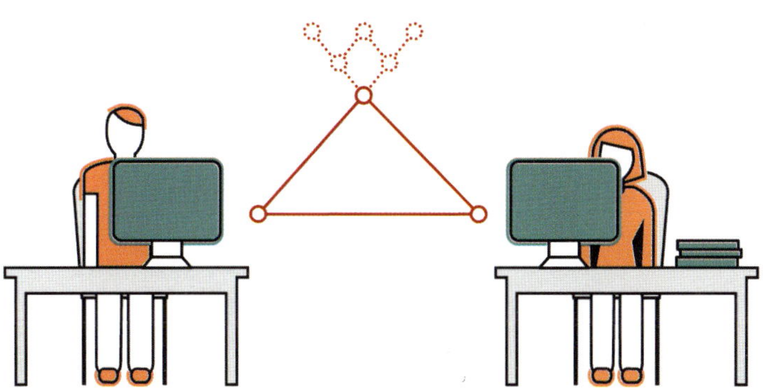

- I vecchi mezzi erano monodirezionali.
- I nuovi mezzi permettono il passaggio di informazioni in molte direzioni: tra emittente e utente, tra utente e utente.

3. senso di lettura

- Contenuti su carta sono fruiti per scansione lineare.
- Contenuti visivi vengono visti su un campo orizzontale e fruiti su monitor prevalentemente con finestre verticali.

3. Design in movimento

Negli ultimi anni la semplicità d'uso e il costo accessibile dei software su normali personal computer hanno permesso al progettista grafico di confrontarsi direttamente con il linguaggio del movimento. La grafica in movimento appartiene a pieno titolo all'ambito del design della comunicazione e ha avuto un impatto notevole sul progetto grafico tradizionale.

Il punto storico di svolta probabilmente è segnato dal logo delle Olimpiadi di Londra del 2012, che visto sulla carta sembrava apparentemente mal progettato, mentre funzionava bene nelle animazioni video. Intorno a quel fatto nel mondo della grafica tradizionale quelle che sembravano le regole immutabili riportate su tutti i manuali e dettate da una logica comunicativa o percettiva hanno cominciato a vacillare, per poi essere travolte da una piena di trasgressioni: un oggetto statico e un oggetto in movimento obbediscono a regole percettive diverse.

La grafica in movimento ha trovato il suo terreno di sviluppo nella crescente espansione dei canali di comunicazione come l'editoria elettronica, il web e le applicazioni per tablet e smartphone, e il suo carburante nelle tecnologie per la realizzazione di video, i software come Adobe After Effects o Final Cut di Apple, che hanno reso i professionisti della grafica sempre più indipendenti dagli specialisti dell'animazione.

Termini vaghi come audiovisivo e multimedia rimandano a prodotti nei quali si combinano testo e immagini, movimento e sonoro, quando in realtà l'unico elemento importante è dato dalla convergenza dei linguaggi restituita mediante computer: *motion graphic*, come idea di progetto di elementi grafici in movimento, è l'espressione che più sembra adatta a fissare queste ambiguità.

Motion Graphic Design

Sotto la definizione di MGD sono compresi tutti i progetti grafici che utilizzano a vario modo immagini, riprese video e tecniche di animazione 2d e 3d, sulla base di effetti sonori, allo scopo di **creare nello spettatore l'illusione del movimento** attraverso forme che evolvono nel tempo mediante **transizioni**. Infatti **movimento** e **tempo** ne costituiscono i due ingredienti fondamentali; si potrebbe dire che concettualmente si fa motion graphic design laddove c'è **narra-**

Googles Doodle

Dal 2000 compaiono regolarmente nella pagina di ricerca di Google delle brevi GIF animate che celebrano una ricorrenza del giorno: sono i Doodle. Buoni esempi di grafica minima in movimento sono anche testimonianza dell'uso ormai flessibile del logo.

Dizzie Gillespie, 21 ottobre 2010

Van Gogh, 30 marzo 2005

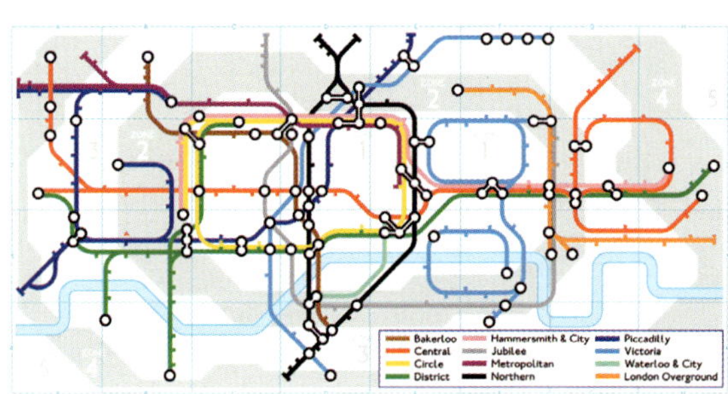

150° anniversario della metropolitana di Londra, 9 gennaio 2013

zione, anche nelle sue forme minime. Si sa che il movimento apparente della visione cinematografica è generato nello spettatore dal veloce scorrere di immagini fisse.

Il progettista deve essere consapevole del potenziale informativo dell'immagine statica rispetto all'immagine in movimento, ma deve tener conto della maggiore attenzione richiesta allo spettatore.

La narrazione

Ecco che il designer diventa così il regista di processi multimediali, colui che governa su uno stage degli attori che non sono altro che forme o caratteri, in una sequenza di eventi che si svolgono nel tempo. Per questa affinità con il regista cinematografico il compito del designer si complica, a cominciare dalla competenza nel raccontare storie e a farlo tramite gli strumenti della visione integrati con quelli del suono e della voce. Diventa importante apprendere il **basic del design in movimento** sostenuto dal basic della comunicazione visiva tradizionale.

Nella grafica tradizionale la pagina era costruita dal designer a partire da una **griglia** alla quale erano affidate costanti e variazioni, modulazioni ed eccezioni nel disporre testi e immagini. Nella grafica in movimento la nuova griglia, l'elemento unificante e caratterizzante, è costituita dall'**insieme delle regole della ripresa e del montaggio filmico** supportate da una ritmica regolatrice. Il ritmo è dato dalla musica, dalla traccia sonora che sincronizza i movimenti degli elementi grafici.

La tipografia

Nel graphic design motion la parola scritta ha un ruolo importante, da comprimaria, tanto che si parla oggi di un genere preciso come **type motion** o **kinetic type**. Per il progettista la leggibilità rimane l'unico vincolo, poi la pagina in movimento permette alle lettere e alle parole di accrescere il proprio senso e di assumere accenti espressivi.

L'influsso della parola in movimento ha mutato anche la grafica tradizionale, tanto che si parla oggi più che di immagine coordinata di una azienda, immutabile e consegnata a un manuale di applicazione, di **identità dinamica** che si presenta flessibile e metamorfica. Al momento l'unico imbarazzo del professionista sembra essere quello di nominare o circoscrivere precisamente i contenuti dell'ambito **design in movimento**: ma, come scrive Giovanni Anceschi, il graphic design si porta dietro nel tempo la propria prospettiva allargandola mano a mano che cambiano le tecnologie e i media.

Ripreso e adattato liberamente da "Il progetto visivo esteso nel tempo" di Gianni Sinni, 2015.

Il doodle

Per Dian Fossey,
La signora dei gorilla.

Google, 16 gennaio 2014

4. La narrazione

Le sceneggiature possono nascere da idee originali, oppure possono essere basate su romanzi, testi teatrali o addirittura su altre sceneggiature. La scrittura della sceneggiatura segue di norma le seguenti tappe:
- idea
- soggetto
- trattamento
- scaletta
- sceneggiatura.

Con i nuovi strumenti digitali si aggiunge all'immagine fissa la **dimensione temporale** che si percepisce in tutto quello che si muove sotto gli occhi del lettore o spettatore, dalle GIF animate, che alternano poche immagini, alle animazioni vere e proprie, fino ai veri e propri film, nei quali il tempo si dilata fino alle centinaia di minuti.

Un secondo fattore importante rispetto ai vecchi mezzi, tra i quali è inclusa la televisione, è che lo spettatore non rimane più passivo, ma decide quando far cominciare, interrompere, proseguire o terminare l'azione. È questa l'**interattività**.

Un terzo fattore rivoluzionario rispetto ai mezzi precedenti porta l'utente a diventare **produttore**: ciascuno di noi scatta fotografie, gira filmati, registra voce, suona musica, scrive testi, e pubblica tutti questi materiali su appositi siti, sui blog, o li condivide con i propri contatti o sui social.

Le storie

Ciascuna di queste attività racconta delle storie, che possono essere minime e puntuali, come quella narrata da una sequenza di foto, o complesse e costruite, come quelle raccontate da animazioni o riprese video. Quando si parla di storie si è portati a pensare alla grande epica di Omero, o ai film costruiti con grande dispiegamento di mezzi, ma in realtà quando si racconta un'avventura a un amico, quando si dà una indicazione a un passante, quando si scrive una sequenza di messaggi con un telefono si costruisce in modo più o meno consapevole una storia: la **narrazione** è una delle attività di comunicazione dell'uomo più affascinanti ed emotivamente forti.

Basta poco per fare narrazione, e le immagini con le parole in questo senso possono creare suggestioni molto intense. Una sola foto può suggerire una storia, ma essa si deve affidare alla fantasia del suo spettatore, che integra con l'immaginazione ciò che avviene prima e dopo il mo-

Una storia in un attimo

Henry Cartier-Bresson (1908-2004), un fotografo capace di raccontare una storia catturando un momento solo ed essenziale. Le sue regole: "Cerca la semplicità, guida la tua camera, scatta al momento giusto, usa tutti i tuoi sensi, lascia che la foto parli da sé".

Happycentro: script per uno spot di 30"

Lo studio Happycentro disegna e anima storie a passo uno: ecco uno dei loro script dove la sequenza dei testi immagini trova una prima definizione nel disegno che diventa lo storyboard a destra,

Speaker: A Fabriano si producono carte pregiate dal 1246...
Visual: La scena si apre sul logo FABRIANO che prende forma. Si susseguono dettagli della finitura della carta mentre, uno dopo l'altro, dei fogli su cui è incisa la data 1264 si sistemano al centro dell'inquadratura.
Speaker: e già nel 1904 una di queste prende il nome di Medioevalis
Visual: Una sorta di flipblock simula il passare del tempo per arrivare al 1904, anno di lancio della linea Medioevalis. La grafica del packaging riempie il frame (in questo modo dare importanza al restyle eseguito e alla sua riconoscibilità).
Speaker: Un'intera gamma di cartoncini e buste che, oggi come allora, viene prodotta con la stessa cura dalle mani sapienti dei mastri cartai.
Visual: Delle mani in scena strappano, piegano e confezionano cartoncini e buste, partendo da un foglio bianco intonso.

mento puntuale mostrato dall'immagine. Una **sequenza di foto** può dare più forza e complessità alla narrazione. Una **sequenza di immagini in movimento** consente di complicare ulteriormente i piani della narrazione. È ciò che avviene con i videogiochi, nei quali si percorrono storie precostruite ma ogni volta diverse, e con le animazioni, che sono film con personaggi e trame.

Storie minime

Saper raccontare bene una storia è un'arte che ha delle regole proprie: da quelle classiche di unità di tempo, luogo, azione, indicate come pilastri di ogni narrazione che funzioni, ai sofisticati intrecci di trame, punti di vista e piani narrativi della moderna narrativa e cinematografia, che si possono apprendere solo dopo molta frequentazione e pratica di quelle forme d'arte.

Tuttavia prima di arrivare alle forme più complesse di narrazione si può cominciare con poche parole e poche immagini: per esempio, si può scrivere una storia o una autobiografia con sei parole. Leggenda vuole che fu una scommessa a portare Ernest Hemingway a dimostrare che è possibile scrivere una storia con 6 parole: "Vendesi: scarpine per neonato, mai indossate" (*For sale: baby shoes, never worn*).

Alcuni esempi di storie in sei parole:

> Mezzanotte: ma la zucca rimase carrozza!
> La prossima volta resto a casa.

Alcune biografie condensate:

> Trovato amore vero, sposato un altro.
> Volevo scrivere, avevo paura di fallire.
> Faccio ancora il caffè per due.
> Persa pazienza, usata poco. Forte ricompensa.
> Quindici anni da ultima visita barbiere.

Ancora con sei parole o poco più si possono sintetizzare le celebri fiabe:

> Colore indigesto per il lupo: rosso.
> Paglia, legno, mattoni: porcellini in salvo.
> Impossibile: solo i nomi sono sette.

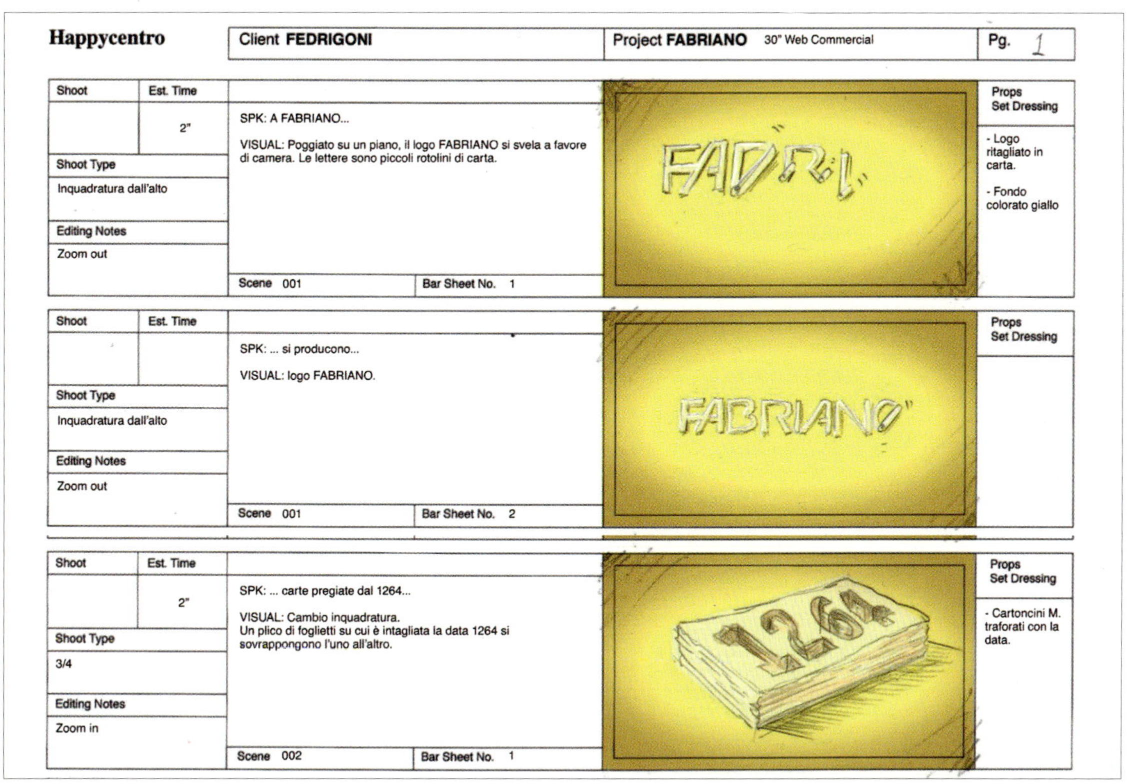

Una storia in sequenza

Happycentro, Federico Padovani, Federico Galvani, per Fedrigoni 2013

5. Il sonoro

I computer solitamente dispongono di una scheda audio e video, di un ingresso e una uscita audio, un microfono e una telecamera. La scheda audio si comporta come un interprete tra il linguaggio digitale, fatto di numeri del computer, e il mondo fisico delle onde sonore, poiché trasforma i suoni in numeri e viceversa. Si tratta dell'audio **digitale**, mentre le musicassette e i dischi in vinile erano supporti **analogici**. La scheda audio produce il suono o digitalizza l'onda sonora raccolta dal microfono mediante campionamento. La conversione dei suoni in digitale non è sempre dello stesso tipo, ed è per questo che si parla di **qualità del suono**. Esemplificando in maniera elementare, ci si riferisce a tre livelli qualitativi, in ordine crescente:

1. il suono che si sente al telefono;
2. il suono che si sente alla radio;
3. il suono di un impianto hi-fi.

Una volta digitalizzato, il suono viene restituito come onda sonora dai diffusori, o casse, o altoparlanti.

Caratteristiche

L'onda sonora non è ferma ma varia nel tempo; quindi per fare una fotografia precisa del suono, un **campionamento**, bisogna ripeterne più volte la misurazione. Si ottiene così una **frequenza di campionamento**, ovvero la misura espressa in Hertz (khz = chilo Hertz) dal numero di volte al secondo in cui un segnale analogico viene misurato e memorizzato in forma digitale. La **frequenza** più utilizzata con i computer è 11 kHz, il che significa che l'onda viene misurata, cioè campionata, 11.000 volte al secondo; a 22 kHz la scheda audio ripete la misurazione 22.000 volte ogni secondo e così via. La frequenza di campionamento influisce sulla qualità del risultato:

- 11 kHz = bassa qualità per effetti sonori;
- 22 kHz = media qualità per il parlato;
- 44 kHz = alta qualità per la musica.

Con **profondità di bit** si intende invece l'accuratezza del campionamento e dipende dal numero di bit utilizzati, da 8 a 16 a 24, cioè dalla quantità di dati immagazzinati. Lo stesso vale per le immagini.

Il numero di canali è la **modalità di registrazione**: mono, o a 1 canale, o stereo, a 2 canali. Oltre a un certo livello di dettaglio il suono digitale è così pulito per l'orecchio umano che è inutile aumentare la frequenza: è la cosiddetta **qualità cd**, a 16 bit e 44 kHz stereo. I livelli di qualità inferiore hanno il vantaggio di occupare meno memoria, analogamente a quanto avviene per le immagini, perché contengono meno informazioni per descrivere il suono.

I più comuni formati digitali del suono

NOME	TIPO	QUALITÀ	USO
.wav, Windows Waveform	formato standard non compresso	"pesante" ma di qualità elevata	usato universalmente sul PC
.mid, Musical Instrument Digital Interface	pochi byte definiscono la nota nei suoi attributi	molto leggero	per scambiare dati musicali; la musica può essere interpretata da qualsiasi voce o strumento digitale
.wma, Windows Meta Audio	simile a .mp3 ma di qualità inferiore	formato compresso	in Internet
.ogg, Ogg Vorbis	Codec Open Source	di buona qualità	utilizzato in molti videogame

Registratore di suoni

Il computer può registrare i suoni. Il software relativo sta nel menu > Accessori di Windows; Apple in genere usa QuickTime, ma possono andare bene anche altre app come Screencast-O-matic.

In fase di registrazione, quando la forma dell'**onda** visualizzata è **tonda** e riempie bene il display segnala un buon livello di suono: se l'**onda** è **stretta** il suono si sentirà poco, se invece è così alta da toccare il bordo del display, il suono sarà distorto. Quando il suono è soddisfacente si può quindi salvare. Il registratore del computer propone il formato .wma, in qualità Radio, a 8 bit, mono, a 22 kHz. Per cambiare il formato audio occorre convertirlo > File > Proprietà > Converti.

A questo punto si può scegliere una delle opzioni proposte. Si può registrare non solo il suono proveniente da fonti esterne ma anche quello di un cd inserito nel lettore o di una conversazione in chat.

La ripresa e la sonorizzazione

La qualità dell'audio incide in modo rilevante sulla qualità del filmato. Nei programmi di montaggio video non è possibile intervenire sull'audio se esso è stato raccolto in **presa diretta,** perché sarà una traccia unica, non scomponibile. Perciò o si cattura l'audio in diretta con un buon microfono direzionale o si fa un **doppiaggio**, cioè si esclude l'audio in sede di ripresa video e si ricorre a una successiva presa del sonoro, magari utilizzando l'espediente della **voce fuori campo**, cioè di un commentatore che non entra nell'inquadratura.

L'audio in sede di ripresa si può registrare con il microfono della videocamera stessa, ma è molto difficile ottenere un risultato professionale a causa delle interferenze sonore dell'ambiente; sarebbe più opportuno dotarsi di un microfono che selezioni l'audio trascurando i rumori ambientali e riduca il rumore.

In alternativa, si deve usare un microfono di vario tipo a seconda della zona audio che percepisce. Oltre alla musica, si possono creare gli effetti sonori: carta che si strappa, oggetti che rotolano o che vengono percossi, rumori conosciuti con cui si può giocare usandoli per doppiare il video. Per le visioni pubbliche si deve sempre scegliere musica che non sia tutelata da diritti.

Il sonoro è un argomento complesso e richiederebbe una esposizione approfondita che va oltre l'ambito di questo testo.

Audio in presa diretta
L'audio registrato con lo stesso apparecchio usato per le riprese, quindi in una unica traccia con le immagini.

I microfoni
Quelli direzionali captano l'audio davanti a sé, dunque si possono orientare a seconda di chi sta parlando.
I microfoni panoramici captano l'audio proveniente dalle sorgenti diverse che stanno intorno, a più ampio raggio.

6. La videopresentazione

I software
I più noti sono Microsoft PowerPoint, Apple Keynotes, Adobe Acrobat, Open Office Impress. In Internet si trova l'ottimo Prezi.

La videopresentazione è una forma di rinforzo del discorso orale attraverso la proiezione contemporanea di testi e immagini. Può essere muta, avere un commento incorporato o essere usata da un oratore che ne stabilisce i tempi di scorrimento. Consiste in una **sequenza di diapositive**, o *slide*, che servono per mostrare informazioni secondo una **progressione narrativa**, ma che possono essere usate anche in forma non lineare, collegandole con link. Essa può funzionare secondo tempi prestabiliti, con lo **scorrimento automatico**, e in questa forma si usa prevalentemente nelle fiere, in situazioni espositive. Oppure può avanzare con una **scansione** stabilita **manualmente** dall'operatore, che di solito è il relatore stesso, il quale accompagna le immagini con il suo commento parlato.

La videopresentazione è un buon punto di avvio per la progettazione dell'ipertesto e delle pagine Internet. Infatti vi si affrontano in modo semplificato concetti comuni come navigazione, link, interfaccia utente, interazione e integrazione di media diversi. In tutte le app si presenta una **pagina mastro**, o *template*, nella quale si inseriscono gli elementi uguali e ricorrenti su tutta la presentazione. Successivamente è possibile generare le schermate in sequenza con le caratteristiche del template: intestazione e pie' di pagina, numerazione, barra di navigazione. Si utilizzano **fogli di stile** e **temi**, per mantenere costanti i titoli, i sottotitoli e il testo, tutti di corpo costante al fine di avere coerenza tra le varie pagine.

Obiettivi e requisiti

Lo **scopo finale** della presentazione detta le caratteristiche della sequenza di slide, che deve funzionare da sola per **mostrare** un prodotto o un servizio, oppure **accompagnare** la relazione di un oratore.

La videopresentazione efficace

Semplicità, testi brevi, contrasto forte, illustrazioni coerenti con il testo, informazione visiva di natura diversa che arricchisce i contenuti.

Nel primo caso si dovrà prevedere una sequenza di proiezione con un tempo breve e, di conseguenza, un testo piuttosto sintetico ma completo.

La videopresentazione come supporto a un oratore, e per chi ascolta il testo, deve costituire una traccia essenziale, contenente solo le **parole chiave**, che non si sovrappongono all'esposizione orale.

Il testo va distribuito sulle schermate in modo che ciascuna ne contenga veramente poco, 30-40 parole: meglio ripetere titoli o parti di testo per collegare un concetto al precedente, o come premessa a un'elencazione. È consigliabile suddividere anche le tabelle grandi in più slide ripetendo le intestazioni. La **grafica** deve essere strettamente **funzionale** al contenuto del testo, e lo è quanto più riesce a sostituire concetti, parole e cifre con le immagini.

Sono da evitare gli sfondi precostituiti dal software. Il colore, funzionale, deve essere scelto con cura, tenendo presente che il contrasto cromatico è decisivo ai fini della visibilità. Il testo infatti deve andare in netto **contrasto** sullo sfondo, prevedendo che nella sala di proiezione possano esserci condizioni di luce non ottimali. Sono da evitare le transizioni animaziote; si usano solo se contribuiscono davvero ad aggiungere significato al testo e mai fine a se stesse.

L'app Screencast-O-Matic

È una evoluzione della videopresentazione, in quanto consente la registrazione del sonoro e il contemporaneo scorrimento di un file preparato in PDF o in un programma di videopresentazione. Nasce infatti come programma di registrazione di sessioni di lavoro video, come tutorial per software. Alla fine della sessione di registrazione genera un filmato in formato mp4 caricabile mediante un browser o indipendente, e ha un funzionamento molto intuitivo.

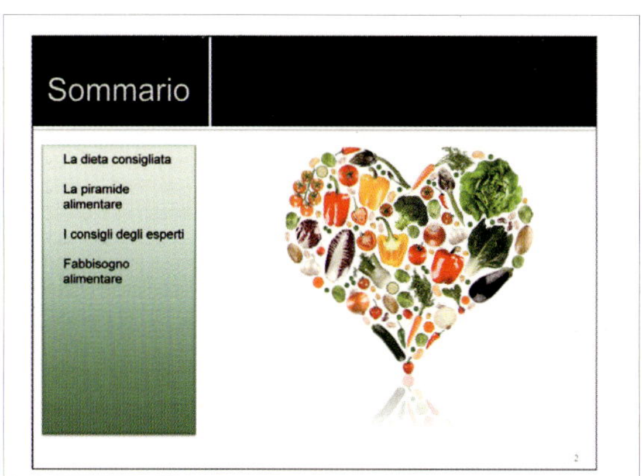

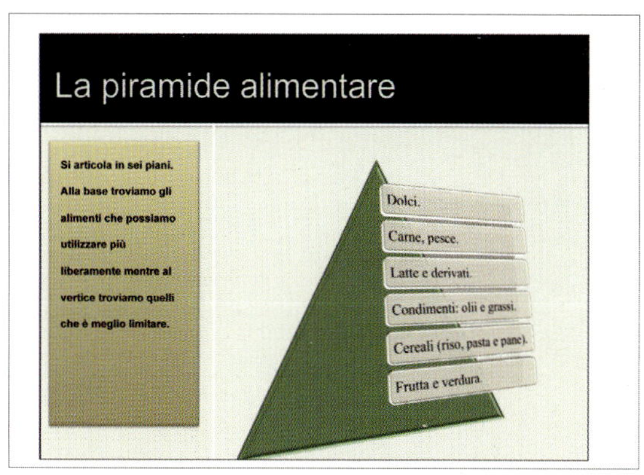

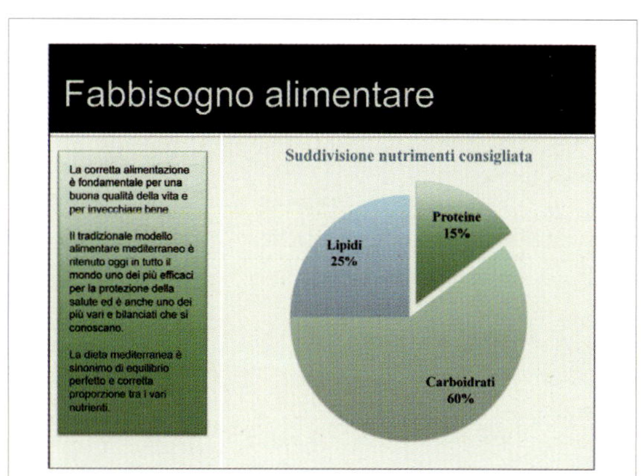

Osserva: errori comuni

GLI ERRORI | **LA CORREZIONE**

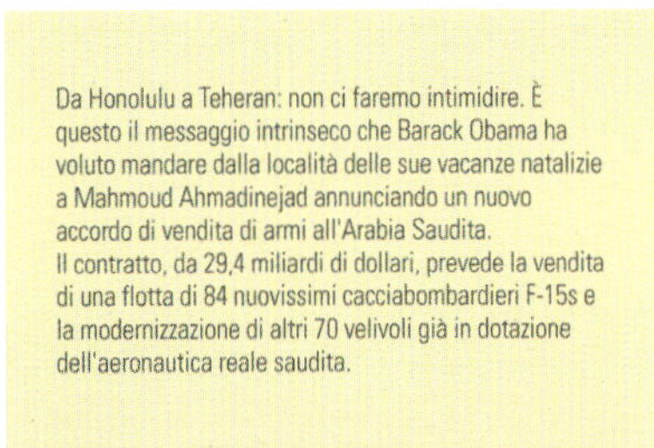

Testo abbondante e fitto.

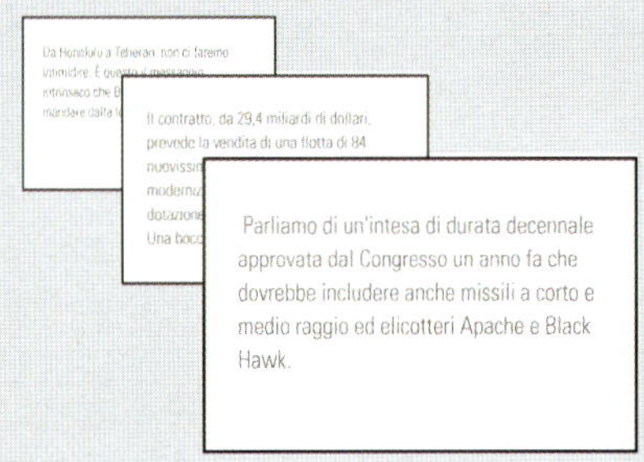

Su ogni slide devono essere necessariamente collocate poche informazioni/parole.

Uno sfondo forte e predominante sul resto.

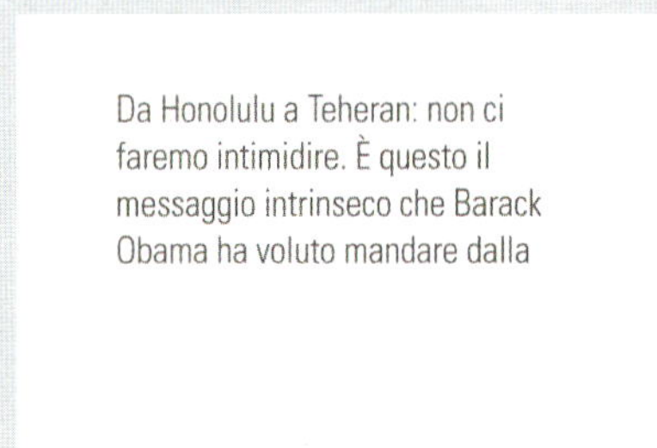

Meglio un fondo chiaro e semplice, dove domina l'informazione scritta o visuale.

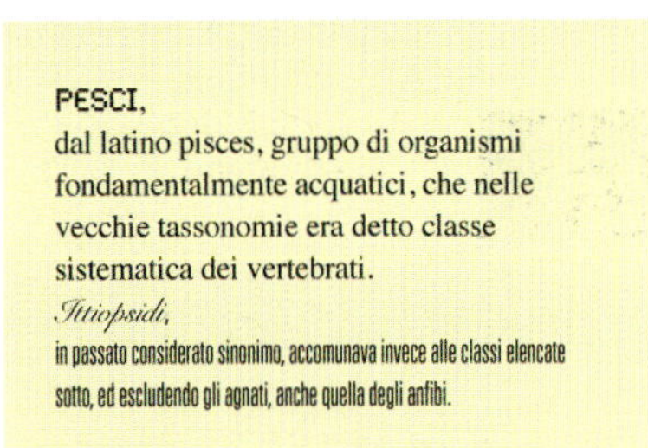

Molte font.

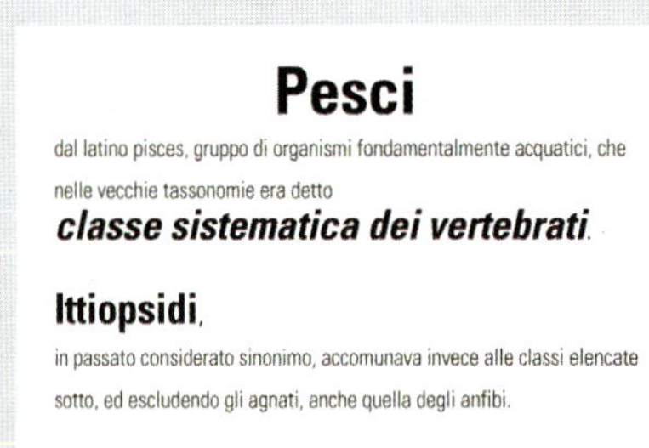

È preferibile una unica font, sfruttando diverse misure e disegni per evidenziare parole chiave.

Caratteri e testi senza gerarchia di peso e dimensioni.

Caratteri di misura e pesi diversi definiscono ottimamente la gerarchia dei contenuti e delle informazioni.

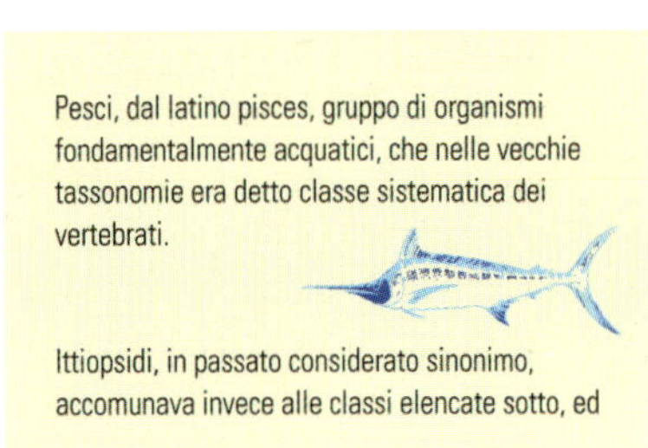

La grafica non rende interessante un testo noioso.

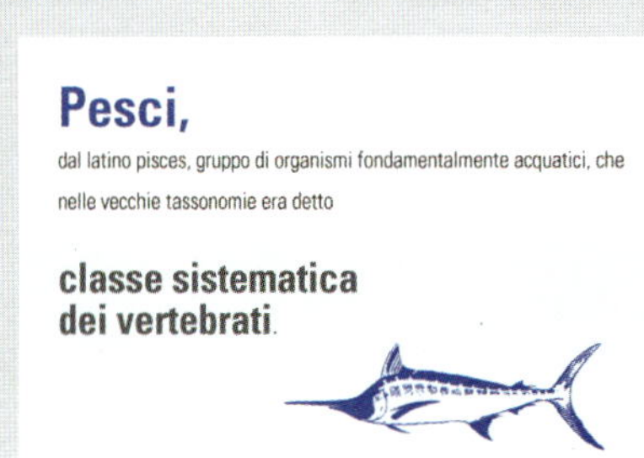

La grafica può rendere un testo più leggibile.

GLI ERRORI

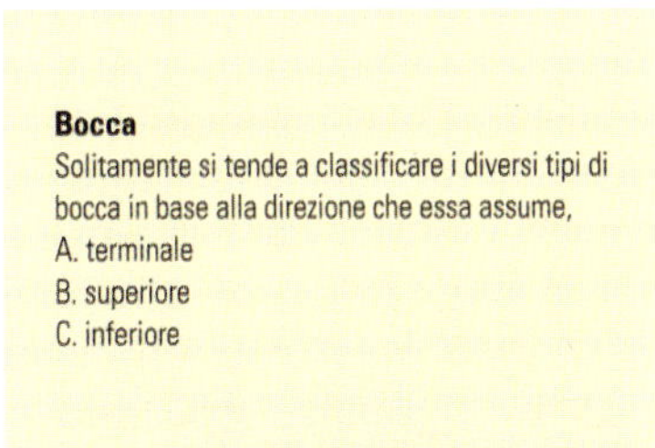

Una sola forma di comunicazione povera, solo testo o sola immagine.

Informazioni ridondanti.

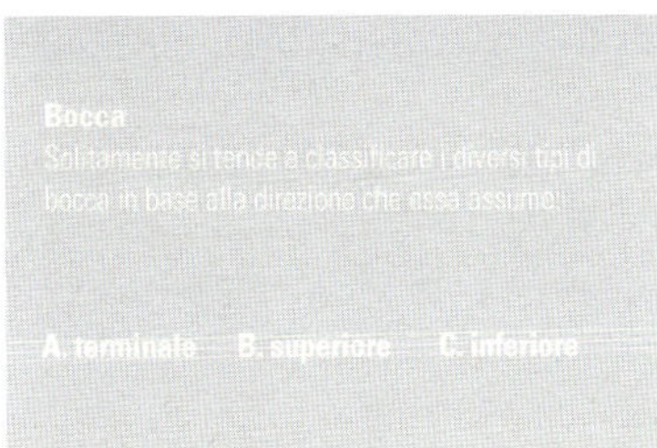

Testo poco evidente, o non distinguibile dallo sfondo.

Le clip art sono banali, specialmente se usate da un grafico.

Animazioni e transizioni di varia natura tra le slide, non collegate con l'informazione, danno l'idea di un catalogo di effetti.

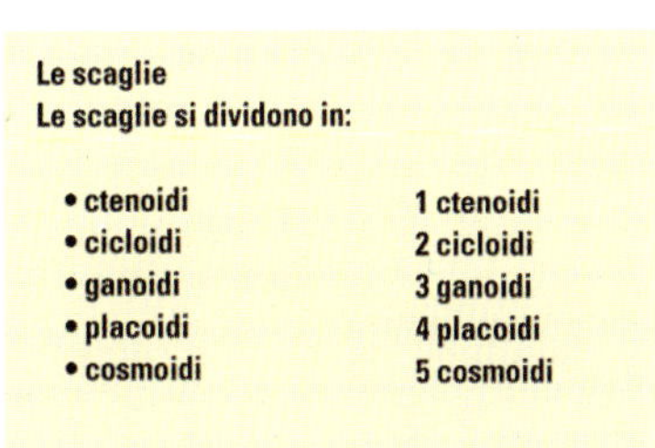

Le strutture predefinite dal programma, come gli elenchi puntati e numerati, sono noiose alla lunga.

LA CORREZIONE

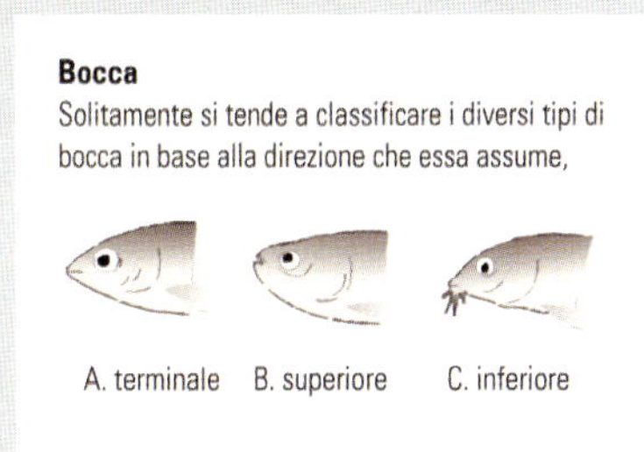

Sono preferibili diverse forme di comunicazione: testo, immagini, grafici. Le immagini giuste possono raccontare più efficacemente del testo.

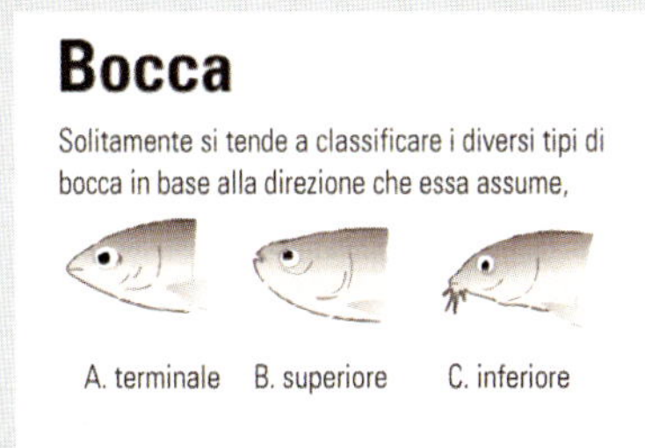

Un solo elemento forte per pagina.

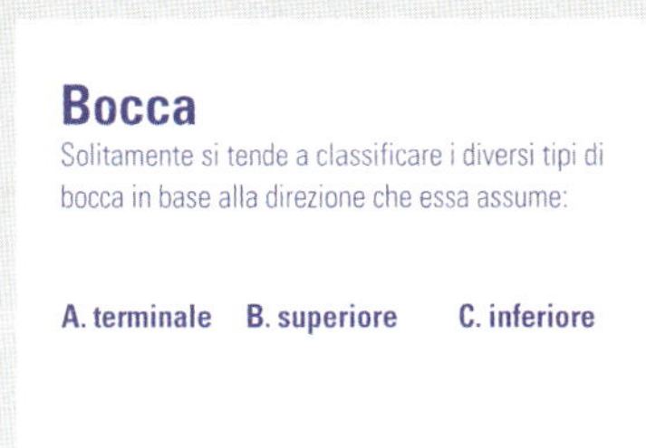

Contrastare efficacemente il testo sullo sfondo. Ricordare che l'ambiente delle presentazioni di solito è semibuio

Produrre disegni con un tocco caratteristico.

Usare animazioni solo se funzionali all'informazione, perché possono distrarre l'ascoltatore.

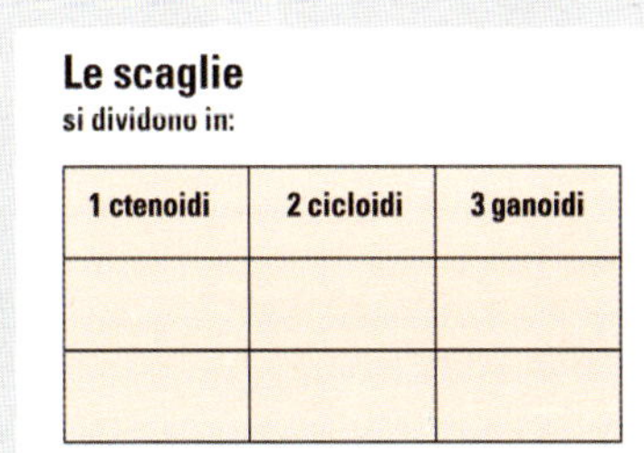

Utilizzare gli elenchi e le strutture predefinite solo se necessarie per chiarire l'informazione.

7. Il web

È un servizio di Internet che permette di navigare e usufruire di un insieme molto vasto di contenuti multimediali: testi, immagini, audio, video, ipertesti, contenuti non multimediali. I **nodi** sono la caratteristica principale della rete Web e sono interconnessi grazie ai link, formando così un enorme ipertesto.

I contenuti del Web sono costantemente online, perché risiedono su computer detti "server", quindi costantemente fruibili da chiunque disponga di un computer, di un **accesso** a Internet e degli opportuni programmi, detti **browser**. Nei computer e sui telefonini si possono installare browser, come Internet Explorer, Mozilla Firefox, Safari, Opera, Google Chrome, software che hanno la precisa funzione di interpretare il codice di descrizione e di visualizzare le pagine. Non tutti i contenuti e i servizi sono però disponibili a chiunque, in quanto il proprietario dello spazio Web può renderli accessibili solo a determinati utenti, gratuitamente o a pagamento, utilizzando il sistema degli **account**.

I contenuti sono organizzati in **pagine** e hanno assunto una grande importanza nella diffusione delle informazioni: in Internet si trovano i quotidiani, le riviste, che possono essere integrate da materiali multimediali, ma anche l'orario dei treni e degli spettacoli della propria città, foto, musica e filmati. Il Web è caratterizzato dall'enorme quantità di informazioni che quotidianamente vi sono immesse, per cui sono necessari sistemi automatici per trovarle, cioè i **motori di ricerca**, come Google e Yahoo. Non sono disponibili però molti strumenti per capire

Struttura della pagina

se le informazioni trovate in quantità siano affidabili e quanto lo siano.

Si può comprendere meglio che cosa caratterizza il Web se lo si pone a confronto con altri sistemi come la televisione e la stampa. Paragonandone le caratteristiche, si vede come la televisione assomigli molto di più alla stampa che non alla rete, nonostante entrambe utilizzino come supporto un monitor. Esistono però due **differenze fondamentali**:

> l'illimitata possibilità di **approfondimento** di qualsiasi messaggio da parte dell'utente nella rete rispetto a stampa e televisione: si pensi ai confronti possibili attraverso i motori di ricerca;

> la possibilità offerta dalla **condivisione dei contenuti** con gli altri attraverso le chat e le videochiamate di gruppo, nonché attraverso i social network come Facebook, Twitter, YouTube, Vimeo, Picasa.

La pagina

Nella vita quotidiana si è influenzati e guidati da segnali e sistemi visivi di orientamento; analogamente, se ci si muove in Internet, che è un mondo virtuale, è necessario **tracciare** il percorso compiuto, **annotare** indirizzi utili, preferenze, ed **esplorare** altri collegamenti.

Visitare un sito

I dispositivi che si possono mettere in atto per collegare due parti di un sistema, reale o virtuale, sono chiamati "interfacce". Sono tutti quei **segnali**, pulsanti, link attivi, indici, mappe, **che orientano** nei percorsi, analogamente a quanto succede con i segnali di direzione sulle strade della città.

Home page

Si deve immaginare un sito Internet come un edificio con un ingresso principale, l'home page, e i piani, i livelli sui quali sono collocate le pagine, come stanze, che possono essere collegate in orizzontale da porte e corridoi, e in verticale da scale; questi collegamenti sono i **link**. Tuttavia, a differenza di un edificio in muratura, ogni pagina di un sito può essere collegata a più pagine, o a pagine che non sono nello stesso piano o livello; inoltre si può accedere a una pagina qualsiasi di un sito anche senza passare dall'ingresso principale, la home, grazie ai risultati ottenuti da un motore di ricerca.

Il sito può essere come una casetta con pochi piani e stanze, o un edificio complesso come un grattacielo: per questo c'è bisogno di segnali di navigazione che permettono di passare da un piano e da una stanza all'altra, e di una mappa che mostri dove ci si trova e dove si può andare in verticale e in orizzontale. Questo apparato di strumenti è detto **interfaccia di navigazione.**

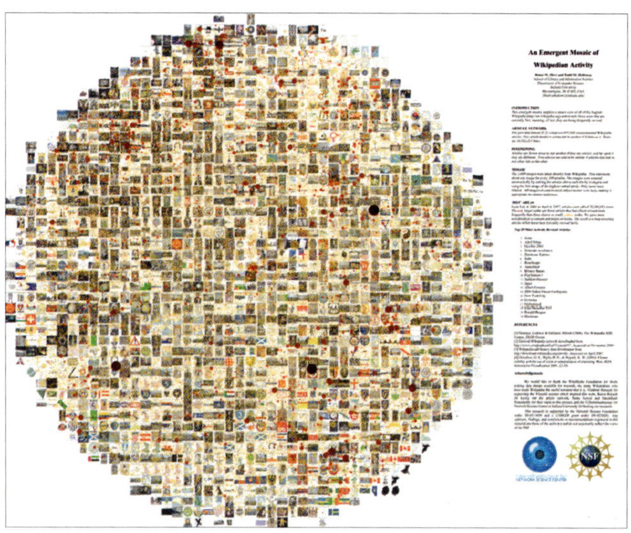

Il mosaico sempre più vasto della mappa di Wikipedia

L'immagine rappresenta la sintesi visiva delle pagine di Wikipedia.org visitate e più frequentemente modificate. I punti rossi rappresentano le pagine più contestate.

Todd Holloway, Indiana University, School of Library and Information Science, Bloomington, USA, 2008.

Osserva: caratteristiche

I siti tradizionali

I primi siti erano collezioni di documenti HTML collegati fra di loro, organizzati secondo menu disponibili su tutte le pagine che consentivano di linkare le altre pagine. Richiedevano competenza autoriale e progettuale, poiché la gestione e la modifica delle pagine prodotte erano difficili.

I siti statici e dinamici

Poi sono arrivati i CMS: Content Management Systems, programmi installati sul server, in grado di facilitare il processo di aggiunta e modifica di pagine e contenuti da parte di editori non specialisti, con una separazione di design e contenuto. Le pagine sono create riempiendo form di inserimento, e scegliendo categorie e sezioni del sito. Richiedono competenze tecniche di programmazione e progettuali discrete per chi li organizza; al contrario, sono facili da usare per chi deve caricarvi sopra i contenuti.

I blog

Il periodo di inizio e maggiore diffusione va dal 2002 al 2006. Sono siti **orientati all'aggiornamento rapido**, di **struttura semplificata**: prevale la home page con le news e una colonna con i link ad archivi e altri siti. Non c'è bisogno di competenza progettuale, perché sono resi possibili dai CMS. La pubblicazione online viene resa disponibile per tutti. Ciò porta alla nascita di blog molto simili nella forma e nei meccanismi di archiviazione. Le caratteristiche tecniche del blog per quanto riguarda l'utente sono l'essere **in ordine cronologico**, avere **archivi tematici** e **temporali**. I commenti dei lettori sono possibili ma non sempre autorizzati dal gestore. Solo l'autore può scrivere o modificare il proprio blog.

I wiki

Sono strumenti di **scrittura collaborativa** nei quali un testo può venir modificato da chiunque si iscriva. È possibile tornare a una versione precedente del contenuto, ed esiste spesso una **moderazione** a posteriori o revisione dei contenuti. Il loro interesse deriva, come dimostra facilmente Wikipedia, dalla facilità di modifica e dall'essere uno strumento collaborativo di gruppo nel quale è abolito il concetto di autore.

I forum

Sono **strumenti di dibattito** in cui ogni iscritto può iniziare una discussione o replicare partecipando alla discussione. Non articoli, come sui blog, quindi, ma discussioni: temi, dubbi, domande, richieste di aiuto in un luogo in cui altri visitatori rispondono, commentano, si scambiano idee. Solitamente è presente la figura dell'amministratore/moderatore, che è il controllore della corretta convivenza, la **Netiquette**. Ognuno è autore del proprio intervento e solo lui e l'amministratore possono modificarlo.

Istituzionale

Il sito del Ministero dell'Istruzione è strutturato come un portale dal quale accedere a molte informazioni e a livelli diversi. Molto spazio è destinato all'immagine istituzionale, meno intuitivi sono i menu di navigazione.

Portale Google

Motore di ricerca che offre anche strumenti di lavoro gratuiti. La sua funzione è evidenziata dalla casella centrale, mentre il menu di accesso ai servizi aggiuntivi è collocato nella parte alta della finestra.

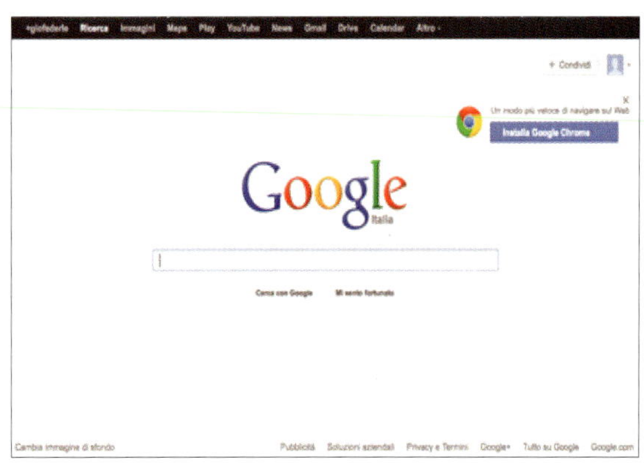

Il social sharing

In un luogo unico si inseriscono tramite **caricamento**, o *upload*, previa creazione di un account, contenuti che si vogliono condividere, non legati al proprio sito; esempi noti sono YouTube, Flickr e, più specifici per la grafica, Pinterest e Behance. I contenuti sono **catalogati** dagli autori stessi per **canali**, **categorie**, **autori**: si può cercare in molti modi. Il social sharing ha diffuso il concetto di **tag**, cioè di etichetta di categoria, argomento, che si assegna a ogni pezzo.

Il social network

Si tratta di siti dove si incontrano persone o si segnalano eventi significativi, si organizzano profili, messaggistica, scambi di informazioni con un gruppo selezionato di utenti della rete. **Condividere** è più semplice che scrivere le stesse cose a tutti: l'idea è di avere un archivio che semplifica la necessità di una gestione frammentaria delle relazioni. Man mano che in rete entra una massa critica di utenti si sta andando verso l'emersione di **luoghi virtuali di aggregazione**, che convivono con i luoghi singoli gestiti da ciascuno, i siti, ma semplificano il ritrovamento e la condivisione di informazioni, contenuti, relazioni.

Gli aggregatori di news

Concentrano in un luogo solo titoli e sommari di contenuti su specifici interessi e temi provenienti da fonti diverse, e sono aggiornati di continuo. Le fonti continuano a esistere, ma l'aggregatore ne semplifica l'uso e assume importanza cruciale andando a scovare nel web notizie che altrimenti sarebbero difficili da trovare. Possono essere anche **tematici** e funzionano come un sito giornalistico; inoltre i temi possono essere personalizzabili dall'utente.

Grandi media

Hanno il problema di mantenere online il prestigio acquisito offline; sono lenti, **strutturati** in maniera complessa, poco sensibili ai cambiamenti, ricchi di contenuti anche spesso di scarso valore, con modelli variabili. Il contenuto è in competizione con il cartaceo e la tv, ma consente di aumentare il numero dei lettori: ne sono un esempio i principali quotidiani. Si finanziano in base ai clic ottenuti dai lettori, quindi tendono a riempire le pagine di titoli e immagini finalizzati a ottenere facilmente la visita e quindi troppo spesso privi di valore.

Testo ripreso e adattato da Mauro Boscarol.

Musei reali e virtuali: Musei Vaticani

Funzionale, su tre colonne, con intestazione a tutta larghezza e menu nella prima colonna a sinistra visibile solo nella home page. Il sito contiene una gallery, o museo virtuale, con una scelta delle opere della collezione fatta di immagini e delle relative schede scientifiche.

Quotidiano online

L'home page contiene le informazioni più importanti ma consente, attraverso un menu orizzontale, il passaggio ad altre sezioni del giornale. La griglia di impaginazione, tipicamente su due-tre colonne, è molto consueta sui quotidiani perché vi sono esigenze di ergonomia e usabilità che dettano i criteri di impaginazione.

Osserva: aspetto

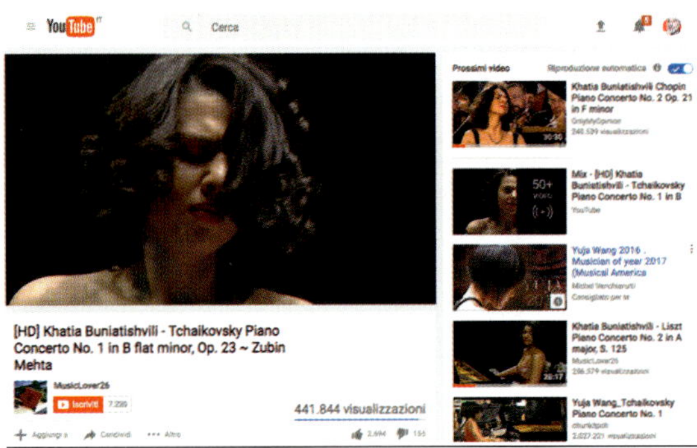

Social YouTube

Sito specializzato nella condivisione di video.

Social Facebook

Sito per la condivisione di notizie e immagini.

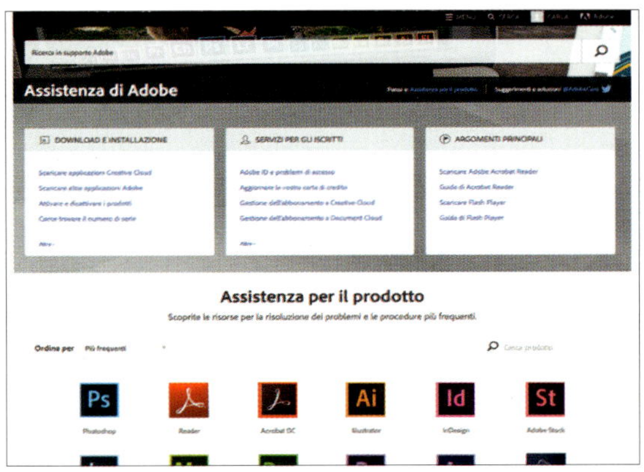

Supporto alla vendita: Adobe

Sito molto ricco di contenuti, notizie e supporti tecnici e didattici. L'impostazione di base è semplice e rigorosa, perfettamente funzionale alla ricerca.

Informazioni e news: Newsmap.jp

Gli aggregatori offrono di solito un indice a tema, ma è possibile indicare i propri interessi specifici (come grafica, design, fotografia, arte e cultura) ed essere aggiornati continuamente su quello che viene pubblicato nel mondo sull'argomento.

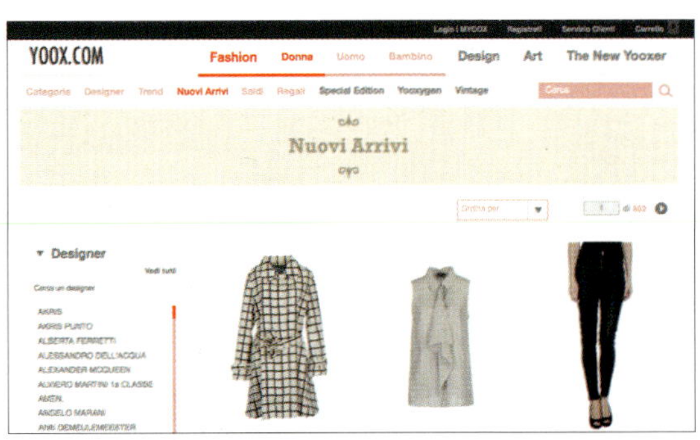

E-commerce: YOOX.COM

Dedicato alla vendita di capi di abbigliamento online.

Home page personali e Weblog: Setteincondotta

Uno dei blog più frequentati dagli studenti. Non consente agli utenti di intervenire con materiali altrui, ma è solo l'autore che può pubblicarli.

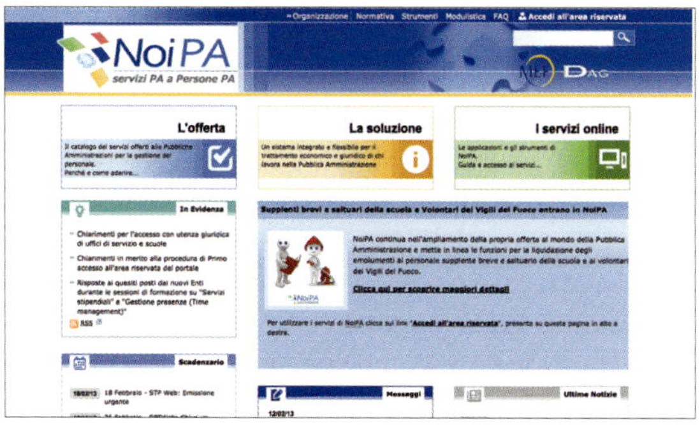

Sito della Pubblica Amministrazione

Sito che utilizza un CMS per strutturare pagine e informazioni. La pubblicazione dei contenuti può essere affidata a diversi uffici.

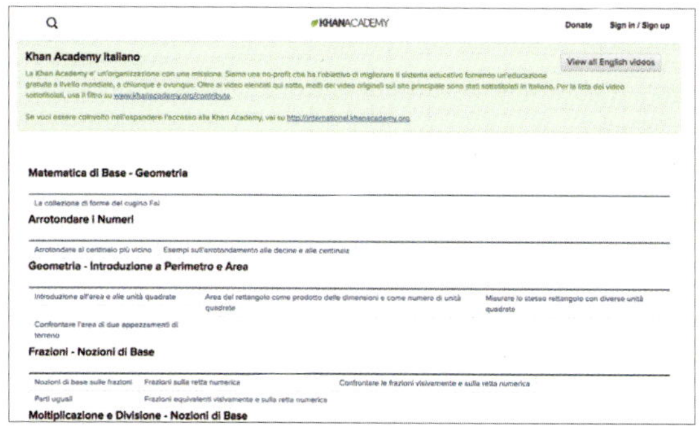

Formazione online: KhanAcademy

Sempre più diffusi i siti che offrono formazione online, gratuita o a pagamento. Elementi di accesso e selezione dei corsi ricorrenti nelle pagine.

Forum

L'intestazione ha il logo del proprietario, strumenti di ricerca e un indice di navigazione. In ogni discussione gli utenti possono intervenire con una replica che prevede l'inserimento della citazione del brano che si vuole commentare.

Home page del wiki Minecraft

Ogni persona iscritta al wiki può intervenire modificando i contenuti della pagina. Ogni comunità che utilizza un wiki per condividere le informazioni può assegnare a ogni iscritto livelli diversi di intervento: lettura, modifica, editor ecc.

Community

Sito che raccoglie utenti con interessi comuni, composto da rubriche, scambio di notizie e forum tematici. Di solito permette la consultazione, ma richiede una iscrizione per pubblicare interventi. Nell'immagine, una neonata comunità di lettori: http://www.pickwicki.com/

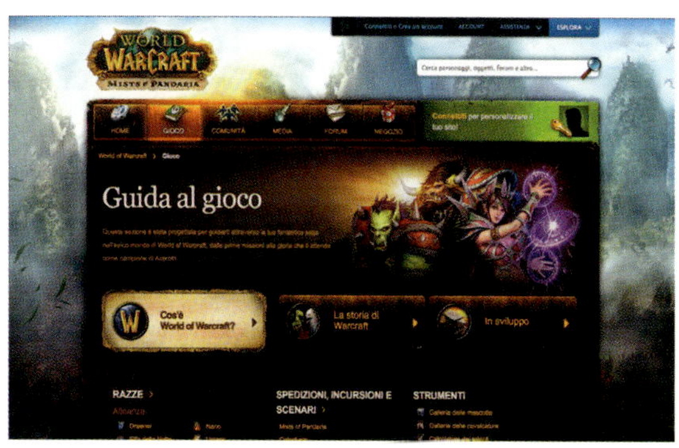

Giochi e comunità virtuali: World of Warcraft

Attorno ai giochi si creano le comunità che dibattono sui giochi stessi. La grafica è coerente con l'ambiente di gioco, quindi gotica, fantascientifica, fantasy, storica, a seconda della tipologia.

Progetta: siti e pagine

Nella realizzazione di pagine Web la progettazione e la realizzazione sono aspetti distinti anche se non disgiunti: riguardano il **codice**, il **contenuto** e l'aspetto **visivo**. A questi tre elementi corrisponde la compresenza in équipe di un numero almeno corrispondente di esperti: il **web designer**, il **copywriter** e il **visual designer**.
Il primo, il web designer, è un tecnico che conosce i linguaggi di programmazione dei siti, le modalità di navigazione e visualizzazione delle pagine Web.
Il secondo, il copywriter, si occupa della scrittura dei testi.
Il terzo, il visual designer, sa disporre in ordine le informazioni tenendo presente le finalità del sito e le caratteristiche dell'utente/navigatore: queste informazioni, oltre che strutturate, vanno anche mostrate in forma verbale e/o visiva.
Il visual designer deve conoscere le caratteristiche dei **linguaggi di programmazione** per poter fare delle richieste sensate e logiche al programmatore, proposte che siano compatibili con la realizzabilità del progetto. Deve essere in grado di capire e interpretare i contenuti e saper usare gli strumenti della tipografia classica, come le griglie, i paragrafi, i caratteri, gli stili, che però devono essere impiegati per un mezzo diverso, che ha caratteristiche proprie.

Tuttavia negli studi di sviluppo web ben strutturati oltre a questi tre essenziali specialisti sono presenti: tecnici informatici detti **sviluppatori**, che costruiscono lo scheletro vuoto del sito; i **web master**, che gestiscono l'operatività di un sito e hanno la responsabilità di tenerlo vivo e aggiornato; i **gestori dei server**, cioè dei computer che ospitano il sito, dei sistemi hardware e dei sistemi operativi, ovvero i sistemisti.

I fattori decisivi
In generale per procedere nella realizzazione occorre considerare i seguenti fattori.
La **strategia** del committente, ovvero che cosa questi vuole che appaia sul suo sito: mostrare prodotti e servizi come in una vetrina o su un catalogo, venderli come in un negozio, offrire informazioni o servizi come in un ufficio, mostrare se stesso o la propria azienda a fini di rappresentanza come in uno stand fieristico, fare pubblicità.
La **definizione degli obiettivi**, ovvero lo scopo del sito: che cosa si offre all'utente.
L'aspetto, **la struttura del sito, la mappa** con cui sono organizzate le informazioni (giova ricordare le opportunità offerte dalla mappa concettuale). In queste categorie rientrano la griglia

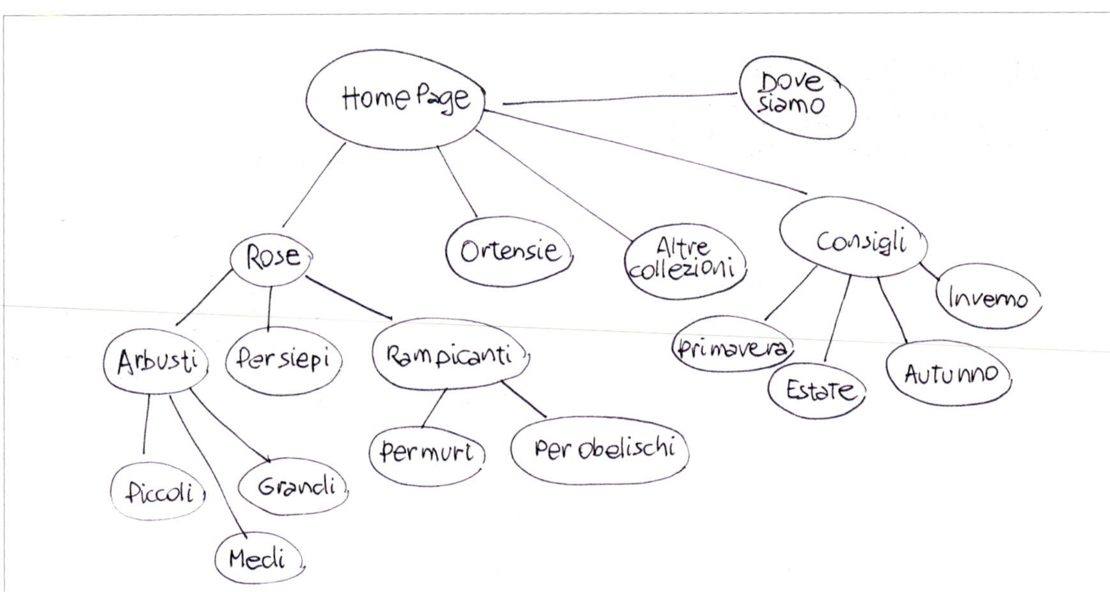

Bozza di un sito

di disposizione o impaginazione degli elementi, che struttura i contenuti e organizza la navigazione, ovvero l'interfaccia grafica costituita da testo, immagini, link.

La compatibilità con i browser

La visualizzazione di una pagina può variare a seconda del computer o del browser utilizzato. Il browser, come Chrome, non è altro che un traduttore che legge e interpreta l'HTML, il codice con il quale è scritta la maggior parte delle pagine, e la visualizza in forma di ipertesto.

Non tutti i browser tuttavia si comportano da buoni traduttori: possono anzi interpretare il codice in modo distorto e mostrare i contenuti in modo sbagliato. Attraverso il codice si possono prevenire questi errori di traduzione, ma il progettista deve verificare la correttezza del codice testandolo su appositi siti (W3C.org, browsershots.org e il simulatore di Google).

L'usabilità

Questi sono i fattori che rendono poco professionale e poco usabile un sito:

> pagine compatibili con un solo browser o per una sola risoluzione video;
> pagine troppo pesanti da caricare;
> visualizzazione non stabile su piattaforme diverse (PC, Mac, Linux);
> pagine che non si possono stampare;
> testi fissi troppo piccoli, che non si possono leggere con facilità;
> testo e sfondo di colori troppo simili, poco contrastati;
> immagini troppo grandi con vistose pixelature.

L'accessibilità

I siti della Pubblica Amministrazione, per legge, devono essere **fruibili** anche **da chi ha disabilità** visive (i non vedenti o gli ipovedenti). La rimozione degli ostacoli o l'attivazione di facilitazioni è definita come **accessibilità di un sito**. È un aspetto piuttosto tecnico della costruzione dei siti e prevede, per esempio, che tutte le immagini siano corredate di un'**etichetta** che le descrive agli utenti che non le possono visualizzare; che sia applicato un sufficiente **contrasto** di colori tra fondo e testo; che i contenuti multimediali abbiano una **alternativa** testuale. I siti che hanno un **certificato di accessibilità** sono contrassegnati dall'etichetta W3C*, che è l'ente certificatore mondiale.

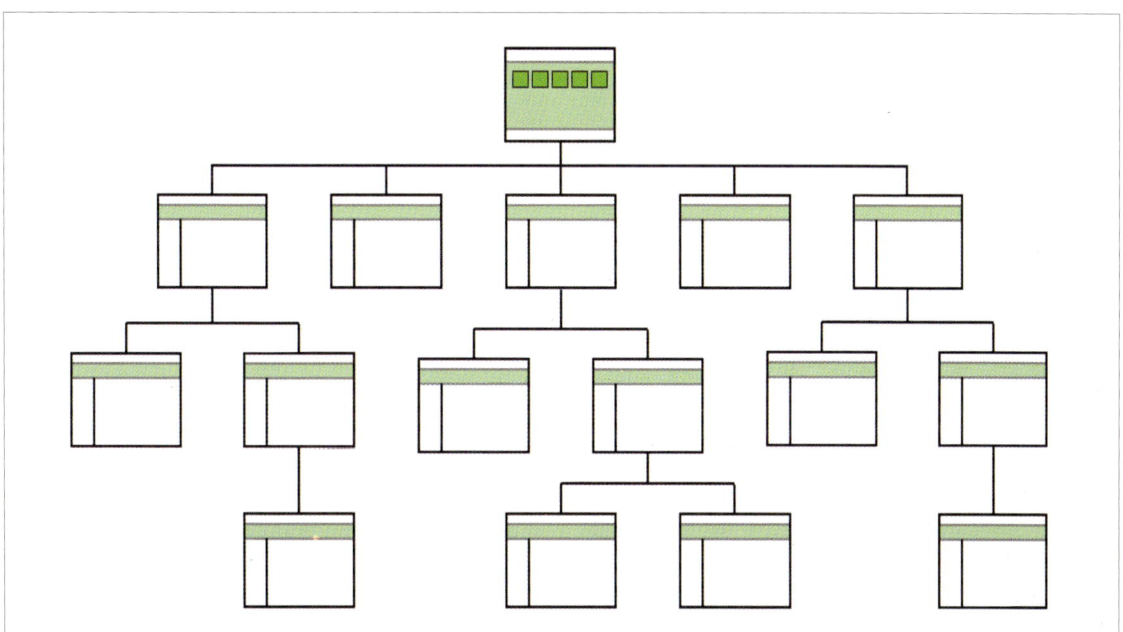

Una mappa di un sito

Definizione della mappa con i livelli e i link.

Per cominciare

Si possono creare dei siti da modelli messi a disposizione dai grandi portali, come Google Drive o WordPress. Per prestazioni più complete e flessibili esistono sul mercato dei software per creare pagine senza dover ricorrere alla programmazione pura: consentono di raggiungere risultati accettabili senza dover diventare dei programmatori, con un giusto compromesso tra usabilità e prestazioni.

Il Web designer che si affianca a un buon programmatore deve conoscere a grandi linee i meccanismi di costruzione del Web per raggiungere un'ideale integrazione, altrimenti sarebbe come un carrozziere che ignori la meccanica dell'auto. Chi pensa la struttura delle pagine e la veste grafica e interattiva deve conoscere in generale la **meccanica di funzionamento**, l'**interazione con l'utente** e la psicologia che la sottende, così come le **tendenze** e i gusti del momento sul web.

Il software
Dreamweaver consente la vista contemporanea del codice e dell'anteprima. Muse, dall'uso ancora più semplice, è più adatto per fare la progettazione di un sito.
Il visual si può progettare con Illustrator e Photoshop, che dispongono di tool particolarmente adatti.

La grafica

La grafica sul web, oltre che essere complementare al testo, diventa essa stessa forma portatrice di contenuti:

- Le illustrazioni **mostrano le cose**, portando frammenti di mondo nel documento.
- I **diagrammi**: grafici quantitativi e diagrammi di processo sono in grado di spiegare visivamente i concetti.
- I dati quantitativi: i grafici numerici possono aiutare a **spiegare** la finanza, le scienze e altro.
- L'analisi e la **spiegazione di effetti causali**: la grafica può aiutare a mettere in dubbio un argomento o mostrare ciò che ha causato un evento.
- I grafici possono combinare le parole, i numeri e le immagini in una spiegazione esauriente.

Azione coordinata

Oggi una comunicazione è tanto più efficace quanto più sa comparire sui diversi media e device con la stessa presenza e forza.

Creativi: Assunta Squitieri, Paola Manfroni, Enrico Caputo. Marimo per Rai News, Roma 2014

Orientare la navigazione
Chi naviga in Internet procede in modo piuttosto disordinato: entra da un motore di ricerca in una pagina, salta su un link, apre finestre pop-up.

Organizzare le informazioni
Le informazioni principali devono essere facilmente rintracciate, e la navigazione deve poter essere ripercorsa senza intoppi all'indietro. Il visitatore va trattenuto sulla pagina e messo in grado di navigare senza smarrirsi. È necessario pertanto che le **informazioni siano organizzate** già in fase di progettazione secondo una logica che interessa agli utenti, e che la navigazione sia agevolata da visibili **tracce per l'orientamento**; è il criterio guida con il quale si allestiscono le pagine di una presentazione o di un sito Web.

La mappa
È il mezzo visivo che si usa più comunemente in fase di progettazione per dare una struttura alle informazioni. È costituita da **nodi** contenenti concetti chiave, **collegati** tra loro da parole che definiscono la relazione tra i concetti. La mappa mostra dunque in forma gerarchica e ordinata i contenuti di un argomento.

Definire l'aspetto del sito
La costruzione di un sito è quasi sempre un lavoro di équipe in cui il Web graphic designer si occupa dell'aspetto complessivo, rendendo l'insieme delle pagine coerente e armonioso.

Con uno schizzo iniziale della pagina base si possono definire e collocare:

> gli elementi grafici che caratterizzano il **visual** dell'azienda, come il logo, le font, i colori;
> i **menu di navigazione**, orizzontali, verticali, interattivi o dinamici;
> i **punti di riferimento e orientamento** che aiutano l'utente;
> gli spazi destinati ai **contenuti**.

La progettazione grafica più dettagliata prevede la realizzazione di una bozza costruita con programmi di disegno, come Adobe Illustrator o Photoshop, e può costituire un punto di verifica importante con il committente; è inoltre una forma di controllo della facilità di lettura della pagina e dei suoi segnali di orientamento.

Osserva: percorsi e segnali

Chi progetta una navigazione ipertestuale non lineare, come accade in un sito Internet, dove si può passare liberamente da una pagina all'altra e da un livello all'altro senza seguire un percorso predefinito, deve costantemente offrire al navigatore segnali che lo informino sulla sua posizione.

Deve mostrare dove si trova il visitatore in ogni momento, segnalare la sua provenienza e indicare le possibili destinazioni. I segnali adatti a questo scopo possono essere di due tipi, e cioè grafici, come **icone**, finestre, puntatori o comunque basati su un sistema visivo, oppure sotto forma di scrittura, come parole **calde** o **link testuali**.

Il menu o barra di navigazione

L'elemento standard dell'interfaccia di molti siti è il menu, che in genere si presenta come un elenco di voci disposte in senso orizzontale in alto sulla pagina, la barra di navigazione, come nel sito della Apple, o sulla colonna laterale della pagina, come su Wikipedia. Tutte le pagine di un sito dovrebbero contenere il menu di navigazione collocato nello stesso punto e seguire lo stesso criterio di elencazione, altrimenti il navigatore perde l'orientamento.

Inoltre esistono alcune convenzioni, che sono entrate nell'uso standard, la cui infrazione può essere molto controproducente ai fini della semplicità d'uso: la **disposizione verticale** della pagina, la **posizione** delle barre di navigazione in alto o sulla colonna, mai sotto, la sottolineatura o il **colore blu** standard **dei link**. Per esempio, è fuorviante usare un testo sottolineato solo per fini decorativi, senza che vi sia un link.

Le immagini per il Web

Una pagina per il Web può contenere più immagini di quante si riescano a identificare a prima vista, considerando gli elementi leggeri come righe, intestazioni, piccoli pulsanti o altri elementi accessori alla progettazione.

Le immagini importanti, legate al testo, che dovrebbero essere leggere e di dimensioni ridotte, hanno la funzione di rimarcare il cambiamento di pagina, o di argomento, e di fare della lettura un'esperienza più varia e piacevole.

Il lettore in genere preferisce una pagina con figure a una di solo testo. Il peso dell'immagine, in termini di bit, è importante perché condiziona il tempo di caricamento e visualizzazione della pagina. Occorre tener presente che una pagina Internet dovrebbe poter essere universalmente accessibile, quindi non solo in luoghi dove le linee sono veloci.

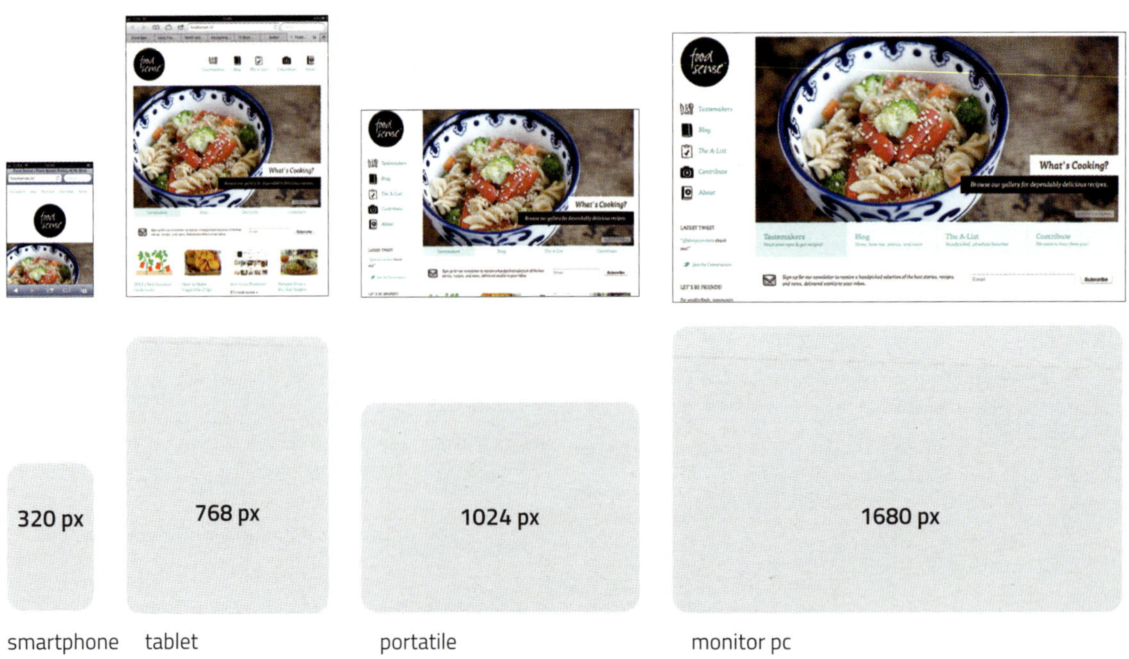

Layout flessibile, gamma delle risoluzioni, differenti misure dei display/monitor.

GIF, JPEG e PNG

Come detto in precedenza, i formati delle immagini per il Web sono essenzialmente tre:

1. Le immagini **GIF,** Graphics Interchange Format, sono limitate a 256 colori, che corrispondono nelle palette dei software ai "colori per il Web" e possono essere resi trasparenti: un colore può essere trattato in modo da lasciar vedere il fondo.
2. Le immagini **JPEG**, Joint Photographic Experts Group, a milioni di colori, non si possono né animare né rendere trasparenti, ma riescono ad assicurare una buona qualità con un peso abbastanza contenuto; si usano soprattutto per le fotografie.
3. Il formato **PNG,** Portable Network Graphics, supporta milioni di colori e una trasparenza graduale per ottenere effetti morbidi. Conserva inoltre i dati originali delle immagini, cosa che i formati GIF e JPEG non fanno, come i livelli, i vettori, i colori, gli effetti e le ombreggiature; quindi tutti gli elementi sono completamente modificabili in qualunque momento.

Photoshop e Illustrator, come altri software di disegno, hanno strumenti che permettono il salvataggio delle immagini in formato GIF, JPEG o PNG, consentendo di graduare il livello di compressione e di conseguenza anche la dimensione dei file.

Le immagini per il web vanno preparate a circa 100 pixel per pollice perché questa è la risoluzione massima, anche se varia e variabile, dei monitor dei dispositivi. Una risoluzione maggiore appesantisce solo la navigazione ed è sconsigliabile.

Le videate mostrano il risultato dell'opzione GIF e JPEG sulla finestra di dialogo > Salva per web e dispositivi di Photoshop. Il GIF semplifica le immagini riducendo il numero dei colori e delle sfumature, mentre il formato JPEG mantiene la fedeltà fotografica dell'immagine con la sua gamma di colori.

I segnali di navigazione sul Web

SEGNALI DI POSIZIONE INDICANO DOVE CI SI TROVA	SEGNALI DI PROVENIENZA INDICANO LA STRADA PERCORSA	SEGNALI DI DESTINAZIONE INDICANO DOVE CI SI PUÒ DIRIGERE
gli effetti di evidenziazione dei sistemi di navigazione	la lista delle pagine visitate in cronologia	la tavola dei contenuti, o menu
i sistemi visivi di identità	i colori che evidenziano ciò che si è già visitato	i sistemi di navigazione che mostrano il percorso, o path, nella mappa del sito
i marchi	i segnali che consentono di tornare alle pagine già visitate	i collegamenti esterni
	il segnale di ritorno alla home page del sito	

Osserva: ruoli e strumenti

Modello della qualità

qualità

RUOLI

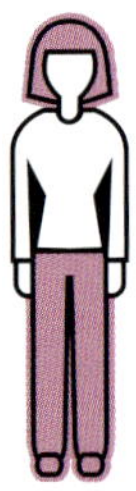

Account

Committenza

STRUMENTI E PRODOTTI

Brief

FUNZIONI

Definizione
Le caratteristiche che assicurano la buona qualità nell'uso del sito e sono percepite dall'utente. Sono messe in parallelo con le attività che maggiormente incidono su ciascuna di esse:

- architettura
- comunicazione
- funzionalità
- contenuto
- usabilità, accessibilità
- gestione

Progetto e implementazione

Web designer
Progetta l'architettura informativa del sito e la sua struttura di navigazione.

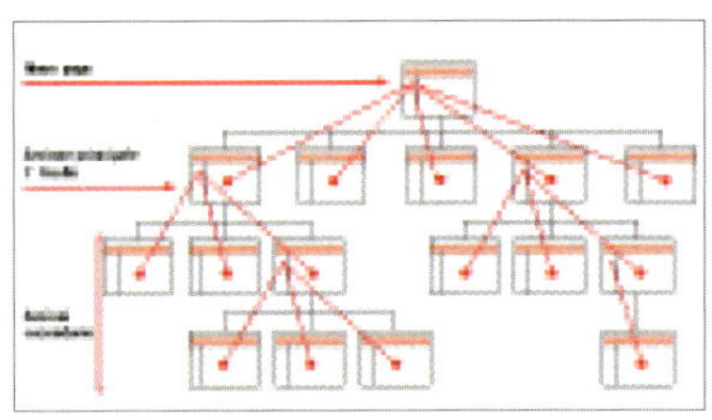

Architettura informativa: albero di navigazione definitivo

Architettura
Se l'organizzazione delle pagine è coerente con i contenuti e permette una navigazione facile, l'architettura del sito è buona.

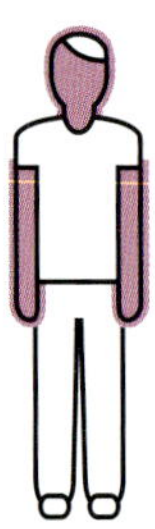

Visual designer
Definisce e realizza la grafica in base all'impostazione definita dal Web designer.

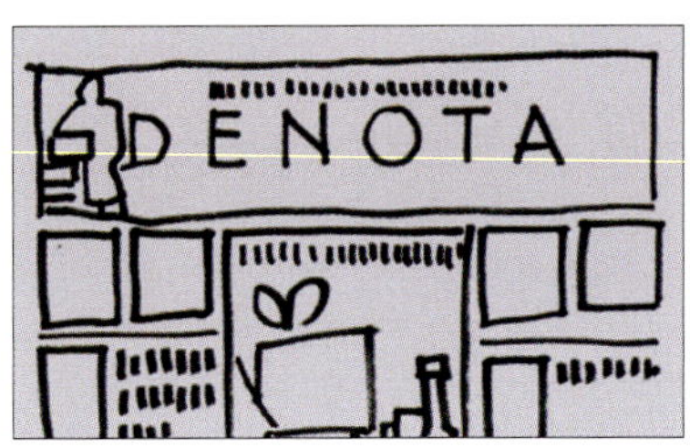

Progetto dell'interfaccia

Comunicazione
Se il sito si relaziona armonicamente alla identità del committente, di marca o d'immagine, lo stile del sito è di buona qualità.

Sviluppatore
Realizza lo scheletro informatico, il contenitore. Lavora sui codici.

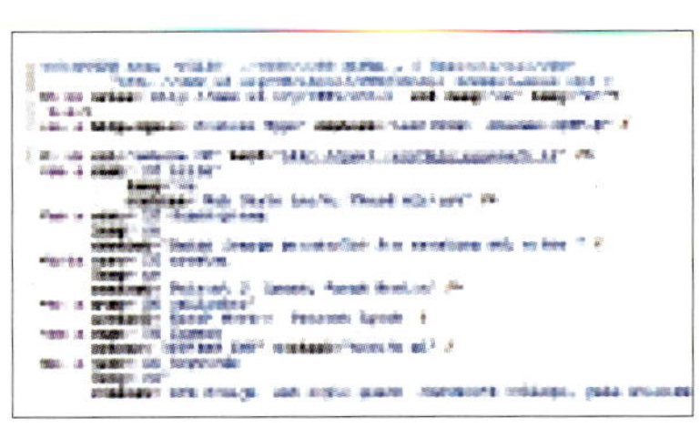

Codice di programmazione

Funzionalità
Se il sito mette a disposizione funzioni adeguate allo scopo come navigazione, registrazione, feedback, interazione, la sua funzionalità è buona.

Modello della qualità

qualità

RUOLI | **STRUMENTI E PRODOTTI** | **FUNZIONI**

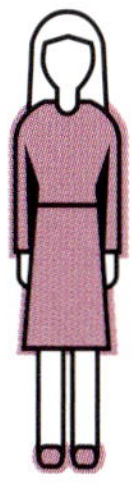

Content editor

Redige i contenuti nella forma più adatta al target e li pubblica, a volte utilizzando strumenti di content management, CMS. Si occupa del loro aggiornamento.

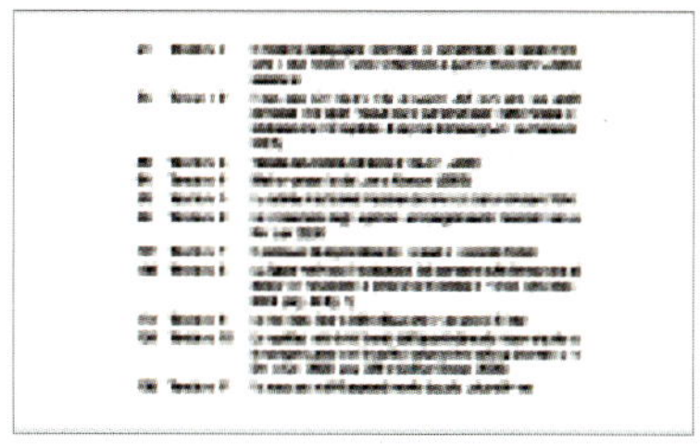

Testi

Contenuto

Se l'informazione è rilevante per il target, completa, affidabile, aggiornata, la qualità è assicurata.

Mantenimento

Web master

Aggiorna il sito e lo mantiene vitale senza che gli utenti percepiscano fastidiose variazioni.

Usabilità

Si ha una buona usabilità se il sito è facile da usare, i link sono chiari, i codici colore o iconici sono univoci, le immagini hanno l'etichetta, la didascalia, l'attribuzione corretta.

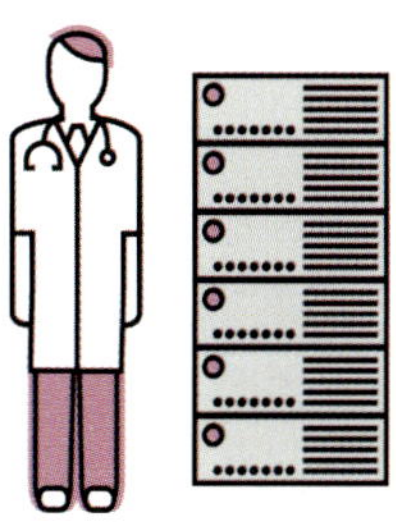

Sistemista

Gestisce hardware e software del server, cioè il computer che ospita il sito. In genere lavora su grande scala su più server e siti.

Accessibilità

Si ha una buona accessibilità se il sito compare in buona posizione sui motori di ricerca, è accessibile a tutte le ore del giorno, ha un indirizzo facile, non è costruito con frame o tecnologia "chiusa" (Flash), è utilizzabile da utenti con disabilità senza particolari ostacoli.

Internet provider

Fornisce la connettività. In genere è un operatore di telecomunicazioni.

Gestione

La gestione è corretta se non "abbandona" mai gli utenti, se il sito viene attentamente seguito. L'utente percepisce questa attenzione e acquista fiducia nel sito. Le migliorie frequentemente apportate sono importanti.

8. La grafica in movimento

Motion graphic design
"Sono tutti quei progetti grafici che utilizzano immagini, riprese video e tecniche di animazione 2d e 3d, con l'aggiunta solitamente di effetti sonori, allo scopo di creare nello spettatore l'illusione del movimento [...]
A differenza dell'artefatto grafico, la motion graphics crea dunque forme che evolvono nel tempo, attraverso una serie di transizioni. Movimento e tempo costituiscono così i due parametri fondamentali per la definizione di motion graphics".
Gianni Sinni

Il video è l'informazione elettronica sotto forma di immagini in sequenza. Il video è quindi un flusso informativo, perché sia l'immagine fissa che l'immagine in movimento sono presentate in una dimensione temporale. Le informazioni risiedono su apparecchiature elettroniche sotto forma digitale, viaggiano per essere trasmesse a distanza, vengono memorizzate e conservate sotto varie forme su vari tipi di supporti.

Fino a qualche decina di anni or sono la ripresa e il montaggio di filmati e video analogici era un'attività che richiedeva un'attrezzatura costosa e un lungo processo di sviluppo e stampa della pellicola fatto da terze parti. Oggi con una macchina da presa digitale e il computer qualsiasi persona può trasformarsi in un **videomaker**. Per la precisione: siccome l'elaborazione delle immagini in movimento comporta un grande dispendio di memoria del computer e dischi capaci, serve almeno una dotazione informatica discretamente robusta.

Agli inizi si può fare ripresa anche con un telefono o una macchina digitale girando brevi clip. Inoltre si può effettuare il montaggio con programmi gratuiti, cucendo una storia girata o cercando delle clip già fatte per acquistare confidenza con questi file e imparando a riconoscerne le caratteristiche, oppure crearne di molto semplici con il telefonino.

Caratteristiche del video digitale

I filmati digitali sono identificabili dal particolare formato con cui sono elaborati. Se con doppio clic il filmato si avvia significa che sul computer esiste un qualche programma che lo riconosce; al contrario, se non si avvia occorrerà cercare il plugin più adatto. Spesso i siti molto frequentati, come quelli dei quotidiani, privilegiano player non del tutto standard che richiedono lo scaricamento del relativo aggiornamento, indicato dal filmato stesso. Alcune clip sono in un formato visibile direttamente in Internet: sono i filmati in streaming che si vedono direttamente su una finestra del browser. L'esempio più classico sono i filmati di YouTube.

La classificazione

La lettura dell'immagine in movimento è parte rilevante di un curricolo di arti visive. I termini in uso nel settore riguardano la ripresa in movimento senza distinzione del mezzo tecnico, analogico o digitale che sia: l'evoluzione del mezzo

L'uomo dal braccio d'oro

Una celebre sequenza di frame dai titoli di testa del film che segna lo storico inizio della grafica in movimento.
Nella pagina a fianco, la locandina del film.

Saul Bass, 1955

tecnico, degli effetti della creazione mediante 3d rende sempre più difficile stabilire i confini tra i generi e quasi impossibile una catalogazione se non per macroaree.

In genere si può distinguere tra film recitati da attori veri e film di **animazione**: tuttavia le tecnologie tendono sempre più a mescolare il vero con quanto ottenuto attraverso effetti digitali. Si può ancora distinguere tra il film **fiction**, in genere una storia frutto di fantasia, e il **documentario**, dove si narrano fatti realmente accaduti o reportage scientifici; a valicare il confine tra i due ecco lo sviluppo della **docu-fiction**, una narrazione che mescola vicende reali ad altre inventate o ricostruite.

Produrre il film

I **titoli di testa** costituiscono la parte introduttiva e i **titoli di coda** riportano i **crediti**, ossia le infomazioni su tutti quelli che hanno contribuito alla realizzazione del progetto.

La **sceneggiatura** è il testo scritto che dettaglia tutto ciò che verrà trasposto in immagine durante la ripresa: le informazioni sull'ambiente e l'ora del giorno o della notte in cui si svolge l'azione, i rumori, il tipo di inquadratura e il movimento di macchina.

Il **copione** è il testo dei dialoghi e distribuisce le parti agli attori, cioè le indicazioni sulla recitazione, ad esempio se un personaggio deve ridere o piangere.

Lo **storyboard** è una sceneggiatura disegnata che riporta la rappresentazione della scena, alcune informazioni che riguardano l'uso della cinepresa e l'audio.

Plugin
È un programma non autonomo che interagisce con un altro programma per ampliarne o estenderne le funzionalità originarie.

Per visualizzare sul computer i filmati occorre un programma che funge da riproduttore, per esempio QuickTime o Windows Media Player o Real Player: sono gratuiti e normalmente almeno uno di essi è già installato su qualunque computer.
In caso contrario, si possono trovare e scaricare dalla rete.

Acronimi e abbreviazioni utilizzati nella sceneggiatura

PPP	Primissimo piano
PP	Primo piano
PM	Piano medio
PA	Piano americano
FI	Figura intera
CM	Campo medio
CL	Campo lungo
CLL	Campo lunghissimo
CR	Campo ravvicinato (rispetto al CL o CLL)
FC	Fuori campo
SOGG.	Soggettiva
PAN	Panoramica
TK	Truka: inserimento di un effetto speciale
MdP	Macchina da presa
DIDA	Didascalia
POV	Punto di vista (dall'inglese "Point Of View") della cinepresa o telecamera
CG	Grafica computerizzata

Progetta: l'audiovisivo

I fratelli Lumière in Francia verso la fine dell'Ottocento (1895) sono stati i primi a girare un film su pellicola, a intuirne il potenziale spettacolare e quindi ad attrezzarsi per realizzarne altri e mostrarli al pubblico. Hanno quindi composto uno spettacolo di fotografie scattate in rapida successione disposte su un nastro, la pellicola, trascinata da una cremagliera, e proiettate in una sala in maniera da dare l'illusione di movimento.

Infatti il film è formato da una **sequenza di fotogrammi**, o frame, che scorrono velocemente, per cui l'occhio umano percepisce il movimento. Al cinema ogni secondo di filmato corrisponde a 25 fotogrammi. Una animazione si può realizzare anche con un numero inferiore, o frame rate, di frame.

Il ciclo di realizzazione di un film si divide in tre momenti: pre-produzione, produzione, post-produzione. Della pre-produzione si parlerà più avanti.

Per evitare pause e scatti nella riproduzione del video sul Web si cerca spesso di rimpicciolire l'immagine con formati da 320 x 240 pixel, che è lo standard YouTube, o da 160 x 120 pixel. Ecco perché a volte le clip sono molto piccole. La visione in streaming, senza dover scaricare il filmato, è supportata fluidamente da una rete di buona portata perché il flusso di informazioni, in termini di MB, è notevole.

La produzione

L'operatore che guarda dentro un obiettivo vede la scena racchiusa in un parallelogramma ed effettua una scelta di taglio tra le cose che si presentano davanti al suo sguardo: è l'**inquadratura**.

La **profondità di campo** è la messa a fuoco di un piano rispetto alla scena che sta davanti all'operatore. La maggiore o minore profondità di campo si usa per dare più risalto al soggetto della ripresa isolandolo dal contesto. Pertanto si avrà il **primo piano** col soggetto preso da vicino e il resto sfocato, o un **campo lungo** quando si mette a fuoco tutto ciò che è visibile. Nella ripresa si può muovere non solo il soggetto inquadrato, ma anche la macchina stessa che lo riprende: una persona cammina e l'inquadratura ne segue il percorso camminando al suo fianco. Quasi sempre le macchine sono montate su **supporti**, treppiedi o carrelli mobili, che consentono di mantenere una linea costante di inquadratura; al contrario se la macchina è mossa libera-

1. Pre-produzione

Il produttore affida la direzione del film al regista, che procede alla scelta degli ambienti e dei suoi collaboratori, del fotografo, del musicista, dello scenografo e degli attori.

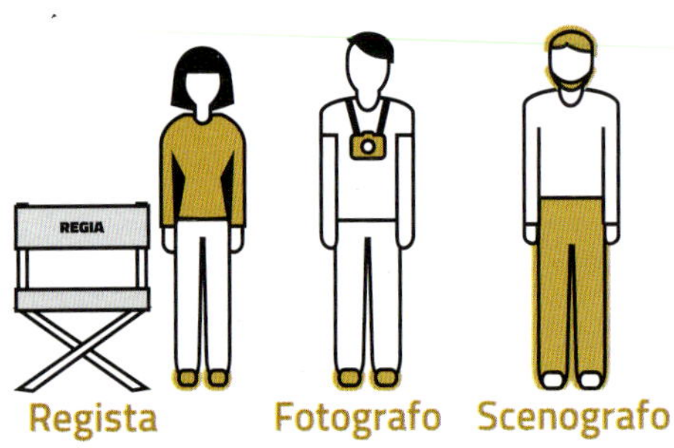

2. Produzione

Sotto la guida del regista stabilisce il calendario delle riprese, le modalità relative alle riprese come luce e inquadratura.

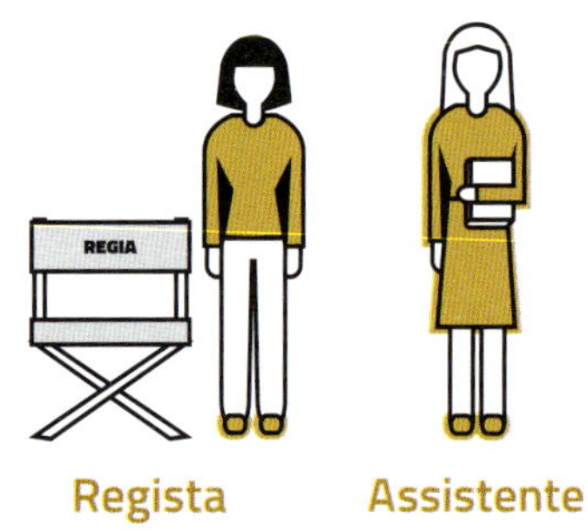

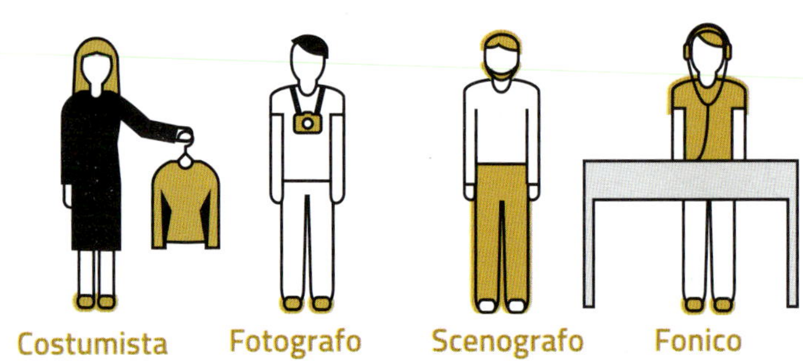

mente dal **cameraman**, e lo si nota perché sobbalza, la ripresa è detta con **camera a mano**.

La **panoramica** si ha quando la macchina ruota in orizzontale, e realizza un **pan**, mentre in verticale compie un **tilt**. È fondamentale che il movimento risulti costante: in caso contrario, quindi con un movimento brusco, si avrà la **panoramica a schiaffo**, che serve a mettere in relazione due elementi opposti più che a descrivere.

La **carrellata** consiste nel seguire il soggetto muovendo la macchina di pari passo e rimanendo a una distanza costante. Per eseguirla è fondamentale un'attrezzatura specifica come la **steadicam**, una intelaiatura indossabile dotata di ammortizzatori che sorregge la macchina), o un carrello su rotaie.

La **zoomata** è usata dai dilettanti ma poco amata dai professionisti: consiste nel riprendere da un punto fisso con un obiettivo particolare, detto appunto "zoom", che mette a fuoco il soggetto mano a mano che si sposta.

La **camera a spalla** è il principale metodo di ripresa utilizzato dagli operatori televisivi per i servizi interni. È utilizzata anche al cinema quando si vuole trasmettere concitazione, nel qual caso il sobbalzare dell'operatore è congeniale al risultato da ottenere.

La post-produzione

Consiste nel connettere correttamente una all'altra le riprese girate dal regista e nell'adattare il sonoro, (parlato, doppiaggio e musica) alla traccia filmata. Nel montaggio occorre che la narrazione visiva sia coerente e che segua una logica interna. È una operazione complessa e può influire in modo decisivo sul risultato finale.

La **sequenza** nel cinema è l'unità fondamentale che forma un episodio, composta dalle scene, a loro volta risultanti dalla somma delle singole **inquadrature**. Il **piano sequenza** si ottiene quando senza stacco di macchina si realizza una intera sequenza: per esempio, la macchina da presa segue, senza staccare mai, tutti i protagonisti di un ballo che sono in una sala.

I passaggi da una sequenza all'altra si chiamano **transizioni**. Le più conosciute sono: il **taglio** netto in cui si passa direttamente dall'ultimo frame della prima al primo della seconda, e la **dissolvenza**. Con quest'ultima da una sequenza si passa alla successiva non con un passaggio diretto tra due fotogrammi, ma con un **effetto** di sfumato, o sovrapposizione, da un fotogramma all'altro. Si può creare una dissolvenza da una sequenza all'altra oppure sfumare verso un fotogramma nero: è la **dissolvenza al nero**.

3. Post-produzione

Riguarda l'unione delle sequenze girate, cioè il montaggio, e la loro sincronizzazione con il sonoro e la musica, nonché l'eventuale intervento su luce, colore ed effetti speciali.
I film con effetti speciali hanno una lavorazione molto più complessa.

9. Il video digitale

Passo uno
Detto anche "stop motion", consiste in una sequenza di scatti fotografici singoli di oggetti in movimento. Il montaggio, di solito a 12 frame/secondo, produce nello spettatore la sensazione del movimento.

Fino all'avvento dei mezzi digitali, la produzione di foto e foto in movimento, i video, era molto più difficile e soprattutto costosa, e la distribuzione e fruizione riservate a chi aveva l'accesso alle sale cinematografiche. Oggi c'è una grande disponibilità e accessibilità dei mezzi: basti pensare che persino i telefonini dispongono di una fotocamera con la possibilità di fare foto e video, e le videocamere digitali sono molto più accessibili e incorporano funzioni un tempo riservate agli apparecchi professionali. I **sistemi di archiviazione** (es. hard disk, USB) facilitano il riversamento sul computer dei filmati.

Oggi sono disponibili sul mercato **software di video editing** sempre più semplici da usare, utilizzabili su pc domestici sempre più potenti. Ed è possibile distribuire i video alla platea mondiale, senza limiti, caricandoli in Internet su spazi appositi (YouTube, Vimeo ecc.).

Chiunque abbia superato questi semplici passaggi produttivi può fare il **film maker**, ossia produrre e distribuire video in proprio. In questo processo sono incluse la fase di realizzazione delle riprese e quella successiva di assemblaggio o **editing**. Si possono realizzare dei filmati dignitosi assemblando le riprese fatte durante le vacanze, realizzando un documentario o facendo video animazione, per esempio con la tecnica del **passo uno**.

Quando ci si accinge a girare un video ci sono molte considerazioni tecniche che si possono fare, e riguardano il tipo di equipaggiamento necessario, le tecniche di ripresa da utilizzare, le inquadrature da prediligere in certe situazioni, lo stile di post-produzione e montaggio, la scelta e modalità di utilizzo del software di editing, la scelta dei canali di distribuzione che condizionano la qualità dell'intero processo.

Al di là di tutto ciò, esistono comunque alcuni accorgimenti che dovrebbero sempre essere presi in considerazione e che, se messi in atto, possono già da soli garantire un risultato migliore e facilitare il processo di realizzazione del filmato finale.

Quando si vuole realizzare un filmato vi sono alcuni step, che si possono assimilare alla metodologia di progetto.

Frutta. La materia più buona

Campagna del Ministero delle Politiche Agricole per l'incoraggiamento del consumo di frutta e verdure nei bambini in età scolare.

Committente: Ministero delle Politiche Agricole, Alimentari e Forestali, Agenzia: Young & Rubicam – Roma, Creative Direction: Alessandro Canale, Art Direction: Laura Sforza, Happycentro, 2012

Progetta

Definire l'obiettivo

Anzitutto occorre definire per iscritto la storia che si vuole raccontare con un testo di poche righe, il **concept**.
Espandendo il concept, si devono scrivere dettagliatamente i passaggi della storia, uno **script**, che sono necessari o utili alla sua comprensione, selezionando il più possibile i **nodi narrativi**. Per esempio, se si vuole realizzare un video che prevede dialoghi, vanno scritti battuta per battuta, assegnando le parti ai dialoganti-attori. Se si gira una video intervista, occorre scrivere in anticipo tutte le domande, stabilendo a grandi linee il tempo dedicato per la ripresa di ogni domanda/risposta: sarà utile in fase di elaborazione in post produzione.

Disegnare uno **storyboard** è di grande aiuto, sia per ottenere un risultato finale migliore, sia per risparmiare tempo e fatica. Può essere fatto a mano su fogli che portano stampata la griglia con le vignette e gli spazi per i testi: inoltre, delle foto, senza pretese di qualità, possono sostituire o integrare gli schizzi. Lo storyboard serve a visualizzare in anticipo i dettagli di una scena e l'angolo di ripresa.

Se si gira un video all'aperto, quando possibile, è utile perlustrare i luoghi in cui si effettueranno le riprese per capire se ci sono problemi di illuminazione o di audio, magari causati da una strada particolarmente rumorosa.

La preparazione delle riprese

Più la produzione è ambiziosa, più sarà utile avere una lista di ciò che è necessario per quanto riguarda l'equipaggiamento: videocamera, batterie supplementari, microfono, treppiede, supporti di archiviazione.

È anche buona norma testare bene prima tutti gli strumenti e i microfoni che si utilizzeranno in determinate condizioni, per evitare perdite di tempo.

Per esempio, se si gira una ripresa in riva al mare si potrà avere la spiacevole sorpresa di un filmato con i dialoghi coperti dal rumore delle onde o del vento, con il rischio inoltre che le apparecchiature vengano danneggiate dalla sabbia.

Software
Un software per fare storyboard, molto semplice da usare, si trova in storyboardthat.com.

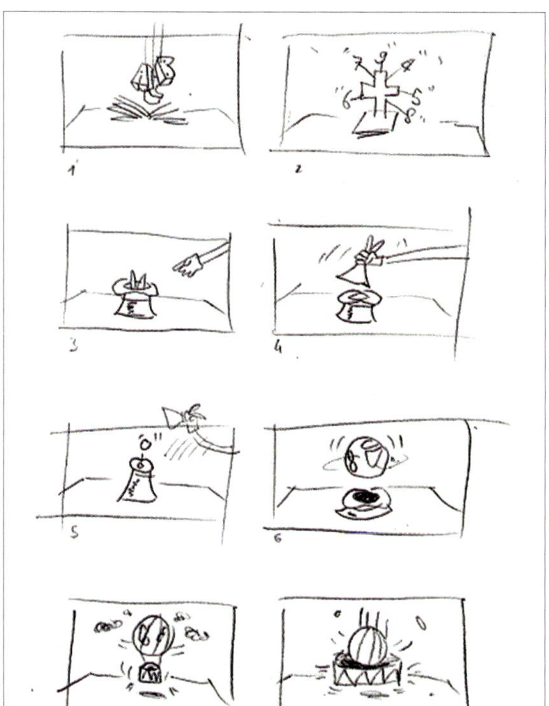

La progettazione: schizzi iniziali

Frutta. La materia più buona.
Il filmato per la campagna del ministero, con gli storyboard, è girato a passo uno.

Cliente: MIPAAF – Ministero delle Politiche Agricole, Alimentari e Forestali, Agenzia: Young & Rubicam – Roma, Creative Direction: Alessandro Canale, Art Direction: Laura Sforza, Happycentro, 2012

La luce, materiale primario

Quando si fanno riprese video all'aperto, ma anche in interni o in studio, una giusta **illuminazione** incide in modo fondamentale sulla qualità del risultato finale. Se non si dispone di lampade apposite per illuminare il set, bisogna fare affidamento solo sulla luce naturale e al massimo sulle luci artificiali (nel caso di riprese al chiuso), e spesso ciò non è sufficiente. La regola generale, quando si parla di illuminazione, è di utilizzare comunque la fonte di luce più forte che si ha a disposizione e poi, nella videocamera, regolare il bilanciamento del bianco relativamente a questa fonte.

Va ricordato che è meglio eccedere con la luce, perché in fase di post produzione e editing è possibile abbassare abbastanza agevolmente l'eccessiva luminosità. Se invece si effettuano delle riprese eccessivamente buie, la correzione in fase di editing e l'aumento della luminosità comporteranno una perdita di qualità del video di gran lunga maggiore.

Durante le riprese effettuate all'aperto ci sono alcuni accorgimenti che si possono mettere in pratica e che permettono di ottenere buoni risultati anche con la sola luce naturale. Innanzitutto conta il periodo della giornata in cui si registra il filmato: è meglio riprendere al mattino presto o comunque prima di mezzogiorno, oppure, in alternativa, nel tardo pomeriggio, perché il sole pomeridiano può essere troppo abbagliante e causare ombre eccessive.

Ci sono situazioni in cui si è costretti a riprendere in condizioni di pieno sole: in tal caso, si può usare un filtro per ridurre la luminosità.

Sound-check
Test del suono che si effettua per tarare le apparecchiature di registrazione.

L'audio

Spesso l'audio è l'aspetto sottovalutato nella realizzazione di un video – e ciò è tanto più vero quanto più si è film maker alle prime armi –, ma questa trascuratezza può influenzare negativamente la qualità finale del video. Infatti, mentre per la traccia video si possono fare più aggiustamenti, non si possono recuperare dialoghi o suoni naturali che non siano stati registrati a dovere.

L'audio in presa diretta, registrato durante la ripresa video, se pessimo sarà l'elemento più difficile da sistemare in fase di post produzione e di editing. Quindi è sempre meglio fare un **sound-check** e una verifica dei livelli di registrazione prima di iniziare le riprese vere e proprie. Se si riprendono soggetti a varie distanze, si dovranno fare prove di parlato; l'utilizzo di un

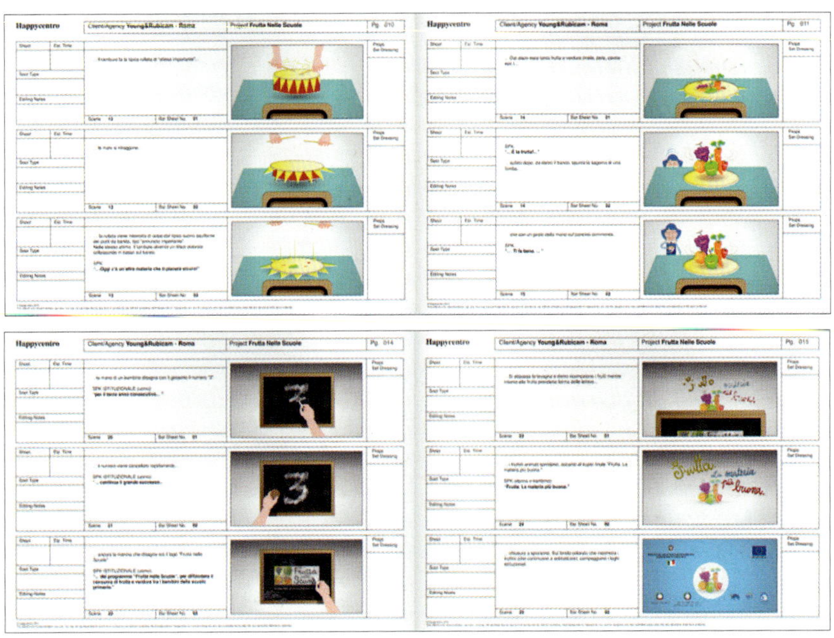

Lo storyboard

Una fase già avanzata della progettazione, dove lo storyboard è composto con immagini ottenute con un programma di disegno vettoriale.

Happycentro, 2012

microfono esterno addizionale rispetto a quello della videocamera è veramente opportuno.

Selezionare prima dell'editing

Nel momento in cui si girano molte scene, è utile prendere nota fin da subito di quelle che sembrano riuscite meglio: si può contrassegnare ogni scena riprendendo un **ciack** iniziale fatto con le mani. Avere una grande quantità di girato nel proprio dispositivo digitale è senz'altro un vantaggio, perché allarga le scelte possibili; ma se non si ha idea di ciò che sarà utile o da scartare nella fase successiva di assemblaggio, si perderà molto più tempo.

La qualità tecnica

Terminologia

Video digitale: sequenza di fotogrammi o immagini visionate a frequenza costante. Il video è un medium che richiede una grande quantità di dati per la sua rappresentazione; risulta quindi fondamentale l'applicazione di tecniche di compressione. Esempio: un video di 10 minuti con fotogrammi 512 x 512, a 24 bit per pixel, 30 frame al secondo richiede 600 x 30 x 515 x 512 x 3 = 13.8 GB.

Velocità di scorrimento, o *frame rate*; determina la qualità del filmato. A un frame rate elevato corrisponde una maggiore fluidità del filmato, per es. 25 frame al secondo, che tuttavia richiede maggiore banda per la trasmissione.

Per evitare il fenomeno dello **sfarfallamento**, o *flickering*, ogni fotogramma viene ripetuto più volte, si avrà così un ridisegno dell'immagine a video, o *refresh*, finché diventa disponibile il fotogramma successivo (50 Hz).

Grazie all'**interlacciamento** l'immagine viene mostrata componendo prima le righe di immagine dispari e poi quelle pari offrendo così una più veloce visualizzazione.

App disponibili: le animazioni si possono realizzare in modo professionale con app come Adobe Animator, mentre la manipolazione audio si può fare con Adobe Audition. Le app gratuite consentono di ottenere risultati a volte paragonabili alle applicazioni più costose; occorre ricordare che quello che conta di più è l'idea che si riesce ad esprimere anche con mezzi modesti.

Software

I filmati si possono montare con app specifiche per l'editing, come Adobe premiere o After Effect. Ma per esigenze più modeste possono bastare i software in dotazione sui diversi sistemi operativi, o anche YouTube, che offre degli strumenti primitivi di editing.

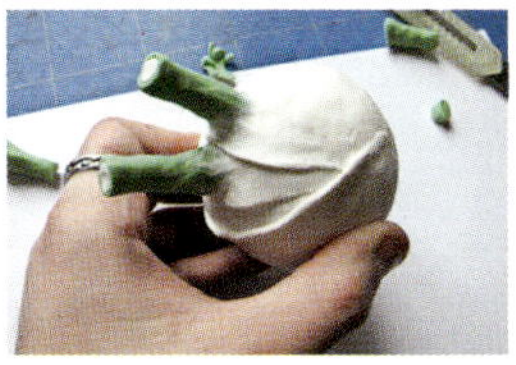

Preparazione del set e dei personaggi

La lunga fase di allestimento del set di ripresa e dei singoli personaggi animati.

Happycentro, 2012

Osserva: ruoli e strumenti

Modello della qualità

qualità

RUOLI	STRUMENTI E PRODOTTI	FUNZIONI

Account Committenza

Brief: pianificazione strategica

Ogni collaboratore del team può usare strumenti propri e realizza prodotti intermedi destinati alla comunicazione interna, ma non "visibili" all'utente finale.

Produrre
Lo sforzo necessario per mettere in cantiere un multimediale può richiedere l'impegno di un produttore che abbia risorse economiche e organizzative adeguate.

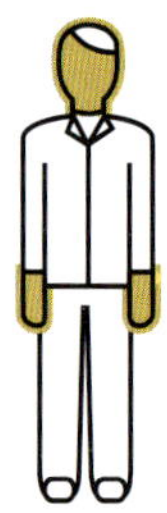

Coordinatore regista
Organizza collaboratori, eventi, materiali. Conosce gli ambiti di lavoro e le problematiche connesse, anche se non è uno specialista. Ha capacità di relazione col gruppo e sa gestire i momenti critici.

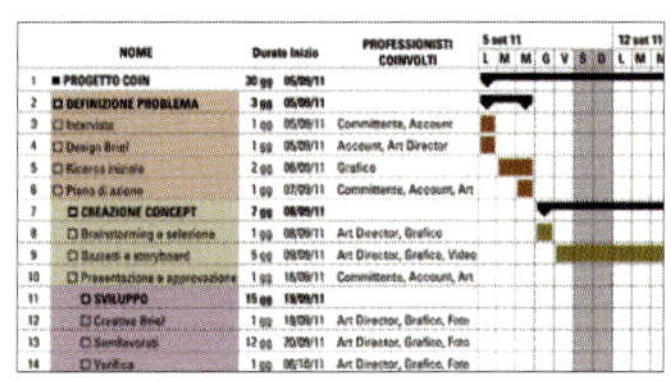

Diagramma di Gantt: tempi e fasi di lavorazione

Organizzare
Per coordinare il team di produzione, calendarizzare e far rispettare i tempi e i costi, il diagramma di Gantt è lo strumento più adatto perché rappresenta su scala temporale l'evoluzione del progetto sulla base delle attività e delle persone coinvolte.

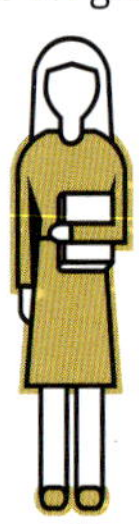

Esperto di contenuti
Scrive una sceneggiatura, un copione, la "storia" e le voci che raccontano il prodotto.

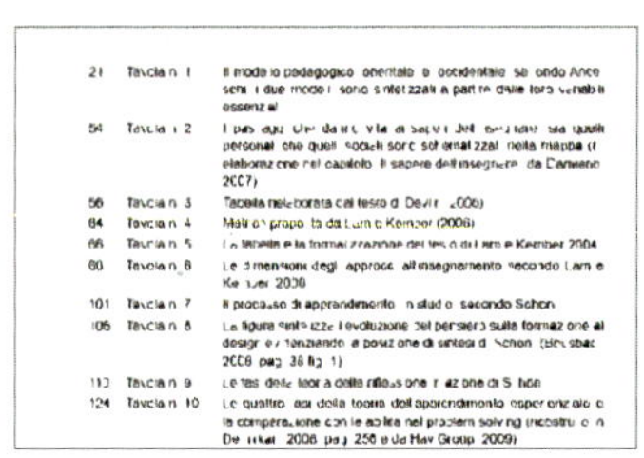

Copione cinematografico

Raccontare
Il copione è la descrizione di ciò che il film sarà, scena per scena, dialogo per dialogo. Contiene il resoconto di tutti i luoghi e gli oggetti presenti in ogni singola inquadratura.

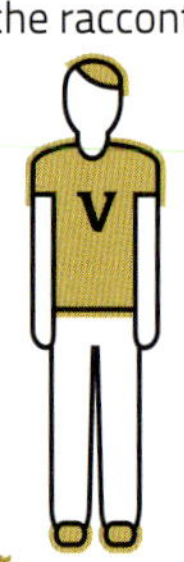

Visual designer
Traduce in immagini la storia scritta dall'esperto di contenuti. Può farlo con schizzi, in fase iniziale, e arrivare ai dettagli con strumenti digitali 2D e 3D.

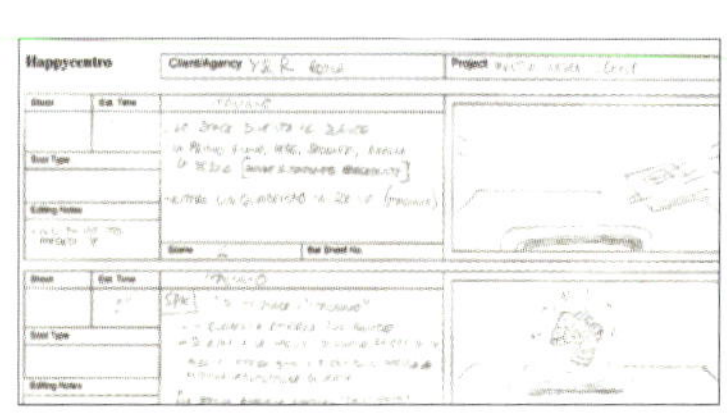

Storyboard

Visualizzare
Lo storyboard è la narrazione per immagini: le scene principali sono disegnate mostrando gli attori e l'azione che svolgono, suggerendo il movimento della camera e dei soggetti stessi. Viene utilizzato quasi sempre nella preparazione degli spot pubblicitari, perché consente di far comprendere al committente in anteprima le intenzioni progettuali e il risultato finale.

Modello della qualità

qualità

Da qui le collaborazioni non seguiranno più una sequenza rigida.

RUOLI

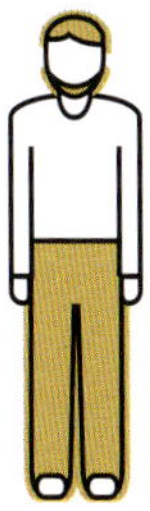

Softwarista

Conosce i programmi informatici, le attrezzature e la rete. Lavora a contatto con coordinatore e visual designer. Mette in rete il prodotto finito.

STRUMENTI E PRODOTTI

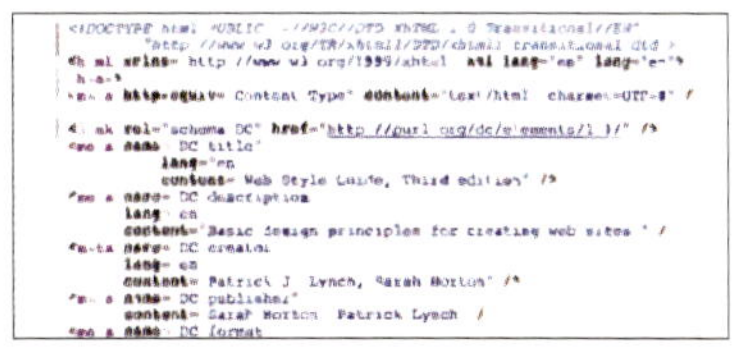

Codice di programmazione

FUNZIONI

Implementare
Programmare il codice con appositi software consente di mettere in opera la navigazione, il feedback, l'interazione. Ciò assicura che il prodotto sia fruibile il più largamente possibile.

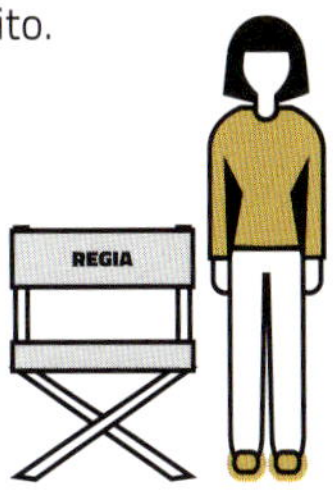

Regista video

Ha una formazione cinematografica. Discute con il coordinatore le scene, lo stile di ripresa e i movimenti degli attori, che possono essere persone ma anche cose, ambienti. Dà indicazioni per la sonorizzazione, le voci e le musiche. Affianca il montatore nel montaggio finale del prodotto.

Frame del video

Implementare
Uso di sistemi informatici di ripresa e post produzione. Le macchine da presa digitali e i software disponibili consentono di ottimizzare le riprese, scegliere le scene più riuscite e simulare o effettuare il montaggio.

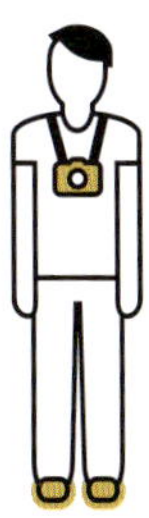

Fotografo

È indispensabile per fare le riprese, ma può anche partecipare come fotografo di scena. Documenta a volte il lavoro del team con foto di scena, il making of.

Foto di scena

Fotografare
Il fotografo usa macchine fotografiche digitali attraverso le quali può avere una anteprima a video ed effettuare infiniti scatti. In seguito con i software disponibili può non solo ritoccare, ma se necessario ricostruire del tutto o parzialmente le foto già scattate.

Musicista

Interpreta le indicazioni di coordinatore e regista per produrre musicalmente l'atmosfera adatta alla storia. Sa suonare e comporre musica. Usa programmi di mixaggio.

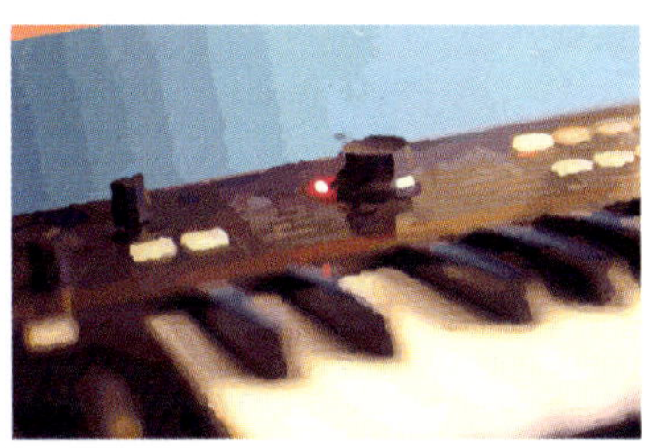

Strumenti musicali digitali

Musicare
Software dedicati permettono la scrittura della musica (la composizione) e la produzione, grazie alla possibilità di imitazione di qualsiasi strumento, detta "campionatura".

Materiali di lavorazione
Happycentro e MellowSong
Studio, Verona

10. Lo story board

Un progetto multimediale si realizza con la cooperazione di molti specialisti.

Lo **sceneggiatore** scrive la storia, il copione, sotto forma di dialoghi e indicazioni di regia che ambientano gli avvenimenti che si stanno descrivendo, per esempio: "Siamo in un interno giorno e fuori piove, l'arredamento è degli anni 50. Vediamo prima Antonia e Carla che stanno prendendo il tè sul divano mentre conversano e in quel momento dalla porta entra Caterina con l'ombrello".

Il **regista** sceglie gli **attori**, indica lo stile di recitazione, sceglie le inquadrature durante le riprese, dà indicazioni al **musicista** sulla colonna sonora, affianca il **montaggista** per cucire tutte le scene girate e dare così alla storia un filo logico e una interpretazione personale.

Il **fotografo** fa le riprese e studia il colore da dare al filmato, il tipo di luci e di inquadrature.

Scenografi e **costumisti** progettano gli ambienti, gli oggetti di scena e gli abiti nello spirito del periodo in cui si ambienta il filmato.

Queste figure sono affiancate da una miriade di **tecnici** che realizzano materialmente le scene nello studio di posa o cercano nella realtà i paesaggi e gli ambienti più aderenti alle esigenze narrative del copione.

Il **grafico** deve visualizzare la sceneggiatura scritta o raccontata a parole in uno story board, per esempio: "Il video interattivo è ambientato nel 1870 in ambienti steampunk", in cui si tratta di costruire un ambiente virtuale o di gioco con le caratteristiche descritte. Inoltre crea i titoli di testa e coda del filmato.

La sceneggiatura visuale

È una forma di progettazione mista del film, visiva e verbale, inventata nel 1920 da Walt Disney, il celebre animatore. È una **sequenza di schede**, ciascuna dedicata a una inquadratura, o shot, del film, che interpreta la sceneggiatura scritta. In essa si dettagliano le scelte di inquadratura, di movimento della macchina da presa, le scelte di cosa si deve vedere o non vedere in ogni istante della ripresa. Contiene infatti:

1. uno spazio per la numerazione della scena;
2. la durata della scena;
3. il disegno della inquadratura;

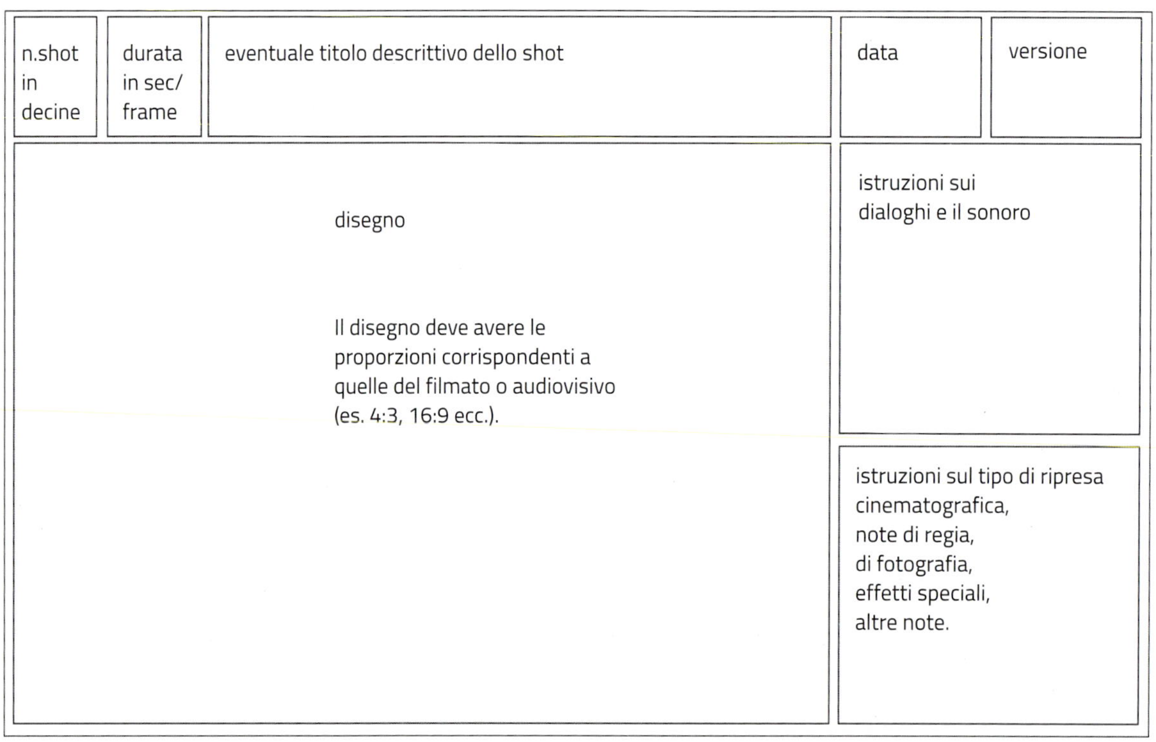

4. il dialogo;
5. le note e le indicazioni di regia e di effetti speciali.

Se sono presenti questi elementi essenziali, il formato in sé delle schede diventa secondario e ciascuno può scegliere a piacere. Il sonoro non serve, ma i movimenti dei personaggi vanno definiti accuratamente, specialmente nelle scene di azione.

Le tavole per gli storyboard in genere sono piccole, perché bisogna essere veloci nel fissare sul foglio solo l'azione base senza farsi distrarre da particolari inutili. Se non si sa disegnare, ci sono software che aiutano a creare storyboard selezionando e inserendo oggetti da una libreria.

Il numero delle tavole

Il numero di tavole da disegnare viene scelto principalmente in base al numero di **inquadrature**, o shot, che ci sono nel film. A questo numero va aggiunta una tavola per ogni **accento** che ha una particolare inquadratura.

L'accento è quell'azione che mostra un **mutamento significativo** per la storia; può trattarsi di un cambio di espressione del personaggio o comunque un mutamento delle cose riprese nell'inquadratura.

Anche le azioni aggiungono tavole allo storyboard. Basti immaginare una scena in cui un personaggio va a prendere un salvagente in macchina per poter salvare una persona in acqua: si avrà una tavola che mostra il personaggio che sta per affogare, una che mostra il protagonista che se ne accorge, poi, usando la stessa inquadratura, ci sarà una tavola che mostra il protagonista che si alza, poi un'altra tavola che inquadra il protagonista e il salvagente lontani uno dall'altro, una tavola per il protagonista che afferra il salvagente, una tavola con il protagonista che lancia la ciambella. Volendo è possibile tagliare delle inquadrature di raccordo, come quella del protagonista che si dirige verso il salvagente lontano. Lo spettatore saprà fare più o meno inconsciamente il collegamento mentale.

Gli storyboard non servono soltanto per pianificare le riprese di un video, ma sono utili anche per illustrare una sequenza di azioni o la progettazione di siti web complessi.

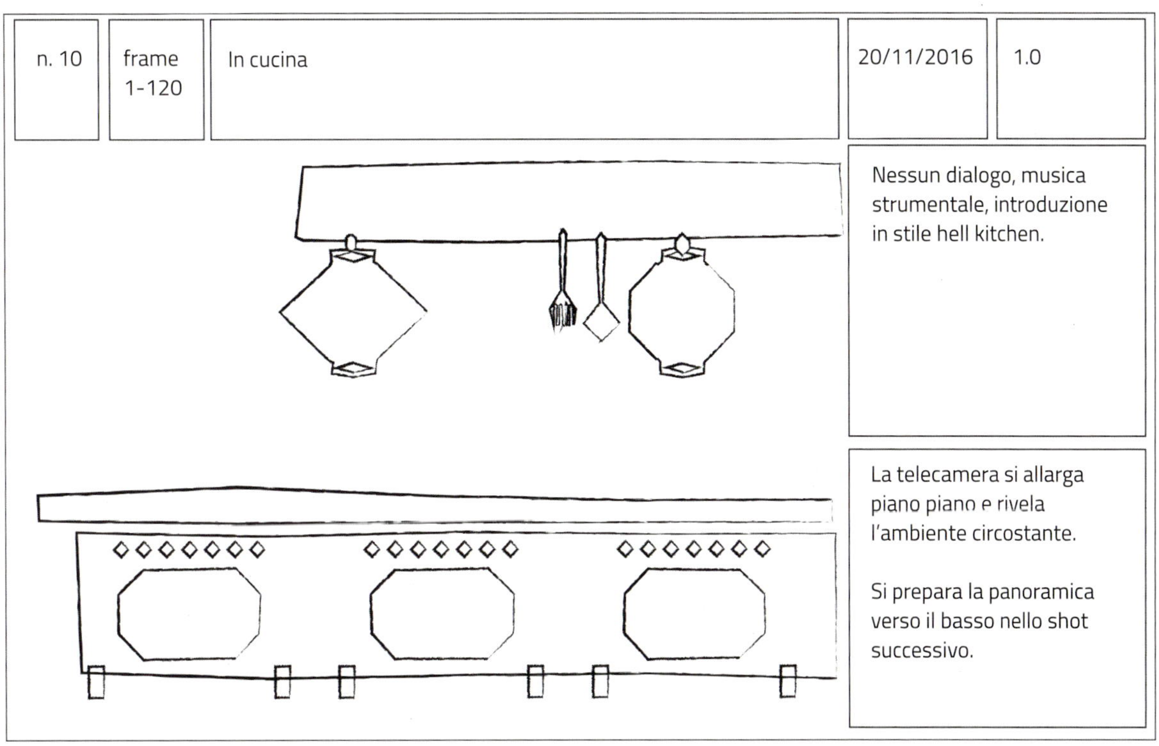

Progetta: animazione passo uno

Una delle tecniche di narrazione attraverso le immagini, lo storytelling, che hanno avuto una notevole diffusione negli ultimi tempi è l'animazione passo uno. Consiste nel realizzare filmati mettendo in sequenza una serie di **fotogrammi catturati singolarmente** con una fotocamera o una webcam, una camera digitale o uno scanner. Molto utilizzati come attori, per esempio, sono gli omini e come scenari i mattoncini della Lego. La tecnica abbraccia la fotografia, l'utilizzo del computer e le capacità inventive di chi la mette in atto. Non necessita di equipaggiamenti tecnici sofisticati, e a un software di montaggio si può abbinare un software di grafica come Illustrator o Photoshop.

Alcune tecniche di animazione passo uno:

Claymation: animazione di pupazzi in plastilina. Ne sono esempi di alto profilo "Wallace & Gromit", "Galline in fuga".

Cutout animation: una delle prime tecniche di stop motion, utilizzata per animare il cartone satirico "South Park". Ancora poco utilizzata, trova impiego per oggetti bidimensionali ritagliati, come disegni o giornali.

Silhouette animation: variante monocromatica del cutout dove i personaggi assumono le caratteristiche delle ombre cinesi.

Graphic animation: utilizza fotografie o ritagli di giornale con la particolarità di movimentare l'oggetto o la camera.

Model animation: utilizzata per inserire elementi animati all'interno di film con attori veri. Ne è un esempio il "King Kong" del 1933.

Object animation: utilizza oggetti comuni già realizzati per altri scopi. Ne sono un esempio i Brickfilm con i Lego.

Puppet animation: utilizza pupazzi e figure in ambienti tridimensionali costruiti appositamente. Ne è un esempio "La sposa cadavere".

Mixed technique Animation: sfrutta tecniche miste per la realizzazione di oggetti, quindi disegni variamente colorati, ritagli e collage.

Time lapse: generalmente applicata al paesaggio o alla natura e realizzata componendo gli scatti presi a intervalli lungo un arco di tempo significativo. Si ottiene così, per esempio, il rapido scorrere delle nubi e i cambi di luce nell'arco di una giornata con macchina fissa su un orizzonte. Questa funzione è oggi comunemente presente sui telefonini, basta assegnare l'intervallo di tempo tra uno scatto e l'altro, posizionare lo strumento e avviarlo.

Verdi Wagner identity card

Un filmato a passo uno realizzato per celebrare il bicentenario della nascita dei musicisti.
La realizzazione di poche decine di secondi di filmato comporta un lungo e accurato studio di pianificazione e un altrettanto lungo lavoro di ripresa. Ma se non si hanno ambizioni professionali o autoriali, si può realizzare anche con strumenti modesti.

Happycentro, AD Federico Galvani

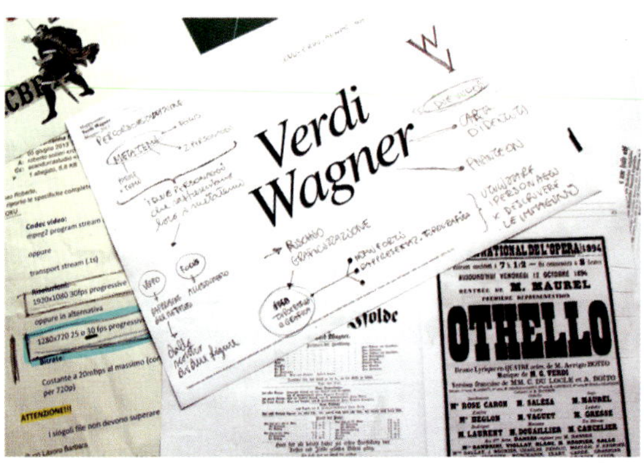

Tecniche

Utilizzando un software dedicato per stop motion si hanno dei vantaggi con le funzioni che risultano ideali per questo tipo di produzione.

Onion skinning. Mostrano in trasparenza uno o due fotogrammi in precedenza a quello su cui si lavora mentre ci si prepara a scattare un nuovo frame, muovendo così gli oggetti o i personaggi con più coerenza. Ciò consente un'animazione più fluida.

Preview and delete. Permettono di guardare una sequenza di immagini in successione al fine di rilevare l'andamento e la fluidità dell'animazione. Si possono cancellare particolari dentro un fotogramma.

Salvare come videoclip. Salva una sequenza per poi applicare all'intero videoclip effetti speciali e modificarne la velocità.

Luogo di montaggio. È uno strumento di montaggio potente che permette, una volta finite le riprese, di lavorare con innumerevoli tracce video e audio.

La contaminazione di generi si può considerare un'innovazione. Difficile pensare a una fusione tra cinema e foto, ad esempio, cioè unire in un'unica espressione la fotografia e il cinema, lo statico e il dinamico. Eppure c'è chi l'ha fatto, e ha creato una nuova forma artistica: il cinemagraph.

Software
Ci sono programmi specializzati che permettono di controllare direttamente la videocamera o la fotocamera e di pilotarle direttamente dal desktop del computer: iStop Motion o Dragon frames.

I formati video più comuni

.avi	Microsoft Video for Windows	È il formato più diffuso.
.mov	Apple Quick Time	Nato sul Apple ha conquistato anche i PC su cui è installato Windows.
.mpg - .dat	Motion Picture Expert Group	È un formato standard di grande diffusione.
mpeg		
1-2-3-4		Le successive evoluzioni.
.rm	Real Media	Il primo formato di video su Internet, quasi lo standard per le clip a compressione elevata.
.wmv	Windows Media Video	È il nome generico per una serie di tecnologie proprietarie sviluppate da Microsoft per lo streaming di file video.
.asf	Windows Advanced Streaming	Utilizzato per i formati Internet.

Esercitazioni

●○○

Esercizio n. 1 – La mappa

Per definizione la mappa è una rappresentazione pittorica del mondo su superficie piana, ma si può usare l'idea di rappresentazione anche in senso metaforico: si parla infatti di mappa concettuale quando si dispongono parole collegate tra loro da legami.

Usare l'idea della mappa come punto di partenza per tracciare un percorso reale che si compie quotidianamente, come la strada da casa a...; aggiungere quegli elementi che di solito si associano alla mappa, come la legenda e la topografia visuale. Non c'è limite agli strumenti per l'esecuzione, quindi si possono fare aggiunte come collage o collezionare oggetti reali: biglietti del treno, adesivi ecc.

Non vanno riportati solo gli aspetti geografici o paesaggistici, ma anche i volti significativi che si incontrano, i punti di interesse, le targhe con le vie, la musica che si ascolta nel percorso, gli incontri speciali fatti in luoghi determinati e così via.

Idee per le mappe:

> il percorso da casa a scuola;

> gli spostamenti dentro l'edificio scolastico;

> in senso metaforico, i percorsi nella lettura: da piccoli, poi più grandi, ora.

●●○

Esercizio n. 2 – Mappe urbane

Trasformare la mappa di alcune linee dei mezzi pubblici della propria città riproducendo le modalità usate da Massimo Vignelli con la mappa di New York, da rintracciare in Internet. Disegnare il percorso di una linea come una mappa a nastro.

●●○

Esercizio n. 3 – Infografica. Visualizzare le regole

Sull'immagine riprodotta in questa pagina sono rappresentate le regole per l'uso delle posate a tavola. Creare un layout per spiegare regole di altro genere:

> allestimento delle stoviglie a tavola, quotidiano, oppure festivo;

> l'arte di piegare i tovaglioli;

> come preparare il tè secondo le regole inglesi o giapponesi;

> come preparare il caffè con la moka;

> alcune regole di un gioco come il calcio o la pallacanestro;

> la fabbricazione di un origami;

> un gioco da tavolo.

Sintetizzare il testo in pochi punti con il minor numero di parole possibili. Visualizzare le descrizioni. Fare disegni semplici usando un numero ridotto di colori. Tutte le tavole devono avere uno stile omogeneo: spessore delle tracce, punto di vista, stilizzazione grafica.

●●○

Esercizio n. 4 – Volantino e presentazione

Assemblea scolastica

Durante la prossima assemblea d'istituto si terrà la "Giornata della creatività", con attività che mirano a incentivare la conoscenza e la pratica di attività che vanno dalla musica alle arti figurative e della rappresentazione. Per l'occasione, progettare il volantino e una videopresentazione con una grafica coordinata.

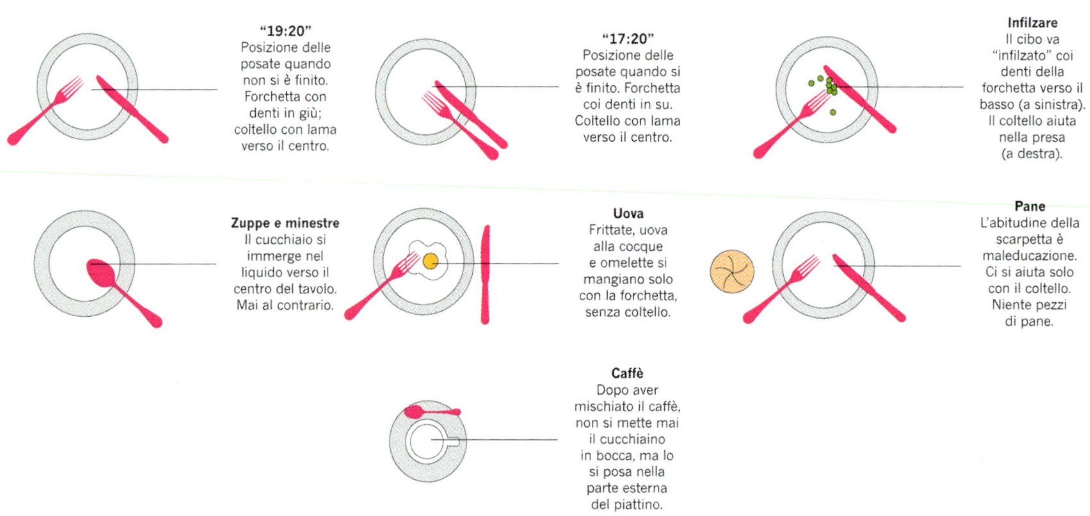

Regole per l'uso delle posate a tavola

Volantino

Il volantino, che funge anche da invito, deve riportare il programma e contenere l'elenco dei diversi laboratori creativi, i nomi dei responsabili, gli orari e la distribuzione delle attività nell'istituto e in città.

Videopresentazione

All'inizio dell'assemblea, in una sala comune, si dovranno illustrare le attività della giornata con una videopresentazione. È necessario quindi prepararla con cura riportando in forma sintetica le stesse informazioni presenti nel volantino. Curare la parte visiva e l'omogeneità delle schermate.

●●○

Esercizio n. 5 – Pieghevole e presentazione

Progettare un pieghevole di presentazione per un centro benessere che si chiama "Arcadia", collocato nella campagna all'interno di una villa antica ristrutturata; l'ambiente è particolarmente raffinato, e si vogliono convincere anche le giovani generazioni a godere delle cure del corpo che vi si praticano. Realizzare dapprima il logotipo, quindi un pieghevole di formato A3, a tre ante, che deve contenere i dati essenziali (da reperire in Internet mettendo insieme le informazioni riguardanti uno o più centri benessere esistenti realmente).

Ridurre il testo all'essenziale e privilegiare l'apparato visivo (foto delle varie sale e dei servizi offerti).

Progettare una videopresentazione destinata alle fiere del tempo libero, quindi con scorrimento automatico. I dati, i testi, seppure in forma sintetica, e le fotografie sono gli stessi presenti nel pieghevole, al quale si deve coordinare graficamente.

●●○

Esercizio n. 6 – Il fumetto o storyboard

Esercitazione di gruppo. Attribuire i ruoli: lo scrittore, il disegnatore.

Scrivere una storia da rappresentare in forma di fumetto o story board, scegliendo un episodio tra queste alternative:

> un avvenimento della vita quotidiana;
> un momento caratteristico della vita degli studenti;
> una storia raccolta in famiglia;
> un'avventura in vacanza;
> una storia a lieto fine;
> una storia triste.

Stabilire l'inizio, lo sviluppo, la conclusione, concentrando la narrazione in un numero limitato di scene, sei/otto. I personaggi devono essere ridotti al minimo. I dialoghi saranno brevi e scritti nelle nuvolette usando il codice dei fumetti per le tipologie scelte, come parlare, pensare, descrivere, oppure scritti sotto le vignette con la tecnica dello storyboard. Si possono visualizzare suoni, rumori e onomatopee come sui manga.

●●○

Esercizio n. 7 – Ricostruire lo storyboard

Dentro il sito web di Barilla, e di altre marche note, si possono vedere gli spot delle campagne istituzionali e dei singoli prodotti. Sceglierne uno e ricostruire lo storyboard fissando con schizzi i cambi delle inquadrature e rilevando i dialoghi.

Stendere lo storyboard di uno spot televisivo breve, da 15" scrivendo i dialoghi, usando delle foto prese anche con un telefonino per sceneggiare le situazioni, e decidere la colonna sonora in base al tono del messaggio.

Le proposte riguardano prodotti/marchi per giovani per i quali è stabilito anche l'obiettivo di comunicazione.

●●●

Esercizio n. 8 – Progettazione video. Il monologo

Scrivere un monologo di dieci righe immaginando di essere il protagonista o narratore di una storia dell'esercizio precedente.

Testo

Il testo deve essere pensato in funzione della recitazione, quindi deve essere efficace dal punto di vista del racconto. Deve essere poi adeguato alla ripresa effettuata con una telecamera o un telefonino.

Story board

Si può realizzare con il disegno dentro una griglia di vignette, oppure fotografando i personaggi in modo molto semplice, anche con un telefonino. Comporta già alcune scelte di fondo, come il cambio di ambiente e il tipo di inquadratura, ravvicinata o con un campo lungo. Altre annotazioni possono riguardare particolari effetti sonori o musicali.

Riprese

Suddividere le riprese in sequenze da 15-20 secondi, in modo che sia facile memorizzarle. Girare brevi spot, che saranno poi rimontati insieme o proiettati di seguito.

Post produzione

Si può effettuare la post-produzione se si dispone di un software di video editing come iMovie, in ambiente Apple, oppure Machete Video Editor, per Pc; in caso contrario, una forma di montaggio molto semplice si può realizzare anche con Power Point.

●●●

Esercizio n. 9 – Post-produzione video. L'intervista

Progettare l'intervista a una persona disponibile, un compagno di scuola, un famigliare, un conoscente. Concordare dapprima il soggetto del racconto: per esempio, una storia di cui è stata testimone. Prendere tempo per predisporre l'intervista. Scandire la narrazione con domande pertinenti, chiedendo risposte brevi (non si tratta di un monologo).

- Stendere una scaletta di domande sull'episodio.
- Simulare l'intervista con un collega.
- Rilevare le incongruenze.
- Apportare le correzioni e gli aggiustamenti necessari.

●●●

Esercizio n. 10 – Video passo uno

Progettare un breve filmato passo uno con lo strumento storyboard. Allo scopo si possono utilizzare attrezzature molto semplici e un set piano con una illuminazione fissa, con protagonisti per esempio disegni su carta, spago, monete. Su YouTube o su Vimeo si trovano molti video di questo tipo dai quali prendere ispirazione.
Effettuare la ricerca in Internet digitando "stop-motion" o "frame by frame". Alcune idee:

- animare mattoncini o omini Lego (bricks in motion);
- animare post-it di diverso colore;
- riprendere un collage di ritagli di giornale in movimento (cutout animation);
- riprendere materiale di grafica non disegnata, come ad esempio fotografie oppure ritagli di giornali, muovendo anche la macchina da ripresa, zoomando, come nei fumetti giapponesi (graphic animation);
- riprendere un disegno mentre viene eseguito.

●●●

Esercizio n. 11 – Narrazione per immagini Bruno Munari

Procedimento

Scegliere un'immagine di grandi dimensioni, rappresentata con una tecnica qualsiasi. È consigliata un'immagine ricca di dettagli. A partire da più copie dell'immagine scelta o di sue porzioni, realizzare una sequenza di inquadrature su foglio di formato A2 piegato a metà (formato risultante A3). Il numero di inquadrature da utilizzare è libero, ma non è consentita la loro numerazione o l'uso di simboli che ne suggeriscano la sequenza. La forma delle inquadrature è libera, ma deve rimanere costante durante la narrazione; ne possono essere variate solo le dimensioni. Dare un titolo alla storia.

Obiettivo

Costruire una storia attraverso un sistema di inquadrature.

Tecnica

A piacere (collage, stampa digitale ecc.).

●●●

Esercizio n. 12 – Variazione grafica

Procedimento

Considerare le seguenti parole:

- Cala (o calare o decrescita), Comincia (o cominciare o inizio), Cresce (o crescere o crescita), Divide (o dividere o divisione), Esplode (o esplodere o esplosione), Finisce (o finire o fine), Frena (o frenare o frenata), Moltiplica (o moltiplicare o moltiplicazione), Si trasforma (o trasformarsi o metamorfosi).

Da questo elenco scegliere 5 parole, comporle in un carattere a piacere da mantenere fisso. Da eseguire come filmato di animazione.

Obiettivo

Enfatizzare al massimo il significato delle parole scelte. Ottenere ciò attraverso l'impiego di qualsiasi tipo di manipolazione formale (deformazioni, spostamenti, frammentazioni, ripetizioni, estrapolazioni ecc.) e di modificazione cromatica.
Ottenere ciò attraverso il solo impiego di un accompagnamento auditivo (sonoro, rumoristico, vocale ecc.).

Tecnica

È consentito l'utilizzo di qualsiasi tecnica di animazione e sincronizzazione audio-video.
Da Variazione verbocinetica e verboauditiva, di Giovanni Anceschi

●●○

Esercizio n. 13 – Giornata mondiale del legno. Video

IWCS (International Wood Culture Society) è un'organizzazione no profit con un unico obiettivo: diffondere la cultura del legno nel mondo. L'organizzazione vuole promuovere la Giornata Mondiale del Legno (WWD), un evento che mira a far conoscere il legno come materiale biologico e rinnovabile, facendo comprendere la centralità di tale materiale nella costruzione di un mondo sostenibile e attento all'ambiente.
Per maggiori informazioni su IWCS e sulla Giornata Mondiale del Legno si invita a consultare il sito International Wood Culture Society.

La missione

IWCS è dedicata alla ricerca, all'educazione e alla promozione della cultura del legno. La Giornata Mondiale del Legno rappresenta un grande passo avanti per raggiungere questo obiettivo, e lo strumento video è senza dubbio il modo più efficace e influente di diffondere il messaggio che "Wood is Good".
Wood & Humanity è alla ricerca di video che mostrino il legame tra il legno e qualsiasi altro elemento. Qualunque video che racconti questo tema con storie potenti, idee innovative e un tocco di cultura sarà benvenuto. I contenuti dovranno avere durata minima di 3 minuti e durata massima di 15 minuti. Non c'è limite allo stile che potranno avere: ironico, educativo, informativo, artistico, creativo, concettuale... qualunque stile sarà gradito!

Informazioni aggiuntive

> 25% Narrazione coinvolgente
> 25% Capacità di catturare il messaggio chiave di IWCS
> 25% Originalità
> 25% Qualità della produzione

●●○

Esercizio n. 14 – Luci sul Lavoro

Luci sul Lavoro è un evento che si svolge a Montepulciano dal 7 al 9 luglio, promosso da Italia Lavoro con Eidos e Comune di Montepulciano, che prevede incontri, workshop, spazi espositivi ed esibizioni incentrati su un unico, cruciale tema: il lavoro in tutte le sue sfaccettature e implicazioni (www.lucisullavoro.com).
Ci si potrà cimentare in due diverse tipologie di contenuti:

> Video - cortometraggi;
> Fotografie.

Gli elaborati dovranno concentrarsi sul tema del lavoro, analizzato nelle sue caratteristiche, opportunità, sviluppi, criticità, soluzioni. Attenzione particolare sarà data al tema dell'autoimpiego, per raccontare le storie d'impresa innovativa o tradizionale e valorizzare chi è riuscito a tradurre in lavoro la propria idea a partire dai propri sogni.
Non è necessario però che le creatività che vorrete dedicare all'autoimpiego raccontino storie riguardanti proprio la misura SELFIEmployment: sarà infatti sufficiente un richiamo alla tematica generale.

Requisiti: Video

I cortometraggi, prodotti con qualsiasi strumento di ripresa, purché proiettabili su schermo (in sala e all'aperto), a colori o in bianco e nero, dovranno avere una durata massima di 30 minuti. In tale sezione possono essere ricompresi documentari aventi a oggetto interviste, ricostruzioni storiche di luoghi, realtà, con montaggio di materiale fotografico, disegni ecc.
Il video dovrà essere presentato anche in una sua versione breve (trailer) della durata max di 180 secondi.

Fotografie

Non dovranno essere presenti riferimenti a brand riconoscibili. Le foto dovranno essere in alta risoluzione.

●●○

Esercizio n. 15 – Volantino e presentazione

Assemblea scolastica

Durante la prossima assemblea d'istituto si terrà la "Giornata della creatività" con attività che mirano appunto a incentivare la conoscenza e la pratica di attività creative che vanno dalla musica, alle arti figurative e della rappresentazione. Progettare il volantino e una videopresentazione con una grafica coordinata.

Volantino

Il volantino, che è insieme un invito, deve riportare il programma contenente l'elenco dei diversi laboratori creativi, i nomi dei responsabili, gli orari e la distribuzione delle attività nell'istituto e in città.

Videopresentazione

All'inzio dell'assemblea, in una sala comune, illustrare le attività della giornata con una videopresentazione. È necessario quindi prepararla con cura riportando in forma sintetica le stesse informazioni presenti nel volantino. Curare la parte visiva e l'omogeneità delle schermate.

Appendici

Glossario

Bibliografia

Glossario

Abbondanza Parte dell'immagine stampata che si estende oltre i margini di ritaglio della pagina.
Account Il tramite tra il cliente e l'agenzia.
Acetato Materiale plastico con cui sono realizzati sottili fogli trasparenti e flessibili per montaggio di altri elementi o per disegnare cartoni animati.
Acronimo Nome formato con le iniziali di diverse parole, come FIAT, Fabbrica Italiana Automobili Torino.
Advertising Il termine inglese per "pubblicità".
Affissione Messaggio pubblicitario da esterno: manifesti, poster, cartelli, insegne.
Affissione dinamica Messaggio pubblicitario esposto sui mezzi di trasporto pubblici.
Agenzia di pubblicità Azienda che per contratto cura la pubblicità di un committente. Progetta, crea, realizza o fa realizzare, pianifica, diffonde attraverso i media ogni tipo di materiale pubblicitario.
Annuncio Messaggio pubblicitario su un mezzo di comunicazione.
Anti-alias Funzione che sfuma i bordi scalettati di un'immagine o di un testo.
Art Director L'addetto alla creatività all'interno dell'agenzia. Lavora insieme al copywriter. Il suo campo più specifico è quello visuale.
Ascendente Asta del carattere minuscolo che sale oltre l'altezza della x (occhio medio).
Asta Componente del disegno del carattere. Può essere verticale, orizzontale, diagonale, curva o mista.
Bandiera, composizione Forma di disposizione del testo che allineato a sinistra o a destra viene lasciato smarginato, con righe di differente lunghezza, sul lato opposto dell'allineamento.
Baseline Parte inferiore di una pagina pubblicitaria in cui si raccolgono il marchio e i dati dell'azienda.
Bastone Carattere senza grazie.
Bianca Facciata di un foglio stampata per prima, opposta alla volta.
Bitmap Immagine composta di punti o pixel.
Bodycopy Corpo del testo dell'annuncio a stampa che sviluppa il tema dell'annuncio. Porta informazioni sul prodotto o sul suo uso.
Bozza Stampa di prova sulla quale vengono fatte correzioni.
Brainstorming Tecnica di sollecitazione collettiva delle idee dove si discute liberamente del brief alla ricerca di elementi utili per la creazione.
Brief Istruzioni operative e informazioni che vengono fornite a una o più persone affinché possano svolgere correttamente un compito che è loro assegnato.
Briefing Le riunioni dedicate al brief (vedi).
Brillanza In inglese *brightness*, attributo di una sensazione visiva secondo il quale un'area appare esibire più o meno luce.
Brossura Metodo di rilegatura con la copertina direttamente incollata alle segnature.
Browser Software che consente la navigazione in Internet e la visualizzazione delle pagine web (es. Firefox, Mozilla, Explorer).
Budget Bilancio di previsione. In pubblicità è l'esatto ammontare della cifra che una impresa stanzia per la propria campagna.
Calcografia Processo di stampa incavografico diretta con forma piana o curva di metallo, rame o zinco (vedi scheda).
Campo grafico La superficie, reale e virtuale, limitata o illimitata, sulla quale sono collocati gli oggetti grafici.
Canale di distribuzione Catena di intermediari commerciali attraverso i quali passa il prodotto per arrivare al consumatore finale.
Capitolo Raccolta di più paragrafi. Si estende su più pagine.
Caption Didascalia.
Carattere o font Set di una forma specifica composto da segni alfabetici, numeri, segni (es. Helvetica).
Carta, cartone Vedi scheda di approfondimento.
Cartello da banco Cartello pubblicitario studiato per portare il messaggio sul banco di vendita.
Cartello vetrina Locandina studiata appositamente per essere esposta ed essere vista dall'esterno. Spesso è su materiale rigido con piedistallo.
Case History Esposizione di un particolare caso. In grafica e pubblicità, il racconto di tutto ciò che riguarda l'elaborazione di un caso, fino al prodotto finito.
Ciano Tonalità del blu, uno dei 4 colori primari per la stampa di quadricromia.
Cianografica Usata per riprodurre immagini a basso prezzo. Di bassa qualità, può costituire una prova di stampa se si stampa in bianco nero.
CMYK Acronimo per Cyano, Magenta, Yellow, Black. I primi tre sono i colori primari della sintesi sottrattiva sul cui principio si basa la stampa in quadricromia.
Colore Vedi scheda.
Colori complementari Coppie di colori che insieme danno il bianco per sintesi additiva.
Committente Il singolo o l'azienda disposto a finanziare una idea o la produzione di un manufatto creativo per uso proprio.
Composizione Complesso di operazioni di impaginazione della parte testuale della pagina.
Comunicazione In pubblicità e nel graphic design, il complesso di attività mirate a portare a conoscenza del destinatario quanto concerne un'impresa, un ente, un'organizzazione.
Concept Abbozzo concettuale dell'idea creativa che contiene il germe, non ancora rielaborato, di quello che sarà il messaggio definitivo.
Condensato Font di disegno più stretto rispetto al disegno originale.
Configurazione Disposizione di elementi.
Consumo L'utilizzo di un bene o un servizio mirato al soddisfacimento di un bisogno.
Contagocce Strumento di alcuni programmi che consente di selezionare un colore.

Copyright Diritto d'autore, proprietà letteraria registrata, divieto di riproduzione.
Corpo tipografico La dimensione del carattere. Si misura dalla linea delle ascendenti alle discendenti.
Crenatura, kerning La correzione dello spazio tra le lettere allo scopo di dare un aspetto più omogeneo alla riga.
Customer Cliente.
Definitivo Come si presenta un layout quando è pronto per andare in stampa. Visual testo già composto, eventuali indicazioni tecniche e tacche di colore.
Device Trucco, stratagemma, dispositivo.
Diagramma di Gantt Strumento di supporto grafico che rappresenta su scala temporale l'evoluzione del progetto sulla base delle attività e delle persone coinvolte.
Digitale Letteralmente "numerico", riferito a sistemi computerizzati.
Discendente Asta della minuscola che scende sotto la linea di base.
Dispenser Espositore che permette all'acquirente di servirsi direttamente del prodotto o del materiale pubblicitario.
DPI (Dot Per Inch) Misura che indica la risoluzione in punti per pollice di una immagine digitale.
EPS (Encapsulated Post-Script) Formato di file che registra i dati di una pagina.
Esteso Font di disegno più largo rispetto al disegno originale.
Etichetta (In inglese Label) Cartoncino o talloncino di tessuto applicato a un prodotto per identificare il produttore o gli ingredienti come richiesto dalla legge.
Famiglia Set di una font con diverse varianti di spessore, inclinazione e deformazione orizzontale.
Feedback Risposta del destinatario. In pubblicità, le risposte da cui un inserzionista può trarre informazioni sul grado di ricezione o gradimento del messaggio.
Filetto Linea usata in stampa per isolare un'area, un testo, una immagine.
Filtro Dispositivo ottico in grado di alterare la luce che entra nella macchina fotografica. Per estensione, nel software di fotoritocco tutti i dispositivi che alterano l'immagine.
Flessografia Processo di stampa rilievografica con forma flessibile di polimeri o gomma.
Foglio In pubblicità è l'unità di misura per i manifesti (1 o 2 fogli) e poster (24 fogli). In affissione è il 70x100.
Foglio stile Insieme di caratteristiche predefinite che possono essere attribuite a testo o grafica con un solo comando e variate in qualsiasi momento cambiando contemporaneamente tutte le ricorrenze di quello stile.
Fondino Fondo delimitato da un colore.
Font La forma fisica di un set di caratteri. Può assumere la forma di pellicola o di file. Un file che contiene la descrizione di un set di caratteri.
Format In stampa e in pubblicità, il disegno generale di una pagina, il posizionamento dei vari elementi, l'ingombro.
Frase Insieme di parole a senso compiuto chiuso dal punto fermo.
Fuori registro Difetto di stampa: in una immagine o un annuncio a colori dovuti allo scorretto posizionamento delle pellicole dei colori base con conseguente sbavatura ed effetto di sfocatura
Fustella Lama da taglio sagomata secondo la forma che si vuol dare alla carta o al cartone.
Gabbia Area di pagina delimitata dai margini.
GIF (Graphic Interchange Format) Formato sviluppato per Internet che usa un sistema di compressione e un massimo di 256 colori. Adatto per immagini al tratto.
Giustificare Uniformare il testo alla larghezza della colonna, allineandolo a entrambi i lati.
Glifo Il singolo carattere o segno.
Grammatura Peso di un metro quadrato di carta.
Graziato Carattere con grazie.
Grazie Terminazioni delle aste delle lettere.
Griglia Divisione modulare della pagina, dedotti i margini, che consente di disporre in ordine tutti gli elementi, testo e immagini.
Griglia delle linee di base Griglia modulare che consente l'allineamento orizzontale di tutti gli elementi tipografici della pagina. Fondamento grafico su cui è costruito un progetto di design.
Grossista Anello della catena commerciale posto tra il produttore, la distribuzione e il dettaglio.
Headline Slogan, ovvero la frase principale dell'annuncio pubblicitario. Di solito in corpo maggiore o evidenziato rispetto al resto del testo.
Icona Immagine utilizzata come simbolo di un concetto o di una operazione.
Imballaggio Ciò che contiene e riveste i prodotti per proteggerli fino al punto vendita.
Immagine coordinata In ambito comunicativo, si intende generalmente l'immagine grafica, l'identità visiva dell'azienda. Il set aziendale di base è costituito da: marchio, carta intestata, busta coordinata alla carta intestata, biglietto da visita e, negli ultimi anni, sito web.
Indice Elenco delle parti che compongono il libro, oppure delle voci più rilevanti, al fine di facilitarne la consultazione.
Ingannevole La pubblicità che può trarre maliziosamente in inganno il consumatore per la sua ambiguità o opacità.
Interattività Nell'ambito delle tecnologie multimediali, la possibilità da parte dell'utente di essere soggetto attivo della comunicazione in atto, comunicando al sistema le proprie scelte e selezionando a piacimento tra i percorsi che collegano tra loro le diverse informazioni disponibili.
Interazione Una situazione in cui due o più oggetti agiscono uno sull'altro. È presente in qualsiasi tipo di comunicazione, dove anche il ricevere è un'azione, e nel comando o nella guida di macchinari, dove chi opera reagisce agli effetti della propria azione.
Interlinea Lo spazio tra una riga e l'altra.
JPEG (Joint Photographic Experts Group) Tecnica di compressione dei dati che riduce la dimensione dei file con perdita di informazioni. Adatto per immagini a tono continuo come foto.
Legatura Operazione di unire più lettere. Nelle font complete si trovano già spesso unite in una legatura coppie come "fl", "tt".
Layout Disposizione degli elementi grafici in relazione allo spa-

zio che occupano. In pubblicità, lo schema grafico in cui sono indicati tutti i vari elementi che costituiscono l'annuncio: headline, bodycopy, logo, pay off.

Lettering Scelta o progettazione dei caratteri nella composizione in particolare di quelli più evidenti, come i titoli.

Linea Serie di prodotti dello stesso produttore imparentati tra loro per destinazione, confezione. Spesso la linea di prodotti ha nome e marchio propri rispetto agli altri prodotti della stessa azienda.

Litografia Processo di stampa planografica basato sulla separazione fisico-chimica tra sostanze idrofile e sostanze lipofile (vedi scheda).

Locandina Piccolo manifesto in cui sono annunciati spettacoli o attività culturali. Si usa prevalentemente al coperto, come nei negozi, o su apposite bacheche.

Logotipo Inizialmente solo la caratterizzazione del nome di una impresa. Per estensione, oggi indica il marchio.

Lorem ipsum Vedi testo simulato.

Lpi (Lines Per Inch) Misura della risoluzione del processo di riproduzione fotomeccanico.

Macrotipografia Creazione del layout di un'opera tipografica. Concerne il formato, la dimensione e il posizionamento delle colonne di testo.

Magazine Periodico o rivista.

Magenta Tonalità del rosso, uno dei 4 colori primari per la stampa di quadricromia.

Mailing Definizione generica di ogni tipo di pubblicità per corrispondenza, sia fisica (lettere e cartoline o coupon) che virtuale (e-mail).

Maiuscoletto Carattere maiuscolo tondo, di altezza inferiore al maiuscolo dello stesso corpo.

Mappa Visualizzazione della disposizione fisica di una stanza, un edificio o un territorio. Distribuzione su un piano di concetti, rappresentati da parole o frasi, e legami.

Marchio Segnale distintivo con rilevanza e tutela giuridica che contraddistingue un prodotto, una azienda, una linea. Può derivare dalla combinazione di parole e immagini.

Marketing (abbreviato in Mkt) Tutte le azioni che accompagnano il prodotto o il servizio al fine di promuoverne la vendita. I componenti sono: prodotto, prezzo, distribuzione, promozione.

Mass media L'intera gamma dei mezzi di diffusione (radio, televisione, quotidiani, periodici, affissione), che si rivolgono al pubblico.

Mercato Insieme dei possibili consumatori o compratori che risiedono in una area o che sono individuabili per caratteristiche e interessi comuni.

Merchandising Le attività mirate a promuovere la vendita di un prodotto o servizio: il packaging, le offerte speciali. Sinonimo anche di sfruttamento commerciale della notorietà di un personaggio, di un evento, di uno spettacolo come un concerto o un film (es. vendita di magliette, poster, raffigurazioni su oggetti).

Mezzatinta Riproduzione di una immagine a tono continuo.

Mezzotono Riproduzione dei grigi fotografici.

Microtipografia Aspetto che riguarda le famiglie di caratteri e le font, l'interspazio fra caratteri e/o parole, la distanza tra le righe.

Modello di colore Un modello matematico astratto che descrive il modo in cui il colore può essere rappresentato mediante numeri, tipicamente terne o quaterne (es. RGB, HSB, CMYK).

Modulo Unità usata per l'acquisto di spazi pubblicitari su quotidiani.

Moiré Difetto di stampa derivante da una errata sovrapposizione dei retini.

Motore di ricerca Programma che consente di trovare su web ciò che interessa nei diversi formati scelti, testo, immagini, file di musica o video (es. Google).

Multimedialità Integrazione di più mezzi espressivi in un unico ambito.

Multipack Confezione multipla, detta anche cluster (gruppo).

Naming Operazione che porta alla creazione di un nome per un nuovo prodotto o servizio.

Non proporzionali Caratteri con larghezza fissa.

Obiettivo Vedi Target.

Offset Processo di stampa planigrafico indiretta che avviene con il trasferimento dell'inchiostro su un telo in caucciù, intermedio tra matrice e supporto di stampa.

Packaging L'arte, la scienza e la tecnologia di racchiudere e proteggere il prodotto per la distribuzione. Si riferisce anche al processo di design e produzione del contenitore. Contiene, protegge, conserva, trasporta, informa e aiuta a vendere.

Palette Set di strumenti, colori o forme presentati in una finestra di un programma.

Pangramma Frase di senso compiuto in cui vengono utilizzate tutte le lettere che compongono l'alfabeto, per mostrare esempi di carattere. In italiano "Quel fez sghembo copre davanti", in inglese "The quick brown fox jumps over the lazy dog".

Paragrafo Più frasi che costituiscono l'articolazione di un pensiero.

Pattern Può essere tradotto, a seconda del contesto, con disegno, modello, schema, schema ricorrente. In generale, può essere utilizzato per indicare una regolarità che si riscontra all'interno di un insieme di oggetti osservati (es. le macchie di un ghepardo).

Pay off Slogan posto a chiusura dell'annuncio. Di solito rimane nel tempo, a testimoniare la continuità di linea o di marca.

Piegatura a fisarmonica Due o più piegature parallele che si aprono a fisarmonica.

Piegatura a soffietto Sistema di piegatura per cui ogni parte del foglio si trova di fronte al precedente.

Pienezza (In inglese Colourfulness) Attributo di una sensazione visiva secondo il quale un'area appare esibire più o meno tinta.

Pixel (Picture Elements) L'elemento più piccolo di un'immagine digitale usata o prodotta da un dispositivo.

Posizione di mercato Collocazione sul mercato di un prodotto, un servizio o un'azienda rispetto alla concorrenza. La quota di mercato "occupata" da un prodotto si definisce come l'ammontare delle vendite del prodotto, espresso in percentuale sulle vendite complessive del mercato.

Proporzionali Caratteri che hanno i glifi di larghezza variabile.

Proprietà intellettuale Tutela giuridica dei frutti dell'inventiva e dell'ingegno umani.

Punto tipografico Unità di misura per i caratteri. Abbreviato in "pt", corrisponde a mm 0,376.
Quadricromia Il procedimento più usato per la riproduzione su stampa di un'immagine a colori.
Quartino Ottenuto piegando in due un foglio di carta così da avere quattro facciate. Usato anche come unità di misura.
Raster Principio di visualizzazione dell'immagine basato sulla sua scomposizione in punti.
Retinatura Trasformazione di una immagine a tono continuo in punti.
RGB (Red, Green, Blue) I tre colori che permettono la generazione del colore sul monitor e anche la tecnologia stessa. Modello di colore che li definisce in termini di quantità relative delle componenti di rosso, verde e blu.
Ricerche di marketing Acquisizione di dati che concernono il marketing di beni e servizi.
Roter Sagomato di cartone con immagini, che va appeso in alto e lasciato libero di ruotare. Se visto da lontano, attira l'attenzione su una certa zona del grande magazzino in cui è esposto.
Rough Abbozzo da cui prende vita una campagna pubblicitaria.
Saturazione (In inglese Saturation) Pienezza di un'area giudicata in proporzione alla sua brillanza. Variazione di colore dall'assenza al colore puro.
Scala di grigi Serie di grigi con intervalli di densità regolare dal bianco al nero.
Scontorno Eliminazione del fondo intorno a una immagine.
Segmentazione Divisione della popolazione in segmenti, in gruppi di individui con caratteristiche omogenee.
Segnaletica Sistema di segnali all'interno o nelle vicinanze di una azienda o un punto vendita.
Segno diacritico Segno aggiunto alla lettera per modificarne la pronuncia (es. l'accento).
Semantica Settore della linguistica che studia il linguaggio come manifestazione dei contenuti di un pensiero.
Semiologia Scienza che ha per oggetto i segni quale mezzo di comunicazione.
Senza grazie Carattere privo di terminazioni sulle aste, perciò detto anche bastoni.
Separazione dei colori Processo per cui si scompongono le immagini di tono continuo nei colori costitutivi in funzione della stampa (es. per la quadricromia nei quattro colori CMYK).
Serigrafia Processo di stampa permeografico. La forma è costituita da un telaio entro cui viene teso un tessuto permeabile. L'impermeabilizzazione delle controforme può essere eseguita con tecniche manuali o fotochimiche (vedi scheda).
Sfrido Lo scarto derivato dalla lavorazione (es. quel che rimane dal foglio dopo il taglio di una fustella usata per fare una confezione).
Shoot Scatto, di solito fotografico o ripresa video.
Shopper Sacchetto per la spesa.
Silografia o xilografia. Processo di stampa rilievografico con matrice di legno (vedi scheda tecnica).
Sillabare Usare il software di sillabazione, diverso lingua per lingua, in modo che le parole siano correttamente sillabate e mandate a capo a fine riga.
Simbolo Elemento della comunicazione che esprime contenuti di significato ideale, dei quali esso diventa il significante.
Simmetria Presenza di alcune ripetizioni nella forma geometrica di un oggetto.
Sketch Schizzo o disegno rapido a mano libera.
Slide Diapositiva.
Slogan Formulazione di un messaggio pubblcitario. Termine caduto in disuso e sostituito da headline o pay off.
Smarginatura Si verifica quando una immagine sfrutta l'intera superficie del foglio, o esce da uno o più margini.
Software Bitmap Vedi scheda.
Software vettoriale Vedi scheda.
Spazio pubblicitario Superficie di affissione urbana destinata alla pubblicità. Spazio su un mezzo stampa.
Sponsor Impresa che per fini pubblicitari finanzia in tutto o in parte uno spettacolo, un evento, una manifestazione, un testimonial, ottenendo in cambio un suo spazio o una citazione.
Spot Comunicato radio o televisivo riservato alla pubblicità.
Stand Area riservata a un espositore nell'ambito di una fiera.
Stile di vita Modo di atteggiarsi degli individui nei confronti delle cose della vita. L'individuazione dello stile di vita permette al pubblicitario di indirizzare correttamente il messaggio.
Still life Natura morta, soprattutto in fotografia.
Stop motion o passo uno. Ripresa fatta con singoli fotogrammi montati.
Strategia Piano mirato al raggiungimento di scopi e obiettivi.
Tabloid Quotidiano con le pagine di dimensioni ridotte. Il formato tabloid, popolare in Gran Bretagna, misura 17 x 11 pollici, ovvero 431,8 mm. 279,4 mm.
Target Obiettivo prefissato nella campagna di vendita di un prodotto. Segmento di mercato che si vuole raggiungere con una determinata offerta di prodotti e/o servizi.
Testimonial Qualunque persona che avendo fatto prova di un prodotto, realmente o per finta, lo raccomanda ai potenziali consumatori, anche solo esibendolo.
Testo simulato (Detto anche Lorem ipsum) Si usa nei bozzetti come riempitivo, o segnaposto.
Texture Immagine che riveste una superficie e che richiama alla mente la tessitura, la trama di un tessuto. Si differenzia dal pattern per la sua non ripetitività.
Tinta (In inglese hue) Attributo di una sensazione visiva secondo il quale un'area appare essere simile a uno dei colori percepiti rosso, giallo, verde e blu, oppure a una combinazione di due di essi.
Tipografia Processo di stampa rilievografica. La forma piana o curva può essere unica o composta da più elementi combinabili di legno, metallo, gomma e polimeri.
Titoletto Ripetizione del titolo del libro e del capitolo riportato in dimensioni ridotte sul margine alto del libro.
Tono di voce Tono prescelto, in linea con la strategia creativa adottata per comunicare. Può essere intimo, enfatico, rassicurante, amichevole, spiritoso, infantile.
Trend Tendenza di fondo di un fenomeno a modificarsi (crescendo o decrescendo) o a mantenersi costante nel tempo. Tendenza dei consumi.

Verniciatura Finitura di stampa che conferisce caratteristiche tattili e ottiche alla superficie della stampa (es. a raggi Ultra Violetti o UV).
Vetrofania Foglio adesivo da un lato che viene attaccato al vetro con un messaggio.
Videoproiezione Presentazione su grandi dimensioni proiettata con apposito apparecchio.
Videoscrittura Testo composto con mezzi digitali mediante un apposito software.
Visual Disegno contenuto nel layout. Parte visiva di un annuncio, una inserzione.
Visualizer Persona incaricata di tradurre in immagini l'idea di una campagna pubblicitaria.
Web (World wide web) Rete di risorse di informazioni, basata sull'infrastruttura di Internet.

Glossario dei termini specifici per il web

<a> Marcatore che definisce la presenza di un link. Viene anche detto "ancora", ed è utilizzato per creare un collegamento con un file o un'immagine oppure un URL attraverso l'attributo href.
Attributo Elemento che fa riferimento a determinate specifiche o proprietà dell'oggetto in questione.
<body> Tag che definisce l'area in cui si troveranno i contenuti della pagina web.
**
** Tag vuoto, crea un a capo nel testo.
Browser Software che consente la navigazione in Internet e la visualizzazione delle pagine web (es. Firefox, Moxilla, Explorer).
Class Attributo che permette di scegliere il foglio stile appropriato per l'oggetto a cui si riferisce.
CSS (Cascadin Style Sheet) Fogli di stile a cascata, ovvero un linguaggio informatico che consente di gestire l'aspetto grafico di un sito. Il file .css è sempre associato a un file .html, .xhtml o xml.
<div> Tag usato per identificare una sezione all'interno di una pagina web. Crea un elemento contenitore, modificabile attraverso i fogli stile CSS, nel quale è possibile inserire testi o immagini.
<h1>, <h2>, <h3> Tag che specifica un titolo.
href Attributo che viene associato al tag <a> e che permette di richiamare un file o un url oppure un'immagine attraverso un percorso di cartelle.
html (HyperText Markup Language) Linguaggio informatico usato per codificare un sito e i suoi contenuti.
<li> Marcatore che divide e identifica ogni singola voce di un elenco.
li b Selettore contestuale. Tag <b> usato all'interno del tag <li> attribuisce delle specifiche grafiche al testo contenuto in esso.
Mappa del sito Schema sintetico dove i contenuti e le relazioni che li legano vengono rappresentati da concetti chiave o nodi mostrati in ordine gerarchico.
Menu di navigazione Elenco delle sezioni principali che compongono il sito, attraverso le quali l'utente accede direttamente all'argomento desiderato.
<ol> (Ordered List) Marcatore che specifica un elenco numerato.
<p> Tag che indica un paragrafo di testo.
Stato :"hover" Definisce uno specifico aspetto grafico di un link, quando l'utente interagisce con esso.
Stato: "visited" Definisce l'aspetto grafico di un link nel momento in cui l'utente l'abbia già ispezionato.
Tag o Marcatore Elemento caratterizzato dal fatto che si trova sempre all'interno di virgolette basse acute e a volte è accompagnato da un attributo.
<title> Marcatore che definisce il titolo del file .html.
<ul> (Unordered List) Marcatore che specifica un elenco di voci precedute da un punto elenco.
W3C Validator Servizio di validazione dei file .html e .CSS. Permette di verificare l'accessibilità del documento ovvero se ci sono errori nel codice analizzato.

Bibliografia

Suddivisa per argomenti, una ridotta selezione dei testi effettivamente consultati.

1. Fare grafica

Facinelli R. (2011), *Guardare, pensare, progettare. Neuroscienze per il design*, Stampa Alternativa & Graffiti, Roma.
Glaser M. (2000), *Art is Work*, Leonardo Arte, Milano.
Lidwell W., Holden K., Butler J. (2008), *Principi universali del design*, Logos, Modena.
Munari B. (2004), *Da cosa nasce cosa*, Laterza, Roma-Bari.
Simmons J. (2007), *The designer's Desktop Manual*, RotoVision.
Testa A. (2005), *La creatività a più voci*, Laterza, Roma.
Vignelli M. (2010), *The Vignelli Canon*, Lars Muller Publishers, USA.

2. Basic design

Albers J. (2013), *Interazione del colore. Esercizi per imparare a vedere*, Il Saggiatore, Milano.
Anceschi G., Botta M., Garito A.M. (2006), *Web design e processi cognitivi. L'ambiente dell'apprendimento*, McGraw-Hill, Milano.
Drew J., Meyer S. (2005), *La gestion de la couleur*, RotoVision.
Falcinelli R. (2014), *Critica portatile al visual design*, Einaudi, Torino.
Landa R. (2001), *Graphic design solutions*, Thomson Learning.
Lupton E., Phillips J.C. (2008), *Graphic Design: The New Basics*, Princeton Architectural Press, NY, USA.
Rudolf A. (2007), *Arte e percezione visiva*, Feltrinelli, Milano.
Williams R. (2002), *Design Workshop*, Pearson Italia, Milano.

3. Storia e stili

Baroni D., Vitta M. (2003), *Storia del design grafico*, Longanesi, Milano.
Blackwell L. (1992), *Caratteri e tipografia del XX secolo*, Zanichelli, Bologna.
Frutiger A. (1996), *Segni & simboli: disegno, progetto e significato*, Stampa alternativa/ Graffiti, Roma.
Gomez-Palacio B., Vit A. (2010), *Grafica: graphic design referenced*, Logos, Modena.
Heller S., Ilic M. (2007), *The Anatomy of Design*, Rockport P. Gloucester, MS, USA.
Meggs P., Purvis W.A. (2006), *Meggs' History of Graphic Design*, John Wiley & Sons, Hoboken, NJ, USA.
Rauch A. (2006), *Graphic Design*, Guide cultura, Mondadori, Milano.

4. Le immagini

Ang T. (2003), *Fotografia digitale*, Mondadori, Milano.
Arnheim R. (2002), *Arte e percezione visiva*, Feltrinelli, Milano.
Dayton L., C. Gillespie (2007), *The Photoshop Book Wow!*, Peachpit Press, USA.
Ferrara M. (2002), *Fotografare*, Clitt, Roma.
Hall A. (2011), *Professione illustratore*, Logos, Modena.
Von Glitschka (2011), *Vector basic training*, New Riders Press.
Zeegen L. (2007), *Illustrazione digitale*, Logos, Modena.

5. I caratteri

Andersch M. (1989), *Tracce, segni, caratteri*, Ulisse edizioni, Torino.
Carter R. (2000), *Working with Computer Type: Colour & Type*, RotoVision.
Lesina R. (1994), *Il nuovo manuale di stile*, Zanichelli, Bologna.
Saltz I. (2009), *Typography essentials*, Rockport, Beverly, MS, USA.

6. La composizione

Dabner D., Stewart S., Zempol E. (2011), *Graphic Design*, Hoepli, Milano.
Krause J. (2004), *Design Basic Index*, David & Charles, Newton Abbott UK.
Poulin R. (2011), *The Language of Graphic Design*, Rockport P. Beverly, MS, USA.
Williams R. (2002), *Design Workshop*, Pearson Education Italia, Milano.
Wozencroft J. (1988), *The Graphic Language of Neville Brody*, Rizzoli, Milano.

7. Stampa e produzione

Bann D. (2007), *La stampa oggi*, Logos, Modena.
Fioravanti G. (2002), *Il Nuovo Manuale del grafico*, Zanichelli, Bologna.
Hampshire M., Stephenson K. (2008), *Come scegliere e usare la carta*, Logos, Modena.
Smith S., Holt T. (1985), *Manuale dell'artista*, Zanichelli, Bologna.
Spera M. (2005), *Abecedario del grafico*, Gangemi, Roma.

8. Gli artefatti

Baroni D. (2009), *Un oggetto chiamato libro*, Sylvestre Bonnard, Milano.
Buckley P. (2010), *Penguin 75: Designers, Authors, Commentary*, Penguin Books, London, UK.
Falcinelli R. (2011), *Fare i libri*, Minimum Fax, Roma.
Gomez-Palacio B., Vit A. (2011), *The 2010 Brand New Award*, Underconsideration, USA.
Samara T. (2008), *Elementi di grafica*, Logos, Modena.

9. Audiovisivo e multimediale

Baer K. (2008), *Information Design Workbook*, Rockport P. Beverly Ms, Usa.
Frascara J. (a cura di) (2006), *Designing Effective Communications: Creating Contexts for Clarity and Meaning*, Allworth Press, USA.
Jacobson R., (a cura di) (1999), *Information Design*, MIT Press USA.
Postai S. (2001), *Siti che funzionano*, Hoops Libri, Milano.
Toselli L. (1998), *Il progettista multimediale*, Bollati Boringhieri, Torino.
Toselli L., Russo Suppini A., Taddeo G. (2005), *Didattica dell'editoria multimediale: ipotesi e progetti*, CUEM, Milano.

Sui software

I manuali di Adobe in PDF si trovano in Internet e sono scaricabili gratuitamente.